Gehirne der Armeen?

Krieg in der Geschichte (KRiG)

Band 118

Gehirne der Armeen?

BRILL
SCHÖNINGH

Lukas Grawe (Hg.)

Gehirne der Armeen?

Die Generalstäbe der europäischen Mächte im Vorfeld der Weltkriege

BRILL
SCHÖNINGH

Der Herausgeber:
Lukas Grawe ist Wissenschaftlicher Mitarbeiter (Post Doc) am Socium Forschungszentrum der Universität Bremen. Er studierte Germanistik und Geschichte an der WWU Münster und promovierte dort 2016 über die Geheimdienstarbeit des deutschen Generalstabs vor dem Ersten Weltkrieg. Seine Themenschwerpunkte umfassen die deutsche Militärgeschichte des 19. und 20. Jahrhunderts, die Geheimdienstgeschichte sowie die Geschichte der Sozialpolitik.

Umschlagabbildung:
Landesarchiv Baden-Württemberg, Hauptstaatsarchiv Stuttgart, M 703/R958N14a.

Bibliografische Information der Deutschen Nationalbibliothek

Die Deutsche Nationalbibliothek verzeichnet diese Publikation in der Deutschen Nationalbibliografie; detaillierte bibliografische Daten sind im Internet über http://dnb.d-nb.de abrufbar.

www.schoeningh.de

Einbandgestaltung: Evelyn Ziegler, München
Production: Brill Deutschland GmbH, Paderborn

ISSN 2629-7418
ISBN 978-3-506-79195-5 (hardback)
ISBN 978-3-657-79195-8 (e-book)

Inhalt

TEIL II
Generalstäbe vor 1939/41

Vorwort zur Reihe

Seit ihrer Gründung im Jahre 1999 hat die Reihe ‚Krieg in der Geschichte' in zahlreichen Bänden illustriert, welch enorme Vielfalt an Fragestellungen und Perspektiven das Themenfeld Krieg generiert. Die Buchreihe thematisiert die Rolle des Krieges und des Militärs in verschiedenen historischen Perioden und Gesellschaften seit der Antike. Unter den Begriff Krieg fassen wir dabei die gesamte Bandbreite kriegerischer Konflikte zwischen konkurrierenden militärischen oder paramilitärischen Gruppen, Kampfeinheiten oder Staaten in all ihren Ausformungen, von auf Schlachtfeldern ausgetragenen Kämpfen bis hin zu hochtechnisierten Kriegsformen, welche auf die Zivilbevölkerung abzielen. Die historiographische Erforschung des Krieges kann nicht losgelöst vom Militär und der Zivilgesellschaft erfolgen. Die Herausgeberinnen und Herausgeber von ‚Krieg in der Geschichte' sind methodologisch der neuen und kritischen Militärgeschichte verbunden, wie sie sich seit den 1990er Jahren auch im deutschsprachigen Raum entwickelt hat. Insbesondere von der Erweiterung um sozial-, alltags-, kultur-, mentalitäts- und geschlechterhistorische Perspektiven hat die Kriegs- und Militärgeschichte viel profitiert. Die Reihe sieht es als ihre Aufgabe, die enge Verknüpfung von Militär und Gesellschaft sichtbar zu machen und aufzuzeigen, wie die historisch unterschiedlichen militärischen Verbände in die zivile Gesellschaft eingebettet sind und von ihr geformt werden, umgekehrt auch in diese Gesellschaft stark normierend und reglementierend eingreifen. Ein derartiger Ansatz bedeutet nicht nur für die sogenannte ‚Moderne', dass Beziehungen zwischen ‚Front' und ‚Heimat', gesellschaftliche Militarisierungsprozesse und Militarismus sowie die sozialen, wirtschaftlichen und gesellschaftlichen Folgen von Kriegen verstärkt in den Blick genommen werden. Darüber hinaus gilt es, die Verschränkung von ‚Krieg' und ‚Frieden' zu untersuchen und deshalb auch Nach- oder Zwischenkriegszeiten einzubinden. ‚Krieg in der Geschichte' will Studien, die sich mit Ursachen, den Akteuren und Akteurinnen sowie den Auswirkungen von Kriegen in der Geschichte auseinandersetzen ebenso Raum geben wie technischen oder strategischen und operationalen Aspekten der Kriegsführung. Das Themenspektrum umfasst u.a. sozialhistorische Forschungen, die Strukturen und soziale Praxen des Militärs, die Auswirkungen des Krieges auf Soldatinnen und Soldaten, auf die Zivilbevölkerung oder den Alltag des Krieges in den Blick nehmen. Ebenso finden Untersuchungen ihren Platz in der Reihe, die Verknüpfungen von Krieg und Militär mit Normierungen von Geschlecht, zeitgenössischen Geschlechterordnungen oder der Verbindung von Gewalt und Geschlecht behandeln. ‚Krieg in der Geschichte' will auch ein Forum für kulturgeschichtliche Zugänge bieten, welche den Krieg als Kultur beziehungsweise als Zerstörer von Kultur problematisieren oder der Frage nachgehen, wie verschiedene Medien Krieg visualisieren, kommentieren und propagieren. Emotions-, körper- und erfahrungsgeschichtliche Perspektiven, die Fragen der individuellen und gesellschaftlichen Traumatisierung oder die Verknüpfung von Gefühlen und kriegerischer Gewalt thematisieren, sind gleichfalls willkommen. Dasselbe gilt für Studien zu den umweltgeschichtlichen Dimensionen des Krieges. Im Rahmen der thematischen und methodologischen Vielfalt, welche die Reihe ‚Krieg in der Geschichte' auszeichnet, finden Untersuchungen, die außereuropäische Schauplätze und globale Verflechtungen von Kriegen behandeln, hier ebenso ihren Ort. Publikationssprachen der Reihe sind Deutsch und Englisch.

Horst Carl
Maria Fritsche
Christa Hämmerle
Christian Koller

Generalstäbe im Zeitalter der Weltkriege – Einleitung

Lukas Grawe

Ein Sammelband über Generalstäbe lässt sich mit dem berühmten und vielzitierten Bonmot der fünf perfekten Institutionen beginnen, wonach vor dem Ersten Weltkrieg fünf europäische Einrichtungen als vollkommen galten: Die Römische Kurie, das Britische Parlament, das Russische Ballett, die Französische Oper und der Preußische Generalstab.[1] Zwar lässt dieses geflügelte Wort bereits die Bedeutung des Generalstabswesens für moderne Massenarmeen erkennen, doch überliefert der ehemalige preußische Offizier Theodor Rodowicz von Oświeciński eine weitaus farbigere Anekdote: So berichtet er in seinen *Humoristisch-historischen Reminiscenzen* von einem Engländer, der während des Deutsch-Französischen Krieges von 1870/71 in Frankreich umher reiste, „um mit eigenen Augen – natürlich mit Monocle und Binocle bewaffnet – den berühmten General Staff zu schauen, von dessen fabelhafter Thätigkeit tagtäglich in den Schlacht- und Zeitungsberichten zu lesen war." Zahlreiche Zeitungen griffen die vermeintliche Sensationsmeldung auf und berichteten „vom unwissenden Engländer, der es sich einen Sack voll Pounds kosten ließ, um sich den Hochgenuß zu verschaffen, das neue Weltwunder, den gepriesenen preußischen Herrn General Staff zu sehen".[2] Dass es sich beim Generalstab nicht um eine Person handelte, sondern um eine Institution, die sich während des Konfliktes anschickte, die Kriegführung zu revolutionieren, war dem neugierigen britischen Beobachter laut dieser „Zeitungsente" entgangen.

Dank der Siege in den deutschen „Einigungskriegen" zwischen 1864 und 1871 sollte bis zum Ersten Weltkrieg vor allem der preußisch-deutsche Generalstab von zahlreichen Mythen umrankt werden. Nicht wenigen militärsachkundigen Zeitgenossen galt er als „Olymp der Armee",[3] als Wahrer des „Geheimnisses

---

1 "Before the First World War, it was commonly said that Europe was home to five reputedly perfect institutions: the Roman Curia, the British Parliament, the Russian Ballet, the French Opera, and the Prussian General Staff". Mombauer, Annika, Helmuth von Moltke and the Origins of the First World War, Cambridge 2001, S. 25.

2 Rodowicz von Oświeciński, Theodor, Aus dem Leben und Treiben des Königlich Preussischen berühmten und berüchtigten General Staff, Stuttgart 1875, S. 1 f.

3 Burchardt, Lothar, Helmuth von Moltke, Wilhelm I. und der Aufstieg des preußischen Generalstabes, in: Foerster, Roland G. (Hg.), Generalfeldmarschall von Moltke. Bedeutung und Wirkung, München 1991, S. 19-38, hier S. 33.

des Sieges".[4] Folglich verwundert es kaum, dass die meisten europäischen Armeen sich am preußischen Vorbild orientierten und ihre Stäbe an den vermeintlichen preußischen Idealtypus anpassten. Selbst in Großbritannien, wo die Militärführung lange mit der Etablierung eines Generalstabs zögerte, traf das preußisch-deutsche Stabssystem auf Anerkennung. Der britische Militärhistoriker und Journalist Spenser Wilkinson warb 1891 unter dem Titel *The Brain of an Army* für die Einführung eines Stabes in der britischen Armee und bezog sich dabei auf den preußischen Stab.[5] Der Mythos der perfekten Institution machte auch vor der Geschichtsschreibung keinen Halt und fand Eingang in zahlreiche Studien. Besonders US-amerikanische und britische Autoren zeichneten ein idealisiertes Bild. Der amerikanische Historiker Trevor N. Dupuy attestierte dem preußisch-deutschen Generalstab beispielsweise ein „Genius for War",[6] während der Offizier und spätere Archivar Hermann Teske noch 1952 glorifizierend formulierte, der (deutsche) Generalstab sei ein „Kulturfaktor der Kriegskunst" gewesen, aus dessen „Geist und Wesen" hohe „sittliche Werte" hervorgegangen seien, die „Eingang in die Kulturwelt des gesamten Abendlandes gefunden" hätten.[7] Die Bedeutung des Stabsgedankens reichte so weit, dass sich Mitte des 20. Jahrhunderts auch Industrieunternehmen an der Arbeitsweise von Generalstäben orientierten.[8] Selbst nüchterne Betrachter wie der Historiker Dierk Walter sehen in Generalstäben „Produkt, Motor und Kulminationspunkt der Professionalisierung der Offizierkorps der Großmächte" oder die „Speersitze des Professionalisierungsprozesses" innerhalb europäischer Armeen.[9] Eine solche Überhöhung der Institutionen fand ihren begrifflichen Niederschlag schließlich auch in der deutschen Umgangssprache, gilt eine „generalstabsmäßige" Planung doch noch heute als besonders sorgfältig, detailliert und wohldurchdacht.[10]

---

4 Abschiedsrede Schlieffens, 30.12.1905, abgedruckt in: Schlieffen, Alfred von Gesammelte Schriften, Bd. 2, Berlin 1913, S. 456.

5 Wilkinson, Spenser, The Brain of an Army. A popular Account of the German General Staff, Westminster 1890.

6 Dupuy, Trevor N., A Genius for War. The German Army and General Staff, 1807-1945, London 1977.

7 Teske, Hermann, Die silbernen Spiegel. Generalstabsdienst unter der Lupe, Heidelberg 1952, S. 18, 22 und 25.

8 Stanley, John D., The General Staff: An Analysis of its Effectiveness, in: The Journal of the Academy of Management 2/1 (1959), S. 57-62, hier S. 60.

9 Walter, Dierk, Preußische Heeresreformen 1807-1870. Militärische Innovation und der Mythos der „Roonschen Reform", Paderborn 2003, beide Zitate auf S. 117.

10 Millotat, Christian E.O., Das preußisch-deutsche Generalstabssystem. Wurzeln – Entwicklung – Fortwirken, Zürich 2000, S. 17.

1. Aufgaben

Was aber sind Generalstäbe und was sind ihre Aufgaben? Schon das Kriegswesen des Altertums und des Mittelalters kannte die Einrichtung eines „Stabes", wie der Kreis von Gehilfen genannt wurde, die den verantwortlichen Truppenbefehlshaber beraten und unterstützen sollten. Im Deutschen steht das Wort „Stab" nicht nur für Stütze und Hilfe, sondern in der Form des Feldmarschallstabs auch für das Symbol militärischer Führung.[11] Die französische Form des Generalstabs („état-major") greift in seiner Bedeutung sogar noch weiter und lässt sich auf den Begriff „Staat" (franz. „état") zurückführen.[12] In seiner frühesten und weitesten Bedeutung bezeichnete der Stab das gesamte militärische Personal, das in Kriegszeiten keinem bestimmten Regiment angehörte, sondern dem Hauptquartier der Feldarmee – zumeist für Sonderaufgaben – unterstellt war.[13] Doch erst mit dem Aufkommen der Massenheere und der immer komplexer werdenden Führung militärischer Verbände wurde im 19. Jahrhundert in vielen europäischen Armeen bereits im Frieden ein besonders ausgebildetes Planungs- und Führungsorgan eingerichtet, das häufig den Namen „Generalstab" erhielt. Die relativ kleinen Institutionen sollten die „Gehirnfunktionen"[14] des Heeres übernehmen: Die Kriegs- und Aufmarschplanung, die Beobachtung möglicher Kontrahenten, die Beratung der Staats-/Armeeführung in militärischen Fragen sowie die Ausbildung der Generalstabsoffiziere gehörte Anfang des 20. Jahrhunderts zu den Aufgaben der meisten Generalstäbe. Viele Institutionen entsandten darüber hinaus eigene Offiziere zu den Truppen und Verbänden der heimischen Armee, um deren Generale zu unterstützen, als ihr *alter ego* zu fungieren oder – wie es John D. Stanley formuliert hat – ihre „commanding machine" zu sein.[15] Im deutschen Sprachgebrauch hat sich für diese Generalstabsoffiziere der Terminus „Truppengeneralstab" etabliert, im Englischen werden sie als „General Staff with Troops" bezeichnet.[16] Um diese Truppengeneralstäbe von den Planungsinstitutionen

---

11 „Generalstabs-Dienstweg und Generalstabs-Verantwortlichkeit bis 1905", 22.8.1935, BArch, RH 61/337, Bl. 10.

12 Kurz, Hans Rudolf, Der militärische Stab. Seine Geschichte, Gestalt und Funktion, in: Allgemeine Schweizerische Militärzeitschrift 122/8 (1956), S. 562-578, 664-678 und 732-747, hier S. 568.

13 Irvine, Dallas D., The Origin of Capital Staffs, in: The Journal of Modern History 10/2 (1938), S. 161-179, hier S. 161.

14 Bucholz, Arden, Moltke, Schlieffen, and Prussian War Planning, Providence/Oxford 1991, S. 4.

15 Stanley, The General Staff, S. 57.

16 Schmidt-Richberg, Wiegand, Die Generalstäbe in Deutschland 1871-1945. Aufgaben in der Armee und Stellung im Staate, Stuttgart 1962, S. 36 f.

abzugrenzen, wird für letztere häufig der Begriff „Großer Generalstab" verwendet, den der US-Historiker Dallas D. Irvine sinngemäß mit „capital staff" übersetzt hat.[17]

Auf die meisten europäischen Generalstäbe trafen Anfang des 20. Jahrhunderts beide Wortbedeutungen zu: Zum einen waren sie in ihren einzelnen Gliedern als „Stab" der Gehilfe und Ratgeber des kommandierenden Generals, zum zweiten aber in ihrer Gesamtheit auch „eine führende Behörde, deren Wirken im Kriege zu höchster Führung" gelangte.[18] Folgt man der umfangreichen Definition von Walter, so zeichnet sich ein Generalstab durch elf maßgebliche Charakteristika aus: Er verfügt zunächst über eine eigenständige bürokratische Organisation und über eigene Ausbildungs- und Aufnahmeanforderungen. Des Weiteren durchzieht er „die Armee wie ein Nervensystem", kann sich auf einen eigenen Dienstweg stützen, ist allein dem Monarchen oder dem Kriegsministerium unterstellt und zeichnet sich durch sein professionelles Generalistentum aus. Ein weiteres wesentliches Merkmal ist sein permanentes Bestehen, schließlich soll ein Generalstab bereits in Friedenszeiten den Krieg vorbereiten. Er „bildet das zentrale Koordinations-, Kontroll- und Aufsichtsorgan", ohne tatsächliche Befehlsbefugnisse zu besitzen.[19] Walter bezeichnet darüber hinaus die Organisation der Mobilmachung und des Aufmarsches der Armee als zentrale Aufgabe und „Existenzberechtigung" eines Generalstabs. Auch ist er verantwortlich für eine einheitliche Doktrinbildung und ihre Überprüfung sowie für die militärwissenschaftlichen Sonderaufgaben der Kartografie, der amtlichen Militärgeschichtsschreibung und der Aufsicht über die höhere Offiziersausbildung. Schließlich bildet ein Generalstab das zentrale Organ zur Informationsbeschaffung über fremde Heere und ausländische Kriegspotenziale. Er ist demnach „das bürokratische System, das die Funktionsfähigkeit immer größerer und differenzierterer Armeen in einem zunehmend komplexer werdenden technisierten Umfeld sicherstellt."[20]

Letztlich differenziert Walter zwischen fünf verschiedenen Funktionsbereichen der Generalstäbe: Zu den „militärwissenschaftlichen Grundlagenaufgaben" zählt er die Kartographie, die Landesaufnahme und die

---

17 Irvine, The Origin of Capital Staffs, S. 165. Irvine entlehnt diesen Begriff aus dem Slowenischen, wo „Glavnyi Shtab" so viel wie „Hauptstab" bedeutet. Im Russischen wird zwischen „Glavny Shtab" („Hauptstab") und „Generalny Shtab" („Generalstab", also Truppengeneralstab) unterschieden. Siehe Hittle, James D., The Military Staff. Its History and Development, Westport 1961, S. 248.

18 „Generalstabs-Dienstweg und Generalstabs-Verantwortlichkeit bis 1905", 22.8.1935, BArch, RH 61/337, Bl. 10.

19 Walter, Preußische Heeresreformen, S. 120 f.

20 Ebd., S. 121.

Kriegsgeschichte. Die meisten europäischen Generalstäbe eigneten sich diese Grundlagenaufgaben als erstes an. Früh waren sie auch für die „Ausbildungsfunktionen" zuständig, unter denen Walter die Generalstabsoffiziersausbildung, die Generalstabsreisen und die Kriegsspiele summiert. Die Zuständigkeiten für das militärische Nachrichtendienstwesen, die Mobilmachung und schließlich die Aufmarsch- und Kriegsplanung, die Walter unter dem Begriff „vorbereitende und zuarbeitende Funktionen" zusammenfasst, kamen hingegen wesentlich später hinzu. Als wichtigster Vorreiter erwies sich hier der preußische Generalstab. Auch im Hinblick auf die „ausführenden Funktionen" eines Generalstabs, nämlich die Kommunikation zwischen einzelnen Verbänden untereinander und zwischen Verbänden und der Befehlszentrale sowie die Aufsicht und das Kommando in Frieden und Krieg, bildete faktisch die Leitung der Operationen durch Helmuth von Moltke im Deutschen Krieg von 1866 den Präzedenzfall. Aus diesem Bedeutungszuwachs resultierten schließlich auch die „Kontrollfunktionen" zahlreicher Generalstäbe, die mit der Auswertung von Erfahrungen sowie dem Einfluss auf die taktische Doktrinbildung der jeweiligen Armee umschrieben werden können.[21]

2. Die Geschichte des Stabswesens

Ein Großteil der europäischen Generalstäbe erlangte derart umfassende Kompetenzen natürlich nicht über Nacht. Vielmehr erwies sich der Bedeutungszuwachs der Institutionen als langwieriger Prozess, der auch unmittelbar vor Beginn des Ersten Weltkriegs keineswegs abgeschlossen war. Bereits antike Feldherren wie Alexander der Große oder Gaius Julius Caesar bedienten sich spezieller Gehilfen, um ihre Armeen in die Schlacht führen zu können.[22] Doch erst Mitte des 17. Jahrhunderts bildete sich ein Offizierskorps heraus, das – zumeist im Hauptquartier der Feldarmee loziert – spezielle Sonderaufgaben bearbeiten sollte, keinem bestimmten Regiment angehörte und sich lediglich in Kriegszeiten formierte. Die Spezialisierung dieser Offiziere war die Antwort der europäischen Armeen auf das stetige Wachstum der Heere, das es einem Feldherrn zunehmend erschwerte, den Überblick über sämtliche anfallenden Aufgaben zu bewahren. Als Vorläufer erwiesen sich hier die „Generalquartiermeister" des schwedischen Königs Gustaf II. Adolf, die sich nicht nur um den Verpflegungsnachschub der Regimenter zu kümmern hatten, sondern darüber hinaus für die Märsche und Lager des Heeres verantwortlich waren. Auch in

21 Zu den fünf Funktionen siehe ebd., S. 515 f.
22 Hittle, The Military Staff, S. 11-29.

seinem Hauptquartier sammelte der Monarch Offiziere um sich, die sich um den Nachschub und die Abwicklung einzelner Waffengattungen kümmerten.[23] Logistische Fragen spielten demnach bei Gustaf II. Adolf eine große Rolle, was angesichts der Vernachlässigung von Nachschubfragen in vielen Heeren des 20. Jahrhunderts als hochgradig fortschrittlich anmutet.[24]

Schnell erkannten andere europäische Militärmächte den Vorteil des Generalquartiermeisterwesens und zogen nach. Vor allem zwischen Brandenburg-Preußen und Frankreich entwickelte sich in den nächsten Jahrhunderten ein regelrechter Zweikampf um das bessere Stabsmodell.[25] Als Gehilfen des Oberbefehlshabers führte der französische Kriegsminister François Michel Le Tellier de Louvois in den 1670er-Jahren den *Major Généraux* ein, der durch *Aides-Major-Généraux* unterstützt wurde. Hinzu kamen noch die *Maréchaux-Généraux de Logis*, deren Aufgaben denen des schwedischen Generalquartiermeisters ähnelten. Zusammengefasst wurden die genannten Offiziere, die sich als eine Art Waffenstäbe auch um die verschiedenen Truppengattungen Infanterie, Kavallerie und Artillerie kümmerten, unter dem Begriff *États-Major-Généraux des Armées*, sodass sich sprachlich bereits die Verwandtschaft zum späteren französischen Generalstab manifestierte.[26]

Die ersten rudimentären Vorgänger des preußischen Generalstabs reichen bis zur Zeit des „Großen Kurfürsten“ Friedrich Wilhelm von Brandenburg zurück und lehnten sich ebenfalls an das schwedische Vorbild an.[27] Der preußische Generalquartiermeisterstab (der Anfang des 19. Jahrhunderts zum „Generalstab“ verkürzt wurde) war vor allem für die Betreuung des Ingenieurdienstes, die Überwachung der Marschrouten und die Auswahl der Lager verantwortlich. In Russland legte Zar Peter I. („der Große“) den Grundstein für den russischen Generalquartiermeisterstab und orientierte sich dabei an den schwedischen und preußischen Modellen. Ähnlich wie dort hatte der russische Generalquartiermeister rudimentär-operative und nachrichtendienstliche Funktionen.[28] Alle Urstäbe bestanden indes lediglich in Kriegszeiten, während sie im Frieden wieder aufgelöst und ihre Offiziere auf die einzelnen Regimenter verteilt wurden.

---

23 Kurz, Der militärische Stab, S. 571 f. und Hittle, The Military Staff, S. 40-47.

24 Zu diesen Fragen siehe Creveld, Martin van, Supplying War: Logistics from Wallenstein to Patton, 2. Aufl., Cambridge 2009.

25 Hittle, The Military Staff, S. 34.

26 Kurz, Der militärische Stab, S. 573 f.

27 Stoeckel, Otto, „Die Geschichte des Großen Generalstabes von 1640 bis 1806“, BArch, RH 61/336.

28 Zur Entstehung des russischen Stabssystems siehe Hittle, The Military Staff, S. 222-226.

Der preußische König Friedrich II. („der Große") stellte 1764 erste Grundlagen eines auch in Friedenszeiten bestehenden Generalquartiermeisterstabs auf, auch wenn sich dessen Aufgaben darauf beschränkten, Feldbefestigungen und Lager anzulegen, Kolonnenwege zu erkunden und die feindlichen Stellungen auszukundschaften. Von einer selbstständigen Leitung der Operationen war diese Institution noch weit entfernt,[29] zumal Friedrich II. lediglich einen kleinen Stab an Gehilfen brauchte, die subalterne Dienste ausführten. Als *roi connétable* und militärisch fähiger Oberbefehlshaber führte der preußische König seine Armeen selbst und benötigte nur selten Beratung.[30] 1765 rief Friedrich II. die „Academie des Nobles" ins Leben, die verheißungsvolle Offiziere weiter schulen und ausbilden sollte und damit gewissermaßen den Vorläufer der späteren preußischen Kriegsakademie bildete.[31] Einen Bedeutungsschub erhielt der Generalstabsgedanke im Nachgang des Siebenjährigen Krieges (1756-1763). In Russland reformierte der frühere hessische Offizier Theodore Baur den fortan auch in Friedenszeiten bestehenden Generalquartiermeisterstab und stattete ihn mit weiteren Befugnissen aus, auch wenn diese in den folgenden Jahrzehnten wieder rückgängig gemacht wurden.[32] In Frankreich errichtete der General Pierre Joseph de Bourcet 1766 mit dem *service d'état-major des logis des armées* den ersten „capital staff", der die französische Armee auf verschiedene Kriegsschauplätze vorbereiten sollte, allerdings nur bis 1771 bestand. Zwölf Jahre später kurzzeitig wiederbelebt, führten die Wirren der Französischen Revolution zu einer Umwandlung der nunmehr als *corps d'état-major de l'armée* bezeichneten Institution in einen Adjutantendienst.[33] An die Stelle der einzelnen Waffenstäbe trat nun ein Truppengeneralstab, wobei jede Armee über einen eigenen Stab verfügte.[34] Damit erwies sich das französische Stabssystem am Ende des 18. Jahrhunderts als europäischer Vorreiter.

29 Millotat, Das preußisch-deutsche Generalstabssystem, S. 48.

30 Querengässer, Alexander, Unnötiges Risiko oder Handlungsvorteil? Der Roi Connétable in der Frühen Neuzeit, in: Clauss, Martin/Nübel, Christoph (Hg.), Militärisches Entscheiden. Voraussetzungen, Prozesse und Repräsentationen einer sozialen Praxis von der Antike bis zum 20. Jahrhundert, Frankfurt/New York 2020 (= Krieg und Konflikt 9), S. 313-340 und Telp, Claus, The Evolution of Operational Art, 1740-1813. From Frederick the Great to Napoleon, London 2005, S. 15 f.

31 Hittle, The Military Staff, S. 57 f.

32 Ebd., S. 226-229. Zu den Rückschritten im Anschluss an das Wirken Baurs siehe ebd., S. 229-235.

33 Irvine, The Origin of Capital Staffs, S. 166; Irvine, Dallas D., The French and Prussian Staff Systems before 1870, in: The Journal of the American Military History Foundation 2/4 (1938), S. 192-203, hier S. 197 und Hittle, The Military Staff, S. 89-93.

34 Kurz, Der militärische Stab, S. 664.

Die Revolutionierung der Kriegführung im Zuge der Französischen Revolution und der daran anschließenden Napoleonischen Kriege leitete einen tiefgreifenden Wandel in den Bereichen Armeeführung und Militärbürokratie ein.[35] Die französische *levée en masse*, eine frühe Form der allgemeinen Wehrpflicht, ermöglichte bisher unbekannte Truppenstärken. Statt aus einer Armee, die in einer langen Kolonne auf einer einzigen Route marschierte und von einem einzigen General in die Schlacht geführt wurde, bestanden Heere nun aus einer Gruppe von Armeen, die von verschiedenen Generälen geführt wurden, oft auf parallelen Routen marschierten und sich erst auf dem Schlachtfeld vereinten.[36] Hinzu kam die neuartige Gliederung der Armeen in Korps und Divisionen – Großverbände, die aus allen Waffengattungen zusammengesetzt waren und unabhängig vom Armeeoberbefehlshaber operieren konnten, den Koordinationsaufwand zugleich aber enorm erhöhten.[37] Die größeren Armeen erforderten größere Schlachtfelder, sodass der Raum eine neue Bedeutung bekam.[38] Auch abseits der mit der Wehrpflicht verbundenen Änderungen wandelte sich das Kriegsbild. Eine zunehmend bessere Infrastruktur erhöhte das Marschtempo von Armeen, besseres Kartenmaterial erleichterte die Orientierung. Darüber hinaus erhöhte die Weiterentwicklung der Waffen die Feuerkraft des einzelnen Soldaten, machte Kavallerieattacken zu einem selbstmörderischen Unternehmen und revolutionierte so die Taktik.[39]

Die europäischen Mächte gingen unterschiedlich mit den daraus resultierenden Herausforderungen um: Die französische Armee der Revolutions- und Napoleonischen Kriege stützte sich in erster Linie auf das militärische Können Napoleon Bonapartes, der die Operationen nahezu unabhängig von den Empfehlungen seiner Berater plante und Stabsoffiziere lediglich als Adjutanten benötigte.[40] Einer der bekanntesten Gehilfen des französischen Kaisers war sein Stabschef Louis-Alexandre Berthier, der bereits 1796 die Gliederung eines Truppengeneralstabs entwarf, deren Grundzüge im französischen

35 Kurzer Überblick in Kraus, Karl, Der preussische Generalstab und das 19. Jahrhundert, Frankfurt am Main 1991, S. 12-14.

36 White, Charles Edward, Setting the Record Straight: Scharnhorst and the Origins of the Nineteenth-Century Prussian General Staff, in: War in History 28/1 (2021), S. 25-45, hier S. 26 f.

37 Walter, Preußische Heeresreformen, S. 118.

38 Lieb, Peter/Nübel, Christoph, Raum und Militärgeschichte, in: Militärgeschichtliche Zeitschrift 73/2 (2014), S. 77-83.

39 Irvine, The Origin of Capital Staffs, S. 171-173.

40 Eine ausführliche Beschreibung von Napoleons Stäben findet sich bei Hittle, The Military Staff, S. 101-115 sowie bei Creveld, Martin van, Command in War, Cambridge 1985, S. 66-71. Siehe auch Paret, Peter, Napoleon and the Revolution in War, in: Paret, Peter (Hg.), Makers of Modern Strategy. From Machiavelli to the Nuclear Age, Princeton 1986, S. 123-142.

Stabswesen bis in die Zeit der Weltkriege galten: Einem Stabschef unterstanden vier Offiziere, die für die Bereiche Organisation/Truppenbewegungen, Bewaffnungsfragen, Terrain- und Feinderkundung sowie Fragen des jeweiligen (Armee- oder Divisions-) Hauptquartiers zuständig waren.[41] Armeen und Divisionen wurden nun mit solchen Stäben ausgestattet. Der Stabschef hatte alle organisatorischen Fäden in der Hand, fungierte aber gemäß den französischen Ansichten über das Stabswesen mehr als Chefadjutant denn als *alter ego* des Oberbefehlshabers. Auch Berthier fiel daher eher die Rolle des Organisators als die des ebenbürtigen operativen Beraters zu.[42] Die Herrschaft Napoleons erwies sich darüber hinaus in theoretischer Hinsicht als fruchtbar für die Entwicklung des Stabswesens: So verfasste der französische General Paul Thiébault mit dem Buch *Manuel général du service des états-majors généraux et divisionnaires dans les armées* gewissermaßen das erste Handbuch, das sich allein dem Thema Generalstab widmete. Das Werk erwies sich auch außerhalb Frankreichs als außerordentlich einflussreich und wurde in etliche Sprachen übersetzt.[43]

Während sich die französische Armee auf das militärische Genie Napoleons verließ,[44] suchten innerhalb der preußischen Armee zwei Offiziere nach Möglichkeiten, das mangelnde Feldherrntalent des preußischen Königs sowie die begrenzten Fähigkeiten der größtenteils noch in friderizianischen Mustern verhafteten preußischen Generalität auszugleichen.[45] Gerhard von Scharnhorst und Christian von Massenbach hatten erkannt, dass ein guter, organisierter Stab auch dann noch überdauerte, wenn das (militärische) Genie eines Einzelnen längst zu Grabe getragen war.[46] Bereits 1793/94 stellte Scharnhorst, zu dieser Zeit noch Offizier in der hannoverschen Armee, erste Überlegungen an, wie kommandierende Generäle entlastet und unterstützt werden könnten. Scharnhorst plädierte dabei für die Aufstellung eines wissenschaftlich gebildeten Stabs, um so eine Art „corporate genius" zu schaffen, das den

41 Siehe dazu Hittle, The Military Staff, S. 95-97.

42 Favier, Franck, Berthier. L'ombre de Napoléon, Paris 2015, vor allem S. 141-172 und Doss, Samuel J., Louis-Alexandre Berthier, in: Zabecki, David T. (Hg.), Chief of Staff. The Principal Officers Behind History's Great Commanders, Bd. 1, Annapolis 2008, S. 29-42.

43 Hittle, The Military Staff, S. 98-101.

44 Walter, Preußische Heeresreformen, S. 119.

45 Stübig, Heinz, Die Entwicklung des preußisch-deutschen Generalstabs im 19. Jahrhundert, in: Baumgart, Peter/Kroener, Bernhard R./Stübig, Heinz (Hg.), Die Preußische Armee. Zwischen Ancien Regime und Reichsgründung, Paderborn 2008, S. 247-260, hier S. 254 f. und Bucholz, Moltke, Schlieffen, and Prussian War Planning, S. 18-31.

46 In Anlehnung an das Zitat von Antoine Henri Jomini: „A good staff has the advantage of being more lasting than the genius of a single man." Zitiert nach: Hittle, The Military Staff, Vorwort.

kommandierenden General beraten und – falls nötig – in die richtige Richtung lenken sollte.[47] Grundidee war es dabei, „Alt und Jung, Adel und Bildung, Erfahrung und Modernität, Beharrung und Sturm und Drang" bei der Führung von Truppen in Verbindung zu bringen.[48] Durch die Transformation der Kriegführung mussten Generale nun vielfach schriftliche statt mündliche Befehle geben. Auch die Fähigkeit, Truppenbewegungen anhand möglichst exakter Karten zu planen, wurde wichtiger.[49] Hierfür war der Feldherr auf die Unterstützung besonders ausgebildeter Offiziere angewiesen. „Militärische Akademiker", die eine umfassende und praktische Ausbildung aufweisen konnten und für die selbstständiges Denken kein Tabu war, waren nach der Ansicht Scharnhorsts fortan dafür da, die mangelhafte Bildung der hohen Generalität aufzufangen.[50] Mit dieser Aufgabenzuschreibung legte der Offizier den Grundstein für den späteren „Truppengeneralstab", zeigte aber an der Errichtung einer zentralen Planungsinstanz kein Interesse.[51]

Die revolutionäre Idee, eine Institution zu schaffen, die sich bereits in Friedenszeiten mit zukünftigen Kriegen auseinandersetzte, blieb daher Massenbach vorbehalten. Im Jahr 1802/03 forderte er eine umfassende Reform der Gliederung und Aufgabenbereiche des noch aus der Zeit Friedrichs II. stammenden Generalquartiermeisterstabs. Massenbach schlug in mehreren Denkschriften dessen Gliederung in drei Abteilungen vor, die bereits vor möglichen militärischen Auseinandersetzungen alle denkbaren Kriegsfälle vorbereiten sollten. Geographisch unterteilten sich die Abteilungen in eine westliche, eine mittlere und eine östliche, die sich in erster Linie mit der Ausarbeitung von Kriegsszenarien und der nachrichtendienstlichen Tätigkeit gegen Frankreich, Österreich und Russland befassten.[52] Räumlich sollte der Generalquartiermeisterstab in Potsdam zentralisiert werden und nach den Plänen Massenbachs eine bessere Abstimmung zwischen Staatskunst und

47 White, Setting the Record Straight, S. 27-33.

48 Stumpff, Reinhard, Helmuth von Moltke und der preußisch-deutsche Generalstab, in: Keddigkeit, Jürgen et. al. (Hg.), Vestigiis Historiae Palatinae. Festschrift für Karl Scherer zum 65. Geburtstag, Kaiserslautern 2002, S. 147-160, hier S. 155.

49 Irvine, The Origin of Capital Staffs, S. 173.

50 Jaun, Rudolf, „Das preußische Vorbild vor Augen": Paradigmenwechsel beim Schweizer Generalstab des 19. Jahrhunderts, in: Bald, Detlef (Hg.), Militärische Verantwortung in Staat und Gesellschaft. 175 Jahre Generalstabsausbildung in Deutschland, Koblenz 1986, S. 199-213, hier S. 202.

51 White, Setting the Record Straight, S. 27-33.

52 Zu Massenbachs Reformvorschlägen siehe Hittle, The Military Staff, S. 60-63, Bucholz, Moltke, Schlieffen, and Prussian War Planning, S. 19-21 und Walter, Preußische Heeresreformen, S. 501.

Kriegshandwerk ermöglichen.[53] Preußens König Friedrich Wilhelm III. billigte die meisten Ideen seines umtriebigen Offiziers, der auf diese Weise zum Begründer des preußischen Großen Generalstabs wurde.[54] Darüber hinaus gehende Forderungen Massenbachs, dem Generalquartiermeister das Recht zum direkten Vortrag vor dem König, das sogenannte „Immediatrecht", einzuräumen, wurden jedoch vom militärischen Gefolge des Königs abgelehnt, das um seinen Einfluss fürchtete.[55]

Sowohl Scharnhorsts als auch Massenbachs Reformvorschläge stützen die These des amerikanischen Historikers David Kahn, der drei Voraussetzungen für das Entstehen von Generalstäben herausgearbeitet hat: Säkularisation, Bürokratisierung und Management.[56] Während das Zeitalter der Säkularisation das philosophische Fundament für Generalstäbe legte, da diese ihre Arbeiten fortan auf einer logischen, überprüfbaren Grundlage aufbauen konnten, mündete die zunehmende Bürokratisierung der europäischen Staatswesen in einem gestiegenen Verlangen nach Informationen – nicht zuletzt auch im militärischen Bereich. Gerade das Wachstum der Heere stellte die verantwortlichen Offiziere vor große Herausforderungen: Sie mussten die Bewegungen der Armeen ebenso akribisch planen und miteinander abstimmen wie deren Versorgung. Gesammelte Informationen über Infrastruktur, Terrain, das eigene Leistungsvermögen und das des Gegners wurden so zur Voraussetzung für eine erfolgreiche logistische und militärische Planung. Diese Entwicklung des zunehmenden Informationsbedarfs wurde durch den späteren Siegeszug der Eisenbahn sowie fortschreitende Neuerungen im Bereich der Waffentechnik noch beschleunigt. Als letzten Faktor führt Kahn das professioneller werdende Management an: Mit der technischen Weiterentwicklung der Schusswaffen und den daraus resultierenden taktischen Neuerungen mussten Soldaten zunehmend in der Lage sein, Arbeitsanweisungen, Sicherheitswarnungen und Organisationsanweisungen zu lesen; sie mussten den Bedarf an Treibstoff und Rohstoffen sowie die Erwartungen an die Arbeitskräfte berechnen können. Neue Spezialisten wie Eisenbahningenieure, Signaloffiziere, Versorgungsoffiziere, Nachrichtenoffiziere oder Festungskonstrukteure mussten ihre unterschiedlichen Fachkenntnisse auf ein einziges Problem konzentrieren. Die meisten europäischen Armeen „brachten diese Spezialisten unter dem Vorsitz des Generalstabschefs zusammen, um für die Zukunft zu planen", so

53 White, Setting the Record Straight, S. 36.

54 Millotat, Das preußisch-deutsche Generalstabssystem, S. 49 f.

55 White, Setting the Record Straight, S. 40-42.

56 Kahn, David, The Prehistory of the General Staff, in: The Journal of Military History 71/2 (2007), S. 499-504. Ähnlich auch bei Walter, Preußische Heeresreformen, S. 118.

Kahn.[57] Der Historiker Helmut F. Spinner spricht in diesem Zusammenhang von der „Institutionalisierung militärischer Erstklassigkeit",[58] hielten doch nun wissenschaftliche Methoden Einzug in die Kriegführung.

Anfang des 19. Jahrhunderts war der Siegeszug der Eisenbahn indes noch Zukunftsmusik. Doch auch die Pläne der beiden Offiziere wurden zunächst noch nicht vollständig umgesetzt. Während Massenbach immerhin mit dem Großteil seiner Ideen durchgedrungen war, blieben der seit 1801 in der preußischen Armee dienende Scharnhorst und seine Pläne zunächst weitgehend unbeachtet. Zwar erhielten die größeren preußischen Verbände erste Generalstabsoffiziere zugeteilt, doch fehlte zur fruchtbaren Umsetzung der Ideen eine wichtige Voraussetzung: Die wissenschaftliche Ausbildung der „Führergehilfen". Erst nach den preußischen Niederlagen bei Jena und Auerstedt 1806 schlug Scharnhorsts Stunde. Als einer der einflussreichsten Armeereformer leitete er bedeutende Umgestaltungen im Bereich des Generalquartiermeisterstabes ein. 1809 wurde das preußische Kriegsministerium unter der Bezeichnung „Allgemeines Kriegsdepartement" neu gegründet und der Generalquartiermeisterstab diesem als 2. Division, später als 2. Departement, unterstellt. Der Etablierung dieses „zentralen Körpers", der später den Namen „Großer Generalstab" erhalten sollte, folgte die Einrichtung zahlreicher „Glieder". Denn als eine seiner wesentlichsten Aufgaben übertrugen die Reformer um Scharnhorst dem Generalquartiermeisterstab fortan die Beratung der höheren Generalität: Der Truppengeneralstab etablierte sich. Angehende Stabsoffiziere sollten auf der 1810 ins Leben gerufenen „Allgemeinen Kriegsschule" (der späteren Kriegsakademie) gründlich geschult und ausgebildet werden.[59] Ab 1813 wurden mehrere Offiziere des Stabes systematisch preußischen Verbänden zugeteilt. Männer wie August Neidhardt von Gneisenau nahmen in den „Befreiungskriegen" gegen Napoleon von 1813 bis 1815 die

57 Kahn, The Prehistory of the General Staff, S. 504.

58 Spinner, Helmut F., Das „System Althoff" und Max Webers Kritik, die Humboldtsche Universität und die Klassische Wissensordnung: die Ideen von 1809, 1882, 1914, 1919, 1933 im Vergleich, in: Brocke, Bernhard vom (Hg.), Wissenschaftsgeschichte und Wissenschaftspolitik im Industriezeitalter. Das „System Althoff" in historischer Perspektive, Hildesheim, 1991, S. 503-563, hier S. 523.

59 Zu den Reformen unter Scharnhorst siehe Hittle, The Military Staff, S. 64-67; Sikora, Michael, Scharnhorst. Lehrer, Stabsoffizier, Reformer, in: Lutz, Karl-Heinz/Rink, Martin/ Salisch, Marcus von (Hg.), Reform, Reorganisation, Transformation. Zum Wandel in den deutschen Streitkräften von den preußischen Heeresreformen bis zur Transformation der Bundeswehr, München 2010, S. 43-64 und Stübig, Heinz, Scharnhorst. Die Reform des preußischen Heeres, Göttingen 1988, S. 65-90. Zur Ausbildung der preußischen Stabsoffiziere siehe Samuels, Martin, Directive Command and the German General Staff, in: War in History 2 (1995), S. 22-42, hier S. 31-39.

beratenden Aufgaben wahr, ohne jedoch dauerhaften Einfluss auf die Operationen ausüben zu können.[60] Eine weitere Ausweitung der institutionellen Befugnisse misslang indes auch Scharnhorst: Die Rolle eines zentralen militärischen Beraters des Obersten Kriegsherrn oblag nach wie vor nicht dem Chef des Generalquartiermeisterstabes, sondern dem Kriegsminister.[61]

Auch eine letzte wesentliche Änderung ging auf Scharnhorst zurück: Der Militärreformer setzte 1809 durch, dass Stabsoffiziere zwischen Stabsverwendungen und dem Dienst in der Truppe (der sogenannten „Front") wechselten, um auf diese Weise die Ansichten der Zentrale in den einzelnen Divisionen und Korps zu verbreiten.[62] 1817 erhielt der preußische Generalquartiermeisterstab schließlich offiziell die Bezeichnung „Generalstab". Vier Jahre später gelang dem Chef des Generalstabs, Karl von Müffling gen. Weiß, die rechtliche Loslösung seiner Behörde vom Kriegsministerium. Indes war der Generalstab nur formal dem Ministerium gleichgestellt, da sein Chef weiterhin kein Vortragsrecht vor dem Monarchen besaß und Vorschläge und Berichte über den Kriegsminister an den König senden musste.[63] Müffling führte weitere Neuerungen ein, die den preußischen Generalstab Schritt für Schritt zu einer moderneren und effizienteren Institution machten. Neben der Etablierung der Generalstabsreisen und -übungen[64] erwies sich dabei die Schaffung eines separaten Generalstabsdienstweges als wichtige Maßnahme. Generalstabsoffiziere konnten fortan ohne Rücksicht auf das Kriegsministerium oder die Truppenkommandeure unmittelbar an den Chef des Generalstabs berichten. Diese Kompetenz stärkte das Zusammengehörigkeitsgefühl und garantierte die *unité de doctrine*, die Einheitlichkeit der taktischen und operativen Vorstellungen der Generalstabsoffiziere im Frieden und im Krieg.[65]

---

60 Eine Ausnahme war Gebhard Leberecht von Blücher, der den Ratschlägen seines Stabschefs August Neidhardt von Gneisenau nicht nur Gehör schenkte, sondern ihn auch Befehle in alleiniger Verantwortung geben ließ. Siehe Bauer, Frank, Gneisenau im Feldzug 1815. Der endgültige Sieg über Napoleon, 1813-1815, Altenburg 2015 (= Kleine Reihe Geschichte der Befreiungskriege, 40).

61 Messerschmidt, Manfred, Die politische Geschichte der preußisch-deutschen Armee, in: Forstmeier, Friedrich/Meier-Welcker, Hans (Hg.), Handbuch zur deutschen Militärgeschichte, Bd. 2, Abschnitt IV, S. 9-380, hier S. 309.

62 Samuels, Directive Command, S. 31-39.

63 Messerschmidt, Die politische Geschichte, S. 311.

64 Bucholz, Moltke, Schlieffen, and Prussian War Planning, S. 28-31.

65 Zum Generalstabsdienstweg siehe „Generalstabs-Dienstweg und Generalstabs-Verantwortlichkeit", Teil I, 1935, BArch, RH 61/337.

Die bahnbrechenden Entwicklungen in Preußen fanden zunächst keine Nachahmer, auch nicht innerhalb des Deutschen Bundes.[66] Trotz der Revolution in der Kriegführung setzten die meisten europäischen Staaten nur zaghaft erste Neuerungen im Bereich des Stabswesens um. Noch Mitte des 19. Jahrhunderts besaßen viele europäische Armeen lediglich spezielle Institutionen, die sich mit der Landesaufnahme und der Anfertigung von Karten sowie mit militärstatistischen Fragen befassten. Auffällig ist vor allem der Unterschied zwischen Preußen und Frankreich, hatte letzteres doch nach den Napoleonischen Kriegen seinen Vorsprung im Bereich des Stabswesens eingebüßt. Inwiefern die Französische Revolution hierfür als Ursache angesehen werden kann, ist in der Forschung umstritten.[67] Nach den preußischen Armeereformen hatten die französischen Stabsoffiziere wesentlich weniger Befugnisse als ihre preußischen Kollegen. Während die Offiziere rechts des Rheins die Kommandeure beraten durften, bevorzugt befördert und umfassend militärisch geschult wurden, dienten sie links des Rheins lediglich als bessere Bürogehilfen. Im Adjutantendienst war es ihre Aufgabe, die Gedanken des Befehlshabers zu Papier zu bringen, nicht aber, sie zu lenken und zu kanalisieren. 1818 wurde ein geschlossenes Generalstabsoffizierkorps geschaffen, das sich fortan aus der im gleichen Jahr gegründeten *Ecole d'Application d'État-major* rekrutierte, jedoch bis auf wenige Ausnahmen keinerlei Wechsel zwischen Stab und „Front" unterworfen war.[68] Französische Stabsoffiziere wurden somit bis zum Dienstende allein in Stabspositionen verwendet, was eine Entfremdung zwischen Stab und Truppe zur Folge hatte. Weitere Umstände trugen zum Bedeutungsverlust bei. Schließlich hatte die französische Generalität während der Napoleonischen Kriege in Anlehnung an den Kaiser gelernt, auch ohne fähige Berater erfolgreich zu führen. Generalstabsoffiziere wurden für die Erstellung der ersten wissenschaftlichen Karte von Frankreich herangezogen, nicht aber in Kriegsspielen oder Generalstabsreisen operativ geschult. Befördert wurden sie zudem nicht nach Leistung, sondern nach Dienstalter.[69]

---

66 Zum bayerischen Generalstab siehe Hackl, Othmar, Der bayerische Generalstab (1792-1919), München 1999.

67 So sieht Irvine die Revolution als massiven Entwicklungsrückschlag an, während Hittle betont, auch in der Zeit der Revolutions- und der Napoleonischen Kriege habe sich das französische Stabswesen bedeutend weiterentwickelt. Irvine, The French and Prussian Staff Systems, S. 198 und Hittle, The Military Staff, vor allem S. 113-115.

68 Stanley bezeichnet es als Kardinalfehler von Generalstäben, auf den Wechsel zwischen Front und Stab zu verzichten. Siehe Stanley, The General Staff, S. 59.

69 Irvine, The French and Prussian Staff Systems, S. 199-202. Zu den Missständen im französischen Generalstabsoffizierkorps siehe auch Hittle, The Military Staff, S. 117.

Allein im Hinblick auf den Aufbau eines Nachrichtenwesens (in erster Linie gegen den Deutschen Bund) sowie die Landesaufnahme erwiesen sich die französischen Stabsoffiziere als ebenbürtig. Sie mussten eine zweijährige Ausbildung an der *Ecole d'Application d'État-major* absolvieren, die allerdings nicht derart breites Wissen vermittelte wie ihr Pendant an der preußischen Kriegsakademie. Eine bürokratische Zentralorganisation, vergleichbar mit dem preußischen „Großen Generalstab", fehlte völlig.[70] Letztlich leistete sich Frankreich einen Generalstab, der mit bis zu 600 Offizieren „personell sogar noch größer war als der des riesigen russischen Reiches, der für seine wirklichen Aufgaben überqualifiziert war, und mit dem die Truppenbefehlshaber nichts anzufangen wussten."[71]

Mitte des 19. Jahrhunderts fiel die minutiöse Kriegsplanung noch nicht in das Ressort der rudimentären Stäbe. Auch der preußische Stab machte hier zunächst keine Ausnahme. Schließlich sei es eine Torheit anzunehmen, Kriege ließen sich auf Jahre hinaus vorausberechnen, so das Credo der beiden Generalstabschefs Karl von Grolman und Wilhelm von Krauseneck.[72] Dies änderte sich erst mit dem Bedeutungszuwachs der Eisenbahn, die derart rasche Truppenverschiebungen ermöglichte, dass Heere ihre Feldzüge möglichst umfassend planen mussten, um erfolgreich zu sein.[73] Krauseneck förderte erstmals kommunikationstechnische Neuerungen und begründete somit den Ruf des preußischen Generalstabs, technische Entwicklungen frühzeitig für militärische Zwecke nutzbar zu machen. Neben dem Ausbau der Eisenbahn stand fortan auch die Ausweitung des telegraphischen Netzes auf der Agenda. Eine weitere Neuerung in Krausenecks Amtszeit war die Aufstellung eines jährlich aktualisierten Mobilmachungsplans, wobei die Mobilmachung selbst auch weiterhin in den Zuständigkeitsbereich des preußischen Kriegsministeriums fiel.[74]

Dass eisenbahntechnische Fragen über Sieg und Niederlage entscheiden konnten, erfasste in seiner gesamten Bandbreite jedoch erst Helmuth von

70 Einen kurzen Vergleich zwischen deutschen und französischen Stabsoffizieren bieten Jaun, „Das preußische Vorbild vor Augen", S. 200-204 und Walter, Preußische Heeresreformen, S. 555. Zum französischen Generalstab vor 1873 siehe auch Hittle, The Military Staff, S. 86-120 und Holmes, Richard, The Road to Sedan. The French Army, 1866-70, London 1984, S. 63-73.

71 Walter, Preußische Heeresreformen, S. 555.

72 Ebd., S. 536.

73 Irvine, The Origin of Capital Staffs, S. 176 f. und Walter, Preußische Heeresreformen, S. 536 f.

74 Bucholz, Moltke, Schlieffen, and Prussian War Planning, S. 27-35.

Moltke, der 1857 das Amt des preußischen Generalstabschefs übernahm.[75] Die Mobilmachungen der preußischen Armee in den Jahren 1850 und 1859 waren noch derart schleppend und chaotisch verlaufen, dass sich Moltke fortan um eine bessere Einbindung der Eisenbahn bemühte.[76] Ab 1861 wurden sogenannte „Linienkommissionen" errichtet, die im Kriegsfall die notwendigen Betriebsmittel und die Ausarbeitung der präzisen Fahrtdispositionen zu besorgen hatten. In erster Linie waren sie jedoch für den reibungslosen Fahrbetrieb auf ihrer Strecke verantwortlich, indem sie die Einhaltung der Verladezeiten, die richtige Reihenfolge der Züge sowie die Einhaltung der Fahrzeiten überwachten.[77] 1864 wurde innerhalb der 2. Abteilung des preußischen Generalstabs eine Eisenbahnsektion ins Leben gerufen und 1867/69 zu einer selbstständigen Abteilung aufgewertet. Sie kümmerte sich fortan um die Erstellung des Mobilmachungsplans und entwarf die Transporttabellen für die einzelnen preußischen Verbände.[78] Erst jetzt, so formuliert es der Historiker Dallas D. Irvine, hatte Preußens Großer Generalstab die Befugnisse eines vollkommenen „capital staff" unter sich vereint.[79]

Drei Kriege waren es schließlich, die der preußischen Institution zum vollen Durchbruch verhalfen. Beim Ausbruch des Krieges gegen Dänemark 1864 musste Moltke seine Pläne noch über den preußischen Kriegsminister an das Oberkommando leiten. Vom Kriegsminister wurde er lediglich dazu aufgefordert, Vorschläge zur Operationsführung zu machen.[80] Der Krieg gegen Österreich von 1866 endete nicht nur mit einem weiteren preußischen Sieg, sondern vor allem auch mit einem Bedeutungszuwachs von Moltkes Generalstab. Der auf dem getrennten Aufmarsch der einzelnen Armeen basierende Sieg bei Königgrätz steigerte Moltkes Prestige enorm und begründete seinen Ruf als herausragender Stratege und militärischer Planer. Zuvor hatte der preußische König Wilhelm I. seinem Generalstabschef zum ersten Mal die Befehlsgewalt über Truppen eingeräumt.[81] Auf diese Weise war der Chef des Generalstabs nicht nur für die Planung, sondern auch für die Führung der

75 Salewski, Michael, Moltke, Schlieffen und die Eisenbahn, in: Foerster, Roland G. (Hg.), Generalfeldmarschall von Moltke. Bedeutung und Wirkung, München 1991, S. 89-102.

76 Bucholz, Moltke, Schlieffen, and Prussian War Planning, S. 36-57.

77 Bremm, Klaus-Jürgen, Von der Chaussee zur Schiene. Militärstrategie und Eisenbahnen in Preußen von 1833 bis zum Feldzug von 1866, München 2005, S. 181.

78 Stoeckel, Otto, „Die Organisation des Großen Generalstabs von 1803 bis 1914", BArch, PH 3/124, Bl. 97-102.

79 Irvine, The Origin of Capital Staffs, S. 178.

80 Bucholz, Moltke, Schlieffen, and Prussian War Planning, S. 45 und Millotat, Das preußisch-deutsche Generalstabssystem, S. 67.

81 Order Wilhelms I. vom 2. Juni 1866, zitiert nach Messerschmidt, Die politische Geschichte, S. 316.

Operationen verantwortlich geworden und musste das Kriegsministerium nur noch über seine Absichten informieren.

Während des Kriegs gegen Frankreich leitete Moltke sämtliche Operationen, die er zuvor, ebenso wie den Aufmarsch der Truppen, auch selbst ausgearbeitet hatte.[82] Armee- und Korpsbefehlshabern ließ er viel Freiraum und gab lediglich die übergeordneten Ziele vor. Wenn auch bei weitem nicht alle Kommandeure nach dem Wunsch Moltkes führten,[83] setzte sich doch das System der Führung durch Direktiven im Großen und Ganzen durch und galt nach 1871 als Ideal.[84] Wichtigstes Instrument waren dabei die Truppengeneralstabsoffiziere, die – im Sinne einer einheitlichen Doktrin geschult – die Ansichten der Zentrale (also Moltkes) durchsetzen konnten, indem sie den kommandierenden Generale berieten.[85] Der Generalstabschef nahm nur einen kleinen Stab von 15 Offizieren mit in den Krieg, während mit dem mobilen Heer über 200 Generalstabsoffiziere ins Feld ausrückten und die deutschen Kommandeure unterstützten. Der siegreiche Ausgang des Konflikts begründete schließlich auch den Nimbus der Unfehlbarkeit des Generalstabs, dessen Offiziere fortan als „Halbgötter" und als Elite innerhalb der Elite betrachtet wurden.[86] Auch das Selbstverständnis der Generalstabsoffiziere entwickelte sich zu einem besonderen Kastendenken.[87]

Mitte des 19. Jahrhunderts hatte sich Preußen somit einen eindeutigen institutionellen Vorsprung erarbeitet. Wie groß dieser war, offenbart der Vergleich: Während die preußischen Siege die Überlegenheit des Stabssystems eindrucksvoll bewiesen, führten beinahe zeitgleich die Heere der Vereinigten Staaten sowie der Konföderierten Staaten von Amerika einen blutigen Bürgerkrieg gänzlich ohne Stabsoffiziere und generalstabsähnliche Organisation.[88]

82 Millotat, Das preußisch-deutsche Generalstabssystem, S. 67.

83 Für Beispiele siehe Walter, Preußische Heeresreformen, S. 542-545.

84 Siehe dazu umfassend Sigg, Marco, Der Unterführer als Feldherr im Taschenformat. Theorie und Praxis der Auftragstaktik im deutschen Heer 1869 bis 1945, Paderborn 2014 (= Zeitalter der Weltkriege 12), allem S. 177-201.

85 Samuels, Directive Command, S. 28-34 und Stumpff, Helmuth von Moltke und der preußisch-deutsche Generalstab, S. 156.

86 Grawe, Lukas, Military decision-making auf dem Weg in den Weltkrieg. Voraussetzungen des Entscheidens im preußisch-deutschen Generalstab von 1900 bis 1914, in: Clauss, Martin/Nübel, Christoph (Hg.), Militärisches Entscheiden. Voraussetzungen, Prozesse und Repräsentationen einer sozialen Praxis von der Antike bis zum 20. Jahrhundert, Frankfurt/New York 2020 (= Krieg und Konflikt 9), S. 125-151, hier S. 126.

87 Mombauer, Annika, Helmuth von Moltke and the Origins of the First World War, Cambridge 2001, S. 16.

88 Walter, Preußische Heeresreformen, S. 553. Ausführlich zum US-Stabswesen: Hittle, The Military Staff, S. 166-221.

Ähnlich rudimentär war das britische Stabssystem: Kommandeure suchten sich ihren Stab selbst aus, es gab keine Generalstabslaufbahn oder ein geschlossenes Generalstabskorps, geschweige denn einen „capital staff". Erst 1858 wurde eine Schule für Generalstabsoffiziere ins Leben gerufen.[89] „Führungstechnisch", betont Dierk Walter, „stand die britische Armee in den 1860ern auf dem Stand nicht einmal der napoleonischen, sondern bestenfalls der Revolutionskriege."[90]

Die drohende Auseinandersetzung mit Preußen-Deutschland vor Augen, bemühte sich der französische Kriegsminister Adolphe Niel in den 1860er-Jahren um Reformen des Stabssystems. Das *Dépot de la Guerre*, vergleichbar mit dem Großen Generalstab Preußens, wurde erheblich aufgewertet und in zwei *Bureaux* aufgeteilt, die sich mit Kartographie und Militärgeschichte, aber auch mit Operationsplanung und militärischer Nachrichtendiensttätigkeit auseinandersetzen sollten. Die Reformen kamen indes zu spät, um noch positive Wirkungen zeitigen und Einfluss auf die französische Kriegführung während des Krieges von 1870/71 nehmen zu können.[91]

In Österreich und Russland war Mitte der 1860er-Jahre immerhin ein Stabssystem vorhanden, dass im Hinblick auf die Befugnisse große Ähnlichkeiten mit dem preußischen Modell aufwies. Im Kompetenz- und Reformwirrwarr des österreichischen Vielvölkerreichs bestanden viele davon indes nur auf dem Papier, zumal die Institution keinen Einfluss auf die höhere Offiziersausbildung (und damit die Ausbildung und Rekrutierung der eigenen Generalstabsoffiziere) nehmen konnte.[92] Immerhin verfügte die österreichische Armee bereits über einen eigenen Truppengeneralstab, dessen Offiziere allerdings nicht derart einflussreiche Positionen einnahmen wie in Preußen und der immer wieder das Ziel von Etatkürzungen wurde.[93]

In Russland war 1815 der „Hauptstab seiner Majestät des Kaisers" ins Leben gerufen worden, der nach der russischen Niederlage im Krimkrieg (1853-1856) 1865 reformiert und dem Kriegsministerium unterstellt wurde. Der „Hauptstab" war fortan einerseits für das Nachrichtenwesen, die Landesaufnahme,

89 Hittle, The Military Staff, S. 143-154; Strachan, Hew, Wellington's Legacy: The Reform of the British Army, Manchester 1984, S. 146-179 und Bond, Brian, The Victorian army and the Staff College, 1854-1914, London, 1972, S. 7-82.

90 Walter, Preußische Heeresreformen, S. 554.

91 Irvine, The French and Prussian Staff Systems, S. 202 f. und Hittle, The Military Staff, S. 118-120.

92 Lackey, Scott W., The Rebirth of the Habsburg Army. Friedrich Beck and the Rise of the General Staff, Westport, Connecticut 1995 (= Contributions in Military Studies 161), S. 11-14 und Zeinar, Hubert, Geschichte des österreichischen Generalstabes, Wien 2006, S. 298-366.

93 Walter, Preußische Heeresreformen, S. 554.

logistische Aufgaben und Operationspläne zuständig, anderseits bearbeitete er aber auch Offizierspersonalien und Ausrüstungsfragen. Zudem beaufsichtige er die Generalstabsakademie.[94] Obwohl die Institution damit für ein weitaus größeres Themenspektrum zuständig war als der preußische Große Generalstab, blieb der Hauptstab vom russischen Kriegsminister abhängig, der aus Furcht vor eigenem Machtverlust bewusst auf die Aufstellung eines mächtigeren Generalstabs verzichtet hatte.[95] Der russische Truppengeneralstab lehnte sich hingegen bewusst am preußischen Modell an, sodass die Stabsoffiziere über einen ähnlich großen Einfluss verfügten. Als zweitwichtigster Mann hinter dem Kommandeur genoss der Stabschef allerdings nicht eine derart große Autorität wie der Stabschef in den preußischen Großverbänden.[96]

Fasst man die Entwicklungen im Stabswesen bis zur Mitte des 19. Jahrhunderts zusammen, so konnte demnach allein die preußische Armee auf einen Generalstab zurückgreifen, der sowohl Planungs- als auch Führungsinstanz war und der die Kriegführung maßgeblich unterstützen und beeinflussen, ja sogar im Namen des „Obersten Kriegsherrn" Befehle erteilen konnte.[97] Nach 1871 nahmen sich viele europäische Heere daher ein Beispiel am preußischen Vorbild und organisierten ihren Generalstab nach diesem bewährten Muster. Österreich erwies sich dabei als Vorreiter: Im September 1866 trat Franz von John an die Spitze des Generalstabs und leitete in den folgenden Monaten grundlegende Reformen ein. Der Austausch der Generalstabsoffiziere zwischen Stab und Truppe wurde intensiviert, die Kriegsschule dem Generalstab unterstellt. In der Hierarchie nach wie vor unterhalb des Kriegsministeriums angesiedelt, fungierte der Generalstab als dessen beratendes Organ. Erst ab 1875 durfte der Chef des Generalstabs seine Anliegen auch direkt dem Kaiser vorlegen. Unter Johns Nachfolger Franz Kuhn von Kuhnenfeld wurden ab 1871 zudem Kriegsspiele und Generalstabsreisen eingeführt, um die Ausbildung der Stabsoffiziere zu verbessern. Die faktische Loslösung der Institution vom österreichischen Kriegsministerium vollzog Friedrich von Beck, der von 1881

94 Hittle, The Military Staff, S. 242-254, Bronsart von Schellendorf, Paul, Der Dienst des Generalstabes, 4. Aufl., Berlin 1905, S. 70-78; Menning, Bruce W., Bayonets Before Bullets. The Imperial Russian Army, 1861-1914, Bloominton 1992, S. 14-18 und Airapetov, Oleg, Miliutin contra Moltke. Russia's Refusal to Adopt a Prussian-Style General Staff, in: Schimmelpenick van der Oye, David/Menning, Bruce W. (Hg.), Reforming the Tsar's Army. Military Innovation in Imperial Russia from Peter the Great to the Revolution, Cambridge 2004, S. 292-303.

95 Airapetov, Miliutin contra Moltke, S. 298-301.

96 Zu den russischen Stabsoffizieren siehe Hittle, The Military Staff, S. 256-260 und Bronsart von Schellendorf, Der Dienst des Generalstabes, S. 78-81.

97 Walter, Preußische Heeresreformen, S. 555.

bis 1906 als Generalstabschef fungierte und die Unterstellung seines Amtes unter den Kaiser durchsetzte.[98]

Frankreichs Reformen folgten 1874. Die Armee der Dritten Republik gab damit der These neue Nahrung, dass es offensichtlich erst verheerender militärischer Niederlagen (wie Preußen 1806, Österreich 1866 und eben Frankreich 1870/71) bedurfte, um ein funktionierendes Stabssystem zu etablieren. Die seit 1871 in Angriff genommenen umfangreichen Armeereformen gipfelten Ende 1874 in der Einführung eines Großen Generalstabs (*état-major général de armée*). Eingeteilt in drei Büros (Organisation und Logistik, Feindaufklärung, Operationen) blieb die Institution und der ihr vorstehende Chef allerdings dem Kriegsminister unterstellt, der die Geschicke der französischen Armee entscheidend bestimmte. Wechselte der Kriegsminister, trat bis 1888 in der Regel auch der französische Generalstabschef zurück. Erst danach wurde diese politische Abhängigkeit reduziert.[99] Da die französische Heerführung die Teilung von Funktionen einer Bündelung wie im deutschen Fall vorzog, erblickt der Historiker Eugene O. Porter im französischen Generalstab eine direkte Antithese zu seinem deutschen Gegenstück.[100] Allerdings orientierte sich Frankreich nun ganz an der deutschen Ausbildung, setzte auf Kriegsspiele und Generalstabsreisen und etablierte den Wechsel der Stabsoffiziere zwischen Front und Stab.[101]

Die jungen Nationalstaaten auf dem Balkan errichteten in den 1860er- und 1870er-Jahren ebenfalls erste Stabssysteme.[102] Die Schweiz, die sich seit den 1820er-Jahren am französischen Stabswesen orientiert hatte, lehnte sich ab den 1890er-Jahren ebenfalls am preußisch-deutschen Vorbild an.[103] Der Stabsgedanke hielt 1878 auch im aufstrebenden Japan Einzug. Der *Sanbō Honbu*

---

98 Bronsart von Schellendorf, Der Dienst des Generalstabes, S. 56-62; Lackey, Scott W., The Rebirth of the Habsburg Army. Friedrich Beck and the Rise of the General Staff, Westport 1995, S. 31-58 und 83-98; Wagner, Walter, Die K.(u.)K. Armee – Gliederung und Aufgabenstellung, in: Wandruszka, Adam/Urbanitsch, Peter (Hg.), Die Habsburgermonarchie 1848-1918, Bd. V: Die bewaffnete Macht, Wien 1987, S. 142-633, hier vor allem S. 373-389 und Zeinar, Hubert, Geschichte des österreichischen Generalstabes, Wien 2006, S. 367-515. Siehe dazu auch den Beitrag von Günther Kronenbitter in diesem Band.

99 Hittle, The Military Staff, S. 120-122, Bronsart von Schellendorf, Der Dienst des Generalstabes, S. 85 und Porch, Douglas, The March to the Marne. The French Army 1871-1914, Cambridge 1981, S. 45-53.

100 Porter, Eugene O., The Evolution of the General Staff, in: The Historian 8/1 (1945), S. 26-45, hier S. 35.

101 Siehe auch den Beitrag von Douglas Porch in diesem Band.

102 Siehe die Beiträge von Danilo Šarenac, Claudiu-Lucian Topor und Elke Hartmann in diesem Band.

103 Jaun, „Das preußische Vorbild vor Augen".

(Generalstabsbüro der Kaiserlich Japanischen Armee) firmierte fortan direkt unter dem japanischen Kaiser und war nicht nur für die militärische Planung zuständig, sondern auch für die Operationsführung im Falle eines Krieges. Ähnlich wie in Preußen unterlag der Generalstab damit allein der kaiserlichen Kommandogewalt (jap. *tōsui-ken*).[104]

Als Nachzügler erwiesen sich die USA, die 1903 einen Großen Generalstab einrichteten, mit der Etablierung eines Truppengeneralstabs aber noch bis 1920 warteten,[105] und Großbritannien, das 1906 einen „capital staff“ ins Leben rief.[106] In beiden Ländern wurde die Unabhängigkeit der Institution indes begrenzt, indem man sie dem Secretary of War (Kriegsminister) bzw. dem War Office (Kriegsministerium) unterstellte.

3. Warum ein weiteres Buch über Generalstäbe?

Der kurze Abriss über Aufgaben und Geschichte der Generalstäbe bis zum Ende des 19. Jahrhunderts lässt erkennen, wie facettenreich die Arbeit der Institutionen war, zumal ihre Aufgaben und Kompetenzen im 20. Jahrhundert weiter zunahmen. Hier schließen die Beiträge des Sammelbands zeitlich und inhaltlich an. Doch warum noch ein Buch über Generalstäbe? Ist dazu nicht bereits alles gesagt und geschrieben worden? Die Antwort lautet ganz klar nein! Ungeachtet der bedeutungsvollen Befugnisse der Generalstäbe hat sich die Historiografie in höchst unterschiedlichem Maße der Erforschung der geheimnisumwitterten Einrichtungen gewidmet. Umfangreich untersucht ist beispielsweise der preußisch-deutsche Generalstab, einmal wegen seiner Vorbildfunktion für andere Armeen, sodann aber auch wegen der verhängnisvollen Rolle, die er im Vorfeld der beiden Weltkriege und währenddessen spielte.[107] Für die Generalstäbe anderer Länder ist der Forschungsstand hingegen

104 Bronsart von Schellendorf, Der Dienst des Generalstabes, S. 103 f. und Orbach, Danny, Curse on this Country. The Rebellious Army of Imperial Japan, Ithaca 2017, S. 81.

105 Porter, The Evolution of the General Staff, S. 37-42.

106 Siehe den Beitrag von Ian F.W. Beckett in diesem Band und ders., "Selection by Disparagement": Lord Esher, the General Staff and the Politics of Command, 1904-14, in: French, David/Reid, Brian Holden (Hg.), The British General Staff. Reform and Innovation c. 1890-1939, London 2002, S. 35-47.

107 Als Beispiele seien hier genannt Görlitz, Walter, Der deutsche Generalstab. Geschichte und Gestalt, Frankfurt am Main 1950; Bucholz, Moltke, Schlieffen, and Prussian War Planning; Millotat, Das preußisch-deutsche Generalstabssystem; Megargee, Geoffrey, Hitler und die Generäle. Das Ringen um die Führung der Wehrmacht 1933-1945, Paderborn 2006; Schmidt-Richberg, Die Generalstabe in Deutschland; Erfurth, Waldemar, Die Geschichte des deutschen Generalstabes von 1918 bis 1945, Göttingen 1957, Bald, Detlef,

weitaus rudimentärer. Sicherlich wurden auch die russischen, französischen und britischen Institutionen schon mehrfach beleuchtet,[108] doch finden sich auf dem Buchmarkt nur wenige Studien, welche die Geschichte mehrerer Generalstäbe in kompakter Art und Weise innerhalb eines Bandes untersuchen und auf diese Weise Vergleiche ermöglichen.[109] Wenig bekannt sind darüber hinaus die Generalstäbe der ost- und südosteuropäischen Länder – unabhängig davon, ob die Zeit vor dem Ersten oder vor dem Zweiten Weltkrieg im Fokus steht.

Der deutsche Generalstab 1859-1939. Reform und Restauration in Ausbildung und Bildung, München, 1977; Hartmann, Christian, Halder. Generalstabschef Hitlers 1938-1942, 2., erweiterte und aktualisierte Auflage, Paderborn 2010, vor allem S. 99-342 und Müller, Klaus-Jürgen, Generaloberst Ludwig Beck. Eine Biographie. 2., durchgesehene Auflage, Paderborn 2008, vor allem S. 100-364.

108 Zum russischen Generalstab siehe Steinberg, John W., All the Tsar's Men. Russia's General Staff and the Fate of the Empire, 1898-1914, Baltimore 2010; Marshall, Alex, The Russian General Staff and Asia, 1860-1917, New York 2006; Menning, Bruce W., Pieces of the Puzzle: The Role of Iu. N. Danilov and M. V. Alekseev in Russian War Planning before 1914, in: The International History Review, 25/4 (2003), S. 775-798; Mayzel, Matitiahu, Generals and Revolutionaries. The Russian General Staff During the Revolution: A Study in the Transformation of Military Elite, Osnabrück 1979; Bayer, Philip A., The Evolution of the Soviet General Staff, 1917-1941, New York 1987; Seaton, Albert, Stalin and the Red Army General Staff in the Thirties, in: Preston, Adrian (Hg.), General Staffs and Diplomacy before the Second World War, London 1978, S. 65-76; Ewers, Philipp, Marschall Schukow. Der Mann, der Hitler besiegte. Die Biographie, Berlin 2017. Zum französischen Generalstab siehe Schmidt, Stefan, Frankreichs Außenpolitik in der Julikrise 1914. Ein Beitrag zur Geschichte des Ausbruchs des Ersten Weltkrieges, München 2009, vor allem S. 105-212; Bourachot, André, Marshal Joffre. The triumphs, failures and controversies of France's commander-in-chief in the Great War, Barnsley 2014; Clayton, Anthony, General Maxime Weygand, 1867-1965. Fortune and misfortune, Bloomington 2015; Alexander, Martin S., The Republic in danger: General Maurice Gamelin and the politics of French defence, 1933-1940, Cambridge 1992; Young, Robert, La Guerre de Longue Durée: Some Reflections on French Strategy and Diplomacy in the 1930s, in: Preston, (Hg.), General Staffs and Diplomacy before the Second World War, S. 41-64; Jackson, Peter, France and the Nazi Menace: Intelligence and Policy Making 1933-1939, Oxford 2000. Zum rudimentären Stabssystem in der britischen Armee Mitte des 19. Jahrhunderts siehe Strachan, Wellington's Legacy, S. 146-179. Zum Stabswesen Anfang des 20. Jahrhunderts siehe Bond, The Victorian army and the Staff College; Gooch, John, The Plans of War: The General Staff and British Military Strategy c. 1900-1916, Abingdon 1974; Jeffery, Keith, Field Marshall Sir Henry Wilson: A Political Soldier, Oxford 2010; French, David/Reid, Brian Holden (Hg.), The British General Staff. Reform and Innovation c. 1890-1939, London 2002; Dilks, David, "The Unnecessary War"? Military Advice and Foreign Policy in Great Britain, 1931-1939, in: Preston, (Hg.), General Staffs and Diplomacy before the Second World War, S. 98-132.

109 Irvine, The Origins of Capital Staffs; Hittle, The Military Staff; Hamilton, Richard F./Herwig, Holger H. (Hg.), War Planning 1914, Cambridge 2010 und Preston (Hg.), General Staffs and Diplomacy.

Der vorliegende Sammelband stellt die jeweiligen „capital staffs“ in den Mittelpunkt, während die Truppengeneralstäbe lediglich am Rande thematisiert werden sollen. Das Hauptaugenmerk liegt dabei auf dem Zeitalter der Weltkriege. Dieser zeitliche Zugriff bietet mehrere Vorteile: Zum einen verfügten die meisten Staaten zu Beginn des 20. Jahrhunderts über ein (nahezu) vollständig etabliertes Generalstabssystem, das eine Untersuchung rechtfertigt. Zum anderen waren die Jahre vor den beiden Weltkriegen von stetigen internationalen Spannungen und Rüstungswettläufen geprägt – zwei Umstände, die eine Analyse der Handlungen von Generalstäben besonders lohnenswert machen. Schließlich ist die Kriegsvorbereitung Wesenselement und Daseinsberechtigung eines Generalstabs.

Der Sammelband soll aber nicht nur Einblick in bislang unterbelichtete Generalstäbe geben, sondern auch neue Fragen aufgreifen: So waren die Institutionen häufig nicht nur Zentren der Operationsplanung und -führung, sondern auch die Schnittstellen der militärischen Geheimdienstarbeit. Gerade dieser Bereich ist allerdings von der historischen Forschung bislang weitgehend ausgeblendet worden,[110] obwohl es ja eine der Hauptaufgaben eines Generalstabs ist, vorauszuschauen. Mit der Geheimdienstarbeit verbunden war stets der Hauch des Okkulten, von dem Außenstehende nichts erfuhren.[111] Nicht umsonst nannte der Historiker Eckart Kehr den preußischen Generalstab das „mystische Ungeheuer“.[112] Besonders in Großbritannien genoss militärische Geheimdienstarbeit einen guten Ruf. Folglich ging der britische Generalstab aus dem militärischen Nachrichtendienst (der „Intelligence Division“) hervor, nicht aus der Operationsabteilung.[113]

Wenig Aufmerksamkeit ist bisher auch soziokulturellen Fragen entgegengebracht worden. So ist zu klären, ob es sich bei den Generalstabsoffizieren wirklich um die Militärelite des jeweiligen Landes handelte – wie von der Historiografie häufig behauptet[114] – und wie die Sozialisation der Generalstabsoffiziere aussah. Waren Generalstäbe meritokratische Institutionen oder spielte Patronage eine ebenso große Rolle wie im restlichen Offizierskorps? Auch eine naheliegende Frage ist bislang kaum untersucht worden: Obwohl der preußische Generalstab als Vorbild für viele Generalstäbe innerhalb

110 Das ist Walter bereits im Jahr 2003 aufgefallen. Siehe Walter, Preußische Heeresreformen, S. 534.

111 Kahn, The Prehistory of the General Staff, S. 500.

112 Kehr, Eckart, Der Primat der Innenpolitik. Gesammelte Aufsätze zur preußisch-deutschen Sozialgeschichte im 19. und 20. Jahrhundert, hrsg. v. Hans-Ulrich Wehler, 2., durchgesehene Aufl., Berlin 1970, S. 150.

113 Siehe den Beitrag von Ian F.W. Beckett in diesem Band.

114 So beispielsweise bei Walter, Preußische Heeresreformen, S. 117.

Europas galt, hat kaum eine Studie bislang hinterfragt, welche Arbeitsweisen oder organisatorischen und strukturellen Belange durch ausländische Institutionen übernommen wurden.[115]

Spannend sind auch jene Fragen, die sich um das Verhältnis der Generalstäbe und ihrer Offiziere zur Demokratie oder zur Autokratie drehen. Wie bereits angedeutet, erwiesen sich vor allem die USA und Großbritannien als Nachzügler, wenn es um die Etablierung eines mächtigen Stabssystems ging. Der amerikanische Secretary of War Elihu Root stellte 1902 in seinem offiziellen Bericht zur Schaffung eines US-Generalstabs die These auf, demokratischen Staaten sei der große Einfluss der Stäbe auf die Entscheidungen bezüglich Krieg und Frieden suspekt und unheimlich. Ohnehin weniger zentral und straff organisiert als Autokratien, hätten demokratische Staaten ungeachtet der Vorteile, die das Stabswesen mit sich bringe, aus diesem Grund lange gezögert, ehe sie sich zur Einrichtung durchgerungen hätten.[116] Auch im politischen Establishment Großbritanniens bestanden ähnliche Bedenken.

Die Annahme Roots scheint einen wahren Kern nicht zu entbehren. Schließlich etablierte sich die faktische Befehlsgewalt eines Generalstabschefs zuerst in der preußischen Monarchie, wobei Moltke die Führung im Namen des preußischen Königs Wilhelm I. übernahm. In Monarchien wie dem Deutschen Reich, Österreich-Ungarn oder Japan unterstand der Generalstabschef direkt dem „Obersten Kriegsherrn", also dem Kaiser, und führte im Kriegsfall in dessen Namen die Armeen. Besaßen diese Generalstäbe folglich mehr Macht als ihre Pendants in demokratisch verfassten Staaten? Welches Verhältnis pflegten die Institutionen in der Zwischenkriegszeit zu den faschistischen bzw. nationalsozialistischen Staatsführungen? Mit Hilfe dieser Fragen sollen die einzelnen Beiträge auch das Zusammenspiel zwischen militärischer und ziviler Sphäre beleuchten. Ob die Generalstäbe und ihre Offiziere den Primat der Politik achteten oder sich vielfach über die ihnen gesteckten Ressortgrenzen hinwegsetzten, wird ebenfalls untersucht.

Abseits der neuen Fragen sollen aber auch jene Bereiche nicht zu kurz kommen, die traditionell mit Generalstäben verbunden werden. Daher nehmen die einzelnen Beiträge die Geschichte, die Organisation/Gliederung, die Arbeitsweise, den Personalbestand, ihren Einfluss auf die Doktrinbildung der heimischen Armee sowie Aufgaben und Kompetenzen der jeweiligen

115 Siehe beispielsweise Schifferle, John, The Prussian and American General Staffs: An Analysis of Cross-Cultural Imitation, Innovation, and Adaptation, Chapel Hill 1981 und Greoning, William H., The Influence of the German General Staff on the American General Staff, Carlisle 1993 für die US-Army und Jaun, „Das preußische Vorbild vor Augen" für die Schweiz.

116 Porter, The Evolution of the General Staff, S. 44.

Generalstäbe in den Blick. Auch gehen sie auf die Zusammenarbeit mit den anderen Militärbehörden des jeweiligen Landes ein und hinterfragen, wie selbstständig Generalstäbe innerhalb der jeweiligen militärischen Institutionshierarchien agieren konnten. Daran schließen auch Fragen nach der rechtlichen Einbindung von Generalstäben an. Was durften sie entscheiden und auf welche Fragen hatten sie keinen Einfluss? Erläutert werden darüber hinaus die jeweiligen Pläne für den Kriegsfall sowie die Einflussnahmen auf die Außen-, Innen- und Rüstungspolitik des jeweiligen Staates sowie etwaige Präventivkriegsforderungen. Dabei werden auch Unterschiede und Gemeinsamkeiten in der Vorgehensweise aufgezeigt, beispielsweise im Hinblick auf Entscheidungsprozesse und -abläufe.

Der Sammelband legt dabei bewusst den Fokus auf die Kriegsvorbereitung. Die Kriegführung sowie die Planung und Leitung der Operationen während der Weltkriege sind derart umfangreiche Themen, dass ihre Behandlung den Rahmen des Buches sprengen würde. Im Mittelpunkt der Beiträge steht dabei die Frage, welchen Anteil die Generalstäbe am Ausbruch der Weltkriege besaßen. Während sich die einzelnen Länderstudien des ersten Teils (vor 1914) mit der Entstehung und Etablierung des jeweiligen Generalstabs befassen und letztlich einen Ausblick auf die Entwicklung der Institutionen im Ersten Weltkrieg geben sollen, erläutern die Beiträge des zweiten Abschnitts (vor 1939/41) zu Beginn kurz die Entwicklung des jeweiligen Generalstabs seit 1918, legen ihren Schwerpunkt aber auf die Jahre vor dem Zweiten Weltkrieg. Sie gehen auch auf die Frage ein, welche Lehren aus dem Ersten Weltkrieg gezogen wurden. Eingeordnet werden die jeweiligen Stäbe auch in die unterschiedlichen ideologischen und politischen Kontexte der einzelnen Länder. Die Entwicklung in Europa steht dabei im Mittelpunkt, während der US-Generalstab und der Generalstab der japanischen Armee sowie der Pazifikkrieg nicht behandelt werden. Zugesagte Beiträge zum russischen und bulgarischen Generalstab vor 1914 und zum französischen Generalstab der 1930er-Jahre kamen leider nicht zustande, sodass einige Charakteristika der betreffenden Institutionen im Fazit aufgegriffen werden sollen.

TEIL I

Generalstäbe vor 1914

Den Krieg fordern und vorbereiten: Der österreichisch-ungarische Generalstab 1906 bis 1914

Günther Kronenbitter

1. Einleitung

In Graz, der Hauptstadt des österreichischen Bundeslandes Steiermark, ist auch im Jahr 2022 noch eine große Straße nach dem langjährigen österreichisch-ungarischen Generalstabschef Franz Conrad von Hötzendorf benannt, aber vermutlich wird das nicht mehr lange so bleiben. Eine Kommission hat vor einigen Jahren eine Liste erinnerungskulturell problematischer Straßennamen erstellt und hier findet sich auch der Hinweis auf Conrad, dem der Vorwurf der „Kriegstreiberei" gemacht wird. Das trifft zu, wie der zuständige Experte Wolfram Dornik, Verfasser einer Biographie Conrads, in seiner ausführlichen Begründung für diese Einschätzung darlegt, und er war darüber hinaus auch noch der Hauptverantwortliche für katastrophale Fehlentscheidungen der Armeeführung während des Ersten Weltkriegs. Im Anschluss an Dorniks Urteil ließe sich Conrad geradezu als Personifizierung für die fachlichen Mängel und moralischen Defizite einer Militärelite beschreiben, die einen guten Teil Verantwortung für den Untergang der Habsburgermonarchie trägt. Aus heutiger Sicht ist nicht mehr recht nachvollziehbar, wieso Conrad als Namenspatron firmieren sollte. Nicht unmittelbar nach seinem Tod 1925, sondern erst ein Jahrzehnt später, erhielt die Straße ihren derzeitigen Namen, also mitten in der Diktatur, die sich selbst als „Ständestaat" bezeichnete und ganz bewusst an die Traditionen der untergegangenen Habsburgermonarchie anknüpfte.[1]

Die ehemalige k. u. k. Armee, die nach der Niederlage 1918 genauso auseinanderbrach wie das Reich der Habsburger, bot sich als geschichtspolitischer Bezugspunkt an. Heute ist sie ein „lieux de mémoire" mit Nostalgiefaktor, in der Zwischenkriegszeit hingegen bildeten Armeedienst und Kriegserfahrung wichtige Abschnitte in den Biographien der vielen Veteranen. Wer die Verantwortung für den Ausbruch des Kriegs und für die Niederlage trug, war kein rein akademisches Thema, sondern berührte politische Streitfragen und das

1 Endbericht der ExpertInnenkommission für Straßennamen Graz. Auszug. Graz 2017, S. 3, 41 f., URL: https://www.graz.at/cms/dokumente/10311253_8106610/3e205fe1/Anhang%20A_Endbericht%20der%20ExpertInnenkommission%20für%20Straßennamen%20Graz%20%28Auszug%2045-251%29.pdf, [zuletzt abgerufen 27.02.2022].

 | DOI:10.30965/9783657791958_002

Selbstverständnis der Kriegsgeneration. Gerade für die ehemaligen Offiziere konnten diese Themen von besonderer Relevanz für ihr Selbstbild sein. Innerhalb dieser Gruppe waren es vor allem Mitglieder des Generalstabskorps, die sich in militär- und kriegsgeschichtlichen Deutungskämpfen engagierten. Wie in anderen Staaten auch, so prägten in Österreich lange die geschichtlichen Akteure die historiographische Auseinandersetzung mit dem Weltkrieg. Conrad öffentlich als Kriegstreiber oder als untauglichen Generalstabschef im Krieg zu kritisieren, wäre einer Selbstdemontage des Generalstabskorps der einstigen k. u. k. Armee gleichgekommen. Conrad hatte mit einer mehrbändigen Publikation, die unter dem Titel *Aus meiner Dienstzeit* knappe Rückblicke mit zahlreichen Quellen vereinte, seine Rolle als Generalstabschef vor und zu Beginn des Kriegs für die Nachwelt festzulegen versucht. Seine früheren Untergebenen rüttelten zumindest in ihren Veröffentlichungen nur selten am Bild eines uneitlen und befähigten Dieners von Habsburgermonarchie und Armee.[2] Er verkörperte den Beitrag des Generalstabs zur Geschichte Österreich-Ungarns, auch wenn er weder der letzte noch der erste Generalstabschef des Habsburgerreichs gewesen war.[3]

2. Entwicklung des Generalstabs bis 1906

Seit dem letzten Drittel des 19. Jahrhunderts verbindet sich mit dem Begriff „Generalstab" die Vorstellung von einer speziell für Kriegsplanung und operativer Führung von Streitkräften zuständigen Institution. Dass dieser Einrichtung besondere Bedeutung für die militärische Schlagkraft zugeschrieben wurde, hatte mit der Umstellung der Heeresorganisation auf ein Wehrpflichtsystem mit geringen Friedensständen und einer hohen Zahl an ausgebildeten Reservisten zu tun. Zwar ließen sich dadurch in Friedenszeiten finanzielle und volkswirtschaftliche Ressourcen schonen, aber die Mobilmachung und der Aufmarsch der Massenheere im Kriegsfall erforderte sorgfältige Vorbereitung schon in Friedenszeiten, nicht zuletzt zur optimalen Nutzung der

2 Schmitz, Martin, „Vaterland zerstört. Armee zerrissen." Der Zusammenbruch der Donaumonarchie in der Erinnerung österreichisch-ungarischer Offiziere, in: Jaun, Rudolf/Olsansky, Michael M./Picaud-Monnerat, Sandrine/Wettstein, Adrian (Hg.), An der Front und hinter der Front. Der Erste Weltkrieg und seine Gefechtsfelder, Baden 2015 (= SERIE ARES 2), S. 256-270.

3 Dornik, Wolfram, Des Kaisers Falke. Wirken und Nach-Wirken von Franz Conrad von Hötzendorf. Mit einer Nachbetrachtung von Verena Moritz und Hannes Leidinger, 2. Aufl., Innsbruck 2013, S. 169-221; Sondhaus, Lawrence, Franz Conrad von Hötzendorf. Architekt der Apokalypse, Wien 2003, S. 233-257.

Eisenbahnen, ohne die eine rasche Einleitung von Operationen kaum möglich schien. Neben diesen strukturellen Zwängen zu systematischerer Vorbereitung auf den Kriegsfall spielte aber auch das ganz konkrete Beispiel der preußischen Erfolge in den Kriegen von 1864, 1866 und 1870/71 eine entscheidende Rolle. Dem Großen Generalstab in Berlin unter seinem Chef Helmuth von Moltke sprachen schon die Zeitgenossen einen wesentlichen Anteil an den Siegen Preußens und seiner Verbündeten zu. Preußens Generalstabsoffiziere galten als Leistungselite eines modernen Heeres.[4] Bei keiner anderen Großmacht Europas aber lag die preußische Armee schon seit dem 18. Jahrhundert als Vergleichsmaßstab so nahe wie in der Habsburgermonarchie, deren Militarisierung nicht zuletzt eine Konsequenz aus den Erfahrungen in Kampf gegen die Armeen Friedrichs II. von Preußen darstellte.[5]

Unter der Herrschaft Maria Theresias wurde das Heerwesen der Habsburgermonarchie dementsprechend grundlegend umgestaltet. Erste Ansätze eines operativen Generalstabsdienstes lassen sich bereits bei den kaiserlichen Truppen im Dreißigjährigen Krieg und auch unter dem Kommando des Prinzen Eugen von Savoyen erkennen. Erst im Zuge der theresianischen Reformen erfuhr der Generalquartiermeisterstab eine klare Aufgabenstellung, die im Generalsreglement von 1769 festgeschrieben wurde. Dennoch blieb die Rolle des Generalquartiermeisters und seines Stabs in den folgenden drei Jahrzehnten in der Praxis noch weit entfernt von der des Generalstabs am Vorabend des Ersten Weltkriegs. Zweifelsfrei war und blieb es eine wichtige Aufgabe, verlässliches Kartenmaterial, aber auch praxistaugliche Auswertungen von schriftlichen Quellen zur Landesbeschreibung und der Kriegsgeschichte vorzulegen und sich mit taktischen Reglements zu befassen. Die Bedeutung des Generalquartiermeisters für die Operationsplanung und die Rolle der Offiziere seines Stabs als Führungselite blieb hingegen noch lange Zeit umstritten. Erzherzog Carl, der sich angesichts der militärischen Überlegenheit der französischen Armee in den Kriegen seit 1792 für eine grundlegende Heeresreform einsetzte, erreichte 1801 die dauerhafte Verankerung des Generalquartiermeisterstabs als Einrichtung der Armeeführung, in Friedens- wie in Kriegszeiten. Besonderes Gewicht in der Militärführung besaß der 1809 zum Generalquartiermeister ernannte Josef Wenzel Radetzky allerdings zunächst nicht. Erst im Kriegseinsatz an der Seite des Armeebefehlshaber Fürst Karl Philipp zu Schwarzenberg

4 Vgl. dazu den Beitrag von Lukas Grawe in diesem Band.

5 Hochedlinger, Michael, Austria's Wars of Emergence, 1683-1797, London 2003, S. 203-348; Duffy, Christopher, Sieben Jahre Krieg 1756-1763. Die Armee Maria Theresias, Wien 2003, S. 118-141.

konnte er ab 1813 maßgeblichen Einfluss auf operativen Planungen und Entscheidungen nehmen.[6]

Seine Nachfolger als Generalquartiermeister in den gut drei Jahrzehnten zwischen Wiener Kongress und europäischer Revolution blieben dem Hofkriegsrat als der zentralen Institution des österreichischen Militärapparats untergeordnet. Mangelnde finanzielle und damit auch personelle Ressourcen beeinträchtigten die Schlagkraft der kaiserlichen Armee und auch die Ausgestaltung des Generalquartiermeisterstabs. Die Behauptung der Habsburgerherrschaft in den Kämpfen 1848/49 war nicht das Ergebnis von vorausschauender Generalstabsarbeit, sondern schwacher Gegner, russischer Unterstützung und entschiedener Führung durch Befehlshaber wie Radetzky, Joseph Graf Jelačić oder Alfred I. Fürst Windisch-Graetz. Loyalität und Pragmatismus standen nach den Revolutionsjahren im Offizierskorps hoch im Kurs, sichtbare Anflüge von Intellektualität eher nicht. Mehr als ein Jahrzehnt organisatorischer Experimente und eine erneute Unterfinanzierung setzten der Armee nach 1849 zu und boten ungünstige Voraussetzungen für eine wirkungsvolle Kriegsvorbereitung. Generalquartiermeister Heinrich von Hess, Franz von John und Ludwig August Benedek bewährten sich zwar in Italien, Benedeks Kommando über die Nordarmee endete 1866 aber mit dem Desaster von Königgrätz, das auch dem Versagen seiner Stabsarbeit zugeschrieben wurde. So war es wenig verwunderlich, dass der Platz des Generalstabs in der Führungsstruktur der Armee weiterhin umstritten blieb.[7] Dennoch: Auch in Österreich Ungarn entging den Beobachtern nicht, wie erfolgreich der Große Generalstab Preußens unter Führung von Moltke dem Älteren in den Kriegen 1864, 1866 und 1870/71 agiert hatte. Von da ab stellte dieser preußische Generalstab gewissermaßen das Modell für alle modernen Armeen Europas dar. Auch in Österreich-Ungarn veranlasste dies ein Umdenken. Jetzt sollte ein Generalstab eingerichtet werden, der tatsächlich für die Vorbereitung und Führung eines modernen Massenkrieges geeignet schien.

Der erste Generalstabschef der 1867 durch Ausgleich mit Ungarn konstituierten Doppelmonarchie war John, der im Jahr zuvor die erfolgreichen Operationen der Italien-Armee gestaltet hatte. Der Oberbefehlshaber dieser Armee, Erzherzog Albrecht von Österreich-Teschen, der Sohn Erzherzog Carls und Sieger in der Schlacht von Custoza 1866, war allerdings bis zu seinem Tod 1895

6 Zeinar, Hubert, Geschichte des österreichischen Generalstabes, Wien 2006, S. 154-296; Ingrao, Charles, The Habsburg Monarchy, 1618-1815, Cambridge 1994, S.178-242.

7 Zeinar, Geschichte, S. 321-367; Niemeyer, Joachim, Das österreichische Militärwesen im Umbruch. Untersuchungen zum Kriegsbild zwischen 1830 und 1866, Osnabrück 1979 (= Studien zur Militärgeschichte, Militärwissenschaft und Konfliktforschung 23), passim.

die dominierende Figur in der Militärführung Österreich-Ungarns. Er sollte im Kriegsfall die Streitkräfte der Habsburgermonarchie kommandieren und nahm nach 1866 maßgeblichen Einfluss auf die Neuorganisation der Streitkräfte.[8] Durch die Umgestaltung des Habsburgerreichs in eine Union der beiden konstitutionellen Monarchien mit Regierungen und Parlamenten in Wien und Budapest bedurfte es neuer Institutionen und Kompetenzbereiche. Die beiden neu geschaffenen Landwehren unterstanden jeweils den Verteidigungsministerien in Wien und Budapest, während das Gros der Landstreitkräfte zunächst als kaiserlich-königliche (k. k.), später als Zugeständnis an die Souveränitätsansprüche Ungarns als kaiserliche und königliche (k. u. k.) Armee firmierte. Für diese „gemeinsame Armee" trug das Kriegsministerium, das 1848 an die Stelle des Hofkriegsrats getreten war, die administrative und budgetrechtliche Verantwortung. Kurzzeitig leitete John auch das Kriegsministerium und wirkte an dessen Neustrukturierung mit. Das Verhältnis zwischen dem Ministerium und dem Generalstab blieb dennoch bis Anfang der 1880er Jahre spannungsreich und auch mit Erzherzog Albrecht, einer grauen Eminenz innerhalb des Militärapparates der Habsburgermonarchie, hatten John und seine Nachfolger immer wieder Meinungsverschiedenheiten. Dies hielt aber insbesondere Anton von Schönfeld, der von 1874 an den Generalstab leitete, nicht davon ab, die Mobilmachungs- und Aufmarschplanung voranzutreiben.[9]

Erst mit der Übernahme des Amtes eines Generalstabschefs durch Friedrich von Beck, den langjährigen Vorstand der Militärkanzlei und Generaladjutanten Kaiser Franz Josephs, erfuhr der Generalstab eine nachhaltige Aufwertung im Gefüge des Militärapparats Österreich-Ungarns. Beck erreichte bei seiner Ernennung 1881 nicht zuletzt ein direktes Vortragsrecht beim Monarchen und konnte sich die Zuständigkeit für die Militärattachés und Militärbevollmächtigten der Donaumonarchie sichern. Als gleichaltriger Vertrauter Franz Josephs verfügte er über wertvolles soziales Kapital, hatte sich der Monarch doch in den Ausgleichsgesetzen von 1867 die Kontrolle über die Streitkräfte als Prärogative der Krone gesichert, auch wenn für das Budget und die jährlichen Rekrutenkontingente parlamentarische Zustimmung notwendig war. Beck stärkte das Generalstabskorps, baute den Generalstab aus und ließ für mögliche Kriege gegen Russland, Italien und Serbien jeweils Aufmarschplanungen ausarbeiten. Militärdiplomatisch erfahren, knüpfte Beck auch Kontakte

8 Allmayer-Beck, Johann Christoph, Der stumme Reiter. Erzherzog Albrecht. Der Feldherr „Gesamtösterreichs", Graz 1997, passim.

9 Rosner, Willibald, Anton Freiherr von Schönfeld als Chef des Generalstabes – Der Beginn der konkreten Kriegsvorbereitungen Österreich-Ungarns 1876-1881, in: Mitteilungen des Instituts für Österreichische Geschichtsforschung 96 (1988), S. 383-424.

zum Großen Generalstab in Berlin. Besonders im Kontext der Doppelkrise der 1880er Jahre besaßen diese Verbindungen politische Brisanz. Zum Krieg der Zweibundpartner gegen Russland kam es nicht, doch die sicherheitspolitische Lage im Nordosten der Habsburgermonarchie bereitete Beck auch in den folgenden Jahren erhebliche Sorgen. Sein Engagement für den Ausbau der Schienenwege in die Aufmarschräume nahe der russischen Grenze trug schließlich Früchte.[10]

Zusammen mit einer Entspannung der außenpolitischen Beziehungen zum Zarenreich erschien die Gefährdung Österreich-Ungarns durch Russland allerdings zu Beginn des neuen Jahrhunderts auch schon vor der russischen Niederlage gegen Japan 1904/05 weniger massiv. Auch geschah mindestens zu Ende der 1880er Jahre ein erster kleiner Schritt zu einem Ausbau der Personalstände der Streitkräfte. Mehr an Impulsen im Bereich der Rüstung konnte Beck aber nicht setzen, geriet doch die Bewilligung des Rekrutenkontingents immer mehr zum Faustpfand in den Auseinandersetzungen um die Rolle Ungarns in der Habsburgermonarchie. Ab 1902/03 zeichnete sich deutlich ab, dass nur durch symbolische und rechtliche Zugeständnisse an die ungarische Unabhängigkeitspartei eine ausreichende Truppenstärke erreichbar schien. Kriegsminister Heinrich von Pitreich suchte nach Kompromissmöglichkeiten, aber Franz Joseph wollte die Kontrolle über die gesamten Streitkräfte möglichst ungeschmälert erhalten. Noch intensiver widersetzte sich den ungarischen Wünschen der Thronfolger, Erzherzog Franz Ferdinand von Österreich-d'Este. Ihm erschienen Kriegsminister und Generalstabschef als viel zu wenig energische Verteidiger der Kronrechte. Als Beck 1906 beim Kaisermanöver vom Pferd fiel, war der Sturz des betagten Generalstabschefs besiegelt.[11]

3. Kompetenzen und Karrieren

Erzherzog Franz Ferdinand drängte nun auf Becks Ablösung und die Berufung eines jüngeren, dynamischeren Generalstabschefs. Dafür boten sich mehrere Kandidaten an, darunter der Stellvertreter Becks, Oskar Potiorek. Dieser stand im Ruf eines exzellenten Operationsplaners und verfügte über gute

10 Lackey, Scott W., The Rebirth of the Habsburg Army: Friedrich Beck and the Rise of the General Staff, Westport, Connecticut 1995 (= Contributions in Military Studies 161), S. 83-163; Glaise-Horstenau, Edmund von, Franz Josephs Weggefährte. Das Leben des Generalstabschefs Grafen Beck. Nach seinen Aufzeichnungen und hinterlassenen Dokumenten, Wien 1930, S. 261-420.

11 Kronenbitter, Günther, „Krieg im Frieden". Die Führung der k. u. k. Armee und die Großmachtpolitik Österreich-Ungarns 1906-1914, München 2003 (=Studien zur Internationalen Geschichte 13), S. 58; Glaise-Horstenau, Franz Josephs Weggefährte, S. 421-438.

Beziehungen in das Umfeld des Kaisers. Zugleich aber war er in den Reihen des Generalstabs keineswegs unumstritten und die Nähe zum Kaiser oder seiner Militärkanzlei empfahlen ihn in den Augen Franz Ferdinands auch nicht gerade.[12] Die Wahl des Thronfolgers fiel schließlich auf Franz Conrad von Hötzendorf. Conrad hatte als Brigadekommandant in Triest seine Härte gegenüber der italienischen Nationalbewegung unter Beweis gestellt und sich als Divisionskommandant in Innsbruck vor den Augen des Thronfolgers in einem Manöver ausgezeichnet. Ihm eilte zudem ein Ruf als hervorragender Experte für Infanterietaktik voraus. Er hatte dieses Fach auf der Kriegsschule, der Ausbildungsstätte für künftige Generalstabsoffiziere, selbst einige Jahre unterrichtet und beschäftigte sich intensiv mit den Erfahrungen aus dem Burenkrieg, den er in einer Publikation analysierte.

Persönliche Kriegserfahrung hatte der 1852 geborene Conrad beim Okkupationsfeldzug in Bosnien-Herzegowina 1878/79 und bei der Niederschlagung des Aufstands in Süddalmatien 1882 gewinnen können, aber diese Kämpfe boten wenig Anhaltspunkte für die Vorbereitung auf künftige zwischenstaatliche Kriege, also für jene Aufgabe, vor die er sich als „Generalstabschef der gesamten bewaffneten Macht" der Habsburgermonarchie gestellt sah. Sein Blick auf die Zukunft Österreich-Ungarns war von Pessimismus bestimmt. Im Stil des Sozialdarwinismus seiner Zeit erwartete Conrad, dass die Habsburgermonarchie schon bald in einen Überlebenskampf verstrickt sein würde, gegen aggressive Nachbarstaaten, die vom Nationalismus als mobilisierender Kraft profitieren würden. Das multiethnische Österreich-Ungarn drohte aus Conrads Sicht von dieser Dynamik geschwächt, vielleicht auch zerrissen zu werden. Seine Aufgabe sah er dementsprechend darin, die Schlagkraft der Armee rasch zu steigern, um durch erfolgreiche Kriege gegen die gefährlichen Nachbarn – möglichst jeweils gegen einzelne von ihnen geführt – den Fortbestand der Donaumonarchie nach außen zu sichern. Solche Erfolge sollten zugleich den inneren Zusammenhalt des Habsburgerreichs stärken. Von seiner Mission tief überzeugt, ging Conrad mit großem Elan an seine Aufgaben heran.[13]

Allerdings war er keineswegs das einzige Mitglied der machtpolitischen Führungselite Österreich-Ungarns, das solche Ambitionen als Retter des Reichs hegte. Erzherzog Franz Ferdinand sah sich selbst in dieser Mission. Ihm ging es aber im Unterschied zum neuen Generalstabschef vor allem darum, die Habsburgermonarchie durch eine Stärkung der Krone auf Kosten anderer Machtzentren zu konsolidieren; das Risiko großer Kriege, vor allem eines

12 Jeřábek, Rudolf, Potiorek. General im Schatten von Sarajevo, Graz 1991, S. 21-32.
13 Sondhaus, Conrad, S. 19-116; Dornik, Falke, S. 34-68.

Krieges gegen Russland, wollte er nicht eingehen, jedenfalls nicht vor der Festigung der Habsburgerherrschaft im Innern. Eine Modernisierung der Armee sollte zwar für Schutz und Prestige nach außen sorgen, aber vor allem sollten die Streitkräfte eine zuverlässige Stütze der Krone sein. Mit Franz Ferdinand und seinen Präferenzen wie seinen Ressentiments mussten alle Offiziere in herausgehobenen Positionen rechnen, denn er war nicht nur der künftige Herrscher, sondern nahm als General-Truppeninspektor und ab 1913 als „Generalinspektor der gesamten bewaffneten Macht" in etwa jene Schlüsselposition im Militärapparat ein, die seit dem Tod Erzherzog Albrechts vakant geblieben war. Die formale militärische Stellung im Verein mit der vermeintlich immer näher rückenden Thronbesteigung verliehen dem Erzherzog großen Einfluss. Um ihn geltend zu machen und auszuweiten, konnte Franz Ferdinand auf seine Militärkanzlei im Unteren Belvedere in Wien bauen, die seit 1906 von Alexander Brosch von Aarenau und seit 1911 von Carl Bardolff geleitet wurde. Wer in den Augen des Thronfolgers und seiner Kanzlei nicht entschieden genug gegen die politische Elite Ungarns auftrat, liberaler oder gar sozialistischer Tendenzen verdächtig war, wurde vom „Belvedere" bekämpft. Es genügte aber auch, vom Thronfolger als Jude oder Protestant abgelehnt zu werden oder es an Unterordnungsbereitschaft dem Erzherzog gegenüber fehlen zu lassen.[14]

Weil Franz Ferdinand fürchtete, dass die eher vorsichtige Politik seines Onkels Franz Joseph die Habsburgerherrschaft aushöhlen und irreparabel schwächen könnte, bevor er selbst überhaupt den Thron bestiegen hätte, stand der Erzherzog in vielen politischen Fragen und bei Personalentscheidungen nicht selten im Gegensatz zum Monarchen. Diese „Kronprinzen-Opposition" zwang Politiker wie Militärs zum vorsichtigen Lavieren zwischen dem „Belvedere" und „Schönbrunn", dem Kaiser und seinen engsten Mitarbeitern. Für militärische Belange stand dem Monarchen eine Generaladjutantur und eine eigene Militärkanzlei zur Verfügung. Als Kaiser und König ernannte und entließ er die beiden Ministerpräsidenten wie auch die drei Minister für gemeinsame Angelegenheiten, für Finanzen, Auswärtige Angelegenheiten und Krieg, saß in der Regel dem gemeinsamen Ministerrat vor und entschied über das Führungspersonal in Verwaltung, Diplomatie und Militär. Zwar gelang es Franz Ferdinand im Laufe der Zeit immer öfter, seine personalpolitischen Ansichten durchzusetzen, aber durchaus nicht immer. 1906 war neben Conrad

14 Williamson, Samuel R. Jr., Influence, Power, and the Policy Process: The Case of Franz Ferdinand, 1906-1914, in: Historical Journal 17 (1974), S. 417-434; Hannig, Alma, Franz Ferdinand. Die Biografie, Wien 2013, S. 85-98; Egger, Rainer, Die Militärkanzlei des Erzherzog-Thronfolgers Franz Ferdinand und ihr Archiv im Kriegsarchiv Wien, in: Mitteilungen des Österreichischen Staatsarchivs 28 (1975), S. 424-430.

mit dem neuen Kriegsminister Franz von Schönaich ein weiterer Wechsel in der Militärführung vollzogen worden. Zunächst vom Thronfolger als Vertreter einer energischeren Haltung an der Spitze des Ministeriums geschätzt, enttäuschte Schönaich Franz Ferdinands Hoffnung auf einen kompromisslosen Kurs gegenüber Ungarn schon bald. Um Fortschritte beim Rekrutenkontingent und beim Budget zu ermöglichen, war Schönaich nämlich zu Zugeständnissen bereit. Gegen gezielten Druck des „Belvedere" hielt sich der Kriegsminister immerhin bis 1911 im Amt.

Der ebenfalls 1906 neu berufene Außenminister Alois Lexa von Aehrenthal machte sich, ähnlich wie Conrad und Franz Ferdinand, eine grundlegende Stärkung der Habsburgermonarchie zur Aufgabe. Eine aktivere Wahrnehmung der Großmachtinteressen Österreich-Ungarns und die Eingliederung des Okkupationsgebiets Bosnien-Herzegowina in den Reichsverband sollten internationales Ansehen und innere Geschlossenheit fördern. Die daraus resultierende Belastung des Verhältnisses zu Russland missfiel dem Thronfolger, vor allem aber verübelte er Aehrenthal seine Haltung gegenüber Italien. Der Außenminister wollte einen offenen Konflikt mit dem Dreibundpartner vermeiden, wohingegen Franz Ferdinand für einen Kurs der Einschüchterung plädierte. Der Kaiser hielt 1911 an Aehrenthal fest, auch wenn er nach dessen Tod Anfang 1912 mit Leopold Graf Berchtold einen Diplomaten zum Nachfolger bestimmte, der sich gezielt um die Gunst des Thronfolgers bemühte.[15]

Im Konflikt zwischen Franz Ferdinand und Aehrenthal spielte auch Conrad eine entscheidende Rolle. Seine Versuche, durch direkte Kommunikation mit dem Außenminister Einfluss auf die zentralen außenpolitischen Entscheidungen über Krieg und Frieden zu erreichen, scheiterten am Widerstand Aehrenthals gegen den versuchten Eingriff in den Kompetenzbereich des Außenministers. Franz Joseph, der selbst von den zahlreichen unerbetenen Denkschriften Conrads zur internationalen Politik genug hatte, wies den Generalstabschef in einer Audienz in die Schranken. Conrad blieb Ende 1911 daher nur der Rücktritt von seinen Aufgaben. Eine formale Ausweitung der Kompetenzen des Generalstabschefs scheiterte also. Gegenüber dem Kriegsminister konnte sich Conrad noch etwas mehr Spielräume sichern. Zwar blieb es bei der grundsätzlichen Charakterisierung des Generalstabs als „Hilfsorgan" des Ministeriums, aber es wurde Conrad gestattet, mit den

15 Wank, Solomon, In the Twilight of Empire: Count Alois Lexa von Aehrenthal (1854-1912), Imperial Habsburg Patriot and Statesman. Volume 2: From Foreign Minister in Waiting to de facto Chancellor, Wien 2020, S. 433-441; Kann, Robert A., Erzherzog Franz Ferdinand und Graf Berchtold als Außenminister, 1912-1914, in: Mitteilungen des Österreichischen Staatsarchivs 23 (1969), S. 246-278; Kronenbitter, „Krieg im Frieden", S. 62-77, 196-203, 366 f.

Landesverteidigungsministern direkt zu verkehren und schließlich wurde dem Generalstabschef und dem Chef der Marinesektion im Kriegsministerium auch noch die Möglichkeit eingeräumt, an Sitzungen des gemeinsamen Ministerrats fallweise teilzunehmen.[16]

Da sich Conrad für alle Fragen der Rüstungspolitik und der Ausbildung von Rekruten und Offizieren zuständig sah, kam es dennoch immer wieder zu Konflikten mit dem Ministerium. Obwohl der Titel „Generalstabschef der gesamten bewaffneten Macht" auch Verantwortung für die Kriegsvorbereitungen der Marine suggerierte, erfüllte die Marinesektion des Ministeriums faktisch diese Aufgabe. Die im Vergleich zu den Etats der Landstreitkräfte kräftig steigenden Ansätze der Kriegsmarine, deren Schlachtflotte rasch ausgebaut wurde, widersprachen Conrads Prioritätensetzung, waren aber politisch viel populärer als erhöhte Rekrutenkontingente, fanden auch in Ungarn Anklang und wurden vom Thronfolger massiv unterstützt. Die Marine folgte eigenen Mustern der Vorbereitung und Planung, aber immerhin zu Lande führte der Generalstab die Streitkräfte institutionell zusammen. Weil die Landwehrtruppen im Kriegsfall in Großverbänden der gemeinsamen Armee eingesetzt werden sollten, war deren Ausbau auch im Interesse des Generalstabs. Die enge Einbeziehung aller Landstreitkräfte in die Kriegsvorbereitungen machte den Generalstab zu einer wichtigen Klammer, die drei unterschiedlich verwaltete und verfassungsrechtlich verankerte Heeresteile zusammenhielt.[17]

Diese verbindende Funktion erfüllte der Generalstab als Institution, aber darüber hinaus auch als Teil des Offizierskorps, als Generalstabskorps mit eigenen Rekrutierungs- und Karrieremustern und einem besonderen Status. Der Generalstab war eben nicht nur Zentrum der Planung für den Krieg – er war zugleich eine zentrale Instanz der Sozialisation für einen Großteil der Führungselite der k. u. k. Armee. Von den Spezialstäben für Artillerie und Geniewesen abgesehen, sorgte der gemeinsame Ausbildungsweg über die Kriegsschule und die Erfahrung des Dienstes im Generalstab für geteilte Erinnerungen und hilfreiche Netzwerke. Die meisten der Generalstabsoffiziere kamen aus Familien bürgerlicher oder für ihren Dienst in den Adelsstand erhobener Offiziere. Nachdem sie mit besonders guten Zeugnissen die Theresianische Militärakademie in Wiener Neustadt abgeschlossen und Truppendienst geleistet hatten, absolvierten sie die schwierige Aufnahmeprüfung für die Kriegsschule in Wien. Ein breites Fächerspektrum mit hoher Stundenzahl und taktische Übungen im Gelände stellten dann erhebliche Anforderungen an die Kriegsschüler.

16 Urbanski von Ostrymiecz, August, Conrad von Hötzendorf. Soldat und Mensch, Graz 1938, S. 112-115; Zeinar, Generalstab, S. 453-457.

17 Kronenbitter, „Krieg im Frieden", S. 167-185.

Zunächst zwei, nach einer von Conrad durchgesetzten Reform drei Jahre dauerte die Schulung und aufgrund des Überhangs an Kriegsschulabsolventen gelang es nur einem Teil von ihnen, nach der Zuteilung zum Generalstab als Oberleutnant anschließend als Hauptmann in das Korps übernommen zu werden und auch die Prüfung zum Major im Generalstab zu bestehen. Nachdem diese Hürden genommen waren, boten sich allerdings sehr gute Karriereaussichten. Als bekannt wurde, dass der Kriegsschulabsolvent Adolf Hofrichter versucht hatte, durch Giftmord an den vor ihm in der Rangliste geführten Kameraden in den Generalstab zu kommen, löste das 1909 einen Skandal aus. Das Ansehen des Generalstabskorps und auch das der Kriegsschule als Kaderschmiede litt darunter und verdeutlichte die Notwendigkeit der von Conrad eingeleiteten Reformen. Zum Neid der Truppenoffiziere, die erheblich langsamer befördert wurden, kamen noch Zweifel an den Auswahlprozessen und der Charakterschulung auf dem Weg in das Generalstabskorps hinzu.[18]

Um dennoch den Korpsgeist unter den Generalstabsoffizieren zu fördern, bemühte sich insbesondere Conrad darum, jüngeren Offizieren das Gefühl zu vermitteln, dass ihre Meinungen ernst genommen wurden. Im eigenen Auftreten unprätentiös, gelang es Conrad, den Erinnerungen seiner früheren Untergebenen nach, einen erheblichen Teil seines Umfelds für das Vorhaben zu begeistern, die Armee kriegstauglich zu machen. Der Kampf um Finanzmittel war nur ein Element dieser Bestrebungen. Wie Blasius Schemua, der Conrad Ende 1911 nachfolgte und nur ein Jahr später auf Betreiben Franz Ferdinands wieder durch ihn ersetzt werden sollte, so bemühten sich auch die Kriegsminister Moritz von Auffenberg und Alexander Krobatin beharrlich um personelle und materielle Aufrüstung, aber auch um Reformen auf vielen Feldern des militärischen Alltagsbetriebs. Ein besonderes Anliegen Conrads stellten die „freien" Manöver dar, bei denen die abendliche „Demarkierung" entfiel und das Eingreifen der Manöverleitung vermieden wurde. Von neuen Uniformfarben bis zur Ausbildungspraxis sollte überall auf „Kriegsmäßigkeit" geachtet werden. Das Leitbild der Ausrichtung aller Rüstungsmaßnahmen, Strukturen und Führungsgrundsätze am Kriegsfall setzte sich innerhalb des Militärs immer stärker durch. Da nicht zuletzt auch die Personalpolitik klar auf eine Verjüngung der Führungskader abzielte und auch die Manöverpraxis rigoros dem Leitbild entsprechend ausgerichtet wurde, veränderte sich der innermilitärische Diskurs in diese Richtung. Sicherlich nicht alle, aber doch ein großer Teil der höheren Offiziere machten sich dieses professionelle Selbstverständnis zu eigen.[19]

---

18 Ebd., S. 18-57.

19 Urbanski, Conrad, S. 132-152.

4. Kriegsbild und Kriegsplanungen

Beim Bemühen um Kriegsmäßigkeit stand der Wiener Generalstab vor dem grundlegenden Problem, dass es nicht leicht war, Formen und Ablauf eines kommenden Kriegs vorauszusehen. Angesichts begrenzter Ressourcen konnten falsche Vorstellungen von Feuerwirkung, Gefechtsformen, Munitionsverbrauch, Lebens- und Futtermittelbedarf etc. zu Fehlplanungen und damit zu hohen Verlusten und schweren Niederlagen führen. Von den kurzen Kampagnen 1878/79 und 1882 abgesehen, fehlte dem Offizierskorps Österreich-Ungarns die Kriegserfahrung. Die Berichterstattung aus dem Burenkrieg und dem Russisch-Japanischen Krieg wurde mit großem Interesse ausgewertet, wie das Beispiel Conrads zeigt. Die Schlüsse, die aus den Beobachtungen eigener Kriegsattachés, der Presse und der internationalen Militärpublizistik gezogen wurden, erscheinen im Rückblick wenig überzeugend. Die Wirkung des Gewehrfeuers aus gedeckten Stellungen auf angreifende Truppen in Südafrika oder der Maschinengewehre als Defensivwaffen in der Mandschurei wurden zwar registriert, aber zu einer Revision der Präferenz für den Angriff als einzig erfolgversprechende Taktik kam es weder bei Conrad selbst noch bei den meisten anderen Generalstabsoffizieren. Maximilian Csicerics, der auf russischer Seite als Kriegsattaché in der Mandschurei den Einsatz von Schnellfeuergeschützen und Maschinengewehren beobachtet hatte, beschrieb eindrücklich, wie dadurch der Zwang zur raschen Auflösung von Gefechtsformationen entstand und wie sehr sich Schlachten räumlich und zeitlich ausdehnten. Seine Schilderung wurde zwar im Generalstab rezipiert, aber das Exerzierreglement von 1911 und die Übungspraxis trugen diesen Einsichten kaum Rechnung.[20]

Der Russisch-Japanische Krieg hatte einen Blick auf die Schlacht der Zukunft ermöglicht, auch wenn ihn der Wiener Generalstab durch die Brille tradierter Vorstellungen und damit verzerrt wahrnahm. Aus heutiger Perspektive ist das leicht zu erkennen, während die Zeitgenossen einander in ihrer Einordnung des Beobachteten bestätigten. Mit dieser sehr begrenzten Bereitschaft, Lehren aus den Kriegen in Südafrika und Ostasien zu ziehen, stand der Generalstab der Habsburgermonarchie keineswegs alleine da. Auch bei den meisten Militärexperten anderer europäischer Länder überwog weiterhin die

20 Broucek, Peter, Taktische Erkenntnisse aus dem russisch-japanischen Krieg und deren Beachtung in Österreich-Ungarn, in: Mitteilungen des Österreichischen Staatsarchivs 30 (1977), S. 191-220; Schmitz, Martin, „Als ob die Welt aus den Fugen ginge". Kriegserfahrungen österreichisch-ungarischer Offiziere 1914-18, Paderborn 2016 (= Krieg in der Geschichte 86), S. 104-115; Kronenbitter, „Krieg im Frieden", S. 79-99.

Überzeugung, dass nur offensives Vorgehen im Gefecht Erfolg versprechen würde. Anpassungen bei den Angriffsformationen, bessere Geländenutzung, unauffälligere Uniformen wurden empfohlen und oft auch in Reglements umgesetzt, aber im Kern blieb es bei der Präferenz für den Angriff. Der verheerenden Wirkung moderner Feuerwaffen auf die Angreifer sollte mit einer besonders hohen Motivation der Soldaten und Offiziere begegnet werden, auch wenn dadurch extrem hohe Verluste in Kauf genommen werden müssten. Sozialpsychologische Reflexionen stellten die Opferbereitschaft insbesondere der japanischen Soldaten in den Mittelpunkt. Der klare Sieg schien so auch unter den veränderten Gefechtsbedingungen erreichbar. Durch diese Deutung blieb es möglich, das Selbstverständnis der Generalstabsoffiziere als Planer und Lenker von siegreichen Schlachten und Operationen aufrechtzuerhalten, denn ohne klare Erfolge im Gefecht drohte der Verlust der Initiative und damit das Scheitern der Operationspläne. In Österreich-Ungarn wie auch anderswo war aus den Kriegen Napoleons und Moltkes gelernt worden, dass Schnelligkeit und Initiative für militärischen Erfolg entscheidend sein würden. Auf dieses Rezept zu verzichten, hätte letztlich bedeutet, auch die Sinnhaftigkeit von Conrads Bemühungen um Wege aus der strategischen Zwangslage Österreich-Ungarns in Frage zu stellen.[21]

An der Steigerung der militärischen Schlagkraft durch Rüstungsmaßnahmen, Anlage von Befestigungen und Erweiterung der Bahntransportkapazität wirkte der Generalstab mit, er gab aber beispielsweise auch die Richtlinien für den Ausbildungs- und Übungsbetrieb vor. Zu diesen zeitgenössisch als „allgemeine Kriegsvorbereitungen" bezeichneten Tätigkeitsgebieten traten aber auch die Planungen und Vorarbeiten für einzelne Kriegsfälle. Diese „konkreten Kriegsvorbereitungen" schlugen sich in Instruktionen, Fahrordnungen und Plänen nieder, die im Ernstfall einen gewissermaßen automatischen Ablauf von Mobilmachung und Aufmarsch erlauben sollten. Die meisten Offiziere des Generalstabs – 1911 waren 669 Offiziere im Friedensstand des Generalstabs eingeteilt – befassten sich mit solchen „konkreten Kriegsvorbereitungen" und den für diese notwendigen Vorarbeiten. Das spiegelte sich auch in der Organisation. Der Generalstab gliederte sich in Büros, von denen das Operationsbüro das höchste Prestige genoss. Hier ging es um die Planung der Mobilmachung, des Aufmarsches und der ersten Operationen im Kriegsfall, also um den Kern der Koordinierung des zielgerichteten Einsatzes von militärischen Ressourcen. Die Ausbildung in der Kriegsschule und die Manöverpraxis hatten gerade diesen Teil der Generalstabstätigkeit besonders in den Mittelpunkt gerückt. Nach

21 Storz, Dieter, Kriegsbild und Rüstung vor 1914. Europäische Landstreitkräfte vor dem Ersten Weltkrieg, Herford 1992 (= Militärgeschichte und Wehrwissenschaften 1), S. 25-247.

möglichen Kriegsfällen gegliederte Gruppen erstellten die erforderlichen Pläne und Instruktionen. Der Chef des Generalstabes gab dabei die grundsätzlichen Anweisungen und das Operationsbüro beauftragte seinerseits andere Teile des Generalstabes mit der Zuarbeit. Da der moderne Krieg für Mobilmachung, Aufmarsch und Versorgung auf den Schienenverkehr angewiesen war, kam dem Eisenbahnbüro besondere Bedeutung zu. Hier war Spezialwissen gefragt und das Büro führte in einem gewissen Maß ein Eigenleben. Um die Versorgung der Feldarmee kümmerte sich seit 1909 das Etappenbüro. Eine besonders lange Tradition hatte das Landesbeschreibungsbüro, allerdings erschien es in den letzten Vorkriegsjahren zweifelhaft, ob es weiterhin erforderlich war, ein eigenes Büro mit der Erstellung von Karten und Übersichten zu betrauen.[22]

Das Evidenzbüro war für die Beschaffung und Aufbereitung von Informationen über die Streitkräfte anderer Staaten zuständig. Sie sollten immer auf dem neuesten Stand, also evident, gehalten werden. Das Büro war in Gruppen gegliedert, die sich um die wichtigsten Militärmächte Europas kümmerten und dabei oft auf offene Quellen oder auch auf die Berichte der Militärattachés zurückgriffen. Zudem flossen Berichte, Kartenmaterial und Statistiken des Landesbeschreibungsbüros und des Eisenbahnbüros in die Lagebeurteilungen mit ein. Die Beschaffung geheimer Informationen stand im Mittelpunkt des Arbeitsbereichs der Kundschaftsgruppe des Evidenzbüros, die sich allerdings auch mit der Spionageabwehr befasste. Als Alfred Redl, lange Zeit der führende Experte des Evidenzbüros für die Bekämpfung ausländischer Spionage und ein Kandidat für die Leitung des Büros, im Frühsommer 1913 mit deutscher Hilfe als Agent Russlands und Italiens enttarnt wurde, führte das zu einem massiven Ansehensverlust des Evidenzbüros und des Generalstabs im In- und Ausland. Überlegungen, das militärische Nachrichtenwesen nach deutschem Vorbild umzugestalten und ein Pendant zur Sektion IIIb des Großen Generalstabes in Berlin einzurichten, wurden zwar bis zum Sommer 1914 nicht mehr umgesetzt, aber die Diskussion um eine Restrukturierung unterstrich doch, dass Reformbedarf erkennbar war.[23]

Die Militärspionage Österreich-Ungarns litt nicht nur unter den Folgen des Verrats von Redl, sondern auch an den Auswirkungen jahrelanger Unterfinanzierung. Die Geldmittel wurden nach 1906 zwar erhöht und der

22 (Feldmarschall) Conrad, [Franz], Aus meiner Dienstzeit 1906-1918. Erster Band: Die Zeit der Annexionskrise 1906-1909, Wien 1921, S. 361-423; Degreif, Diether, Operative Planungen des k. u. k. Generalstabes für einen Krieg in der Zeit vor 1914 (1880-1914), Wiesbaden 1993, passim.

23 Leidinger, Hannes, The Case of Alfred Redl and the Situation of Austro Hungarian Military Intelligence on the Eve of World War I, in: Contemporary Austrian Studies 23 (2014), S. 35-52; Kronenbitter, „Krieg im Frieden", S. 233-243.

Kundschaftsdienst ausgebaut, aber das geringe Vertrauen zwischen Generalstabschef Conrad und Außenminister Aehrenthal schlug sich auch darin nieder, dass der Ballhausplatz versuchte, die Kontrolle über Beschaffung und Verwendung sicherheitspolitischer Informationen aus dem Ausland zu behalten. Kundschaftsdienst durch reisende Offiziere oder Spionageaktivitäten von Militärattachés wurden nach Kräften unterbunden. Erst der Amtswechsel im Außenministerium 1912 und die Krisen rund um die Balkankriege führten zu einer intensiveren Zusammenarbeit. Gerade die Konsulate auf dem Balkan erwiesen sich dabei als hilfreiche Kooperationspartner. Auch die offiziellen Berichte und inoffiziellen Korrespondenzen der Militärattachés und Militärbevollmächtigten verschafften dem Generalstab einen eigenen Zugang zu sicherheitspolitisch relevanten Themen. Unter Einbeziehung öffentlicher Quellen und der Informationen aus dem Berliner Generalstab verfügten Conrad und Schemua trotz aller Rückschläge und Einschränkungen über ein insgesamt gutes Fundament für ihre Lagebeurteilung, auch wenn das Evidenzbüro viel weniger brauchbare Informationen über russische Aufmarschpläne hatte als umgekehrt der russische militärische Nachrichtendienst über die Absichten des Wiener Generalstabs.[24]

Auch die beste Feindaufklärung hätte nichts daran ändern können, dass die Habsburgermonarchie sich unter allen europäischen Großmächten der schwierigsten strategischen Situation gegenübersah. In der neutralen Schweiz konnte der Wiener Generalstab auf einige Sympathie in der Militärführung rechnen, aber weit wichtiger war der Umstand, dass ein Krieg gegen das Deutsche Reich ausgeschlossen erschien. Die Annäherung an Berlin im Rahmen des Zweibunds erschien so irreversibel, dass selbst auf Eventualplanungen verzichtet wurde. Ein – ohnehin desaströser – Kriegsfall „D“ lag somit außerhalb des Vorstellbaren, aber die übrigen Nachbarn galten mit Ausnahme der Eidgenossenschaft als potentielle Feinde. Die Allianz mit Italien im Rahmen des Dreibunds änderte aus Sicht des Wiener Generalstabs nichts an der latenten Bedrohung des Vielvölkerreichs durch den italienischen Nationalstaat, der im Zuge des Risorgimento auf Kosten der Habsburgermonarchie entstanden war. Ob irredentistische Kräfte im Nachbarkönigreich das Sagen hatten oder nicht, erschien als variable Größe. Der prinzipielle Gegensatz war nach dieser Lesart, die vor allem vom Generalstabschef und dem Thronfolger geteilt wurde, entscheidend und würde früher oder später zum Krieg führen. Die Verlängerung des Dreibunds blieb aus dieser Perspektive immer nur ein Hilfsmittel auf Zeit und eine zu schwankende Grundlage für strategisches Planen. Ähnliches galt für Rumänien, das dem Dreibund beigetreten war, aber spätestens seit 1912/13

24 Kronenbitter, „Krieg im Frieden“, S. 243-265.

als potentieller Feind betrachtet wurde. Dazu kam im Südosten mit Serbien ein weiterer Nachbar, auf dessen Feindschaft seit der Annexionskrise 1908/09 Verlass zu sein versprach. Bei Montenegro lag der Fall etwas weniger klar, aber die Verkehrsgeografie Dalmatiens und der Herzegowina erschwerte jeden Aufmarsch massiv und machte die Habsburgermonarchie trotz der großen quantitativen Überlegenheit verletzlich. Klar unterlegen war die k. u. k. Armee aber Russland, dem mit Abstand stärksten Gegner in einem künftigen Krieg. Auf eigene Erfahrungen im Kampf gegen das Zarenreich konnte der Wiener Generalstab nicht zurückgreifen, aber die Kräfteverhältnisse sprachen eine eindeutige Sprache.[25]

Gerade im Fall eines Krieges mit Russland musste es ganz besonders darauf ankommen, mit schneller Mobilmachung und raschem Aufmarsch ein Zeitfenster für erfolgversprechende Anfangsoperationen zu öffnen, bevor die zahlenmäßige Überlegenheit des Gegners sich im Grenzraum voll bemerkbar machen würde. Die Vorbereitungen für den Fall „R" ließ Beck dementsprechend auch mehrfach aktualisieren. Seinem Nachfolger Conrad erschien die ebenfalls von Beck in dessen letzten Amtsjahren betriebene Neufassung der Pläne für den Fall „I" dringender, hatte er doch bereits als Truppendivisionär an entsprechenden Operationsplanungen gearbeitet. Außerdem stand bei ihm die Forderung nach einem „Präventivkrieg" gegen Italien vor und nach der Annexionskrise immer wieder ganz oben auf seiner sicherheitspolitischen Agenda. Die Krise um Bosnien-Herzegowina 1908/09 verdeutlichte aber auch die Dringlichkeit einer Aufmarsch- und Operationsplanung gegen Serbien. Im Zuge der Balkankriege gewann der Kriegsfall „B", bei dem mit Serbien und möglicherweise auch Montenegro als Gegnern gerechnet wurde, an Bedeutung. Ab 1913 fand auch der Kampf gegen Rumänien Eingang in die konkreten Kriegsvorbereitungen.[26]

Die planungstechnische Herausforderung bestand für den Generalstab darin, dass sich zu Beginn oder auch erst im weiteren Verlauf der ersten Wochen eines Krieges eine gegnerische Koalition herausbilden konnte. Angesichts der politischen Gesamtlage war sogar damit zu rechnen, dass die Habsburgermonarchie an mehreren Fronten Krieg führen müsse. Unberechenbar erschien allerdings der zeitliche Ablauf einer solchen Koalitionsbildung. Um mit diesen Unwägbarkeiten umgehen zu können, bedurfte es also einer

25 Conrad, Dienstzeit, S. 27 f.; Kronenbitter, Günther, Die Akteure der Macht. Politische und militärische Kriegsvorbereitungen, in: Rumpler, Helmut (Hg.), Die Habsburgermonarchie 1848-1918. Band XI: Die Habsburgermonarchie und der Erste Weltkrieg. 1. Teilband: Der Kampf um die Neuordnung Mitteleuropas. Teil 1: Vom Balkankonflikt zum Weltkrieg, Wien 2016, S. 79-132, hier S. 96-107.

26 Degreif, Operative Planungen, S. 24-101, 113-298.

möglichst flexiblen Planung. Als Grundlage diente dem Generalstab dabei die Gliederung der mobilgemachten Landstreitkräfte in drei Teile. Die A-Staffel umfasste den Großteil des Feldheeres und sollte als erstes in die Aufmarschräume transportiert werden. Für die B-Staffel war ein etwas späterer Aufmarsch vorgesehen. Dadurch, so die Hoffnung, gab es etwas mehr Zeit, um auf eine Veränderung der Bedrohungslage zu reagieren. Bei einem Angriff auf Italien nach den Planungen für den Fall „I", bei dem die A-Staffel im Südwesten aufmarschieren sollte, konnte so beispielsweise einer Intervention Serbiens mit dem Transport der B-Staffel nach Südosten begegnet werden. Der C-Staffel kam schließlich die Verteidigung der eigenen Festungen etc. zu. Das Grundkonzept eröffnete also Spielräume, jedoch um den Preis einer fixen Zuordnung von Truppenkörpern zu bestimmten Aufmarschzeiten. Zudem verschob es den „point of no return" für die Festlegung der Aufmarschrichtung zwar ein wenig, aber mit dem Transport der B-Staffel war auch dann der Zug für ein reibungsloses Umsteuern abgefahren.[27]

Die Grundlinien der Kriegsplanung trugen den Unwägbarkeiten der politischen Szenarien durchaus Rechnung, hielten aber am eingeübten und immer wieder beschworenen Leitbild offensiver Kriegführung unbeirrt fest. Gerade aus der besonderen Bedrohungslage der Habsburgermonarchie leitete Conrad die Notwendigkeit ab, zur Prävention eines Mehrfrontenkriegs potentiell bedrohliche Nachbarn durch Angriff auszuschalten. Die Auflösung des Mehrfrontenkriegs in mehrere Kriege an jeweils einer Front konnte nur bei rasch erzielten durchschlagenden Erfolgen an jeder einzelnen Front gelingen. Zumindest als Regelfall schien für solche Offensivoperationen auch im Gefecht der Angriff das geeignetste Mittel. Strategisch, operativ und taktisch empfahl sich so den Planern und Entscheidungsträgern die Offensive als Erfolgsrezept. Diese Vorstellung fügte sich in militärfachliche, sozialpsychologische und weltanschauliche Diskurse viel besser ein als defensive Konzepte. Die Präferenz für den Angriff fand sich auch bei Gegnern und Verbündeten, aufgrund der Rahmenbedingungen und der jüngsten Kriegserfahrungen jedoch nicht überall und in gleichem Ausmaß. Serbien und Montenegro waren einer Großmachtarmee gegenüber zu defensiverem Vorgehen gezwungen und die russische Armee hatte konkrete Erfahrungen mit den Folgen moderner Feuerkraft im Gefecht. Die k. u. k. Armee ließ sich weitgehend ungebremst von den offensivbetonten Vorstellungen von Kriegführung leiten, die im Frieden gelehrt und gelernt worden waren.[28]

---

27 Kronenbitter, Günther, Austria-Hungary, in: Hamilton, Richard F./Herwig, Holger H. (Hg.), War Planning 1914, New York 2010, S. 24-47, hier S. 33-38.

28 Kronenbitter, Akteure, S. 124-132.

Die konkreten Kriegsvorbereitungen verbanden sich nicht nur mit der Einschätzung der möglichen Koalition von Gegnern. Es galt auch, die Verbündeten ins Kalkül zu ziehen, wobei der mögliche Wechsel Italiens und Rumäniens ins feindliche Lager die Vorhersage erschweren musste. Als Vergleichsgröße wurden im Wiener Generalstab vorzugsweise Divisionen herangezogen. Die kurz vor Kriegsausbruch aufgemachte Rechnung musste ernüchtern: Im Osten und Südosten Europas würden 130 russischen, serbischen, montenegrinischen und rumänischen Divisionen gerade einmal 48 österreichisch-ungarische und 13 bis 14 deutsche gegenüberstehen. Selbst bei einem bündnistreuen Verhalten Rumäniens würden dessen 16 1/2 Divisionen die Überlegenheit der Gegner nur schmälern, nicht aber beseitigen. Ein Krieg der Habsburgermonarchie gegen Italien, der ja als grundsätzlich immer möglich eingeschätzt wurde, war hier noch nicht einmal mitberücksichtigt. Der Blick auf den möglichen Bündniswechsel der Allianzpartner Rumänien und Italien gehörte in den letzten ein bis zwei Jahren vor dem Attentat von Sarajevo zu den zentralen Anliegen der Generalstabsspitze und der Armeeführung insgesamt. Die Bemühungen des Großen Generalstabs in Berlin, den Dreibund auf dem Weg der Militärdiplomatie zu stabilisieren, fanden unter diesen Bedingungen 1913/14 selbst bei Conrad und seiner Umgebung Unterstützung.[29]

Die Beziehungen zum Berliner Generalstab hatten sich seit 1906 intensiviert, insbesondere seit den strategischen Absprachen zwischen Conrad und Helmuth von Moltke dem Jüngeren während der Annexionskrise. In Wien wurde seither damit gerechnet, dass ein russischer Angriff auf Österreich-Ungarn auch dann als *casus foederis* gelten könnte, wenn ihm ein Angriff der Habsburgermonarchie beispielsweise auf Serbien vorausgegangen war. Zugleich war aber klar, dass sich das deutsche Heer zunächst auf eine Offensive gegen Frankreich konzentrieren und erst nach einem dort erzielten Erfolg den Schwerpunkt nach Osten verlagern würde. In der Anfangsphase eines europäischen Großmachtkrieges wäre es in erster Linie an Österreich-Ungarn, eine russische Offensive nach Mitteleuropa zu stoppen. Der deutsche Kriegsplan war Conrads Überlegungen zur zeitlich gestaffelten Schwerpunktverschiebung

29 Hadley, Tim, Military Diplomacy in the Dual Alliance: German Military Attaché Reporting from Vienna, 1879-1914, Lanham 2016, S. 144-149; Waldersee, Georg von, Über die Beziehungen des deutschen zum österreichisch-ungarischen Generalstabe vor dem Weltkriege, in: Die Kriegsschulfrage/Berliner Monatshefte 8 (1930), S. 103-142; Palumbo, Michael, German-Italian Military Relations on the Eve of World War I, in: Central European History 12 (1979), S. 343-371.

nicht unähnlich; das mag es Conrad erleichtert haben, die der k. u. k. Armee zugedachten Rolle zu akzeptieren.[30]

5. Krisen und Konflikte

Die Kriegsplanungen und die damit zusammenhängenden Absprachen mit dem deutschen Verbündeten müssen vor dem Hintergrund der internationalen Lage gesehen werden, die auch für den Wiener Generalstab die Arbeitsgrundlage darstellten. Conrad verfolgte die Entwicklung der Großmachtbeziehungen aufmerksam und suchte ständig nach Wegen, seine Beurteilung der sicherheitspolitischen Situation und der daraus abzuleitenden Maßnahmen in den außenpolitischen Entscheidungsprozess einzubringen. Sein sozialdarwinistisch grundiertes Weltbild und seine pessimistische Sicht auf die Überlebenschancen der multiethnischen, kaum expansionsfähigen Habsburgermonarchie in einer Epoche nationalistischer Bewegungen und imperialistischer Machtpolitik verschränkten sich mit traditionellen Vorstellungen von Ehre und Prestige als Leitbilder im Offiziersstand wie auch in den Großmachtbeziehungen. Mit dieser Sicht stand Conrad keineswegs allein in der machtpolitischen Elite Österreich-Ungarns, von Politikern über Diplomaten bis hin zu vielen Militärs. Schemua, der 1911/12 rund ein Jahr als Generalstabschef amtierte, setzte im Detail andere Akzente, aber einen Kampf Österreich-Ungarns ums Überleben sah auch er kommen und machte diese Vorstellung zur Basis seiner sicherheitspolitischen Analysen. Allerdings hielt er sich im Unterschied zu Conrad mit Versuchen zurück, maßgeblichen Einfluss auf die Außenpolitik der Habsburgermonarchie zu nehmen.[31] Conrad kannte auf diesem Gebiet keine Hemmungen und bombardierte den Monarchen, den Thronfolger, den Kriegsminister und auch den Außenminister mit seinen Überlegungen.

So umfangreich seine Denkschriften auch ausfielen und so unterschiedlich die Ausgangspunkte seiner Überlegungen im Laufe der Jahre auch sein mochten, so beständig blieb er bei seinem Grundrezept, dem Führen von Kriegen gegen potentiell gefährliche Nachbarstaaten, wenn sich eine günstige Gelegenheit bot und ein Vielfronten-Szenario vermeidbar schien. Als er 1911 auf seiner

30 Stone, Norman, Moltke-Conrad: Relations Between the Austro-Hungarian and German General Staffs, 1909-1914, in: Historical Journal 9 (1966), S. 201-228; Kronenbitter, Günther, Falsch verbunden? Die Militärallianz zwischen Österreich-Ungarn und Deutschland 1906-1914, in: Österreichische Militärische Zeitschrift 38 (2000), S. 745-756.

31 Mann, Josef, FML Blasius Schemua. Chef des Generalstabes am Vorabend des Weltkrieges 1911-1912, Diss. Wien 1978, passim.

Forderung nach einem Angriff auf den Dreibundpartner Italien auch gegen die Vorstellungen Aehrenthals und Franz Josephs beharrte und damit die Grenzen seines Kompetenzbereichs besonders weit überschritt, kostete ihn das zunächst das Amt. Nach seiner erneuten Berufung Ende 1912 hielt Conrad an seiner Überzeugung notwendiger Präventivkriege fest und meldete sich in Denkschriften, Briefen und Audienzen entsprechend zu Wort, vermied aber nun die offene Konfrontation mit dem Monarchen und dem Außenminister.[32] Dabei kam ihm zugute, dass Aehrenthals Nachfolger Berchtold sich seinerseits um eine bessere Zusammenarbeit mit dem Generalstab und mit dem „Belvedere" bemühte. Dies hatte auch damit zu tun, dass der Außenminister unter den Mitarbeitern seines Hauses an Aehrenthal gemessen und für zu leicht befunden wurde; nicht wenige unter ihnen wünschten eine energischere Vertretung der Großmachtinteressen Österreich-Ungarns. Vor allem aber hatte es Berchtold seit dem Sommer 1912 mit einer grundsätzlich verschlechterten Sicherheitslage für die Habsburgermonarchie zu tun. Sie verlieh den Einschätzungen Conrads nun mehr Glaubwürdigkeit.[33]

Sechs Jahre zuvor, als Conrad und Aehrenthal 1906 antraten, war die Großmachtpolitik in Europa noch von der Annäherung zwischen England und Frankreich sowie den Folgen der russischen Niederlage 1904/05 bestimmt. Entente cordiale, Erste Marokkokrise und Triple Entente können als Wegmarken bei der Herausbildung antagonistischer Bündnissysteme gelesen werden. Aus der Perspektive des Wiener Generalstabs bedeutete die massive Einschränkung der russischen Schlagkraft in Europa aber zunächst vor allem einen gewissen Schutz vor dem Eingreifen des Zarenreichs in Konflikten auf dem Balkan oder in Südeuropa. Conrad, der sich mit den Chancen und Risiken eines Kriegs gegen Italien schon vor seiner Ernennung beschäftigt hatte, ließ nicht nur die entsprechenden Pläne ausarbeiten, sondern trat erstmals mit Vorschlägen zu einem Präventivkrieg an den Kaiser und den Außenminister heran, allerdings ohne damit Gehör zu finden.

Als Aehrenthal sich 1908 zur Annexion Bosnien-Herzegowinas entschloss und damit eine schwere internationale Krise auslöste, beeilte sich Conrad, dem Außenminister den Rücken zu stärken, in der Hoffnung, freie Hand zu einem Krieg gegen Serbien zu erhalten, das sich mit Unterstützung der Triple Entente der Annexion des benachbarten Okkupationsgebiets widersetzte.

32 Dornik, Falke, S. 78-109; Kronenbitter, „Krieg im Frieden", S. 126-142.

33 Rumpler, Helmut, Die rechtlich-organisatorischen und sozialen Rahmenbedingungen für die Außenpolitik der Habsburgermonarchie 1848-1918, in: Wandruszka, Adam/ Urbanitsch, Peter (Hg.), Die Habsburgermonarchie 1848-1918. Band VI: Die Habsburgermonarchie im System der internationalen Beziehungen. 1. Teilband, Wien 1989, S. 1-121, hier S. 82-86.

Es stand auch die Möglichkeit im Raum, dass Italien unter Hinweis auf eine Klausel des Dreibundvertrags Kompensationen verlangen würde. Conrad erwartete sich daher eine Gelegenheit, auch gegen Italien Krieg führen zu können. Durch Russlands Unterstützung für Serbien rückte aber zunehmend ein Krieg im Nordosten ins Blickfeld der Diplomatie. Aehrenthal ermunterte Conrad zum Austausch mit Moltke, der, ganz im Sinne der Reichsleitung in Berlin der Donaumonarchie Rückendeckung in Aussicht stellte. Der bei weitem noch nicht abgeschlossene Wiederaufbau russischer Militärmacht in Europa erlaubte es den Zweibundpartnern, das Zarenreich dazu zu zwingen, Serbien fallen zu lassen. Da zu diesem Zeitpunkt bereits die Teilmobilmachung gegen Serbien vorbereitet war, warb Conrad nun dafür, die Gelegenheit zu einem Angriff auf den feindseligen Nachbarn zu nutzen. Die Vorbereitungsmaßnahmen hatten Österreich-Ungarns Diplomatie Nachdruck verschafft, aber das Einlenken des auf sich gestellten Serbien genügte dem Außenminister und dem Monarchen vollkommen. Weitere internationale Verwicklungen waren ihnen und insbesondere auch dem Thronfolger zu riskant. Aus Conrads Sicht war damit eine Chance vertan, der Armee durch einen Erfolg versprechenden Feldzug Selbstvertrauen und Kriegserfahrung zu gewinnen, das Prestige der Habsburgermonarchie nach innen wie außen zu steigern und einen gefährlichen Gegner auszuschalten.[34]

Die Vorstellung von der „versäumten Gelegenheit" zum Krieg wurde von Conrad, aber auch von anderen Generalstabsoffizieren von 1909 an immer wieder beschworen und geriet geradezu zum Topos in der zeitgenössischen Militärpublizistik und in den nach Kriegsende verfassten Erinnerungswerken. Möglich wurden die Verfestigung und Verbreitung dieser Vorstellung, weil sie auch in den folgenden Jahren insbesondere durch Conrad immer wieder aktualisiert wurde. Die nächste Gelegenheit nach der Annexionskrise dazu bot sich ihm 1911, als Italien das Osmanische Reich angriff, um sich mit Gewalt Kolonialbesitz im heutigen Libyen zu sichern. Der unverhohlen imperialistische Raubkrieg verlief weniger reibungslos, als von Italien erwartet und band erhebliche militärische Kräfte. Dies bot in den Augen Conrads eine ideale Möglichkeit, die lange vorbereiteten Kriegspläne gegen den Dreibundpartner umzusetzen. Moralische Skrupel plagten ihn dabei nicht, war er doch von der Zwangsläufigkeit einer kriegerischen Konfrontation mit Italien überzeugt. Der italienische Irredentismus und die machtpolitische Rivalität im Adriaraum waren ihm ausreichende Gründe für einen Krieg. Aehrenthal lehnte diesen Vorschlag mit Blick auf die internationale Ordnung und die Gefahr einer zunehmenden Isolierung der Habsburgermonarchie und der dadurch drohenden Abhängigkeit

34 Wank, Twilight, S. 399-417; Kronenbitter, „Krieg im Frieden", S. 334-356.

von Deutschland strikt ab. Um weitere Störversuche Conrads bei außenpolitischen Grundsatzentscheidungen zu verhindern, drängte Aehrenthal auf dessen Entlassung. Als der Generalstabschef Mitte November 1911 den Kaiser erneut mit seinem Kriegswunsch bedrängte, war sein Sturz besiegelt. Conrad deutete auch diese Entscheidung gegen seine Kriegsforderung als Verwerfen einer Chance zur militärischen Selbstbehauptung Österreich-Ungarns.[35]

Der Krieg zwischen Italien und dem Osmanischen Reich bereitete den Boden für den Ersten Balkankrieg 1912. Die Bildung des Balkanbundes und dessen rasche militärische Erfolge gegen die Armee des Sultans kamen für die diplomatischen und militärischen Beobachter in Wien überraschend. Vor allem das Ausgreifen Serbiens und Montenegros in Richtung der albanischen Küste gefährdeten die machtpolitischen Interessen der Habsburgermonarchie. Um die Kontrolle über das Annexionsgebiet zu behalten und gegenüber den siegreichen Balkanstaaten nicht ganz hilflos auszusehen, wurden auf Wunsch Berchtolds die Mannschaftsstände in Bosnien-Herzegowina und Dalmatien erhöht. Als Russland seine Truppen im Grenzgebiet zur Habsburgermonarchie zu verstärken begann, stand Österreich-Ungarn vor einer potentiell bedrohlichen Situation. Schemuas Vorschlag eines Ultimatums an Serbien, um eine Räumung Albaniens zu erzwingen, wurde von Außenminister und Monarch nicht aufgegriffen, aber eine Erhöhung der Stände in den zum Schutz des Annexionsgebiets und Galiziens – und damit des Aufmarschraums für den Kriegsfall „R“ – wichtigen Korps angeordnet. Da Deutschland selbst angesichts der nun akut gewordenen Gefahr eines russischen Eingreifens zunächst Unterstützung für Österreich-Ungarns riskante Balkanpolitik signalisierte, schien ein Krieg gegen Serbien wahrscheinlich, damit möglicherweise aber auch eine Eskalation im Nordosten. In dieser Situation drängte Erzherzog Franz Ferdinand im Dezember 1912 darauf, Conrad wieder zum Generalstabschef zu machen, auch wenn sich der Thronfolger gegen Berchtold beim Kaiser nicht mit dem Wunsch nach stärkerem militärischem Druck auf Serbien und Montenegro durchsetzen konnte. In den folgenden Wochen bemühte sich Conrad, für einen Krieg gegen die südöstlichen Nachbarn Argumente und Verbündete zu sammeln. Er drang jedoch weder beim österreichisch-ungarischen Außenminister noch beim Berliner Generalstab mit seinen Vorstellungen durch. Auch in der Winterkrise 1912/13 blieben Kaiser und Außenminister die Entscheidungsträger. Der Thronfolger hatte sich für kurze Zeit zum Fürsprecher eines Eskalationskurses gemacht, rückte aber schnell wieder davon ab und spielte erneut eine eher mäßigende Rolle im Krisenmanagement der Habsburgermonarchie. So blieb es bei partiellen Mobilisierungsmaßnahmen

35 Wank, Twilight, S. 429-438; Kronenbitter, „Krieg im Frieden“, S. 357-367.

als Mittel einer „militant diplomacy".[36] Zum Leidwesen des Generalstabs wiederholte sich dies im Mai und Oktober 1913, als zunächst Montenegro und dann Serbien durch Kriegsvorbereitungen und Ultimaten in Albanien zum Nachgeben gezwungen wurden.[37]

Der Generalstab war 1912/13 erneut Werkzeug, nicht Gestalter der österreichisch-ungarischen Sicherheitspolitik. Berchtold behielt mit Unterstützung des Kaisers die außenpolitischen Entscheidungen in der Hand. Kriegsvermeidung war weder dem Außenminister noch dem Kaiser oberste Richtschnur, aber vor dem Risiko eines Großmachtkriegs schreckten beide zurück. Franz Ferdinand wandelte sich nur für wenige Wochen zum Befürworter einer Kriegspolitik, behielt dann aber bis zum Sommer 1914 seine grundsätzliche Linie abermals bei, einen Krieg mit Russland unbedingt zu vermeiden.[38] Die Frustration über die friedliche Beilegung der Konflikte war im Generalstab und darüber hinaus in weiten Kreisen der militärischen Führung groß und wurde auch offen zur Schau getragen. Selbst in der engsten Umgebung des Thronfolgers und in der Militärpresse gehörte die Klage über die versäumten Gelegenheiten zum Krieg zu den allgemein geteilten Ansichten. Fachlich begründete Zweifel an den Erfolgschancen in einem Mehrfrontenkrieg traten bei der Deutung der Krisen seit 1908 ganz in den Hintergrund. Die von Conrad eingeforderte Ausrichtung der Armee auf einen künftigen Krieg hatte sich als Leitbild durchgesetzt und schien auch erste Früchte zu tragen. Dass die sorgfältig erstellten Kriegsplanungen selbst nach ersten Mobilmachungsmaßnahmen wieder in der Schublade verschwanden statt einem siegreichen Feldzug den Weg zu weisen, enttäuschte den Generalstab und das Offizierskorps. Hinzu kam die pessimistische Einschätzung der längerfristigen Tendenzen in der europäischen Machtbalance.

Der Wiederaufstieg Russlands zu einer der schlagkräftigsten Militärmächte würde bald den strategischen Spielraum Österreich-Ungarns minimieren. Serbien und Montenegro waren aus den beiden Balkankriegen 1912/13 als Sieger hervorgegangen und würden nun auch ihr Militär weiter ausbauen. Rumäniens Teilnahme am Zweiten Balkankrieg widersprach den balkanpolitischen Interessen der Donaumonarchie und leitete eine Umorientierung zur Entente ein. Der Konflikt zwischen Rumänien und der ungarischen Regierung um die Nationalitätenpolitik Ungarns in Siebenbürgen blieb ungelöst und alle

---

36 Williamson, Samuel R. Jr., Austria-Hungary and the Origins of the First World War, 3. Aufl., Basingstoke 1993, S. 191.

37 Deutschmann, Wilhelm, Die militärischen Maßnahmen in Österreich-Ungarn während der Balkankriege, Diss. Wien 1965; Kronenbitter, „Krieg im Frieden", S. 373-428.

38 Hannig, Franz Ferdinand, S. 172-182.

Versuche, diese Entfremdung zwischen den bislang verbündeten Staaten auf dem Weg militärischer und diplomatischer Kontakte aufzuhalten, erschienen zunehmend fruchtlos. Der Generalstab und Conrad persönlich nahmen auch an den Versuchen teil, das ebenfalls immer fragiler erscheinende Bündnis mit Italien zu stabilisieren. Seiner eigenen Überzeugung von der Unvermeidlichkeit eines Überlebenskampfes zwischen der Habsburgermonarchie und Italien zuwider, beteiligte sich Conrad an den militärdiplomatischen Initiativen des Berliner Generalstabs, die durch strategische und aufmarschtechnische Absprachen für den *casus foederis* den Dreibund stärken sollten. Die wachsende militärische Macht Russlands und die veränderte Lage auf dem Balkan ließen dem Wiener Generalstab auch keine Wahl, als alles dafür zu tun, dass Deutschland im Ernstfall möglichst uneingeschränkt zu seinem Alliierten Österreich-Ungarn stand. Gerade das Verhalten in der Winterkrise hinterließ in Wien den Eindruck, auf Deutschlands Rückendeckung für die Balkanpolitik der Habsburgermonarchie sei nur sehr bedingt Verlass. Selbst unter Einbeziehung der in Aussicht gestellten deutschen Unterstützung waren die Kräfteverhältnisse bei einem Krieg gegen Serbien und Russland ungünstig. Die Entwicklung der Beziehungen zu Italien und Rumänien tat ein Übriges, um bei allen aufmerksamen Beobachtern, Offizieren wie interessierten Zivilisten, die Überzeugung reifen zu lassen, dass sich die strategische Lage Österreich-Ungarns rasch zu verschlechtern drohte, obwohl seit 1912 im Windschatten der internationalen Krisen seit Jahrzehnten erstmals wieder eine signifikante Steigerung der Rüstungsausgaben erreicht werden konnte.[39]

Die gefährlichen Implikationen der Verschiebungen in den Mächtekonstellationen entgingen auch dem Außenministerium nicht. Berchtold konnte sich zwar die gewaltlos erzielten Erfolge bei der Eindämmung Serbiens und Montenegros zugutehalten, aber die extrem teuren Mobilisierungsmaßnahmen der Jahre 1912/13 gefährdeten die Staatsfinanzen, ohne eine dauerhafte Lösung für die Konflikte mit den südöstlichen Nachbarn zu gewährleisten. Albanien, das als Resultat internationaler Krisendiplomatie geschaffen worden war, blieb ein Feld, auf dem die Rivalität zwischen den Nachbarstaaten, Österreich-Ungarn und Italien unter bürgerkriegsähnlichen Bedingungen ausgetragen wurde. Wirkungsvolle militärische Mittel, um sich dabei durchzusetzen, wollte und konnte der Generalstab angesichts knapper Ressourcen und der programmatischen Festlegung auf den Großmachtkrieg als einziger

39 Kronenbitter, Günther, The Perception of the "Wars before the War" in Austria-Hungary, in: Geppert, Dominik/Mulligan, William/Rose, Andreas (Hg.), The Wars before the Great War: Conflict and International Politics before the Outbreak of the First World War, Cambridge 2015, S. 190-203, hier S. 197-202.

Mission der Streitkräfte nicht bereitstellen. Die teuer erkauften Erfolge von Berchtolds „militant diplomacy“ waren also schon verblasst, als der Thronfolger am 28. Juni 1914 in Sarajevo einem Attentat zum Opfer fiel. Es bedurfte deshalb – zur Überraschung Conrads – diesmal auch keines besonderen Nachdrucks von Seiten des Generalstabschefs, um Berchtold für einen Krieg gegen Serbien zu gewinnen, dessen Machtelite mit guten Gründen hinter dem Mordanschlag vermutet wurde. Dass es nach seiner eigenen Logik möglicherweise schon beinahe zu spät sein könnte, um der sich formierenden Übermacht alter und neuer Feinde durch einen Angriff auf Serbien entgegenzutreten, war dem Generalstabschef nach eigenem Bekunden durchaus bewusst. Angesichts der schon in naher Zukunft zu erwartenden Verschärfung der bedrohlichen Lage galt es jedoch in Conrads Augen, diese vermutlich letzte Chance zu der von ihm gewünschten „Abrechnung“ mit Serbien zu nutzen, bevor der Ausbau von Russlands Militärmacht noch weiter fortgeschritten und die eigenen Bündnisse mit Italien und Rumänien endgültig Makulatur geworden waren.[40]

In diesem Sinn äußerte sich der Generalstabschef auch in einer Sitzung des gemeinsamen Ministerrats, auf der am 7. Juli die Notwendigkeit eines Kriegs gegen Serbien besprochen wurde, von der sich die meisten Teilnehmer überzeugt zeigten. Einzig der ungarische Ministerpräsident István Tisza stellte kritische Fragen nach den Erfolgschancen im recht wahrscheinlichen Fall einer Ausweitung des Kriegs durch Eingreifen Russlands und möglicherweise Rumäniens – eine Eventualität, die ihm vor allem als Regierungschef Ungarns besondere Sorgen bereitete. Conrads Antwort darauf ist nur teilweise überliefert, aber Tisza war jedenfalls erst einige Tage später für einen Kriegskurs zu gewinnen, als er von der Zusicherung deutscher Unterstützung bei einem Eingreifen Russlands erfuhr und eine diplomatische Rahmung der Kriseneskalation durchgesetzt hatte. An der Entscheidung, den Krieg gegen Serbien mit einem kaum annehmbaren Ultimatum in Form einer „befristeten Note“ in die Wege zu leiten, war der Generalstabschef nur am Rande beteiligt. Allerdings verlangte Conrad genügend Vorlaufzeit, um das Ende der Beurlaubungszeit für Soldaten zum Ernteeinsatz und die Mobilmachung für den Fall „B“ in die Wege zu leiten. Damit bildete die Kriegsplanung einen unter mehreren Faktoren, die ein rasches diplomatisches Vorgehen und damit auch die angestrebte Lokalisierung des Konflikts erschwerten. Nach der serbischen Weigerung, die ultimativen Forderungen Österreich-Ungarns zur Gänze anzunehmen, und dem Abbruch der diplomatischen Beziehungen, wünschte Conrad zunächst eine Verzögerung des Kriegsbeginns, bis der Aufmarsch möglichst weitgehend

40 Hantsch, Hugo, Leopold Graf Berchtold. Grandseigneur und Staatsmann. Band II, Graz 1965, S. 541-616; Kronenbitter, „Krieg im Frieden“, S. 429-465.

vollzogen sein würde. Darauf ließ sich Berchtold aus Gründen der Krisendiplomatie nicht ein, befürchtete er doch, zu Verhandlungen gezwungen zu werden.[41]

Berchtold, der zum Erstaunen mancher Kritiker im eigenen Haus über Wochen energisch an der Herbeiführung des Serbienkriegs gearbeitet hatte, war letztlich auch ohne Ermunterung des Militärs dazu entschlossen, sich durch ein drohendes Eingreifen Russlands nicht von seinem Ziel abbringen zu lassen. Weder Franz Joseph noch die Ministerpräsidenten bremsten ihn dabei und Franz Ferdinand, der in den Krisen und Konflikten seit 1908 meistens zur Vorsicht gemahnt hatte, war tot. Ob die düsteren Prognosen des Generalstabs und die immer wieder vorgebrachten Vorschläge Conrads für „Präventivkriege" die Wahrnehmungsmuster des Außenministers, vieler Diplomaten und Politiker, aber auch des greisen Monarchen langfristig doch geprägt hatten, ohne in den Jahren vor 1914 in Krisenzeiten durchzudringen, lässt sich nicht mit ausreichender Sicherheit beurteilen. Die Krisensequenz des Jahrzehnts vor dem Attentat von Sarajevo, bei der in immer kürzeren Abständen der Frieden Europas auf dem Spiel stand, trug auch bei den Entscheidungsträgern in anderen Großmachtkabinetten dazu bei, Sicherheit immer stärker aus einem militärischen Blickwinkel zu betrachten. Die Destabilisierung des Mächtegleichgewichts durch Russlands schwere Niederlage 1904/05, die Wiederherstellung der Schlagkraft des Zarenreichs in den folgenden Jahren und das umfassende Wettrüsten der Großmächte erschwerten den Generalstäben, den für die Außenpolitik Verantwortlichen und der Öffentlichkeit die Einschätzung der strategischen Situation.[42] Unter diesen Umständen lag eine „Militarisierung" von Sicherheitspolitik nahe, auch ohne explizite Einflussnahme durch den Generalstab. Zumindest für Österreich-Ungarn kam die Furcht vor der drohenden außenpolitischen Isolierung hinzu und die Sorge vor einem Zerfall der Doppelmonarchie, falls der Großmachtstatus nicht mehr verteidigt werden konnte. Insofern bedurfte es keines Drängens des Generalstabschefs, um die Entscheidung für einen Krieg herbeizuführen, nur abraten durfte Conrad nicht. Das tat er 1914 ebenso wenig wie seine „opposite numbers" in den Generalstäben der anderen Großmächte, obwohl ihm die hohen Risiken durchaus bewusst waren. Eine deutliche Warnung wäre mit dem Selbstverständnis der Militärelite und dem professionellen Anspruch des

41 Rauchensteiner, Manfried, Der Erste Weltkrieg und das Ende der Habsburgermonarchie 1914-1918, Wien 2013, S. 93-147; Kronenbitter, „Krieg im Frieden", S. 465-485.

42 Stevenson, David, Armaments and the Coming of War: Europe, 1904-1919, Oxford 1996, S. 412-420.

Generalstabs unvereinbar gewesen, siegreiche Kriege durch gute Vorbereitung und Operationsführung möglich zu machen.

6. Ausblick

Auch in den letzten Julitagen 1914 blieb die Rolle des Generalstabs in den Entscheidungen über Krieg und Frieden sehr überschaubar. Immerhin half Conrad am Ende des Krisenmonats dabei mit, durch eine sehr verspätete Reaktion auf die russischen Mobilisierungsmaßnahmen Druck auf die deutsche Reichsleitung aufzubauen, um einen Rückzieher wie in der Winterkrise 1912/13 unmöglich zu machen. Als sich für die Generalstäbe in Wien und Berlin abzeichnete, dass die russische Mobilmachung angelaufen war, galt es zu entscheiden, ob die B-Staffel tatsächlich nach den Plänen für den Kriegsfall „B" an der Südostgrenze aufmarschieren sollte, um ein Erfolg versprechendes Übergewicht über die serbische Armee sicherzustellen. Es drohte in diesem Fall eine massive Überlegenheit Russlands im Nordosten, aber Conrad verweigerte sich zunächst einer Umlenkung des Aufmarschs Richtung Galizien. Das Eisenbahnbüro riet von einer solchen „Uminstradierung" bei laufenden Aufmarschbewegungen ab und so ließ Conrad die Transporte zunächst Richtung Südosten weiterlaufen. Falls Russland in erster Linie eine militärische Drohkulisse aufbauen wollte und nicht oder zumindest nicht sofort angreifen würde, konnte sich mit starken Kräften ein schneller Sieg gegen Serbien erzielen. Durch das Hinauszögern einer Verschiebung der B-Staffel nach Nordosten sollte Zeit für die Umsetzung dieses Plans gewonnen werden. Zugleich müssten sich die Deutschen nun sehr schnell festlegen, ob sie die Zusage, bei Eingreifen Russlands in den Konflikt zum Bündniskrieg bereit zu sein, diesmal auch einhalten würden. Die bittere Erfahrung mit der deutschen Unzuverlässigkeit in der Winterkrise 1912/13 war noch in frischer Erinnerung. Diesmal wurde der „Blankoscheck" nicht in letzter Minute gesperrt.[43]

So ging der österreichisch-ungarische Generalstab, der mit Kriegsbeginn als Armeeoberkommando firmierte, wie erhofft und eingeplant, nicht allein in den Mehrfrontenkrieg, sondern hatte den Zweibundpartner, von dessen Schlagkraft die meisten Beobachter überzeugt waren, an seiner Seite. Die verzögerte Reaktion auf Russlands Mobilmachung erschwerte aber die Erfüllung des wichtigsten Auftrags der k. u. k. Armee im Rahmen der Absprachen mit

43 Tunstall, Graydon A. Jr., Planning for War Against Russia and Serbia. Austro-Hungarian and German Military Strategies, 1871-1914, New York 1993 (= War and Society in East Central Europe 31), S. 172-209; Kronenbitter, „Krieg im Frieden", S. 498-515.

dem Berliner Generalstab, durch eine rasche Offensive die gegnerischen Kräfte zu binden und einen Vorstoß der russischen Armee nach Mitteleuropa aufzuhalten, bis das Gros des deutschen Heers nach einem Sieg über Frankreich an die Ostfront verlegt werden könne. Dies gelang nur bedingt und unter hohen Verlusten. Letztlich entzog die deutsche Niederlage an der Marne den strategischen Absprachen aus der Vorkriegszeit ohnehin den Boden, aber die schweren Rückschläge, denen sich das Armeekommando schon in den ersten Wochen des Kriegs gegenübersah, boten Anlass zu Streit zwischen den Verbündeten über vermeintlich nicht eingehaltene Zusagen für die ersten Operationen, der den Auftakt für weitere Konflikte der Allianzpartner bilden und noch in der Kriegsgeschichtsschreibung nach 1918 nachwirken sollte.[44]

Nicht nur im Nordosten verliefen die Operationen nicht nach Plan, sondern auch auf dem serbischen Kriegsschauplatz. Ohne ernsthaft auf die B-Staffel zurückgreifen zu können, griff Potiorek, der Befehlshaber der gegen Serbien eingesetzten Truppen, aus Bosnien-Herzegowina heraus an. Zum Rückzug gezwungen, unternahm er noch im gleichen Jahr einen erneuten Anlauf und konnte kurzzeitig sogar Belgrad besetzen, bevor ihm die Erschöpfung seiner Truppen, überdehnte Versorgungslinien und serbische Angriffe nur noch einen fluchtartigen Abbruch des Feldzugs erlaubten. Im Rückblick wurde die Operationsplanung für den Fall „B" scharf kritisiert; der Zusammenbruch der Armee in Serbien stellte der Generalstabsarbeit im Frieden kein gutes Zeugnis aus. Schon die Zeitgenossen gaben allerdings vor allem der Befehlsführung Potioreks die Schuld an dem Debakel. Er war aber nur einer von einer ganzen Reihe von hochrangigen Offizieren, die sich in den ersten Monaten des Kriegs als ihren Aufgaben nicht gewachsen erwiesen. Sie wurden, wie beispielsweise Schemua und Auffenberg, ohne viel Federlesens von ihren Posten abberufen. Conrad hingegen, der letztlich die Kriegsvorbereitungen und die Leitlinien der Operationen im Nordosten zu verantworten hatte, blieb im Amt und wurde erst 1917 von Kaiser Karl, der Ende 1916 nach dem Tod Franz Josephs den Thron bestiegen hatte, abberufen.

So stand Conrad nach 1918 für den Generalstab der untergegangenen Habsburgermonarchie in Frieden und Krieg. Unter den ehemaligen Offizieren der Armee, vor allem den Generalstabsoffizieren, fanden sich auch kritische Stimmen, die Conrad nicht nur Fehlentscheidungen im Weltkrieg vorwarfen, sondern auch mangelnde Menschenkenntnis, engstirnige Operationsplanung oder mangelndes politisches Geschick. Insgesamt aber blieb die Kritik verhalten,

---

44 Schmitz, Martin, Verrat am Waffenbruder? Die Siedlice-Kontroverse im Spannungsfeld von Kriegsgeschichte und Geschichtspolitik, in: Militärgeschichtliche Zeitschrift 67/2 (2008), S. 385-407; Hadley, Military Diplomacy, S. 184-188.

denn den meisten unter ihnen lag viel daran, die Ehre der Armee zu verteidigen und die Schuld an der Niederlage eher den Umständen anzulasten, nicht in erster Linie dem Versagen der Führung. Obwohl die Realität des Krieges das ganz auf die Offensive fixierte Leitbild des Generalstabs der Vorkriegsjahre in einem schiefen Licht erscheinen ließ, obwohl sich ein großer Teil des Führungspersonals aus dem Generalstabskorps im Krieg nicht bewährte und obwohl schon der Aufmarsch 1914 weit weniger reibungslos verlief als geplant, erschienen die intensiven Bemühungen um eine Reform des Generalstabs und eine Verbesserung der Kriegsvorbereitungen doch als großes Verdienst Conrads. Die von ihm jahrelang propagierte Notwendigkeit von Krieg als Mittel der Selbstbehauptung der Habsburgermonarchie zog auch im Rückblick kaum ein ehemaliger Generalstabsoffizier in Zweifel. Aus heutiger Sicht ist aber deutlich, dass mit der zunehmenden Konzentration des Generalstabschefs auf machtpolitische Fragen die nüchterne Analyse der militärischen Möglichkeiten der k. u. k. Armee in den letzten Vorkriegsjahren immer mehr in den Hintergrund trat. Nach den Maßstäben unserer Zeit forderte Conrad letztlich einen Krieg, der auch bei generalstabsmäßiger Vorbereitung kaum zu gewinnen war.

Planer, Mahner, Kriegstreiber: Der preußisch-deutsche Generalstab 1900 bis 1914

Lukas Grawe

1. Einleitung

Als der deutsche Außenminister Hermann Müller (SPD) und Verkehrsminister Johannes Bell (Zentrum) am 28. Juni 1919 unter Protest ihre Unterschriften unter den Friedensvertrag von Versailles setzten, beendeten sie damit nicht nur den Ersten Weltkrieg aus völkerrechtlicher Sicht, sondern läuteten auch das vorläufige Ende des preußisch-deutschen Generalstabs ein. Schließlich hieß es in Artikel 160 des Vertragswerks: „Der deutsche große Generalstab und alle anderen ähnlichen Formationen werden aufgelöst und dürfen unter keiner Gestalt neu gebildet werden.“[1] Das ausdrückliche Verbot des Generalstabs kam wenig überraschend, sahen die Siegermächte doch gerade in ihm den Hort des deutschen Militarismus, in dem die Generalstabsoffiziere in mönchsgleicher Abgeschiedenheit den deutschen Angriffskrieg von 1914 geplant und forciert hätten.[2]

Während der Generalstab im Ausland verachtet und auch innerhalb Deutschlands zunehmend kritischer betrachtet wurde,[3] hielten ehemalige Generalstabsoffiziere das Andenken an ihre alte Wirkungsstätte hoch. Der Generalstab, so betonte Friedrich von Cochenhausen nach dem Krieg, sei eine „einzigartige“ und „in der Stille wirkende Kraft“ gewesen, „die unermüdlich, willensstark und überlegt die Arbeit des Staatsmannes unterstützt und [ge]fördert“ habe und in „Hochwertigkeit und Vielseitigkeit von keiner anderen Institution übertroffen wurde.“ Cochenhausen verglich die Generalstabsoffiziere gar mit den „ritterlichen Ordensgemeinschaften des Mittelalters“, die

1 Gesetz über den Friedensschluß zwischen Deutschland und den alliierten und assoziierten Mächten, 12.8.1919, anbei der Friedensvertrag von Versailles, in: RGBl. 1919, Nr. 140, S. 688-1349, hier Art. 160, S. 921.

2 Millotat, Christian E.O., Das preußisch-deutsche Generalstabssystem. Wurzeln – Entwicklung – Fortwirken, Zürich 2000, S. 11.

3 Siehe beispielsweise Moser, Otto von, Ernsthafte Plaudereien über den Weltkrieg. Eine kritische, militär-politische Geschichte des Krieges für Fachleute und Nichtfachleute, Stuttgart 1925, S. 48-56.

 | DOI:10.30965/9783657791958_003

nicht für ihren eigenen, sondern für den Ruhm einer Idee gekämpft hätten.[4] „Standesunterschiede kannte man nicht, nur der Tüchtige wurde gewertet", meinte Friedrich von der Schulenburg. „Vollkommen ist auch der Generalstab nicht gewesen. Aber wenn irgendwo menschliche Schwächen, Ueberhebung, Eitelkeit und alles Persönliche eingedämmt wurde, so ist dies nach Menschen-Möglichkeit im Generalstab der Fall gewesen, dessen Leistungen die höchste Stufe erreicht haben."[5] Eine Verantwortung für den Kriegsausbruch wiesen die Generalstabsoffiziere hingegen von sich. Man habe nicht zum Kriege getrieben, sondern sich lediglich akribisch auf einen Waffengang vorbereitet.[6] In der Zwischenkriegszeit vielfach durch das Reichsarchiv zur Mitarbeit an der offiziellen Geschichtsschreibung des Ersten Weltkriegs herangezogen, bemühten sich zahlreiche ehemalige Generalstabsoffiziere, das Bild einer unpolitischen Planungsbehörde zu zeichnen, die sich dem Primat der Politik untergeordnet und 1914 einen Verteidigungskrieg gegen die vermeintlich kriegslüsterne Triple-Entente geführt habe.[7]

Trotz dieser Unschuldsbeteuerungen schreibt der Großteil der heutigen Historiographie dem preußisch-deutschen Generalstab eine große Mitschuld am Kriegsausbruch zu. Aus Furcht, von der französischen und russischen Armee „überrüstet" zu werden und mit einem alternativlosen Kriegsplan in der Tasche, habe es Generalstabschef Helmuth von Moltke in keiner der zahlreichen Krisen der Vorkriegszeit versäumt, auf einen Präventivkrieg zu drängen. Im Juli 1914 sei er damit schließlich bei der deutschen Reichsleitung durchgedrungen.[8] Auch abseits der Erforschung der unmittelbaren Vorgeschichte des Ersten Weltkriegs stand der preußische Generalstab der Kaiserzeit bereits im Mittelpunkt zahlreicher Studien. Schon 1950 legte Walter Görlitz eine erste Geschichte der Institution vor.[9] Dennoch fehlt es nach

4 Cochenhausen, Friedrich von, Ausklang, in: Ders. (Hg.), Von Scharnhorst zu Schlieffen 1806-1906. Hundert Jahre preußisch-deutscher Generalstab, Berlin 1933, S. 320-323, hier S. 320 f.

5 Friedrich von der Schulenburg, „Erlebnisse", 1921, BArch, N 58/1, S. 12.

6 So beispielsweise Hermann von Kuhl, Der deutsche Generalstab in Vorbereitung und Durchführung des Weltkrieges. 2. Aufl., Berlin 1920, S. 106.

7 Dazu Pöhlmann, Markus, Kriegsgeschichte und Geschichtspolitik: Der Erste Weltkrieg. Die amtliche deutsche Militärgeschichtsschreibung 1914-1956, Paderborn 2002 (= Krieg in der Geschichte 12).

8 So beispielsweise Mollin, Gerhard Th., Das deutsche Militär und die europäische Politik vor 1914. Vorrang der Außenpolitik oder Primat des internationalen Systems?, in: Loth, Wilfried/Osterhammel, Jürgen (Hg.), Internationale Geschichte. Themen, Ergebnisse, Aussichten, München 2000, S. 209-245 und Mombauer, Annika, Helmuth von Moltke and the Origins of the First World War, Cambridge 2001, passim.

9 Görlitz, Walter, Der deutsche Generalstab. Geschichte und Gestalt 1657-1945, Frankfurt am Main 1950.

wie vor an einer wissenschaftlichen und quellenbasierten Gesamtdarstellung des Generalstabs von 1871 bis 1918. Der vorliegende Beitrag will einen ersten Überblick geben. Im Folgenden sollen daher nicht nur die Geschichte, die Aufgaben und die Gliederung des Generalstabs vorgestellt werden, sondern auch die Sozialisation seines Personals, sein militärisches Wirken sowie seine Einflussnahme auf die deutsche Rüstungs- und Außenpolitik. War der preußische Generalstab das „Gehirn" des deutschen Kontingentsheeres? Und besaß die Institution wirklich einen derart großen Einfluss, dass sie Entscheidungen über Krieg oder Frieden treffen konnte?

2. Geschichte und Wesen des Generalstabs

2.1 *Die Weiterentwicklung unter Moltke und Waldersee*

Als Helmuth von Moltke,[10] in der Geschichtswissenschaft oftmals als eigentlicher „Vater des Generalstabs" verklärt, 1857 das Amt des Chefs des Generalstabs übernahm, konnte er bereits auf ein solides Fundament zurückgreifen und musste die Institution nicht neu erfinden.[11] Der preußisch-deutsche Sieg über Frankreich 1870/71 vollendete nicht nur die Reichseinigung, sondern auch den Nimbus Moltkes und des Generalstabs, hatten doch die „Einigungskriege" eindrucksvoll die militärische Überlegenheit einer Armee demonstriert, die durch einen Generalstab geführt wurde. Diesen umgab schon bald die Aura der vollkommenen Militärorganisation, deren Vorbild auch auf andere Länder ausstrahlte. Nach der Reichsgründung übernahm der preußische Große Generalstab die militärstrategische Leitfunktion für das gesamte Deutsche Reich, da es de iure weder ein „Reichsheer"[12] noch einen „Reichsgeneralstab" gab. Bedingt durch seine Sonderstellung behielt das Königreich Bayern seinen eigenen Generalstab, während Sachsen und Württemberg ihre Offiziere zum preußischen Generalstab entsandten.

---

10 Zu seiner Person siehe immer noch Kessel, Eberhard, Moltke, Stuttgart 1957.

11 Walter, Dierk, Preußische Heeresreformen 1807-1870. Militärische Innovation und der Mythos der „Roonschen Reform", Paderborn 2003, S. 550. Siehe auch die Einleitung des vorliegenden Sammelbands.

12 Aufgrund einiger, bei der deutschen Reichseinigung ausgehandelter, Sonderrechte war die deutsche Armee ein Kontingentsheer, bestehend aus einer preußischen, bayerischen, sächsischen und württembergischen Armee. Siehe Stahl, Friedrich-Christian, Preußische Armee und Reichsheer 1871-1914, in: Hauser, Oswald (Hg.), Zur Problematik „Preußen und das Reich", Köln 1984 (= Neue Forschungen zur brandenburg-preußischen Geschichte 4), S. 181-245.

Moltke ruhte sich nicht auf den Lorbeeren des Sieges aus, sondern erweiterte in den unmittelbaren Nachkriegsjahren das Aufgabenspektrum des Generalstabs.[13] Im Jahr 1872 wurde die Kriegsakademie dem Chef des Generalstabes unterstellt, der damit fortan direkten Einfluss auf die Ausbildung der Generalstabsoffiziere besaß. Neun Jahre später, 1881, wurde die Stelle eines Generalquartiermeisters geschaffen und mit Alfred von Waldersee besetzt. Der Generalquartiermeister sollte fortan als Stellvertreter des Chefs fungieren.[14] Die vollständige Emanzipation der Behörde vom preußischen Kriegsministerium wurde schließlich auf sein Betreiben im Jahre 1883 durch die Gewährung des Immediatrechts für den Chef des Generalstabs abgeschlossen.[15] Somit unterstand der Generalstab auch faktisch nur noch dem Kaiser, der als einziger den Chef des Generalstabs ernennen und absetzen konnte. Aufgrund der kaiserlichen Kommandogewalt war der Generalstabschef zudem keiner parlamentarischen Kontrolle unterworfen.[16] Das Kriegsministerium hatte hingegen einen weiteren Bedeutungsverlust erfahren, auch wenn der Generalstab bis 1918 nicht in den Rang einer deutschen Zentralbehörde erhoben wurde und stattdessen preußische Provinzialbehörde blieb.[17]

Noch unter Moltke hatte der Generalstab in der „Krieg-in-Sicht"-Krise des Jahres 1875 eine offensive Linie vertreten und einen weiteren Feldzug gegen Frankreich empfohlen, ohne in das Ressort der Reichsleitung um Otto von Bismarck einzugreifen.[18] Nach den Auseinandersetzungen um den Primat der Politik während der „Einigungskriege" hatte Moltke den Vorrang des Reichskanzlers nolens volens anerkannt.[19] Als der Generalstabschef 1888 zurücktrat,

---

13 Siehe dazu Kessel, Moltke, S. 595-735 und Bucholz, Arden, Moltke, Schlieffen, and Prussian War Planning, Providence/Oxford 1991, S. 58-108.

14 Eine wissenschaftlichen Ansprüchen genügende Biographie zu Alfred von Waldersee steht noch aus. Zu seiner Person siehe Tosclair, Wade James, Alfred von Waldersee, monarchist: his private life, public image, and the limits of his ambition, 1882-1891, Louisiana State University Master Thesis 2012; zu Waldersees Rolle als Generalquartiermeister siehe Kessel, Eberhard, Die Tätigkeit des Grafen Waldersee als Generalquartiermeister und Chef des Generalstabs der Armee, in: Die Welt als Geschichte 14 (1954), S. 181-211.

15 Millotat, Das preußisch-deutsche Generalstabssystem, S. 79 f. Das Immediatrecht hatte bis dahin nur für die Person Moltkes, nicht für das Amt des Generalstabschefs gegolten.

16 Grawe, Lukas, Deutsche Feindaufklärung vor dem Ersten Weltkrieg. Informationen und Einschätzungen des deutschen Generalstabs zu den Armeen Frankreichs und Russlands 1904 bis 1914, Paderborn 2017 (= Zeitalter der Weltkriege 16), S. 29.

17 Siehe die Vorgänge von 1916 bis 1918 in BArch, R 43/1673.

18 Janorschke, Johannes, Bismarck, Europa und die „Krieg-in-Sicht"-Krise von 1875, Paderborn 2010.

19 Zu den Auseinandersetzungen während der „Einigungskriege" siehe Görtemaker, Manfred, Bismarck und Moltke. Der preußische Generalstab und die deutsche Einigung, in: Lappenküper, Ulrich (Hg.), Otto von Bismarck und das „lange 19. Jahrhundert". Lebendige

wurde Waldersee zu seinem Nachfolger ernannt. Anstelle des Postens eines Generalquartiermeisters wurden 1889 drei Stellen für Oberquartiermeister eingerichtet, die jeweils über mehrere Abteilungen die Aufsicht übernahmen. Waldersees Amtszeit als Generalstabschef währte indes nur bis 1891. Da er sich wiederholt massiv in die Politik Bismarcks und dessen Nachfolger Leo von Caprivi einmischte und die Reichsleitung im Sinne der militärischen Planungen zu beeinflussen suchte,[20] verlor er den Rückhalt des Kaisers. Seine zahlreichen politischen Intrigen und die ständigen Präventivkriegsforderungen gaben schließlich den Hauptausschlag dafür, dass Wilhelm II. Waldersee durch Alfred von Schlieffen ersetzte,[21] der das Amt bis Ende 1905 ausfüllen sollte. Mit seinen Präventivkriegsforderungen hatte der politische General Waldersee indes die Blaupause für ein Agieren des Generalstabs nah an den Ressortgrenzen zwischen Militär und Politik geliefert, die den Nachfolgern als Präzedenzfall dienen konnte.[22]

2.2 *Aufgaben des preußischen Generalstabs*

Ungeachtet seiner mythenhaften Verklärungen (im positiven wie im negativen Sinne) war der Generalstab keineswegs eine allmächtige Militärbehörde, bei der die gesamten Fäden des deutschen Heeres zusammenliefen. Obwohl der Generalstabschef direkten Zugang zu Kaiser und Reichskanzler hatte, war seine Stellung „innerhalb der militärischen Hierarchie nicht dominierend und mit relativ bescheidenen Befugnissen ausgestattet."[23] Bei der zentralen Frage zwischen Krieg oder Frieden konnte er lediglich beraten, nicht aber Monarch und Kanzler zur Kriegserklärung zwingen. In Friedenszeiten verfügte er weder über Weisungsbefugnisse noch über Inspektionsrechte gegenüber anderen Militärorganen oder Truppenkommandeuren.[24] Auch war

Vergangenheit im Spiegel der „Friedrichsruher Beiträge" 1996-2016, Paderborn 2017, S. 467-493.

20 Schmid, Michael, Der „Eiserne Kanzler" und die Generäle. Deutsche Rüstungspolitik in der Ära Bismarck (1871-1890), Paderborn 2003 und Canis, Konrad, Bismarck und Waldersee. Die außenpolitischen Krisenerscheinungen und das Verhalten des Generalstabes 1882 bis 1890, Berlin 1980.

21 Röhl, John C.G., Wilhelm II., Bd. 2: Der Aufbau der Persönlichen Monarchie 1888-1900, München 2001, S. 470-479.

22 Zu den Präventivkriegsforderungen des Generalstabs allgemein siehe Kloster, Walter, Der deutsche Generalstab und der Präventivkriegs-Gedanke, Stuttgart 1932.

23 Schmidt-Richberg, Wiegand, Die Generalstäbe in Deutschland 1871-1945. Aufgaben in der Armee und Stellung im Staate, Stuttgart 1962, S. 67.

24 Zu den Grenzen der Befugnisse siehe Wohlers, Günther, Die staatsrechtliche Stellung des Generalstabes in Preußen und dem deutschen Reich. Geschichtliche Entwicklung bis zum Versailler Frieden, Bonn/Leipzig 1921, S. 33 f.

der Einfluss des Generalstabs auf Größe, Organisation, Ausbildung, Ausrüstung und Bewaffnung des Heeres nur gering, lagen diese Fragen doch im Verantwortungsbereich des preußischen Kriegsministeriums. Ebenso wenig fiel die Personalpolitik des preußischen Heeres ins Ressort des Generalstabs, sondern war Aufgabe des Militärkabinetts, das ebenfalls allein dem Kaiser unterstand.[25] Damit fehlten dem Generalstab die wichtigen Kompetenzen für Rüstungs- und Personalfragen sowie für die wirtschaftliche und finanzielle Kriegsvorbereitung.[26] Vor diesem Hintergrund kam es häufig zu Kompetenzstreitigkeiten und an die Stelle einer einheitlichen Armeeführung trat ein ausgeprägter Ressortpartikularismus.[27]

Dennoch leitete der Chef des Generalstabs als erster militärischer Berater der Reichsleitung ein hochwichtiges Fachressort.[28] Gemeinsam mit seinen Mitarbeitern oblag dem Chef die Aufmarsch- und Operationsplanung, die stets an die außenpolitische Lage anzupassen war. Dies umfasste auch die logistische Planung für den Aufmarsch, der jährlich neu aufgestellt und gegebenenfalls überarbeitet wurde.[29] Darüber hinaus war es exklusive Aufgabe des Generalstabs, ausländische Armeen und die Militärpolitik fremder Staaten zu beobachten, namentlich mit Blick auf die mutmaßlichen Gegner in einem künftigen Krieg. Damit bildete die Behörde das zentrale Organ der militärischen Feindaufklärung im deutschen Kaiserreich und besaß ein machtvolles Instrument zur Beeinflussung der verantwortlichen Außenpolitiker.[30] Der Chef des Generalstabs konnte zwar nur geringen Einfluss auf die Ausbildung des deutschen Heeres ausüben, beispielsweise durch die Planung und Leitung der jährlich stattfindenden „Kaisermanöver", leitete aber die militärische Schulung seiner Generalstabsoffiziere, zu der auch die jährlichen Generalstabsreisen und Kriegsspiele gehörten.[31] Letztlich war es der Kriegsfall,

25 Zur Aufgabenteilung der drei Behörden siehe Mombauer, Helmuth von Moltke, S. 14-41.

26 Groß, Gerhard P., Mythos und Wirklichkeit. Geschichte des operativen Denkens im deutschen Heer von Moltke d. Ä. bis Heusinger, Paderborn 2012 (= Zeitalter der Weltkriege 9), S. 59.

27 Schmidt-Richberg, Die Generalstäbe in Deutschland, S. 65.

28 Ebd., S. 20.

29 Grawe, Lukas, Military decision-making auf dem Weg in den Weltkrieg. Voraussetzungen des Entscheidens im preußisch-deutschen Generalstab von 1900 bis 1914, in: Clauss, Martin/Nübel, Christoph (Hg.), Militärisches Entscheiden. Voraussetzungen, Prozesse und Repräsentationen einer sozialen Praxis von der Antike bis zum 20. Jahrhundert, Frankfurt/New York 2020 (= Krieg und Konflikt 9), S. 125-151, hier S. 136 f.

30 Grawe, Deutsche Feindaufklärung, S. 465.

31 Schmidt-Richberg, Die Generalstäbe in Deutschland, S. 18 f. Zu den Generalstabsreisen siehe Bucholz, Moltke, Schlieffen, and Prussian War Planning, S. 28-41, zu den Kriegsspielen siehe Knoll, Werner, Das Kriegsspiel als Übungs- und Ausbildungsmethode. Zu

der die Stellung des Generalstabschefs über alle anderen deutschen Militärbehörden hinaushob, war ihm doch nach den Mobilmachungsbestimmungen die Befugnis eingeräumt, im Namen des Kaisers die militärischen Operationen zu leiten.[32]

Der Große Generalstab in Berlin konnte darüber hinaus auf seine Generalstabsoffiziere bei den Armeekorps, Inspektionen, Divisionen und größeren Festungskommandanturen zurückgreifen. Sie bildeten den „Truppengeneralstab", der den kommandierenden Offizier des jeweiligen Großverbands beraten und in seiner Führungstätigkeit entlasten sollte.[33] Auf diese Weise konnte die Zentralbehörde in Berlin auch ohne faktische Befehlsgewalt einen gewissen Einfluss auf die Ausbildung des preußischen Heeres ausüben. Schließlich war der Chef des Generalstabs auch der Vorgesetzte der Generalstabsoffiziere im Truppendienst. Die Ansichten des Behördenchefs fanden so ihren unmittelbaren Weg in die oberen Kommandostrukturen der Armee, vor allem was operative, taktische und ausbildungstechnische Fragen betraf. Umgekehrt konnten sich auch die Truppengeneralstäbler dank des „Generalstabsdienstweges" direkt an den Chef des Generalstabs wenden.[34]

2.3 *Gliederung und Personal*

Dem Chef des Generalstabs unterstanden im Jahr 1900 vier Oberquartiermeister (I bis IV), und 16 Abteilungen sowie die Sektion IIIb, der militärische Nachrichtendienst des Generalstabs.[35] Die wichtigsten Aufgaben oblagen dabei der 2. („deutschen") Abteilung, die für die Kriegs- und Aufmarschplanung des Deutschen Reichs zuständig war. Unterstützt wurde sie dabei durch die Eisenbahnabteilung, in der die Truppentransporte und die Mobilmachung bearbeitet wurden.[36] Drei Abteilungen (die sog. „Sprachabteilungen") befassten sich mit dem Studium fremder Heere, wobei die mutmaßlichen Hauptkonkurrenten des Reichs, Russland und Frankreich, in der 1. bzw. 3 Abteilung, Deutschlands Verbündete Österreich-Ungarn und Italien in der 9.

seiner Entwicklung und Anwendung in deutschen Heeren des 19. und 20. Jahrhunderts. Allgemeiner Überblick von seiner Entstehung bis zum Ende des Zweiten Weltkrieges, in: Zeitschrift für Heereskunde 76 (2012), S. 168-179.

32 Schmidt-Richberg, Die Generalstäbe in Deutschland, S. 18-20.

33 Ebd., S. 36 f.

34 „Generalstabs-Dienstweg und Generalstabs-Verantwortlichkeit bis 1905", 22.8.1935, BArch, RH 61/337.

35 Zur Gliederung des Generalstabs siehe „Entwicklung der Organisation des Großen Generalstabes 1802-1914", BArch, PH 3/1272 und Stoeckel, Otto, „Die Organisation des Großen Generalstabes", [1803-1914], BArch, PH 3/124.

36 Zum Arbeitsablauf in den beiden Abteilungen siehe Grawe, Military decision-making, S. 134-139.

Abteilung bearbeitet wurden. Auf diese Weise war der Generalstab über alle europäischen, asiatischen und amerikanischen Heere informiert.[37] Die 4. und 7. Abteilung befassten sich mit dem Studium fremder Festungen in West und Ost, während die 6. Abteilung für die Planung der großen deutschen Herbstmanöver („Kaisermanöver") zuständig war. Direkt dem Chef des Generalstabs unterstellt war die Zentralabteilung („Z"), welche die Personalia der Generalstabsoffiziere bearbeitete und den Schriftverkehr der Institution regelte. In der 5. und 8. Abteilung wurden Fragen des Generalstabsdienstes und der Kriegsakademie bearbeitet. Hinzu kamen drei Abteilungen für die Landesaufnahme und Kartographie sowie zwei kriegsgeschichtliche Abteilungen. Bis 1914 kam noch eine weitere Abteilung für die Beobachtung fremder Heere (die 10.) und eine Oberquartiermeisterstelle (V) hinzu. Alle Abteilungen zerfielen dabei in mehrere Sektionen, die sich mit einem Teilbereich der jeweiligen Abteilungsaufgaben befassten.

Organisiert war der Arbeitsablauf streng hierarchisch: Einfache Generalstabsoffiziere durften nur ihrem Abteilungschef, dieser nur seinem vorgesetzten Oberquartiermeister oder einmal wöchentlich dem Chef des Generalstabs berichten. Alle Informationen liefen in der Person des Chefs zusammen: Er prägte somit nicht nur maßgeblich das Gesicht des Generalstabs, sondern war auch letztlich für dessen Handlungen verantwortlich. Während die 2. Abteilung das ganze Jahr über den Aufmarsch plante und für diesen Machbarkeitsstudien durchführte, war die Eisenbahnabteilung damit beschäftigt, die Vorgaben in Zugfahrpläne umzusetzen. In den restlichen Abteilungen bestand der Arbeitsalltag der Offiziere im Sammeln von Informationen über ihr jeweiliges Aufgabengebiet, um diese schließlich in Form von Denkschriften der Generalstabsführung zur Verfügung zu stellen. Diese teilte die Informationen auch mit den anderen Behörden des Reichs sowie mit der politischen Führung.[38]

Dem Bedeutungs- und Aufgabenzuwachs entsprechend nahm auch der Personalbestand des Generalstabs kontinuierlich zu. Während 1871 lediglich 135 und 1888 immerhin schon 246 Offiziere im Großen Generalstab in Berlin tätig waren,[39] stieg diese Zahl auf 386 im April 1914.[40] Hinzu kamen die Generalstabsoffiziere bei den preußischen Armeekorps und Divisionen, sodass unmittelbar vor Kriegsbeginn insgesamt etwa 620 Personen dem Generalstab

37 Zu Arbeitsablauf und Gliederung der „Sprachabteilungen" siehe Grawe, Deutsche Feindaufklärung, S. 37-54.

38 Ebd., S. 37-54.

39 Millotat, Das preußisch-deutsche Generalstabssystem, S. 80.

40 „Verteilung der Offiziere des Großen Generalstabes und der Landesaufnahme", 1.4.1914, BayHStA-KA, Gstb 309.

angehörten. Von den 22.000 preußischen Offizieren dienten somit lediglich 2,8 Prozent im Generalstab. Galt das Offizierkorps innerhalb des wilhelminischen Deutschland ohnehin schon als gesellschaftliche Elite, so hob die Generalstabsuniform den Einzelnen noch einmal aus dieser heraus. Angesichts der geringen Zahl wurden die geeigneten Kandidaten durch ein strenges Auswahlverfahren geschleust, das im Vergleich zur restlichen preußischen Armee mehr Wert auf Leistung und weniger Rücksicht auf „Connectionen" nahm.[41] Diese Tendenz zur Professionalisierung spiegelte sich auch im Anteil der bürgerlichen Generalstabsoffiziere wider: 1888 waren 40 Prozent der Generalstabsoffiziere bürgerlich, bis 1914 stieg der Anteil auf 62 Prozent.[42] Einige Abteilungen, beispielsweise die 2. Abteilung oder die Eisenbahnabteilung, wurden seit 1898 bzw. seit 1896 (mit Ausnahme einer dreijährigen Unterbrechung) von bürgerlichen Generalstabsoffizieren geleitet. Die Bürgerlichen mussten aber dem von Wilhelm II. propagierten „Adel der Gesinnung" entstammen, der sich als konservativ und kaisertreu verstand und sich ein feudales Erscheinungsbild angewöhnt hatte.[43]

Der Weg in den Generalstab führte – bis auf wenige Ausnahmen – grundsätzlich über die Kriegsakademie: Diese unterstand dem Generalstab und rekrutierte ihre Lehrer zu einem Großteil aus seinen Offizieren. Etwa 400 bis 600 Offiziere aus allen Waffengattungen meldeten sich pro Jahr freiwillig für die Prüfungen zur Aufnahme an der Kriegsakademie an, wobei jedoch nur ein Viertel der Bewerber angenommen wurde. In der folgenden dreijährigen Ausbildung standen neben militärfachlichen Themen, Geschichte und Generalstabsdienst auch Staats- und Völkerrecht, Geografie und wahlweise Mathematik oder Fremdsprachen auf dem Stundenplan. Bei ihrer Wissensvermittlung setzten die Lehrer vor allem auf eine Schulung des Urteils- und Entscheidungsvermögens durch Beispiele aus der Militärgeschichte. Ziel war es, selbstständig denkende und handelnde Generalstabsoffiziere und „Führergehilfen" zu erziehen.

Etwa 30 Prozent eines Kriegsakademie-Jahrgangs erhielten die Qualifikation für den Generalstab, doch nur die fähigsten unter den Offizieren wurden für ein oder zwei Jahre auf Probe in die Institution kommandiert. Im Jahr 1914 machten diese Offiziere etwa die Hälfte des Personals aus. Nur bei guten Leistungen bestand für die kommandierten Offiziere die Möglichkeit, dauerhaft

41 Friedrich von der Schulenburg, „Erlebnisse", November 1921, BArch, N 58/1, S. 17.

42 Stoneman, Mark R., Wilhelm Groener, Officering, and the Schlieffen Plan, Dissertation, Washington 2008, S. 66.

43 Stoneman, Mark R., Bürgerliche und adlige Krieger: Zum Verhältnis zwischen sozialer Herkunft und Berufskultur im wilhelminischen Armee-Offizierkorps, in: Reif, Heinz (Hg.), Adel und Bürgertum in Deutschland, Bd. 2, Berlin 2001, S. 25-63, hier S. 30 und 62 f.

in den Generalstab versetzt zu werden. Neben ihren eigentlichen Aufgaben in der jeweiligen Abteilung mussten sie an wöchentlichen taktischen Planspielen teilnehmen und Aufgaben ihrer Abteilungschefs lösen. Am Ende der Probezeit war zudem die „große Schlussaufgabe" des Generalstabschefs zu meistern. Anschließend kamen nicht mehr als zehn Offiziere eines Jahrgangs für eine dauerhafte Tätigkeit im Generalstab in Frage.[44]

3. Die Tätigkeit des Generalstabs und sein Einfluss auf die deutsche Politik

3.1 *Die Ära Schlieffen (1891 bis 1905)*

Der Deutsch-Französische Krieg erwies sich lange Zeit als Richtschnur für die meisten Handlungen des Generalstabs. Aus den zurückliegenden Feindseligkeiten zog Moltke d. Ä. die Schlussfolgerung, ein rascher, totaler Sieg in einem kommenden Krieg sei nahezu unmöglich. Eingekeilt zwischen den Großmächten Russland, Österreich-Ungarn und Frankreich, musste es das Bestreben des Deutschen Reichs sein, den Besitzstand zu verteidigen. Um einen Zweifrontenkrieg zu bestehen – und einen solchen erachtete Moltke als den wahrscheinlichsten Fall – plante der Generalstabschef, an der Ostfront in die Offensive zu gehen. Hier sollte die langsame Mobilisierung der russischen Armee ausgenutzt und – mit Hilfe der Unterstützung des seit 1879 im Zweibund verbundenen Österreich-Ungarn – ein begrenzter Erfolg erzielt werden, um Faustpfänder für mögliche Friedensverhandlungen zu erobern. An der deutschen Westgrenze sollte ein zahlenmäßig unterlegenes deutsches Heer hingegen in der Defensive bleiben und die französischen Armeen in Schach halten. Ungeachtet kleiner Änderungen im Kräfteverhältnis zwischen Ost- und Westfront behielten sowohl Moltke als auch sein Nachfolger Waldersee diese Planungen bei.[45]

Der Amtsantritt Schlieffens läutete innerhalb des Generalstabs entscheidende Änderungen ein.[46] Seine Kriegsplanung, allen voran sein legendärer „Schlieffenplan", ist in der historischen Forschung wohl einer der am

---

44 Zur Auswahl und Ausbildung der Generalstabsoffiziere siehe Grawe, Deutsche Feindaufklärung, S. 34-37. Dort auch weitere Nachweise.

45 Zu den Kriegsplanungen siehe Moltke, Helmuth von, Vom Kabinettskrieg zum Volkskrieg. Eine Werkauswahl, hrsg. v. Stig Förster, Bonn 1992 und Schmid, Michael, Der „Eiserne Kanzler" und die Generäle. Deutsche Rüstungspolitik in der Ära Bismarck (1871 bis 1890), Paderborn 2003, vor allem S. 273-516.

46 Zu seiner Person siehe Pantenius, Wilhelm H., Alfred Graf von Schlieffen. Stratege zwischen Befreiungskriegen und Stahlgewittern, Leipzig 2016.

meisten beachteten Aspekte der deutschen Generalstabsgeschichte.[47] Von Beginn an beschäftigte Schlieffen dabei die Frage, wie ein Zweifrontenkrieg zu gewinnen sei, schließlich musste er sich der Gefahr in weit größerem Maße stellen als seine Vorgänger: Die Nichtverlängerung des Rückversicherungsvertrags mit Russland durch die Reichsleitung führte zur Annäherung des Zarenreichs an Frankreich, die in einem handfesten Militärbündnis mündete.[48] Schlieffen konnte sich also nicht mehr auf die Neutralität einer der beiden Mächte verlassen und entwarf als Antwort auf diese Zwangslage den späteren „Schlieffenplan".[49] Anders als seine Vorgänger reichte es dem neuen Generalstabschef nicht aus, mithilfe von begrenzten Operationen den Status quo zu festigen. Vielmehr war er davon überzeugt, dass es für das deutsche Heer auch in einem Zweifrontenkrieg möglich war, einen totalen Sieg zu erringen. Das dafür notwendige Mittel meinte Schlieffen in einer vollständigen Vernichtung erst des einen, dann des anderen Gegners gefunden zu haben. Schließlich habe das Deutsche Reich den Vorteil, „daß es in der Mitte zwischen Frankreich und Rußland liegt und diese Bundesgenossen voneinander trennt. Es würde sich aber dieses Vorteils begeben, sobald es sein Heer teilen und hierdurch jedem einzelnen seiner Gegner an Zahl unterlegen sein würde."[50] Seine Siegeszuversicht verschaffte ihm im Kreis seiner Untergebenen Respekt und Ansehen und erwarb ihm den Ruf der strategischen Autorität, auch wenn der Generalstabschef als schwieriger Charakter galt.[51]

Im Gegensatz zu seinen Vorgängern schien Schlieffen ein entscheidender Sieg nur gegen Frankreich möglich zu sein, konnte sich die russische Armee doch in die Weiten des Zarenreichs zurückziehen und so die Operationen ins Endlose verlängern. Um die starken Befestigungen an der deutsch-französischen Grenze umgehen zu können, plante Schlieffen seit 1897 die

---

47 Siehe dazu grundlegend: Ritter, Gerhard, Der Schlieffenplan. Kritik eines Mythos, München 1956 und Ehlert, Hans G./Epkenhans, Michael/Groß, Gerhard P. (Hg.), Der Schlieffenplan. Analysen und Dokumente, Paderborn 2006.

48 Kennan, George F., Die schicksalhafte Allianz. Frankreich und Rußland am Vorabend des Ersten Weltkrieges, Köln 1990.

49 Salewski, Michael, Moltke, Schlieffen und die Eisenbahn, in: Foerster, Roland G. (Hg.), Generalfeldmarschall von Moltke. Bedeutung und Wirkung, München 1991, S. 89-102, hier S. 101.

50 Schlussbesprechung der Großen Generalstabsreise Ost 1901, abgedruckt in: Dienstschriften des Chefs des Generalstabes der Armee Generalfeldmarschalls Graf von Schlieffen, hrsg. v. Generalstab des Heeres (7. Abt.), Bd. 2, Berlin 1938, S. 175-230, hier S. 222.

51 Afflerbach, Holger, Auf Messers Schneide. Wie das Deutsche Reich den Ersten Weltkrieg verlor, München 2018, S. 22 f. und Kuhl, Hermann von, Die Persönlichkeit des Grafen Schlieffen, in: Wissen und Wehr 14 (1933), S. 57-62.

Verletzung der belgischen, später auch der luxemburgischen und niederländischen Neutralität.[52] Diese Umfassungsbewegung, die Schlieffen antiken Vorbildern entlehnt hatte, nahm im Laufe der Jahre immer größere Ausmaße an. In den Jahren 1904/05 nutzte Schlieffen schließlich die außenpolitische Lage, die der Russisch-Japanische Krieg geschaffen hatte, zur Abfassung seiner berühmten Denkschrift „Krieg gegen Frankreich", die später als „Schlieffenplan" in die Geschichte eingegangen ist. Der Generalstabschef setzte dabei alles auf eine Karte: Während im Westen ein Großteil des deutschen Heeres aufmarschieren sollte, sah Schlieffen für die Verteidigung der langen Grenze zu Russland lediglich einige Divisionen vor.[53] Auch ließ Schlieffen im Westen den linken deutschen Flügel nahezu ungedeckt und baute den rechten Flügel zu einer „gigantischen Phalanx" auf. Diese „sollte um den Punkt Metz-Diedenhofen schwenken und jeden französischen Widerstand, der sich ihr entgegenstellte, hinwegfegen und zerschmettern; wie eine riesige Flügeltür in ihren Angeln schwingt, sollte sie sich auf die französischen Armeen werfen, die zwischen ihr und dem deutschen linken Flügel in die Falle geraten waren, oder diese Truppen zwingen, in die neutrale Schweiz zu fliehen, und sie so ausschalten."[54]

Mit seinem Plan, den Schlieffen 1906 gewissermaßen als „Handlungsanweisung" an seinen Nachfolger übergab, nahm der Generalstabschef die Verletzung internationalen Rechts billigend in Kauf. Auch baute er in hohem Maße auf gegnerische Fehler: Für „Friktionen" war in seinem minutiös getakteten Vorhaben hingegen kein Platz.[55] Zudem war das deutsche Heer nach Schlieffens Ansicht um 24 Divisionen (also um mehr als 300.000 Mann) zu klein, um den Plan erfolgreich auszuführen. Dennoch wurde sein Konzept von den Stabsoffizieren enthusiastisch begrüßt, da es eine Möglichkeit offerierte, den als „unführbar" geltenden Zweifrontenkrieg in zwei aufeinander folgende Feldzüge aufzuspalten und so zu gewinnen.[56] Schlieffen betrachtete denn auch seine Planungen als die Fortführung der Gedankengänge Moltkes d. Ä. und baute in noch größerem Ausmaß als dieser auf die Leistungsfähigkeit der Eisenbahnen.[57] Den deutschen Bündnispartner ließ er über seine Pläne weitgehend im Dunkeln. Während seine Vorgänger noch intensive Absprachen mit

52 Foley, Robert T., The Origins of the Schlieffen Plan, in: War in History 10 (2003), S. 222-232.

53 Schlieffen erhöhte das Verhältnis von Truppen im Westen und im Osten von 2:1 auf 4:1 und schließlich auf 8:1. Afflerbach, Auf Messers Schneide, S. 23.

54 Wallach, Jehuda L., Das Dogma der Vernichtungsschlacht. Die Lehren von Clausewitz und Schlieffen und ihre Wirkungen in zwei Weltkriegen, Frankfurt a. M. 1967, S. 91 f.

55 Grawe, Deutsche Feindaufklärung, S. 201-206.

56 Afflerbach, Auf Messers Schneide, S. 24 f.

57 Salewski, Moltke, Schlieffen und die Eisenbahn, S. 96.

dem österreichischen Generalstabschef Friedrich von Beck getroffen hatten,[58] ließ Schlieffen diese Kontakte weitgehend versanden. Er hielt die Verbündeten weder für besonders schlagkräftig noch für zuverlässig, und stützte sich lieber auf die Stärke der deutschen Armee.[59]

In der historischen Forschung galt Schlieffen lange als unpolitischer „Nur-Soldat", der kein Interesse an politischen Entwicklungen gezeigt habe.[60] Neuere Studien belegen allerdings, dass der Generalstabschef seine Planungen in hohem Maße mit der deutschen politischen Führung des Kaiserreichs abstimmte.[61] So waren die Reichskanzler Chlodwig zu Hohenlohe-Schillingsfürst und Bernhard von Bülow stets im Bilde über Schlieffens Absicht, deutsche Truppen durch die neutralen Benelux-Länder zu manövrieren. Einspruch gegen diese Verletzung des Völkerrechts kam von politischer Seite nicht: „Wenn der Chef des Großen Generalstabs und vollends eine strategische Autorität wie Schlieffen eine solche Maßnahme für erforderlich hält, dann sei es die Pflicht der Diplomatie, sich auf sie einzustellen und sie auf die mögliche Weise vorzubereiten",[62] meinte der einflussreiche deutsche Außenpolitiker Friedrich von Holstein. Auffällig ist der Unterschied zu Frankreich: Auch die dortige Militärführung plante eine Verletzung der belgischen Neutralität, wurde aber durch die französische Regierung gebremst.[63] Der deutsche Generalstab konnte hingegen – das zeigt diese Episode eindrucksvoll – Einfluss auf die deutsche Außenpolitik nehmen, ohne die Ressortgrenzen zu überschreiten. Die Reichsleitung erkannte seine Kompetenz in Fragen der Sicherheitspolitik uneingeschränkt an und nahm seine Analysen zumeist unkritisch hin.[64] Somit verfehlte die Aura des Sieges, die dem Generalstab seit den „Einigungskriegen" anhaftete, auch auf die leitenden Zivilisten nicht ihren Eindruck.

Trotz des ihm zugestandenen Einflusses als erster Berater des Kaisers und des Reichskanzlers hielt sich Schlieffen während seiner gesamten Amtszeit

58 Rutkowski, Ernst von, General Skobelev, die Krise des Jahres 1882 und die Anfänge der militärischen Vereinbarungen zwischen Österreich-Ungarn und Deutschland, in: Ostdeutsche Wissenschaft 10 (1963), S. 81-151.

59 Höbelt, Lothar, Schlieffen, Beck, Potiorek und das Ende der gemeinsamen deutsch-österreichisch-ungarischen Aufmarschpläne im Osten, in: Militärgeschichtliche Mitteilungen 36/2 (1984), S. 7-30.

60 Ritter, Gerhard, Staatskunst und Kriegshandwerk, Bd. 2, München 1960 S. 240 und Wallach, Das Dogma der Vernichtungsschlacht, S. 108.

61 Groß, Gerhard P., There was a Schlieffen Plan. Neue Quellen, in: Ehlert/Epkenhans/Groß (Hg.), Der Schlieffenplan, S. 117-160, hier S. 150-154.

62 Zitiert nach: Ritter, Staatskunst und Kriegshandwerk, Bd. 2, S. 255.

63 Schmidt, Stefan, Frankreichs Außenpolitik in der Julikrise 1914. Ein Beitrag zur Geschichte des Ausbruchs des Ersten Weltkrieges, München 2009, S. 156-171.

64 Grawe, Deutsche Feindaufklärung, S. 465.

mit politischen Forderungen weitgehend zurück und achtete den Primat der Politik. Kriegerischen Ereignissen wie dem Zweiten Burenkrieg oder dem Russisch-Japanischen Krieg brachten er und seine „Sprachabteilungen" zwar großes Interesse entgegen, doch gipfelte dieses allein in der intensiven Auswertung der Konflikte.[65] Die Leitung der Kämpfe deutscher Truppen im Rahmen des sog. „Boxeraufstands" überließ er seinem Vorgänger Alfred von Waldersee, der 1900/01 als Befehlshaber des Expeditionskorps fungierte.[66] Weitaus engagierter zeigte sich Schlieffen während der Niederschlagung der Herero und Nama in der deutschen Kolonie Südwestafrika (dem heutigen Namibia), als er von Berlin aus die nominelle Leitung der Operationen übernahm. Dabei leistete er dem als „Rassekrieg" deklarierten genozidalen Vernichtungsfeldzug der deutschen Truppen vor Ort nur sehr zögerlich und allein aus praktischen Erwägungen heraus Widerstand.[67] Obwohl der Konflikt die einzige Möglichkeit für Schlieffen bleiben sollte, deutsche Truppen im Gefecht zu führen, lag seine Aufmerksamkeit auf einem Krieg in Europa: Dessen Vorbereitung widmete der Generalstabschef sogar die Weihnachtsfeiertage.

Aus Schlieffens Sicht war es dem Deutschen Reich erlaubt, einen Krieg so zu führen, wie es ihm geboten erschien.[68] Eine internationale Abrüstung lehnte er ab, befürwortete aber den Einsatz von „am massenhaftesten tötenden" Waffen, um einen Konflikt abzukürzen.[69] Eine Schrift der ihm unterstehenden Kriegsgeschichtlichen Abteilung I, die gleichzeitig als offizielle Position des Generalstabs gegenüber den Haager Friedenskonferenzen gewertet werden kann, wandte sich darüber hinaus gegen „[ü]bertrieben humanitäre Anschauungen" und erblickte in rücksichtsloser Härte „die einzig wahre Humanität".[70] Auch durch das Völkerrecht durfte sich die deutsche Kriegführung nicht eingrenzen lassen. Folglich hatte Schlieffen keinerlei Skrupel, die Besetzung Dänemarks zu planen, um in einem möglichen Krieg gegen Großbritannien ein „Faustpfand" in der Hand zu haben.[71] Ob er während der Ersten Marokkokrise 1904/05,

65 Schulte, Bernd F., Die deutsche Armee 1900-1914. Zwischen Beharren und Verändern, Düsseldorf 1977, S. 162-192.

66 Michels, Eckard, Das „Ostasiatische Expeditionskorps" des Deutschen Reiches in China 1900/01, in: Bührer, Tanja/Stachelbeck, Christian/Walter, Dierk (Hg.), Imperialkriege von 1500 bis heute. Strukturen – Akteure – Lernprozesse, Paderborn 2011, S. 401-416.

67 Grawe, Lukas, The Prusso-German General Staff and the Herero Genocide, in: Central European History 52 (2019), 588-619.

68 Behnen, Michael, Alfred Graf von Schlieffen (1833-1913), in: Fröhlich, Michael (Hg.), Das Kaiserreich. Portrait einer Epoche in Biographien, Darmstadt 2001, S. 120-130, hier S. 126 f.

69 Kriegsgeschichtliche Abteilung I, Kriegsbrauch im Landkriege, Berlin 1902, S 9.

70 Ebd., S. 3, 9 und 15.

71 Salewski, Michael, „Weserübung 1905"? Dänemark im strategischen Kalkül Deutschlands vor dem Ersten Weltkrieg, in: Ders., Die Deutschen und die See. Studien zur deutschen

die Frankreich und Deutschland an den Rand eines Krieges brachte, einen Präventivkrieg forderte, ist in der Forschung umstritten. Allerdings stellte er – von den eigenen „Länderabteilungen" kontinuierlich über die zahlreichen Schwächen der französischen Armee informiert – die deutsche militärische Überlegenheit offen zur Schau und war einem Waffengang nicht abgeneigt, zumal Frankreichs Verbündeter Russland im Fernen Osten gebunden war.[72]

Fortschrittliche technische Forderungen Schlieffens wechselten sich mit Modernisierungsdefiziten (beispielsweise im Bereich der Kommunikationstechnik) ab, die sich nachteilig auf die Umsetzung seines Kriegsplans auswirken sollten. Ein wesentliches Versäumnis des Generalstabschefs lag darüber hinaus auf rüstungspolitischem Gebiet. Zwar forderte er mehrfach massive Verstärkungen des Heeres, überließ aber der Marine letztlich kampflos den Großteil des deutschen Armeebudgets.[73] Dass der Generalstab dem Kriegsministerium und auch dem Reichsmarineamt keine Befehle erteilen, sondern lediglich Druck ausüben konnte, sollte sich auf diese Weise negativ auswirken. Schlieffens Zurückhaltung, die später von seinem Nachfolger Moltke d. J. zunächst fortgeführt wurde, erwies sich bei Kriegsausbruch als verhängnisvoll, war doch die deutsche Wehrkraft bei weitem nicht derart ausgeschöpft wie jene Frankreichs.

Insgesamt hinterließ Schlieffen in militärischer Hinsicht ein verhängnisvolles und langwirkendes Erbe, das sogar in der Bildung einer informellen „Schlieffenschule" innerhalb der Generalstabsoffiziere gipfelte. Während seiner Zeit als Generalstabschef griff Schlieffen zwar nicht in das Ressort der Reichsleitung über, definierte aber bestimmte militärische Notwendigkeiten, die bereits den Keim für eine Schwächung des Primats der Politik in sich trugen. Es war sein Nachfolger, der in den folgenden Jahren diese Grenze mehrfach austesten sollte.

3.2 *Die Ära Moltke d. J. (1906 bis 1914)*

Mit Helmuth von Moltke d. J., dem Neffen des vormaligen Generalstabschefs, kehrte frischer Wind in das Generalstabsgebäude am Königplatz ein. Der neue Mann war seit seinem Amtsantritt im Januar 1906 bemüht, eine

---

Marinegeschichte des 19. und 20. Jahrhunderts, hrsg. von Jürgen Elvert und Stefan Lippert, Stuttgart 1998, S. 138-151.

72 Zur Haltung des Generalstabs während der Krise siehe Grawe, Deutsche Feindaufklärung, S. 169-201.

73 Förster, Stig, Der doppelte Militarismus. Die deutsche Heeresrüstungspolitik zwischen Status-quo-Sicherung und Aggression 1890-1913, Stuttgart 1985, S. 91-144 und Stein, Oliver, Die deutsche Heeresrüstungspolitik 1890-1914. Das Militär und der Primat der Politik, Paderborn 2007 (= Krieg in der Geschichte 39), S. 208-267.

eigene Handschrift in der Leitung des Generalstabs erkennen zu lassen. So überzeugte er den Kaiser nicht nur davon, von der Führung einer Partei im jährlichen deutschen Kaisermanöver abzusehen (was die Manöver wesentlich realistischer machte),[74] sondern hielt auch nicht derart dogmatisch wie Schlieffen an Umfassungsangriffen fest. Einen Durchbruch durch feindliche Linien schloss er, wann immer möglich, in seine taktischen und operativen Aufgaben für die Generalstabsoffiziere mit ein. Auch im Bereich der eigenen Kriegsplanung trachtete Moltke danach, sich von Schlieffen abzuheben. Zwar hielt er an der bisherigen Prioritätensetzung fest (erst Frankreich, dann Russland), doch nahm er einige Änderungen vor, welche die Statik von Schlieffens Plan wesentlich modifizierten. Zurecht spricht die Forschung daher vom „Moltkeplan", mit dem die deutsche Armee in den Ersten Weltkrieg zog.[75] So sah der Generalstabschef für den Aufmarsch von 1908/09 erstmals den Verzicht auf den Durchmarsch durch die Niederlande vor. Moltke begründete dies vor allem mit wirtschaftlichen Gründen: Im Falle einer britischen Seeblockade konnte das Deutsche Reich Importe über die niederländische „Luftröhre" beziehen.[76] Schließlich erschien den deutschen Generalstabsoffizieren eine britische Gegnerschaft in einem kommenden Krieg immer wahrscheinlicher.[77] Viele wünschten sie sogar, um auch mit Großbritannien abrechnen zu können.[78] Generelle Skrupel, in ein neutrales Land einzumarschieren, besaß auch Moltke nicht: An der Verletzung der belgischen Neutralität hielt er bis 1914 fest, auch wenn der Generalstab auf Geheiß des Auswärtigen Amts andere Möglichkeiten durchspielte. Stets kamen diese Planspiele jedoch zu dem Ergebnis, ein Marsch durch Belgien sei alternativlos, um den Feldzug gegen Frankreich rasch zu gewinnen.[79]

Der Verzicht auf den Durchmarsch durch die Niederlande zeitigte weitreichende Folgen, da sich auf diese Weise der Aufmarschraum in Belgien und Luxemburg als viel zu schmal erwies, um Millionenheere durchschleusen zu

---

74 Mombauer, Helmuth von Moltke, S. 58-66.

75 Grundlegend zu Moltkes Änderungen: Mombauer, Annika, Der Moltkeplan: Modifikation des Schlieffenplans bei gleichen Zielen?, in: Ehlert/Epkenhans/Groß (Hg.), Der Schlieffenplan, S. 79-99 und Grawe, Deutsche Feindaufklärung, S. 359-364.

76 Stellungnahme Moltkes zum Schlieffenplan, 1911, abgedruckt in: Ritter, Der Schlieffenplan, S. 178-180, hier S. 179 f.

77 Moltke, „Verhalten Deutschlands in einem Dreibundkriege", Februar 1913, abgedruckt in: Quellen zur Entstehung des Ersten Weltkrieges. Internationale Dokumente 1901-1914, hrsg. v. Erwin Hölzle, Darmstadt 1995, Nr. 69, S. 153-159, hier S. 154.

78 Militärbericht Schulenburgs, 31.1.1906, in: Die Große Politik der Europäischen Kabinette 1871-1914, Bd. 21/1, S. 82-87.

79 Grawe, Lukas, An Unimportant Obstacle? The Prusso-German General Staff, the Belgian Army and the Schlieffen Plan, in: Nuova Antologia Militare 2 (2021), S. 37-68.

können. Die Festung Lüttich verengte diesen Korridor noch weiter. Sollte diese in Schlieffens Planungen einfach umgangen werden, fasste Moltke – gestützt auf Ideen seines wichtigsten Beraters Erich Ludendorff – nun einen „Handstreich" gegen den Sperrriegel ins Auge.[80] Während der ersten Kriegstage sollte dieses Unternehmen den Handlungsspielraum der politischen Führung erheblich beschneiden, da er noch in der Phase der Mobilmachung militärische Fakten schuf. Angesichts solch eines frühzeitigen deutschen Angriffs auf Belgien waren Verhandlungen in den Tagen des Aufmarschs der Millionenheere nicht mehr möglich.[81]

Weitere Änderungen an Schlieffens vermeintlichem „Siegesrezept" sollten Moltke nach dem Ersten Weltkrieg dem Vorwurf aussetzen, den vorherigen Plan „verwässert" zu haben. Vor allem die Verstärkung des deutschen linken Flügels im Elsass und in Lothringen stand im Zentrum der Kritik.[82] Anders als sein Vorgänger konnte Moltke aber nicht mehr mit einem defensiven Verhalten der französischen Armee rechnen, zumal sich der französische Bündnispartner Russland schneller als zunächst gedacht von der Niederlage gegen Japan erholte. Die Verstärkung des linken Flügels war daher unumgänglich – zumal sie auch nicht auf Kosten des rechten Flügels, sondern mit Hilfe von Truppenneuaufstellungen umgesetzt wurde. Zurecht hat Annika Mombauer darauf hingewiesen, dass es Moltkes Aufgabe gewesen sei, auf die aktuelle militärische Lage des Deutschen Reichs angemessen zu reagieren.[83] Von einer „Verwässerung" des Schlieffenplans konnte demnach keine Rede sein.

Moltkes grundlegend andere Herangehensweise als die seines Vorgängers schlug sich auch in intensiven Bemühungen um internationale (Militär-) Bündnisse nieder. Kaum im Amt, führte er mehrere Gespräche mit dem dänischen Offizier Carl Frederik Lütken. Ein förmliches Militärbündnis, das die 2. Abteilung sogar schon ausgearbeitet hatte, scheiterte indes an den dänischen Neutralitätsbestrebungen.[84] Moltke ließ sich von diesem Misserfolg nicht beirren und umwarb die Militärführungen weiterer europäischer Neutraler, um im befürchteten Zweifrontenkrieg gegen Frankreich, Russland und Großbritannien auf ausländische Unterstützung bauen zu können.

80 Nebelin, Manfred, Ludendorff. Diktator im Ersten Weltkrieg, München 2010, S. 65-98.

81 Mombauer, Helmuth von Moltke, S. 96 f.

82 Zur Kritik der sogenannten „Schlieffenschule" an Moltke siehe ebd., S. 2-6.

83 Mombauer, Der Moltkeplan, S. 81 f.

84 Siehe dazu Fink, Troels, Spillet om Dansk Neutralitet 1905-1909. L. C. F. Lütken og Dansk Udenrigs- og Forsvarspolitik, Arhus 1959 und Grawe, Lukas, Albion an Holsteins Küsten? Der preußische Generalstab und die Furcht vor einer britischen Landung in Norddeutschland und Dänemark, 1905-1914, in: Militärgeschichtliche Zeitschrift 79/1 (2020), S. 26-64, hier S. 52-57.

Intensive Gespräche führte er beispielsweise seit 1907 mit dem Schweizer Generalstabschef Theophil Sprecher von Bernegg. Auch hier arbeiteten beiden Seiten bereits einen Bündnisvertrag aus, der jedoch allein im Fall eines französischen Angriffs auf die Schweiz ratifiziert werden sollte.[85] Zu einem weiteren Gedankenaustausch kam es auch zwischen Moltke und dem schwedischen Generalstabschef Knut G. Bildt. Schweden sollte vor allem russische Kräfte im Großherzogtum Finnland binden, um diese von der deutschen Ostfront fernzuhalten. Erneut regte Moltke militärische Absprachen an, die von schwedischer Seite mit dem Verweis auf die eigene Neutralität aber abgelehnt wurden.[86] Im Hinblick auf die Verletzung der belgischen Neutralität[87] und der wirtschaftlichen Kriegsvorbereitung[88] intensivierte der Generalstab die Fühlungnahmen zum Auswärtigen Amt sowie zu anderen zivilen Ressorts. Sogar mit der deutschen Marineführung, die der Generalstab bislang kaum konsultiert hatte, kam es zu einem wiederholten Meinungsaustausch, auch wenn dieser keine militärstrategische Dimension erreichte und letztlich jede Teilstreitkraft ihren eigenen Krieg plante.[89]

Mit Hilfe seines „Militärdiplomaten" und Stellvertreters, Oberquartiermeister Georg von Waldersee (einem Neffen des ehemaligen Generalstabschefs), knüpfte Moltke schließlich die Beziehungen zu Österreich-Ungarn und Italien wieder enger. Waldersee weilte in den Jahren 1913 und 1914 mehrfach in Wien und Rom, um die militärischen Planungen des Dreibunds wiederzubeleben.[90] Auch traf sich Moltke wiederholt mit seinen Chefkollegen Franz Conrad von Hötzendorf und Alberto Pollio. Der Meinungsaustausch führte zwar zu einer Intensivierung der gemeinsamen Absprachen, allerdings nicht zu mehr Klarheit: Da alle drei Bündnispartner mit verdeckten Karten operierten,

85 Sprecher, Daniel, Generalstabschef Theophil Sprecher von Bernegg. Seine militärisch-politische Leistung unter besonderer Berücksichtigung der Neutralität, Zürich 2000, S. 182-195.

86 Bengtsson, Rikard, Uncertainty, Risk, and Trust: The Swedish-German General Staff Negotiations of 1910, in: Diplomacy & Statecraft, 11/2 (2000), S. 37-52.

87 Siehe die Fühlungnahmen zwischen Waldersee und Gottlieb von Jagow, „Der Durchmarsch durch Belgien", April 1931, PA-AA, NL Jagow, Bd. 8, Bl. 48-52.

88 Burchardt, Lothar, Friedenswirtschaft und Kriegsvorsorge. Deutschlands wirtschaftliche Rüstungsbestrebungen vor 1914, Boppard am Rhein 1968 (= Militärgeschichtliche Studien 6).

89 Fühlungnahmen zwischen Waldersee und Paul Behncke, 5.11.1913, BArch, RM 5/1615, Bl. 102, und RM 5/1630, Bl. 52 sowie Schäfer, Theobald von, Generalstab und Admiralstab. Das Zusammenwirken von Heer und Flotte im Weltkrieg, Berlin 1931, S. 7-20.

90 Waldersee, Georg von, Von Deutschlands militärpolitischen Beziehungen zu Italien, in: Berliner Monatshefte 7/2 (1929), S. 636-664 und Ders., Über die Beziehungen des deutschen zum österreichisch-ungarischen Generalstabe vor dem Weltkriege, in: Berliner Monatshefte 8/1 (1930), S. 103-142.

blieben handfeste Ergebnisse in Form von gemeinsamen Kriegsplänen aus.[91] Die Besprechungen mit Italien fanden zudem in einem militärischen Vakuum statt, das die politischen Realitäten ausblendete: Während die italienischen Militärs dem Generalstab zusagten, im Falle eines deutsch-französischen Krieges beträchtliche italienische Truppenkontingente an den Rhein zu schicken, entbehrten diese Versprechen der Rückendeckung durch den italienischen Ministerpräsidenten. Schließlich waren es die Regierungen, die den Bündnisfall festlegten, nicht die Militärführungen[92] – ein Umstand, den der Generalstab erst nach dem Ausbleiben italienischer Hilfe im August 1914 wahrnahm.

Die Intensität, mit der sich Moltke vor dem Weltkrieg um weitere Bündnispartner und um (rudimentäre) Absprachen mit anderen Ressorts bemühte, verdeutlicht, wie groß die Furcht der Generalstabsführung vor einem Krieg gegen die Triple-Entente war. Einen kurzen Krieg hielt Moltke bereits seit längerem für unwahrscheinlich und rechnete mit einem „zähen Ringen".[93] Anders als Schlieffen führte er den Generalstab in einer spannungsreichen Zeit, in der eine internationale Krise der nächsten folgte und das Deutsche Reich mehrfach kurz davor stand, Frankreich und/oder Russland den Krieg zu erklären. Moltke musste der Reichsleitung dementsprechend in weit höherem Maße als militärischer Berater zur Verfügung stehen. Basierend auf Informationen der Sprachabteilungen übersandte der Generalstab bis zum Kriegsausbruch unzählige Denkschriften, die auf die militärpolitische Situation des Deutschen Reichs und auf die Rüstungen der Nachbarstaaten eingingen.[94]

Im Unterschied zu seinem Vorgänger entschied sich Moltke auch dafür, seine Ressortgrenzen auszutesten und mehrfach einen Präventivkrieg zu fordern, so 1912 während der Kriege auf dem Balkan, im Frühjahr 1914 im Gespräch mit dem Staatssekretär des Äußeren Gottlieb von Jagow oder schließlich im

91 Kronenbitter, Günther, Bundesgenossen? Zur militärpolitischen Kooperation zwischen Berlin und Wien 1912 bis 1914, in: Bernecker, Walther L./Dotterweich, Volker (Hg.), Deutschland in den internationalen Beziehungen des 19. und 20. Jahrhunderts. Festschrift für Josef Becker zum 65. Geburtstag, München 1996, S. 143-168 und Palumbo, Michael, German-Italian Military Relations on die Eve of World War I, in: Central European History 12 (1979), S. 343-371.

92 Afflerbach, Holger, Der Dreibund. Europäische Großmacht- und Allianzpolitik vor dem Ersten Weltkrieg, Wien 2002, S. 784.

93 Förster, Stig, Der deutsche Generalstab und die Illusion des kurzen Krieges, 1871-1914. Metakritik eines Mythos, in: Militärgeschichtliche Mitteilungen 54 (1995), S. 61-95 und Krumeich, Gerd, Zur Kritik der Metakritik: Überlegungen zur Sackgasse der Strategie vor 1914, in: Eichmann, Flavio/Pöhlmann, Markus/Walter, Dierk, Globale Machtkonflikte und Kriege. Festschrift für Stig Förster zum 65. Geburtstag, Paderborn 2016, S. 116-124.

94 Siehe beispielsweise Moltke an Bethmann Hollweg, „Die militär-politische Lage Deutschlands Ende November 1911", 2.12.1911, BArch, PH 3/125, Anlage 5.

Juli 1914. Die Ursache für dieses forsche Vorgehen lag in der Bedrohungsperzeption des Generalstabs begründet. Dessen „Sprachabteilungen" registrierten seit der russischen Niederlage gegen Japan 1905 eine sich immer schneller drehende Rüstungsspirale, an deren Ende sowohl Frankreich als auch das Zarenreich massive Heeresverstärkungen umsetzten. Die aggressive deutsche Außenpolitik, die in erster Linie auf den Einschätzungen des Generalstabs von der Überlegenheit des deutschen Heeres basierte und sich während der internationalen Krisen von 1908/09 und 1911 gezeigt hatte,[95] ließ eine Gegnerschaft Großbritanniens immer wahrscheinlicher werden. Zugleich musste das Erstarken Serbiens die Streitkräfte Österreich-Ungarns im Falle eines europäischen Krieges zu großen Teilen auf dem Balkan binden. Selbst das neutrale Belgien intensivierte seine Rüstungen, was für den geplanten Durchmarsch durch das Land verhängnisvolle Folgen haben konnte.[96] Im Vergleich zu den Jahren 1905 bis 1908, als Russlands militärische Macht zerschlagen und Frankreich auf sich allein gestellt war, hatte sich die deutsche Lage somit wesentlich verschlechtert.[97] Darüber hinaus war Moltke auch vom Gelingen des deutschen Kriegsplans nicht derart vollständig überzeugt wie Schlieffen. Wenn es der französischen Heerführung gelang, „nach anfänglichen Niederlagen starke Teile" ihre Armeen hinter die Loire zurückzunehmen und so der deutschen Umfassung zu entkommen, so sei „die Fortsetzung der deutschen Operationen keineswegs leicht", gestand beispielsweise eine Denkschrift der 3. Abteilung das hohe Risiko des deutschen Kriegsplans ein.[98]

Abseits der Präventivkriegsforderungen reagierten Moltke und sein Adlatus Ludendorff auf die verschlechterte Lage mit zunehmenden Rüstungsforderungen. In den Jahren 1911 bis 1913 sollte hastig das nachgeholt werden, was seit der Jahrhundertwende versäumt worden war: Die Anpassung der Heeresstärke an die gewachsene deutsche Bevölkerungszahl. Theobald von Bethmann Hollweg, seit 1909 Reichskanzler, kamen diese Forderungen gelegen, hoffte er doch so eine weitere Verstärkung der deutschen Flotte verhindern und eine Annäherung an Großbritannien initiieren zu können. Die Verhandlungen resultierten in der größten Heeresverstärkung der Geschichte

95 Siehe dazu Canis, Konrad, Der Weg in den Abgrund. Deutsche Außenpolitik 1902-1914, Paderborn 2011.

96 Grawe, An Unimportant Obstacle? S. 53-64.

97 Zu den deutschen Einschätzungen siehe Grawe, Deutsche Feindaufklärung, S. 233-472.

98 3. Abteilung, „Aufmarsch und operative Absichten der Franzosen in einem zukünftigen deutsch-französischen Kriege", Mai 1912, mehrmals korrigiert, BArch, PH 3/256, Bl. 40 und Mantey, „Wirken und Denken des deutschen Generalstabes", 1946/48, BArch, MSg 2/952, S. 23 f.

des Kaiserreichs, ließen den Generalstab aber dennoch enttäuscht zurück: Er hatte für einen noch größeren Umfang der Reform geworben.[99]

Für das Jahr 1917 – dem Jahr, in dem die Rüstungen der Ententemächte abgeschlossen sein sollten – rechnete die Generalstabsführung fest mit einem feindlichen Angriff.[100] Moltkes Stellvertreter Waldersee schätzte in einer grundlegenden Denkschrift im Mai 1914, dass „die Aussichten, einen großen europäischen Krieg schnell und siegreich zu bestehen, *heute* noch sehr günstig für Deutschland liegen und ebenso für den Dreibund." In kurzer Zeit werde dies aber „nicht mehr der Fall sein." Den gegnerischen Angriffsplänen müsse man zuvorkommen. Tue man dies nicht, müsse sich die deutsche Reichsleitung auf eine Änderung ihrer bislang so forschen Politik einstellen.[101] Da Russland seinen Aufmarsch reformierte und beschleunigte, der deutsche Kriegsplan aber auf einer langsamen Mobilmachung des Zarenreichs basierte, schien der „Moltkeplan" spätestens 1917 nicht mehr umsetzbar zu sein. Vor die Wahl gestellt, der Reichsleitung zu enthüllen, keine Lösung für das deutsche strategische Dilemma mehr zu haben und damit an Prestige und Legitimation einzubüßen, oder vor Ende der russischen Armeereformen einen Krieg zu riskieren, entschied sich die Generalstabsführung für letztere Option.[102] „Eine Politik der konsequenten Kriegsvermeidung zu empfehlen", so betont Holger Afflerbach, hätte „dem Selbstverständnis des Generalstabs widersprochen" und Zweifel an der deutschen Kriegsbereitschaft aufkommen lassen.[103]

Moltke war mit dieser Ansicht nicht allein, band er doch in wesentlich stärkerem Maße als Schlieffen seine Untergebenen in die Entscheidungsfindung mit ein.[104] Alle hochrangigen Generalstabsoffiziere stimmten dem Chef zu. Mehr noch: Sie drängten ihn 1913 sogar zu der Entscheidung, den Ostaufmarsch, der bislang als Alternative zum „Moltkeplan" bearbeitet worden war und einen Großteil des deutschen Heeres an der Grenze zu Russland aufmarschieren ließ, fallenzulassen. Wie Waldersee kurz nach Beginn des Ersten Weltkriegs festhielt, ging es bei diesem Entschluss auch um ein rein „psychologisches Moment". Schließlich hätten die Politiker „darauf einwirken können,

99 Siehe dazu Förster, Der doppelte Militarismus, S. 247-296 und Stein, Die deutsche Heeresrüstungspolitik, S. 278-368.

100 Lerchenfeld an Hertling, 5.8.1914, abgedruckt in: Briefwechsel Hertling-Lerchenfeld 1912-1973, hrsg. und eingeleitet von Ernst Deuerlein, Teil 1, Boppard am Rhein 1973, Nr. 119, S. 329-331, hier S. 329.

101 „Denkschrift über Deutschlands militärische Lage Mai 1914", Waldersee an Moltke, 18.5.1914, BArch, RH 61/577, Nr. 94, Bl. 191-200, hier Bl. 192. Hervorhebung im Original.

102 Groß, Mythos und Wirklichkeit, S. 104.

103 Afflerbach, Auf Messers Schneide, S. 27.

104 Grawe, Military decision-making, S. 138.

zunächst den Gedanken zu fassen allein gegen Russland zu fechten. In der Tat sind, wie ich weiss, Versuche gemacht worden in diesem Sinne zu verfahren. Die Idee scheiterte an unseren Kriegsvorbereitungen. Ich glaube heute schon sagen zu können, Gott sei Dank."[105] Mit dem Fallenlassen des Ostaufmarschs wurde der Reichsleitung folglich eine wichtige Handlungsoption genommen, die bereits in der Julikrise benötigt worden wäre. Der Generalstab aber wollte einen europäischen Krieg unter allen Umständen zunächst gegen Frankreich und erst dann gegen Russland führen. Ohne vorhandene Alternative blieb der politischen Führung im Falle eines Krieges keine andere Wahl, als dem einzig verbliebenen Plan zuzustimmen.[106]

Die Julikrise zeigte schließlich, wie weit Moltke zu gehen bereit war, um den erwünschten Krieg durchzusetzen. Der Generalstabschef überschritt in den letzten Tagen der Krise seine Kompetenzen in einem bislang ungekannten Maße: So drängte er ein weiteres Mal zum Losschlagen und fand nun auch offene Ohren bei der Reichsleitung vor, war diese durch die militärpolitischen Schilderungen des Generalstabs mittlerweile ebenfalls von der Furcht vor einem unaufhaltsamen russischen Machtwachstum angesteckt worden.[107] Um den Kriegsausbruch zu forcieren, forderte er seinen Kollegen Conrad von Hötzendorf zu energischem Eingreifen auf. Damit widersprach er der Linie Bethmann Hollwegs, die in den letzten Julitagen um Deeskalation bemüht war, um den Krieg auf dem Balkan zu lokalisieren. Moltke entwarf zudem den Text für das Memorandum an Belgien und den Aufruf an das deutsche Volk, obwohl dies Aufgabe der politischen Führung gewesen wäre.[108] Auch wenn sie die Schrecken, die von modernen Kriegen ausgehen, mehrfach klar erkannten, hatten Moltke und seine Offiziere in entscheidender Weise zum Kriegsausbruch beigetragen, ja sogar regelrecht auf ihn hingearbeitet. Dass die Generalstabsoffiziere den Ausbruch der Feindseligkeiten mit einem „stahlharten Hurra auf den Obersten Kriegsherrn" begrüßten,[109] ist daher nicht verwunderlich.

4. Fazit und Ausblick

Zu Beginn des Ersten Weltkriegs avancierte der Generalstab zum „Generalstab des Feldheeres", die 2. Abteilung wurde zur Operationsabteilung und die 3.

105 Waldersee, „Meine Erlebnisse zu Beginn des Krieges, September 1914", BArch, RH 61/735, S. 3.
106 Ebd., S. 144 f.
107 Grawe, Deutsche Feindaufklärung, S. 393-460.
108 Haeften, Hans von, „Meine Erlebnisse aus den Mobilmachungstagen 1914", BArch, N 35/1. Zu Moltkes Handeln im Juli 1914 siehe Mombauer, Helmuth von Moltke, S. 182-226.
109 Major von Nida, „Der Sturm auf Lüttich", Oktober 1920, BArch, RH 61/199.

Abteilung zur Abteilung Fremde Heere. In Berlin blieb ein neuformierter stellvertretender Generalstab zurück, der sich nach wie vor um Kriegsgeschichte und die Landeskartographie kümmerte, aber auch verdeckte Operationen gegen die Feindstaaten initiierte. Im Verlaufe des Konflikts nahm die Macht des Generalstabs weiter zu. Während der Generalstabschef nahezu autark die Operationen leiten konnte und auch vom Kaiser kaum korrigiert wurde, fungierten die Truppengeneralstabsoffiziere weniger als Berater, sondern vielmehr als die eigentlichen Kommandeure von Großverbänden. Schnell machte der Terminus der „Generalstabswirtschaft" die Runde.[110] Das Scheitern des „Moltkeplans" ließ einen raschen deutschen Sieg zur Illusion werden, schmälerte aber die Macht des Generalstabs nicht. Spätestens mit der Ernennung Paul von Hindenburgs und Erich Ludendorffs zur Dritten Obersten Heeresleitung griff der Generalstab in nahezu alle innen-, wirtschafts- und außenpolitischen Belange des Deutschen Reiches ein und beschäftigte sich sogar mit sozialpolitischen Fragen.[111] Erst die beginnende Parlamentarisierung gegen Ende des Krieges sollte diesen Machtzuwachs wieder beschneiden, ehe der Versailler Vertrag unter die Geschichte des preußisch-deutschen Generalstabs einen Schlussstrich setzte. Dass dieser nur vorübergehend Bestand haben sollte, ahnten 1919 die wenigsten zeitgenössischen Beobachter.

Schon in Friedenszeiten versah der Chef des Generalstabs der preußischen Armee eine überaus wichtige Aufgabe innerhalb der deutschen Militärhierarchie: Zwar fehlten ihm die Kompetenzen für Personal- und Rüstungsfragen, doch hob ihn die Befugnis zur Operationsführung im Namen des Kaisers aus den anderen preußisch-deutschen Militärbehörden heraus. Dem Generalstab oblagen bereits im Frieden die wichtigen Aufgaben der Kriegsvorbereitung, der Kriegs- und Aufmarschplanung sowie der Beobachtung der ausländischen Heere. Es waren diese Aufgaben, die den Generalstabschef zum ersten militärischen Berater der Reichsleitung erhoben. Insofern kann man im Hinblick auf den preußisch-deutschen Generalstab durchaus vom „Gehirn" des deutschen Kontingentsheeres sprechen, auch wenn die Institution nicht allmächtig war. Seit den „Einigungskriegen" mit der Aura des Sieges umgeben, erstrebten zahlreiche junge Offiziere den Eintritt in den elitären Kreis der Generalstabsoffiziere. Nur die Besten und Fähigsten setzten sich unter einer großen Bewerberzahl durch, wobei Leistung ebenso wichtig war wie Kaisertreue und konservatives Denken.

110 Grawe, Lukas, Vom „Führergehilfen" zum Exponenten des „Chefregiments". Der Machtzuwachs deutscher Generalstabsoffiziere während des Ersten Weltkriegs (in Vorbereitung).

111 Nebelin, Ludendorff, S. 217-509.

Alfred von Schlieffen, der von 1891 bis 1905 als Chef des Generalstabs fungierte, drückte der Institution einen nachhaltigen Stempel auf und hinterließ eine Schar „gläubiger" Bewunderer, die den Umfassungs-Dogmen des „Meisters" lauschten. Zwar griff Schlieffen kaum in das Ressort der Reichsleitung ein und erkannte den Primat der Politik an, schwächte diesen jedoch zugleich ab, indem er militärische Notwendigkeiten postulierte, denen sich auch die Politik zu beugen hatte. Mit seinem „Schlieffenplan" wirkte er in verhängnisvoller Weise auf die deutsche Außenpolitik ein, verletzte dieser doch nicht nur internationales Völkerrecht, sondern bot zudem einem zögernden Großbritannien die Gelegenheit, sich auf die Seite von Deutschlands Feinden zu schlagen. Ende 1905 aus dem Amt geschieden, übergab er seinem Nachfolger als „Handlungsanweisung" sein militärisches Testament: den Plan für einen „Krieg gegen Frankreich", der sich als verhängnisvolles Erbe erweisen sollte.

Helmuth von Moltke d. J. führte den Generalstab im Gegensatz zu seinem Vorgänger durch eine Zeit kontinuierlicher internationaler Spannungen. Die Versuchung, die Ressortgrenzen der Institution zu übertreten, war somit ungleich größer, zumal sich auch die militärpolitische Lage des Deutschen Reichs kontinuierlich verschlechterte. Durch seine „Sprachabteilungen" beständig über das französische und russische Machtwachstum informiert, „bombardierte" Moltke die Reichsleitung mit mahnenden Denkschriften und forderte bei mehreren Gelegenheiten einen Präventivkrieg, drang damit aber erst im Juli 1914 durch. Zu diesem Zeitpunkt hielt die Generalstabsführung die Ententemächte noch für schlagbar, spätestens nach Vollendung der russischen Armeereformen im Jahr 1917 jedoch nicht mehr. Sicherlich war es nicht der Chef des Generalstabs persönlich, der schließlich die Entscheidung über Krieg oder Frieden traf. Doch die Einschätzungen seiner Behörde ließen der Reichsleitung um Reichskanzler Theobald von Bethmann Hollweg und Kaiser Wilhelm II. scheinbar keine andere Wahl mehr, als einem Waffengang zuzustimmen. Zu bedrohlich erschien das französische und russische Machtwachstum zu sein, zu groß war die Aura der militärischen Autorität, die dem preußischen Generalstab anhaftete.

The French General Staff and its Approach to War 1900-1914

Douglas Porch

1. Introduction

The science of battle in France as elsewhere has seldom been treated as a technocratic pursuit defined by the timeless principles of war in offense and defense, remitted to the brains of armies. Rather, in preparation for the next war, military doctrine and strategy has often become ensnared in partisan bickering, shaped by the character and essence of the French supreme command refracted through the kaleidoscope of politics and society, military organization amid the second industrial revolution, the shifting European system in the epoch from 1870 until 1914, and the myths and legends soldiers conjure about themselves, often at odds with popular memories of past conflicts. This generalization can be said to apply to the example of the general staff in the state and the European system in several leading armies. But the record of France has many unique and important features that go well beyond the confines of the general staff itself.

While the French collapse in 1940 struck contemporaries and historians as unprecedented, others have noted that the 1914 campaign was also a near run thing for Paris. Despite the experience of 1870-71, and the inception of the Prussian German model of military organization in the succeeding generation in the world's leading armies, the French command was surprised by the trajectory, composition, and strength of the Alfred von Schlieffen's doctrines of an envelopment campaign on a hitherto unseen scale. Indeed, historian of France Julian Jackson posits that, given France's relative mid-nineteenth century demographic and economic decline, "we should be asking not why France lost in 1940 – or 1870-1 – but why it won in 1914-18."[1] In this reading, 1940 simply offered a reprise of 1914 which only narrowly failed to cartwheel into catastrophic defeat. As in the aftermath of 1940, professional soldiers and their partisans on the right complained that political favoritism rather than command competence had come to characterize a French supreme command, intentionally factionalized by Republican politicians who had sabotaged a centralized military authority. Furthermore, that military readiness had been

1 Jackson, Julian, The Fall of France. The Nazi Invasion of 1940, Oxford 2003, p. 213.

 | DOI:10.30965/9783657791958_004

hobbled by political and financial constraints that had shortened service, abridged training, shortchanged armaments, and undermined discipline. For their part, the Left countered that the French army's professional ethos was characterized by hostility to the French Republic and distrust of the citizen soldier who represented it in the ranks. In 1914, a toxic brew of French military culture riddled by rivalries of caste and accentuated by bureaucratic disputes, combined with fraught civil-military relations, to produce an overly theoretical, even mystical, concept of war concocted by general staff theorists who jumbled the tactical and strategic levels of war, and whose vision of conflict "became a blend of realism and unavoidable wishful thinking."[2]

The army of the Third Republic entered the Great War in an "*anarchie doctrinale complète*," according to Dimitry Queloz, led by a largely ill-educated and intellectually incurious officer corps fundamentally at odds with the Republican institutions and outlook of the country. Deficient in logistics and firepower, it was operationally and strategically guided by the suicidal Plan XVII.[3] The summer and autumn of 1914 witnessed the second highest annual casualty rate of the war after a mere four months of combat. France lost 301,000 men between September and the end of December 1914, and a further 349,000 men in the twelve months of 1915, the war's most casualty heavy year, a butcher's bill that far outstripped 1940 losses.[4] Only frantic improvisation and the diversion of German divisions to the Russian front combined to produce the just-in-time "miracle of the Marne" on 5-12 September, 1914. Unlike his 1940 counterpart Maurice Gamelin, French Commander-in-Chief General Joseph Joffre sacked 162 French generals in the first five months of the war, including two army commanders.[5] Collective soldier panics gripped so many French units in 1914, that on 1 September the War Ministry felt compelled to authorize death sentences without court martial, a "punitive and repressive discipline" whose effectives proved "positive," according to Hew Strachan.[6] Yet, by the opening months of 1915, officers reported that many French soldiers refused orders to attack that they believed unrealistic, when not suicidal, after having seen their ranks decimated by *l'offensive à outrance* – the doctrinal

2 Strachan, Hew, The First World War, Volume 1, To Arms, Oxford 2001, p. 191.

3 Queloz, Dimitry, De la manoeuvre napoléonienne à l'offensive à outrance. La tactique générale de l'armée française 1871-1914, Paris 2009, pp. 502-508; Porch, Douglas, The March to the Marne. The French Army 1871-1914, Cambridge 1981, pp. 246-254.

4 French casualties in 1940 are reckoned to have been between 20-30 per cent of that number. For a breakdown of French casualties, see Pedroncini, Guy (ed.), Histoire militaire de la France, Vol. 3, De 1871 à 1940, Paris 1992, pp. 288-291.

5 Rocolle, Pierre L'hécatombe des généraux, Paris 1980.

6 Strachan, To Arms, pp. 224-225.

answer of the brains of the French Army to the evolution of ground combat with an expanding battlefield and lethal weapons that privileged positional and highly attritional tactics and a more or less static front.[7] Indeed, the thesis of Leonard V. Smith's important study of the French 5th Infantry Division in World War I is that discipline and willingness to follow orders in the trenches evolved into a process of negotiation between the command and their troops, and that French soldiers imposed limits on their combat participation, despite the threat of draconian punishments.[8]

French historian Olivier Cosson argues that the miscalculations of French strategic planning, the blindness of French intelligence, and the bloody "folly" of *l'offensive à outrance* in 1914 were not a beginning, but rather the fruits of an evolution, an "outcome" of at least two decades of factious civil-military relations, a growing sense of inferiority of French soldiers vis-à-vis their German neighbor, and misperceptions about the nature of war. "The mass army, 'army of the French people'... the entry into war of the French army's professional cadres is today associated with failed plans, useless and cruel sacrifices, with a seemingly total lack of preparation and [...] a suicidal posture. The conduct of the war that followed is etched in national memory in the form of a tactical doggedness that seemed to flow from the intellectual depravation inherited from a prolonged pre-war synonymous with social isolation, routine, and the most culpable negligence. The resentments incubated toward a society grown soft during these years of peace formed the opening arguments of a vengeful 'caste' eager for combat, with a sovereign disdain for the human, social and political consequences."[9]

This statement is redolent of the stab-in-the-back ethos amid the civil-military relations of the epoch 1870-1918 that operated in most advanced armies where general staff officers faced the changing nature of war, the turbulent world of mass politics, and the dogma of the science of war at odds with reality itself. This caustic verdict proved somewhat ironic given that the "exaltation of the army" as an apolitical force and the central pillar of France's renaissance, had been embraced forty-four years earlier in the shadow of France's humiliating 1870 defeat. The civil military relations of *la Troisième* offer a starting point to understand the character of the army and its mindset in 1914. The repression of the Commune of 1871 had been the founding act

7 Pedroncini (ed.), Histoire militaire de la France, Vol. 3, pp. 162-163; Smith, Leonard V., Between Mutiny an Obedience. The French Fifth Infantry Division in World War I, Princeton 1994.

8 Smith, Between Mutiny an Obedience.

9 Cosson, Olivier, Préparer la Grande Guerre. L'armée française et la guerre russo-japonaise (1899-1914), Paris 2013, pp. 10, 333.

of the new army, announcing its dedication to the maintenance of the social order in the phase of communard anarchy in the wake of defeat at the hands of Prussian-German arms. Annual pilgrimages to Franco-Prussian War battlefields and the "still bleeding wound" of Alsace-Lorraine, combined with fear of Bismarck's Germany and the army's alleged political neutrality, to shield the "arch saint [...] repository of our dearest hopes" from the swirls and eddies of French mass politics and, in the minds of military conservatives, the social dislocation and partisan bickering of the epoch. The three-year service law of 1889 required that three conscript "classes" serve simultaneously, led by experienced NCOs and backstopped by reserve and territorial units. What with the nation building tools of the Third Republic expertly analyzed by Eugen Weber, military service became a mechanism to supplant an "abundant [...] lack of appetite for soldiering" and "to mitigate the hostility and fear most country people felt for troops." By imposing the "duty of defense" on French citizens, Republican reformers turned the army into "an agency for emigration, acculturation, and in the final analysis, civilization,"[10] and *en passant*, the vehicle for the cultural reconstruction of French masculinity damaged by defeat, provincialism, and the social ill effects of urbanization. Various social rituals centered the incorporation and liberation of conscript "classes" of young men with time spent in barracks marking the rites of passage from adolescence to adulthood. These customs of arms came to characterize national existence as manifested in the general militarism and imperialism of the late 19th century on a broad front. Provincial towns competed to host garrisons, both out of patriotism and a desire for taxpayer largesse.[11]

Together with the increase in the size of armies to millions of troops on a vast mobilization basis, the turn of the 20th century also witnessed the snowballing industrialization of warfare, that resulted in the introduction of new technologies to arm, direct, and inform mass conscript armies. This modernization process which saw an increase in the size, complexity, and speed of warfare prioritized the evolution and centrality of general staffs in Europe from the second half of the 19th century. This managerial revolution, accompanied by surging nationalism in a divided and increasingly armed Europe, required a new type of professional officer whose mission was both spiritual in the temple of the integral nationalist polity beset by foes at home and abroad,

---

10 Weber, Eugen, Peasants into Frenchmen. The Modernization of Rural France 1870-1914, London 1977, chapter 17.

11 Cosson, Préparer la Grande Guerre, pp. 21-24, 110. Joly, Bertrand, Le souvenir de 1870 et la place de la Revanche, in: Audoin-Rouzeau, Stéphane/Becker, Jean-Jacques, Encyclopédie de la Grande Guerre 1914-1918. Histoire et culture, Paris 2004, pp. 109-123.

as well as increasingly technical amid the dizzying evolution of an ongoing arms race with increasing lethality of weapons of war. In the view of France's Third Republic, the officer corps composed a "functional elite," a class of civil servant with their *grandes écoles* to prepare them to train and lead citizen soldiers in the context of the *levée en masse*. However, this republican managerial mindset was at odds with the conservative ideology and mental orthodoxy of senior officers, for whom the French army embodied the institutional foundation, patriotic expression, and moral destiny of the nation. On a doctrinal level, these clashes played out most publicly in differences over the relative value of defensive versus offensive warfare, debates that took place behind a façade of the implications of technological innovation for the conscript army of a democratic republic.[12] On a political level, however, this process evolved within the context of a French republic whose values, requirements for civilian control, and constituency pressures to reduce the length of conscript service often clashed with the professional judgment, corporate identity, and group interests which French soldiers viewed as vital to maintaining *esprit de corps* and hence French security. Finally, as war approached in 1914, French planners confronted an increasingly complicated strategic landscape that forced them to juggle the complexities of Alliance politics and Belgian neutrality, while preparing to confront the inexorable military might of the German Empire. This complicated the task of assessing the tactical and operational lessons of wars outside of Europe in South Africa in 1899 and Manchuria in 1904-1905, to devise a new doctrine that would at once paper over French military deficiencies, doctrinal divisions, and technological shortcomings, while evincing a political resolve that would operationalize the Franco-Russian alliance. For these reasons, the evolution of the General Staff at the dawn of the 20th century stands at the intersection of France's military modernization, civil-military relations, strategy formulation, war planning, and the imposition of a tactical and operational doctrine of a huge and diverse army in a restless epoch of rapid social and political change.

2. L'École supérieur de guerre

Prussian German success in 1870 was interpreted as a victory of the Great German General Staff, that had harnessed organization, economy and

12 Müller, Klaus-Jürgen, The Military, Politics and Society in France and Germany, in: Müller, Klaus-Jürgen (ed.), The Military in Politics and Society in France and Germany in the Twentieth Century, Oxford and Washington 1995, pp. 5, 7, 10.

technology to increase mobility and firepower and craft a successful strategy in which the operational level of war emerged as major new cosmos of thought and action. Topping the list of French deficiencies in 1870, "far and away, the greatest difficulties sprang from a lack of organization," concluded Charles de Freycinet, Leon Gambetta's *chef du cabinet militaire* in 1870-71, who in 1888 became France's first civilian war minister since the Second Republic forty years earlier. "In the last analysis, it was that which defeated us."[13] The problem of armies in expansion is one of management as this term came be understood in the late 19th century, an era when state, society and economy spun off new elites, professions and values to the detriment of a military hierarchy grounded in an aristocratic ethos. This supreme level of command is the domain of the staff officer who as the century progressed acquired more responsibilities such as mapping, plotting routes of march, coordinating railway timetables and so on, tasks that make up the sinews of war plans as these evolved in the wake of the wars in the middle of the 19th century in Europe and North America and even beyond.

These increasing responsibilities of command required the adequate level of advanced study and education. The *École supérieur de guerre* (ESG) modeled on Berlin's *Kriegsakademie*, replaced the old *École d'état major* in 1876, part of a general upgrade of military education and training to lay the foundation for the army's renewal.[14] As with the Prussian German prototype, each year eighty lieutenants and captains with at least five years' service, were recruited by competitive examination for a rigorous two-year staff course. Unlike the old staff corps abolished in 1880, upon graduation the careers of staff *brevetés* were fast tracked, alternating between command and staff assignments in the different arms on the Prussian German model. The purpose was to give the army's intellectual elite a foundational apprenticeship in combined arms planning and command to prime them for senior responsibilities at the tactical and operational levels. In this way, the army might standardize tactical thought and operational practice to equip the High Command with both a doctrine and a highly trained staff nucleus to impose a uniform approach to the practical problems of mobilizing, training, shifting, and supplying a mass army of millions. The General Staff also provided a venue for debates over strategy that

13 Quoted in Porch, The March to the Marne, p. 33.

14 William Serman notes that while the École militaire supérieure was established in 1876, it was only "organized" as the École supérieure de guerre in 1880. Serman, William, Les officiers français dans la nation, (1848-1914), Paris 1982, p. 10. Also Mitchell, Allan, "A Situation of Inferiority": French Military Reorganization After the Defeat of 1870, in: The American Historical Review, 86/1 (1981), pp. 49-62, here p. 59; Greenhalgh, Elizabeth, The French Army and the First World War, Cambridge 2014, p. 11.

were also a major feature of the intellectual life of officers and even civilian specialists in the years prior to 1914 in Europe generally.

Nevertheless, not everyone approved of this "Prussian" system, even in Imperial Germany itself. During the Great War when the quick victory promised by demigods in carmine stripes mired in the mayhem at Mons and amid the battles of Tannenberg and Masurian Lakes, Count Harry Kessler compared the Prussian staff officers, "exalted over the frontline officers," to "the Roman higher clergy [...] [who] have turned war into a great bureaucratic business enterprise."[15] Kessler's critique of Erich Ludendorff's regime as of 1916 was from an aristocratic aesthete in civil society. But the historian Hans Delbrück echoed similar public criticism that "the strategical thinking of the High Command had become antithetical to the political needs of the state [...]."[16]

In a classic debate about soldiering, education and training that has operated from the time of 18th century enlightened absolutism, traditionalists with their roots in dynastic Europe and its central ideal of honor in France also complained that selection via examination failed to take account of bedrock military virtues and traditions like character, moral and physical qualities, leadership and experience. In the wake of the Dreyfus affair in the 1890s, many on the left woke up to the fact that a supposedly "democratic" system of selection by examination was being gamed by the Jesuits to launch their pupils at *l'École Saint-Geneviève* located on Versailles' rue des Postes, on a trajectory that took them from Saint-Cyr and *l'École polytechnique* into the army's senior ranks. But as *le concours d'entrée* became established as the gold standard of republican *égalité*, there was little they could do about it except tinker around the margins.[17]

Eligible to compete for a place at the ESG in their mid-to-late twenties, many considered staff college students too junior and inexperienced to benefit from the study of subjects far above their pay grade.[18] For instance, Maurice Gamelin, the French army's ill-fated commander in 1940, had graduated *major*

15 Easton, Laird M. (ed.), Journey to the Abyss. The Diaries of Count Harry Kessler, 1880-1918, New York 2013, p. 658.

16 Craig, Gordon A., Delbrück: The Military Historian, in: Paret, Peter (ed.), Makers of Modern Strategy from Machiavelli to the Nuclear Age, Princeton 1986, pp. 326-353, here p. 327.

17 Serman, Les officiers français dans la nation, pp. 10-11.

18 The curriculum encompassed geography and history, including military history, German language instruction, general and arms specific tactics, fortifications, topography, staff work, military administration, telegraphy, railways, medical and veterinary services and horsemanship. Periodic staff walks would culminate in the annual September Grand Maneuvers. Serman, William/Betraud, Jean-Paul, Nouvelle histoire militaire de la France 1789-1919, Paris 1998, pp. 536-537.

or top of his 1893 Saint-Cyr class. In November 1899, the twenty-seven-year-old Gamelin had entered the *École supérieure de guerre*. Rather than a "school of war," critics criticized the curriculum as narrowly technocratic with an over-reliance on rote learning and shop-worn concepts that had transformed the ESG into "an administrative staff school" whose product was a "hotchpotch of abstraction and jargon".[19] The school's elite *breveté* alumni also numbered too few adequately to administer a *levée*, which limited the flexibility of French war planning.[20] Rotation between staff and line assignments was meant to allow ESG alumni to remain grounded in troop command, gain practice in staff processes, and keep abreast of the cutting-edge operational and tactical theory amid ever newer weapons and tactics in the years prior to 1914. However, the complaint was that time devoted to staying sharp with evolving doctrine through staff rides, historical study, or *Kriegspiele* (war games) was treated as a distraction from a "housekeeping" staff routine of garrison life.[21]

Faculty positions at the ESG were coveted as stepping stones to preferment from which select officers might promote themselves as members of the French army's intellectual vanguard. While defenders insisted that the ESG faculty represented a broad diversity of thought, and that the school's mission was to educate staff officers not to formulate tactical doctrine, critics charged that, in pre-1914 France, the ESG became the target of a hostile take-over by an *offensive à outrance* priesthood, who then proceeded to weed out doctrinal heretics. This claim was no doubt exaggerated, as in his 1911 ESG course on tactics, Philippe Pétain cautioned that one must overcome the impediments of defensive firepower for offensive operations to be successful. But, as will be discussed, too many counter trends – intellectual, political, strategic, operational – militated against a prudent critique of the dogma of *élan* in the pre-1914 French army. Furthermore, Pétain's cautious reminder that firepower

19 Porch, The March to the Marne, pp. 219-220. Although he attended the ESG in the 1920s, the future General André Beaufre was also critical of the curriculum. Beaufre, André, 1940. The Fall of France, New York 1968, pp. 37-41.

20 One of the principal objections to General Victor Michel's proposed revision of Plan XVI, which had been approved in 1909, was that the French army numbered too few staff officers to integrate reserve formations into the initial battles as Michel proposed. Strachan, To Arms, p. 185. Nor post-1918, did the French take steps to remedy this staff officer deficit. Kiesling, Eugenia C., Arming Against Hitler. France & the Limits of Military Power, Lawrence 1996, p. 174.

21 Indeed, the future military historian Sir Michael Howard compared the curriculum he endured at the British army Staff College at Camberley in the waning months of World War II as "roughly comparable in complexity" to a "Young Wives Course" crafted to teach brides how to manage an Edwardian household. Howard, Michael, Captain Professor. A Life in War and Peace, London/New York 2006, p. 5.

in the service of the defensive might actually be a decisive factor on the battlefield, could be dismissed as the ruminations of a passed-over colonel at career's end – little did they suspect![22] Nevertheless, the staff college offered a platform where one might attract the attention of influential officers. For instance, Gamelin's March 1906 treatise on *L'Art de la guerre*, caught the eye of Foch, who subsequently recommended him to Joffre.[23]

As war approached in 1914, critics complained that all the Staff College and its assorted professors, pundits and alumni had managed to produce was a dog's breakfast of theories about tactics, materiel, combined arms cooperation and so on, all on prominent display in the muddle of *Kriegspiele*, staff rides, and annual maneuvers, milestones in the army's training year. A *Centre des hautes études militaires* (CHEM) opened in 1911 to offer a six-month refresher to majors and lieutenant colonels selected for promotion. But CHEM's late appearance, and the fact that among its prominent guest speakers was none other than the young firebrand of *l'offensive à outrance* and Foch's former star pupil, Louis Loyzeau de Grandmaison, meant that the *Centre* failed to provide a course corrective for the French army's near-fatal pre-1914 infatuation with offensive warfare at the tactical and operational levels.[24]

Another flaw in the French system was that neither the colonial army nor the combat engineers, two important branches of military organization, put much store by a staff brevet, although for different reasons. Generally speaking, a rough and ready bunch, colonial solders viewed the general staff bureaucracy as the enemy of flexibility born of colonial fighting, and so scorned what they saw as the metropolitan army's attempt to replicate Imperial China's Mandarin system of effete scholar/administrators fashioned from top-of-the-class "twerps."[25] On the opposite end of the French army's intellectual spectrum, combat engineers, who made up a mere 4.9 per cent of the army in 1914, and whose officers were almost exclusively graduates of the *École polytechnique*, truly an elite institution grounded in the tradition of Vauban, found

22 Cosson, Préparer la Grande Guerre, pp. 220-237. Gat notes that Pétain was not alone, but his views on firepower were shared by his predecessor Maud'hui and his successor Debeney. Gat, Azar, A History of Military Thought. From the Enlightenment to the Cold War, Oxford 2001, p. 433.

23 Alexander, Martin, The Republic in Danger. General Maurice Gamelin and the politics of French defence, 1933-1940, Cambridge 1992, pp. 16-17.

24 Gat, A History of Military Thought, pp. 409-411; Grandmaison's influential lectures were published as, Deux conférences aux officiers du Centre des hautes études militaires, Paris 1911. See also, Porch, The March to the Marne, pp. 58, 70-71; Serman/Betraud, Nouvelle histoire militaire de la France, pp. 536-537.

25 The expression is that of Michael Howard, quoting how World War II British line officers, of which he was one, regarded the staff. Howard, Captain Professor, p. 56.

little advantage in subdividing into a brevet category.[26] This fact was perhaps unfortunate, as a staff college *Kriegsspiel* or two may have caused military engineer, ESG truant, and French Commander-in-Chief from 1911 Joseph Joffre to amend his disastrous war Plan XVII, in the process saving tens of thousands of French lives.

Nor was a staff college distinction enough to guarantee promotion, especially in the politically combustible environment of Dreyfus affair era France. Numbering 1,800 alumni by 1910, staff college *brevetés* formed an elite, insofar as they strengthened their chances for senior rank in the major combat arms.[27] French historians William Serman and Jean-Paul Betraud caution that one must not exaggerate their influence. Many officers had chosen a military career precisely because they were not academically inclined. The involvement of some staff officers in the Dreyfus affair reinforced their reputation as an arrogant, self-serving, Jesuit-indoctrinated, anti-Semitic clique. Also, a greater percentage of *brevetés* were promoted compared to line officers, especially in the infantry that made up almost 72 percent of the officer corps, simply because there were far fewer of them. Nevertheless, the promotion backlog in the pre-1914 French army meant that many *brevetés*, even future Marshals of France Ferdinand Foch and Émile Fayolle, might orbit in a lieutenant-colonel holding pattern for years, and hence close out their careers barely one rank higher than many of their non-staff college contemporaries.[28]

The complaint was that officer evaluations were couched in such anodyne language that, following publication of the ESG class rank, there was no reliable way during forty years of peace for a staff officer to distinguish himself through performance from his contemporaries, save volunteering for an expedition of colonial conquest.[29] In these conditions, ambitious officers must

26 Greenhalgh, The French Army and the First World War, p. 378.

27 For instance, in 1914, 55 per cent of colonels in the Infantry, 52 per cent in the artillery, and 31 per cent in the cavalry were staff brevetés. Two-thirds of brigadiers were staff brevets in 1914. Serman/Betraud, Nouvelle histoire militaire de la France, pp. 565-566.

28 For sample percentages of brevet versus line promotions see Porch, The March to the Marne, p. 180. Serman/Betraud, Nouvelle histoire militaire de la France, p. 568. Time-in-rank for most pre-war French lieutenant colonels averaged 3.5 years, while Foch remained a lieutenant colonel for five years, and Fayolle for eight. Strachan attributes the slow promotion of these obviously talented officers to the fact that they were Postards. Strachan, To Arms, p. 226. But many Jesuit-educated officers reached senior rank. In fact, supposed nefarious Masonic influence became an alibi for slow or stymied promotion, an excuse mobilized by Pétain to explain his honorable but mediocre pre-1914 career.

29 This was the result of the so-called "affaire des fiches," the revelation in 1904 that War Minister General Louis André had solicited information from local masonic lodges on the political and religious opinions of officers up for promotion. A subsequent 1905 law gave

insert themselves into patronage networks centered on family, personal or political connections, and military schools. The prominence of "*Postards*" in senior ranks gave rise to a pre-war polemic which saw the anti-clerical left charge that the French army had fallen into the clutches of a "military caste" led by "*les généraux de jésuitière*."[30] Even conservatives opined that the army's upper ranks were, "insufficiently open to the outer world [...] In practice, the ruling set in the Army was largely recruited by 'co-optation' under a self-perpetuating system, with all dissenters being deliberately hindered in their careers and persecuted."[31]

In an environment where corporate hierarchies and old boy networks mixed with political connections and might define themselves by espousal of an operational doctrine, it was easiest to stay *branché* in Paris or in a large provincial city, so that officers regarded assignment to the battle ready sixth corps on the German frontier as a desert of opportunity. For this reason, the real division was not so much between brevet and non-brevet officers, but between *brevetés* who secured postings "close to the flag pole" – in the War Ministry, a military school, aide-de-camp of an influential general, or special assignment – and the rest, a familiar syndrome in armies and staffs where a cult of the field commander is nurtured as the sole ideal of leadership at arms.[32] One take away for Gamelin from Joffre's 1916 sacking as French Commander-in-Chief, was the senior soldiers' requirement for political connections, instrumental in his 1935 appointment and subsequent retention as Chief of the General Staff.[33]

---

all officers access to their evaluations, which made superiors reluctant to evaluate subordinates critically. In January 1912, War Minister Alexandre Millerand abolished prefectoral and police reports on the political leanings of officers up for promotion. Porch, The March to the Marne, p. 179 and chapter 6 on l'affaire des fiches. Serman, Les officiers français dans la nation, p. 84. Time in the colonies counted double for promotion, allowed an officer to distinguish himself in combat, and thus to earn decorations while establishing links with an armée coloniale mafia whose political connections through the influential parti colonial reached high into the corridors of Paris politics.

30 Serman/Betraud, Nouvelle histoire militaire de la France, p. 567.

31 The conservative journalist André Géraud, who wrote under the pseudonym Pertinax, was speaking of the inter-war years. Géraud, André, The Gravediggers of France. Gamelin, Daladier, Reynaud, Pétain, and Laval. Military Defeat, Armistice, Counterrevolution, Garden City/New York 1944, p. 42.

32 Porch, The March to the Marne, pp. 179-180.

33 Gamelin owed his appointment as COS over his rival Alphonse Georges, to War Minister General Louis Maurin, Gamelin's ESG classmate in the 1890s. Édouard Daladier, Radical Party chief who virtually controlled the portfolios of war and defense from the mid-1930s, armored Gamelin against his many political and military detractors. Cochet, François, Les soldats de la drôle de guerre. Septembre 1939-may 1940, Paris 2004, p. 107; Dutailly, Henry, Les Problèmes de l'armée de terre française (1935-1939), Paris 1980, pp. 9, 290.

In the end, the Republic's attempt to republicanize the French officer corps and through the reform of professional education to create an intellectual elite produced disappointing results: "They made magnificent generals in peacetime, handsome soldiers who knew everything but war," Foch remembered.[34] If this fact were true, then no wonder Joffre took a hatchet to his high command in August-September 1914. But Cossons argues that Joffre's 1914 glut of "limogeages" targeted not those generals who lacked skill, but rather those who failed to push their attacks, "'to the last man,' an alleged requirement of 20th century tactics and operations as demonstrated by the Russo-Japanese War in 1904-1905. For that matter, this was a central pillar of their group identity, their *esprit de corps*, to prepare not to show weakness in the execution of a dreadful endeavor." Commanders must realize was that the violence of modern warfare required mass sacrifice.[35] This was the realm of doctrine amid the growing fire power of modern weapons, the expansion of the combat zone crowded with millions of men, in the political setting of civil-military relations, and the confusion among professionals as to what major war would portend for the battlefield, high commands and government, economy and society in general.

3. The Political Context

How, asks Olivier Cousson, did the "folly" of the doctrine of *l'offensive à outrance* evolve in the epoch from 1871 until 1914? After all, the defensive power of modern weaponry at the tactical and operational level, which produced staggering casualties, and the tendency of battle lines quickly to congeal into static fronts was obvious to observers of the wars in South Africa and Manchuria, both viewed as auditions for Europe's looming cataclysm.[36] Nor, as Azar Gat has recorded, was there a dearth of literature in France and elsewhere on the shape of future warfare. *Au contraire*. The problem, writes Gat, was that, "pre-1914 military theoreticians [...] were handicapped [...] by an overdeveloped sense of history and too erudite a conception of warfare – one with which, paradoxically, many of the proponents of fire-power were not burdened. Their minds were dominated by Napoleonic and Prussian models of campaigns dominated by the cult of decisive battle and operational maneuver, which had been endlessly studied and long hammered-out into the most powerful theory of war. If they tended to resist the change in tactics [...] [it was because] their picture of

34 Bugnet, Charles, En écoutant le Maréchal Foch, Paris 1929, p. 142.
35 Cosson, Préparer la Grande Guerre, p. 337.
36 Ibid., p. 334.

war was principally strategic and moral [...] the accumulated wisdom of history taught them [...] that nothing important had ever been achieved without great valor and sacrifice."[37] In Hew Strachan's view, the problem of French doctrine was rooted in Grandmaison's failure "to distinguish between the strategic offensive-defensive and the tactical," an intellectual confusion perpetuated by the institutional tangle of the tactical and operational considerations of the General staff with the strategic planning function of the *Conseil Supérieur de guerre*.[38]

If French theoreticians increasingly came to conceptualize war in "strategic and moral" terms, they were in good company. And to be fair, French strategic thinking was never radicalized as "total war" as it came to be from 1916 with the Third Supreme Command of Ludendorff and Hindenburg in Germany.[39] Nevertheless, French doctrine and war planning evolved in the context of the army's growing sense of social isolation and military inferiority in the twentieth century's first decade. The project of France's post-1870 national renewal built around an apolitical army came unhinged with the Dreyfus affair in the 1890s. The accusation of treason against Alfred Dreyfus in 1894, and the subsequent judicial drama that spun out over the ensuring decade became a pivotal moment for Third Republic France, one which pitted nationalists who defended social order and military honor against "new" republicans who championed the rights of man and the rule of law against a military hierarchy whose social and political isolation incubated prejudices like racial antisemitism, supposedly out of sync with republican values.[40]

From a political perspective, "the Affair" crystalized the ambiguous attitude of an undoubtedly ever more nationalist French public that neither wanted war, nor was prepared to accept the verdict of 1870 of France in Bismarck's Europe. Memory of "*l'année terrible*" had transitioned into a sober reflection that exiled aspirations for a rematch with Germany to a right-wing fringe. The rhetorical spirit of *la revanche* and the recovery of the "lost provinces" of Alsace-Lorraine which had fired post-1870 patriotism, eased into an inversion of Gambetta's famous aphorism: "*En parler toujours; n'y penser jamais.*"[41]

L'affaire also accelerated the radicalization of military thought, and in the process reconfigured French defense policy. A republican tradition whose anti-militarism was anchored in anti-Bonapartism and anti-clericalism, was

37 Gat, A History of Military Thought, p. 406.

38 Strachan, To Arms, p. 189.

39 Geyer, Michael, German Strategy in the Age of Machine Warfare, 1914-1945, in: Paret (ed.), Makers of Modern Strategy, pp. 527-597.

40 Serman, Les officiers français dans la nation, p. 103.

41 Joly, Le souvenir de 1870 et la place de la Revanche, pp. 113, 118-119.

joined by a – mainly literary – bourgeois, liberal perception of the barracks as a venue for violence, drunkenness, debauchery, and the abuse of authority. As elsewhere in continental Europe, this view was encouraged as loopholes that had allowed middle class Frenchmen to abbreviate their military service as "one-year volunteers" transformed into imaginative strategies to become safely *embusqué*. Working class memories of 1848 and "Bloody Week" of May 1871, and a swelling pacifist current in the syndicalist movement, were stoked by the increasing use of the army in the repression of turn-of-the-century strikes and social protests.[42] The irony was that, France's "truly religious" love for its army, was matched only by "the pathological fear that it harbors of having to serve in it,"[43] a phenomenon that operated in other leading countries, as well.

Potentially, France's historic tradition of the *levée en masse* offered a system of civilian control built around infantry armies composed overwhelmingly of reservists. This institution might have kept the high command on a short leash, discouraged operational adventurism and tactical fantasy, and circumscribed the duplication in France of the German system of a staff elite with its dogmatic quest of decisive battle. In terms of their actual political outlook and disposition, with a few exceptions, the French officer corps could be categorized as conservatives, and their anxieties and rivalries were at root personal and professional rather than political. Nevertheless, the porous frontier between professional and political interests, that with the Dreyfus affair turned the Third Republic's civil-military relations white hot, made the army's apolitical tradition a precarious one. Senior officers, their chiefs of staff and subordinates, were frequently obliged to play in the political arena for institutional or personal reasons. This history of having a hand in the formation of defense policy, central to the existence of the Republic and of France, combined with a view evident in the pre-1914 doctrinal debates that defense policy was a mere extension of social policy, as well as impacted by international relations of the alliance system, fast careening toward crack-up.

42 Serman/Betraud, Nouvelle histoire militaire de la France, pp. 605-608. The army had witnessed serious incidents of collective indiscipline – even mutiny – in 1907 when Clemenceau had directed the 17th Infantry Regiment to break strikes, and again in 1913 with the introduction of the three-year service law. In 1912, the French army counted almost 80,000 deserters or insoumises, while regimental life was characterized by smaller acts of soldierly defiance and indiscipline. The annual October departure of the contingent from the Gare de l'Est offered a raucous festival of anti-military protests as conscripts bellowed l'Internationale and the Carmagnole. Porch, The March to the Marne, chapter 7, pp. 188, 250-252.

43 Joly, Le souvenir de 1870 et la place de la Revanche, pp. 113-114.

A growing left-wing pacifism as well as an emphasis on the citizen in uniform as a brake on militarism accompanied the radicalization of projects for military reorganization, most famously in French socialist leader Jean Jaurès' 1911 *L'armée nouvelle*, whose central tenant was that national strength must harmonize with the social order and reflect republican values.[44] Jaurès' call for six month's active service on the Swiss model, with the cadre of professional officers reduced to a mere 4,000, aimed to recapture the egalitarian spontaneity and individuality of the original *levée*, free it from bondage to the ever more reactionary bourgeoisie and the barracks, and reconcile socialist internationalism with the requirement for a robust national defense. In this way, *L'armée nouvelle* was designed to resolve four problems inherent in the nation-in-arms from the perspective of the heirs of 1793 in the cosmos of the years prior to 1914: first, checkmate the ambitions of professional soldiers for institutional autonomy and political influence on prominent display during the Boulanger episode followed by the Dreyfus affair. Second, increase military efficiency by infusing the army with the "democratic spirit" of the original *Levée* by eliminating the "sterile mechanisms" of drill and other barrack routines derived from dynastic society.[45] Jaurès' schema also imposed a form of social control on how the state used military force, a third element of his defense vision by adopting a defensive strategic posture. In this way, society via the citizen soldier as a whole took ownership of national defense. This aimed to increase national resilience, while serving as a robust deterrent to any potential aggressor. It also diminished the volatility and hair trigger mobilization frenzy of pre-1914 European relations by removing the possibility of a sudden, unprovoked *attaque brusquée* by one's neighbor, practically an obsession at the time.[46] On the operational and tactical levels, the defensive blurs the distinction between active and reserve forces that dominated the military debate in pre-1914 France. To be sure, Clausewitz also insisted that the defense offered the stronger form of warfare. And even before South Africa and Manchuria confirmed that trend, in 1898, the theorist Jan Bloch (not a general staff officer,

44 Waldron, Arthur, From Jaurès to Mao. The Levée en masse in China, in: Moran, Daniel/Waldron, Arthur (eds.), The People in Arms. Military Myth and National Mobilization Since the French Revolution, Cambridge 2006, pp. 189-207, here p. 196.

45 Jaurès, Jean, L'armée nouvelle. L'organisation socialiste de la France, Paris 1911, pp. 8, 13-14, 21, 33, 45, 52, 256, 426, 429, 439, 442. Conservatives would have countered that the Boers and Japanese victories were the product of societies socialized into the values of a military culture, not a democratic one. Porter, Patrick, Military Orientalism. Eastern War Through Western Eyes, New York 2009, chapter 3.

46 Krumeich, Gerd, Relations internationales et système d'alliances avant 1914, in: Audoin-Rouzeau/Becker (eds.), Encyclopédie de la Grande Guerre, pp. 159-168, here p. 165.

but a clear thinker) opined in his multi-volume *La guerre future*, "that frontal assault would in future be not simply prohibitively expensive, but statistically impossible."[47] A final advantage of Jaurès' creative update of the *levée* was that it liberated French socialists from the burden of a doctrinaire and politically injurious pacifism, while it sought to reconcile the French working class with its army with a form of soldiering that could enable rights for the bulk of the nation's citizens in the best sense.

While Jaurès' schema for national defense had numerous flaws, nevertheless, the outbreak of war in 1914 appeared to validate the soon martyred Socialist Leader's pessimistic assessment of French command competence and the irrationality on both the strategic and tactical levels of the doctrine of the offensive. In theory at least, the political obligations and civic rights of the citizen-soldiers fused with the camaraderie, heroism, and spirit of virile endurance and transcendental battlefield death that defined the world of the professional *Nur-Soldat* as he was called across the Rhine. The concept of the *levée* as a popular mass uprising against a demonic invader solidified the French national response and laid the groundwork for the economic and social mobilization of total war and "integral war," a term used from 1917 to describe "the ideological construction of the *levée en masse*" in the war as it had evolved to that year.[48] One view is that even the French mutinies of 1917 legitimized the Republic as soldiers affirmed their civic rights by calling on their political leadership to assert parliamentary authority over a professional officer corps addicted to reckless offensives, and who slighted the needs of their citizen-soldiers.[49]

Jaurès' "gun behind the cabin door" vision of a citizen militia frightened French conservatives including military officers, precisely because it conjured visions of the *franc-tireur* and the Commune, both products of military defeat. Also, Jaurès' schema deemphasized the professional trend in military organization, including general staff practice, mobilization and tactical standards applied to upgrade the *levée* in the period since the late 19th century. Needless

47 Jaurès, L'Armée nouvelle, pp. 110, 128-134, 137-38, 148-49, 204-5; on Jan Bloch, see Howard, Michael, Men against Fire: The Doctrine of the Offensive in 1914, in: Paret (ed.), Makers of Modern Strategy, pp. 510-526.

48 Horne, John, Defining the Enemy. War, Law, and the Levée en masse from 1870 to 1945, in: Moran/Waldron (eds.), The People in Arms, pp. 100-123, here pp. 104-105; Moran, Daniel, Arms and the Concert: The Nation in Arms and the Dilemmas of German Liberalism, in: Moran/Waldron (eds.), The People in Arms, pp. 49-74, here p. 56.

49 Smith, Between Mutiny and Obedience, pp. 193-195. For a view of French civil-military relations in the trenches, read Barthas, Louis, Les carnets de guerre de Louis Barthas, Tonnelier, 1914-1918, Paris 2003.

to say, this all came at the expense of democratic civil-military relations and civil rights. Jaurès sent a message that many in the French population had lost faith in the utility of armed force, a subversive sentiment that posed an existential threat to the professional army. And while Jaurès' blueprint was never applied, and French socialists in August 1914 rallied to the defense of the Republic (as did German and Austro-Hungarian socialists elsewhere), the introduction of two-year service in 1905 had been viewed by professional soldiers as "an affront," the Republic's humiliating pay-back for Dreyfus. This reinforced doubts in the professional military class about the staying power of democracy, or the capacity of French citizens to understand the core professional mission of national defense, the eternal hierarchy of the battlefield and the science of war mastered only by a cloistered *breveté* elect. The army needed certainty in the swirl of Clausewitz's theory that counterpoised political purpose and reason, the interplay of chance amid genius versus friction, and the centrality of anger, violence, hatred and enmity. For professional soldiers, if the Republic failed to provide "reason," and the French people wary of war and distrustful of the military lacked the passion, how could a small staff elite reduce "chance and probability" through doctrine, the only dimension of warfare in a democracy that theorists could control?

4. Doctrine

When Joffre became France's designated Commander-in-Chief in 1911, he stepped into a situation in which there was no large and well-informed public consensus about national defense. Instead, public debate was monopolized by ideologues of the right, mainly active or former officers with very diverse views on doctrine or how the army might be best organized and deployed to achieve national goals. Meanwhile, the socialist Left invested their fate in a passionate and ultimately wrongheaded belief that working-class pacifism would derail European war. Even those who embraced Jaurès' compromise must concede that, by adopting a defensive posture, France would cease to play a great power role on the European stage. But worse, from the perspective of defense specialists, Jaurès' proposal cartwheeled the lynchpin of French survival – a strategic offensive calculated to facilitate Russian mobilization, "forcing Germany considerably to diminish their forces in the West […]."[50]

These debates over France's strategy and planning took place in the context of mass politics and the changing face of battle in the industrial age that

50 Krumeich, Relations internationales et système d'alliances avant 1914, p. 165.

triggered what many saw as an institutional crisis over conscription. This problem became acute at the very moment when international tensions tightened with the two Moroccan crises of 1905 and 1911, combined with the surging tactical and operational complexity of warfare, and the increasing battlefield lethality of weapons showcased in South Africa and Manchuria, trends which threatened to make decision in combat both costly and elusive. Furthermore, German armies were increasing in strength, high quality armaments, and professionalism at arms that set a world standard, a competition of special concern to the French general staff. In an atmosphere of growing international tension where everyone feared "a sudden, premeditated attack of one's neighbor," France seemed particularly vulnerable, an impression reinforced by Germany's efforts further to upgrade its already juggernaut army from late 1912.[51]

In contrast, Joffre took command of a hide-bound and underfunded military organization, whose conscripts were incorporated in the spring to begin training in ill-equipped camps, before stumbling through largely ceremonial "grand maneuvers" in the autumn, which basically served as a sendoff for the previous year's contingent. This effectively condensed two-year service to 18 months, leaving only one poorly trained conscript "class" under arms for almost half the year. While a German infantry regiment counted 215 career NCOs (who were entrusted with significant virtues of command within the practices handed down from Prussia to Wilhelmine Germany) its French equivalent numbered only 95, many of them desk bound.[52] Without a solid core of professional NCOs habituated to the strictures of command in battle, the French army was forced to promote conscripts into positions that they were ill-qualified to fill. How were professional soldiers, guided by the ESG, the General Staff, and the High Command to cope with these centrifugal forces in civil-military relations and military organization?[53] Despite assessing every possible administrative streamline, "We quickly realized that we could not carry through serious reforms without modifying the 1905 law" Joffre concluded, that is, to impose ever more military discipline and combat rigor on the citizen soldier.[54] But the cure only seemed to worsen the disease, when units called out to control strikes mutinied, while the ranks were rocked by conscript revolts triggered by the re-imposition in 1913 of three-year service.

51 Ibid.

52 Porch, The March to the Marne, p. 194.

53 Cosson, Préparer la Grande Guerre, pp. 200-201; on improvements in the German army in early 1913, see Joffre, Joseph, Mémoirs du Maréchal Joffre, 1910-1917 (vol. 1), Paris 1932, p. 90.

54 Joffre, Mémoirs, p. 91 and chapter VII on the three year law.

The civil-military crisis on both the political and organizational level that had engulfed turn-of-the-century France provided the context for the 1908 publication of Louis Loyzeau de Grandmaison's *Dressage de l'infanterie en vue du combat offensive*.[55] Known as one of the French army's "Young Turks," Grandmaison stood at the intersection of several trends in the pre-1914 French army. Nine years out of Saint-Cyr, he had been assigned to the Foreign Legion, and dispatched to Tonkin in Indochina to serve under Joseph Gallieni and his chief of staff Hubert Lyautey. While Grandmaison's *Dressage* is frequently cited as a starting point for France's pivot to the disastrous tactical offensives of 1914-1915, less well known is his 1898 book, *En territoire militaire. L'expansion française au Tonkin*.[56] The important lessons for colonial soldiers like Grandmaison, was to transport the battle centric unity of purpose mobilized in the colonies to the Hexagon, to shake metropolitan inertia, banish its sense of inferiority and regenerate France from the combat zone outwards. In this way, it was the spirit, the "moral force" rather than to the techniques of the offensive that would save France.[57]

On his return from Asia, Grandmaison entered the ESG, at an age and with an active colonial service that must have made him an experienced senior among his more junior classmates. Not surprisingly, as militarism and imperialism were viewed as remedies for the cultural pessimism and "decadence" that allegedly infected much of *belle époque* Europe, his ideas on communicating imperialism's moral force and energy to the homeland, while commonplace in colonial circles, found favor with an up-and-coming War College professor of military history, strategy and tactics, Ferdinand Foch.[58] It was no accident that in this context of a creeping sense of fading French grandeur, the subversive spread of socialism and pacifism in Europe, and a Dreyfus backlash, appeared a 1903 reedition of Charles Ardant du Picq's seminal *Études sur le combat* ("Battle Studies"). Concerned with how to motivate soldiers on the battlefield, the French colonel killed in 1870, emphasized psychological factors, unit cohesion, and "moral force" as the keys to victory – favorite tenets of military science as celebrated in the writings of general staffs and grist for the mill of soldiers and civilians intent on national regeneration. The reappearance of *Études sur le*

55 Loyzeau de Grandmaison, Louis, Dressage de l'infanterie en vue du combat offensive, Paris/Nancy 1908.

56 Loyzeau de Grandmaison, Louis, En territoire militaire. L'expansion française au Tonkin, Paris 1898, p. 266.

57 Porch, Douglas, Bugeaud, Galliéni, Lyautey: The Development of French Colonial Warfare, in: Paret (ed.), Makers of Modern Strategy, pp. 376-407, here pp. 406-407.

58 Gat, A History of Military Thought, p. 409. Gat notes that there were dissenters from this view, but mainly from the wings. Ibid., pp. 438-439.

combat was hardly fortuitous. *Au contraire*, du Picq was already a frequently cited precursor of the emerging canon of French offensive doctrine. A preface to this new edition of du Picq written by the editor of the pro-nationalist *le Petit journal* Ernest Judet, stamped it with the anti-Dreyfusard imprimatur. Du Picq's basic message was that battlefield *élan* could trump firepower.

In this political context, Grandmaison's *Dressage* was an instant, if somewhat unexpected, literary success for the 45-year old major. Although apologists would later claim that Grandmaison was speaking of the strategic offensive, Strachan insists that it was precisely the ambiguity of *Dressage* which accounted for its rapturous reception in the halls of an ESG, whose inmates struggled to reconcile "the strategic offensive-defensive" with the "tactical impossibility of attacking over open ground."[59] In the event, Grandmaison's *Dressage* confirmed a "distinctively independent course" of French tactical thought in the run-up to 1914.[60] While Grandmaison is best remembered for his advocacy of *l'offensive à outrance*, in fact, two-thirds of the book is devoted to "individual training" of troops in barracks, a real preoccupation for professional soldiers in the wake of the two-year service law. "Offensive combat," for which Grandmaison subsequently became infamous, occupies only a few pages. What caught everyone's attention was his analysis of the lessons of the Boer and Russo-Japanese Wars, in which Grandmaison claimed, by miraculous statistical sleight of hand, that despite increased firepower from ever more modern weapons of greater range, accuracy and rate of fire, battlefield casualties had remained unchanged. Grandmaison ignored entrenchment, which had characterized both peripheral wars, and was a central part of classic tactical doctrine. Machine guns also went unacknowledged, while artillery was barely mentioned, although it had played a central role in the Russo-Japanese war, and was prominent in German regulations and order of battle.[61] But despite its obvious shortcomings, *Dressage* was embraced – even dogmatized – by a demoralized officer corps that saw no way out of its structural difficulties and personnel deficiencies short of re-establishing three-year service.[62] *Dressage* restored a tactical simplicity anchored in French "virilité." "Grandmaison's success is to be found in his intimate comprehension of the disarray of his officer colleagues," notes Cossons, which offers an insight into the profundity of the

59 Strachan, To Arms, p. 189.

60 Gat, A History of Military Thought, p. 411; Becker, Jean-Jacques, Prévisions des états-majors et effondrement des plans, in: Audoin-Rouzeau/Becker (eds.), Encyclopédie de la Grande Guerre, pp. 235-247, here p. 245.

61 Greenhalgh, The French Army and the First World War, p. 43.

62 Krumeich, Gerd, Armaments and Politics in France on the Eve of the First World War. The Introduction of Three-Year Conscription 1913-1914, Leamington Spa 1984, p. 231.

"psychological and political crisis that impacted them." *Dressage* eliminated doubt, validated aggressive offensive attacks, and normalized staggering casualties as a spinoff of modern war. Echoing du Picq, Grandmaison's message was that the nation most psychologically primed to tolerate rivers of bloodshed would emerge victorious.[63]

Grandmaison did not lack for detractors – influential voices in the guild of France's free-lance strategists warned that a new generation of ever higher power artillery merely added to the strength of defensive tactics.[64] The call for tactical simplification, and the view that "the conquest of fear through discipline and morale" flung opened the door to tactical possibilities, and revalidated, at least in their own eyes, a professional army vilified as anti-Republican during the Dreyfus years.[65] The fact that the message was preached by a man acclaimed the French army's ascending star, resonated in an army desperately short of NCOs, and too disorganized by two-year service and lacking in resources and experienced personnel to train properly. His meteoric rise to chief of the 3[e] bureau (operations) in 1908, followed by two high profile "conferences" delivered before the inaugural 1911 class of the Center of High Military Education served as official endorsement of his message by a French High Command led by Joffre and Foch – that any commander who opted for the defensive was risk-adverse and so would invariably demoralize his troops, when, in fact, the opposite was the case. But so far, *l'offensive à outrance* remained a classroom concept, both on the tactical and strategic level. It needed to be endorsed and operationalized at the French army's senior echelons.

5. Organization of the High Command

5.1 *The General Staff*

While it is certainly true that military organizations generate their own distinct cultures, these are invariably linked to their political and social context, which determine the selection of the high command, the structure of the forces, funding, length of service time, disciplinary norms, even operational and tactical deployment and order of battle. As the late Peter Paret noted, war takes places in the context of: "[...] social and political change, of technological transformation, and of repeated adjustments to the ways men become soldiers

63 Cosson, Préparer la Grande Guerre, pp. 198, 202-217.

64 Williamson, Samuel R., Joffre Reshapes French Strategy, 1911-1913, in: Kennedy, Paul M. (ed.), The War Plans of the Great Powers, Boston 1979, pp. 133-154, here p. 144.

65 Strachan, To Arms, p. 188.

and fight [...] [of] changes in the type of government that control and employs this power [...] The reasons men become soldiers and the ways their societies view war are at the core of the matter [...]."[66] Central to this generalized problem in the epoch and since is the contentious place of the general staff in the entities of the national cabinet, the high command, ministries of war and defense, parliament and other branches of government, economy and society. The corporate culture at the summit of the French military determined that, while senior officers groused in the mess about *la Troisième*, they carefully cultivated influential politicians – indeed, had they not done so, they would never have arrived at senior rank. The labels of "right" or "left" were assigned in a French political context based on an officer's religious habits, offensive or defensive preferences, and source of political patronage. Like any bureaucracy, arms and services defended their interests and promoted their most articulate and talented officers to advocate for them in arenas in state and society beyond the walls of the general staff.

This intermixing of corporate hierarchies and political connections merely served further to fragment the French military command, muddle coherent planning, and the evolution of a realistic strategic vision. As is generally the case in armies in states where the power of the purse is in sound constitutional hands, arguments over strategy were folded into budget battles linked to domestic politics and professional prominence, even survival. Organs of mass persuasion spun these debates as a clash between the ideals of traditional military professionalism – *esprit de corps*, honor, the enduring principles of war – pitted against the requirement for "economies" and a democratic urge to circumscribe military pretention, ambition, and excess through austerity derived from malevolent bourgeois sense of the balance sheet versus the iron law of battle glimpsed by only a few. In this atmosphere, strategy formulation could occur only in a negative sense, while operational doctrine defined military factionalism or reflected the poor state of French civil-military relations rather than was based on a realistic analysis of the breakneck and ambiguous evolution of weaponry and tactics.

Despite the lack of a sound military organization glaringly exposed by France's resounding 1870 defeat, army reform was slowed by political divisions in the early decades of the Third Republic, the encrusted customs French soldiers, and fears of continued social upheaval in the wake of the Paris Commune of 1871. A *Conseil supérieur de la guerre* (CSG) had been stood up in 1872 both to guide army reform and to provide a command framework. Chaired by the

66 Paret, Peter, Imagined Battles. Reflections of War in European Art, Chapel Hill/London 1997, pp. 111-112.

war minister, the immediate task of its twelve senior generals was "to assure the uniform application of doctrine" through inspections. Its opinion on organization and training was also to be solicited.[67]

With a view to Moltke the Elder and the cult of the general staff that unfolded across the Rhine from 1871 until, say, 1916, a "general staff" had been created in the French War Ministry in 1874, divided into four "bureaus" that were to become institutionalized in the classical form that endures more or less until today and was famously exported in 1917-1918 to the US high command as: 1. Personnel; 2. Studies of armies and theaters abroad, eventually re-labeled "intelligence"; 3. Operations; 4. Logistics. However, it had functioned as the war minister's military cabinet that switched out with each government rotation, unlike the Great German General Staff which had acquired a permanent status independent of the war minister in Wilhelmine Germany. However, Marshal Patrice de MacMahon, French chief of state for most of the Third Republic's first decade, insisted on army autonomy under war ministers looked upon as mere technicians and managers. Distrust of strong, unified military leadership had been baked into the Republican mindset since 18 Brumaire of the year VIII (9 November 1799). This made republicans reluctant to create a powerful Chief of the General Staff who they feared might challenge the authority of the war minister. The passage of war ministers led by the praetorian Georges Boulanger (1886-87), followed by the turn-of-the-century Dreyfus affair, served to convince French republicans that "apolitical" generals in the war ministry remained an aspiration rather than reality, and that, in the interest of civilian control and military efficiency, the war ministry should become civilianized and its chief treated as a full member of the cabinet as was more the case in the English-speaking world.[68]

The 1888 appointment of Charles de Freycinet as war minister marked the transition of the ministry from a technical to a political position, and accelerated the pace of institutional reform. In 1890, Freycinet named General Joseph de Miribel, at the time considered the army's foremost strategist, to the newly created post of Chief of the Army General Staff, tasked to draw up a war plan, and impose a tactical system and armaments policy. On outbreak of war, he was to become subordinate to the commander of the Northeast army group – e.g., the vice-president of the CSG – but would remain with the war minister in Paris.[69] However, the revolving door character of Third Republic

67 Porch, The March to the Marne, pp. 52-53.

68 For the evolution of this process, see ibid., pp. 33-45.

69 Porter counts twelve chiefs of the general staff between 1874-1888. Porter, Eugene O., The Evolution of the General Staff, in: The Historian 8/1 (1945), pp. 26-45, here p. 35.

governance accentuated an absence of clear lines of authority, to transform army leadership into a jumble of competing fiefdoms. The war ministry was characterized by administrative overlap, petty intrigues, and a proliferation of fourteen *services* and *directions*, which included the general staff, all answerable to the war minister, whose role in producing a coherent vision of defense often went undefined. While the Chief of the General Staff was responsible for preparing the army for war, leadership in battle fell to the vice-president of the *Conseil supérieur de guerre*.[70] Because this 1890 scheme set up a potential conflict between the VP of the CSG and the Chief of the General Staff, these two positions were merged under Joseph Joffre in 1911.[71]

While surely not limited to France in this time, how this phenomenon worked there deserves close analysis. War in 1914 caught France with a transitional military structure. 1906 had witnessed the creation of a *Conseil supérieure de la défense nationale* (CSDN), a huge advance that sought to replicate British Committee for Imperial Defence as a venue to integrate strategy and policy across the span of government and address the domains of land and sea on a global scale.[72] With the President of the Republic presiding, the CSDN combined the heads ministries and senior civil servants whose responsibilities overlapped with national defense. But in the wake of the Dreyfus affair, politicians proved reluctant to surrender too much authority to senior officers of uncertain republican loyalties. As a consequence, the CSDN seldom met before the outbreak of war. Reconstituted in July 1911 in the wake of the Agadir crisis in North Africa, the CSDN was also meant to tie together the *Conseil supérieure de la guerre*, among whose twelve members sat those officers designated to command armies and corps in wartime, and the general staff. The 1911 reorganization allowed these senior officers to inspect those troops they would command in wartime, and created shadow staffs. But the CSDN's most impactful contribution to French defense came in January 1912, when the committee forbade Joffre to contemplate the violation of Belgian neutrality, a prohibition later confirmed by Prime Minister Raymond Poincaré, that severely limited Joffre's strategic options and helped to shape the French Plan XVII.[73]

See also Porch, The March to the Marne, p. 52 and https://en.wikipedia.org/wiki/Chief_of_Staff_of_the_French_Army.

70 Strachan, To Arms, p. 189.

71 The CSG was disbanded during the Dreyfus affair, and revived and reorganized in 1911, only to disappear during the war. Strachan, Hew, Stratégie, in: Audoin-Rouzeau/Becker (eds.), Encyclopédie de la Grande Guerre, pp. 421-437, here p. 423.

72 On the Committee of Imperial Defence, see ibid., 422.

73 Vial, Philippe, La genèse du poste du chef d'état-major des armées. Entre necessité et inquétude de la veille de la première guerre mondiale à la fin de la guerre d'Indochine,

5.2 *War Planning*

The guiding principle of Plan XVI that new French army commander Joffre inherited in July 1911, was the so-called "defensive-offensive." This concept essentially consigned French forces to parry an initial German thrust, before launching a counterattack. While it was expected that the Germans would attack through Belgium, where and with how many troops was unknown.[74] Nor did French intelligence offer reliable guidance. Nevertheless, through following the themes of German war games and the pooling of intelligence with Allies because of the innovation of combined staff talks, intelligence indicated that the Germans planned to prioritize the defeat of the French army and to integrate reserve and active divisions in their initial offensive, which would violate Belgian neutrality.[75]

However, the application of this knowledge was stymied by several factors, beginning with the fact that intelligence was neither a specialist arm in the French army, nor did it enjoy sufficiently high prestige invariably to attract staff college graduates. Intelligence was merely a staff activity overseen by one of the several deputy chiefs entrusted with the many tactical and combat support disciplines, i.e. personnel or logistics.[76] The nefarious role of the Statistical Section of the French general staff in the Dreyfus affair saw its counterespionage functions delegated to the *Sûreté Général* of the Interior Ministry. The *Deuxième bureau* of the general staff maintained a diminished *Service de Renseignements* whose officers were denied foreign travel. Five officers at headquarters collated information on foreign armies collected from frontier posts at Belfort and Nancy, from information provided by eighteen *Sûreté* agents in frontier regions, as well as information from France's twenty-five military attachés in European capitals. Unlike the case across the Rhine where attachés circumvented the primacy of diplomats in an ever more brazen fashion, the Quai d'Orsay jealously hoarded diplomatic intelligence as their private preserve.[77] In 1913, a post was opened at Mézières on the Belgian frontier, in response

in: Revue historique des armées, 248 (2007), pp. 29-41, here p. 30; Greenhalgh, The French Army and the First World War, pp. 14, 19-20.

74 Williamson, Joffre Reshapes French Strategy, 1911-1913, pp. 133-135.

75 Greenhalgh, The French Army and the First World War, p. 21.

76 Of the major actors in the Statistical Section's case against Dreyfus, Colonel Jean Sandherr, and Georges Picquart, as well as Alfred Dreyfus were all staff college graduates. The eccentric Charles du Paty de Clam was not. Major Hubert-Joseph Henry who produced the "false bordereau" was a former NCO.

77 Serman/Betraud, Nouvelle histoire militaire de la France, pp. 540-541. Indeed, Krumeich believes that in 1914, the French ambassador to Saint-Petersburg, Maurice Paléologue, may have neglected intentionally to share information on Russian decision-making with French Premier René Viviani, that may have helped to sabotage a possible resolution of

to an increasing speculation that any German offensive must come through Belgium.[78] French code-breaking was quite advanced. But cryptanalysts in the *Quai* and the *Sûreté* often competed rather than cooperated. This fragmented and often politicized intelligence was fed into an unstable parliamentary system whose ministers often lacked minimal security consciousness, and whose governments lasted a mere nine months on average. In this way, no centralized organization existed to coordinate, evaluate, and assimilate a cacophony of intelligence pouring in from multiple sources. Finally, the high-profile trial of Madame Caillaux alerted foreign governments that the French were likely decrypting their communications which caused them to change their codes just before the outbreak of war.[79]

Adopted on 15 April 1914, "the truly distinguishing feature of the Plan [XVII] was [...] its offensive nature," writes Gat.[80] This truth had both tactical and strategic explanations. For soldiers before 1914, technology had impacted tactics, but not strategy. Only with World War I would they acknowledge the all azimuths pressure of technology on strategy.[81] This commitment to the tactical offensive, while largely aspirational, was the central message of 3ème bureau chief Grandmaison in his influential February 1911 conferences. Embraced by a core of field grade *breveté* evangelists, the need to press home the attack to derail the enemy's plan found its way into pre-war regulations and from there guided Joffre's infamous Plan XVII. "Taking the initiative would provide its own security."[82]

But the offensive was impelled by strategic, as well as tactical anxieties. While post-war, French politicians were criticized for not acting to restrain their Russian alliance partners during the July crisis of 1914, German historian

the July crisis. Krumeich, Armaments and Politics in France on the Eve of the First World War, p. 241.

78 This hypothesis was based on several sources: a German attack plan acquired in 1904 that, although counterfeit, at least encouraged French intelligence to study the configuration of the German railway network, and a mobilization plan allegedly drawn up by Ludendorff acquired in 1908. French intelligence also surmised a sweep through Belgium based on German operational doctrine which favored flanking movements. Porch, Douglas, The French Secret Services. From the Dreyfus Affair to the Gulf War, New York 1995, pp. 49-51.

79 Ministers often used Sûreté or Quai d'Orsay decrypts to spy on their colleagues. This was at the bottom of the Caillaux affair of March 1914, when the former Prime Minister's wife shot the editor of le Figaro who she feared was about to reveal decrypts showing communications between her husband and the German embassy during the 1911 Agadir crisis. Ibid., pp. 43-49, 51-54.

80 Gat, A History of Military Thought, p. 435.

81 Strachan, Hew, The Direction of War. Contemporary Strategy in Historical Perspective, Cambridge 2014, p. 170.

82 Strachan, To Arms, pp. 188-189.

Gerd Krumeich argues that from a strategic perspective, the offensive was "one of the essential components of the military agreements with Russia," and hence the foundation of French foreign and security policy. Plan XVII amalgamated an offensive strategy with a swift mobilization and the simultaneous concentration of French soldiers at the outbreak of war in a coordinated Franco-Russian squeeze on Germany from both West and East. The primary concern of French politicians and diplomats in 1914, was not to diffuse the crisis between Serbia and Austria-Hungary, whose seriousness they may have underestimated, but rather to operationalize the Franco-Russian alliance.[83] As the war was almost universally expected to be short, seizing the initiative by preempting the expected German *attaque brusquée* became a priority.

Gat argues that, had Plan XVII been regarded as a mobilization, rather than a battle plan, it might have allowed Joffre the flexibility to counterattack the Schlieffen/Moltke the Younger Plan wheel through Belgium. However, as seen, fear in Paris that a violation of Belgian neutrality might jeopardize the *entente* with Great Britain and alienate Italy had triggered a veto of Joffre's 1911 request to direct French forces into Belgium on the outbreak of war.[84] "If Joffre bears the final responsibility for succumbing to the madness of the *offensive à outrance*, the elusive prospect of British help, or, more precisely, the ambiguous *entente* shares responsibility for creating the framework in which Plan XVII was elaborated," concludes American scholar Samuel Williamson.[85] At the time, this fact did not seem critical, as Joffre's assumption was that the opening German offensive would incorporate only those troops already under arms, which would limit the scope of their opening offensive to the Belgian Ardennes south of the Meuse. Williamson attributes this oversight to an intelligence failure, a view not universally shared among historians.[86] More likely, between mirror imaging (a common malady among the so-called scientists of war in general staffs), restrictions on the violations of Belgian neutrality, and a doctrinal commitment to *l'offensive à outrance*, it is doubtful that even accurate intelligence might have altered Joffre's plans.

---

83 Krumeich argues that the fear among French conservatives was that the 1914 electoral victory of the left would result in a revision of the three-year-law, which was the foundation for French-Russian coordination against Germany. Krumeich, Armaments and Politics in France on the Eve of the First World War, pp. 18, 125, 216-230.

84 Ibid., p. 231; Williamson, Joffre Reshapes French Strategy, 1911-1913, p. 137.

85 Williamson, Joffre Reshapes French Strategy, 1911-1913, pp. 139, 143-144.

86 Doughty, Robert A., Pyrrhic Victory: French strategy and operations in the Great War, Cambridge 2005, p. 42. Cited in Greenhalgh, The French Army and the First World War, p. 21.

Rather, French war planning was confronted with several structural problems, beginning with the absence of a feedback loop in the upper echelons of the military and government, a mechanism to test the commander's strategic assumptions. Ideally, this might have been the CSDN. But the arrangement in France, with a nod to Moltke's dictum that fashioned a holy space for operations in and of themselves, was that the conduct of the war would be separate from operations, which was the preserve of the military command.[87] Plan XVII also revised the proposal of the vice-president of the CSG General Victor Constant Michel, rejected by the CSG in July 1911, because it relied too heavily on unsteady reserve divisions and was considered too defensive.[88] Michel was unceremoniously removed as designated *generalissimo* and replaced by Joffre whose plan upon mobilization called for four of France's five armies to attack into Alsace and the Ardennes, while a fifth would counter a German thrust through Belgium. Even a cursory reading of Plan XVII should have demonstrated that Joffre lacked the numbers both to carry out an offensive into Lorraine, as well as secure the French left flank against an envelopment – an entirely foreseeable maneuver given Moltke and Schlieffen's image of war, as well as *Kriegsakademie* lectures and reports from French observers of German autumn maneuvers since at least 1906.[89] Reports that the Schlieffen Plan would target the fortresses at Namur and Liege as well as Brussels using reserve divisions dated from 1909, and appeared to have become accepted wisdom in Whitehall. In which case, Joffre lacked the luxury to consign twenty-five reserve divisions to support roles.

Furthermore, the re-establishment in France of three-year service in 1913 had been prompted by a series of measures in Germany between 1911-1913, which raised the peacetime strength of the German army while increasing the numbers of professional officers and NCOs, which reinforced the German ability to incorporate reservists into the front lines. German reform of tactical and operational command and combat power posed a serious threat to Plan XVII precisely because, in the French view, it expanded the number of German

87 Bock, Fabienne, Parlement, pouvoir civil et pouvoir militaire (Allemagne, France, Italie, Royaume-Uni), in: Audoin-Rouzeau/Becker (eds.), Encyclopédie de la Grande Guerre, pp. 495-508, here p. 500.

88 Porch, The March to the Marne, p. 250; Williamson, Joffre Reshapes French Strategy, 1911-1913, p. 134.

89 Williamson, Joffre Reshapes French Strategy, 1911-1913, p. 145. For the weaknesses of the CSG and the CSDN, as well as the general instability of military leadership, see Porch, The March to the Marne.

troops available for an opening *attaque brusquée*.[90] Yet, any senior general willing to point out these disturbing shortcomings, much less quibble about the devastating improvements in firepower, might as well purchase tropical kit and prepare for a colonial assignment. In these conditions, an open mind was a luxury which Joffre could ill afford. In 1911, his priority was to restore harmony to a divided high command. The French army in 1914 was an army run by committee. All senior generals held the rank of major general, so Joffre was merely primus inter pares, in a command in which his "subordinates" assiduously cultivated their own political contacts. Having marshaled the support of his commanders behind Plan XVII, it would have been highly disruptive to alter his war plan merely because of some German maneuver. Nevertheless, war approached, at least some senior officers began to express doubts about Plan XVII. Intelligence reports began to arrive on 1 August suggesting that the Germans were calling up their reserve forces. But by then, the chips were on the table: the plan approved, the mobilization timetables drawn up, the commanders designated, deployments and concentrations set, irrational optimism reigned.[91]

Yet, Joffre's flawed assessment which ignored numerous intelligence red flags, was deferred to for at least two reasons: first, because Michel's Plan XVI had concluded that the German attack must come through Belgium, and that the only way to block it was to incorporate reservists into the front lines, constituted a heretical position in a French military convinced of the deficient combat potential, perhaps even the patriotism, of French citizens.[92] Second, politicians of the so-called "Nationalist Revival" – the movement from 1911-1914 which emphasized national prestige, patriotism, and military strength – felt it their duty to protect the new Commander-in-Chief from undue political interference, and bolster his authority in the face of a divided military command.[93] Third, France's war plan had to reflect the "spirit of the offensive." With the option of an attack into Belgium closed to him, Joffre aimed his offensive into Lorraine. This reality meant that he closed his mind to the possibility of a powerful German offensive into Belgium. Such blindness was surprising in part because one of the arguments that Joffre had used in 1913 to re-establish the

90 Porch, The March to the Marne, p. 194; Krumeich, Armaments and Politics in France on the Eve of the First World War, pp. 17-18.

91 Porch, The French Secret Services, pp. 66-67.

92 For intelligence assessments warning of the Schlieffen Plan sweep through Belgium, and the perceived risks of Plan XVI, see ibid., pp. 57-60.

93 The philosophy of War Minister Alexandre Millerand in 1912 was that the war plan was an operational decision left to the Commander-in-Chief. Porch, The March to the Marne, pp. 174-175.

three-year service law in France, was that the higher percentage of professional NCOs in the German army combined with Berlin's implementation of three-year service had strengthened Berlin's ability to incorporate reservists into the front ranks.[94]

In fact, intelligence reports might pose a threat if they questioned the assumptions upon which Plan XVII was based. Therefore, French commanders were primed to believe those reports which most reinforced their preconceptions. In the end, intelligence had to adapt to the plan, not shape it. In any case, "the spirit of the offensive" which dominated the mindset of French commanders, diminished the value of intelligence, because in the spirit of Grandmaison, the French sought to impose their will on the enemy, not react to German moves.

The tragedy – indeed, the criminality – of Plan XVII was its strategic/tactical mismatch – an offensive was *de rigeur* to operationalize the Russian alliance, but would prove suicidal for the tens of thousands of infantrymen forced to execute it. Joffre's calculation that the German sweep into Belgium would make their "hinge" in Lorraine vulnerable to an offensive undertaken by four French armies proved a costly error. This left fourteen divisions of the 5th French army reinforced by the four-division BEF and a single Belgian division to oppose two German armies careening through Belgium. However, just as the Allied armies appeared to have been caught in an enormous German envelopment, a counterattack on the Marne saved Paris and began what is called the "race to the sea," as the Schlieffen Plan dissolved into trench stalemate, as anticipated by the South African and Russo-Japanese Wars.[95]

6. Conclusion

On an operational and tactical level, the rationale for Plan XVII was anchored in the view ascendant in the French high command and among staff *brevetés* in 1914, that: "Battles are beyond everything else moral struggles."[96] In the absence of a settled doctrine, in the context of Clausewitz's trinity that is actual war versus war in theory, this emphasis on the moral dimensions of combat

94 Joffre, Mémoirs, pp. 91-93.

95 Becker, Prévisions des états-majors et effondrement des plans, pp. 240-243.

96 Conduite des grandes unités, translated by the General Staff, War Office, The Operations of Large Formations, London 1914, p. 8. Quoted in Gat, A History of Military Thought, p. 434. Italics in original.

sought to harness the "passions of the people" to narrow the "chance and probability" of war. In the process, senior commanders devalued technique, tactics and training – not to mention intelligence – in favor of "*une sorte d'attaque à tout va*," anchored in a "metaphysical" concept of combat which had captured the zeitgeist of the pre-war *École de guerre*, many of its alumni as well as many staffs and commanders in Europe's leading armies. The war broke out at the worst possible moment for a French army that struggled to digest an extra class imposed by the three-year law. As a consequence, barracks were crammed with untrained conscripts for whom there were not enough arms and uniforms, nor cadres at subordinate units to organize, instruct, and lead them. The predictable results were that: "Enemy firepower disarticulated often instantaneously units advancing in the open, provoking retreat, confusion, even panic, as well as horrifying losses."[97]

With this example in mind, one can offer some generalizations about the general staff in France in the epoch and about general staffs since they appeared as a feature of armies and, then, became decisive forces in domestic and international politics. In a word, the level of ambition comprised of military science and military thought practiced by an elite entity of command atop the structure of an army seldom could harmonize its ideas with reality. This failure had horrifying consequences that are especially compelling for democratic civil-military relations, but also for the needed effectiveness of armies and staffs to fulfill their role as part of government.

It was not domestic politics in the Third Republic that handicapped the French general staff and wrong-footed the theorists of the *École de guerre*. In the final analysis, it was the critic and martyred socialist Jean Jaurès, whose ideal of the citizen in uniform as a corrective to militarism and military theory gone berserk in the fetish of preemptive war, who offered the clearest vision of the pitfalls of military science. Cultural pessimist staff officers who nourished fantasies about the transcendental characteristics of battle and *l'offensive à outrance*, deployed a contorted version of military theory to the changing face of war. In the process, the general staff officer failed to realize that, given the general immobility of armies in the Great War era, the rise of ever more destructive weapons since about 1850 meant that movement gave way to positional warfare and attrition. The scale of this evolution in warfare in turn required for integral or total war the dominance of the modern industrial manager together

97 Becker, Prévisions des états-majors et effondrement des plans, p. 245; Guelton, Frédéric, Les armées, in: Audoin-Rouzeau/Becker (eds.), Encyclopédie de la Grande Guerre, pp. 221-231, here pp. 225-226.

with the working class in the trade unions just as much as raising an air service or building independent echelons of armored vehicles. The general staff could never channel war into a decisive battle, because such events never attained the mythic status they imagined. This phenomenon of gazing into the kaleidoscope of war and going blind to its realities spawned tragedy because such self-dazzling brought suffering in the wake of the epoch 1870-1914.

The Realisation of Civilian Fears: The British General Staff

Ian F.W. Beckett

German success in the Wars of German Unification between 1864 and 1871 proved a catalyst in the development of many European armies, who sought to emulate organisational and other factors perceived to have contributed to victory. Not least, the General Staff model as crafted by Helmuth von Moltke the Elder after 1857 was adopted by France (1874), Austria-Hungary (1875), Japan (1879), and Italy (1882), Russia having already done so in 1863. Britain, however, stood apart. Although a Staff College was established at Camberley in 1858 following the disasters of the Crimean War (1854-56), it was only the further setbacks of the South African War (1899-1902) that led to significant reform. Even then, whilst a Chief of the General Staff (CGS) was appointed in 1904 – and renamed the Chief of the Imperial General Staff (CIGS) in 1909 – a British General Staff subordinate to him was formed only in 1906. Nonetheless, it could draw on methods evolved within the War Office Intelligence Branch, established in February 1873 (Intelligence Department from 1887 and Intelligence Division from 1888). The latter's potential impact upon policy making was one of the principal factors in domestic political opposition to establishing a proper staff system prior to the South African War.

Sir Henry Campbell-Bannerman, a former Secretary of State for War and a future Prime Minister, rejected the very notion of a continental-style Chief of Staff as recommended by the Hartington Commission in 1890. He feared such a post would usurp civilian authority by pre-determining policy. Drawing up military plans was one thing, initiating military policy quite another.[1] As he famously put it, a Chief of Staff should not "be shut up in a room by himself in order that he might think".[2] Ironically, it could be argued that politicians' fears of undue military influence were justified in the approach to war in 1914, although the nascent General Staff was then dismantled to staff the British Expeditionary Force (BEF).

1 Spiers, Edward, The Army and Society, 1815-1914, London 1980, p. 221.
2 Hamer, William S., The British Army: Civil-Military Relations, 1885-1905, Oxford 1970, p. 151.

 | DOI:10.30965/9783657791958_005

1. Resistance to Continental Models

The British stance was not a simple rejection of continental military methods deemed unsuited to the military requirements of a global empire largely reliant upon the Royal Navy for its defence. After all, the Franco-Prussian War (1870-71) was a factor in the military reforms introduced by Edward Cardwell as Secretary of State for War (1868-72). Even if Cardwell's reforms bore only scant resemblance to continental practice, and some had been determined before the war's outbreak, he noted in October 1870 that the war had influenced public opinion and "may make the question of army organisation a less hopeless one than it has been hitherto".[3] Moreover, there was always a distinctive "continental school" of military thought within the army. The "founder" of British military thought, Sir Patrick MacDougall, first Commandant of the Staff College (1858-61) and first Director of Military Intelligence (DMI) at the War Office (1873-78), was an outright Jominian.[4] Sir Edward Hamley, Professor of Military History at Camberley (1859-66) and then Commandant (1870-77), complained in 1875 that British authors were ignored by reviewers while "any trumpery German pamphlet that comes out affords them food for endless comment".[5] But Hamley was not an original thinker, his standard Staff College text, *Operations of War* (1866) equally Jominian.

There was also growing consensus among civilian writers on military affairs favouring a General Staff, notably Sir Charles Dilke MP and Henry Spenser Wilkinson, journalist and later first Chichele Professor of the History of War at Oxford (1909-37). Wilkinson's *The Brain of an Army* (1890) took its cue from the views of an influential member of the Hartington Commission, Sir Henry Brackenbury, DMI at the War Office (1886-91), as well as drawing largely on examples from the Austro-Prussian War (1866). Wilkinson was careful not to suggest "overhasty imitation". In the second edition (1895), he noted that Moltke himself recognised the German system was "not necessarily the model best suited for the circumstances of the British army". He also acknowledged the opinion of Field Marshal Lord Roberts that a Chief of Staff was not required when there was a professional Commander-in-Chief.[6] Wilkinson attacked the latest changes in military organisation occasioned by the retirement of

3 Spiers, Edward, The Late Victorian Army, 1868-1902, Manchester 1992, p. 14.

4 Preston, Adrian, British Military Thought, 1856-90, in: Army Quarterly 88 (1964), pp. 57-74, at p. 59.

5 Preston, Adrian (ed.), Sir Garnet Wolseley's South African Diaries (Natal) 1875, Cape Town 1971, p. 64.

6 Wilkinson, Henry Spenser, The Brain of An Army: A Popular Account of the German General Staff, Westminster 1895, pp. 8-17.

George, Duke of Cambridge as Commander-in-Chief as neither fulfilling the recommendations of the Hartington Commission nor addressing their defects.

So far as many soldiers were concerned, the practical requirements of actual campaigning in far flung colonies found a more distinctive British voice in the theory of 'small wars', supremely evidenced by Charles Callwell's *Small Wars: Their Principles and Practice* (1896). Brackenbury suggested in 1869, when he was still a captain, that there was no need to draw on the "poisonous wells" of French thought. Equally, George Henderson, Professor of Military History at the Staff College (1892-9) remarked, "We have no need to ask another nation to teach us to fight."[7] Success by one "school" or another, however, was measured not by publication, but by successful lobbying for senior appointments. In that, the "colonial school" proved the most successful, not least in the careers of Sir Garnet (later Field Marshal Viscount) Wolseley and his adherents. Wolseley was successively Quartermaster General (1880-82) and Adjutant General at the War Office (1882-90), before succeeding Cambridge as Commander-in-Chief (1895-1900).

Wolseley employed larger campaign staffs than most of his contemporaries but also, unusually, favoured Camberley graduates. Unfortunately, the Staff College was bedevilled by long standing prejudice in favour of the gentlemanly amateur. "Character" counted for more than intellect in terms of the perceived requirements of leadership. A widespread view was that Camberley students were a "set of shirkers who left their regiments with a view to an idle two years at the College, to be followed by loafing and well-paid jobs in the plums of the profession".[8]

The Duke of Cambridge, Commander-in-Chief since 1856, was not enamoured of Staff College graduates believing too many saw the *psc* (passed Staff College) qualification solely as a means of advancement rather than attending to the regimental duties he felt more valuable staff training.[9] Cambridge suggested to the Penzance Commission in 1876 that the *psc* was only one qualification for advancement among many, whilst the Military Secretary, Sir Alfred Horsford, stated that tact was more of a requirement for staff service than talent.[10]

7 Bailes, Howard, Patterns of Thought in the Late Victorian Army, in: Journal of Strategic Studies 4 (1981), pp. 29-45, at p. 38.

8 Gleichen, Edward, A Guardsman's Memories, Edinburgh 1932, p. 110.

9 St Aubyn, Giles, The Royal George: The Life of Prince George, Duke of Cambridge, 1819-1904, London 1963, pp. 116-17.

10 Beckett, Ian, A British Profession of Arms: The Politics of Command in the Late Victorian Army, Norman 2018, p. 101.

By contrast, of the first group of 27 officers who went out with Wolseley on the Asante campaign (1873-74) that made his reputation, eight had the *psc* qualification. Of those sent out subsequently, another five were also *psc*s. A total of 34 *psc*s served on Wolseley's expedition to occupy Egypt in 1882, including 14 in the headquarters and five out of seven in the intelligence section. There were 20 on the Gordon Relief Expedition in 1884-85, with six in the headquarters and seven on lines of communication. No less than 80 *psc*s were appointed by Wolseley to the staff or despatched on special service to South Africa in 1899, 33 being named to the staff of the army corps and the first three divisions. Writing in 1884, Wolseley stressed, "My idea is to give every Staff College officer and everyone strongly recommended by a good commanding officer a chance in a subordinate position of showing what he can do and what he is worth."[11]

A significant problem was the few places at Camberley available in any one year. From a point in 1870 when 20 candidates were admitted each year to the two-year course at Camberley, the entry number rose only to 24 in 1884 and to just 32 in 1886. No infantry or cavalry regiment could provide more than one student in any year and there were other restrictions whereby there could be only four artillery and two engineer officers (admitted only after 1872) per intake. Of the 64 places per annum, six were reserved for the Indian army and two for the Royal Marines. In 1886, artillerymen qualified in the entrance examination for the first seven places whereas only 13 infantry and cavalry officers qualified for the 18 places available, with the result that some who had failed were admitted and others who had passed were excluded. A total of 24 places were allocated by examination and eight by nomination.[12] But, having been admitted, officers did not actually have to attend the course in order to take the final examination.

Additionally, the army suffered from being perceived as less important than the Royal Navy since Britain was first and foremost a global maritime power, whose naval mastery depended on maintaining a technological lead over its immediate rivals, France and Russia. Compared to the navy, the army was persistently underfunded. The domestic political context was one of recurring retrenchment in military expenditure and frequent indifference to military requirements, resulting in a marked disparity between means and ends. Campbell-Bannerman saw it as his task as Secretary of State "to avoid heroics and keep the estimates down".[13] Consequently, for all the supposed

11 Godwin-Austen, Alfred R., The Staff and the Staff College, London 1927, pp. 207-08.

12 Bond, Brian, The Victorian Army and the Staff College, 1854-1914, London 1972, pp. 95-96, 107-08, 134-35 and 138-39.

13 Bond, Brian, The Effect of the Cardwell Reforms in Army Organisation, 1874-1904, in: Journal of the Royal United Services Institution 105 (1960), pp. 515-24, at p. 523.

resulting rationalisation of military organisation involved, both the Cardwell reforms and the later Haldane reforms (1906-08) were equally driven by the desire for financial retrenchment. Conservative administrations were just as parsimonious as the Liberals. In 1887, the Chancellor of the Exchequer in the Salisbury administration refused to allocate any more money for the War Office Intelligence Department on the grounds that the Admiralty already had one.[14] Brackenbury's argument that more money would render his department "perfect" was regarded as merely an excuse for placing additional officers on the War Office establishment.

There was no real mechanism by which military advice could be offered to politicians. There was a War Office Council of sorts, over which the Secretary of State occasionally presided. Cardwell created it in 1870 ostensibly to increase the weight of Cambridge's opinion but, in reality, it was intended merely to encourage the duke's greater co-operation with reform.[15] Cambridge requested in 1877 during the Russo-Turkish War that the former Cabinet War Committee, which had existed during particular crises such as the Crimean War and the Indian Mutiny (1857-58), be resurrected. This was rejected by Prime Minister Disraeli on the grounds that it was premature, provocative, unnecessary in view of his ongoing discussions with ministers, and would be unconstitutional if it included the Commander-in-Chief in government decision-making.[16]

Little faith was placed in Cambridge's judgement, Edward Stanhope as Secretary of State (1887-92) lamenting in September 1888 that, although Mobilisation and Defence Committees existed within the War Office, there was "as a rule no well-informed and capable adviser who looked at a question all round". A former Secretary of State, W. H. Smith concurred in August 1889, recalling of his period at the War Office from Cambridge "downwards to the Chairman of the smallest special committee I felt the extreme narrowness of view of the officers about the Duke". He wondered who knew "enough to tell the Secretary of State all the facts".[17]

Given the lack of defence machinery and Cambridge's incapacity, Disraeli had been prepared to seek military advice elsewhere at the time of the Russo-Turkish War in the persons of Colonel Robert Home of the Intelligence Branch and the Inspector General of Fortifications, Sir John Lintorn Simmons. Whilst Simmons suggested seizing Stampalia (Astropalia) in the Dodecanese

---

14 Gooch, John, The Plans of War: The General Staff and British Military Strategy, c.1900-16, London 1974, p. 8.

15 Spiers, Late Victorian Army, p. 8.

16 Preston, Adrian, The Eastern Question in British Strategic Policy during the Franco-Prussian War, in: Canadian Historical Association Historical Papers (1972), pp. 55-88, at p. 83, fn. 14.

17 Beckett, Ian, Edward Stanhope at the War Office, 1887-92, in: Journal of Strategic Studies 5 (1982), pp. 278-307, at p. 287.

as a base for possible operations against the Russians, Home suggested seizing Rhodes or Cyprus. Home's report justifying the choice of Cyprus, however, was produced after the actual decision to do so had been taken and the responsibility for that lay directly with Disraeli and his Foreign Secretary, Salisbury.[18]

Earlier, Cardwell had been advised by Captain Evelyn Baring, the future Lord Cromer, Colonel (later General Sir) John Adye and Brevet Colonel (later General) Sir Archibald Alison, 2nd Baronet. Baring, together with Charles Wilson, authored the memoranda that led Cardwell's Under Secretary of State, Lord Northbrook, to argue for the establishment of the War Office Intelligence Department in May 1873 from the existing Topographical and Statistical Department.[19]

A response to a French invasion scare in 1888 revealed publicly deep divisions between army and navy. It brought the appointment of the Hartington Commission, tasked with addressing the problem of military advice and examining the state of both army and navy, and their relationship with the Treasury.[20] There was rarely co-ordination between War Office and Admiralty, the Colonial Defence Committee established in 1878 was little more than a posting box between the colonies and the departments responsible for defensive preparations. It had no powers to force the colonies to produce defence plans. A Joint Naval and Military Committee was set up in 1891 to consider port defences and did circulate agenda, papers and minutes when questions were submitted to it, but it had no secretary and met infrequently.

With three former Secretaries of State for War sitting on the Hartington Commission it was unlikely to challenge the long-established principle of civilian control. A minority report by Lord Randolph Churchill favoured a single Minister of Defence, a solution also advocated by Wilkinson and Dilke. The majority, however, came down for the abolition of the post of Commander-in-Chief – although only after the Duke's retirement – and the creation of a new War Office Council with a principal military adviser designated as a Chief of the Staff. Cambridge and Wolseley would contemplate some kind of Chief of Staff only as a subordinate to the Commander-in-Chief, Wolseley aspiring to succeed Cambridge. Queen Victoria was also implacably opposed to anything smacking of a dilution of the Royal prerogative with respect to the command of the army, Cambridge being her cousin. Wolseley

18 Holland, Robert, Blue-Water Empire: The British in the Mediterranean since 1800, London 2013, pp. 116-120.

19 Beaver, William, Under Every Leaf: How Britain Played the Greater Game from Afghanistan to Africa, London 2012, pp. 24-30 and 35-36.

20 Hamer, British Army, pp. 135-147.

suspected Brackenbury, who sat on the commission, had orchestrated the recommendations as a means of securing this own appointment as Chief of Staff. In reality, Brackenbury had advocated such a post as early as 1867.

In the face of such opposition, Hartington's report, published in two parts in July 1889 and February 1890, was effectively emasculated although a theoretically rejuvenated War Office Council was established in May 1890, in which decisions by the Secretary of State (but not the discussion) would be recorded. In reality, the War Office Council met rarely.[21] The changes after the Duke's retirement in 1895 saw the Commander-in-Chief given responsibility for mobilisation and intelligence – thus substituting for a Chief of Staff – and general supervision of the military departments, whose heads would report to the Secretary of State, albeit after conferring with the Commander-in-Chief. The latter would be the principal adviser on an Army Board, which would co-ordinate military opinion and deal with promotions, appointments, departmental co-ordination, and agree the estimates before they went to the Secretary of State.[22] But the Army Board again met irregularly and had no real power of initiative.[23] Similarly, the Cabinet Defence Committee also established in 1895 met rarely. Ambiguities remained, not least in the language used by the Order-in-Council establishing the new system.

2. The Impact of the South African War

The shocks of the South African War led to a number of enquiries including the Dawkins Committee on army administration (1901), which suggested more clearly defined roles for the War Office Council and Army Board. This was introduced in November 1901 with all proceedings and decisions to be recorded. The Elgin Commission (1903) undertook a wide ranging examination of all aspects of the conduct of the war. Defects such as the lack of any plan of campaign and the need to improve staff work were highlighted but without any real guidance on remedies. Suggestions by a number of witnesses that a Chief of Staff was needed were ignored.

One dissenter from the Elgin report, which was published in July 1903, was the influential Lord Esher, a former private secretary to Hartington and joint secretary of the Hartington Commission. His minority report recommended a War Office council or board modelled on the Admiralty. Under pressure from

21 Spiers, Late Victorian Army, p. 48.
22 Hamer, British Army, pp. 162-163.
23 Spiers, Late Victorian Army, pp. 50-51.

the failed attempted military reforms of St John Brodrick as Secretary of State for War (1900-03), Prime Minister Balfour appointed Esher to head a small War Office (Reconstitution) Committee. Assisted by Admiral Sir John Fisher, then Commander-in-Chief at Portsmouth, and Sir George Clarke, who had been secretary to the Colonial Defence Committee, Esher issued three reports between January and March 1904. The first report recommended a secretariat for the new Committee of Imperial Defence (CID), a defence forum established by Balfour in December 1902, and an Inspector General of the Forces in place of the Commander-in-Chief. The second recommended a General Staff and the third a CGS heading three directorates – Military Operations, Staff Duties, and Training. The CGS would preside over an Army Council, sitting alongside the Adjutant General, Quartermaster General, and Master General of the Ordnance as respectively Second, Third and Fourth Military Members. Esher and his colleagues demanded a "clean sweep" of the existing War Office, leading to the unceremonious dismissal of the Commander-in-Chief, now Roberts, and the rest of the Army Council on "Black Monday", 1 February 1904. Usurping all previous precedent, Esher, Clarke and Fisher chose all the new appointments within the War Office in a process likened by Fisher to "selection by disparagement".[24] In many respects, Esher and his colleagues saw the CID as fulfilling the function of a General Staff on an imperial scale since there would not be sufficient qualified staff officers to operate on the continental model for some years.[25]

General Sir Neville Lyttelton was duly appointed CGS on 4 February but there was disagreement over the qualifications required for members of the General Staff, the status of *psc*s, and whether or not staff service would qualify for accelerated promotion. As a result, decisions were unresolved when the government fell in December 1905. Esher was particularly disappointed but was able to persuade the incoming Secretary of State, Haldane, to resist investing staff appointments in the hands of the CGS. The General Staff was formally constituted on 12 September 1906. It was tasked with advising on the army's strategic distribution, supervising military education and training, collecting information, and preparing military offensive and defensive schemes. A "General Staff List" of suitably qualified candidates was introduced with an assumption that they would hold the *psc* and have at least eight years' service, although administrative experience would also be taken into account

24 Beckett, Ian, "Selection by Disparagement": Lord Esher, the General Staff and the Politics of Command, 1904-14, in: French, David/Holden Reid, Brian (eds), The British General Staff: Reform and Innovation, 1890-1939, London 2002, pp. 41-56.

25 Gooch, Plans of War, p. 50.

if candidates lacked the *psc*. After approved service, accelerated promotion would be granted, but it was not until 1911 that it was decided to consider separately the confidential report that accompanied award of the *psc* as to whether a graduate was actually suited to staff employment.[26]

One new post established in November 1901 was that of Director-General of Mobilisation and Military Intelligence to provide the Secretary of State with better support and guidance. Whilst this was swept away by Esher, the influence of the Intelligence Division as a small-scale putative General Staff had been growing since Brackenbury's appointment as Director in 1886.[27] Housed in Nos 16 and 18, Queen Anne's Gate in London, the Intelligence Division had six sections. Section 'A' dealt with France, 'B' with the Colonies, 'C' with Germany, Italy, and the United States; 'D' with Austria-Hungary, the Balkans, and Latin America, 'E' with maps; and 'F' with India. In 1899 each was staffed by three officers and a clerk, with the Deputy Director and a clerk dealing with administration. A new Secret Service Section – 'H' – was added in 1899.[28] A total of just 20 officers compared unfavourably with the 250 employed in German staff appointments.[29]

Artillerymen and engineers were often first choice for posts in the Intelligence Department as those entering the technical arms were generally, by necessity, better educated. More conservatively minded officers such as Cambridge were suspicious of the department. Back in 1866 when Henry Brackenbury's elder brother, Charles, had found a safer haven in the then Topographical and Statistical Branch, the editor of *The Times*, John Thadeus Delane, wrote to Cardwell that "at the Horse Guards there is a great desire to snub all scientific officers and to cling to the dear old system ... We can't afford to have all the brains knocked out of the service."[30] Until Brackenbury succeeded in 1888 in having seven officers attached for a six or seven year period, those attached periodically to the Intelligence Department were often recalled to their units at short notice. Two years earlier, with Cambridge's approval, the Royal Artillery had won an exemption from any of its officers being attached. Brackenbury complained, "Some of the best officers in other regiments have declined to take service in the Branch either because they were unwilling to

26 Ibid., pp. 107-110.

27 Technically, Brackenbury was appointed Deputy Assistant Quartermaster General for the Intelligence Division in 1886, Assistant Adjutant General for Mobilisation in 1887 and DMI in 1888.

28 Beckett, Ian (ed.), The Memoirs of Sir James Edmunds, London 2013, pp. 176-177.

29 Wade, Stephen, Spies in the Empire: Victorian Military Intelligence, London 2007, p. 188.

30 Beaver, Under Every Leaf, p. 37.

throw additional regimental work on their brother officers, or because they knew how strongly their doing so would be resented in their regiment."[31]

Serving in intelligence, however, was still a route to opportunity. In the reconstituted Egyptian Army after 1883, for example, several of those initially seconded had an intelligence background including Thomas Fraser, Herbert Chermside, Charles Watson and Herbert Kitchener, whilst the army's actual organisational plan was drawn up by another intelligence operative, Charles Wilson.[32] Among those serving in the Intelligence Department in the last quarter of the 19th century were three future CIGS – two of them future Field Marshals – and 41 others who were to reach the rank of Brigadier General or above.[33] Brackenbury in particular built up a following of capable young officers such as James Grierson, Edward Gleichen, Charles Callwell, Henry Wilson, and William Robertson.[34]

Robert Home drew up the army's first mobilisation plan – for home defence – in 1875 and Brackenbury drew up the second in 1886. It was revised further by John Ardagh, in 1888. The Intelligence Branch also analysed campaigns, its then head, Archibald Alison corresponding candidly with a number of participants during the Anglo-Zulu War (1879), teasing out the reasons for the disaster at Isandlwana in January 1879. The Branch then published an official, albeit bland, campaign history in 1881. Mostly, the department was intended only to collect facts and information but it did have some input into strategic debate as when a paper prepared by Colonel Cecil East in August 1880 suggested that, in view of its continuing exertions in the Second Afghan War (1878-81), the Indian army would not be capable of further sustained operations beyond the Indian frontier for some years. Since the Russians had no greater capacity to get beyond Merv, there was no need to retain Kandahar. Cambridge deplored East's conclusions, but they were endorsed by Alison and Wolseley. In any case, the new Liberal government intended to quit Afghanistan but East's paper was highly useful in showing there were significant doubts as to the value of Kandahar within the War Office.[35]

Brackenbury succeeded in formally regularising direct communication between the Intelligence Division and the Foreign and Colonial Offices in

31 Ibid., pp. 149-150.
32 Ibid., pp. 117-118.
33 Ibid., p. 4.
34 Brice, Christopher, The Thinking Man's Soldier: The Life and Career of General Sir Henry Brackenbury, 1837-1914, Solihull 2018, pp. 175-176.
35 Beckett, Ian, The Road from Kandahar: The Politics of Retention and Withdrawal in Afghanistan, 1880-81, in: Journal of Military History 78 (2014), pp. 1263-1294, at p. 1282.

1888.[36] He became increasingly influential with the Salisbury government (1886-92) even though Salisbury often cast doubt on the value of military advice. On one occasion, Salisbury wrote to Lord Cromer that, "if soldiers were allowed full scope, they would insist on the importance of garrisoning the moon in order to protect us from Mars". On another, he counselled his Secretary of State "not to pay too much heed to your military advisers".[37] Indeed, Salisbury's decision to begin the reconquest of the Sudan in 1896 took the War Office entirely by surprise.

Primarily, the Intelligence Division under Brackenbury and his successor, Ardagh, directly refuted the apocalyptic prognostications as to the threat posed to India by Russian advances into Central Asia on the basis of what was actually known about Russian military capabilities.[38] They considered the Intelligence Branch at Simla, established in 1887, as little more than a propaganda machine for the "forward school" of Indian defence.[39] Those in London were always more fearful of French ambitions in Africa than Russian ambitions in Asia.

The Intelligence Division's greatest failure was held unfairly to be during the developing crisis in South Africa in 1899. Ardagh, Director since 1896, was alleged to have provided poor and inaccurate intelligence on Boer numbers and capabilities. In reality, his estimates had been largely correct and, as a result, he had suggested that at least 40,000 men would be needed to defend Natal and Cape Colony and at least 200,000 to carry the war into the two Boer republics of the Orange Free State and Transvaal. Ardagh had also pointed out the likelihood of the Orange Free State joining the Transvaal and warned of the danger of a forward defence at Laing's Nek in Natal. Produced by Edward Altham of 'B' Section, *Military Notes on the Dutch Republics*, a copy of which the Boers captured at Talana in October 1899 and later published, confirmed that the Division had correctly estimated Boer strength at approximately 85,000. Tellingly, 'B' Section had only £2,000 per annum allocated to it, a sum dwarfed by the £94,000 spent annually on intelligence by the Transvaal.[40]

In the expectation of avoiding war, the Cabinet had not welcomed warnings from Wolseley or Ardagh as to the necessity of reinforcing Natal as

36 Beaver, Under Every Leaf, pp. 141-151.

37 Beckett, Ian, Kitchener and the Politics of Command, in: Spiers, Edward (ed.), Sudan: The Reconquest Reappraised, London 1998, pp. 35-53, both at p. 40.

38 Hevia, James, The Imperial Security State: British Colonial Knowledge and Empire-building in Asia, Cambridge 2012, pp. 153-158.

39 Beaver, Under Every Leaf, pp. 169-184.

40 Gosling, Edward, Major General Sir John Ardagh, in: Brice, Christopher (ed.), Forgotten Victorian Generals, Warwick 2021, pp. 111-153, at p. 149.

relations with the Boers deteriorated, the need to resolve whether or not the Orange Free State would prove hostile, and the advantage of blockading the Portuguese port of Lourenço Marques in Mozambique. Mobilisation in Britain was only authorised on 7 October 1899, four days before the Boers invaded Natal. The Division also acted promptly to alleviate the shortage of maps of the two Boer republics by buying up 2,000 sheets of a new Transvaal map in Switzerland.[41] The Division had not perhaps appreciated Boer tactics, but Ardagh was absolved from any failings by the Elgin Commission.

In 1904 the new Directorate of Operations and Intelligence (DMO) under the CGS – effectively the former Directorate of Mobilisation and Military Intelligence – had five branches. MO1 dealt with operations and with dominions and colonies; MO2 dealt with most of the globe outside Europe; MO3 dealt with Europe; MO4 dealt with maps; and MO5 with various matters including the secret service. When James Edmonds was transferred to MO5 in 1906 there was just one officer and a retired police detective.[42] The first DMO in the new structure was James Grierson, who had been military attaché in Berlin (1896-1900) and was considered an expert on the German army.

Lyttelton had been preferred as CGS to the able but abrasive and highly unpopular Director-General of Mobilisation and Military Intelligence, Sir William Nicholson. Not least in doubting the navy's ability to defend Britain against invasion, Nicholson was unacceptable to the Admiralty. Whilst a "safe pair of hands", Lyttelton soon proved incapable of taking a firm grip of his duties. Memorably Henry Wilson commented in December 1906 that Lyttelton "has been increasingly useless until he has reached an almost incredible degree of uselessness".[43] Consequently, Nicholson could not be denied the succession in April 1908. The General Staff had been formally constituted in September 1906 and Nicholson also then became the first CIGS on 22 December 1909. Nicholson was succeeded by Sir John French in March 1912, although the latter was compelled to resign over the Curragh incident in March 1914.

Nicholson's assumption of the title CIGS marked more aspiration than reality. The dominions of Australia, Canada, New Zealand, and South Africa were resistant to centralisation and far from homogenous in their attitudes towards military organisation. Consequently, Haldane was cautious in suggesting an imperial general staff at the 1907 Colonial Conference as a purely advisory body albeit in the expectation of establishing uniformity within the empire's military forces. Canada (1904), Australia (1904) and New Zealand

41 Beckett (ed.), The Memoirs of Sir James Edmunds, p. 181.

42 Ibid., p. 235.

43 Beckett, "Selection by Disparagement", p. 52.

(1906) had already established the post of CGS and South Africa appointed a Brigadier-General, General Staff (BGGS) in 1908, although there was no consolidated Union Defence Force there until 1912. The Staff College intake was increased to 43 students per annum in 1908 and to 49 in 1910 with initially twelve and then 15 places for dominion officers. Between 1903 and 1909, however, only 15 dominion offices became staff trained.[44] British officers were loaned to the dominion forces as "imperial army apostles", including Sir Percy Lake as CGS in Canada (1904-08), Alexander Godley as Commandant and Chief of the local section of the Imperial General Staff in New Zealand (1910-14), Joseph Gordon as CGS in Australia (1912-14), and George Aston as BGGS in South Africa (1908-12).[45]

Despite opposition from the Army Council, an Indian Staff College was opened at Deolali in June 1905, moving to Quetta in April 1907. A CGS answering to the Commander-in-Chief in India was also established in 1906, his department divided into a Military Operations Section and one for Training and Staff Duties. Opposition by both the Indian military authorities and regimental officers meant that a General Staff was not constituted in India until March 1910. Sir Douglas Haig's attempts as first CGS to integrate the Indian army into an imperial response to Germany, however, were blocked so that the Indian expeditionary forces to France, East Africa and Mesopotamia in 1914 were entirely improvised.[46]

There were still too few graduates from the Staff College to fill the General Staff organisation in 1906 even when the Army Order establishing the staff allowed for only 114 staff officers to be attached to the army commands in Britain and just 57 attached to the War Office. Camberley prepared staff for field formations, not for a General Staff. Its reputation grew steadily, however, under the direction of Henry Rawlinson (1903-06), Henry Wilson (1906-10), and William Robertson (1910-13) as successive Commandants. There were more practical outdoor exercises and more recent campaigns were studied, but there was still too much emphasis on sport and too little on staff administrative duties.[47] Moreover, the General Staff was never a corporate "blue ribbon" organisation. Trained staff officers migrated between staff and regimental appointments and the *psc* was not a required qualification for a staff

44 Gooch, Plans of War, p. 144.

45 Delaney, Douglas, The Imperial Army Project: Britain and the Land Forces of the Dominions and India, 1902-45, Oxford 2017, pp. 61-94.

46 Moreman, Tim, Lord Kitchener, the General Staff and the Army India, 1902-14, in: French/Holden Reid (eds.), British General Staff, pp. 57-74.

47 Bowman, Timothy/Connelly, Mark, The Edwardian Army: Recruiting, Training and Deploying the British Army, 1902-14, Oxford 2012, p. 33.

post. In 1914 neither Sir John French, Commander-in-Chief of the BEF nor the CIGS, Sir Charles Douglas had attended Camberley. Matters were only partially assisted by Haldane's creation of a course in administrative staff duties in conjunction with the London School of Economics in 1906, which had produced 241 qualified junior officers by 1914.[48] In August 1914 there were 12,738 regular army officers, of whom just 908 (7.1 percent) had received staff training at Camberley, Quetta, the LSE, or in appointments deemed sufficient to satisfy staff requirements. By 1915, 22 percent of them had become casualties.[49] The Staff College also closed in 1914, resulting in a series of ad-hoc "on the job" wartime expedients to staff a massively expanded army through which 5.7 million men passed between 1914 and 1918.[50]

It was also the case that pre-war staff training was deficient. The belated development of the General Staff had resulted in a staff serving commanders rather than the system pertaining on the continent, in which the staff and not the commanders were the real centre of authority. Rigid demarcation in staffing terms also saw a division between those responsible for operations and intelligence, and those tasked with personnel and supply functions. Command was divorced from training and staff duties and, whatever the production of manuals and regulations, or the introduction of staff rides and staff conferences, little sense of any uniform doctrine penetrated the army. This was to add considerably to the army's painful learning process from 1914 onwards, British participation in Great War in itself owing something to the deliberations within the new General Staff after 1904.

3. War Planning

The prevailing strategic orthodoxy at the War Office before the South African War assumed that the greatest threats to Britain and the empire were the Russian threat to India through Afghanistan and the French invasion threat to Britain. Famously, the Stanhope Memorandum of 1888 ordered the army's priorities as aid to the civil power in the United Kingdom; the provision of drafts for India; the provision of garrisons for colonies and coaling stations;

48 Ibid., pp. 32-33.

49 Beckett, Ian/ Bowman, Timothy/Connelly, Mark, The British Army and the First World War, Cambridge 2017, p. 210. Delaney, Imperial Army Project, p. 53, calculates 1,433 staff trained officers by including those still on staff courses, in the dominions, and on the retired list.

50 See Harris, Paul, The Men Who Planned the War: A Study of the Staff of the British Army on the Western Front, 1914-18, Abingdon 2016.

the provision of two corps for home defence; and the possible employment of one of the corps in a European war although this was deemed so improbable that nothing need be done to prepare for such an eventuality. The juxtaposition of priorities was entirely logical in the light of prevailing circumstances, reflecting contemporary fears and the strategic orthodoxy of the majority of Stanhope's advisers. It also remained unchallenged for many years, and there was no such similar all-embracing statement of strategic purpose in peacetime until Sir Thomas Inskip's memorandum as Minister for the Co-ordination of Defence in December 1937.[51]

Nonetheless, the strategic position appeared to be shifting after the South African War with growing concern at the potential threat posed by Germany, not just in terms of the construction of a modern fleet but also through the danger that might be posed by potential German control of the Low Countries. Far from being predicated on some premonition by Haldane of the German threat, the BEF of six infantry divisions and one cavalry division that emerged from his military reforms represented the maximum number that could be formed from those forces maintained at home for draft-finding purposes. The divisional scales conformed entirely to the pattern of the Indian army. It reflected precisely the assumption of Grierson in July 1904 that "great" divisions gave flexibility since "it was impossible to foretell whether our field army will be employed in India, Canada, South Africa, or elsewhere".[52] Then Quartermaster-General, Nicholson similarly argued in March 1906 that war organisation should not be predicated on a single contingency: divisions were more flexible than the corps some were suggesting were more suited to European campaigning, and could easily be combined.

Traditional considerations continued to feature in strategic calculation for a time. The newly established CID still considered the defence of India at 50 of its 80 meetings between 1903 and 1905. As before, it was a matter of contesting the increasingly unrealistic demands from India for reinforcements in the event of war with Russia. The question was complicated by the ramifications of the alliance concluded with Japan in 1902 and the Russo-Japanese War (1904-05) but ultimately undercut by the diplomatic rapprochment with Russia in August 1907. Rather similarly, as in the case of India, the General Staff's own planning saw the initial threat to the British position in Egypt as a

51 Beckett, Ian, The Stanhope Memorandum of 1888: A Reinterpretation, in: Bulletin of the Institute of Historical Research 57 (1984), pp. 240-247.

52 Gooch, John, Haldane and the National Army, in: Beckett, Ian/Gooch, John (eds.), Politicians and Defence: Studies in the Formulation of British Defence Policy, 1845-1970, Manchester 1981, pp. 69-87, at p. 74.

Franco-Russian combination. The entente with France in April 1904 and growing German activities in the Mediterranean then raised the possibility of a Turkish threat. Consideration was thus given to potential offensive operations against Syria or the Dardanelles. The threat to Canada from the United States was also on the General Staff's agenda, but this was increasingly unlikely.[53]

The CID also conducted three major invasion enquiries between 1903 and 1914. The Royal Navy's public position that invasion was impossible was accepted by the CID in 1903 and 1908. In reality, the Admiralty's fears of German invasion were deep-seated and it was always extremely sensitive to what revelations might come out of the invasion enquiries. Pre-war naval manoeuvres as well as the deliberations of the Fremantle Committee (1907-08) consistently revealed the vulnerability of the east coast to attack. Thus, the navy recommended in October 1908 that two of Haldane's six regular divisions be retained in Britain after mobilisation, secured agreement to this in 1909 and 1911, and re-iterated it in a further invasion enquiry in April 1914. There was a far wider understanding of strategy in the Admiralty than in the War Office, but the navy's operational freedom had been compromised through the failure to counter the politicians' confidence that an expeditionary force could be deployed to the continent without risk. As a result, the navy became the de facto junior partner to the army, subordinating it to the requirements of transporting the BEF.[54]

The General Staff was particularly significant given its role in the Anglo-French staff talks in 1905-06 that are generally viewed as a dramatic departure from previous strategic assumptions. Those diplomatic agreements reached with France and Russia not only reflected alarm at Britain's diplomatic isolation, but also a growing belief that Germany threatened the European status quo. The entente with France implied no real commitment but, in April 1905, a war game played in the War Office under Grierson's direction suggested that, if the Germans were to invade Belgium, any British intervention must be swift if there was any hope of it being effective. On 19 December 1905, while the general election campaign was being fought, an informal caucus from the CID – the so-called "Whitehall Gardens" sub-committee – agreed that the British should intervene in such circumstances, and authorised the nascent General Staff to seek military staff talks with the French General Staff.

53 For consideration of all these strategic issues, see Gooch, Plans of War, pp. 165-177 and Gooch, John, Great Britain and the Defence of Canada, 1896-1914, in: Journal of Imperial and Commonwealth History 3 (1975), pp. 369-385.

54 Morgan-Owen, David, The Fear of Invasion: Strategy, Politics and British War Planning, 1880-1914, Oxford 2017, pp. 225-226 and 229.

Of the four members of the "sub-committee", only two were regular members: Sir George Clarke, now secretary to the CID, and Captain Charles Ottley, the Director of Naval Intelligence. The third, Esher, had only just become a permanent member, and the fourth present – Sir John French then commanding the corps at Aldershot – was not a member of the CID at all. Grierson had come to the same conclusion independently and was also keen to approach the French. He joined the others in their deliberations in January 1906, contacts with the French being established through the agency of the military correspondent of *The Times*, Charles Repington, and the French military attaché in London, Colonel Victor Huguet.

A meeting of the CID itself on 6 January 1906 endorsed the talks in the face of what appeared to be Admiralty indifference to Clarke's enquiries concerning a possible alternative amphibious strategy against Germany. It became a matter of whether any British expeditionary force should be placed in Belgium, or with the French army in the event of war. Talks, which had never been officially authorised, were concealed from most members of the incoming Liberal government although Haldane and the Foreign Secretary, Grey, agreed to the contacts on 12 January and Haldane instructed Lyttelton to allow Grierson to meet Huguet two days later. Continuation of the talks was a War Office initiative since the First Sea Lord, now Fisher, withdrew Ottley from the deliberations in January 1906, and Clarke also dropped his support for an overt continental commitment. Grierson's successor as DMO, Sir John Spencer Ewart shared his fears of Germany and maintained the contacts.

A "Military Needs of the Empire" sub-committee of the CID considered the resulting plans for intervention in October 1908 at the War Office's request as a consequence of tensions between France and Germany, and Austria-Hungary's annexation of Bosnia and Herzegovina. Fisher believed the exercise something of a sham intended merely to improve the War Office's financial position, and it has been suggested generally that the Admiralty's own potential war plans were rejected by default because they were never fully articulated.[55] While the CID resolved on 24 July 1909 that the War Office should continue planning to send four infantry divisions and one cavalry division to France if it was attacked by Germany, this did not amount in any way to a government endorsement of such a course of action. Moreover, the Admiralty's plans for an alternative economic strategy were discussed. The CID remained pre-eminent in determining strategy.

Henry Wilson, who became DMO in June 1910, assiduously worked in drawing up detailed mobilisation schedules and plans but he was working within

55 Gooch, Plans of War, pp. 287-288.

continentalist parameters already established with the War Office. Under these plans, the BEF would be concentrated at Maubeuge, a general assumption being that any German advance into Belgium would be confined to the area south of the Meuse. At a celebrated meeting of the CID on 23 August 1911, consequent upon the Agadir crisis in Europe, Wilson effectively demolished the Admiralty case presented by his namesake, the First Sea Lord, Admiral of the Fleet Sir Arthur Wilson, who had been brought back from retirement when Fisher resigned in January 1910. Arthur Wilson had shown no particular interest in ongoing Admiralty planning for economic warfare against Germany; was badly prepared for what he assumed was only another War Office ploy for additional funding rather than a serious discussion of strategic options; and was fatally drawn into a muddled discussion of his personal ideas for an amphibious strategy against the German coast that had no Admiralty backing.

The meeting is invariably seen as a pivotal success for the War Office with momentous consequences, not least for the Royal Navy. In reality, the principle of continental commitment had been decided by the CID in 1909. The Home Secretary, Winston Churchill, and French, now CIGS, demonstrated, however, a concern that the British should not be too closely tied to the French army and should be free to co-operate more with the Belgians. For all Wilson's skill in presenting the case for the so-called WF ("With France") Plan, neither the existence of his schedules nor his machinations did of themselves commit the British government to actual military intervention. Those like Churchill who favoured intervention on the continent were made wary of the opposition among many of their own Cabinet colleagues when the nature of the contacts between the British and French general staffs was finally revealed in November 1911.[56]

Moreover, within the army, some like French remained attracted to what is sometimes called the "Belgian option" as likely to serve British strategic interests better than simple subordination to French military planning. The meeting of the CID in 1911 had not actually finally determined future strategy since no decision had been reached. In any case, the CID was not an executive body and only the Cabinet could take a decision on continental intervention as and when circumstances arose to suggest its necessity. The only immediate result of the CID meeting in August 1911 was the replacement of Reginald McKenna as First Lord of the Admiralty by Winston Churchill, and Churchill's near clean sweep of the Admiralty's naval leadership, in itself of considerable significance for naval planning. French, of course, had taken part in the deliberations of the

56 Strachan, Hew, The British Army, its General Staff and the Continental Commitment, 1904-14, in: French/Holden Reid (eds.), British General Staff, pp. 75-94.

CID sub-committee on strategic choices that had examined the Belgian option in 1905, and which had also actually initiated the first staff conversations with the French. Although he had kept in touch with Grierson, French did not take part in the subsequent discussions that led to the conclusion that the "WF" option was preferable due to the Belgians rebuffing British approaches for fear of it compromising their neutrality. The difficulty with the "Belgian option", indeed, lay in the general uncertainty as to Belgian intentions. The Belgians again rebuffed British approaches in 1912 to the extent that, in 1914, the Belgian army deployed against a possible British invasion as well as against French and German intervention. The preliminary planning that was undertaken also suggested that the BEF would still need to disembark at French ports whatever the final destination, and there were serious doubts as to the efficiency of the Belgian army.

Before the war, Sir John French had invariably appeared sufficiently friendly in contacts with French officers observing British manoeuvres for them to assume his general support for close co-operation. He was motivated rather more by the wish to maintain independence from the French high command, since Britain would clearly be the junior partner in a wartime alliance. Indeed, he had expressed just such a belief during the deliberations of another CID sub-committee in January 1909, at which point he also favoured holding the BEF in reserve, perhaps at Amiens, so that it might be available for operations in Belgium. In short, although French was a continentalist, he was also a nationalist intent on using the BEF in British rather than French interests.

The strategic debate was unresolved, and there was an extraordinary meeting of a so-called War Council on 5 August 1914. A variety of prominent military and naval officers – 18 persons were present – were summoned to meet with Asquith, Churchill and the acting Secretary of State for War, Haldane, and debate the options afresh, notwithstanding the fact that all mobilisation plans were geared to a concentration at Maubeuge. Wilson characterised the assembly as "an historic meeting of men, mostly entirely ignorant of their subject".[57] To Wilson's dismay, French was able to resurrect the Belgian option by arguing for landing the BEF at, or marching it to, Antwerp although he also suggested that it might be concentrated in a reserve deployment at Amiens in order to see how matters developed. The commander of I Corps, Sir Douglas Haig, similarly suggested delaying the dispatch of the BEF for at least three months, albeit on the grounds that it would be beneficial to await the arrival of British and imperial forces from overseas. Although Wilson admitted that some thought had

57 Philpott, William, Anglo-French Relations and Strategy on the Western Front, 1914-18, Basingstoke 1996, p. 8.

been given to a concentration at Amiens, Antwerp was deemed impossible both on logistic grounds and also through naval fears of operating in confined waters. It was tentatively agreed to send the BEF to France but to leave any decision as to its line of operations until after the French had been consulted.

A second meeting of the Council on 6 August endorsed an earlier Cabinet decision that day to dispatch only four of the six infantry divisions of the BEF before the defence of Britain had been properly secured. French as well as Field Marshal Lord Kitchener, who was appointed Secretary of State for War on 5 August, continued to press for concentration at Amiens. On 12 August, Wilson and a French delegation finally persuaded Sir John and Kitchener to concentrate at Maubeuge as originally intended. The episode demonstrated Sir John French's continuing commitment to the idea of operating on the allied left flank, a concept revived subsequently with the movement of the BEF to Belgium in September 1914 amid the German operations to seize Antwerp.

4. The Experience of War

Mobilisation of the BEF went as smoothly in 1914 as had that of the army corps in 1899.[58] Such as it was, however, the General Staff was effectively dismembered by the despatch of so many of its members to become the BEF's staff. Wilson, for example, was appointed Sub- chief of Staff to the BEF and brought with him almost half of the officers from the Directorate of Military Operations. Those that remained at the War Office deferred to Kitchener's massive authority. The CIGS, Sir Charles Douglas, who had succeeded French upon the latter's resignation over the Curragh affair in March 1914, died of overwork in October 1914. Douglas's successor, Sir James Wolfe Murray, fully lived up to Churchill's characterisation of him as "Sheep" Murray. When asked by the enquiry into the Dardanelles campaign in 1917 why he had never expressed an opinion on it in the War Council, Wolfe Murray replied that Kitchener "was a man who had a very overwhelming personality, we will say, and was a man of very great experience, and it did not appear to me that he, having, so to speak, taken the whole thing in hand and working on it almost entirely himself, to be necessary or desirable that I should interfere". Indeed, the minutes of the War Council show that when directly asked on one occasion to offer his view on the Dardanelles, Wolfe Murray "replied that he had no suggestions to make".[59]

58 Beckett, Ian, Going to War: Southampton and Military Embarkation, in: Taylor, Miles (ed.), Southampton: Gateway to the British Empire, London 2007, pp. 133-148.

59 Gooch, Plans of War, pp. 305-306.

Effectively, then, the man deemed to be the professional head of the army as CIGS constantly deferred to Kitchener as if he was merely chief of staff to the minister to the extent that the post hardly existed. Given the staff reductions that hit the Directorates of Military Training and Staff Duties just as much as Military Operations, and the way in Kitchener also interfered constantly in the work of the Quartermaster General, the post of DMO should have been the most influential in formulating strategic ideas. The DMO, Charles Callwell, recalled from retirement, had cast doubt on any attempt to seize the Dardanelles when previously head of MO1 (1903-07). It has been suggested that he made no attempt to question Kitchener's judgement but it was more the case that the whole General Staff was being entirely ignored by Kitchener.[60] Grown increasingly autocratic and secretive in his pre-war overseas proconsular appointments, Kitchener had little time for the niceties of Cabinet debate and did not feel obliged to discuss his decisions with either politicians or subordinates. Such a situation left the initiative within the War Council in the hands of those characterised as "strategic entrepreneurs", namely Churchill, the Chancellor of the Exchequer, David Lloyd George, and the increasingly influential secretary to the CID and now the War Council, Maurice Hankey, who sought to find an alternative to the Western Front.[61] The Admiralty staff was equally mute when confronted by Churchill. Fisher, brought back from retirement to be First Sea Lord, remained silent despite his serious misgivings about the whole concept of the Dardanelles.

Failure at the Dardanelles prompted a reconstitution of the General Staff on 22 September 1915, a decision taken in August when Kitchener happened to be absent from the Dardanelles Committee, which had replaced the War Council in May 1915. A pronounced 'Westerner', Sir Archibald Murray, became CIGS and on 6 October 1915 for the first time a General Staff appraisal formed the basis for a decision in the Dardanelles Committee for a joint military and naval study on the feasibility of continuing the campaign.[62] Murray, however, was replaced by Robertson on 23 December. The operations and intelligence functions of the DMO were also separated with a new Directorate of Military Intelligence.

Robertson's terms of acceptance were that the CIGS should be regarded as sole military adviser to the War Committee, which had replaced the Dardanelles Committee. The War Committee would be presented with reasoned advice

---

60 Ibid., pp. 306 and 313; Whittingham, Daniel, Charles E. Callwell and the British Way in Warfare, Cambridge 2020, pp. 142-148 and 163-174.

61 Gooch, Plans of War, p. 299.

62 Ibid., pp. 319-320.

on the military implications of policy proposals. Lord Curzon, who had been a member of the Dardanelles Committee and remained a member of the Cabinet, but was not on the War Committee, warned that the CIGS might now become the de facto Commander-in-Chief and feared the Cabinet would be bypassed. Kitchener resisted remaining at the War Office if removed from any executive role in the direction of the war. It was agreed that orders from the War Committee would be issued by the CIGS but under the authority of the Secretary of State for War, a formula that was sufficient to persuade Kitchener to remain at the War Office. Robertson immediately moved to strengthen the professionalism of the General Staff by bringing in more capable directors but also soon discontinued detailed briefings to ministers, substituting a weekly "summary", which Hankey for one considered "an insult to the intelligence of the War Committee and the Cabinet".[63] The scene was set for a series of confrontations over strategy and military policy, not least when Lloyd George became Prime Minister in December 1916.

The story of the British General Staff before 1914 is one of resistance to a continental military practice rooted in British strategic perceptions and constitutional preferences. As belatedly established, it betrayed continuing systemic weaknesses although, ironically, despite these, its strategic deliberations still played a significant role in British decision-making in 1914. Military planning had initiated policy.

63 Woodward, David, Lloyd George and the Generals, London 1983, pp. 80-82.

The Later Comer: The Italian General Staff

Marco Mondini

> *"So they're saying I've become a dictator! Hardly surprising at times like these* […], *if everything gets put in the hands of one man."*
> (L. Cadorna to M. Cadorna, 15 October 1914)

1. A Defenceless Nation?

According to several witnesses, in early summer 1914 the Italian Army was ill-prepared to engage in a modern war. Or, at least, that was the firmly-shared belief of most observers at the time. Including the Commander. In March that year an alarmed letter from Cadorna to Alberto Pollio, still for a short while his superior, complained of a situation on the brink of collapse. The barracks were nearly deserted, the storehouses empty, the regiments so under-staffed they could not even put on basic training, while the dearth of officers meant that entire companies were being commanded by newly-appointed sergeants.[1]

The Army Chief of Staff fully agreed with the *cri de coeur* of his (less than) beloved colleague, rival and successor-to-be. A few days later he would send the prime minister Antonio Salandra a report in alarmist tones confessing that Italy was unable to field an armed force capable of taking on a single one of the principal continental armies on equal terms: "we would need to mobilise 34 divisions [whereas we have] 24, sign on 150,000 recruits per year instead of 120,000 […] we still lack any battery of heavy artillery …".[2] Armed with this reliable (and worrying) technical report, Salandra would spend many pages of his memoirs lamenting the shambolic state of the armed forces at the time when he came to power. To him we owe the definition of the army as that "woefully imperfect military organization", which would be unusable amid the European crisis that stemmed from Sarajevo.[3] The picture of a defenceless Italy would be etched deep on contemporaries' imaginations. From official sources down to

1 Cadorna to Pollio, 4.2.1914, in: Gooch, John, The Italian Army and the First World War, Cambridge 2014, p. 58.

2 A first draft (Programmi vari per migliorare le attuali condizioni dell'esercito) in: Archivio dell'Ufficio Storico dello Stato Maggiore dell'Esercito (AUSSME), F 4, b. 205, from Pollio to Salandra 21.3.1914. The definitive memorandum (Cenni sui provvedimenti indispensabili per migliorare le attuali condizioni dell'esercito) is published in full in Salandra, Antonio, La neutralità italiana. 1914. Pensieri [Italian Neutrality. 1914. Thoughts], Milan 1928, pp. 301-316.

3 Ibid., p. 268.

 | DOI:10.30965/9783657791958_006

the minute reconstructions by former generals, the country's unpreparedness for war in 1914, depicted in a variety of catastrophic tones, was taken as a statement of fact, "unquestioned in being thought unquestionable".[4] As General Adriano Alberti would confirm many years afterwards, "it is now established that before August 1914 Italy had no army: all the Italians are sure of it, ministers and generals at that time state it as a conviction, there are documents to prove it".[5] His words are not without irony, however. A bizarrely outspoken critic of the General Staff, as well as a scholar of no mean worth (for years he directed the Historical Office and put together such a factually honest book on the military causes of Caporetto that Mussolini censored it out of hand), Alberti knew full well how misleading such judgements might be.[6]

Many of the best-known witnesses to that period published their memoirs and impressions during the years of fascism, and most of them had good reason to suggest that Italy's military situation in 1914 was little short of disastrous. Salandra found it particularly useful to claim he was forced to put off joining in the war when he learned of the army's lamentable condition. Under fascism the most damning charge for a statesman was to have put off entering the war (and worse still, toyed with remaining neutral). It was essential to dispel all doubt as to one's own warlike intentions. "We intuited that never again, perhaps for generations, would the opportunity arise to fulfil the quest of the Risorgimento [...]. But [...] Italy needed intense preparation, there being no great State at that time less prepared than ours to embark on it".[7] It was a highly personal way of reinterpreting the events of those months. Up until the end of February 1915 Salandra and his foreign secretary Sidney Sonnino had unscrupulously negotiated with both sides in the war. Procrastination and delay had had nothing at all to do with the state of armament or the chances of General Staff plans succeeding.[8]

4 Viganò, Ettore, La nostra guerra: come fu preparata e come è stata condotta fino al novembre 1917 [Our War: how it was prepared and how it was conducted until November 1917], Florence 1920, p. 104. See also Ministero della Guerra – Comando del Corpo di Stato Maggiore (ed.), L'Esercito Italiano nella Grande Guerra (1915-1918) [The Italian General Staff in the Great War], Rome 1927-1988 (from now on EIG), vol. I, pp. 57-82.

5 Alberti, Adriano, Testimonianze straniere sulla guerra italiana [Foreign Testimonies on the Italian War], Rome 1936 [1933], p. 9.

6 Alberti, Adriano, L'importanza dell'azione militare italiana: le cause militari di Caporetto [The importance of Italian Military Action: the Military Causes of Caporetto], Rome 2004.

7 Salandra, Antonio, L'intervento. 1915 [Intervention], Milan 1930, pp. 17-18.

8 Lucarini, Federico, La carriera di un gentiluomo. Antonio Salandra e la ricerca di un liberalismo nazionale (1875-1922) [The Career of a Gentleman. Antonio Salandra and the Search for a National Liberalism], Bologna 2012, pp. 71-169; Varsori, Antonio, Radioso maggio. Come l'Italia entrò in Guerra [Radiant May. How Italy entered the War], Bologna 2015, pp. 71-96.

But then again, neither was the much-quoted "Pollio memorandum" free from intent to mislead. As a yardstick of the Italian Army's weakness, Pollio proposed a comparative analysis of the peacetime infantry contingents available in Germany, Austria, France and Italy at the beginning of 1914. Compared with Germany's 100 divisions and 800,000 men, Austria's 46 divisions and 500,000 men, and France's 64 divisions and 750,000 men, he claimed that Italy at that date could only field a mere 275,000 massed troops.[9] But the terms of comparison were wrong. Though the sources are often hard to pin down, only the German army could boast the enormous number of armed men that the Italian Staff suggested (780,000, but grouped in half the number of divisions and not actually available until the end of 1914). France had passed a law in 1913 extending military service to three years, yet the infantry divisions she could deploy were still only 44, not 64 (she would take at least another two years to reach a stable quota). As for the information on the Austrian army, the three armies of the Dual Monarchy amounted to nothing like half a million on the effective strength, not to mention the fact that the quaint medley of line regiments composing the joint Austrian *Landwehr* and Hungarian *Hònved– Kaiserjäger*, Bosniacs, Uhlans and Hussars – were profoundly different in quality and reliability.[10] General Roberto Bencivenga, star director of operations at the Cadorna Supreme Command from 1915 to 1917, remarked as early as 1929 that Pollio had deliberately exaggerated the efficiency of the other European armies and underestimated Italian potential: amongst other things, he had excluded from his reckoning some tens of thousands of men in service and about 40 regiments already detailed for active service in case of war: "a deception that may serve as a counter for argument" which was probably due to the eternal attempt to draw government attention to the military budget by painting a darker picture than was actually the case.[11]

A few months later Pollio was dead, struck down by a sudden illness, and Luigi Cadorna took over. Not surprisingly, communications to the Prime Minister

---

9 Cenni sui provvedimenti indispensabili per migliorare le attuali condizioni dell'esercito, in: Salandra, La neutralità italiana, pp. 301-302, pp. 301-302.

10 Herrmann, David G., The Arming of Europe and the Making of the First World War, Princeton 1996, appendix A, pp. 233-245; Guelton, Frédéric, Les armes, in: Audoin-Rouzeau, Stephane/Becker, Jean-Jacques (eds.), Encyclopedie de la Grande Guerre, Paris 2004, pp. 221-234; Brose, Eric Dorn, The Kaiser's Army. The Politics of Military Technology in Germany During the Machine Age, 1870-1918, Oxford 2006; Kronenbitter, Günther, "Krieg im Frieden". Die Führung der k.u.k. Armee und die Großmachtpolitik Österreich-Ungarns 1906-1914, Munich 2003.

11 Bencivenga, Roberto, Il periodo della neutralità. Dall'agosto 1914 alle prime operazioni del 1915 [The Neutrality Period. From August 1914 to the First Operations in 1915], Udine, 2014 [1929], pp. 69-81.

and War Minister calling for urgent improvements increased enormously in number. Shortly after formally entering on his appointment (27 July 1914), the new Chief of Staff drew up what has come down as the "Cadorna inventory", a minute list of all the shortfalls in personnel and materials which would practically debar the Italian Army from taking part in the European war that was shaping up. There was a shortage of trained troops to fill the new units scheduled in case of mobilization, there were not enough officers to marshal and lead them into battle, the rifles assigned ("Carcano model 91") were not enough to go round all the infantry units, there were insufficient pieces of modern artillery and a dearth of ammunition, only a handful of machine-guns had been distributed to regiments, and the number of vehicles was ridiculous.[12]

All in all, the inventory showed no appreciable shortfall on the previous picture of deficiency, but after the Sarajevo crisis the international situation had deteriorated, lending an unprecedented note of alarm to the Staff estimates. Panic gripped the cabinet of ministers when they heard of the shortage of munitions and uniforms. It was a new sensation for those in charge of war, used as they were to the polite indifference of previous years.[13] More significantly, however, these data would serve Cadorna – and with him and after him a phalanx of hostile journalists and commentators – as ammunition against those allegedly responsible for the national army's state of unpreparedness: the parliamentary system, weakness (or too much liberalism) in government, a public opinion that was too left-wing and anti-war. "No-one was responsible in particular for the state of the Italian Army," Cadorna would write in his memoirs, but then add straightaway, "if guilt there was, it was on the part of those who had wanted or tolerated such a state of affairs for a long, long time."[14] Actually, Cadorna's main allegation was that there was not a *real* leader responsible in the Army: in his opinion, the traditional role played by the King, Supreme Commander of the Armed Forces according to the constitution of the Italian Kingdom, the persistent competition among civilian ministers and military, the jealousy of the other generals, who didn't desire to have a powerful chief (but, at least, a *primus inter pares*) had prevented the development of an efficient command structure. Unfortunately, in his own mind, "efficient" didn't mean "modern".

12 See EIG, I, pp. 67-69; Cadorna, Luigi, La guerra alla fronte italiana (24 maggio 1915-9 novembre 1917) [The War on the Italian Front (24 May 1915-9 November 1917)], Milan 1934 [1921], pp. 2-20.

13 Cf. Martini, Ferdinando, Diario 1914-1918 [Diary], ed. by G. De Rosa, Milan 1966, pp. 56, 63.

14 Cadorna, La guerra alla fronte italiana, p. 11.

2. The First Chief

"Cadorna wanted to be *il Comandante* and no-one could talk him out of it, just as no-one ever got a concession out of him", wrote Rodolfo Corselli in 1937. Corselli was possibly the first biographer to be at all critical of Cadorna's idea of command.[15] That the Italian Chief of Staff during the First World War was a centraliser, impervious to criticism and others' judgment, unshakable in his self-confidence and convinced he was infallible (or obsessively refusing to admit his own mistakes) is so well-known a feature of his character that it even figured in the proceedings of the Commission of Enquiry into Caporetto. There he is "proud", "impulsive", "egocentric" – cut off from the world around by his megalomania.[16] Few passages in either of those monumental volumes nettled Cadorna more. He took that attack on his psychological equilibrium as the most unjustified malicious slur on his honour. To counter it, he filled his polemical scribbling (largely unpublished in his lifetime) with testimonials to his paternal leadership and capacity for inspiring affection and admiration (as well as respect and fear).[17] The problem is that this verdict on his personality and style of command was increasingly corroborated right from the war years and immediate aftermath. Aldo Valori, the best-known military expert in Italian journalism and author of a popular 1920s-1930s history of the Great War, would call him an "old-style general [...] punctilious, impulsive [...] tenacious to the point of obduracy, subject to out-and-out fixations".[18] One intransigent critic of Supreme Command strategy, Fortunato Marazzi, spoke of immobility of mind, fixed ideas, intolerance of any query, while Ettore Viganò, former War Minister and a rare survivor among the generals who fought in Risorgimento campaigns, called him an unbalanced spirit, full of his own personality cult and a prey to "ill-advised obstinacy".[19] But perhaps the assessment that stands out came from Angelo Gatti. Gatti several times had cause to comment on character flaws in one whose greatness he never doubted and to whom he was ever unquestionably loyal. Cadorna was a talented *condottiero*, but so cocksure

15 Corselli, Rodolfo, Cadorna, Milan 1937, p. 87.

16 Relazione della Commissione d'Inchiesta R. D. 12 gennaio 1918 n. 35, Dall'Isonzo al Piave, II, Le cause e le responsabilità degli avvenimenti (Inchiesta Caporetto) [Report of the Commission of Inquiry, From the Isonzo to the Piave, vol. II, The Causes and Responsibilities of the Events (Caporetto Enquiry)], Rome 1919, pp. 263-267.

17 Cadorna, Luigi, Pagine polemiche [Controversial Pages], Milan 1950, pp. 42-50, 216-218.

18 Valori, Aldo, La guerra italo-austriaca 1915-1918 [The Italian-Austrian War], Bologna 1925 [1920], p. 76.

19 Marazzi, Fortunato, Splendori e ombre della nostra Guerra [Splendours and Shadows of our War], Milan 1920.

of his own planning and organizing skills as to be impervious to all suggestion, unable to adapt preconceived theory to the reality of events, and divorced from the real world: "Cadorna brooks no discussion of any kind, since like all violent men he can't go forward".[20]

Cadorna frequently showed signs of psychological isolation and intolerance of discussion that were to prove a source of great complication. As the other 1914-18 European commanders learnt by experience, leading a mass of citizen-soldiers called for reserves of diplomacy, skill in dealing with civil government, and a readiness to administer areas hitherto foreign to military life, like managing consensus and organizing propaganda. Those who adjusted to the job's new political facets prospered, but the pure technocrats in uniform came into collision with their governments sooner or later and were deposed, or were forced out by the pressure of dissatisfied public opinion. Douglas Haig, who commanded the British Expeditionary Force from 1915 on, was a good example of the former category, a general who soon learnt how to play off a network of political backers and a high-level clientele – a precaution that probably saved him from demotion after the pointless bloodbath of the Somme in summer 1916.[21] Helmuth von Moltke, an old-guard strategist with no flair for public relations, or Joseph Joffre, hymned as saviour of the nation after the Battle of the Marne but unable to retain parliament's support after the massacre of Verdun, both belonged to the latter.[22]

Cadorna did not exactly shine at diplomacy with politicians and their tendency to interfere in matters of strategy and discipline: from the first weeks of his appointment he created confrontation, tension, continual defiance and clashes. Above all, his solipsistic attitude would condition the Italian High Command in all its organization, both when neutral and when at war: "he neither sought nor wanted cooperation with anyone", wrote Adriano Alberti, to which it must be added that his pyramidal conception of command and control in the Italian armed forces, egocentric and dated, came on top of a long history of inefficiency.[23]

For as summer 1914 drew near, Italy's Staff corps that was to form the supreme wartime command had a flimsy, muddled structure that was halfway between a plans office and an administrative secretariat. It dealt more with army personnel matters than preparing for future wars; only the plans for mobilization were prepared with any care.[24] During the forty years of armed peace on the

20 Gatti, Angelo, Un italiano a Versailles [An Italian in Versailles], Milan 1950, p. 238.
21 Sheffield, Gary, The Chief. Douglas Haig and the British Army, London 2011.
22 Mombauer, Annika, Helmuth von Moltke and the Origins of the First World War, Cambridge 2001; Porte, Rémy, Joffre, Paris 2014.
23 Alberti, Testimonianze straniere sulla Guerra italiana, p. 304.
24 Bencivenga, Il periodo della neutralità, pp. 131-133.

continent, following the Franco-Prussian War, nearly all Staff corps had tended to bureaucratize, but their raison d'être, planning to annihilate an enemy, had still been central to their role. With greater or lesser success, be it said, but anyway involving great energies and skills. At the joint Austro-Hungarian army staff corps under Conrad von Hötzendorf some 700 officers engaged in studying and discussing the most likely campaign scenarios the imperial armies would have to face.[25] The proliferation of grandiose plans designed to ensure each contender of swift victory (like the French *Plan XVII* or Germany's better-known *Schlieffenplan*) still testify to the dedication of Europe's high priests of war in performing their duty – even if Paul Kennedy is right and their efforts were doomed to failure, providing in retrospect ample proof of their inability to grasp how quickly the world was changing.[26]

In Italy's case snag upon snag had complicated the existence of a high command. In the first place military organization in the Kingdom long lacked a constitutionally recognised "high command" of any proper kind. The permanent rank of Chief of Staff was established in 1882, though its functions were limited. Enrico Cosenz held the post for over a decade: his job boiled down to directing studies in preparation for war campaigns; he was subordinate to the war minister and it was no foregone conclusion that he would command the army in the event of war. That role was not clearly assigned.[27] The Albertine Statute expressly stated that the monarch should command the armed forces (art. 5, "the King [...] commands all forces by land and sea") – a ruling that the Savoys had fulfilled to the letter in 1848, 1859 and, formally, 1866, to catastrophic effect. It was unthinkable that a king should take command of the army in a modern war; but Italian sovereigns were attached to the warrior dynasty myth in the family, the civilian governors frowned on military leaders having too free a hand, while the army top brass clung jealously to their own sole responsibility for the war machine. The upshot was procrastination, year after year, as to who should actually lead the army into war.[28]

Then in 1896 the office fell to Tancredi Saletta, a dour artillery general from Piemonte. Believing that the Italian Army should have a stable high command,

25 Kronenbitter, "Krieg im Frieden", pp. 17-99.

26 Kennedy, Paul, Introduction, in: Idem (ed.), The War Plans of the Great Powers 1880-1914, Boston 1985 [1979], pp. 1-22. Cf. Cosson, Olivier, Préparer la Grande Guerre. L'armée française et la guerre russo-japonaise, Paris 2013.

27 Ceva, Lucio, Comando militare e monarchia istituzionale italiana (1848-1918) [Military Command and Italian Institutional Monarchy], in: Idem, Teatri di guerra. Comandi, soldati e scrittori nei conflitti europei [Theatres of War. Commanders, Soldiers and Writers in European Conflicts], Milan 2005, pp. 61-84.

28 Ceva, Lucio, Aspetti politici e giuridici dell'Alto Comando militare in Italia (1848-1941) [Political and Legal Aspects of the Military High Command in Italy], in: Il Politico 1 (1984), pp. 81-120.

Saletta engaged in a running battle with the government to endow his own post with an acceptable degree of independence, shaking free of dependency on the War Minister. Above all it should be the same general that coordinated and drew up plans for war who physically led the divisions at the front.[29] In 1906 the Chief of Staff became entirely responsible for all that pertained to preparing for war (and implicitly for waging it in the field as well). Planning, arrangements for muster, preparatory manoeuvres, confidential relations with allied commands, and even agreements for joint operations were lifted from the war minister's shoulders and his role was in practice reduced to justifying the huge army and navy budgets before parliament.[30] Command of the Staff corps was broadened, its offices came to resemble those of a modern command, while "the Chief" became a familiar figure even outside Roman military circles, a kind of technocratic 'alter ego' to the King with all the powers appropriate to what was now seen as the top job in the army.[31]

The new Service Regulations in Time of War, published in 1912, made the first mention of a "supreme commander"; the general to whom the King delegated "command of the mobilized army" when not intending to take it himself (art. 39): his "entire and exclusive responsibility for conducting the war."[32] The Chief of Staff was no longer *primus inter pares* coordinating the highest-ranking generals, but the true head of the army, invested with increasingly broad and less collegiate powers.[33] Second only to the sovereign who appointed and alone could depose him, freed from all substantial or nominal control by parliament or government, and with no real committee to be answerable to, in a future

29 Grandi, Marco, Il ruolo e l'opera del capo di Stato maggiore dell'esercito (1884-1907) [The Role and Work of the Chief of the General Staff], Rapallo 1983; Minniti, Fortunato, Perché l'Italia non ha avuto un piano Schlieffen [Why Italy did not have a Schlieffen Plan], in: Società di Storia Militare. Quaderno 1999, Naples 2003, pp. 6-29.

30 AUSSME, F 4, b. 8, f. 42, Attribuzioni del capo di Stato maggiore [Attributions of the Chief of the General Staff]; b. 33, f. 214, Passaggio di attribuzioni riguardanti la mobilitazione dal Ministero al Comando del corpo di S.M. [Transfer of Attributions Concerning Mobilisation from the Ministry to the Command of the Military Corps of His Majesty].

31 AUSSME, L 3, b. 289, f. 9, Regio Decreto 4 marzo 1906 con determina delle attribuzioni del Capo di Stato Maggiore del Regio Esercito, del comandante in seconda del Corpo di Stato Maggiore e dell'Ufficiale generale addetto [Royal Decree of 4 March 1906 determining the powers of the Chief of Staff of the Royal Army, the Second-in-Command of the General Staff Corps and the General Officer in Charge].

32 Ministero della Guerra, Regolamento per il servizio in guerra, I, Servizio delle truppe [Regulations for Service in War, I, Service of Troops], Rome 1912.

33 AUSSME, F 4, b, 8, f. 44, Studi e relazioni circa le attribuzioni del capo di Stato maggiore (1910-1915) [Studies and Reports on the Powers of the Chief of Staff]; cf. Gooch, John, Italy, in: Hamilton, Richard/Herwig, Holger (eds.), War Planning 1914, Cambridge 2013, pp. 198-225.

war the general at the top of the military tree would be, beyond all doubt, in absolute charge of the army. It was not Cadorna who styled himself "supreme commander" (such hubris would have clashed with his strict institutional loyalism), but the generals had won their long tussle with the politicians over who controlled the armed forces, and that suited Cadorna down to the ground.[34]

On gaining power, Cadorna spent much time and energy asserting his own authority and making his role and powers of decision unquestioned, whether by colleagues in uniform or by ministers. He was obsessed by the fear of not being able to command the way he thought fit, and still more by eternal plotting against him such as he saw on all sides. The stories told of his appointment and the circumstances thereof capture not just his egocentricity and maniacal streak, but his paranoia about conspiracy. Alberto Pollio died on 1 July 1914 of a poorly diagnosed heart attack. That sudden demise on the eve of world war would later prompt rumours of dark plotting: that Pollio, the staunch triple alliance supporter, with friends and relatives among the Austrian military and minor nobility, had been removed from the scene in favour of the more accommodating (francophile) Cadorna.[35] But that was only one of many insubstantial conspiracy theories with which contemporary Italian history is rife. As Stefan Zweig says, immediately following Sarajevo no-one in Europe realised what the future had in store. The summer holidays began regularly, the highly-placed (including Kaiser Wilhelm II) blithely set off on pleasure jaunts remote from the centres of power, and in the capitals (even those closely implicated in the crisis – of which Rome was not one) no hint of catastrophe was in the air.[36] Although interpretations still vary widely over responsibilities and trigger mechanisms, there is little doubt that in the hot June of 1914 the Austro-Serbian dispute did not rate as the spark to a general conflagration.[37]

With Pollio dead, the succession question was entrusted to a committee of the three lieutenant generals designated as army corps commanders (Cadorna, Roberto Brusati and Luigi Zuccari), plus the War Minister, Domenico Grandi. Cadorna was the strongest and best-known candidate, though not the most

34 Gooch, John, Esercito, stato e società in Italia 1870-1915 [Army, State and Society in Italy], Milan 1989, pp. 189-215; Bellandi, Riccardo, I comitati militari dell'età statutaria [The Military Committees of the Statutory Age], in: Le carte e la storia, 2 (2012), pp. 79-97.

35 D'Angelo, Giovanni, La strana morte del tenente generale Alberto Pollio. Capo di stato maggiore dell'esercito 1° luglio 1914 [The Strange Death of Lieutenant General Alberto Pollio. Chief of Army Staff 1 July 1914], Valdagno 2009.

36 Zweig, Stefan, Die Welt von gestern. Erinnerungen eines Ëuropaers, Berlin 2003 [1942].

37 Clark, Christopher, The Sleepwalkers. How Europe went to War in 1914, London 2012; Krumeich, Gerd, Juli 1914. Eine Bilanz, Paderborn 2014; Mondini, Marco (ed.), La guerra come apocalisse. Interpretazioni, disvelamenti, paure [War as Apocalypse. Interpretations, Disclosures, Fears], Bologna 2016.

senior (Zuccari was of equal rank and three years older). In the ensuing ballot the committee divided: two votes were cast for Cadorna and two for a much younger man, Settimio Piacentini, who would not make the rank of lieutenant general until two months later.[38] It was a smack in the eye, justified on technical grounds to do with fitness and durability, but nonetheless a thinly-disguised token of disesteem. In armies of the time youth was considered no advantage and seniority was almost universally the criterion for choosing the top commanders. Moltke the Younger (to distinguish him from his famous and cleverer uncle) was 66 years old, Joffre 62, as were Conrad von Hötzendorf and John French.[39] In later decades the generals' age would often be held against them: that insensitive elders, physically (and sometimes even mentally) infirm, cultural dinosaurs, should be sending millions of youngsters to their graves, while they themselves sat in the comfort of plush chateaux requisitioned by high command.[40] In many cases the jibe was wide of the mark. It is true that peacetime promotions had tended to create a gerontocracy, the (largely psychological) defects of which would be painfully visible in the early months of the war: generals incapable of reacting or adapting their own acquired theory to the new battlefield conditions: "seniority reigns, not talent, that's for sure" was the saying in the British army.[41] But it should also be recalled that the style of command in those days called for staff cadres stocked with expert planners, prudent administrators, competent analysts, sitting in a hub of secure telephone and telegraph communications.[42] In 1914 the rules of proper warfare called for nothing like Napoleonic charisma and leadership or the personal drive so frequently found in the next war's commanders, like Patton, Rommel or Montgomery, seeking renown as fighting men, not drawing-room strategists.[43] One sees why Cadorna was indignant at being rated too old for the job (he would even tender his resignation to the minister), or why he jumped for joy (barely masked by conventional sentiments) when the King was appealed to and offered him the post.[44]

38 Gatti, Un italiano a Versailles, p. 294.

39 Keegan, John, The First World War, London 1999 [1998], pp. 130-132.

40 Clark, Alan, The Donkeys, New York 1962.

41 Hodgkinson, Peter, British Infantry Commanders in the First World War, Abingdon/New York 2015, pp. 95-96.

42 Samuels, Martin, Command or Control? Command, Training and Tactics in the British and German Armies 1888-1918, London 1995, pp. 10-15.

43 Keegan, John, The Mask of Command. A study, London 1989 [1987], pp. 300-305.

44 "Malgrado la mia viva opposizione, hanno voluto ed ho dovuto accettare" ["Despite my vehement opposition, they wanted to and I had to accept"], L. Cadorna to G. Cadorna, 5.7.1914, in: Cadorna, Luigi, Lettere famigliari [Family Letters]. Edited by Raffaele Cadorna, Milano 1967, p. 101.

The situation facing him at his formal installation (27 July) was not objectively an easy one. While ministers and the Prime Minister discreetly discussed future developments of the crisis and what advantages Italy might gain, the new Chief of Staff was besieged by questions from his counterparts and (still) allies, Moltke and Conrad von Hötzendorf, as to how Italy intended to honour her commitment to provide military support against France.[45] For his part Cadorna set to work at once on the hypothesis of sending a strong Italian contingent to fight side by side with German troops on the Rhine. On 31 July, unaware of government thinking, he sent the King a memorandum about deploying an expeditionary force of at least five army corps to Germany to join the campaign on the western front which he saw as the main theatre of a coalition war according to the spirit (if not the letter) of the Triple Alliance.[46] At that very moment a formal decision was being taken to break off the alliance. On his own evidence Cadorna only learnt of this after the council of ministers had deliberated and a matter of hours before it became public: "I was to line up against France, though inside me I was fairly sure war would not be waged on France. But that was the drift of all the orders. An enormous effort had been made. The whole army was to head for France. On the 4th [actually the 3rd] came the bombshell declaration of neutrality. No-one had told me any of this. I went straightaway to see Salandra. I said. – Does the neutrality you've declared mean war against France is no longer on? –Yes – he replied: -- So, say I, what am I to do? – He looked at me. – Am I to prepare for war against Austria? That much is evident. – Yes, says he, that's right."[47]

One might doubt the reliability of this confused personal memory (in actual fact by the morning of 3 August Cadorna had told Conrad and Moltke he could no longer collaborate in view of the government's declaration of neutrality), were it not that other accounts (including the Prime Minister's) tally about that bizarre omission. In full crisis, with a more than likely European war on the doorstep, the Italian government was going ahead with its negotiations and assessments without bothering to liaise with the man in charge of the army or

45 Cf. Conrad von Hötzendorf to L. Cadorna, no date (but July 1914), in: Cadorna, Lettere famigliari, pp. 43-44.

46 Cadorna, Luigi, Altre pagine sulla Grande Guerra [More Pages on the Great War], Milan 1925, pp. 15-26. The memorandum (Memoria sintetica sulla nostra radunata Nord Ovest e sul trasporto in Germania della maggior forza possibile [Memorandum on our North-West rally and the transport of the largest possible force to Germany]), 31.7.1914, is stored in AUSSME, H 5, b. 12, f. 20.

47 Gatti, Un italiano a Versailles, p. 438.

apprise him in real time of a policy shift that had been maturing for days: not to make common cause with Germany and Austria-Hungary.[48]

It might seem more than a singular oversight. The ambassadors in Vienna and Berlin were already in the picture. Cadorna himself saw it not so much as proof of the bungling amateurishness prevailing in government circles at the time, but as a deliberate attempt to keep him out of decision-making, distrust towards him and the traditional ill-will of politicians for generals.[49] Yet it was no exception. As in nearly all other great European powers (except the United Kingdom where the Committee of Imperial Defence allowed generals, admirals and ministers to meet and confer), Italy had no tradition of a national security policy linking the high offices of state.[50] Diplomats, ministers and generals tended to ignore one another (what Luigi Albertini euphemistically described as "lack of the necessary teamwork") and often to hide vital information through personal rivalry or fear of a news leak, while lack of any constitutional bodies designed to discuss and approve strategy meant that mutual ignorance between military leaders and politicians was a structural fact of national life.[51] Add to this the new Chief of Staff's deep-seated suspicion of his own governors and his almost pathological inability to adjust to the requirements, mentality and forms of party or parliamentary life. By Italian tradition, anyway, politics and military matters were sealed compartments. Cadorna was an 'apolitical' soldier in the best Savoyard officer tradition. His ideas of state necessity were few, elementary and often reactionary, and almost non-existent about international relations. Good politics were Crown politics, by definition. His recriminations did not extend to his being kept in the dark by Vittorio Emanuele III who was certainly apprised of government decisions yet failed to update his Chief of Staff whom he met on a daily basis.[52] Nor was Cadorna an exception here. Even the far more duplicitous Alberto Pollio had not been a party to the political bias of officer cadres. For sympathy

48 Salandra, Antonio, La neutralità italiana 1914-1915 [The Italian Neutrality], Milan 1928, pp. 264-265. See also Rusconi, Gian Enrico, L'azzardo 1915. Come l'Italia decide la sua Guerra [The Gamble 1915. How Italy Decides its War], Bologna 2005, pp. 81-95.

49 Cf. DDI, IV, 12, n. 470, San Giuliano to Vittorio Emanuele III (24.7.1914), p. 302; n. 661, San Giuliano to the Ambassadors in Berlin, Vienna and Bucarest (28.7.1914), p. 406.

50 Strachan, Hew, Stratégie, in: Audoin-Rouzeau/Becker (eds.), Encyclopédie de la Grande Guerre, pp. 421-435.

51 Albertini, Luigi, Le origini della Guerra 1914 [The Origins of the War of 1914], vol. III, Gorizia 2011 [1943], p. 327; Sullivan, Brian R., The Strategy of the decisive weight: Italy 1882-1922, in: Murray, Williamson/Knox, MacGregor/Bernstein, Alvin (eds.), The Making of Strategy. Rulers, States and War, Cambridge 1994, pp. 307-350.

52 Bencivenga, Il periodo della neutralità, p. 32; Gatti, Un italiano a Versailles, p. 420; Albertini, Le origini della guerra, III, pp. 327-329.

with the Germans was undoubtedly widespread in the Staff corps. To Italian professionals of war Germany had long been an ethical as well as a technical model (Austria-Hungary was another matter, viewed as a lurking threat and competitor on Italy's geopolitical wicket. With her it was an uneasy alliance and far from agreeable.) Yet it would be many years before an army general would dream of nursing (still less airing) personal opinions diverging from the Crown's or government's on matters of foreign policy.[53]

The hectic weeks of the Sarajevo crisis and the opting for neutrality were thus in many respects a trial run for subsequent relations between Cadorna and the Italian government: a never-healed split, diffidence on both sides, mutual disrespect and often overt hostility. From those August days on, the power ratio would rapidly invert.

3. The Italian War Plans 1914

Perhaps, though, the new army commander ought to have been engrossed less in his own position and more in the war that was breaking out with all its unforeseeable developments. That, at any rate, is one of the commonest criticisms levelled at him, whether by contemporaries or by those analysing events a century later: that he failed to profit by the lessons the European war was teaching. In short, he was unable to adapt his own expectations to the reality of a rapidly changing conflict. His strategic planning was unrealistic in its ambitious objectives, his operational scheme was too optimistic for the Italian army potential, his notion of combat was doctrinaire and blind to the experience of trench warfare on the western front, while even his conjecture as to the duration of the war betrayed a quite misplaced confidence.[54] Many of these

53 Monticone, Alberto, La Germania e la neutralità italiana [Germany and the Italian Neutrality], Bologna, 1971; Vigezzi, Brunello, Politica estera e opinione pubblica in Italia dal 1870 al 1914 [Foreign Policy and Public Opinion in Italy from 1870 to 1914], in: Publications de l'Ecole française de Rome, 54/1 (1981), pp. 75-123; Minniti, Fortunato, Gli Stati maggiori e la politica estera italiana [The European Powers and Italian Foreign Policy], in: Bosworth, Richard J./Romeno, Sergio (eds.), La politica estera italiana 1860-1985 [Italian Foreign Policy], Bologna 1991, pp. 91-121; Rusconi, Gian Enrico, 1914: attacco a occidente [1914: Attack on the West], Bologna 2014, pp. 185-198.

54 Cf. Pieri, Piero, L'Italia nella prima guerra mondiale (1915-1918) [Italy in the First World War], Torino 1965, pp. 77-84; Isnenghi, Mario/Rochat, Giorgio, La Grande Guerra [The Great War], Bologna 2014 [2000], especially pp. 159-163; Gooch, John, "Great War, little Generals?". The Italian High Command at War 1915-1918, in: Labanca, Nicola (ed.), Forze armate. Cultura, società, politica [Armed Forces. Culture, Society, Politics], Milan 2013, pp. 211-233; Gooch, The Italian Army and the First World War, pp. 83-87.

charges spread to the wider public especially in the immediate post-war period when attacks on the defeated general became rampant. Some of the commentators may be suspected of bias (many were high-ranking officers demoted during the war and some, like the famous aviation prophet Giulio Douhet, had even paid for their opposition to Cadorna by a spell in military gaol); but the majority perceived the shortcomings of the Chief's original plans, the illogical refusal to change many standing orders and his inability to adapt troop deployment criteria to real war. All these failings (and some major other ones to do with organization of the Supreme command) were abundantly laid bare by the Commission of Enquiry into Caporetto.[55]

Dismay at the war's disappointing course actually spread among politicians and intellectuals right from the first months of fighting, though most of the more prominent journalists cleverly disguised their doubts. Small wonder, given the triumphal expectations nursed by the pro-interventionist public about the impact of Italy joining the fight. In retrospect, however, one can only be struck by the naivety of certain public figures like Ferdinando Martini (Minister for the Colonies), or Vincenzo Riccio (Minister of Communications), for all their long service in parliament and vital posts held in government. Both men's diaries confess to bitter surprise at the paltry (or non-existent) territorial gains in 1915; they were astonished when it dawned on them that the war would not be over in a few months. "Faith in Cadorna is shaken," exclaimed Martini, echoed by his colleague's diary admission: the Chief of Staff was inert and inconclusive, a mistake to have put him in charge of the country's destiny, and how to improve matters.[56] The dismay pointed to a twofold problem. It showed that most of the nation's leaders were amateurs when it came to arms and armies. Traditionally Italian politicians (most of whom had not done national service) had no desire to meddle in matters reserved for uniformed mandarins and counsellors to the Crown.[57] It also revealed a superficial, distorted or entirely lacking awareness of what had been happening on Europe's fronts where decades of certainty about the nature of warfare were being swept away by the failure of over-sophisticated staff plans and the bogging down of armies into enormous lines of facing trenches running right across the continent from the North Sea to the Swiss border, from the Baltic to the Carpathians.

---

55 Pieri, Piero, La prima guerra mondiale 1914-1918 [The First World War], ed. by Giorgio Rochat, Udine 1999 [1947], pp. 55-76.

56 Martini, Diario, p. 579 (11.11.1915); Riccio, Vincenzo, Il diario di un ministro nel primo periodo della Grande Guerra [The Diary of a Minister in the First Period of the Great War], ed. by A. Fiori, Rome 2015, pp. 262-263 (February 1916).

57 Cf. Rochat, Giorgio, L'esercito italiano nell'estate 1914 [The Italian Army in the Summer of 1914], in: Nuova Rivista Storica, 45 (1961), pp. 294-398, especially pp. 305-308.

The "1914 surprise" was only the beginning of a great military revolution which in the next four years would permanently change the face of war, introducing a new spatial dimension (aircraft), amplifying arsenals by new technology (tanks and gas), radically altering operational planning and, strategy-wise, devising new kinds of mobilization enabling countries and armies to cope with the total dimension of new-style armed conflict.[58] But even in those early months the shrewdest observers could have seen the writing on the wall in that traumatic collision between pre-war delusions and the reality of an industrial conflict. Though no-one could have said *how long*, warfare had patently turned into one gigantic siege destined to last for more than the two or three months predicted by the time-schedules of the great strategy plans; it would also be much more brutal and costly than imagined.[59] In actual fact, the illusion of a relatively painless and quick war (no longer than a few months or one season, according to the 19th-century pattern) survived the trauma of the first weeks' fighting – at least in the popular European imagination, though not in the inner conviction of most combatants and generals.[60] That was partly due to a robust tendency to self-deception sustained from widely-varying sources. There was the weight of school education which had accustomed student generations to imagine battle as a glorious opportunity for a real man to show his courage in defence of the homeland (occasionally to the point of self-immolation); then the extraordinary efficacy of poets, men of letters, journalists and soapbox orators swinging into action with alacrity, which helped to build and consolidate a war culture centring on deep hatred of a diabolical enemy and the nobility of sacrifice; and then, of course, the influence of popular literature that had nourished the bourgeois readers' imagination for two decades with the prospect of imminent invasion and annihilation, to avoid which dire destiny fighting would be a sacrosanct duty.[61] A mass of British, French and German volunteers and conscripts set off for the front buoyed by an optimistically distorted fantasy of what they would meet – romantic illusions that often long survived

58 Becker, Jean-Jacques, Previsions des états-majors et effondrement des plans, in: Audoin-Rouzeau/Becker (ed.), Encyclopedie de la Grande Guerre, pp. 235-246.

59 Janz, Oliver, La Grande Guerra [The Great War], Torino 2014 [2013], pp. 76-91; Leonhard, Jörn, Die Büchse der Pandora. Geschichte des Ersten Weltkriegs, Munich 2014, pp. 146-237.

60 Farrar, Lancelot, The short war illusion. German policy, strategy and domestic affairs August-December 1914, Oxford 1973.

61 Clarke, Ignatius F., Voices Profesying War. Future Wars 1763-3479, Oxford/New York 1992; Jeismann, Michael, La Patrie de l'ennemi. La notion d'ennemi national et la répresentation de la nation en Allemagne et en France de 1792 à 1918, Paris 1996; Rasmussen, Anne, Mobilizing Minds, in: Winter, Jay (ed.), The Cambridge History of the First World War, vol. 3, Societies, Cambridge 2014, pp. 390-417.

the horror of the trenches.[62] And still more, the Europeans' apparently inexplicable resilience in face of modern warfare and its destructive reality stemmed from effective mobilization by the media, largely informal and spontaneous, which filtered and tailored the story of what was happening in the theatre of operations.[63]

During the weeks in which heavy German artillery pulverized the "unassailable" Belgian defences while machine-gun fire mowed down the French infantry (on 22 August 1914, 27,000 Frenchmen died *on a single day* in obedience to the doctrine of attack to the bitter end), the illustrated weeklies on both sides painted the conflict in the picture-book terms of previous wars. The news of the front line available to war correspondents was meagre and basically amounted to anodyne Staff bulletins.[64] But even the following year the front cover of the Parisian *Le Petit Journal* still spoke of heroic bayonet charges by intrepid infantry in red trousers, while the *Illustrierte Zeitung*, Germany's most popular periodical, went on regaling its readers with idyllic water-colours of jovial soldiers in immaculate uniforms. For such was the attitude of the contemporary press towards events. It was not just the effect of military censorship (which long remained ineffectual) or political censorship (which went in mysterious waves), but a deliberate wish to cancel the mayhem of that on-going war with its traumatic novelties and in its place hymn traditional aspects, as being familiar and reassuring.[65]

The main problem was that that bland image of the war often had a decisive influence on onlookers of events, like the Italians who were still neutral but bombarded by reportage from the European fronts. The impact of those months' incessant war coverage should not be underestimated. Italy in 1914 was still a semi-illiterate country (the 1911 census concluded that 62 percent of

---

62 Girouard, Mark, The return to Camelot: chivalry and the English gentleman, New Haven 1981; Fussel, Paul, The Great War and Modern Memory, Oxford 2013 [1977]; Goebel, Stefan, The Great War and Medieval Memory, Cambridge 2009.

63 Farrar, Marjorie, News from the Front. War Correspondents on the Western Front 1914-1918, Thrupp 1998; Charle, Christophe, Le siècle de la presse (1830-1939), Paris 2004; Monger, David, Patriotism and Propaganda in First World War Britain. The National War Aims Committee and civilian morale, Liverpool 2012.

64 Steg, Jean-Michel, Le jour le plus meurtrier de l'histoire de France. 22 aout 1914, Paris 2013.

65 Rosenberger, Bernhard, Zeitungen als Kriegstreiber? Die Rolle der Presse im Vorfeld des Ersten Weltkrieg, Cologne 1998; Couliou, Benoît/Marty, Cedric, La representation de la charge à la baïonnette entre affirmation nationale et affirmation de soi, in: Cazals, Rémy et al. (eds.), La Grande Guerre. Pratiques et expériences, Privat 2005, pp. 149-158; Beurier, Joeëlle, Voir ne pas voir la mort, in: Blondet-Bisch, Thérèse et al. (eds.), *Voir – Ne pas voir la guerre. Histoire mondiale de la photographie face aux conflits armées et aux efforts de paix*, Paris 2001, pp. 63-69.

"kingdom-dwellers" over six years of age could read and write, but it was a gross overestimate), yet since the 1880s the information industry had made rapid progress.[66] By the end of the Giolitti era there existed a stable reading public of over one million, to whom should be added all those who had access to the most popular illustrated magazines designed chiefly for the poorly educated or half-illiterate (the most popular, *Domenica del Corriere* and *L'Illustrazione italiana*, together reached a circulation of over 600,000 by the eve of Sarajevo).[67] Illustrated periodicals led the field in spreading the illusion that battles still conformed to the old rules of warfare. (There were a few glaringly macabre exceptions: the brutality of German troops in occupied Belgium profoundly shocked the Italian public.) Thus Achille Beltrame, the famous designer of *Domenica del Corriere*'s colourful jackets, created most of his illustrations of the French and Russian fronts (which he never visited) along the lines of 19th-century battle-painting. The *Great Battle of Liege* and the *Battle of Haelen* presented a traditional scrimmage of massed cavalry and bayonet-brandishing infantry.[68] Months after the Marne, dashing generals on horseback still led their troops in the charge, the trenches were virtually non-existent, there was no mention of chemical warfare or heavy artillery and death was always heroic and fairly bloodless.[69] Drawing on German, French and British sources, Italian periodicals ignored or misrepresented the deep changes in industrial warfare: they used naïve stereotypes (typically compact formations of infantry with cannons at hand and cavalry in the background) and these closely recalled the Napoleonic campaigns or at best the paintings of 1870/71.[70] The *biblia pau-*

---

66 Vigo, Giovanni, Gli italiani alla conquista dell'alfabeto [Italians Conquering the Alphabet], in: Soldani, Simonetta/Turi, Gabriele (eds.), Fare gli italiani. Scuola e cultura nell'Italia contemporanea, t. I, La nascita dello stato nazionale [Making Italians. School and Culture in Contemporary Italy, vol. I: The Birth of the Nation State], Bologna 1993, pp. 37-66.

67 Giordano, Michele, La stampa illustrata in Italia: dalle origini alla Grande Guerra [The Illustrated Press in Italy: From the Origins to the Great War], Milan 1983; Forgacs, David, L'industrializzazione della cultura italiana [The Industrialisation of Italian Culture], Bologna 2000 [1990], pp. 43-60; Murialdi, Paolo, Storia del giornalismo italiano [History of Italian Journalism], Bologna 2006 [1996], pp. 89-116.

68 Domenica del Corriere, La Grande Battaglia di Liegi: cavalleria belga che assalta valorosamente e mette in fuga quattro squadroni di cavalleria tedesca [The Great Battle of Liège: Belgian cavalry valiantly assaulting and putting four German cavalry squadrons to flight], 16 August 1914, title page; Domenica del Corriere, La battaglia di Haelen: terribile attacco dei tedeschi respinto dai belgi attraverso i ponti military [The Battle of Haelen: terrible German attack repulsed by Belgians across military bridges], 28 August 1914, title page.

69 Mondini, Marco, La guerra italiana. Partire, raccontare, tornare 1914-1918 [The Italian War. Leaving, Telling, Returning], Bologna 2014, pp. 36-48.

70 Illustrierte Geschichte des Weltkrieges 1914-1915, 3 vols., Berlin 1915.

perum of the European war spoke of a quite anachronistic conflict, but at the time few people noticed.

Of course not all the war commentators were blind to events at the front. The chief military expert on the *Corriere della Sera*, Captain Angelo Gatti as he then was, made a regular appearance in what was still the most important forum for middle-class public opinion, illustrating and appraising the snippets of information that arrived from the scenes of battle. His weekly articles began in early August 1914 and would be collected in a highly successful 'instant book'. They were a shining example of lucidity and realism: only a few weeks after Germany invaded Belgium, Gatti was already listing features of a radical change in battle style; he forecast the end of manoeuvres, hinted that titanic head-on struggles were inevitable between armies of millions and prophesied that nations would mobilize the whole male population to offset disastrous losses.[71] With hindsight it seems surprising that few either of the general public or of those responsible for national policy paid heed to his spot-on analyses, but preferred the reassuring delusion that battlefields were still like the exciting Risorgimento oleographs hanging on public office walls or reproduced in pathetic schoolbook illustrations. Di Sangiuliano, the shrewd Foreign Minister who died of a lingering illness in October 1914, was one of the few who believed the war would be a long one, and shared the opinion of his well-informed ambassadors in the capitals, namely that fighting would not stop until one of the contenders ground to an exhausted standstill – a gamble "our country would be hard put to take on".

But his fears were not shared by Prime Minister Salandra or by Salandra's successor Sidney Sonnino, formerly a Triple Alliance conservative eager for Italy to scramble into the great European conflict.[72] Inside the government there reigned a spirit of optimism, part fed by provincialism (concern at the outcome of the "little war" against Austria, not at the global conflict), and part by purest ignorance that would not be affected even by the first weeks of hostilities.[73] After months and months of fighting, the other armies were surely on their knees: Italy would then come in as the "decisive weight" in the balance. As a stratagem it was typical of the country's ruling class: none of the ministers set much store by their own armed forces, but even a slight tipping of the scales would rapidly wind up the war and greatly improve Italy's position in the seats

71 Gatti, Angelo, La guerra senza confini. I primi cinque mesi agosto-dicembre 1914 [War Without Borders. The First Five Months August-December 1914], Milan 1915, pp. 40-45.

72 DDI, V, 1, Di Sangiuliano to Italian Embassies in Europe, n. 495 p. 274 (29.8.1914) and Di Sangiuliano to Ambassador in London, n. 703, p. 411 (16.9.1914).

73 De Rosa, Gabriele, Prefazione, in: Martini, Diario, pp. VII-LI.

of power.[74] One anecdote neatly captures the climate of blithe unawareness among Italy's leaders. It was a hot evening in summer 1915. Francesco Saverio Nitti – one of the few men constantly abreast of international information – was asking Antonio Salandra about the army's preparations for the winter campaign in the Alps. The Prime Minister, stolidly convinced that Italy's war would be a short, if sharp, affair, threw up his hands in horror: "Your pessimism knows no bounds. You really think the war may last beyond the winter?"[75]

What the civilian world lacked in reliable sources should theoretically have been offset by a flow of information direct from the Staff corps. For a quarter of a century the Italian army had boasted a network of qualified observers in the main European capitals. In the months after hostilities commenced these military attachés reported on the state of readiness of the armies already in the field and, where possible, on any novelties transpiring from the first battles. The period of neutrality gave the Italians an advantage over all the other contenders. Theoretically still allied to Austria-Hungary and Germany, they were actually being courted by France and Great Britain. They could thus second their officer envoys to the embassies of all the combatant countries where they had access to the media and to senior officer (or even politician) gossip. On occasion they might even tour the war zones.[76] Possibly, if all the attachés had been equally shrewd and objective, they might have given the Italian Staff corps enough valuable data to have prompted Cadorna to revise his tactics, if not his strategic planning. Unfortunately, they varied widely in quality. Major Enrico Tellini, who took over from the brilliant Alberico Albricci at Vienna in October 1914, managed to do little else but confirm the heavily anti-Italian feeling aroused in the Habsburg capital when neutrality was declared, and warn about a steady build-up of defences on the southern frontier.[77]

Giovanni Breganze from France, who was freer to visit the battle-fields, gave a wealth of detail about the new features of trench war (or the "war of attrition"), while never querying the merits of traditional Staff tactics or the underlying confidence that Italy's army might take part in the war without undue

74 Sullivan, The Strategy of the Decisive Weight, pp. 307-351. Cf. DDI, V, 2, da Tittoni to Sonnino, n. 557 p. 459 (5.1.1915) and Salandra, L'intervento, pp. 20-25.

75 Nitti, Francesco, Rivelazioni [Revelations]. Dramatis personae, Napoli 1948, p. 388.

76 Rochat, Giorgio, La preparazione dell'esercito italiano nell'inverno 1914-15 in relazione alle informazioni disponibili sulla guerra di posizione [The Preparation of the Italian Army in the Winter of 1914-15 in Relation to Available Information on Positional Warfare], in: Il Risorgimento 13 (1961), pp. 10-32; Anghelone, Francesco/Ungari, Andrea (eds.), Gli addetti militari italiani alla vigilia della Grande Guerra 1914-1915 [Italian Military Attachés on the Eve of the Great War], Rome 2015.

77 Cappellano, Filippo, Gli addetti militari a Vienna nel 1914 [Military Attachés in Vienna in 1914], in: Anghelone/Ungari (eds.), Gli addetti militari italiani, pp. 145-186.

problems. The Paris attaché's keen francophilia, his desire to play a part in Italy's joining the Entente, were major biases affecting (and sometimes slanting) his reports.[78] The losses incurred in infantry attacks were certainly huge, but it was still the men's spirit that counted for most on the battlefield. Victory would reward the troops that were better disciplined, motivated and ultimately better led.[79] Given the headaches of the Italian command, such conclusions must have sounded reassuring. True, the "war of attrition" was claiming an enormous price in the field, but a wary, resolute commander could still launch a victorious offensive, provided he had suitable means, well-motivated troops, and provided, of course, he was prepared to incur heavy losses. The conclusion chimed perfectly with the doctrinaire principles of meticulous preparation and winning at all cost, just what the Chief of Staff had been hatching these many years.[80]

Lieutenant Colonel Bongiovanni, military attaché in Berlin, piped roughly the same tune. His many reports ran to dozens of pages, detailed descriptions of the German army's tactical and operational progress.[81] His remarks were full of common sense but were under-appreciated. Bongiovanni was a loyal triple alliance supporter and passionately pro-German, a position that made him a somewhat unreliable source during the months of ambiguity and suspicion when Italy was neutral.[82] A pity, since he had moments of prophetic insight. He anticipated the doctrine of in-depth defence via multiple lines of rear-guard trenches; he insisted on bolstering telephone and wireless communication systems (the first field radio sets were a novelty); he stressed the need for training the troops specifically to build and defend permanent stations (the kind of skills that were not taught to the infantry lest having fortifications quench

78 Rusconi, L'azzardo del 1915, pp. 166-169; Pardini, Guiseppe, Sul campo di battaglia: le relazioni dell'addetto militare italiano a Paris 1914-1915 [On the Battlefield: the Reports of the Italian Military Attaché in Paris], in: Anghelone/Ungari (eds.), Gli addetti militari italiani, pp. 73-111.

79 AUSSME, G 23, b. 2, f. 6, da Breganze a Comando corpo di Stato maggiore, Relazione della prima visita al fronte [Report of the First Visit to the Front] (22.12.1914).

80 Gooch, John, "An Act of Madness"? Italy's War Aims and Strategy 1915-1918, in: Afflerbach, Holger (ed.), The Purpose of the First World War: War Aims and Military Strategies, Munich/Berlin 2015, pp. 187-208.

81 Afflerbach, Holger, "Vani e terribili olocausti di vite umane". I moniti di Luigi Bongiovanni prima dell'entrata in guerra dell'Italia, in Hürter, Johannes/Rusconi, Gian Enrico (eds.), L'entrata in guerra dell'Italia nel 1915 [Italy's Entry into the War in 1915], Bologna 2010, pp. 125-148.

82 Mondini, La guerra italiana, pp. 19-22; Ungari, Andrea, Le relazioni degli addetti militari italiani a Berlino [Reports From Italian Military Attachés in Berlin], in: Anghelone/Ungari (eds.), Gli addetti militari italiani, pp. 187-216.

their spirit of aggression), as well as for altering the over-visible uniforms of the officers, and building up better teams for field-work which he knew the conservative Italian commands would grossly neglect, hooked as they were on the doctrine of manoeuvre.[83] He even went so far as to propose using a "vehicle perfectly armour-plated against rifle fire" which would serve to break through the barbed-wire cordons and open the way for the infantry – a surprising rudimentary anticipation of the tank. If all of even most of his technical tips had been acted on by staff, the Italian army would have jumped the clock forward by years.[84] As it was, practically the only thing that registered of all Bongiovanni's labour of information was his opening statement: "nowadays as in the past, the offensive wins over the defensive; to win one must constantly manoeuvre and attack. Trench warfare, far from an end in itself, is a pause, an often necessary interlude between major warlike manoeuvres".[85]

With hindsight, this declaration of faith sounds fishy, a falling back on the old operational doctrines. After giving plentiful evidence of the chronic (bloody) failures of massive offensives on the French front with ample explanations of the reasons why, here was Bongiovanni arguing that the trenches would not hold sway forever: that given means enough and sufficient reserves of manpower, soon there would be an extensive breakthrough that would kick-start the war again: "trench warfare must not be a reason in its own right [...] it must be resolved by an act of aggression by one of the opponents".[86] Just what the Chief of Staff wanted to hear back in Rome. It cannot be proved how sincerely Bongiovanni believed this, and how much was just putting over the view that would be most welcome to his superiors. The fact is, Bongiovanni was trotting out a widely held belief that trench warfare was just a temporary deadlock due to miscalculation of the material and human resources necessary, that breakthrough on the front was imminent after a phase of perfecting troop deployment, bolstering artillery supplies and pumping thousands of new recruits into the front-line divisions.[87] It would take the collective traumas of Verdun and the Somme before the traditional infantry battle model (based on 1870/71) was dropped once and for all, as no longer having any chance of

83 AUSSME, F4, b. 38, f. 252, Rapporto n. 68 dell'addetto militare a Berlino. Guerra di posizione [Position Warfare] (30.3.1915).

84 Ibid., p. 45.

85 Ibid., p. 2.

86 Ibid., p. 31.

87 Krause, Jonathan, Early trench tactics in the French Army. The second battle of Artois, Ashgate 2013, pp. 23-31; Strachan, Hew, The First World War, London 2014, pp. 169-179.

success.[88] Meanwhile most of the professional soldier 'internationale', including the Chief of Staff and entourage, would go on seeking a way round the frustration of trench siege tactics by some brand-new stroke of strategy or better organization of artillery fire.

In the years that followed, the Italian Staff underestimated the lessons of the western front and failed to prepare the infantry for Cadorna's planned war. He defended himself strenuously before the Commission of Enquiry into Caporetto, as in his writings, with the claim that during neutrality he had only received snippets of information as to what was happening on battle fronts.[89] It amounted to a considerable whitewashing of the truth. Cadorna personally examined at least one of the reports from Germany and kept a copy in his personal secretariat; he also had the privilege (that most generals lacked in the Great War) of acquiring highly detailed data on both sides' modes of operating, ploys and concerns. The decision deliberately to ignore potentially inconvenient warnings stemmed quite simply from his own conservatism, and still more from a fear that too many details of bloody failure on the western front would "clip the wings of the troops' offensive zeal", and undermine consensus and morale at a point when it was confidently expected that a determined offensive would succeed, rapidly giving the Italians control of the Isonzo line and access to the heart of the Double Monarchy.[90]

Yet such recalcitrance dated back a long time and could not just be attributed to one man (even the diffident solipsistic Cadorna), resentment of all new ideas ran through most of military society, including the Staff elite; it found chief expression in a propensity for self-deception, driving people to draw oddly incongruous conclusions from the filtering accounts of modern battlefield experience. The gap between evidence of the facts and the tendency to construe them in the light of tradition gradually became a glaring one, classically exemplified during the Russo-Japanese war of 1904/05. Like all the European armies, Italy had sent her observers – professional reporters and attachés in uniform – and the war in Manchuria soon aroused passionate debate. The official report of the Staff college historical office came out in 1908 as proof of popular interest in what was unanimously seen as a splendid

88 Hull, Isabel V., Absolute Destruction. Military Culture and the Practices of War in Imperial Germany, Ithaca 2004, pp. 91-109; Kramer, Alan, Dynamic of Destruction. Culture and Mass Killing in the First World War, Oxford 2007, pp. 211-229.

89 Inchiesta Caporetto, p. 52; AUSSME, H4, b. 1 (testimony Luigi Cadorna), f. 1, s.f. 1 2 Seduta antimeridiana 15 marzo 1918 (first draft), pp. 7-9 e 24-27 (partially handwritten).

90 Cadorna, Pagine polemiche, pp. 239-240.

opportunity for understanding the potential of modern war technology.[91] A mass of sources were produced and discussion raged in the military journals, yet the technocrats of war reacted in bleakly ideological terms: the field reports were all of trenches, barbed wire and machine-guns, but that pillar of military institutional opinion, the *Rivista Militare*, claimed once more that the battles in the Far East showed one thing above all: the bayonet still carried the day.[92] Several years later the *Regulations for Combat* gave ample proof that trenches and carpet bombing by heavy artillery had failed to catch the military imagination in Italy.[93] Machine-guns were little more than accessories, cavalry were still a decisive force (with special attention to cavalry charge drill) while in the last analysis the solution rested with the infantry who should attack and attack until their goal was attained, their zeal combining with well-coordinated supporting fire from light artillery.[94]

All things considered, Cadorna's arguments can hardly have struck national military doctrine as retrograde or exceptional. His *Istruzione tattica*, published in 1907 when he was commanding the Naples Division, was based on two principles that would later be transplanted almost verbatim into the ill-starred *libretto rosso*: frontal attack on the enemy position remained the only way of concluding an engagement, and "the determination to conquer the enemy position at all cost" was the key to success.[95] Distinctly familiar formulas to officers of the day. The *Memorandum for the Infantry Officer*, a manual summing up the rules of war for the good subaltern (which enjoyed some success at the dawn of the century) came to the same conclusion under the headings *advance* and *attack*: "after completing due preparatory fire, hurl yourselves

---

91 Corpo di stato maggiore. Ufficio storico, La guerra tra Russia e Giappone (1904-1905) [The Russo-Japanese War], 2 vols., Rome 1908.

92 Biagini, Antonello F. (ed.), Documenti italiani sulla guerra russo-giapponese (1904-1905) [Italian Documents on the Russo-Japanese War], Rome 1977; Cappellano, Filippo/Di Martino, Basilio, Un esercito forgiato nelle trincee. L'evoluzione tattica dell'esercito italiano nella Grande Guerra [An Army Forged in the Trenches. The Tactical Evolution of the Italian Army in the Great War], Udine 2008, pp. 28-30.

93 Ministero della Guerra – Comando del corpo di Stato maggiore, Norme per il combattimento (edizione 1913) [Regulations for Combat. Edition of 1913], Rome 1913.

94 Cf. U.I.M., L'edizione definitiva delle "Norme generali per l'impiego delle grandi unità in guerra" e delle "Norme per il combattimento" [The definitive edition of the "General Rules for the Employment of Large Units in War" and the "Rules for Combat"], in: Rivista Militare Italiana, 1 (1914), pp. 4-45; Stefani, Filippo, La storia della dottrina e degli ordinamenti dell'esercito italiano [The History of Italian Army Doctrine and Orders], vol. I, Rome 1984, pp. 457-472.

95 Comando della Divisione militare di Napoli, Istruzione tattica (circolare 2430 2 maggio 1907) [Tactical Instruction], Napoli 1907, pp. 8-17.

right onto the enemy".[96] The peculiarity of Cadorna's pages, if they had one, lay in the force with which he reiterated the immutable law of his doctrine: in combat everything hinged on the decisions of an absolute omnipresent chief laying down the smallest details of troop management; all individualism was taboo, orders went without question ("since lack of unity of action has been the prime cause of the failures we have incurred in nearly all our wars"); they were to be carried out "at all cost", no departures, criticisms or excuses being admitted.[97] The heaviest legacy of the gospel according to Cadorna's "first version" lay not in the tactical guidelines – which were obsolete by the time of publication (just like most tactical regulations in contemporary Europe) – but in his determination to cling to a view of the battlefield where the commander could still keep total, absolute and perfect control. Precisely what the 1914 experience was showing to be impossible.

96 Manuale per l'ufficiale di fanteria in campagna [Handbook for the Infantry Field Officer], Livorno 1905, p. 99.

97 Comando della Divisione militare di Napoli, Istruzione tattica, pp. 17, 27, 36.

The Object of Great Expectations in a Deprived Country: The Serbian General Staff 1876-1914

Danilo Šarenac

While the Prussian army was besieging Metz in August of 1870, one Serbian major was present at site among the foreign observers. This was officer Milojko Lešjanin (1830-1896), one of the ablest Serbian soldiers at the time.[1] He had already spent three years in Prussia in the past, as part of his military education. This time he travelled to see for himself the latest war in Europe. It is right to assume that he too was impressed seeing the Prussian general staff at work.[2] Indeed, Serbia introduced its own general staff soon afterwards, at the beginning of 1875. Moreover, it was a very close imitation of the Prussian model.

However, the fully stable and functional days of the Serbian general staff came after 1902. The following nine years were used for making the most of this institution. Consequently, this period is of fundamental importance for understanding Serbia's, ultimately, successful performance in three consecutive wars (1912-1918). In addition, the fact that the members of the general staff were part of the country's educated elite makes this topic also relevant for any study of Serbia's process of modernization in the post-Ottoman context.

The general staff was also inextricably linked with Serbia's national ambition to enlarge national territory and eventually liberate Serbs who still lived in the neighbouring Ottoman but also Habsburg empires. The expressions such as "great tasks ahead" or "readiness for any eventuality" implied a possibility of a potential conflict linked with the almost certain reconfiguration of the Ottoman possessions in the Balkans. After 1878, and the Habsburg occupation of Bosnia and Herzegovina, the possibility of a clash between Belgrade and Vienna also became a realistic option. In this complex situation, the army was

1 Milojko Lešjanin was a member of the first class of the Serbian Artillery school in 1850. As an engineer cadet, he was chosen to receive the state stipend and was sent to Prussia. He spent three years at the War Academy in Berlin. He went to Prussia again in 1870-1871 to observe war operations. Later, he rose to the rank of general and occupied the most important positions within the Serbian Army. He was Minister of War on two occasions. Milićević, Milić/Popović, Ljubodrag, Lešjanin Milojko, in: Milićević, Milić/Popović, Ljubodrag, Generali vojske Kneževine i Kraljevine Srbije [The Generals of the Principality and the Kingdom of Serbia], Belgrade 2003, pp. 125-129.

2 Kahn, David, The Prehistory of the General Staff, in: The Journal of Military History, 71/2 (2007), pp. 499-504, here p. 499.

 | DOI:10.30965/9783657791958_007

seen as "the people's hope",[3] the force that guaranteed independence but also a swift action if international politics deteriorates. Such perception by the public placed a specific burden on the general staff and significantly influenced its thinking.

Finally, this military institution had its share of importance in internal political developments and power distribution within the country. In the 1880s and 1890s, the colonels of the general staff had to joggle with the capricious and all-powerful Serbian rulers from the Obrenović dynasty. Afterward, when the coup of 1903 took place, Serbia became a parliamentary monarchy, and the king had to pay much more attention to the opinions of the generals and the autonomy of the military expertise. However, the 1903 coup harshly divided Serbia's officers. For some, the killing of the royal couple did not represent anything progressive or revolutionary. It was plain and illegal murder. This was yet another factor that determined almost any important move of the Chief of the general staff.

For twelve consecutive years the same person, general Radomir Putnik (1847-1917), occupied the key position in the Serbian Army (1903-1915). It is unquestionable that he placed a specific personal stamp on the understanding and functioning of the Serbian general staff. His focus, on preparing the armed forces for "any eventuality in the Balkans" implied collaboration with officers of all sides, under the condition they were capable and patriotic. This approach proved to be very effective at least until the spring of 1914 when it backfired, as one of his most senior staff officers got involved in the attempt to kill the Austro-Hungarian archduke in Sarajevo. This was no one else but colonel Dragutin Dimitrijević Apis. Colonel Dimitrijević worked, since 1913, as the head of the external department of the general staff, colloquially known as the "Intelligence section" and had enjoyed general Puntik's trust and admiration.

1. The Initial Experiences

In 1875 a small Serbian peasant revolt in Bosnia and Herzegovina gain momentum and became an all-out rebellion against the Ottoman power. Very turbulent years followed. Principalities of Montenegro and Serbia, despite still being officially in a semi-independent position towards the Ottomans, decided to step in and help their compatriots by sending guns and volunteers.[4] However,

3 Ratković-Kostić, Slavica B., Evropeizacija srpske vojske 1878-1903 [The Europeanization of the Serbian Army 1878-1903], Belgrade 2007, p. 265.

4 For more information see Skoko, Savo, Vojvoda Radomir Putnik [Field Marshal Radomir Putnik], vol. 2, Belgrade 1985, pp. 45-48; Grandits, Hannes, Herrschaft und Loyalität in der

soon public opinion placed pressure on the Serbian authorities to do more. The principality of Serbia hastily declared war on the Ottoman Empire in June of 1876. The Serbian Army at the time was almost exclusively a militia-type organization, rooted in its traditions of the two anti-Ottoman uprisings (1804 and 1815). The men had almost no military training whatsoever. The entire army was composed of 120,000 men and only 4,000 ever went through some type of barrack drill.[5] There were practically no trained officers, actually just over 300 of them.[6] Similarly, there were no plans for mobilization, concentration, or invasion of the Ottoman territory. The discipline was weak as well as the unit cohesion.[7]

The Ministry of War, with its General Department, was overwhelmed and could not respond to a myriad of new tasks related to the pending war. However, one of the far-reaching measures, during this chaotic preparatory time, was the establishment of the general staff Commission. This was the crucial step in creating the Serbian general staff.[8] The president of this commission was the Czech émigré, Frantisek Zah (1807-1892).[9] With only a few months available and with just 19 officers, this commission was not capable of making much difference regarding the war results. Nevertheless, the general impression was that the existence of such an institution positively contributed to the battlefield readiness. The Commission also prepared all the necessary regulations for the foundation of a proper general staff as early as possible. Consequently, in February 1876 the Principality of Serbia got its general staff.[10]

---

spätosmanischen Gesellschaft. Das Beispiel der multikonfessionellen Herzegowina, Wien 2008.

5 Ratković-Kostić, Evropeizacija srpske vojske, p. 43.

6 Milićević, Milić, Reforma vojske Srbije 1897-1900 [The Reform of the Serbian Army 1897-1900], Belgrade 2002, p. 99.

7 Serbian journalist Pera Torovoić emphasised the Serbian units "looking more as a tribe prepared to migrate than an army that was about to fight". Skoko, Vojvoda Radomir Putnik, p. 65.

8 Serbia had six staff officers since 1866, but there was nothing like a great general staff. All six officers were sent abroad to Prussia or to France, to improve their skills and later transfer their experiences back to Serbia. Ratković-Kostić, Evropeizacija srpske vojske, p. 140.

9 Frantisek Zah was born in Olomouc in Moravia. He studies law in Vienna and military studies in Paris. He was a devoted pan-slavist. He visited Serbia in 1843 for the first time. At his initiative, Serbia had founded 1850 the Artillery School as the main military institution for educating future officers. He had occupied various senior positions in the Serbian Army. Milićević, Milić/Popović Ljubodrag, Zah, Fratisek (Franja), in: Milićević/Popović, Generali vojske Kneževine i Kraljevine Srbije, pp. 98-102; Ratković-Kostić, Evropeizacija srpske vojske, p. 141.

10 In 2019 the first elaborate study about the Serbian General Staff was published. Životić, Aleksandar, Putnikova škola ratne veštine. Glavni djeneralštab vojske Kraljevine Srbije (1903-1914) [Putnik's School of Art of War. The General Staff of the Royal Serbian Army (1903-1914)], Belgrade 2019.

The idea was to create the closest copy of the Prussian staff model as possible in the Serbian context. The only clearly visible difference was that in Serbia, the general staff was not to be independent as was the case in Prussia but was under the auspices of the Ministry of War.[11] This, in the essence, did not mean much, as the final word was always the one of the powerful Serbian king Milan Obrenović (1854-1901). The point was that the general staff was to work on improving military readiness, organization, and planning. Its mission was also to assist the commander of the armed forces as well as other senior commanders at the divisional or lower level. There were three departments that made the general staff. The most essential was the operational sector of the general staff department, which was separated into two sections: the internal and the external section. The first dealt with collecting and analysing all data relevant to Serbian soil, while the external department provided data and other intelligence on Serbia's neighbours as well as other countries' armed forces. There were also two auxiliary sections: the Military-Geographical and the Military-Historical department. The chief of staff was at the head of it all with one assistant.[12]

As was the case in Prussia, Serbian general staff officers were to work as permanent personnel. This was opposite to the French model where officers were sent to the general staff on a temporary basis if the circumstances required.[13] However, in practice, being understaffed became one of the features of the Serbian general staff well until 1914. In 1878, for example, the Serbian general staff had only 20 officers despite the anticipated 59 as was proclaimed in the official decree.[14]

In the meantime, the Serbian-Turkish War, as it is usually referred to, was not going well. The Ottoman army was still a quite formidable force and after a series of minor conflicts, the Serbian troops suffered a heavy defeat at Djunis, near the border. The armistice was reached. However, soon the Russian-Ottoman war erupted (1877) and Serbia decided to step in December of the same year. This time the results were much better, and the territory of the Principality was enlarged significantly. By January 1878 the war ended. These more than appreciable gains were crowned the following year when Serbia became an independent country, while in 1882 its status was elevated, from Principality to Kingdom.

11 Ratković-Kostić, Evropeizacija srpske vojske, p. 141.
12 Ibid., p. 143.
13 Ibid.
14 Ibid.

However, there was still a bitter taste in the Serbian military and the entire public. The setbacks of 1876 and the chaotic improvisation which accompanied both wars left a deep impression. What became clear was that lessons needed to be drawn. Despite bold and at times ferocious fighting of the "people's army" this type of military organization reached its limits and had to be abandoned. Lack of trained men, only a handful of officers, and obsolete weaponry was detected as the main causes of the poor performance in 1876.[15] However, the interferences of the ruler in the process of military decision-making were also problematic.

Consequently, the Serbian Army passed through two major reforms. The first one took place between 1878-1883. The second was from 1897 until 1900. In the essence, this process created the Serbian Army which awaited the Balkan Wars of 1912-1913 as well as the August of 1914. These reform processes also significantly affected the role of the general staff.

2. The Reforms

The basic aim of the first reform cycle was to increase the importance of the standing army units. At first, the numbers slowly progressed but it was still a negligible force compared to the existing militia numbers. However, in 1883 Serbia introduced a full-standing army based on annual recruitment and reserve. The units were divided into three levies according to age. The days of the "armed people" were over. The reforms did not jeopardize the general staff, at least in the beginning. The general staff was kept, and its duties were further elaborated. Just a year after the creation of the standing army, the new regulations regarding the general staff were introduced. It became clear that the existence of the general staff went hand in hand with the massive recruitment-based army. In 1884 general staff regulations it was made clearer how an officer can apply and become part of this closed, elite group. The candidate had to have at least three years of experience in the field units to be accepted to spend a two-year term – a practice within the general staff. Only then, his skills and knowledge could be tested on a rigorous exam before the staff commission.[16] The importance of trigonometric and topography was further stressed and four departments were made for working in this domain.[17]

15 Milićević, Reforma vojske Srbije, p. 99.
16 Životić, Putnikova škola ratne veštine, pp. 66-68.
17 Ratković-Kostić, Evropeizacija srpske vojske, p. 149.

Regulations also anticipated the role of the general staff as an auxiliary institution to the Ministry of War. In case of the outbreak of war, the entire general staff was to be transformed into the High Command with the aim of conducting military operations.[18] Work progressed in all sections of the general staff. In January 1879 the Military-historical department published the first specialized military journal, *Ratnik* (the Warrior). It circulated until March 1941 and was the most influential military journal in the Kingdom of Yugoslavia.[19]

From the beginning, the regulations stressed the importance of the general staff field trips. This was seen as an essential component of officers' training. The first trip took place in 1879.[20] The mission of these excursions was to solve tactics problems in real surroundings and the areas seen as potential future battle sites.[21] This approach will be further elevated when general Radomir Putnik takes over the position of the chief of staff in 1903.

The distinctive role of the staff officers was underlined also by their uniforms. They were to wear red trousers, while the rest of the officers wore blue ones.[22] It also became clear at this point that being accepted into the general staff did not imply only social esteem but also the widening of the carrier prospects. From the general staff, officers could be sent to any senior commanding post across the country.[23]

Nevertheless, despite such improvements in the general staff's structure, this institution was not truly stable nor fully embraced by the ruling dynasty. Often, the position of the chief of staff was left unoccupied or the person in charge was only "the acting commander" which signalled the instability of its position. This was the result of continuous interference of the king Milan Obrenović and afterwards his son, Alexandar Obrenović (1876-1903).[24]

There was one institution in the Serbian Army that proved to be a rival to the general staff. Namely, all standing army units were under the Active Army Command. This office was introduced 1883 but abolished in 1885. However, it appeared again in 1897, in relation to the second cycle of the military reforms. This time it grew in jurisdiction and power. In practice, it took away many

18 Ibid., p. 148; Životić, Putnikova škola ratne veštine, p. 30.

19 Ratković-Kostić, Slavica, Vojni časopis *Ratnik* 1879-1941: prilog istoriografskoj analizi sadržaja [Military journal *Warrior* 1879-1941: a Contribution to a Historiographical Analysis of its Content], in: Vojno-istorijski glasnik, 50 (2000), pp. 59-68.

20 Životić, Putnikova škola ratne veštine, p. 30.

21 Ibid.

22 Ratković-Kostić, Evropeizacija srpske vojske, p. 151.

23 Životić, Putnikova škola ratne veštine, p. 22.

24 Between 1880 and 1888 general Miloje Lešjanin occupied the position of the Chief of General Staff, more or less in continuity. Milićević/Popović, Generali vojske Kneževine i Kraljevine Srbije, p. 126.

duties and responsibilities from the general staff and even from the Ministry of War. All this was possible as the person who was at the head of the Active Army Command was no one else but the former Serbian king Milan Obrenović who returned to the country in 1897 with the sole aim to reform the Serbian Army. Moreover, the institution of the general staff was soon abolished as the Active Army Command fully took over its job.

During the second reform cycle (1897-1900), Serbia's spending on the troops rose significantly. Until that moment Serbia had one of the lowest military budgets in Europe.[25] The issue of weapon modernization was also tackled as best as possible after years of underfunding.[26] From 1897 until 1900 the Active Army Command became the central place for directing all measures related to the Serbian military. It was a very energetic push towards modernization. All standing army units existing on paper were now formed and armed with modern weaponry.[27]

During the second reform, the schooling period for officers was shortened so their number was significantly increased. This way it was possible to provide leadership for the new, enlarged numbers of standing army troops. It was widely believed that most of these officers were of peasant origin as the agricultural population in 1910 made up more than 84 percent of the population.[28] However, by analysing the biographies of more than 500 cadets, historian Milić Milićević determined that actually two thirds of the cadets, enrolled in the Academy between 1850 and 1901, were actually of urban origin. The plausible explanation for this was that the condition for entering the Military Academy (the Artillery School) was that the candidate had spent several years in the gymnasium. This made it much easier for sons of the urban dwellers to apply.[29] This reservoir of men was to be used later for filling the ranks of the general staff.

Finally, it is important to underline that the rule of the two members of the Obrenović dynasty was characterized by authoritative and turbulent political steps, at times even violent. Disregarding the electoral results of the electorally

25 Milićević, Reforma vojske Srbije, p. 23.

26 King Milan Obrenović had abdicated and left Serbia in 1889. However, he returned in 1897 and took over the lead position at the Active Army Command.

27 In 1899, Serbian state bought 156,000 guns in German and Austrian factories, the "Mauser M99". Known as the "Serbian Mauser", as it was modified in Serbia. Ruzešković, Saša, Streljačko naoružanje [Firearms], in: Sretenović, Stanislav/Šarenac, Danilo (eds.), Leksion Prvog svetskog rata u Srbiji [The Lexicon of the Great War in Serbia], Belgrade 2015, p. 304.

28 Mitrović, Andrej, Srbija u Prvom svetskom ratu [Serbia's Great War], Belgrade 1984, p. 74.

29 Milićević, Milić, Socijalno poreklo oficirskog kadra [The Social Background of Officers Educated in Serbia from 1850 to 1901], in: Godišnjak za društvenu istoriju, 2/2 (1995), pp. 195-201.

strongest political party, the People's Radical Party, was also a constant feature of their rule. Their unwillingness to accept any form of liberal constitutionalism also became notorious. These conditions were reflected also in the lives of the senior Serbian officers, and members of the general staff were prosecuted for alleged anti dynastic feelings or under other serious charges.[30]

3. Radomir Putnik and His Vision of the General Staff

On the night of 29 May 1903 the Serbian royal couple was murdered by a group of Serbian officers who were part of a wider conspiracy. A Serbian policeman, Tasa Milenković, commented on the irony in his memoirs: Namely, the newly both "Mauser-Koka"[31] rifles were to be used for the first time against the Serbian citizens while suppressing the Toplica Mutiny in 1883.[32] In 1903 the new "Serbian Mauser" rifles were used for the first time against the Serbian king.[33] The new dynasty took over the throne, it was the Karadjordjević family. This event marked the watershed in almost every aspect of Serbia's social and political life. The general staff was no exception.

The institution of the general staff was reintroduced into the armed forces in November 1902, but again with an "acting deputy" on its top. This act was followed by a new decree defining its role. What should the general staff look like in the new era? The former conspirators understood the general staff as an essential part of the modern armed forces. Consequently, the man who was perceived by all groups of the officers was asked to take over this duty. Namely, two weeks after the coup, general Jovan Atanacković, general and former key conspirator, proposed, as newly appointed Minister of War, that the Serbian

30 General Jevrem Marković, the hero of the 1877 war, was shot in 1878 after he was accused for conspiracy against the king. The charges were never proven. Four more officers were shot as well. Skoko, Vojvoda Radomir Putnik, p. 108.

31 In 1881 the Serbian state bought 100,000 rifles "Mauser Koka M 1880". This was a modified Mauser rifle M1880. Serbian officer and constructor Kostadin Milovanović increasing the velocity and accuracy of the bullet. Following his draft, Mauser made 100,000 such rifles for the Serbian Army. Milićević, Milić/Popović, Ljuborad, Kostadin Milovanović (Koka), in: Milićević/Popović, Generali vojske Kneževine i Kraljevine Srbije, p. 148.

32 The "Toplica Mutiny" erupted in Eastern Serbia where certain villages refused to return their rifles to the state. The mutiny was brutally crushed by the standing army units after several days of fighting.

33 Aleksić, Živojin (ed.), Tasa Milenković. Tasin dnevnik (1870-1906). Zapisi Tase Milenovića "prvog srpskog policajca", [Tasa's Journal (1870-1906). The Notes of Tasa Milenković, "the first Serbian Policeman"], Belgrade 1991, p. 436.

colonel Radomir Putnik was reactivated, promoted to the rank of general, and offered the position of the chief of the general staff.

Putnik accepted the offer. He made one condition, that colonel Živojin Mišić was named as his deputy. This was a very telling move. Namely, Putnik was not part of the 1903 conspiracy and was probably not even aware of its existence.[34] However, being placed at the head of the general staff by the former conspirators, Putnik had to develop a very specific relationship with this group of officers. Naming colonel Mišić as his deputy was also a message to the conspirators as this colonel was, apart from being one of the most talented Serbian officers, a very outspoken critic of the 1903 coup.[35] However, it should be noted that the complete control of the armed forces rested in the hands of the former conspirators, also known as "the unconstitutional elements". By controlling the General department within the Ministry of War, as well as the position of the minister, they were able to direct and control the careers of each officer in the Serbian Army.[36]

Putnik was born in the small Serbian town of Kragujevac in 1847. After choosing the military as his career, he enrolled and successfully graduated at the Artillery School. In the essence, this school was Serbia's Military Academy and had nothing specific with artillery training. Putnik worked on various lower-level tasks as a junior officer slowly climbing within the military hierarchy. In 1876 he participated in the Serbian-Ottoman War as Chief of Staff of the Rudnik Brigade. Contrary to the usual practice, he did not spend much time abroad. He only visited the Russian Empire once where he spent some time studying the gun powder production in 1879. Afterward, he occupied several senior duties in the standing army at the divisional and brigade level or as commander of various districts and divisions across Serbia.[37]

However, he encountered numerous obstacles in his career path, and he realized that becoming part of the general staff would secure him a much more promising prospect. He passed all the stages of the application process and he soon had shown the scope of his capabilities. By 1886 he became the chief of the external department of the operational sector of the general staff. In 1890 he was appointed the assistant of the Chief of the general staff. Simultaneously, he became a lecturer at the Military Academy. He taught "tactics" and "general staff service" to the cadets. Confronted with the lack of literature in Serbian he

34 Skoko, Vojvoda Radomir Putnik, p. 211.

35 Belić, Vladimir, Putnik, Belgrade 1938, p. 43.

36 Drašković, Radovan M., Pretorijanske težnje u Srbiji. Apis i Crna ruka [Pretorian Ambitions in Serbia. Apis and the Black Hand], Belgrade 2006, p. 65.

37 Skoko, Vojvoda Radomir Putnik, pp. 115-116; Belić, Putnik, pp. 35-39.

decided to write his own manuscript which eventually became Serbia's official textbook for all aspiring staff officers. In 1890 he published *The general staff Service, Part 1. The Service in Peacetime.*[38] Despite these successes, his career ran into a dead end.

Namely, he had a reputation as a supporter of the People's Radical Party. This party was in an almost constant clash with King Milan Obrenović and afterwards, with his son, Alexandar Obrenović. Consequently, Putnik was removed from the general staff and sent to other, less prominent duties. Ultimately, in order to be humiliated, he was appointed to be the judge in one military court in 1895. Such mistreatment forced Putnik to ask to be retired in 1896. He spent the following seven years outside the military. This implied not only humiliation but also financial difficulties.[39]

However, he used his free time wisely. In 1899 he published *Instructions and regulations for the general staff. Part 2. Service at times of War*. This was the logical sequel of the first volume, published in 1890. During this period, he also gave private classes at his home to the officers who desired to pass the exam for the rank of major. Contemporaries remembered how he also took his candidates to classes, riding outside Belgrade, so that they could solve tactical tasks in real-time surroundings.[40] There is an anecdote from this period revealing Putnik's level of authority. Namely, junior officers who attended Putnik's private classes tried to hide this, fearing the reprisals from King Milan Obrenović. The king eventually did find out and made the comment that the officers should continue with their business as colonel Putnik "is one of the ablest commanders". He also praised Putnik's professionalism adding that the officers will never hear any political remarks from colonel Putnik.[41] Nevertheless, King Milan was known as a man who changed his moods. Consequently, in 1899, after a failed assassination attempt against his life, many officers left the country fearing potential indiscriminate reprisals. Colonel Putnik left for the Habsburg empire, spending some time in the port of Rijeka.[42] At this time, he was already seriously suffering from bronchitis.

By 1903 it was all over. Putnik, now a general, was to apply all his knowledge in practice and mastermind all important steps he previously advocated. His approach was an energetic one. Firstly, he sent into retirement several older staff officers bringing younger ones whom he personally knew. Choosing the

38 He had already published several titles dedicated to the application of the artillery units in urban battles and about the artillery in general.

39 Skoko, Vojvoda Radomir Putnik, p. 205.

40 Belić, Putnik, p. 42.

41 Skoko, Vojvoda Radomir Putnik, p. 205.

42 Ibid., p. 210.

right person for the right job became one of his trademarks.[43] The new decrees about the general staff were made public in 1904 and 1905. These implied even more elaborated instructions about the duties and scope of the general staff. Special stress was placed on the need for continuous improvement, constant preparation and coordination of various military units as well as different state institutions. More details were also provided regarding the procedure for those junior officers who desired to be accepted in the general staff. All officers, with commendable records and sufficient troop experience, starting from the rank of the captain of the second class, until lieutenant colonels, were able to apply and try to become part of the elite circle. New regulations anticipated 72 staff officers to be part of the general staff.[44] As was the case in the past, this was only wishful thinking.

What was Putnik's vision of the general staff? He believed in a very proactive approach. The improvement of military readiness had to be multifaceted. Training, equipment, coordination as well education, intelligence, and propaganda – all these segments were approached with the utmost seriousness and devotion. Putnik believed that the key task of the general staff was to promote uniformity of vision, of perspective, among all junior and senior officers alike, regarding the prospects and character of the future battlefield operations. This was to be done regardless of the fact who might be the enemy of Serbia in the future. In the essence, his understanding of the military doctrine and application of force still echoed the strong influence of the Prussian school. The attack was thus still seen as a critical component in fighting.[45]

However, Putnik insisted that all foreign models, introduced into the Serbian military thinking, must be adapted to local conditions. This meant taking into consideration local geography but also the capacities of the Serbian Army. It was not a mechanical transfer of a foreign concept. Consequently, plans for the conflict with Austro-Hungary implied the notion of "strategic welcoming" – meaning that the Serbian Army must, firstly, determine the main direction of the enemy's operational direction.[46] Only then, the mechanism enabling the contra-attack must be set in motion. Putnik insisted that this perspective must be thoroughly disseminated throughout the army units so that absolute coordination is guaranteed once the outbreak of hostilities. In the essence, it was

43 Belić, Putnik, p. 25.
44 Životić, Putnikova škola ratne veštine, p. 63.
45 Životić, Putnikova škola ratne veštine, pp. 100-101, 114, 116, 311.
46 Ibid.; Ratna služba [War Service], Odessa 1916, p. 472.

the general staff's duty to take care that the art of war can be applied effectively in practice.[47]

Putnik's emphasis on field trips of the general staff became famous in the Serbian Army and his knowledge of the even minor details from the Serbian geography became part of his legend. Even after the wars began in 1912, Putnik never had a map in his office.[48] He dictated orders by heart and knew all the toponyms. In 1915, British admiral Ernest Troubridge visited Putnik in his headquarters in Kragujevac. By then a field marshal, Putnik was already severely ill due to his deteriorated bronchitis. The foreign guest was puzzled: "This town is full of fever and sickness and I think must be unhealthy as a nuisance it is over to the enemy. Marshal Putnik ill in bed. I hear he usually is, but directs the battles from his bed!"[49]

Already in the Autumn of 1903, Putnik took his general staff for the trip to the south, to study the border to the Ottoman empire.[50] Like so many other measures, the field trips too, were inspired by the Prussia army. Much attention was also given to the fortifications of the border positions. New roads were constructed enabling better access to wagons and artillery. All plans were coordinated with Serbian railways so that the army's needs were met. The priority was given to the south and the construction of the fortifications on the Ottoman border began already in 1904.[51]

Manoeuvres of units of all sizes became now a regular feature. It was here that Putnik thought he could spread best his concept of a "unified perspective" from top to bottom.[52] Intensive exercises of large units, and constant manoeuvres of all garrisons across Serbia took place each summer. Putnik tried to be personally involved in all segments as much as possible. He personally commanded at the great manoeuvres of 1908.

He was the president of the general staff commission which enabled him to personally oversee the progress of the general staff candidates.[53] He also created an additional institution: the Main Inspection of the Troops which was to act as a quality control office. Putnik was the chief of this inspection from

47 Belić, Putnik, p. 42.
48 Ibid., p. 26.
49 Šarenac, Danilo (ed.), The Forgotten Admiral: extracts from the diary of Sir Ernest Troubridge (1915-1919), Belgrade 2017, p. 68.
50 Životić, Putnikova škola ratne veštine, p. 85.
51 Belić, Putnik, p. 52.
52 Ibid., p. 58.
53 Ibid.

1911-1912. However, this position was reserved for the Serbian heir of the throne, Prince Alexandar Karadjordjević (1888-1934).[54]

Serbia's instructions for the general staff service underlined psychological readiness for the war. Indeed, Putnik supported very much work in this direction. He stimulated all actions aimed at boosting national feelings, patriotism, and national self-confidence.[55] He shared the dominant view that dramatic events might enfold soon in the Balkans. By definition, being patriotic at the time implied not being immune to the "desperate calls from Kosovo" arriving from the Serbian population who continuously kept fleeing to Serbia. Similarly, a patriot could not neglect "the holy assignments outside the narrow borders of Serbia".[56] Indeed, general Puntik's personal history certainly stimulated such thinking. His grandfather fled from Kosovo to the Serb village in Banat, in Southern Hungary. Due to his long journey, he was named "the Traveler" (Putnik) which ultimately became the family's last name. However, the father of Radomir Putnik decided to continue the migration and arrived to the Principality of Serbia and settled in the town of Kragujevac.[57]

Putnik was elected as Minister of War for the second time in 1906 and he performed this duty until 1908. This position enabled him to push for large-scale purchases of weapons and other military equipment. Being elected for the first time, he left his position at the general staff. His successor was one of the influential former conspirators, Colonel Aleksandar Mašin. This created problems for Putnik's vision of the staff activities. Consequently, when he was again asked to be the Minister of War, Putnik appointed himself a special deputy keeping control over the general staff. During Putnik's mandate the Serbian Army got several new schools for non-commissioned officers. These men were seen as an essential element in the dissemination of the doctrinal concepts. Schools were founded for all branches of the army. Consequently, the general staff supported this way all layers of leadership. Machine guns were bought in this period, too.[58]

Planning was yet another duty of the general staff that was pushed forwards during Putnik's mandate. For the first time, the general staff made a detailed mobilization plan for the Serbian Army. All calculations were made after precise measurements took place. Moreover, several partial mobilizations were

54 Ibid., p. 64.
55 Ibid., p. 53.
56 Aleksić (ed.), Tasa Milenković. Tasin dnevnik, p. 436.
57 Skoko, Vojvoda Radomir Putnik, pp. 19-20.
58 Serbia bought 246 machine guns "Maxim M09". Ružesković, Streljačko naoružanje, p. 305.

ordered so that plans were continuously tested. Everything was elaborated until the last possible detail and Putnik insisted that he was part of this process.[59]

The first serious plan for the war with the Ottoman Empire was made in 1898. Until 1912 ten more plans were drawn where the offensive against the Ottomans was elaborated but always based on the 1898 plan. At the same time, two plans were made for the potential war with Bulgaria.[60] The problem with the existing anti-Ottoman plans was very poor intelligence data from the ground.[61] Already in 1883 Serbian colonel Jovan Mišković, at the time the Chief of Staff of the Active Army Command, while defining the role of the general staff, argued that "Serbia has two main enemies", the Austro-Hungarian and the Ottoman empire, and that these facts should direct the timetable of the general staff trips and other activities.[62] Indicative, one of its first tasks of the general staff's external department was to make a comprehensive description of the Austro-Hungarian army.[63] However, this was not anything close to a war plan. Cordial relations with the Habsburg army were guaranteed as long as king Milan Obrenović was reigning. Serbia thus had no plans for war with Romania or Austria-Hungary.[64] In 1896 a very basic plan was made regarding the concentration of forces in the case that hostilities with Austria-Hungary erupt.

However, since 1906 the Serbian general staff prepared more detailed elaborates on the armies of its neighbours.[65] Basically, until 1906 the plan for potential war with the Habsburg monarchy was just a very basic draft. However, things changed in 1907 and especially after the Annexation crisis of 1908 presented the true watershed. The Serbian general staff began to focus on this potential theatre of operations. The full-scale battle plan was made. However, it has not been preserved. It is reasonable to believe that it was based on the premises of "the strategic welcoming of the enemy".[66] It is a telling anecdote about the moment when Putnik heard about the annexation while he was on military manoeuvres. He instantly ordered the creation of elaborate plans for fortifying the border with the Habsburg empire.[67] The issue of the concentration of

59 Belić, Putnik, p. 65.
60 Milićević, Reforma vojske Srbije, pp. 135-136.
61 Ibid., 138.
62 Životić, Putnikova škola ratne veštine, p. 32.
63 Ratković-Kostić, Evropeizacija srpske vojske, p. 149.
64 Životić, Putnikova škola ratne veštine, p. 48.
65 Ibid., p. 126.
66 Ibid., p. 297.
67 Belić, Putnik, p. 53.

the troops was also tackled with the outmost seriousness.[68] These plans were constantly edited in terms with fresh intelligence reports as well as in relation to hostilities around the world that involved the usage of rapid-firing weapons like the Boer War or the Russo-Japanese War.

Soon after being appointed Putnik had problems with the former conspirators. It became clear that the interference of the "unconstitutional" forces could not be avoided. Namely, this wing within the army asked that Mišić must be sent into retirement due to criticism of the 1903 coup. It was found out that Mišić's said that the murder of the royal couple was similar to the actions of common brigands. He added that "these people will become the gravediggers of the discipline in the Serbian Army".[69] Mišić was sent in retirement and there he stayed for the subsequent five years (1904-1909).[70] Putnik's critics complained that he did not do much to save Mišić.[71] Mišić returned to the general staff after all in 1909. He was given an influential position, of the head of the Operational sector, where he stayed until 1913.[72] Despite trying to be above the problems of domestic politics, to be apolitical, Putnik's critics complained that he acted on several occasions actually as a protector or advocate of the former conspirators, especially he did so for the junior officers whom he previously trained.

In May 1914, a severe crisis erupted in Serbia over who is in charge of the newly acquired lands in the south, the so-called "New Territories". The question of who had the priority, the civilian administration or the military ignited a deep political clash. The situation was extremely flammable and Putnik stepped in and supported the officers who questioned the authority of the civilian administration. It appears that Apis very easily manipulated Putnik as contemporary Radovan M. Drašković had observed.[73] Even before this crisis, Putnik kept close informal contacts with nationally most ardent officers. His close ties and amicable relations with colonel Dimitrijević Apis had also been noticed by contemporaries.[74] However, in literature, this has largely been

68 Ibid., p. 66.

69 Kazimirović, Vasa, Crna ruka, ličnosti i dogadjaji u Srbiji od Majskog prevrata 1903 do Solunskog procesa 1917 [The Black Hand. Personalities and Events in Serbia since the May Coup 1903 until the Salonika Trial in 1917], Novi Sad 2016, p. 233.

70 Bjelajac, Mile, Generali i admirali Kraljevine Jugoslavije 1918-1941 [Generals and Admirals of the Kingdom of Yugoslavia], Belgrade 2004, p. 220.

71 Kazimirović, Crna ruka, p. 235.

72 Ibid.

73 Drašković, Pretorijanske težnje u Srbiji, p. 178.

74 MacKenzie, David, Apis, Belgrade 1996, p. 72.

overlooked as the authors stressed Putnik's military expertise and apolitical stance. Nevertheless, the reality was much more complex.

Dragutin Dimitrijević Apis was, among other things, just another officer who desired to become a general staff member. He had successfully passed the exams as a captain in 1905 and was then permitted to leave his duty in order to travel to Germany. He spent one year in Berlin learning German and studying the German Army. He visited the main German manoeuvres in 1906 in Silesia (***Kaisermanöver***) and left a detailed report.[75] However, Dimitrijević was also one of the key representatives of the "unconstitutional elements" who advocated aggressive foreign policy and who protected the legacy of the 1903 coup.

As mentioned before, Serbian intelligence data about the Macedonian theatre of operations were very weak. Consequently, in August 1912 Serbian general staff organized a very daring mission across the Ottoman border. Three groups of officers, mostly members of the revolutionary organization "the Black Hand" crossed the border illegally. Apart from providing necessary data about geography and the local road network, the officers met with the Albanian leaders trying to agree on a mutual stance in the case the all-out war erupts.[76] In August 1913 Dimitrijević was placed at the head of the external department of the operative section of the general staff.[77] He already had informal links within the "Black Hand" society and now all state resources were also at his disposal.

In mid-1912 the general staff demonstrated its capabilities in full scale. After an agreement on the Serb-Bulgarian alliance was reached in March 1912 the two general staffs elaborated on the detailed collaboration. Ivan Fitchev, the Chief of the Bulgarian General Staff arrived to Belgrade disguised as a civilian with the papers of a traveling salesman. Similarly, Putnik travelled to Varna with just one assistant in June 1912. The delegations had several meetings as well as war games in a monastery in eastern Serbia in April and May 1912.[78]

4. Conclusion

In the cult Serbian First World War movie, "the Drina March" (Marš na Drinu) from 1964 there is a scene where Serbian major Jovan Kursula reports to General Stepa Stepanović, the commander of the Serbian Second army. It all happens

75 Ibid., p. 68.
76 Ibid., pp. 99-100.
77 Ibid., p. 108.
78 Ibid., p. 249-254.

on 19 August 1914 in the midst of the Cer Mountain Battle. After discussing the details of the on-going clash, Major Kursula decided to remind the general about one event from their past. Namely, the general had failed this major at one exam. The critical exam question was whether the Austro-Hungarian Army would invade over the Drina River as the major claimed or whether it would attack across the Danube and the Sava rivers. "General, do you remember when you failed me at my exam, over the Drina River? I said that the Austro-Hungarian troops will attack across the Drina because this is the best for them. Do you remember?" General Stepanović, after brief contemplation, replied: "Yes, I remember, so what?". The major was persistent: "Well, they actually did come across the Drina, after all." "Well, they will pass just like you on your exam", the general replied.

This, though, an imaginary scene with elements of black humour, encapsulates well the close ties between the officers of all ranks but it also reveals the fact that the issue of the direction of the possible Austro-Hungarian incursion was debated over and over with the utmost seriousness throughout the Serbian Army. This was one of the numerous results of the high-quality work of the general staff since 1903, when little was left unplanned. This was one of the reasons why in 1914 the Serbian Army managed to expel the Habsburg army twice from Serbia and avoid capitulation in 1915 despite being chased by the joint Austro-Hungarian, German and Bulgarian troops.

On the other hand, it is questionable how the Serbian general staff managed to develop its own doctrine based on the notion of "strategic welcoming". Indeed, the foreign doctrines were not transferred without adaptation and critical questioning, but was this enough for an original military concept? Finally, Serbia's national aspirations to increase the national territory and encompass the Serbs still living in neighbouring empires found their inspiration in the German and Italian unification. This was the context that dictated the thinking of the Serbian key military figures. However, General Radomir Putnik went too far in allowing the mixture of official and unofficial networks that were preparing the country for the potential war or wars. There was too much understanding of the activities of the aggressive civilian and officer groups that appeared after 1903 and which flourished after the annexation of Bosnia and Herzegovina in 1908. There was indeed a certain prophecy in the words that caused colonel Živojin Mišić's early retirement. The coup of 1903 enabled rapid democratization as well as modernization of the entire society, military included. Nevertheless, the existence and power of the "unconstitutional elements" must not be overlooked as they cast a shadow on the professionalism of the general staff during the decade prior to the First World War.

Change, Unrest, Confusion: the General Staff of the Romanian Army from 1900 to 1914

Claudiu-Lucian Topor

1. Introduction and Historical Premises: the Birth of a Romanian Military Institution

The General Staff of the Romanian Army was established by royal decree on 29 November / 11 December 1882. The institution was subordinated to the Ministry of War and had attributions specified in the content of the founding document: studying military organization issues, preparation of works regarding war, regulation of the auxiliary services of the army, studying the geography and topography of foreign countries, printing maps and war planning, drafting reports on the military forces of other states, and the constant monitoring of their military activities.[1] However, Romania had felt the need to create its own army some time before this moment. In the first decades of the 19th century, Russia's rise as the dominant power in Eastern Europe forced the Ottoman Empire to adopt a policy of concessions in the territories at the mouth of the Danube. On 14 September 1829, Russia and Turkey signed a peace treaty in Adrianople, which, among other things, stipulated a number of conditions regarding the Romanian Principalities. Article V stated that Moldavia and Walachia, on the basis of capitulations, remained formally under the suzerainty of the Sublime Porte, Russia guaranteeing the privileges and immunities granted to them in the past by the Ottoman Empire. Romanians enjoyed the free exercise of religious worship, independent national administration and freedom of trade.

An addendum to the treaty established the border between the Ottoman Empire and the Romanian Principalities on the Danube riverbed, guaranteed the inviolability of their territory by liquidating the Turkish fortifications on the left bank of the river and returning to the Principalities the Giurgiu, Turnu and Brăila districts ("*raia*"). The document bolstered the territorial autonomy

1 Ardeleanu, Eftimie/Oşca, Alexandru/Preda, Dumitru (eds.), Istoria Statului Major General Român. Documente 1859-1947 [The History of the Romanian General Staff. Documents 1859-1947], Bucharest 1994. See Înalt Decret nr. 2945 relativ la înfiinţarea Marelui Stat Major al armatei [High Decree no. 2945 Regarding the Establishment of the General Staff of the Army], p. 87.

 | DOI:10.30965/9783657791958_008

of the Romanian Principalities over the Ottoman Gate by establishing quarantines and border pickets on the Danube line, giving Moldavian-Walachians the right to organize domestic militias. Among the duties of these military structures (later the embryo of the national army) were the maintenance of internal order, the organization of cordons in health emergencies, the establishment of quarantines, and border security. The domestic militia defended the Romanian territory from the attacks of the rebel gangs of Turks coming from the Danube fortresses and from the districts on the right bank of the river, but also contributed to the application of health safety measures in the relations with the Ottoman Empire.

As a result of pressure from Austria, Russia undertook to leave the territory of the Romanian Principalities in 1834. However, its overwhelming influence remained ever-present. As a protective power, the Tsardom had an infinite capacity to influence the domestic administration. First of all, Russia analysed the activity of the two rulers and could request their dismissal at will. Russia's tutelage affected all acts of internal governance. The interference of the tsarist government was exercised through direct instructions sent to the rulers through Vice-Chancellor Nesselrode and through the consuls appointed in the two capitals of Moldavia and Walachia. The protective power indirectly contributed to the modernization of the political structures in the Principality – constitutional laws were adopted (the Organic Regulations) – but maintained an iron grip on administration, thwarting any form of assertion of autonomy.[2] The Romanian rulers from the post-1848 period enacted decrees for the development of the military force. The "Military Regulations" of the era bore the mark of Russian influence. They contained summary provisions on the structure, recruitment, endowment of the army and the fulfilment of military service. The militias operated around the "Royal Staff" (*Ştab Domnesc*) which was a first miniature military command subordinated to the ruler and consisting of a limited number of experienced officers. The quality leap occurred later, during the reign of Alexandru Ioan Cuza. Adherent to the reforms in the sense of the Europeanization of the Romanian society, the ruler of the United Principalities decided to reorient military training by abandoning the Russian model and adopting the French one. The most important action undertaken during Cuza's rule was the establishment of the first staff structure in the military history of modern Romania: the General Staff Corps. It consisted of officers of all ranks (including colonels) selected from the armies of the two principalities on the basis of adequate training proven by systematic schooling.

2 Stan, Apostol, Protectoratul Rusiei asupra Principatelor Române [Russia's Protectorate of the Romanian Principalities], Bucharest 1999, pp. 66-94 and 95-143.

The structure and organization of the new body were outlined by the adoption of the High Despatch (No. 123 of 14/26 December 1859) which provided for the establishment of three sections (training and correspondence works; topographic and geodetic works, engineering and artillery works) to which a fourth was added in 1863 (public/civil works). In January 1860 the first Chief of the General Staff was appointed, Colonel Grigore Gărdescu, followed after only one month by Major Istrate Sămăşescu. A brief period of instability followed, ending on 30 May / 11 June 1860 with the appointment of Colonel Ioan Emanoil Florescu as Chief of General Staff.[3]

The difficulties encountered by the governments of Cuza's reign indicated that the moment of detachment from the mixture of foreign powers was still far away in the eyes of the majority of Romanians. The political unification of 1859 had failed to legitimize a ruling dynasty recognized in Europe, the United Principalities depended on a weakened suzerainty of the Ottoman Empire and remained under the supervision of the Great Powers. The architect of Moldavia's unification with Walachia, Prince Cuza had linked his destiny to a young nation with a Levantine penchant for envy and deceit. The people expected him to govern the country wisely and to effect justice, showing restraint and discernment. But Cuza proved unskilled in administrative matters. That is why he lost the confidence of the people and relied too much, up to his abdication, on his own qualities. After the Unification of the Principalities took place, the conviction that Cuza Vodă's mission had been fulfilled had begun to take root among the Romanian politicians; they became persuaded that the continuation of his reign would have meant nothing more than the perpetuation of the old plots to change one ruler with another belonging to aristocratic families.[4] Cuza made many enemies among the factions claiming to rule the country. So many, in fact, that a coalition of forces led by radical liberals (the most vehement challengers) sealed his fate. Key elements of the army (the institution he had reformed by adopting an organization law in 1864) arrested him on the night of 23 February 1866. The ruler offered no resistance and immediately signed the abdication document. Then he left for Austria, where he remained until the end of his life.

The year 1866 thus marks a new historical moment in the evolution of modern Romania. However, its institutional structures were definitively

3 Otu, Petre, Pace şi război în spaţiul românesc. Secolul al XX-lea [Peace and War in the Romanian Space. The 20th Century], Bucharest 2010, pp. 30-31.

4 Riker, T. W./Oxon, D. Litt, Cum s-a înfăptuit România. Studiul unei probleme internaţionale 1856-1866 [The Making of Romania: a Study of an International Problem, 1856-1866], Iaşi 2000, pp. 326-328.

implemented. The political foundations had been laid down in solid fashion: a constitution adopted in 1866 would serve as a fundamental law, with occasional amendments, until 1923; a new ruling dynasty, a branch of the Hohenzollern family, filled the vacant throne and strengthened the prospect of political stability.[5] The foreign prince that represented the "solution" to the exit from the political crisis of Cuza's abdication was Carol of Hohenzollern. He was born in 1839 in his family's castle in Sigmaringen, and as a young man had lived the life of an officer, heeding his heart's call for the military career. He travelled incognito to Romania, at the end of exhausting political negotiations and uncertainties influenced by sentimental echoes. The foreign prince entered Bucharest on 10 May 1866 and opened wide windows to a new era in Romanian history. From the beginning of his reign, Carol was concerned about the state of the army. On 11 /23 June 1868, a new law on the organization of the armed forces was adopted, and it remained in force (with few modifications) until a few decades later. Article 14 of the law established that the General Staff of the Army was divided into two major structures – the General Staff and the General Staff Corps. The first consisted of division and brigadier generals, called to command the army corps, and the second included officers from the rank of colonel to that of captain. The staffing scheme in the General Staff consisted of 12 cadres (division and brigadier generals) and the General Staff corps consisted of a number of 22 officers (including 12 captains and six majors). These highly trained officers represented the backbone of the Romanian military commands. At that time, the General Staff was not a bureaucratic structure integrated into the Central Military Administration, but was instead an advisory body meant to provide expertise in important issues.[6] Prince Carol personally supervised the process of organizing the first modern Romanian Army.

The litmus test of the competencies of the new military structure was Romania's participation in the Russian-Turkish War of 1877-1878 (known in Romanian historiography as the Independence War). By Decree no. 787 of 6 April 1877, the permanent and territorial army were mobilized together with their reserves. The operative command belonged to the General Headquarters, headed by Colonel George Slăniceanu (as Chief of Staff of the Army). The organization of the military took the form of several army corps, consisting of divisions made up of brigades. The organization chart of the mobilization also included an engineer company and a medical ambulance assigned to each

5 Hitchins, Keith, Scurtă istorie a României [A Concise History of Romania], Iaşi 2015, p. 131.
6 Otu, Pace şi război în spaţiul românesc, p. 32.

division. The total number mobilized by Romania in 1877 was 100,000 soldiers and officers, of which the combat troops numbered 58,700 men.[7]

This war was the first appearance of the Romanians on a battlefield after two centuries of continuous absence. However, the experience gained in the Balkan theatre of operations (mobilization, concentration, movement, troop logistics) had proved that the staff structures were in an incipient stage of evolution. The conduct of military operations reflected the existence of important limitations. One of them was the poor intelligence activity. During the attack on the Grivitsa redoubt, firmly defended by the Turks, the Romanian soldiers discovered in astonishment that they were facing two reinforced positions instead of just one (!). The assault on the second Grivitsa redoubt began on 18 September 1877. Three battalions took part in vain in the event. Bayonet fighting ensued, which temporarily drove the Turks off their fortified lines. Arriving at the ditch of the Ottoman redoubt, the Romanians could not advance. The enemy wall could not be penetrated by the repeated assaults. The devastating gunfire coming from the Turks, who had numerical superiority, took the lives of 5 officers and 123 soldiers before Prince Carol gave the retreat order.[8]

Unfortunately, the errors of the command structures, together with the lack of skill of the officers appointed on the General Staff sections, were perpetuated in the preparation of the coming wars. After the death of King Carol I, corruption had flourished in the Romanian Army and debauchery was rife in the territory. As early as October 1914, political "cleansing" had begun in decision-making positions. Reputable persons (Alexandru Averescu, cavalry inspector general was moved to Craiova as Army Corps Commander; Ioan Dragalina, infantry inspector general, was transferred as division general to Turnu-Severin, etc.) were removed from post and replaced by politically selected officers. The consequences were not long in coming when responding to subsequent challenges. An acute sense of mistrust often separated Romanian soldiers from the officers in command posts on the battlefields of 1916. It was probably no coincidence that the German "enemy" had noticed amongst the Romanians the bravery of the soldiers in antithesis to the incapacity of the officers.

7 Antip, Constantin/Ardeleanu, Constantin, Comandamentul armatei române în Campania din 1877-1878 [The Command of the Romanian Army in the 1877-1878 Campaign], Bucharest 1998, p. 74.

8 Lindenberg, Paul, Regele Carol I al României [King Carol I of Romania], Bucharest 2006, p. 198.

2. Organisation, Recruitment, Activities

From its establishment in 1882 until the First World War, the General Staff underwent structural changes that set out in detail its responsibilities in both peacetime and wartime. The frequency of these changes has caused instability in the implementation of decisions at the level of military commands. The General Staff was originally (1859) an army design structure subordinated to the Ministry of War. However, this ministry had been reorganized since 1870, divided into four departments, to which was added the War Depot, designed as a body (structure) that performed the duties of the General Staff (carrying out cartography, topography, statistics works, etc.). Before 1882, there was no autonomous institution within the Romanian Army that had the role of designing and directing the entire military activity. After the Unification of 1859, two fundamental staff structures continued to function (with a numerical increase in staff): the General Staff, consisting of generals assigned to command the large units of the army, and the General Staff Corps, consisting of officers ranking from captain to colonel, recruited by competition from the graduates of war academies abroad. However, there was a need for an autonomous body with permanent activity that would take over the task of preparing preliminary studies on the war: mobilization, concentration, army command. This aim was accomplished by the adoption of the Law on the General Staff Service of 6/18 March 1883.

According to the Regulation adopted in 1884, the General Staff Service was divided into the General Staff Service under the name of the General Staff and the General Staff Service of the Great Military Commands (Army Corps, Divisions and Detachments). The General Staff of the Romanian Army was organized at its establishment in three sections: Section 1 dealt with the preparation of works related to mobilization, concentration, geography and military topography of the country and the planning of major manoeuvres; section 2 was tasked with preparing the auxiliary services of the army and military corps for military campaigns (railway, telegraph and postal service, intelligence service), it also monitored and studied the military performance of other states as well as their military manoeuvres; section 3 was in charge of drafting and printing the maps the army required both in times of peace and of war. It stipulated in detail the organizational framework of the institution: the General Staff Service of the Army, known as the General Staff; the General Staff Service of the Grand Commands, established under the name of General Staffs of Armies, Army Corps, Divisions, etc. The execution of the staff service was the responsibility of personnel consisting of officers from all army branches who had acquired a Staff license, temporarily seconded by their corps and occasionally assisted by officers (without a license) employed in the chancellery service.

The law provided for the establishment of a Higher School of War intended for the training of aspiring officers in the Staff service. The courses spanned at least two years and the lieutenants and captains of all army branches were admitted by competition if they proved to have completed at least two years of active service in the troops. The admission examination was held before a board composed of senior officers from all army branches and two advisory members of the Advisory Committee of the General Staff, a body established by Decree no. 846 of 8 April 1883 and consisting of the Chief of the General Staff together with three colonels from the same corps. The number of places (minimum 20) was established annually by ministerial decree. At the end of the first year, the selected officers took an examination before the same board, and those considered insufficiently trained were sent back to their corps. At the end of the second year of study, the student officers sat a new examination after which those with satisfactory training received the Staff license and the right to complete a two-year training course in corps of an army branch other than the one they came from. There they were placed for at least six months in command of an infantry company, an artillery battery, and a cavalry squadron. After the training period spent in the troops, the officers with the Staff license returned, in the order of their merit ranking, to the Staff internship under the guidance of the Chief (sometimes the Deputy Chief) of the General Staff, to be employed for two years by the General Staff of the army or of division corps.

They were promoted to the rank of captain on the day of their call, unless they had obtained the same rank while in command of the troops. The Staff license, with the endorsement of the Staff Advisory Committee, was also granted to officers of any rank in the army who had successfully attended a special Staff school or a higher military school in one of the countries that were part of the European great powers. According to the law of 1883, the Higher School of War remained under the authority of the Minister of War, but the Staff service was fully coordinated by the Chief of the General Staff assisted by a senior officer. The Chief of the General Staff personally directed the work of the General Staff and supervised the instruction of the personnel. He made proposals for the appointment of personnel to various positions, delegated officers for special missions, arranged for them to be sent to the troops and recalled them in case of need.

General Staff Officers belonged to the elites of the Romanian society. Most were from aristocrat families. They had been educated in colleges and had graduated with special merit. An illustrative example of the activity of the General Staff is the case of Major Radu R. Rosetti, who was Chief of the Operations Bureau between 1914 and 1916. He drew up a plan of action in order to decree the mobilization of the Romanian Army in August 1916. A future military general and historian, Rosetti came from a family of boyars in Moldavia. His ancestors had held high public office in the past. In his childhood he had received a first-rate education. His parents encouraged him to choose a career in the army. After graduating from the preparatory courses of the School of Bridges and Roads (1895-1897), Rosetti became a student of the Military School of Artillery and Engineering (1897-1899), and when he graduated he was ranked third out of 52 students. Rising to the rank of lieutenant, he took the entrance exam to the Higher War School in Bucharest and was first at the top of the admissions list. It should be noted, however, that Rosetti did not enrol to study abroad (contrary to the custom of many of his comrades) where he would have had the opportunity to attend renowned schools in the domain.[9]

In peacetime, the personnel of the Staff consisted of one or two generals, five or four colonels, five lieutenant-colonels, 12 majors and 32 captains. The Staff service also included civilian employees: archivists, copyists, illustrators, engravers, lithographers, printers, etc.[10] In wartime, the General Staff was in charge of the administration of the interior of the army (the sedentary part) with the main mission of procuring and regenerating the resources (human and material) necessary in order to carry out the hostilities. The actual coordination of military operations was assigned to the General Headquarters, a military structure under the direct command of the king (the heir apparent) operating on the framework of the General Staff from which it took over most of the sections, offices, departments, with their entire organization chart and material base.

When the Romanian Army was mobilized for the preparation of the wars from the beginning of the 20th century, there were important fluctuations at the level of the command posts among the Staff officers, and therefore the system was disturbed. Cohesion and effective co-operation between departments and offices diminished and the effects became visible. Stability and continuity in office is a fundamental condition of the operation of a General Staff at all levels. The General Staff and the General Headquarters had to represent

9 Georgescu, Maria, În vâltoarea războiului. Radu R. Rosetti [In the Turmoil of War. Radu R. Rosetti], Bucharest 2019.

10 Istoria Statului Major General Român. Documente 1859-1947 [The History of the Romanian General Staff. Documents 1859-1947]. See Înalt Decret nr. 809 / Lege asupra Serviciului de Stat Major, 6 martie 1883 [High Decree no. 809/Law Regarding the General Staff Service], pp. 88-91.

solid constructions, permissive within the limits of the legislation and at the same time immune to outside political influences. Unfortunately, in the last decades of the 19th century and in the run-up to the Great War, there was a strong tendency for subordination, influence, and interference by the sovereign, the prime ministers, the war ministers, and even the more influential people in politics and business on decision-makers in leadership positions and at strategic level.[11]

Through various subterfuges, politics influenced even the training of officers. Whereas during the reign of Alexandru Ioan Cuza the professional training of most of the officers of the General Staff took place in the French army, after the arrival of Prince Carol on the Romanian throne, the orientation towards the Prussian war school (later unified Germany) became dominant. As an honorary marshal of the German army, a rank he received in April 1909 at the age of 70,[12] King Carol I also insisted on sending young Romanian officers to internships in units of the German army. The proposal was accepted in Germany on the condition that the young Romanian aspirants wear the uniform of the combat units where they were preparing and take an oath of allegiance to the emperor. The purpose of the action was to complete and improve the "instruction" of the Romanian officers regarding the "front service". Throughout their military training, the young Romanians became officers integrated into the structures of the German army. From a historical point of view, this was probably a plus, but at the same time it was certainly a minus. In 1908, while acting as a seconded officer in the General Staff, General Radu R. Rosetti had been assigned the task to consider the opportunity of renewing the convention with Germany regarding the referral of Romanian officers for specialized training. After analysing reports from 72 officers, Rosetti wrote a memorandum opposing the renewal of the convention with Germany. He believed that the Romanian officers left too soon for training in the German army and returned to the Romanian Army with a rank that was not effective enough in exercising real influence while in command. Therefore, the years spent in a strong army, almost never facing shortages, were of no use when they came into contact with an army in development affected by numerous shortcomings.[13]

The General Staff devised the strategy and plans for the development of the national defence system in the period 1882-1914. It was then that the first

---

11 Giurcă, Ion/Georgescu, Maria, Statul Major General Român (1859-1950). Organizare şi atribuţii funcţionale [The Romanian General Staff (1859-1950). Organisation and Functional Tasks], Bucharest 2012, pp. 22-23.

12 Frunzeti, Teodor/Giurcă, Ion, Mareşali ai României [Marshals of Romania], Bucharest 2013, pp. 61-62.

13 Rosetti, Radu, Mărturisiri [Confessions], vol. I, Bucharest 1940, pp. 145-146.

project for the fortification of the Romanian territory in the situation of the defence war was developed. A committee chaired by General Gheorghe Manu designed a system of fortifications that included the Focşani-Nămoloasa-Galaţi defence line (located in southern Moldavia and was meant to stop any invasion by Russian armies from the territory between the Prut and the Siret), a bridgehead at Cernavodă for the forces stationed in Dobrogea (serving as a base of operations for a possible offensive in Bulgaria), numerous forts and gun batteries located around the cities of Bucharest (the political and administrative centre of the country) and Constanţa (the main Romanian port at the Black Sea). For the defence of the capital, King Carol I enlisted the services of Henri-Alexis Brialmont, a Belgian officer who reached the rank of general in 1874, designing fortifications for the cities of Liège, Namur and Antwerp. In Bucharest, Brialmont suggested building a 70 kilometre defence belt consisting of 18 forts equipped with heavy artillery. The works started in 1884 and entailed significant costs (the amount was equivalent to 11,542,772 lei, i.e. three times the annual budget of the Ministry of War). Later, advances in artillery technology made the fortifications around Bucharest obsolete, and therefore in 1914 the heavy weaponry (sixty 1891-model, 105 mm Krupp cannons) was decommissioned and transferred to Dobrogea to the artillery units at Tutrakan and Cernavodă. After the loss of the decisive battle of Neajlov-Argeş (16/29 November – 20 November / 3 December 1916) the capital surrendered without putting up any resistance to the enemy. Present with his troops near Bucharest, on 22 November / 5 December 1916, Field Marshal August von Mackensen expected a prolonged siege of the fortifications but was surprised to find that Romanian authorities and retreating troops had declared the capital an open city (devoid of operative fortifications). After the war, the fortifications around Bucharest were used to house troops and store weapons. With one exception: Fort 13 Jilava was turned into a prison.[14]

Several Chiefs of Staff from before 1914 proved to be outstanding officers throughout their military careers. They had attended prestigious schools and had proven their skill while in the command of troops in the territory. After 1879, Major General Nicolae Tătărescu graduated from the War School in Brussels. He had recently taken part in the Russian-Turkish War (Romania's War of Independence, 1877) during which he had served as an officer in the General Staff of the First Territorial Division. He was assigned as the leader of the General Staff in April 1904 and remained in this post for almost three

14 Scalfeş, Cornel/Scalfeş, Ioan I., Cetatea Bucureşti. Fortificaţiile din jurul capitalei (1884-1914) [The Bucharest Citadel. The Fortifications Around the Capital (1884-1914)], Bucharest 2008.

years. This gave him plenty of time to propose the elaboration of legislative projects (Law of Requisitions, 1906) and to contribute to the revision of the hypotheses of war formulated at the end of the 19th century. In 1905 Tătărescu prepared a study regarding the doubling of those parts of Romanian railways that were considered of strategic importance. Each army corps was assigned a railway route to deploy forces and means, calculating that a Romanian division needed 40 trains of 50 carriages each in order to become operational in wartime. Tătărescu also personally supervised the endowment of the army with modern weaponry (75 mm "Krupp" rapid-fire cannons, 1904 model, and 120 mm Howitzers, 1901 model). During his tenure, he expressed more concern about improving the recruitment system for soldiers by replacing the bureaus in the county seats with regional military recruitment offices.

In similar fashion Nicolae Tătărescu's successor at the helm of the General Staff, General Grigore C. Crăiniceanu, had graduated from the School of Artillery and Engineering Applications in Brussels. Returning from his studies in 1874, he enlisted as an active army officer in the Russian-Turkish War (1877). On this occasion, he made the first remarks on the shortcomings in the organization of engineers troops published in his study *Prima lecţie din războiul din 1877-1878* ("The First Lesson of the War of 1877-1878") which facilitated his career advancement in the 1880s, when he became a teacher of fortifications at the Higher School of War. The period spent leading the General Staff (1907-1909) was later completed with a one-year term at the helm of the Ministry of War. In the Second Balkan War, Crăiniceanu was appointed commander of the Second Army Corps, and in the summer of 1916 he took command of the Second Army, which was tasked with launching an offensive North of the Carpathians, in Transylvania. An exceptional theorist, Crăiniceanu opposed the ideas circulated at the time that challenged the usefulness of the fortifications, which stated that they "killed" the bravery and "attack spirit" of the troops. He stressed that the loss of morale among the troops was not due to the vulnerability of the fortifications but to a lack of discipline, training and sense of duty. General Crăiniceanu was involved in the preparation of the engineering plan (1882) at territorial level and campaigned for the establishment of a permanent army with reserve troops permanently assigned to the operational structures.

After two years at the helm of the General Staff, General Crăiniceanu gave relinquished command to General Ion Istrati. From November 1909 to March 1911, he diligently fulfilled his mandate. He had graduated from the School of Officers' Sons in Iasi (1879) and attended the Polytechnic School of Paris (1882) and the School of Artillery and Engineering Application (Fontainebleau, 1884). As Chief of the General Staff, General Istrati was involved in the military reform of 1908-1914. Based on the proposals made by the General Staff and the Ministry of War, a new law on the organization of the armed power in Romania was adopted in 1910. The Romanian Army became an army of large numbers, consisting of active and reserve units with skills in the use of the main types of weaponry and benefiting from a permanent organic training.

Istrati proposed a reassessment of the "Eastern Front" defence hypothesis against Tsarist Russia. Between 1909 and 1910, the Romanian defence system had been designed on deeply staggered lines in Moldavia, the troops being supposed to retaliate on successive defensive alignments, first following the sector between the Prut and the Siret and later reaching "the gates of Focşani" in the direction of Muntenia on the Olt line. The purpose of this controlled retreat in the face of an invasion of Russia was to gain time and allow the Allied forces belonging to the Central Powers to take action. If Bulgaria had allied itself with Russia and had in turn launched a surprise attack on Romania, the bulk of the Romanian Army would have concentrated in the area of Turnu-Magurele, Alexandria, Roşiorii de Vede, Caracal, Corabia, and only one secondary group would have moved to Dobrogea.

However, it is also surprising that the Romanian decision-makers had not definitively ruled out the possibility of a defensive war against Austria-Hungary. A look at the planning outlines of 1911 would reveal that the General Staff relied on Romania's cooperation with Serbia and Russia in the event of a conflict with Austria-Hungary. In the case of a general European war, a document was drafted in 1909, called the *Memorandum on the Concentration of the Army in Hypothesis A*, which aimed to "guarantee" Romanian neutrality through military measures; however, the hypothesis of Romania's participation in a war if the national interests required it remains interesting. One can notice here the significant detail that the intervention in a war demanded by national imperatives would take into account the fate of the Romanians in Bessarabia (belonging to the Tsarist Empire) as well as of those in Transylvania (belonging to the Austro-Hungarian Empire). The document does not specify the orientation of the Romanian armed forces in such a war, but only insists on the national character of the belligerence regardless of the side towards which the policy would have decided that the country's resources should be directed.

Although he enjoyed success in the leadership of the General Staff, General Istrati was replaced by the controversial General Vasile Zottu. It was probably a hasty decision. Appointed in March 1911, General Zottu did not remain in charge of the institution for long. He was transferred in November to the command of the Bucharest Citadel. Recalled in 1914, he contributed to the development of hypothesis Z (the war plan against Austria-Hungary). Suspected of espionage in 1916, Zottu committed suicide at his home in Bucharest.

At the end of Zottu's first term, a historical figure came to the leadership of the General Staff: General Alexandru Averescu. A brief reading of his biography shows that Averescu came from Bessarabia. He was born in Ismail in 1859 and had fought as a soldier in the Romanian Army (enlisted voluntarily) during the time of the War of Independence. Noted for his bravery, he had been quickly promoted to sergeant. The experience of the war probably brought him closer to the troops. In 1881, after graduating from the Military School at Dealu Monastery, he obtained the rank of ensign. He continued his studies in Turin, where he graduated from the Higher School of War. His commitment and temperance recommended him for an exceptional military career. The evolution of events confirmed a lightning-fast career climb. In 1906 he was promoted to the rank of brigadier general (he was only 47 years old) and in 1930 he became marshal of Romania. Averescu remained in charge of the General Staff from 1911 until the mobilization of the army in 1913. During the Second Balkan War, acquiring the title of Chief of the General Headquarters, Averescu planned actions in the enemy territory, proving excellent qualities as a military commander. His strategic view was based on the justified assumption that the Bulgarian troops had concentrated their manoeuvring force on the western front in Macedonia, leaving weak garrisons on the Danube line. In order to achieve the political goal of the war (removing Bulgaria from the battle and ending hostilities before the intervention of the great powers) Romania prepared a campaign plan involving the army's offensive in two directions south of the Danube: the main group would move towards Sofia and the secondary group would head towards the Quadrilateral (Southern Dobrogea).

During Romania's neutrality at the beginning of the First World War, General Averescu remained in command of an army corps but did not play a key role in the realization of the Z hypothesis. The general was in favour of engaging the bulk of the Romanian Army on the Southern front, against Bulgaria, based on the strategic circumstances in the Balkans, which allowed Romania, as in 1913, to tip the balance of victory on this theatre of war with a surprise intervention, starting from the map of the concentration of German-Bulgarian troops that could not stop the offensive of the main Romanian armies due to massing of important forces on the Thessaloniki front. Averescu argued that designating the Bulgarian army as the main enemy would have been more favourable to Romania than confronting the units of the Austro-Hungarian army. In the situation of the Romanian offensive in Transylvania north and west of the Carpathians, the strategic cover forces (Muntenia, Oltenia, Dobrogea) would have been exposed, the enemy always having the opportunity to overthrow the main front by correlating its actions in Transylvania with those north of the Danube.

Averescu's predictions came true in August-November 1916. In a desperate situation on the western front, he was called upon to devise a way out of the military crisis. This is how the idea of the "Flămânda Manoeuvre" (10/23 September-23 September / 6 October 1916) came to fruition, a surprise action by which a group of Romanian divisions had to cross the Danube and advance into eastern Bulgaria, catching in a pincer motion, together with the Romanian-Russian army in Dobrogea, the bulk of the enemy forces lead by Field Marshal August von Mackensen. The manoeuvre was excellently planned but poorly executed. The bad weather also contributed to the final failure. After the unfortunate end of the Flămânda Manoeuvre, General Averescu was sent to the Carpathians where he took command of the Second Army with the mission of opposing the crossing of the Carpathians by the German-Austro-Hungarian troops at Rucăr in the direction of Câmpulung. Once the Romanian front on the Jiu Valley was breached and the battle of Neajlov-Arges was lost, the troops lead by General Averescu retreated to Moldavia for recovery.[15]

3. Planning the War: Foreign Policy and Military Strategy

The Triple Alliance was the longest-running political creation of German Chancellor Otto von Bismarck. Probably the strongest political, functional construction in the Europe of national states. Romania also gravitated towards the sphere of influence of this system of alliances. On 30 October 1883, a secret treaty of alliance with Austria-Hungary was signed in Gastein, Austria, which Germany immediately and unconditionally signed. Romania joined thus the policy of the Triple Alliance through a series of direct or indirect agreements, which placed it in a position of "satellite" of the Central Empires. The treaty allowed Romania to break out of diplomatic isolation and obtain security guarantees. In Otto von Bismarck's view, the conclusion of the alliance with Romania was based on strategic reasons: the strengthening of the southern flank of Austria-Hungary. It was part of the logic of an effort to prevent a change in the European status quo in regions threatened by the possibility of revolutionary outbreaks (France, Italy, the Polish space, the Balkan states).[16]

15 Oroian, Teofil/Nicolescu, Gheorghe (eds.), Șefii Statului Major General Român (1859-2000) [The Chiefs of the Romanian General Staff], Bucharest 2001, pp. 54-90.

16 Dinu, Rudolf, Diplomaţia Vechiului Regat 1878-1914. Studii [The Diplomacy of the Old Kingdom 1878-1914. Studies], Presa Universitară Clujeană 2014; Chapter I, Diplomaţia Vechiului Regat, 1878-1914: management, obiective, evoluţie [The Diplomacy of the Old Kingdom 1878-1914: Management, Objectives, Evolution], pp. 19-109, here, pp. 55-57.

In the early 20th Century, Romania's cohabitation with the powers of the Triple Alliance went through a troubled period. There were two key moments around which questions arose regarding Romania's exit from the alliance with Germany and Austria-Hungary. The first moment was the visit of Tsar Nicholas II to Constanţa. Occurring on 1/14 June 1914, this official visit of the Russian imperial family to Romania demonstrated the readiness of the parties engaged in decisive talks that called into question the hitherto stable ties between Romania and the Triple Alliance. Although both the government and the press in Bucharest adopted a tactful approach, the tsar's visit was seen by Germany as evidence of Romania's weakening ties with the Triple Alliance and of feverish preparations for a political deal with Russia. The German newspapers, without making any sensational revelations, anticipated the reorientation of the Romanian foreign policy and created in Berlin a current of opinion acclimatised to the idea of detaching Romania from the Triple Alliance.

The other key moment in Romania's cohabitation with the Triple Alliance was the death of King Carol I (27 September / 10 October 1914). The main consequence of the tragic event was that Prime Minister Ion I. C. Brătianu managed to extend his authority over the entire decision-making mechanism in foreign policy. The metamorphosis proved decisive. King Ferdinand (the successor to the throne) had placed all his trust (and even the future of the dynasty) in the hands of an Entente-oriented prime minister. Although until the last three decades of the 19th century the policy of all Romanian parties, be they in opposition or in power (liberals, conservatives, conservatives-democrats), sought to ensure the security of the country's borders under the protection of the Central Powers, the political scene during the weeks of crisis of 1914 showed the opposition of the main parties to the foreign policy pursued by Romania. Sympathy was openly directed towards France, Britain and even Russia, as opposed to Germany and Austria-Hungary. For Imperial Germany, the number of friends in Romania remained low, while hostility in society increased from one month to the next.

In the aftermath of the July 1914 crisis, a political agreement was signed between Romania and Russia (a bilateral convention sanctioned by the exchange of diplomatic letters, 18 September / 1 October 1914),[17] which turned the neutrality of the Bucharest government into a state of armed expectation.

17 Balan, Iana, Rusia şi neutralitatea României. Convenţia din 1914 [Russia and Romania's Neutrality. The 1914 Convention], in: Solomon, Flavius/Cuşco, Andrei/Ceauşu, Mihai-Ștefan (eds.), România şi statele vecine la începutul Primului Război Mondial. Viziuni, percepţii, interpretări [Romania and the Neighbouring States at the Start of the Great War. Visions, Perceptions, Interpretations], Iaşi 2016, pp. 135-155.

Although concluded in secrecy, the deal with Russia helped to change the perception of German policy in Bucharest. However, the turn in Germany's attitude towards the changes in Romanian policy was just as important at the time. Prior to the convocation of the Crown Council on 4 August 1914, which decided to adopt Romania's neutrality, honouring the commitments deriving from the treaty of alliance with Austria-Hungary appeared to the Romanian parties as a legitimate obligation. However, after the proclamation of neutrality, Romania was *de facto* outside its contractual obligations. No one was paying attention anymore to complying with the terms of the Triple Alliance treaty. The stakes of the talks during the years of Romanian neutrality shifted from the application of the *casus foederis* clause, which had become illusory, to the negotiation of political interests. In Romania's negotiations with the Central Powers, a new challenge appeared visible from the first years of the war: establishing the limits of reasonable territorial compensations. From a trusted ally of the Triple Alliance in the vicinity of the Balkans, Romania had become a political player acting unpredictably in Southeast Europe.

The military reform of modern Romania had been inspired by the German model. Although the 1883 treaty had not been supplemented by a military convention,[18] the Romanian Army was to be prepared for the possible integration / cooperation of its units with the German and Austro-Hungarian ones. General Dumitru Iliescu, in charge of preparing the army for entry into the war, acknowledged that all the hypotheses of war drawn up by the General Staff up to the spring of 1914 were directed against Bulgaria and Russia. The

18 Only assumptions have been made over time about this issues. French Captain Thomsson, the military attaché in Bucharest, believed in 1908 that such a convention was concluded as early as 1901, when, in the summer months, Austrian Field Marshal Beck, accompanied by 40 officers, visited Sinaia. The written document was never discovered, but it remains certain that verbal agreements have been made. See Bulei, Ion, Viaţa în vremea lui Carol I [Life in the Times of Carol I], Bucharest 2005, p. 229. The issue of Romania's military cooperation with Austria-Hungary was resurrected during the crisis in Vienna's relations with the Tsarist Empire. Towards the end of the 19th century, some discussions were held between the Romanian politician D.A. Sturdza (Liberal Prime Minister and Foreign Minister in several governments) and the Chiefs of Staffs of Germany and Austria-Hungary. However, the conclusions discouraged the signing of a military convention. The Romanian armies appeared too weak to launch an attack in Bessarabia against Russia, followed by a vigorous offensive in the direction of Odessa. The connection of the Romanian Army with the right wing of the Austro-Hungarian army advancing from Bukovina and Galicia had become unlikely. The coordination of a joint action was hampered by the placement of Romanian troops at a great distance from their logistical bases. Romania's importance to Central European allies was reduced to the army's ability to keep the Russian troops in Bessarabia and prevent them from being sent to Galicia and East Prussia. See Dinu, Diplomaţia Vechiului Regat 1878-1914, p. 61-65.

whole preparation for war depended on the Central Powers, and the weapons and ammunition came from Germany and Austria-Hungary. Major Radu R. Rosetti, a Staff officer in the days of the mobilization of 1916, stated in his *Mărturisiri* ("Confessions") that all the teachings of the Romanian military schools and the system of fortifications showed that the direction of the war for Romania should be to the East and definitely not to the West, against the Austro-Hungarian army. There was a general belief (persistent even after the war) that the German and Austro-Hungarian armies were superior to the Russian ones, especially after the outcome of the Russo-Japanese War of 1904-1905. Germany was in the eyes of many at the height of development in an age of industrialization and its army impressed the Romanian officers due to the order and organization that reigned everywhere.[19]

After the end of the 19th century, the General Staff developed war hypotheses designed to cover potential future conflict situations for Romania. Until the Bosnian crisis (1908) these hypotheses covered the tense neighbourhoods on the eastern border (Russia) and the southern border (Bulgaria) in line with its foreign policy orientation.[20] For instance, in 1898, reconnaissance missions in Bessarabia and southern Russia were planned by the General Staff. A study conducted by Captain Iancovescu from the 3rd Operations Office of Section I (*Memorandum on the Romanian-Bulgarian Theatre of Operations*) contained valuable elements that were later included in the 1913 military campaign plan. In 1900, lieutenant-colonel Alexandru Averescu devised for the Eastern operations area a war plan called Hypothesis A, which analysed Romania's ability to respond defensively to the scenario of an invasion across the Prut in the context of a war between Russia and Austria-Hungary. Major Constantin Christescu designed in 1903 another project, called Hypothesis C, which started from the assumption of a war located in the Balkans and involved the start of a Bulgarian offensive in Dobrogea, taking into account the claims of the Sofia government on this territory. Christescu's plan analysed the situation in which Bulgaria would have launched an offensive against Romania and in

---

19 Georgescu, Maria/Iosipescu, Sergiu, Reforma organismului militar între modelul francez şi cel german, 1878-1916 [The Reformation of the Military Body Between the French and the German Model], in: Otu, Petre (ed.), Reforma militară şi societatea din România (1878-2008). Relaţionări externe şi determinări naţionale [Military Reform and Society in Romania (1878-2008). External Relations and National Determinations], Bucharest 2010, p. 47-93.

20 Osca, Alexandru/Preda, Dumitru (eds.), Proiecte şi planuri de operaţii ale Marelui Stat Major (până în 1916) [Designs and Operation Plans of the General Staff (up to 1916)], Bucharest 1992, p. 33-71.

cooperation with Russia. Both hypotheses (Averescu's and Christescu's) were completed, improved and had several variants.

Starting with 1910, the activity of the Staff officers regarding the elaboration of the plans of military operations intensified, emphasizing secrecy at any cost. Under the coordination of Colonel Ioan Popovici, research continued to carefully study the hypothesis of a conflict with Bulgaria. This time, Hypothesis C admitted the possibility of Romania's alliance with a Balkan state in a joint offensive against Bulgaria. The outbreak of the Balkan war in 1912 stimulated the completion of the military operations project south of the Danube. The Romanian Army's plan of operations in the 1913 campaign was based on the *Memorandum on the Guidance of the Romanian Army's Operations in the Event of an intervention in the Serbian-Bulgarian Conflict*, finalized on 17/30 June 1913 and implemented under Hypothesis 1a.[21]

In July-August 1913, Romania became involved in the war with Bulgaria without concluding cooperation agreements with Greece, Serbia and the Ottoman Empire. The Romanian Army just had officers seconded to the Serbian and Greek General Staffs. Colonel Constantin Christescu (22 June / 5 July 1913), Deputy Chief of Staff and Lieutenant Colonel Henri Cihoski (19 June / 2 July) were sent to Serbia as military attachés. As far as the Greek Army was concerned, the mission of liaison officer went to Major Ioan Rășcanu, the head of the Operations Office of the General Staff. The inter-allied cooperation projects did not materialize. The offer of the General Staff of Serbia regarding the participation of the Romanian Army in the offensive on Vidin was rejected.

In 1913, the Romanian Army had seen some progress in terms of training, troops, organizational structure, fortifications, but its operational capacity still had many major shortcomings that came to light after mobilization was decreed. The supply of ammunition was insufficient and the medial care materials were completely lacking in the large outfits. Other shortcomings (small equipment) visible during the Bulgarian campaign reinforced the image that Romania boasted of a "façade army" that could hardly have achieved its objectives if the enemy had put up strong resistance.[22] Surrounded by enemies and weakened on the Danube, Bulgaria had to accept defeat in the Second Balkan War. The Bucharest Peace Treaty put an end to hostilities, but the frustrations

21 Apostol, Vasile/Giurcă, Ion/Chiriac, Mircea D./Baltă, Corneliu, Comandamentele strategice române în acţiune (1859-1947) [Romanian Strategic Command in Action (1859-1947)], Bucharest 2000, pp. 32-41.

22 Otu, Petre, Consideraţii privind capacitatea operativă şi acţiunile armatei române în anul 1913 [Considerations on the Operational Capacity and the Actions of the Romanian Army in 1913], in: Ionescu, Mihail E./Tanaşoca, Nicolae Șerban, Al doilea război balcanic [The Second Balkan War], Bucharest 2014, pp. 126-150.

of the belligerents continued to influence the dynamics of the fragile Balkan balance.

After the victories of 1912-1913, the decision-makers in Serbia (especially the leaders of the army) showed provocative attitudes towards Austria-Hungary. A large-scale crisis broke out in annexed Bosnia in 1908. Several attacks were planned there against top representatives of the Austro-Hungarian administration. One of these attacks shook Europe to its core. On 28 June 1914, Franz Ferdinand, heir to the Austro-Hungarian throne, and his wife, Princess Sophie, were assassinated in Sarajevo by a young Serbian nationalist. In response to the monstrous murder, the government in Vienna sent an ultimatum to Belgrade requesting that the Austro-Hungarian investigating authorities be able to do their work on Serbian territory. Accepting this request would have meant acknowledging Serbia's responsibility for the unprovoked attack on the monarchy. The Belgrade government therefore flatly rejected the request. The answer was unsatisfactory for the pride of Austria-Hungary, which declared war on Serbia on 28 July 1914.[23]

In Bucharest, the international situation created by the assassination confirmed the need to change the old war plans based on cohabitation within the Triple Alliance system. However, Romania could only join the war as a member of a coalition of forces. It soon found new compatible allies by joining the Entente powers. The decision of the Liberal government led by Ion I. C. Brătianu was strictly political (aiming for the Entente's guarantees regarding future territorial annexations in Austria-Hungary) and focused only superficially on regulating the military cooperation. The decision to join the Entente was welcomed by the General Staff. At the head of the institution in 1916 was General Dumitru Iliescu, a close ally of Prime Minister Brătianu. He was surrounded by a camarilla consisting of Generals Constantin Prezan, David Praporgescu, Ioan Basarabescu, who shared the national doctrine of the "liberation" of Transylvania. However, the conduct of the war proved that not all capable officers in the Romanian Army liked the presence of Russian troops in alliance with the Romanian ones on the theatre of war. Some of the officers had studied in German schools and were fighting on the battlefield their former "comrades" from their student years. The case of the "betrayal" of Colonel Alexandru D. Sturdza, commander of the 8th Infantry Division in the 1916-1917 campaign, remains highly debated to this day. Not even the activity of the French military mission, led by General Henri Mathias Berthelot, has been spared criticism. It took the political intervention of the monarchy to quell

23 Schmitt, Oliver Jens, Balcanii în secolul XX. O istorie postimperială [The Balkans in the 20th century. A Post-Imperial History], Bucureşti 2021, pp. 50-52.

the antipathy of General Averescu (a hero of the Romanian Army in the Great War) towards General Berthelot.

The limitations were felt from the beginning of the campaign. The expectations of the Allies in the Entente were huge compared to the promised military aid that did not arrive on time in Romania. Strictly speaking, given the situation on the frontlines, the Allies could not guarantee Romania the military support it required in order to meet its nation-state goals. They would have liked Romania's entry into the war to produce a revitalization of the Eastern Front. But the estimates did not correspond to reality. The Romanian Army could not cope with such a challenge.

Most of the official histories from the beginning of the 20th Century reflect the huge effort of the Romanian governments in the lead-up of the army's participation in the Great War. Realistically speaking however, as General Scarlat Panaitescu concluded, that war caught us on the road to maturity, before we managed to reach it. Although the Romanian War School had been established a few decades before (1890), its fruits and the widespread mentality in the army did not allow command to reach maturity, so that it would represent one of the most important strengths of the nation. The army may have had remarkable minds, but the military corps in its entirety had not matured yet.[24] Command planning looked honourable on paper, but it remained execrable in reality. The Romanians were neophytes at war. Their last combat had been in 1877-78, while in 1916 their enemies all had two years of hard-earned understanding of the new military technology, as well as considerable skill in the handling of large units and major operations that came only from actual participation in war.

Romania's rude awakening to these realities came almost at once in Dobrogea, when her supposedly impregnable forts fell in days. The panicked Romanians then overreacted, prematurely halting operations in the north and mistakenly shifting the centre of gravity of their campaign to the south. Shuttling divisions back and forth from Transylvania and the Dobrogea left units sitting in boxcars instead of foxholes. The wasted movements and countermovements undermined morale and confidence in senior leaders. Armies unaccustomed to large scale operations and combat made these mistakes. After two years of combat, the Central Powers in 1916 knew how to move soldiers, and the Romanians did not.[25]

---

24 Panaitescu, Scarlat, Rolul României în războiul mondial [Romania's Role in the World War], Bucharest 1919, p. 12-13.

25 Barrett, Michael B., Prelude to Blitzkrieg. The Austro-German campaign in Romania, Bloomington 2013, pp. 305-306.

The General Staff had been secretly working to prepare for war against Austria-Hungary. The members of the political elite had made the awkward decision to adopt neutrality in 1914, to the astonishment of the king. Various signals from society confirmed, however, that the decision of the Crown Council would be only a temporary one. Romania was to take part in the war on the side of the Entente and all that remained was for the government to choose the moment of intervention with caution. In November 1914 and January 1915, Brătianu met frequently with the army chiefs. From the discussions, a new war strategy emerged that required the adoption of a defensive position on the southern border (Bulgaria would join the alliance with the Central Powers in September 1915 and become a presumed enemy) in order to facilitate the invasion of most Romanian troops in Transylvania.

The General Staff's Operations Bureau was facing the prospect of waging war relying on a small army on two major fronts, with a total length greater than the French front and only slightly shorter than that of Russia. The original version of Plan Z (Hypothesis B) revealed a combination of offensive manoeuvres and defensive measures. More than 80 percent of the mobilized troops launched the attack in the northwest, crossing the Carpathian passes, while troops stationed on the southern border remained on stand-by, preparing for a Bulgarian attack. The analysis of the strategy of the Romanian Staff reflects a superficial resemblance to the war plan elaborated by Count Alfred von Schlieffen in Germany at the beginning of the 20th century. In contrast to the Schlieffen Plan, which allowed the surrender of territories on the secondary front in East Prussia, Hypothesis B proposed that Romania's southern border remain inviolable. To make matters worse, during the negotiation of the military convention with the Entente, a provision was added for an offensive against Bulgaria. The Romanian war plan committed the army not only to a war on two fronts, but also to offensives on two fronts.[26] Most commentators recognize that the general features of Hypothesis Z were dictated by Romania's difficult strategic position and the political necessity of occupying Transylvania. Critics suggest it would have been better to group Romanian striking power on the enemy's flanks for an aggressive enveloping operation. Questions have also been raised about the absence in Hypothesis Z of any estimate, even a guess, of how the enemy might react or of reinforcements he might sent. Was it believable that Germany would allow the Romanian Army to march into the heart of Hungary without sending help, even at the expense of other fronts?[27]

26 Torrey, Glenn E., The Romanian battlefront in World War I, Lawrence 2011, pp. 21-23.

27 Ibid., p. 24.

Romania had entered the Great War with the intention of occupying Transylvania ruled by the Hungarians. This objective remained unattainable by military means throughout 1916. The army failed to maintain the positions it had occupied in Transylvania. The enemy, superior in training and armament, pushed the Romanian divisions beyond the Carpathian passes into the Muntenia Plain. Two-thirds of the country's land area was conquered and remained under military occupation. The military recovery of 1917 produced only an intermittent resistance to the German invasion of Moldavia. It was a defensive war, temporarily successful, which was taking the place of an offensive one, planned with too much enthusiasm by the army's strategists before 1916. The initial objectives of the campaign became compromised, and all that remained for Romania to do, after being drained by the war, was to fight for its survival. "Resistance" became its watchword. Resistance, of course, but in what way, and for how long? Infested with Bolshevism, the Russian troops left the combat positions as early as the summer of 1917. Left alone in the face of the enemy, the Romanian Army did not have the combat capability to retaliate offensively. An armistice was soon signed, followed by the separate peace. The Romanian war had been lost and the military campaign had failed. At least that much was apparent in May 1918, when the peace treaty was signed. The final metamorphosis of the Romanians into potential victors of the war was not due to the effectiveness of the army's manoeuvres but to the successes of the Entente powers, which forced Germany to admit defeat on the Western Front.

4. Conclusion

In the early interwar years, the Ministry of War felt compelled to clarify the military situation during the years of military confrontations. On 3 December 1923, the Cabinet of Ministers ordered the establishment of a commission with a mandate to investigate the work of the Ministry of War from 1914 to 1916. The commission met in the building of the Officers' Club in Bucharest (in the library hall) and collected all kinds of documents, some from the General Staff, which reflected the situation of the Romanian Army in 1914 and the extent of training of large outfits during 1916. On the basis of the study of the assembled documents, the commission drafted a memorandum to establish the truth regarding the preparation for war, effectively manipulating the statistics in order to camouflage the impediments to the preparation and exonerate those responsible from responsibility. Judging by the rounded numbers, on paper the preparation for war of the Romanian Army looked impeccable. After all, it could not be denied that the Ministry of War had wasted a great deal of energy and expended considerable resources in order to enter the war. But things looked different on the ground. The Great War was the fundamental challenge to which the General Staff failed to respond with a viable strategy in Romania. The offensive planning of the war was done based on political reasons that changed the structure of an old defensive organization. The army needed time to change its defensive profile. And in those years the army completely lacked time and experience. This was probably all one needed in order to lose the war.

The 1923 memorandum had cleverly circumvented the answer to two pointed questions: Why were military reforms not implemented in a timely manner? How had the European war managed to catch the military unprepared? The budget surpluses (which the commission's memorandum relied on) had been spent on luxury items and for the payment of sinecures. The ministries were teeming with the protégés of the political clientele, and almost 95 percent of the surplus millions were spent on the construction of sumptuous palaces, carved bridges, and so on. There was too little left for the army. War ministers demanded "lists" with the needs of the army in case of war. The General Staff drew up such lists and the Ministry of War then threw them into a drawer and forgot about them. Each minister made a name for himself by ruining what the previous minister had done, and he always started his own reorganization from scratch. The result was utter chaos in the army. Regiments created one year were disbanded the following year. The concern of any war minister was to stay in power. And the success of his intentions meant much silence. Each minister was staying within the budget received from the Ministry of Finance in order to keep his position.

If Romania had entered the war unprepared, of course the political decision-makers should have been held accountable. On 30 August 1918, the Parliament met in Iaşi to debate pressing issues, such as the general amnesty. The time had come to discuss political attitudes during the war. The Germans had demanded the prosecution of the Liberal government of 1914. They wanted the declaration of war to appear as the main charge against the "clique" of Ion I.C. Brătianu. Prime Minister Alexandru Marghiloman's supporters (temporary holders of the fragile parliamentary majority) intelligently opposed it, insisting on issues of corruption in the administration and on the poor material preparation for the war. Thus, twelve new charges were filed. Most blamed the Liberals for theft, incompetence and corruption. In the end, no convictions were handed down. After the end of the war, no Liberal minister was held accountable. The topic was later reprised only in vague narrative expositions. For better or for worse, Brătianu's government has changed its appearance. At the crossroads of history he had become prophetic and enlightened. Similar to the political changes seems to have been the sad history of the General Staff. Substantial military reforms had always succumbed to pressure from politicians. The evolution can be characterized by frequent changes that generated legislative instability and administrative confusion. The institution had become overly bureaucratic and has turned into a political sinecure. Lack of predictability and decision-making incompetence (inconsistency in planning and delay in measures to prepare for war) impacted the command level. The soldiers were the ones to suffer the most. Romania had enormous losses as a result of this war. The statistics point to a much higher rate of Romanian losses than that of the Central Powers. Of course, there was the "misfortune" of facing a superior enemy. But this historical "misfortune" is not enough to justify the causes of a massive failure: the reform of the Romanian military institutions.

Scheinbehörde im politischen Kräftespiel: Der osmanische Generalstab

Elke Hartmann

1. Einleitung

Die Entwicklung des Generalstabs im Osmanischen Reich unterscheidet sich erheblich von seinen Gegenstücken in anderen Ländern.[1] Erst sehr spät – nach 1908 – gelangte er zu einer funktionsfähigen Ausformung. Seine Rolle blieb zudem bis zum Ende marginal. Die prägenden Figuren der osmanischen Militärgeschichte waren dementsprechend auch nicht die Generalstabschefs. Dies hat sehr viel mit der Rolle des Militärs während der osmanischen Reformära des 19. Jahrhunderts und mit den Bedingungen zu tun, unter denen sich die Modernisierung von Militär, Staat und Gesellschaft im Osmanischen Reich vollzog. Um die spezifische Entwicklung des osmanischen Generalstabs zu verstehen, muss im Folgenden zunächst etwas breiter ausgeholt und die vielschichtigen Kontexte erläutert werden. Vor deren Hintergrund soll anschließend die Entwicklung des osmanischen Generalstabs dargestellt und diskutiert werden.

Die Beschäftigung mit dem osmanischen Generalstab weist auf große Forschungslücken hin, wirft mehr offene Fragen auf als nach dem aktuellen Forschungsstand differenziert zu beantworten sind. Dies hat sicherlich mit der eingeschränkten Zugänglichkeit und Erschließung der Quellen zu tun. Noch ausschlaggebender dürfte jedoch der Umstand sein, dass Forschungsarbeiten sich immer auch an den aktuellen gesellschaftlichen und politischen Debatten ihrer Zeit orientieren. Militarismus und die Militarisierung der Gesellschaft sind in der Türkei seit gut zwanzig Jahren ein zunehmend diskutiertes Thema, das seinen Niederschlag auch in ersten Forschungsarbeiten gefunden hat.[2] Jedoch wird hier weniger die etwaige Rolle des Generalstabs thematisiert. Stattdessen steht der Einsatz einer großen Zahl von Rekruten im Jahrzehnte langen Krieg in den Ostprovinzen des eigenen Landes und

1 Ich danke Alptuğ Güney und Doruk Akyüz für ihre Anregungen und Diskussionen und vor allem für ihre Unterstützung bei der Beschaffung von Quellen und Literatur aus der Türkei.

2 Altınay, Ayşe Gül, The Myth of the Military-Nation. Militarism, Gender, and Education in Turkey, London u.a. 2004; Akmeşe, Handan Nezir, The Birth of Modern Turkey. The Ottoman Military and the March to World War I, London u.a. 2005.

 | DOI:10.30965/9783657791958_009

die Auswirkungen auf die türkische Gesellschaft im Blickpunkt.[3] Die Niederschlagung von Unruhen und Aufständen, die phasenweise fast permanente Mobilisierung beträchtlicher Truppenkontingente für Kampagnen im eigenen Land, damit die große Erfahrung der beteiligten Offiziere jedoch nicht in groß angelegten Feldzügen, sondern in „kleinen" Kriegen prägten das osmanische 19. Jahrhundert und beeinflussten auch die Ausgestaltung und Entwicklung des osmanischen Generalstabs.

Neben der Militarisierung der Gesellschaft durch die fortwährenden Kriegseinsätze im eigenen Land ist die türkische Debatte geprägt von den Militärputschen und Interventionen, die die Geschichte der Republik Türkei seit ihrer Gründung in recht kurzen Abständen bis in die Gegenwart durchziehen. Nicht weniger als fünf Putsche, Putschversuche oder militärische Interventionen in die Politik schlagen hier zu Buche: die erfolgreichen Putsche von 1960, 1971 und 1980, die Intervention von 1997 und schließlich der gescheiterte Putschversuch im Sommer 2016. In dieser Reihe müssen auch zwei Ereignisse der spätosmanischen Zeit genannt werden: erstens der Umsturz von 1908, der die Herrschaft des letzten selbst regierenden osmanischen Sultans, Abdülhamids II., beendete und die jungtürkische Periode der türkischen Geschichte einleitete, welche ihre Fortsetzung über den Zerfall des Osmanischen Reiches hinweg bis 1950 fand,[4] und zweitens der Staatsstreich von 1913, in dessen Folge sich die jungtürkische Herrschaft zur Diktatur entwickelte.[5] Auch die osmanische Geschichte in der Vormoderne war seit dem frühen 17. Jahrhundert durchzogen von wiederkehrenden Militärrevolten, die mehrfach zur Absetzung und Ermordung von Sultanen geführt haben.[6]

---

3 Vgl. hierzu auch die von der Journalistin Nadire Mater publizierten persönlichen Berichte von Soldaten über ihr Leben während ihrer Kriegseinsätze im Osten des Landes und ihr Leben danach: Mater, Nadire, Mehmedin Kitabi. Güneydoğu'da Savaşmış Askerler Anlatıyor, Istanbul 1999 (inzwischen auch in deutscher Übersetzung: Mehmets Buch. Türkische Soldaten berichten über ihren Kampf gegen kurdische Guerillas, Frankfurt am Main 2001). Das Buch erregte bei seinem Erscheinen großes Aufsehen und löste eine breite Diskussion aus.

4 Eine solche Periodisierung schlägt sehr überzeugend Erik Jan Zürcher vor: Zürcher, Erik Jan, Turkey. A Modern History, London/New York 1993.

5 Swanson, Glen W., Mahmud Şevket Paşa and the Defense of the Ottoman Empire. A Study of War and Revolution During the Young Turk Period, unveröffentlichte Dissertation, Indiana University 1970.

6 Tezcan, Baki, Searching for Osman. A Reassessment of the Deposition of the Ottoman Sultan Osman II, unveröffentlichte Dissertation, Princeton University 2001; Olson, Robert W., The Esnaf and the Patrona Halil Rebellion of 1730. A Realignment in Ottoman Politics?, in: Journal of the Economic and Social History of the Orient 17/3 (1974), S. 329-344; Kotan, Necati, Patrona Halil ve İsyanı [Patrona Halil und die Revolte], Adana 1973; Ustun, Kadir, The New Order and its Enemies. Opposition to Military Reform in the Ottoman Empire, 1789-1807, unveröffentlichte Dissertation, Columbia University 2013.

Das Selbstverständnis des türkischen Militärs als Hüter von Fortschrittlichkeit, Kemalismus und Laizismus und die daraus abgeleitete Selbstermächtigung zur politischen Intervention speist sich aus einer historischen Erfahrung, die weit in die Geschichte zurückreicht und tief in der osmanischen Entwicklung verwurzelt ist, insbesondere in der besonderen Rolle, die das osmanische Militär für die Reformen im Osmanischen Reich und vor allem für den umfassenden Modernisierungsprozess während des „langen" 19. Jahrhunderts gespielt hat. Diese Kontexte müssen für ein Verständnis der spezifischen Entwicklung des osmanischen Generalstabs unbedingt berücksichtigt werden.

Eine besonders auffällige Leerstelle in der wissenschaftlichen Historiographie zum Osmanischen Reich ist die historische Aufarbeitung des Ersten Weltkriegs. Eine kritische, anhaltende und von großem öffentlichen Interesse begleitete breite Debatte über die Faktoren und Gründe für den osmanischen Eintritt in den Ersten Weltkrieg etwa gab es in der Türkei zu keinem Zeitpunkt. Entsprechend beschränkt sich die Forschung bislang auf nur wenige Beiträge, in denen der Fokus eher auf den Zusammenhängen der Diplomatie und internationalen Verflechtungen des Osmanischen Reiches liegt. Unter den innenpolitischen Aspekten spielt eine Diskussion des Militärs kaum eine Rolle, der Generalstab wird in diesem Zusammenhang kaum angesprochen.[7]

So wichtig es ist, die Schwierigkeiten der Quellenerschließung sowie die anders gelagerten Schwerpunkte der türkischen wissenschaftlichen und öffentlichen Debatten zu erwähnen, so sehr ist die marginale Beschäftigung mit dem osmanischen Generalstab auch dem Umstand geschuldet, dass der Generalstab im Osmanischen Reich bis zum Ersten Weltkrieg nie dasselbe Gewicht hatte wie sein Pendant in den meisten anderen europäischen Ländern. Um zu verstehen, warum der osmanische Generalstab so vergleichsweise bedeutungslos geblieben ist, muss man sich seine Entstehung und Entwicklung im Kontext der Modernisierung der osmanischen Armee im 19. Jahrhundert und diese wiederum im Zusammenhang mit den Bedingungen vergegenwärtigen, unter denen sich die Modernisierung des Osmanischen Reiches insgesamt vollzog.

7 Aksakal, Mustafa, The Ottoman Road to War in 1914. The Ottoman Empire and the First World War, Cambridge 2008; Kieser, Hans-Lukas, The Ottoman Road to Total War (1913-1915), in: Kieser, Hans-Lukas/Öktem, Kerem/Reinkowski, Maurus (Hg.), World War I and the End of the Ottomans. From the Balkan Wars to the Armenian Genocide, London/New York 2015, S. 29-53.

2. Die Anfänge der modernen osmanischen Armee

Die Anfänge der modernen osmanischen Armee liegen in den Reformen, die um die Jahrhundertwende vom 18. zum 19. Jahrhundert begonnen wurden. Die traditionelle militärische Struktur des Osmanischen Reiches basierte auf den zwei Säulen der Provinzialtruppen und der Janitscharen. Das Provinzialaufgebot speiste sich aus berittenen Einheiten aus den Provinzen, die unter dem Kommando der Provinzgouverneure standen. Dabei waren die Großprovinzen unterteilt in Unterprovinzen und diese wiederum in Distrikte. Auf der untersten Verwaltungsebene wurden Militärlehen vergeben, die sogenannten Timars, die von Sipahis (Kavalleristen) gehalten wurden. Je nach Größe des zugewiesenen Militärlehens mussten die Timarioten im Kriegsfall selbst der Einberufung Folge leisten und auch für ihre eigene Ausrüstung sorgen, oder sie mussten zusätzlich noch eine bestimmte Anzahl von Kavalleristen aufbringen und ausrüsten. Auf diese Weise war die militärische Organisation eng mit der zivilen Verwaltung verknüpft bzw. die Verwaltung der Provinzen fiel in eins mit der militärischen Organisationsstruktur des Reiches.[8]

Die berittenen Bogenschützen aus den Provinzen stellten in der klassischen Periode des Osmanischen Reiches das Gros des Truppenaufgebots dar. Die zweite Säule der Osmanischen Armee waren die Janitscharen. Ihr Name, yeni çeri, bedeutet wörtlich „Neue Truppe". Zur Zeit ihrer Gründung im 14. Jahrhundert waren die Janitscharen, eine kleine stehende, also permanent kasernierte und immer einsatzbereite Elitetruppe, im Palast sorgfältig ausgebildete Infanteristen, die dem Haushalt des Sultans angehörten und sich aus ursprünglich nichtmuslimischen versklavten Kriegsgefangenen rekrutierten. Die zweite wichtige Rekrutierungsquelle für diese Militärsklaven war die sogenannte Knabenlese (devşirme), eine regelmäßige tributähnliche Aushebung Jugendlicher oder junger Männer aus der nichtmuslimischen Bevölkerung der Randgebiete des Reiches.[9]

Die fundamentalen Veränderungen in der Kriegsführung während des 17. Jahrhunderts verschoben die Gewichte innerhalb der osmanischen Armee. Die leichten berittenen Bogenschützen wurden zunehmend unwichtig, stattdessen vermehrte sich der Bedarf an Infanteristen.[10] Die übermäßige Aus-

8 Veinstein, Gilles, L'Empire dans sa grandeur, in: Mantran, Robert (Hg.), Histoire de l'Empire Ottoman, Paris 1989, S. 159-226, hier S. 191-210; Kreiser, Klaus, Der osmanische Staat, München 2001, S. 56-63.

9 Beydilli, Kemal, Yeniceri [Janitscharen], in: TDVIA, Bd. 43, Istanbul 2013, S. 450-462.

10 Parker, Geoffrey, The Military Revolution. Military innovation and the rise of the West, 1500-1800, Cambridge 1988; Ágoston, Gábor, Disjointed Historiography and Islamic Military Technology. The European Military Revolution Debate and the Ottomans, in: Kaçar,

dehnung des Reiches erforderte auch immer mehr stehende Truppen in den Grenzbefestigungen. So wurden für die Kriegszüge immer mehr Hilfstruppen aus den Provinzen ad hoc ausgehoben (levend), und bis zum 18. Jahrhundert hatte sich das Janitscharenkorps von ursprünglich wenigen Tausend Mann auf rund 400.000 Mann vermehrt. Diese allerdings konnten bei weitem nicht mehr so gut ausgebildet und diszipliniert werden wie eigentlich vorgesehen, sie büßten ihre militärische Bedeutung immer mehr ein, blieben aber ein Faktor in der Innenpolitik.[11] Am Ende des 18. Jahrhunderts waren die Janitscharen für militärische Belange nahezu wertlos geworden. Sie genossen aber weiterhin ihre Privilegien und Soldansprüche. Sie hatten – was ursprünglich strikt untersagt war – familiäre Verbindungen und Netzwerke in die lokale Bevölkerung hinein aufgebaut. Sie waren kaserniert, standen unter Waffen und waren auf diese Weise imstande, jegliche Reformversuche, die ihre Privilegien oder ihren Status zu beschneiden drohten, durch einen bewaffneten Aufstand im Keim zu ersticken.

Bereits im frühen 17. Jahrhundert, scheiterte ein erster Reformversuch des Militärs auf diese Weise. Der junge Sultan Osman II. war 1622 der erste osmanische Sultan, der von seinen Untergebenen ermordet wurde. Auf das Gerücht hin, der Sultan plane nach einer militärischen Niederlage eine Reform der Armee, hatten die Janitscharen revoltiert und den Palast gestürmt.[12] Knapp zweihundert Jahre später ereilte Sultan Selim III. ein ähnliches Schicksal. Er versuchte, eine nizam-i cedid ([Truppen der] Neuen Ordnung) genannte moderne Infanterieeinheit als Nukleus einer reformierten, nach europäischen Vorbildern ausgebildeten Armee aufzustellen. 1807 nutzen die Janitscharen den symbolischen Akt der europäisch inspirierten Uniformierung der Neuen Truppe, um sich – mit Unterstützung konservativer ulema (muslimischer Religions- und Rechtsgelehrter) – gegen die sich abzeichnende Armeereform zu erheben, den Sultan abzusetzen und schließlich zu töten.[13]

Selims Nachfolger im Amt, Sultan Mahmud II., der nach einem kurzen Intermezzo 1808 den Thron bestieg, hatte aus dem Schicksal seines Vorgängers

---

Mustafa/Durukal, Zeynep (Hg.), Essays in Honor of Ekmeleddin Ihsanoğlu, Istanbul 2006, S. 567-582.

11 Aksan, Virginia H., Ottoman Military Recruitment Strategies in the Late Eighteenth Century, in: Zürcher, Erik Jan (Hg.), Arming the State. Military Conscription in the Middle East and Central Asia 1775-1925, London/New York 1999, S. 21-39.

12 Neumann, Christoph K., Der frühmoderne Staat und seine Gesellschaft (1596-1703), in: Ders./Kreiser, Klaus, Kleine Geschichte der Türkei, Stuttgart 2008, S. 187-241, hier S. 202-203; Tezcan, Searching for Osman.

13 Neumann, Christoph K., Das Osmanische Reich in seiner Existenzkrise, in: Ders./Kreiser, Kleine Geschichte, S. 283-313, hier S. 295-206; Ustun, The New Order.

gelernt. Er nahm sich 18 Jahre lang Zeit, seine Reform des Militärs vorzubereiten. Er schmiedete Allianzen mit mächtigen Provinzgouverneuren und baute sich eine kleine Hausmacht auf. Eine modernisierte Artillerie, die sich ohne nennenswerte Widerstände aufbauen ließ, weil sie zusätzlich zu den bestehenden Einheiten gebildet wurde und niemandes Privilegien in Frage stellte, bot eine zusätzliche wichtige Unterstützung.[14] Erst als Mahmud II. sich bereit wähnte, dem zu erwartenden Widerstand der Janitscharen gegen seine Reformvorhaben standzuhalten, verkündete er 1826 die Errichtung einer neuen militärischen Einheit. Er provozierte so einen Janitscharenaufstand, um diesen dann niederzuschlagen und das Janitscharenkorps insgesamt abzuschaffen. Der Aufstand bot die Legitimierung für die Auflösung dieser jahrhundertealten Einheit. Die Istanbuler Garnison wurde nicht nur besiegt, sondern massakriert, um die Gefahr des bewaffneten Widerstands in der Hauptstadt endgültig zu bannen. Die Janitschareneinheiten in den Provinzen hingegen erschienen weniger gefährlich. Sie wurden aufgelöst, ihre Mitglieder aber zum Teil in die neu geschaffenen Armeeeinheiten integriert.[15]

Das Blutbad an den Istanbuler Janitscharen erschien unausweichlich, um überhaupt Reformen anzugehen, die im 19. Jahrhundert immer drängender wurden, je mehr die Schwäche des osmanischen Staates nach außen und innen zutage trat. Das Massaker ging entsprechend unter dem – in seiner radikalen Einseitigkeit der zentralstaatlichen Perspektive erschreckenden – Euphemismus vaka-ı hayriye (heilbringendes Ereignis) in die osmanische Geschichtsschreibung ein. Der offene Kampf gegen die alten Eliten blieb aber die Ausnahme. Der in der Folge praktizierte Ansatz, die nach wie vor dominanten alten Eliten nicht zu brüskieren, sondern soweit es ging mitzunehmen, zeigt sich auch in dem Bemühen, Modernisierung, Veränderungen und Reformeifer möglichst zu kaschieren. Wie bereits der Aufbau der modernen Artillerie, so zeigen sich die erfolgreichsten Reformmaßnahmen dort, wo es möglich war, weitgehend unbeachtet Neuerungen einzuführen, ohne in Konflikt mit bestehenden Strukturen zu geraten, gewissermaßen als Vorbereitung auf eine zukünftige grundlegendere Änderung und unter Aufschiebung der dann unvermeidbaren Konflikte.

Ein wichtiger Bestandteil dieser Strategie war auch die diskursive Rahmung. Mahmuds neue Truppe, die zum Teil auch aus den Männern rekrutiert

14 Zur Modernisierung der osmanischen Artillerie unter der Ägide des ungarischen Adligen Baron von Tott siehe Aksan, Viginia, Breaking the Spell of the Baron de Tott. Reframing the Question of Military Reform in the Ottoman Empire, 1760-1830, in: The International History Review 24/2 (2002), S. 253-277.

15 Şirin, Veli, Asâkir-i Mansûre-i Muhammediyye Ordusu ve Seraskerlik [Gut ausgebildete siegreiche muhammedanische Soldaten, Armee und Serasker], Istanbul 2002.

wurde, die Selims nizam-i cedid-Einheiten ausgemacht hatten, hatte nun in ihrem Namen keinen Anflug mehr von Neuerung oder Reform, wie dies noch unter Selim III. der Fall war. Die neue Armee Mahmuds II. hieß nun ganz im Gegenteil in demonstrativer Anlehnung an traditionelle und religiöse Kreise muallem asakir-i mansure-i muhammediye (gut ausgebildete siegreiche muhammedanische Soldaten). Auch das Reformedikt von Gülhane, das Sultan Mahmud II. 1839 als Auftakt für eine umfassende Umgestaltung von Staat und Gesellschaft erließ, wurde nicht als Aufbruch in eine neue Zeit und Ordnung dargestellt, sondern in eine Sprache gekleidet, die Konformität mit den Grundsätzen und Normen des islamischen Rechts und der islamischen Staatsdoktrin betonte und sogar grundlegend Neues als Restauration einer idealen traditionellen Ordnung präsentierte.[16]

An den grundsätzlichen strukturellen Problemen, die den osmanischen Modernisierungsprozess begleiteten, hatte sich durch den Coup Mahmuds II. nichts geändert. Die Ausschaltung der Janitscharen machte modernisierende Reformen im Osmanischen Reich zwar erstmals überhaupt möglich. Den Sultanen fehlte es jedoch nach wie vor an einer Hausmacht, um ihre Reformen durchzusetzen. Die Modernisierung wurde von zu wenigen osmanischen Eliten getragen und von zu vielen Gruppen bekämpft, die um ihren Status und ihre Privilegien bangten und Veränderungen mit entsprechender Skepsis begegneten. Die osmanischen Reformen wurden nicht durch neu aufstrebende Eliten angestoßen, sondern von der Staatsspitze initiiert. Sie begannen aus einer Position der Schwäche des osmanischen Zentralstaates nach außen gegenüber seinen europäischen Nachbarn ebenso wie nach innen gegenüber den eigenen Provinzgouverneuren, gegenüber dem eigenen, in weiten Teilen dysfunktional gewordenen Militär sowie auch anderen wichtigen Elitengruppen, insbesondere den Religions- und Rechtsgelehrten (ulema). Auf sie konnten sich die Janitscharen bei ihren Aufständen oft genug stützen. Der Widerstand gegen Reformen und Modernisierung gewann hierdurch eine unheilvolle religiöse Konnotation.

Dieser Ausgangspunkt der Schwäche erklärt die Art und Weise, wie die Reformen im Osmanischen Reich bis zuletzt vollzogen wurden.[17] In vielen Bereichen wurde ein klarer Bruch vermieden. Stattdessen wurden neue Organe und Institutionen neben die fortbestehenden alten Strukturen gesetzt, so wie es auch Selim III. mit seiner modernen Truppe versucht hatte. Dieselbe

16 Abu-Manneh, Butrus, The Islamic Roots of the Gülhane Rescript, in: Welt des Islams 34 (1994), S. 173-203.

17 Für einen prägnanten, knappen Überblick siehe Davison, Roderic H., tanzīmāt [Reorganisation], in: Encyclopedia of Islam, 2nd edition, Bd. 10, S. 201-209.

Vorgehensweise lässt sich auch auf anderen Feldern, etwa dem Bildungswesen sehen.[18] Die Schwäche des Zentralstaates bewirkte, dass die Reformer stets versuchten, die alten Eliten mit einzubinden anstatt sie zu ersetzen, auch wenn der Ausgleich mit ihnen eine Verwässerung der Reform bedeutete.

Die schwache Ausgangsposition führte schließlich dazu, dass dem Militär im gesamten osmanischen Modernisierungsprozess eine besondere Bedeutung zukam. Im Gegensatz etwa zum Russländischen Reich, wo die Militärreform am Ende einer langen Kette von fundamentalen politischen und gesellschaftlichen Umwälzungen während des 19. Jahrhunderts stand,[19] musste im Osmanischen Reich die Modernisierung mit dem Militär beginnen. In vielen Provinzen mussten die Reformmaßnahmen und nicht zuletzt auch die Etablierung einer modernen Wehrpflichtarmee mit militärischen Mitteln durchgesetzt werden. Das Militär war dann, im Verlauf der modernisierenden Reformen des 19. Jahrhunderts gleichzeitig der erste Indikator über den Fortschritt des Reformprozesses als auch das Instrument seiner Durchsetzung.[20] Die Sultane des 19. Jahrhunderts achteten jedoch auch im Zuge der Reformen, für die das Militär so zentral war, immer darauf, dass sich das Militär und insbesondere seine Führung nicht verselbständigen und eventuell gegen den Sultan richten konnte. Mahmud II. hatte durch die Umstände, unter denen er selbst an die Herrschaft kam, Anlass genug, der militärischen Führung mit Misstrauen zu begegnen. Für Sultan Abdülhamid II., der im „Drei-Sultans-Jahr" 1876 auf den osmanischen Thron gehoben wurde, galt dies noch mehr. Er hatte erlebt, wie zunächst sein Onkel, Sultan Abdülaziz (reg. 1861-1876) abgesetzt und anschließend ermordet wurde, wobei Kriegsminister Hüseyin Avni Pascha, einer der profiliertesten Militärreformer der spätosmanischen Geschichte, eine führende Rolle spielte. Nur drei Monate später wurde auch Abdülhamids Bruder, Sultan Murad V., abgesetzt und er selbst als Sultan eingesetzt.[21]

Die Sultane waren für den Erhalt und die Stärkung ihrer Macht angesichts ihrer Schwäche und des langsamen und eingeschränkten Fortgangs der Reformen auf die fortbestehenden alten Strukturen und Eliten ebenso angewiesen wie auf die neuen Kräfte. Es galt, die divergierenden Interessen und Erwartungen

18 Somel, Selçuk A., The Modernization of Public Education in the Ottoman Empire 1839-1908, Leiden u.a. 2001.

19 Benecke, Werner, Militär, Reform und Gesellschaft im Zarenreich. Die Wehrpflicht in Russland 1874-1914, Paderborn u.a. 2006.

20 Hartmann, Elke, Die Reichweite des Staates. Wehrpflicht und moderne Staatlichkeit im Osmanischen Reich 1869-1910, Paderborn 2016, S. 19-20.

21 Eine sehr lesenswerte Biographie Abdülhamids II. bietet Georgeon, François, Abdulhamid II. Le sultan calife (1876-1909), Paris 2003.

zwischen Modernismus und Beharrung auszugleichen bzw. zu neutralisieren. Mehr denn je bestand das wichtigste Herrschaftsinstrument der Sultane im 19. Jahrhundert darin, die unterschiedlichen Kräfte gegeneinander auszuspielen und zu schwächen.[22] So war die osmanische Modernisierung während des 19. Jahrhunderts paradoxerweise geprägt vom gleichzeitigen Streben nach Zentralisierung und Ausweitung staatlicher Kontrolle und Fragmentierung zentraler Strukturen – gerade auch im Bereich des Militärs und insbesondere seines zentralen Führungsorgans. Diese Rahmenbedingungen machen verständlich, warum sich der Generalstab im Osmanischen Reich sehr schwach entwickelte und an der Erfüllung seiner ureigensten Aufgaben von den Sultanen mehr behindert als gefördert wurde.

Neben dem Misstrauen der Sultane gegenüber ihren eigenen Militärführern gab es noch einen weiteren Grund für die schwache Entwicklung des osmanischen Generalstabs. Dieser bestand im vornehmlichen Einsatzgebiet bzw. der vorrangigen Funktion des osmanischen Militärs. Üblicherweise verortet man die Kernaufgaben des Militärs außerhalb der eigenen Landesgrenzen, im Krieg gegen äußere Feinde. Zwar hat auch das Osmanische Reich während des 19. Jahrhunderts mehrere Kriege gegen äußere Mächte geführt. Vor allem die Kriege gegen das Russländische Reich prägten die osmanische Geschichte des 19. Jahrhunderts. Im Laufe des 18. Jahrhunderts hatte sich das Zarenreich auch nach Süden immer weiter ausgedehnt und war an die Grenzen des Osmanischen Reiches gestoßen. Der Krieg zwischen beiden Mächten von 1828/29 endete mit einer Niederlage der Osmanen und der russischen Eroberung Ostarmeniens. Im Krimkrieg 1853-56 stand das Osmanische Reich gegen Russland auf der Seite der Sieger, allerdings weniger aus eigener Kraft als durch die Unterstützung Englands und Frankreichs. Der Russisch-Osmanische Krieg von 1877/78 schließlich brachte dem Osmanischen Reich eine vernichtende Niederlage bei, die für die Osmanen nicht nur den Verlust großer Territorien in Europa, sondern einen tiefen Einschnitt in ihrer Geschichte, eine Epochenwende bedeutete.

Spätestens zu diesem Zeitpunkt war klar, dass auch die ambitionierteste und erfolgreichste Militärreform dem Osmanischen Staat wohl nicht ermöglichen würde, militärisch gegen eine der europäischen Großmächte zu bestehen. Ebenso klar war insbesondere nach dem Berliner Kongress vom Sommer 1878, der den russischen Diktatfrieden von San Stefano vom März 1878 revidierte,

22 Hierzu ausführlich Hartmann, Elke, The Central State in the Borderlands: Ottoman Eastern Anatolia in the Late Nineteenth Century, in: Bartov, Omer/Weitz, Eric D. (Hg.), Shatterzone of Empires. Coexistence and Violence in the German, Habsburg, Russian, and Ottoman Borderlands, Bloomington 2013, S. 172-190.

aber auch, dass die europäischen Mächte zum Erhalt ihrer Friedensordnung des Gleichgewichts der Kräfte ein übergeordnetes Interesse am Fortbestand des Osmanischen Staates hatten, das ihre Konkurrenzen um Einflusszonen im Osmanischen Reich immer überwog. Das europäischen Konzert der Mächte wurde so zum Garanten für das Überleben des Osmanischen Reiches. Das vornehmliche Instrument der osmanischen Sultane zur Verteidigung ihres Landes nach außen war damit nicht mehr das Militär, sondern die Diplomatie. Gerade Abdülhamid II. entwickelte in seiner langen Regierungszeit von 1876 bis 1908/09 eine große Meisterschaft, darin, die Differenzen der europäischen Mächte auszunutzen.[23]

Die eigentliche Herausforderung für die Sultane der Reformperiode lag also nicht in der Verteidigung der Landesgrenzen nach außen, sondern in der Sicherung der territorialen Integrität des Reiches gegen Bedrohungen von innen. Militärische Konfrontationen des Sultans gegen die eigenen Provinzgouverneure führten das Osmanischen Reich mehrmals in existenzielle Krisen – aus denen der osmanische Staat letztlich nur durch militärische Interventionen der europäischen Mächte gerettet wurde.[24] Die Modernisierungsmaßnahmen, die auch von den europäischen Mächten immer wieder angemahnt wurden, zielten also vor allem auf die Stärkung der Sultansmacht, auf die Zentralisierung des Staates, auf die Durchsetzung und Ausweitung moderner Staatlichkeit ab. Gerade auch die Militärreform stand unter diesem Vorzeichen. Letztlich ging es bei den militärischen Reformen im Osmanischen Reich nicht primär um die rein militärischen Aspekte, sondern die politischen Interessen überwogen die militärischen Bedürfnisse. So wurde zum Beispiel die Reserveorganisation des Heeres militärisch dadurch geschwächt, dass sie übermäßig ausgeweitet wurde und ausgebildete Soldaten mit gänzlich ungedienten Männern in denselben Einheiten zusammengefasst wurden. So unsinnig diese Maßnahme aus militärischer Sicht erschien (und von den deutschen Militärberatern auch mit Unverständnis quittiert wurde), so sehr erschließt sich ihr Nutzen, wenn man das politische Ziel primär setzt, so viele Männer wie möglich zu erfassen und formal in die militärische Organisation zu integrieren.[25]

Das absolute Primat des Politischen selbst zum Preis der Schwächung des Militärs betraf sehr wesentlich auch den Generalstab. Ein Generalstab wurde

23 Yasamee, Feroze A. K., Ottoman Diplomacy: Abdülhamid II and the Great Powers 1878-1888, Istanbul 1996.

24 Als knappen Überblick zu den sogenannten Mehmed-Ali-Krisen während der 1830er Jahre siehe Yapp, Malcolm E., The Making of the Modern Near East 1792-1923, London/New York 1987, S. 47-96; Anderson, Matthew S., The Eastern Question 1774-1923, London u.a. 1966, S. 77-109.

25 Hartmann, Reichweite, S. 123.

zwar geschaffen. Die zentrale Koordinierung militärischer Planung und Kriegsführung durch den Generalstab wurde jedoch gleichzeitig unterbunden. Dies geschah zum einen dadurch, dass anstelle eines einzigen Generalstabs verschiedene parallele Strukturen in Palast, Regierung und Militärführung geschaffen wurden. Zum anderen wurden die Kompetenzen des Generalstabs verlagert. Zentrale Entscheidungsgewalt wurde im Kriegsministerium bzw. im Palast konzentriert. Wesentliche Teile der Stabsarbeit wurden dezentralisiert und auf die Stäbe der einzelnen Armeekorps übertragen, anstatt sie in der Hand eines zentralen Großen Generalstabs zu bündeln.

Solange das osmanische Militär fortwährend in der Niederschlagung lokaler oder regionaler Erhebungen oder Unruhen zum Einsatz kam, wie dies im 19. Jahrhundert fast durchgehend der Fall war, fiel die Stärkung der Stäbe der einzelnen Armeekorps zu Lasten des Großen Generalstabs nicht allzu sehr ins Gewicht. Angesichts der schlechten Infrastruktur, Transport- und Kommunikationswege konnte sich eine solche Dezentralisierung militärischer Planung, Koordination und Führung durchaus als funktional erweisen. Diese Organisationsstruktur wurde zusätzlich dadurch gestützt, dass viele der altgedienten Heerführer noch bis ins frühe 20. Jahrhundert ganz offensichtlich in einem politischen Bezugsrahmen dachten, der partikulare Loyalitäten etwa zu großen Haushalten höher ansetzte als das Bewusstsein einer übergeordneten osmanischen Nation oder Staatstreue. Beispiele, in denen osmanische Generäle einander die Unterstützung verweigerten und dabei sogar vernichtende Niederlagen des Osmanischen Reiches in Kauf nahmen, finden sich in nahezu allen Kriegen von der Schlacht von Nizib, als die Sultansarmee 1939 gegen die Truppen ihres ägyptischen Gouverneurs Mehmed Ali unterging, über den Krieg von 1877/78 bis hin zu dem Balkankriegen von 1912/13.[26] In den kleinen Kriegen, die die osmanische Armee in den Peripherien des Reiches führte, waren die strukturellen Mängel des Generalstabs somit ohne Bedeutung. Erst in den großen Kriegen, die das Osmanische Reich in seiner Spätzeit ausfechten musste, wirkte sich der Mangel an Kooperation, an militärischer Koordination und zentraler Führung verheerend aus.

26 Für 1839 siehe Levy, Avigdor, The Officer Corps in Sultan Mahmud II's New Ottoman Army, 1826-39, in: International Journal of Middle East Studies 2 (1971), S. 21-39. Für Beispiele aus dem Krieg 1877/78 siehe SHD (französisches Miltärarchiv), 7 N 1625, de Torcy an Ministre de la Guerre, 30.4.1877, No. 65, S. 3; 7 N 1625, de Torcy an Ministre de la Guerre, 2.5.1877, No. 67, S. 6-7; 7 N 1625, de Torcy an Ministre de la Guerre, Schumla, 23.5.1877 abends, No. 3; 7 N 1625, de Torcy an Ministre de la Guerre, Adrianopel, 27.11.1877, No. 50 u.a.; vgl. auch AA-PA, Türkei 142, Bd. 1, Hirschfeld (Dt. Botschaft Konstantinopel) an Bismarck vom 13.4.1882, Anlage: Bericht von Kaehler, Konstantinopel, 23.12.1882, S. 12, 17.

3. Die Entstehung des osmanischen Generalstabs

Die erste Keimzelle des Osmanischen Generalstabs entstand 1826 mit der Gründung des bab-ı seraskeri (oder auch makam-ı seraskeri bzw. seraskeriyye), dem Sitz des Oberkommandos des Heeres. Damit wurde erstmals das Oberkommando des Heeres in einem eigenen dauerhaften Amt institutionalisiert. Zuvor wurde im Kriegsfall der Oberbefehl über die Truppen vom Sultan, der ihn in der klassischen Zeit persönlich ausgeübt hatte, auf den Großwesir in Stellvertretung des Sultans übertragen. Dieser wiederum bestimmte unter den Wesiren, die ihn umgaben, einen serasker genannten Oberkommandanten. Jede Armee im Feld hatte ihre eigene Führung einschließlich eines Stabes. Die Janitscharen hatten ihre eigene separate Führungsstruktur mit dem Janitscharen-Ağa an der Spitze und dem kethüda an seiner Seite.[27] Neben der Verstetigung des Oberbefehls in der Hand eines nicht mehr ad hoc im Kriegsfall berufenen, sondern dauerhaft im Amt bleibenden seraskers, wurden dem Amt auch der Nukleus eines Stabes beigefügt. Eine spezifische Ausbildung für Stabsoffiziere gab es noch nicht, also bestand dieser erste Stab aus Truppenkommandeuren, die genügend Erfahrung im Feld vorweisen konnten, um nun übergeordnete organisatorische Aufgaben zu übernehmen.[28]

Dem Namen nach war der serasker Oberkommandant des Heeres bzw. Generalissimus, sein kleiner Stab entsprechend nominell ein Generalstab. De facto jedoch war der serasker lediglich der Oberkommandant der nach der Zerschlagung der Janitscharen neu geschaffenen asakir-i mansure. Deren Größe betrug bei ihrer Einrichtung lediglich 1500 Mann, wenn sie auch in der Folgezeit rasch anwuchs und rund 27.000 Soldaten aufbieten konnte.[29] Dass unter der Ägide des serasker ein wirklicher Stab entstand, war dem Ehrgeiz des zweiten serasker Koca Mehmed Hüsrev Pascha (1827-1837) zu verdanken. Um seine eigene Position als serasker zu stärken, berief er nicht nur eine ganze Reihe seiner Getreuen (Mitglieder seines ausgedehnten Haushalts) auf

27 Mahmud Şevket Paşa, Osmanlı Teşkilat ve Kıyafet-i Askeriyesi [Osmanische Militärorganisation und -kleidung], Bd. 1, Istanbul 1909, S. 4.

28 T. C. Genelkurmay Harp Tarihi Başkanlığı (Hg.), Türk Silahlı Kuvvetleri Tarihi [Geschichte der türkischen Streitkräfte], Bd. 3, Teil 5: 1793-1908, bearb. v. Naci Çakın und Nafiz Orhon, Ankara 1978, S. 302-303.

29 Uyar, Mesut/Erickson, Edward J., A Military History of the Ottomans. From Osman to Atatürk, Santa Barbara 2009, S. 145; zur Entwicklung der Mansure-Truppen siehe knapp Özcan, Abdülkadir, Asâkir-i Mansûre-i Muhammediye [Gut ausgebildete siegreiche muhammedanische Soldaten], in: TDVIA, Bd. 3, S. 457-458.

militärische Führungspositionen, sondern versammelte ausländische Berater, Fachleute und Übersetzer um sich.[30]

1836 wurde für Verwaltungsaufgaben und die Inspektion des Heeres unter dem Dach des Oberkommandos des Heeres (bab-ı seraskeri) ein eigenes Organ geschaffen, der Rat für militärische Angelegenheiten (dar-ı şura-yı askeri), der 1843 nochmals ausgeweitet wurde. 1845 schließlich wurde, wiederum als eigenes, der Obersten Heeresleitung unterstelltes Institut, der Generalstab (erkan-ı harbiye-yi umumiye) gegründet. Der erste Generalstabschef, Mirliva (Generalmajor) Abdi Pascha, wurde aus den Reihen der Mitglieder des Militärrates berufen. Als erste Mitglieder des Generalstabs wurden 27 osmanische Offiziere ausgewählt, die ihre Ausbildung an europäischen Militärakademien erhalten hatten.[31] Ab 1848 wurde auch im Osmanischen Reich an der 1834 gegründeten Militärakademie (mekteb-i harbiye) ein Ausbildungsgang für Stabsoffiziere eingerichtet, der ab 1849 die ersten Absolventen hervorbrachte. Sie wurden nun mit Verwaltungsaufgaben im Hauptquartier und Stabsstudien betraut. Aus den verfügbaren Quellen geht für die ersten Jahrzehnte wenig Konkretes über die Struktur und Aufgaben des Generalstabs hervor. Für die Jahre ab 1866 geben die militärischen Jahrbücher (salname-i askeri), die in unregelmäßigen Abständen bis 1914 erschienen, detailliertere Auskunft über die Unterabteilungen des bab-ı seraskeri.[32] Hier wird für die Jahre 1866-1871 zwar der Militärrat (dar-ı şura-yı askeri) aufgeführt, der zum Teil Generalstabaufgaben übernahm (etwa in der Verwaltung, Personalplanung und Logistik), der Generalstab selbst erscheint dort jedoch nicht.[33]

Insgesamt entsteht der Eindruck, dass der Generalstab zwar eingerichtet wurde, Mahmud II. wie auch seine Nachfolger dabei jedoch darauf achteten, dass der Generalstab sich nicht zu einem unabhängigen Machtzentrum entwickelte. Militärrat und Generalstab fungierten weniger als Ergänzung zueinander denn als Gegengewichte mit unklarer Kompetenzverteilung. Als Gegenkraft zu den mansure-Truppen und dem Generalstab gründete Mahmud II. auch die Sultansgarde (hassa), die nicht der allgemeinen Obersten

30 Uyar/Erickson, A Military History, S. 145; zu Hüsrev Pascha siehe İnalcık, Halil, Hüsrev Paşa, in: TDVIA, Bd. 19, S. 41-45.

31 Türk Silahlı Kuvvetleri Tarihi, Bd. 3, Teil 5, S. 302-303.

32 Salname-i askeri erschienen in den Jahren 1866, 1867, 1870, 1871, 1888, 1892, 1893, 1895, 1908 und 1914.

33 Salname-i askeri 1866, 1867, 1870, 1871; vgl. auch Küçük, Zeynel Abidin, Osmanlı askerî salnâmelerine göre erkân-ı harbiye-i umumiye riyâseti ve harbiye nezâreti teşkilatı [Die allgemeine Militärverwaltung und das Ministerium für Kriegsorganisation anhand der osmanischen Militärjahrbücher], unveröffentlichte Masterarbeit, Kırkkale Universität 2002, S. 48-52.

Heeresleitung (bab-ı seraskeri) unterstand, sondern ihren eigenen Stab und Kommandostruktur hatte. Auf diese Weise konnten zwar gleichzeitig neue militärische Strukturen aufgebaut und soweit kontrolliert und in Schach gehalten werden, dass sie der Sultansmacht nicht gefährlich werden konnten. Die eigentliche Idee eines Generalstabs, nämlich angesichts neuer infrastruktureller und technischer Möglichkeiten in der Moderne auch die Kriegsführung großflächiger zu denken und entsprechend durch eine hierfür ausgebildete und vorbereitete Führungsebene zentral zu planen und zu koordinieren, wurde mit diesen parallelen und konkurrierenden Strukturen und den fragmentierten Befehlsketten konterkariert.[34]

Die Rolle des osmanischen Generalstabs in den Kriegen, die das Osmanische Reich im 19. Jahrhundert geführt hat, spiegelt diesen Befund. Weder in der Auseinandersetzung mit Mehmed Ali von Ägypten in den 1830er Jahren, noch im Krimkrieg 1853-56 und auch nicht im Russisch-Osmanischen Krieg von 1877/78 war der Generalstab imstande, einen ausgereiften Kriegsplan zu erarbeiten, geschweige denn umzusetzen oder eine effektive Personalplanung und Logistik zu entwerfen. Die osmanische Kriegsführung blieb geprägt von ad hoc-Maßnahmen und Zersplitterung der Kräfte, die umso größere Opfer forderten, als auch bei besserer Koordination die großen Mängel in Infrastruktur und Wirtschaftskraft im Osmanischen Reich immer spürbar waren. Hinzu trat die organisatorische Unfähigkeit, die vorhandenen Ressourcen effektiv zu nutzen. Ein Beispiel aus dem Krimkrieg verdeutlicht dies: An der Ostgrenze des Osmanischen Reiches zum Russländischen Reich war die Festung Kars ein bedeutender militärischer Stützpunkt auf osmanischer Seite. Die russländischen Streitkräfte hatten 1855 einige Mühe, bis sie die Festung nach einer Belagerung zu Fall brachten. Am Ende mussten die osmanischen Truppen Kars aufgeben, weil es der osmanischen Armee während des Kriegs nicht gelungen war, ausreichend Nahrungsmittel aus der Region zu requirieren. Die Belagerungs- und Besatzungstruppen des Zaren hingegen konnten sich in derselben Region ausreichend versorgen.[35]

Die fehlende Koordination der Truppenverbände führte auch dazu, dass die Osmanische Armee punktuelle Erfolge einzelner Einheiten nicht für sich

34 Vgl. hierzu auch Levy, Avidgor, Military Reform and the Problem of Centralization in the Ottoman Empire in the Eighteenth Century, in: Middle Eastern Studies 18 (1982), S. 227-249; Levy, The Officer Corps; Mahmud Şevket Paşa, Osmanlı Teşkilat ve Kıyafet-i Askeriyesi, S. 85-86; Uyar/Erickson, A Military History, S. 146.

35 Uyar/Erickson, A Military History, S. 171; ausführlicher: Süer, Hikmet, Türk Silahlı Kuvvetleri Tarihi, Osmanlı Devri Osmanlı-Rus Kırım Harbi Kafkas Cephesi Harekatı (1853-1856) [Geschichte der türkischen Streitkräfte: Osmanische Ära, Osmanisch-Russischer Krimkrieg, kaukasische Frontoperation], Ankara 1986, S. 155-164.

nutzen konnte. Das spektakulärste Beispiel hierfür ist wohl die erfolgreiche Verteidigung von Plevna (Pleven) gegen die auf dem Balkan vorrückenden Russen im Jahr 1877. Fast ein halbes Jahr lang konnten die osmanischen Truppen unter dem Kommando des Kommandanten der Festung Vidin, Osman Nuri Pascha, die russländischen Truppen aufhalten und der Belagerung widerstehen. Am Ende mussten auch sie sich dem Hunger geschlagen geben. Dass die Verteidigung von Plevna für den Verlauf des Krieges letztlich folgenlos blieb, liegt jedoch vor allem daran, dass diese Schlacht nicht in einen umfassenden Kriegsplan eingebunden war und die osmanische Heerführung aus den russischen Rückschlägen und hohen Verlusten kein Kapital zu schlagen wusste.[36]

Wie unzureichend in der Vorbereitung desselben Krieges die Datenerhebung für die eigene Einsatzplanung war, illustriert eine anekdotisch kolportierte Begebenheit aus dem Jahr 1877: Sultan Abdülhamid II., der nur ein Jahr zuvor an die Macht gekommen war, beauftragte seine Militärführung, ihm eine Übersicht über die osmanischen Truppenstärken, ihren Ausbildungsstand und ihre Verfügbarkeit zu verschaffen. Anstelle verlässlicher Zahlen erhielt er von den verschiedenen Stellen des Oberkommandos (bab-ı seraskeri) mehrere verschiedene Schätzungen, die stark voneinander abwichen. Daraufhin wandte sich der Sultan an den britischen Botschafter und bat ihn um seine Einschätzung.[37] Tatsächlich hatte der Sultan einige Veranlassung, sich auf die britischen Schätzungen eher zu verlassen als auf jene seines eigenen Generalstabs. Großbritannien unterhielt im Osmanischen Reich ein besonders dichtes Netz von Konsulaten, Militärattachés und mit ihnen verbundenen Informanten, und die Regierung beauftragte die Botschaft regelmäßig, die Informationen zu osmanischen Truppenbeständen, Mobilmachungen und Verlegungen zu überprüfen.[38] Die britischen Botschafter schickten zwar auch die offiziell bekanntgegebenen osmanischen Zahlen nach London, fügten ihnen aber auch eigene, ihrer Auffassung nach präzisere Erhebungen bei.[39] Selbst die heutige Forschung stützt sich immer noch in erheblichem Maße auf die Schätzungen und Kalkulationen europäischer Beobachter anstatt auf osmanische Quellen.[40] Es ist fraglich, ob sich hieran etwas ändert, wenn die osmanischen Archive noch besser erschlossen werden.

36 Uyar/Erickson, A Military History, S. 198.

37 Karal, Enver Ziya, Osmanlı Tarihi [Osmanische Geschichte], Bd. 8, Istanbul 1995, S. 357-358.

38 Vgl. z. B. National Archives Kew, FO 195/1759, Chermside (Militärattaché) an Botschaft, Feb. 1892.

39 So z. B. FO 195/2016, Ponsonby an O'Connor, No. 16, Konstantinopel, 8.12.1898.

40 Zum Stand der Forschung siehe Hartmann, Reichweite, S. 132-133.

Ähnlich verhielt es sich mit der Kartographie. Die vom osmanischen Generalstab verwendeten Karten waren auch im frühen 20. Jahrhundert meist übersetzte Fortschreibungen der Kartenwerke Heinrich Kieperts. Selbst in der Umgebung Istanbuls unternahm Colmar Freiherr von der Goltz noch Erkundungsreisen zum Kartographieren.[41] Auch die Gegnereinschätzung blieb noch eine Generation später in den Balkankriegen 1912-1913 mangelhaft.[42]

4. Die Modernisierung von Armee und Generalstab

Die deutliche Niederlage von 1878, als die russischen Truppen in San Stefano (heute Yeşilköy) nur wenige Kilometer vom Zentrum der osmanischen Hauptstadt ihr Hauptquartier bezogen und ihr weiterer Vormarsch auf Istanbul nur durch eine massive militärische und diplomatische Intervention Großbritanniens verhindert wurde, veranlasste den neuen Sultan Abdülhamid II. einmal mehr, eine umfassende Militärreform zu initiieren. Zwar konnte die osmanische Regierung bereits auf einige Strukturen aufbauen, die in den zurückliegenden Jahrzehnten der Modernisierungsbemühungen erreicht worden waren. Die Zentralregierung war weitaus gefestigter und in einer größeren Reichweite durchsetzungsstärker als zu Beginn der Reformperiode. An den grundsätzlichen Rahmenbedingungen hatte sich allerdings nichts Wesentliches geändert. Überdeutlich hatte sich einmal mehr gezeigt, dass die Verteidigung des Osmanischen Reiches weitaus mehr in den Händen der Diplomatie lag als in jedem denkbaren militärischen Fortschritt. Nach wie vor stellte das osmanische Militär für den Sultan jene merkwürdige Mischung aus Versagen im Krieg und Bedrohung der eigenen Herrschaft dar, mit der schon Abdülhamids Großvater Sultan Mahmud II. konfrontiert war. Nach wie vor gab es für die grundlegenden Reformvorhaben viel zu wenig Unterstützung aus den relevanten Segmenten der osmanischen und vor allem muslimischen Eliten und Bevölkerung, als dass die Regierung wichtige Modernisierungsschritte ohne oder sogar gegen sie hätte vollziehen wollen. Und nach wie vor bediente sich auch Abdülhamid II. jenes politischen Rezepts, das schon Mahmud II. befolgt hatte, nämlich Neues nicht anstelle, sondern neben dem Alten

41 Goltz, Colmar Freiherr von der, Denkwürdigkeiten, bearbeitet und hrsg. v. Friedrich Freiherr von der Goltz und Wolfgang Foerster, Berlin 1929, S. 145-148, 155-156; Goltz, Colmar Freiherr von der, Anatolische Ausflüge. Reisebilder, Berlin 1896.

42 Dazu ausführlich Yıldız, Gültekin, Osmanlı devleti'nde askeri istihbarat (1864-1914) [Militärischer Geheimdienst im Osmanischen Reich], Istanbul 2019; Erickson, Edward J., Defeat in Detail. The Ottoman Army in the Balkans 1912-1913, London 2003, insbesondere S. 57-67, 331-340.

aufzubauen und auch die alten Eliten nicht zu verprellen, gleichzeitig eine Fülle von parallelen Einrichtungen und Strukturen zu schaffen, um diese dann gegeneinander auszuspielen.

Die von Abdülhamid II. vorangetriebenen Modernisierungsmaßnahmen folgten in vielen Bereichen einem bestimmten Muster. Sie waren Vorbereitungen auf eine Zukunft, während ihre eigentlich folgerichtigen Konsequenzen bzw. Fortführungen in der Gegenwart verhindert wurden. Es waren Modernisierungsschritte, die in der Gegenwart unternommen und vorangetrieben werden konnten, ohne unmittelbar und sofort spürbare Veränderungen herbeizuführen. Es waren Reformmaßnahmen, die keine Konflikte mit einflussreichen Akteuren oder Elitengruppen erzeugten, weil sie nicht sofort deren Position in Frage stellten. Auseinandersetzungen und Brüche mit den alten Eliten, ihre Ablösung durch neue Gruppen, wurden dadurch ebenfalls in die Zukunft verlagert. Dass sich dadurch politische und gesellschaftliche Spannungen aufbauten und verschärften, nahm der Sultan in Kauf. Man könnte argumentieren, dass Abdülhamid II. vor allem Reformmaßnahmen vorantrieb, die wenig kosteten und deshalb nach dem gerade erst jüngst zurückliegenden Staatsbankrott von 1875 am ehesten zu bewältigen waren. Dieses Argument hat sicherlich einige Berechtigung, erscheint aber letztlich nachrangig. Gerade im Bereich des Militärs wurden die besonders kostenintensiven Maßnahmen umgesetzt. An Waffenkäufen wurde nicht gespart, ebenso wenig an den Kosten für ausländischer Berater.[43]

Die Vermehrung der Truppen war eine weitere finanzielle Belastung. Dasselbe gilt für die Übungsmobilmachungen, die der Sultan anordnete, obwohl innere Unruhen und Spannungen mit den Nachbarländern ohnehin Truppenmobilisierungen in recht kurzen Abständen erforderten.[44] Die enormen Ausgaben trotz Geldmangels erscheinen geradezu absurd, wenn man sich vor Augen hält, dass viele Investitionen brachliegen gelassen wurden. So wurden zwar Truppen zu Übungszwecken zusammengezogen, Manöver in größerem Maßstab blieben den Offizieren jedoch verwehrt. Kleinere Manöver wurden abgehalten, allerdings ohne Schießübungen. Die neuen Waffen und die

43 Wallach, Jehuda L., Anatomie einer Militärhilfe. Die preußisch-deutschen Militärmissionen in der Türkei 1835-1919, Düsseldorf 1976, S. 104-107; Ortaylı, İlber, Osmanlı İmparatorluğu'nda Alman Nüfuzu [Deutscher Einfluss im Osmanischen Reich], Istanbul 1998 (zuerst 1981), S. 119-121; Griffiths, Merwin Albert, The Reorganization of the Ottoman Army under Abdülhamid II. 1880-1897, unveröffentlichte Dissertation, University of California, Los Angeles 1966, S. 83-92.

44 Wallach, Anatomie einer Militärhilfe, S. 132 ff.

Munition verrotteten in den Depots, die unzureichend gewartet wurden.[45] Eine ganze Generation junger Offiziere wurde zwar an neuen Schulen ausgebildet, sie wurden dann aber anschließend nicht in entsprechenden Positionen eingesetzt. Ausländische Berater wurden für verschiedene Reformen ins Land geholt, wurden mit hohen Rängen und üppigen Gehältern und Geschenken versorgt, in ihren Reformvorhaben aber oftmals behindert.

1882 kam nach einigen Verhandlungen eine deutsche Militärmission ins Osmanische Reich. Leiter die Mission war General Otto Kaehler, der bereits Ende desselben Jahres einen Bericht und Vorschläge für die osmanische Militärreform vorlegte. Zu den wichtigsten Punkten, die für die Reform angemahnt wurden, gehörten eine Reihe von planerischen Vorbereitungen, die normalerweise in den Zuständigkeitsbereich eines Generalstabs fielen und schließlich eben die „Formation und Herausbildung eines theoretisch, wie vornehmlich auch praktisch gründlich geschulten Generalstabes" selbst.[46] Zu einer ähnlichen Klage über den erbärmlichen Zustand des Generalstabs und der Militärakademie kamen auch die höchsten Vertreter des Osmanischen Reiches, die mit der Militärreform befasst waren. Küçük Said Pascha war während des Krieges von 1877/78 Erster Sekretär des Sultans gewesen und als solcher der Verbindungsmann zwischen der militärischen Führung und dem Sultan, dessen Befehle an die Kommandeure Said zu übermitteln hatte. Diese Aufgabe verschaffte ihm Einsicht in die Zustände und Bedingungen der osmanischen Armee, allerdings nicht aus einer militärischen, sondern aus politischer

45 Vgl. die Berichte der Mitglieder der deutschen Militärmission in: Goltz, Denkwürdigkeiten, S. 136, 145, 152, 315; Mudra, General der Infanterie a. D. [Bruno] von: Generalfeldmarschall Colmar Freiherr von der Goltz, in: [Schenck, Bruno (Hg.)], Zum Gedenken an Colmar Freiherr von der Goltz, Kgl. Preuß. Generalfeldmarschall, Kaiserlich Ottomanischer Marschall, Berlin [1936], S. 7-47, hier S. 18; AA-PA, Türkei 142 secr., Bd. 1, Waldersee an Bismarck vom 4.12.1886, Anlage: Bericht von Goltz an Waldersee, Konstantinopel 26.11.1886, S. 4-5; Demirhan, Pertev, Generalfeldmarschall Colmar Freiherr von der Goltz. Das Lebensbild eines großen Soldaten. Aus meinen persönlichen Erinnerungen, Göttingen 1960, S. 17; AA-PA, Türkei 142, Bd. 7, Radolin an Caprivi vom 5.7.1893, Anlage: Kamphövener, „Auszug meines Memoire's (überreicht S.M. dem Sultan Dezember 1892)", 31.5.1893; AA-PA, Türkei 142, Bd. 7, Radolin an Caprivi vom 5.7.1893 (Abschrift). Vgl. ähnlich auch AA-PA, Türkei 142, Bd. 7, Radolin an Caprivi vom 13.7.1893, mit Anlage: Bericht von Grumbckow (Mitglied der deutschen Militärmission), Konstantinopel, Moda, 9.7.1893. Auch osmanische Offiziere beklagten den Mangel an Schießübungen: BOA (osmanisches Staatsarchiv), Y.MTV. 43/65, 9. N. 1307 / 29.4.1890.

46 AA-PA Türkei 142, Bd. 1, Radowitz an Bismarck vom 25.12.1882 mit Anlagen 1. Bericht von General Kaehler, 2. Bericht und Reorganisationsplan für die Türkische Kavallerie von Oberst Hobe, 3. Bericht über die Feldartillerie von Oberst Ristow, 4. Bericht über die Türkische Infanterie von Oberst Kamphövener. Zur Arbeit der deutschen Militärmission siehe ausführlich Wallach, Anatomie.

Perspektive.[47] Inzwischen war Said zunächst Justizminister und dann zum Großwesir aufgestiegen. Er legte dem Sultan zwischen 1878 und 1883 mehrere ausführliche Memoranden zur Militärreform vor.[48]

Die größten Mängel der osmanischen Armee machte Said darin beim Generalstab und der Militärakademie als dessen Ausbildungsstätte aus. Die Aufgabe dieser beiden Einrichtungen sah er unter anderem darin, europäische Wissenschaft und militärische Schriften fortlaufend und intensiv zu studieren, weil dort das aktuell fortschrittlichste Wissen im Bereich technischer Errungenschaften akkumuliert sei. Dies müsse osmanischen Verhältnissen entsprechend adaptiert werden, um daraus Nutzen zu ziehen. Bereits die elementarste Voraussetzung hierfür, die Beherrschung europäischer Fremdsprachen, war nicht gegeben. In der Verantwortung des Generalstabes lag es nach Saids Auffassung auch, eine kritische Militärgeschichte zu betreiben, um aus der Analyse von Mängeln und Fehlern der Vergangenheit zu lernen. Er musste aber feststellen, dass dies im osmanischen Generalstab nach dem letzten Krieg mit Russland nicht einmal im Ansatz geschehen war – ganz im Gegensatz zu Europa, wo bereits einige Werke zum letzten russisch-türkischen Krieg erschienen seien.[49] Als mindestens ebenso wichtig erachtete Said eine klare Kommandostruktur und die Trennung von militärischen und zivilen Kompetenzen – ein Grundsatz, der ebenfalls bereits während der Tanzimat-Zeit diskutiert und anvisiert worden war.[50] Auch unter den hohen Beamten Sultan Abdülhamids stand Said mit seinen Grundannahmen zur Militärreform nicht allein. Sein dauernder Konkurrent Kâmil Paşa, der ihn als Großwesir 1885 ablöste, vertrat gleichlautende Ansichten.[51] Auch dies ist ein Indiz dafür, dass die Grundprinzipien moderner europäischer Militärorganisation und auch das Verständnis eines Generalstabs in der osmanischen Führungsschicht allgemein geläufig und fest etabliert waren.[52] In der Umsetzung wurde der Auf- und Ausbau des Generalstabs einmal mehr vom Primat der politischen

47 Zu Said Paşa siehe Kuran, Ercümend, Küçük Said Paşa (1840-1914) as a Turkish Modernist, in: IJMES 1 (1970), S. 124-132; İnal, İbnülemin Mahmud Kemal, Osmanlı Devrinde Son Sadrıâzamlar [Die letzten Großwesire in der osmanischen Ära], Bd. 2, Istanbul 1964, S. 989-1264.

48 Saids Eingaben an den Sultan mit den Kernpunkten seines Reformplans sind zusammenfassend wiedergegeben in seinen Erinnerungen: Mehmed Said Paşa, Said Paşanın Hatiratı [Erinnerungen von Said Pascha], Bd. 1, Istanbul 1912, S. 388-391, 430-432, 477-480.

49 Said Paşa, Hatıratı, Bd. 1, S. 430-32.

50 Griffiths, The Reorganization of the Ottoman Army, S. 39.

51 Bayur, Hilmi Kâmil, Sadrazam Kâmil Paşa – Siyasî Hayatı [Großwesir Kamil Pascha – Politisches Leben], Ankara 1954, S. 81-83; İnal, Osmanlı Devrinde Son Sadrıâzamlar, Bd. 2, S. 1347-1372.

52 Vgl. Griffiths, The Reorganization of the Ottoman Army, S. 43.

Interessen, welche die osmanischen Sultane und insbesondere Abdülhamid II. mit der Militärreform verband, in den Hintergrund gedrängt.

Abdülhamid II. reformierte zwar die von Mahmud II. geschaffenen, einander teilweise überlappenden und in ihren Kompetenzen und Aufgaben nicht klar definierten Strukturen des Generalstabs und des Militärrats. Er schuf aber stattdessen sein eigenes System paralleler und sich gegenseitig potenziell neutralisierender Strukturen. Während die Macht im Staat nach dem Tod Sultan Mahmuds II. 1839 mehr und mehr auf die Regierung um den Großwesir (die sogenannte Hohe Pforte, bab-ı âli) übergegangen war, verlagerte Abdülhamid II. das Machtzentrum wieder zurück in den Sultanspalast. Hierzu schuf er in nahezu allen Bereichen ein Geflecht von Kommissionen und Organen, in denen sich die Kompetenzbereiche der Regierungsministerien spiegelten, also eine Art Parallelregierung im Palast.[53] In seiner legendären Kontrollmanie verlangte er von jeder einzelnen Kommission direkte Berichterstattung. In derselben Art kommunizierte er auch Befehle an einzelne Truppengeneräle unter Umgehung der Obersten Heeresleitung und des Generalstabs.[54]

Neben dem Generalstab und in eigentlich keiner organisatorischen Beziehung mit ihm schuf Abdülhamid II. mehrere Militärkommissionen, in denen er verschiedene und teilweise konkurrierende hochrangige Militärs und Kommandeure mit Posten versah. 1879 schuf er die Militärische Inspektionskommission (teftiş-i umumi-i askeri komisiyon-u âlisi) und beauftragte sie mit der Erarbeitung eines Reformkonzepts. Die Leitung dieses rund 40-köpfigen Gremiums übertrug er einem der herausragendsten Generäle des letzten Kriegs, Gazi Ahmed Muhtar Pascha.[55] Innerhalb des Palastes gründete er einen zweiten Generalstab (maiyet-i seniye-i erkan-ı harbiye dairesi). Beide Einrichtungen kann man in erster Linie als Kontrollinstanzen und Check-und-Balance-System für den Generalstab und das Oberkommando des Heeres verstehen.

Während sich General Kaehler mit seinen Reformvorschlägen, die ja auch von den Reformern innerhalb des osmanischen Militärs geteilt und unterstützt wurden, nicht durchsetzen konnte, war Colmar Freiherr von der Goltz erfolgreicher. Goltz wurde 1883 in die deutsche Militärmission nach Istanbul berufen und sollte sich um die Reformierung des militärischen Ausbildungswesens

53 Georgeon, Abdulhamid II., S. 147-169.

54 Uyar/Erickson, A Military History, S. 205-206.

55 Ölmez, Adem, Askeri teftiş komisyonu'nun kuruluşu ve faaliyetleri [Einrichtung und Tätigkeit der Militärinspektionskommission], in: İstanbul Üniversitesi Edebiyat Fakültesi Tarih Dergisi 43 (2007), S. 115-133.

kümmern, in erster Linie um die Militärakademie.[56] Dieser Reformbereich war am besten kompatibel mit den Möglichkeiten für Reformen unter Abdülhamid II., eben weil sie zwar einerseits maßgeblich eine sehr signifikante Modernisierung voranbrachte, dies aber auf eine zukünftige Generation bezogen tat, ohne in der Gegenwart jemandes Privilegien zu berühren. Entsprechend ist insgesamt der Ausbau des modernen Bildungswesens auch im zivilen Bereich eine der wichtigsten Reformleistungen der Regierungszeit Abdülhamids II.[57] Hinzu kam, dass Colmar von der Goltz auch besonders beharrlich, unbeirrbar und unbestechlich seine Reformvorhaben gegenüber Abdülhamid II. verfolgte. So nutzte Goltz auch jede Vertragsverlängerungsverhandlung, um nicht für sich selbst, sondern für seine Reformpläne bessere Bedingungen und Unterstützung zu erwirken. Er selbst beschreibt die Bestechungsversuche des Sultans und seine Verhandlungen plastisch,[58] und selbst wenn man das ausgeprägte Selbstlob und die besondere Hervorhebung seiner Person, die vor allem in seinen zahllosen Berichten an das deutsche Auswärtige Amt durchscheinen, in Rechnung stellt, so bleibt doch unbestreitbar, dass er von allen Mitgliedern der deutschen Militärmission mit Abstand am wirkungsvollsten war.

Goltz, der nach Kaehlers Tod 1885 auch die Leitung der deutschen Militärmission übernahm, gestaltete die Ausbildung der Generalstabsoffiziere von Grund auf neu. Bei der Gründung der osmanischen Militärakademie hatte die französische Militärakademie, die 1802 gegründete *École spéciale militaire* in Saint-Cyr, Pate gestanden.[59] Goltz befand, dass die Ausbildung dort zu mathematisch-technisch, zu theoretisch und zu wenig praxisorientiert sei. Er legte nun grundsätzlich das deutsche Ausbildungssystem als Modell an. Dabei behielt er jedoch bei seiner Reform 1884 zunächst etliche Teile des Curriculums bei, ergänzte sie aber um anwendungsbezogene Fächer und schuf damit an der Militärakademie einen Ausbildungsgang, der besser auf die Bedürfnisse der Generalstabsarbeit ausgerichtet war. Er nahm neue Fächer wie Taktik und Kriegsgeschichte in den Lehrplan auf. Vor allem aber ergänzte er den Unterricht um Kriegsspiele, die Erarbeitung von Kriegsszenarien, um Exkursionen und Manöver. Schließlich sollten die Absolventen für acht bis 24

---

56 Krethlow, Carl Alexander, Generalfeldmarschall von der Goltz Pascha, Paderborn 2012, S. 119-138.

57 Hierzu ausführlich Somel, The Modernization of Public Education; Fortna, Benjamin, Imperial Classroom. Islam, the State, and Education in the Late Ottoman Empire, Oxford 2002.

58 Goltz, Denkwürdigkeiten, S. 133-135.

59 Grüßhaber, Gerhard, The "German Spirit" in the Ottoman and Turkish Army, 1908-1938. A History of Military Knowledge Transfer, Berlin/Boston 2018, S. 8.

Monate Erfahrung im Dienst in einer Einheit sammeln.[60] Ergänzend verfasste Goltz auch ein Handbuch des Generalstabs, in dem er das deutsche Modell als Anschauungsbeispiel beschrieb. Ins Osmanisch-Türkische übersetzt diente dieses Werk als Leitfaden.[61] Zudem reformierte er die Auswahlregularien für die Militärakademie. Zugang sollten nun nur noch die Jahrgangsbesten der Militärschulen haben. Eine wachsende Zahl von jungen osmanischen Offizieren wurde auch nach Deutschland zur Ausbildung geschickt.[62] Einer von ihnen war der spätere Kriegsminister und Oberbefehlshaber Enver Pascha, der das Osmanische Reich 1914 in den Ersten Weltkrieg führte.

Unter Goltz' Führung wurde eine ganze Generation junger, zum Teil sehr fähiger, sehr ambitionierter und schließlich auch germanophiler Offiziere ausgebildet. Unter der Herrschaft Abdülhamids II. blieb ihnen zumeist eine Verwendung in geeigneter Position und entsprechend ein Aufstieg in der militärischen Laufbahn verwehrt. Es waren aber diese Offiziere, die sich ab den 1890er Jahren begannen, in Geheimbünden zusammenzuschließen und schließlich in der „jungtürkischen Revolution", einem Staatsstreich im Juli 1908, den Sultan zur Wiedereinsetzung der osmanischen Verfassung zwangen und die Regierung übernahmen. Der jungtürkische Umsturz war in hohem Maß eine Revolte der jungen, gut ausgebildeten Offiziere aus der Militärakademie (mektebli) gegen die alte Garde des Offizierskorps, die zum größten Teil keine formale Offiziersausbildung durchlaufen hatte, sondern über den Dienst in den Rängen aufgestiegen war (alaylı). Diese Politisierung seiner Zöglinge hat Goltz völlig unterschätzt. In einer nahezu grotesken Fehleinschätzung der Situation schrieb er 1897: „Der Türk hat kein Talent zum Revolutionär; und gar unter den Militärschulen herrschte ein durchaus loyaler Sinn, der einen hochverrätherischen Gedanken gar nicht aufkommen läßt."[63]

Zu den von Goltz mit Nachdruck angemahnten Reformen gehörte auch der weitere Ausbau des Generalstabs. Zwar wurde seine Struktur ausdifferenziert und erweitert. Der Generalstab blieb aber unter Abdülhamid II. weitestgehend marginalisiert und entsprechend bedeutungs- und wirkungslos. Erst mit dem jungtürkischen Umsturz 1908 änderte sich die Rolle und die Struktur des Generalstabs. Nachdem es 1909 zu einer gescheiterten Erhebung gegen die herrschenden Jungtürken gekommen war, setzte das jungtürkische „Komitee für Einheit und Fortschritt" Sultan Abdülhamid II. ab. In der Folge kam

60 Wallach, Anatomie einer Militärhilfe, S. 54-55; Küççük, Osmanlı askerî salnâmelerine göre, S. 39.

61 Küççük, Osmanlı askerî salnâmelerine göre, S. 39.

62 Wallach, Anatomie einer Militärhilfe, S. 60-61; Griffiths, The Reorganization of the Ottoman Army, S. 102.

63 Zitiert nach Griffiths, The Reorganization of the Ottoman Army, S. 117.

es dann zu einer Säuberung des Militärs und vor allem des Generalstabs. Die Akademie-Absolventen übernahmen nun vollends das Heft des Handelns und verdrängten die aus den Rängen aufgestiegenen alten Kommandeure.[64] Nun wurden auch die noch existierenden Parallelstrukturen aufgehoben. Das Amt des Oberkommandos des Heeres (bab-ı seraskeri) wurde in ein Kriegsministerium umgewandelt. Der Generalstab entwickelte sich zur übergeordneten Planungsinstanz des Militärs. Nun wurde auch eine Abteilungsstruktur mit klar definierten Kompetenzen eingeführt. Die fünf großen Bereiche waren Topographie, Aufklärung, Ausbildung, Kommunikation und Mobilmachung.[65] Das deutsche Modell wurde nicht unbesehen übernommen, sondern den osmanischen Gegebenheiten und Bedürfnissen entsprechend modifiziert. So gab es beispielsweise keine eigene Abteilung für die Planung von Operationen. Die Aufgaben der Einsatzplanung und Manöverplanung wurden stattdessen der Abteilung Mobilmachung übertragen. Auch auf die Erarbeitung eigener taktischer Konzepte wurde verzichtet. Stattdessen wurden weiterhin die deutschen Vorlagen übernommen.

Jedoch konnte der osmanische Generalstab selbst in den Balkankriegen 1912-1913 nicht wirksam zur Entfaltung kommen. Obwohl seit 1908 die jungen, modern ausgebildeten Offiziere selbst die Macht übernommen und entsprechend auch den Generalstab erstmals als zentralisierten Kopf des Militärs etabliert hatten, wurde die Funktion des Generalstabs diesmal durch interne Rivalitäten innerhalb der jungtürkischen Militärs beeinträchtigt.

5. Fazit

Die europäischen Beobachter des Krieges beschreiben ein ums andere Mal den Mut, die Ausdauer, die Leidensfähigkeit und Opferbereitschaft der einfachen osmanischen Soldaten. Diesem positiv aufgeladenen Bild setzen sie das Negativbild der osmanischen Militärführung entgegen. Die Offiziere und vor allem die hohen Generäle seien korrupt, abergläubisch, unfähig und auch unwillig und träge, schlecht ausgebildet und ohne Verständnis für größere Zusammenhänge, lehnten jede Reform ab, und ihre Mentalität sei religiös bzw. kulturell bedingt.[66] Aus diesen Zuschreibungen spricht sicherlich die

64 Uyar/Erickson, A Military History, S. 220-222.

65 Salname-i askeri 1914; vgl. auch Uyar/Erickson, A Military History, S. 220.

66 Siehe z. B. Goltz, Denkwürdigkeiten, S. 132, 141, 144; vgl. auch Griffiths, The Reorganization of the Ottoman Army, S. 55-56.

Arroganz und Verachtung der Europäer für die „Türken“, die sie mit orientalistischem Blick als rückständig und degeneriert wahrnahmen.

Jenseits der orientalistischen Verzerrungen treffen diese Beschreibungen aber den Punkt, dass die osmanischen Niederlagen des 19. Jahrhunderts viel weniger den in der Tat auch eklatanten Mängeln in der Ausbildung, Ausrüstung und Versorgung der Truppen geschuldet waren, sondern in erster Linie dem Versagen der Führung. Die bemerkenswerten Erfolge einzelner Heerführer lassen den Ausfall der zentralen Planung und koordinierten Durchführung der Operationen umso mehr ins Auge springen. Das Argument, es habe an der entsprechenden praktischen Ausbildung in großen Manövern gefehlt, hat einiges an Berechtigung. Viel mehr noch fallen aber zwei Aspekte ins Gewicht. Zum einen das bereits diskutierte Verhältnis von Militär und Politik, durch das militärische Notwendigkeiten vernachlässigt oder sogar konterkariert wurden. Zum anderen aber rücken die Loyalitäten und Prioritätensetzungen der führenden osmanischen Militärs in den Blick. Ganz offensichtlich haben die Generäle in den angeführten Beispielen der Kriege von 1839 und 1877/78, die mit vernichtenden Niederlagen für die Armeen des osmanischen Sultans endeten, jeweils die Interessen ihrer Haushalte, die Positionen ihrer partikularen Machtbasis, höher veranschlagt als das Wohlergehen oder im Zweifel sogar den Fortbestand des Osmanischen Reiches als Ganzes. Es spricht vieles dafür, die Haltung dieser Armeeführer in den Kategorien von Haushalten zu denken und weniger in den politischen Kategorien moderner Staatlichkeit oder sogar Nation.

In den letzten Jahren des Osmanischen Reiches übernahm schließlich eine junge, gut ausgebildete und reformfreudige militärische Elite die Macht, die schnell und konsequent auch den Generalstab modernisierte. Doch auch diese Offiziere dachten und handelten in Rivalitäten. Diesmal waren es nun keine konkurrierenden politischen Haushalte mehr, an ihre Stelle traten aber politische Fraktions- und Flügelkämpfe, die ein gemeinsames Vorgehen im Krieg und damit auch eine wirksame Generalstabsarbeit verhinderten. Die Kriegspläne für den Balkankrieg wurden vom Generalstabschef Ahmed İzzet Pascha entwickelt. Neben allen Mängeln, die man diesen Plänen wohl im Detail auch attestieren kann, kamen sie aber vor allem deshalb nicht zur Geltung, weil der Chef des Generalstabs Ahmet İzzet von Kriegsminister Mahmud Şevket Pascha wegen eines vorangegangenen Disputs in den Jemen entsandt wurde. In den Wirren um Konkurrenzen zwischen den Offizieren der deutschen und der französischen Schule, bzw. den verschiedenen persönlichen Gefolgschaften und schließlich auch den Verfechtern einer offensiven Strategie gegen die Anhänger einer defensiven Strategie wurden die Kompetenzen und Zuständigkeiten solange von einem ranghohen Offizier auf den nächsten übertragen, bis ein konzertiertes Vorgehen fast unmöglich geworden war.[67]

Im Ersten Weltkrieg schließlich hatte Enver Pascha in seiner Hand die Kompetenzen und Ämter des Kriegsministers, Oberbefehlshabers und Generalstabschefs konzentriert. Mit der Generalstabsarbeit jedoch befasste er sich nicht. Dies übernahmen eine Reihe von deutschen Offizieren, die als Teil der stark ausgeweiteten deutschen Militärmission ins Land gekommen waren und nun leitende Funktionen im osmanischen Generalstab übernahmen. Die Koordination fehlte weiterhin: Enver Pascha setzte sich über die massiven Einwände des Chefs der deutschen Militärmission Liman von Sanders hinweg, als er das Gros der osmanischen Armee zum Auftakt des Krieges in den desaströsen Winterfeldzug an die Kaukasusfront führte und dadurch vernichtete.

67 Erickson, Defeat in Detail, S. 57-58, 331-335.

TEIL II

Generalstäbe vor 1939/41

Militärelite in Krise und Vorkrieg: Der deutsche Generalstab und der Weg in den Zweiten Weltkrieg

Michael Jonas

1. Historiographische Vorbemerkungen

Die Historiographie zu den in diesem Sammelband zusammengefassten Einzelstudien, die sich mit den unterschiedlichen Generalstäben europäischer Armeen im „Zeitalter der Weltkriege" beschäftigen, weist ein wesentliches Ungleichgewicht auf.[1] Gehört der Kosmos der Generalstäbler in sämtlichen anderen national-historiographischen Traditionen zu den eher vernachlässigten Gegenständen der Forschung, deutet selbst ein nur kursorischer Blick in die Forschungslandschaft an, dass sich dies im Hinblick auf den deutschen Generalstab wie auf die deutsche Militärelite insgesamt grundsätzlich anders verhält. Mehr noch: Es scheint seit Beginn einer ernstzunehmenden, um fachliche Autonomie bemühten Militärgeschichtsschreibung kein Thema gegeben zu haben, das intensiver behandelt und kontroverser diskutiert worden ist, als die Rolle der deutschen Militärelite im politischen Gemenge der späten Weimarer Republik und deren „Entente" mit Hitler und dem NS-Staat. Die Hochphase der historiographischen Beschäftigung bildete dabei die Zeit von den späten 1960er Jahren bis in die 1980er Jahre, angefangen mit den Arbeiten von Andreas Hillgruber, Manfred Messerschmidt und Wilhelm Deist.[2]

---

* In memoriam Klaus-Jürgen Müller.
Der Verfasser dankt Bernd Wegner herzlich für die akribische Durchsicht und Kommentierung des Beitrags.

1 Thoß, Bruno, Die Zeit der Weltkriege – Epochen als Erfahrungseinheit? in: Ders./Volkmann, Hans-Erich (Hg.), Erster Weltkrieg – Zweiter Weltkrieg: Ein Vergleich. Krieg, Kriegserlebnis, Kriegserfahrung in Deutschland, Paderborn 2002, Paderborn 2002, S. 7-30.

2 Zit. „Entente" siehe Müller, Klaus-Jürgen, Das Heer und Hitler, Stuttgart 1969 ([2]1988), S. 135. Vgl. u.a. Hillgruber, Andreas, Deutschlands Rolle in der Vorgeschichte der beiden Weltkriege, Göttingen 1967; ders., Hitlers Strategie. Politik und Kriegführung 1940-1941, Frankfurt a. M. 1965; Messerschmidt, Manfred, Die Wehrmacht im NS-Staat. Zeit der Indoktrination, Hamburg 1969; Deist, Wilhelm/ Messerschmidt, Manfred/Volkmann, Hans-Erich/Wette, Wolfram (Hg.), Das Deutsche Reich und der Zweite Weltkrieg, Bd. 1: Ursachen und Voraussetzungen der deutschen Kriegspolitik, Stuttgart 1971; Deist, Wilhelm, Wehrmacht and German Rearmament, London 1981.

 | DOI:10.30965/9783657791958_010

Zwei Tendenzen in der Historiographie lassen sich grob voneinander absetzen, ohne dass diese notwendigerweise unvereinbar wären: Die überwiegende Mehrheit der mit der Vorkriegswehrmacht befassten Historiker, unter diesen – etwa zeitgleich zu Messerschmidt – vor allem Klaus-Jürgen Müller und – zuletzt – Jürgen Förster oder Johannes Hürter, folgte methodisch vornehmlich politikgeschichtlichen Ansätzen und bemühte sich auf Grundlage stetig neuer Quellenfunde und mit beeindruckender Differenzierungs- und Durchdringungskraft um eine historisierende Verortung der Militärelite im nationalsozialistischen Herrschaftsapparat. In diesem Zusammenhang waren es insbesondere Messerschmidt und Müller, die es auf sich nahmen, dem bis in die 1960er Jahre hinein gepflegten Mythos von der politischen Abstinenz einer vermeintlich rein professionell operierenden Militärführung den analytisch dichten Nachweis weitestgehender „Konsenszonen" zwischen Hitler und der Generalität entgegenzustellen.[3] In seiner Grundlagenarbeit von 1969 spricht Messerschmidt in einer klassisch gewordenen Formulierung von einer „fatalen Teilidentität der Ziele".[4] Müller wiederum betrat mit seiner frühen historisierenden Annäherung an den Generalstabschef des Heeres der 1930er Jahre, Generaloberst Ludwig Beck, nicht nur Neuland, sondern setzte sich zudem fundamental von der bis dahin allenthalben verbreiteten Behauptung einer „integralen" Widerstandsbiographie Becks ab.[5] Für die 1930er Jahre und insbesondere die gescheiterten Umsturzversuche im Zusammenhang mit der Septemberkrise 1938 prägte er – in Abkehr von einem ahistorisch rückprojizierten Widerstands- oder Oppositionsbegriff – das Konzept eines

3 Wehler, Hans-Ulrich, Der Nationalsozialismus: Bewegung, Führerherrschaft, Verbrechen, 1919-1945, München 2009, S. 33 (Zit.). Vgl. u.a. Müller, Heer und Hitler; ders., Armee, Politik und Gesellschaft in Deutschland, Paderborn 1979; ders., Armee und Drittes Reich 1933-1939. Darstellung und Dokumentation (unter Mitarbeit von Ernst Willi Hansen), Paderborn 1987; Förster, Jürgen, Die Wehrmacht im NS-Staat. Eine strukturgeschichtliche Analyse, München 2007; ders., Die Wehrmacht im NS-Staat. Ein „grauer Fels in der braunen Flut"?, in: Becker, Manuel/Löttel, Holger/Studt, Christoph (Hg.), Der militärische Widerstand im Lichte neuer Kontroversen. XXI. Königswinterer Tagung, 22. bis 24. Februar 2008, Münster 2010, S. 97-111; Hürter, Johannes, Wilhelm Groener. Reichswehrminister am Ende der Weimarer Republik (1928-1932), München 1993; ders., Hitlers Heerführer. Die deutschen Oberbefehlshaber im Krieg gegen die Sowjetunion 1941/42, München 2006 (hier nur erwähnt wegen der umfänglichen kollektivbiographischen Hinleitung); Müller, Rolf-Dieter, Hitlers Wehrmacht 1935 bis 1945, München 2012.

4 Messerschmidt, Wehrmacht, S. 1.

5 Müller, Klaus-Jürgen, General Ludwig Beck: Studien und Dokumente zur politisch-militärischen Vorstellungswelt und Tätigkeit des Generalstabschefs des deutschen Heeres 1933-1938, Boppard a. R. 1980, S. 20-22 (im Folgenden: Müller, Beck I); ders., Generaloberst Ludwig Beck. Eine Biographie, München 2009, S. 13-17 (im Folgenden: Müller, Beck II).

„innenpolitischen Machtkampfes“ innerhalb der Wehrmachtsspitze unter Einbeziehung Hitlers.[6]

Schien diese Forschungstendenz – bei aller inhaltlichen Neubewertung militaristisch-militärstaatlicher Kontinuitäten der jüngeren deutschen Geschichte – stark auf älteren militär- und politikgeschichtlich begründeten Prämissen zu fußen, so deutete sich ab den 1970er Jahren mit den Arbeiten Michael Geyers eine alternative Interpretation an, der man zumindest für die Militärgeschichtsschreibung eine gleichsam schulbildende, vielleicht gar paradigmatische Qualität zuschreiben kann. Die historiographiegeschichtliche Bedeutung der Beiträge Geyers hat dabei kürzlich noch einmal Klaus Naumann betont und den weiteren Resonanzraum der Arbeiten bis in die jüngere Historiographie nachvollzogen.[7] Geyers Ansatz, verdichtet in seiner 1976 vorgelegten, 1980 schließlich im Druck erschienenen Dissertationsschrift „Aufrüstung oder Sicherheit: Die Reichswehr in der Krise der Machtpolitik 1924-1936“, skizziert ein Analysemodell, das auf die sich wandelnde Gestalt des Krieges in der Moderne und damit auch auf dessen verändertes Wesen abhebt.[8] In der radikalen Industrialisierung eines jeden Krieges, die aus der Vorbereitung und Durchführung von Krieg im Kern ein politisches Phänomen industrieller wie sozialer Kapazitäten, Ressourcen und Mobilisierung mache, erkennt Geyer die vollständige „Vergesellschaftung der Gewalt“ sowie deren Totalisierung in vor 1914 noch ungekannter Form. Daraus ergab sich jener Prozess, den der Verfasser wiederholt als die Krise institutionalisierter, staatlich monopolisierter Gewaltanwendung beschrieb, konkreter gewendet: als die „Krise der professionellen und hierarchischen Armee in einer industrialisierten Gesellschaft“.[9]

---

6 Müller, Klaus-Jürgen, Zu Struktur und Eigenart der nationalkonservativen Opposition bis 1938. Innenpolitischer Machtkampf, Kriegsverhinderungspolitik und Eventual-Staatsstreichplanung, in: Schmädeke, Jürgen/Steinbach, Peter (Hg.), Der Widerstand gegen den Nationalsozialismus. Die deutsche Gesellschaft und der Widerstand gegen Hitler, München u.a. ^{2}1994, S. 329-344.

7 Naumann, Klaus, Militär – Politik – Professionalismus. MGM/MGZ wiedergelesen: Michael Geyer: Die Wehrmacht der Deutschen Republik ist die Reichswehr: Bemerkungen zur neueren Literatur, in: Militärgeschichtliche Zeitschrift 76/Sonderbeilage (2017), S. 91-98.

8 Geyer, Michael, Aufrüstung oder Sicherheit: Die Reichswehr in der Krise der Machtpolitik 1924-1936, Wiesbaden 1980. Vgl. auch ders., German Strategy in the Age of Machine Warfare, 1914-1945, in: Paret, Peter/Craig, Gordon A./Gilbert, Felix (Hg.), Makers of Modern Strategy from Machiavelli to the Nuclear Age, Princeton 2010, S. 527-597.

9 Geyer, Michael, „Die Wehrmacht der Deutschen Republik ist die Reichswehr“: Bemerkungen zur neueren Literatur, in: Militärgeschichtliche Mitteilungen 14/2 (1973), S. 152-199, hier S. 198; vgl. auch Naumann, Militär – Politik – Professionalismus, S. 94 f., der dies treffend als die „Krise des modernen militärischen Professionalismus“ bezeichnet, sowie die überzeugende Begriffsdiskussion bei Ziemann, Benjamin, Vergesellschaftung der Gewalt als Thema der

Im Grunde stellt Geyer und die sich an ihn anschließende Forschung dem etablierten Begriff des Militarismus etwas gegenüber, das im Laufe der nachfolgenden Jahrzehnte in der breiter angelegten analytischen Kategorie des Bellizismus aufging.[10] Überträgt man die von Geyer diagnostizierte Totalisierung des Kriegsgeschäfts auf die Rolle und Funktion eines Generalstabs im Zeitalter der modernen, vermassten Industriegesellschaft, so wird vor allem eines deutlich: dessen gravierend beschränkte Wirkungsmöglichkeiten und vollständig abhanden kommende Autonomie als Nukleus militärischer Planung und Organisation. Die Krise organisierter militärischer Gewalt spiegelt sich folglich am deutlichsten in der zunehmenden Redundanz überlieferter Fremdzuschreibungen und Selbstbilder des preußisch-deutschen Generalstabs als vermeintlichem „Gehirn der Elite der Nation", des Offizierskorps.[11] Dieser Relevanzverlust bildete kein deutsches Spezifikum, sondern lässt sich vielmehr als übergreifende Krise auf sämtliche institutionellen Träger von Kriegsplanung, militärischer Organisation und Führung übertragen, wie dies Geyer zumindest kursorisch getan hat.[12]

Die deutsche Militärelite bemühte sich, der erwähnten Krise mithilfe zweier Strategien beizukommen: Die eine lässt sich als der katastrophal gescheiterte Versuch deuten, dem vermeintlich totalisierten Krieg durch einen gleichermaßen allumfassenden militärischen Zugriff auf die Gesellschaft zu begegnen. Er fand seine deutlichste Ausprägung in jenen Ansätzen zu einer „heimlichen", schleichenden Militärdiktatur, die Ludendorff im Rahmen der 3. OHL vor allem in den letzten beiden Kriegsjahren betrieb.[13] Der Versuch indes, der militärischen Führung die Kontrolle über eine gesamte Gesellschaft

Kriegsgeschichte seit 1914. Perspektiven und Desiderate eines Konzeptes, in: Thoß/Volkmann (Hg.): Erster Weltkrieg – Zweiter Weltkrieg, S. 735-758.

10 Naumann, Militär – Politik – Professionalismus, 92; Bergien, Rüdiger, Die bellizistische Republik. Wehrkonsens und „Wehrhaftmachung" in Deutschland 1918-1933, München 2012; Leonhard, Jörn, Bellizismus und Nation. Kriegsdeutung und Nationsbestimmung in Europa und den Vereinigten Staaten 1750-1914, München 2008; Reichherzer, Frank, „Alles ist Front!" Wehrwissenschaften und die Bellifizierung der Gesellschaft im Zeitalter der Weltkriege, Paderborn 2012. Vgl. für die ältere Forschung zum Militarismus der Weimarer Gesellschaft: Müller, Klaus-Jürgen/Opitz, Eckardt (Hg.), Militär und Militarismus in der Weimarer Republik, Düsseldorf 1978.

11 Förster, Stig, Ein militarisiertes Land? Zur gesellschaftlichen Stellung des Militärs im Deutschen Kaiserreich, in: Heidenreich, Bernd/Neitzel, Sönke (Hg.), Das Deutsche Kaiserreich 1890-1914, Paderborn 2011, S. 157-174, hier S. 157.

12 Geyer, Michael, The crisis of military leadership in the 1930s, in: Journal of Strategic Studies 14/4 (1991), S. 448-462.

13 Kitchen, Martin, The Silent Dictatorship. The Politics of the German High Command under Hindenburg and Ludendorff, 1916-1918, London 1976; Herwig, Holger H., Tunes of Glory at the Twilight Stage: The Bad Homburg Crown Council and the Evolution of German Statecraft, 1917/1918, in: German Studies Review 6/3 (1983), S. 475-494; Pyta, Wolfram,

zu überantworten, erwies sich als in jeder Hinsicht inadäquat und schien auch innerhalb der militärischen Entscheidungsebene lange diskreditiert. Erst jene Konzepte eines „Wehrstaats“, wie sie die militärpolitischen Zukunftsplanungen der NS-Bewegung seit 1929/30 durchzogen, suchten bewusst den Anschluss an die umfassende gesellschaftliche Mobilisierung der Spätphase des Ersten Weltkriegs.[14] Die zweite strategische Antwort bestand aus einer Vielfalt häufig miteinander konkurrierender Versuche der Adaption und Wiedergewinnung von Einfluss und (militär-)politischer Deutungsmacht, die ihrerseits an den Erfahrungshorizont der Vorkriegszeit und des Weltkriegs gebunden waren. Gemein war diesen Bemühungen das übergeordnete Ziel, die vermeintlich verlorene deutsche Großmachtstellung wiederzugewinnen und, sollten die Umstände dies zulassen, zu einer kontinentalen Hegemonie auszubauen.[15] Grundlage dieser Wiederherstellung deutschen Hegemoniepotentials sollte dabei eine voll wiederaufgerüstete, zum modernen Krieg befähigte Militärmacht sein, die den Anspruch auf kontinentale und – in längerer Sicht – auch weltpolitische Geltung zu repräsentieren und gegebenenfalls auch nach außen zu tragen hatte. Über den Weg dorthin, also über die Frage, wie aus einem ressourcenarmen, geopolitisch prekären Staat „von ungeschickter Größe“, aus einem in vielfacher Hinsicht „armen Mann“, ein potentieller Hegemon werden sollte, gingen die Konzepte auseinander.[16] Die im Folgenden zusammengetragenen Vorstellungen, Erwartungen und Konzepte waren dabei eng an die

---

Hindenburg. Herrschaft zwischen Hohenzollern und Hitler, München 2007, S. 244-294; Nebelin, Manfred, Ludendorff – Diktator im Ersten Weltkrieg, München 2010, S. 283-342.

14 Programmatisch hierzu Hitlers zentraler Wehrpolitiker Hierl, Constantin, Grundlagen einer deutschen Wehrpolitik, München ^{3}1931 [1929], S. 28-29; Hitler, Adolf: Reichswehr und deutsche Politik, in: Nationalsozialistische Monatshefte 1 (1930), S. 97-103.

15 Der Dehio'sche Vorschlag, im Hinblick auf das Bismarckreich und – in Verlängerung dessen – auch auf den deutschen Nationalstaat von einer „Halb-Hegemonie“ zu sprechen, ist dabei breit rezipiert worden. Vgl. Dehio, Ludwig, Deutschland und die Epoche der Weltkriege, in: Ders., Deutschland und die Weltpolitik im 20. Jahrhundert, München 1955, S. 9-35, hier S. 15; ders., Gleichgewicht oder Hegemonie – Betrachtungen über ein Grundproblem der neueren Staatengeschichte, Krefeld 1948. Zur Kritik und Relativierung vgl. die überzeugende Intervention von Kraus, Hans-Christof, War das Deutsche Kaiserreich von 1871 ein ‚Halbhegemon‘? – Zur Kritik einer umstrittenen Deutung, in: Mayer, Tilman (Hg.), 150 Jahre Nationalstaatlichkeit in Deutschland – Essays, Reflexionen, Kontroversen, Baden-Baden 2021, S. 223-243.

16 Zit. „ungeschickte Größe“ nach Haffner, Sebastian, Von Bismarck zu Hitler. Ein Rückblick, München 1987, S. 15. Zit. „armer Mann“ in verkürzter Form nach Kutz, Martin, Schlieffen contra Clausewitz. Zur Grundlegung einer Denkschule der Aggression, in: Ders. (Hg.), Realitätsflucht und Aggression im deutschen Militär, Baden-Baden 1990, S. 12-48, hier S. 38, der dies im Hinblick auf die Blitzkriegsstrategie entwickelt; auch und in einen erweiterten Interpretations- und Argumentationszusammenhang eingebettet bei Groß, Gerhard P., Mythos und Wirklichkeit. Die Geschichte des operativen Denkens im deutschen Heer von Moltke d.Ä. bis Heusinger, Paderborn 2012, S. 311-321.

personelle und institutionelle Entwicklung der militärischen Führungsebene geknüpft, so dass sie sich am ehesten aus ihrer historischen Genese und ihrem Kontext heraus erfassen lassen.

2. Zur Ausgangslage: Armee ohne Generalstab? Versailles, Weimar und die „Wehrmacht der deutschen Republik"

2.1 *Anmerkungen zum Verhältnis von Reichswehr, Staat und Politik – oder: von Groener und Seeckt 1918/19 zu Groener und Schleicher 1928-1932/33*

Ohne den Bedingungsrahmen des Versailler Vertrages und seiner militärischen und militärpolitischen Bestimmungen ist weder die Struktur und Organisation noch die ideologische Orientierung der Reichswehr zu begreifen, jener „Wehrmacht der deutschen Republik", wie sie das Wehrgesetz vom 23. März 1921 in seinem ersten Paragraphen so apodiktisch wie elegant erfasste.[17] Der gesamte fünfte Teil des am 28. Juni 1919 von Deutschland unterschriebenen Friedensvertrages beschäftigte sich mit den „Bestimmungen über die Land-, See- und Luftstreitkräfte" des Deutschen Reiches und sah – bei generellem Verbot des Unterhalts einer Luftwaffe (Art. 198) – eine Beschränkung der Heeresstreitkräfte auf 100.000 Mann und maximal 4000 Offiziere (Art. 160) sowie die Reduktion des Marinepersonals auf 15.000 Mann und 1500 See- und Deckoffiziere vor (Art. 183). Für das Heer kam erschwerend hinzu, dass der als Nukleus deutscher Kriegspolitik im Weltkrieg wahrgenommene Generalstab abgeschafft und eine etwaige Wiedergründung in anderer „Gestalt" explizit untersagt wurde. Darüber hinaus wurden insbesondere dem Heer ausschließlich polizeiliche Funktionen übertragen, in deren Konsequenz die Abkehr vom eigentlichen Kriegsgeschäft angelegt war.[18] Auch der Betrieb der mit Kriegsausbruch 1914 bereits geschlossenen und durch den Versailler Vertrag verbotenen preußischen Kriegsakademie musste eingestellt werden.[19]

---

17 Wehrgesetz v. 23. März 1921, § 1, Satz 1, in: Reichsgesetzblatt [RGBL] 1921, S. 329; Vgl. auch Huber, Ernst Rudolf, Deutsche Verfassungsgeschichte, Bd. 6: Die Weimarer Reichsverfassung, Stuttgart 1981, S. 601-604. Sowohl Geyer, Wehrmacht der Deutschen Republik, als auch die jüngere Arbeit von Keller, Peter, „Die Wehrmacht der Deutschen Republik ist die Reichswehr". Die deutsche Armee 1918-1921, Paderborn 2014, greifen auf diese Formulierung als Titel zurück.

18 „Der deutsche Generalstab und alle ähnlichen Formationen werden aufgelöst und dürfen unter keiner Gestalt neu gebildet werden." Vgl. Friedensvertrag von Versailles (28. Juni 1919), in: RGBL 1919, S. 919-971, hier Art. 160, 183 und 198.

19 Vgl. Millotat, Christian, Das preussisch-deutsche Generalstabssystem: Wurzeln, Entwicklung, Fortwirken, Zürich 2000, S. 12, 119; Richhardt, Dirk, Auswahl und Ausbildung junger

Zugleich hielt die Reorganisation der deutschen Streitkräfte nach dem Krieg einiges an Möglichkeiten bereit. In der Wehrgesetzgebung der entscheidenden Phase 1919 bis 1921, zuletzt im Wehrgesetz vom März 1921, wurde eine Zentralisierung von Armeestrukturen und Wehrhoheit herbeigeführt, wie sie in der Militärgeschichte des Landes in dieser Form nicht vorgekommen war. Erstmals trat mit der Reichswehr eine „einheitliche bewaffnete Macht“ an die Stelle des bundesstaatlich organisierten Kontingentheeres.[20] Konzeptionell ermöglichte die von Versailles herbeigeführte Zwangsreduktion der Streitkräfte die Abkehr vom Massenheer der Weltkriegsmobilisierung. Damit einher ging die Besinnung auf die Genese eines „Führer-“ bzw. „Qualitätsheeres“, einer „Kaderarmee als Grundlage der späteren Wiederaufrüstung“, wie sie sich in den programmatischen Planungen der Zeit spiegelt.[21] Zu den wesentlichen Impulsgebern dieser Transformation gehörte die frühe Heeresleitung um die Generäle Wilhelm Groener, Walther Reinhardt sowie Hans von Seeckt. Zwischen den preußischen Militärs aus dem Umfeld der 3. OHL, Seeckt und Groener, auf der einen und dem vergleichsweise liberalen, vernunftrepublikanisch veranlagten Württemberger Reinhardt auf der anderen Seite lagen selbst in militärisch-organisatorischen Grundsatzfragen ab und an Welten, obgleich man sich über die gesamtstrategischen Erfordernisse überwiegend einig war.[22]

Als auf Reinhardt folgender Chef der Heeresleitung kam Seeckt vom März 1920 bis zu seiner Ablösung im Herbst 1926 die zentrale konzeptionelle Verantwortung für die taktisch-operative Aufstellung und die strategische Ausrichtung eines „kleinen, beweglichen, aus hochqualifizierten Truppen bestehenden Eliteheers“ zu, das in Seeckts operativem Denken den Gegenentwurf zu dem im Weltkrieg aufgewachsenen Massenheer bildete.[23] Auch die

---

Offiziere. Zur sozialen Genese des deutschen Offizierkorps, Diss. Philipps-Universität Marburg 2002, URL: https://doi.org/10.17192/z2005.0100 [zuletzt abgerufen am 26.02.2022], S. 14-15.

20 Zur Wehrgesetzgebung vgl. Gesetz über die Bildung einer vorläufigen Reichswehr (6. März 1919), in: RGBL 1919, S. 295-296, und die bei Förster, Wehrmacht im NS-Staat, S. 4-5 (Zit. S. 5), skizzierte Entwicklung.

21 Hürter, Hitlers Heerführer, S. 96-97. Vgl. auch Strohn, Matthias, The German Army and the Defence of the Reich, Cambridge 2010, S. 189-130.

22 Vgl. Mulligan, William, The Creation of the Modern German Army. General Walther Reinhardt and the Weimar Republic, 1914-1930, New York u.a. 2005, bes. S. 59-137; Corum, James S., The Roots of Blitzkrieg. Hans von Seeckt and the German Military Reform, Lawrence, KA [3]1992; Meier-Welcker, Hans, Seeckt, Frankfurt am Main 1967; Petrova, Deniza, Generaloberst Johannes Friedrich Leopold „Hans“ von Seeckt, in: Grawe, Lukas (Hg.), Die militärische Elite des Kaiserreichs. 24 Lebensläufe, Darmstadt 2020, S. 274-284; Hürter, Groener, S. 5-36; ders., Generalleutnant Wilhelm Groener, in: Grawe, Die militärische Elite, S. 97-110.

23 Groß, Mythos und Wirklichkeit, S. 149-165, Zit. S. 152.

fundamentale Zäsur, die mit dem Abhandenkommen des Kaiserreichs verbunden war, vermochten Groener und – in dessen Nachfolge – Seeckt aufzufangen, indem man das Offizierskorps der Reichswehr auf einen „abstrakten Staatsbegriff als Ersatz für die verlorene Bindung an die Monarchie" verpflichtete und damit aus dem als „Spaltpilz" empfundenen politischen Tagesgeschäft der Republik bewusst enthob.[24] Müller hat dies überzeugend als jene „mittlere Linie" unter den vormalig kaiserlichen Generalstabsoffizieren beschrieben, „die zwischen undurchführbarer Gegenrevolution und innerer Unfähigkeit, die politische Gegenwart zu bejahen, einen Ausweg zur Bewahrung der Armee suchten."[25] Die Haltung Seeckts und der Reichswehrführung zum neuen Staatswesen ist dabei zeitnah bereits als „Attentismus" charakterisiert worden – eine Form der Abkopplung, die indes weder apolitisch noch von „steinerner Neutralität" war und auch nicht auf die Etablierung eines „Staates im Staate" hinauslief, wie ihn die ältere Forschung lange zu erkennen glaubte.[26] Ganz im Gegenteil ist Müller abermals beizupflichten, wenn er festhält, dass die „Ausrichtung auf ein solches abstraktes Staatsideal [...] konkret mitgeholfen [hat], die Republik als das gegenwärtige ‚Gefäß' eines metapolitisch verstandenen

24 Hürter, Hitlers Heerführer, S. 97-98, der dies in einer verdichteten Passage exzellent erfasst. Vgl. auch Förster, Wehrmacht im NS-Staat, S. 6-7, unter Hinweis auf die variierenden wehrgesetzlichen Grundlagen der frühen Republik. Zit. „Spaltpilz der Politik" aus Seeckts Aufruf an die Reichswehr v. 4. 11.1923, abgedruckt in: Huber, Ernst Rudolf (Hg.), Dokumente zur deutschen Verfassungsgeschichte, Bd. 4: Deutsche Verfassungsdokumente 1919-1933, Nr. 306, S. 363-364; auch bei Schäfer, Karen, Die Militärstrategie Seeckts, Berlin 2016, S. 167; Heinemann, Patrick Oliver, Rechtsgeschichte der Reichswehr 1918-1933, Paderborn 2017, S. 96. Zur kollektiv-mentalen Krise des überwiegend (militär-)adligen Offizierskorps vgl. Funck, Schock und Chance, S. 145-146; Meteling, Wencke, Der deutsche Zusammenbruch 1918 in den Selbstzeugnissen adeliger preußischer Offiziere, in: Conze, Eckart/Wienfort, Monika (Hg.), Adel und Moderne. Deutschland im europäischen Vergleich im 19. und 20. Jahrhundert, Wien/Köln 2004, S. 289-322.

25 Müller, Heer und Hitler, S. 22.

26 „Steinerne Neutralität", so u.a. der langjährige Reichswehrminister (1920-1928) und das politische Pendant zu Seeckt als Chef der Heeresleitung Otto Geßler: Sendtner, Kurt (Hg.), Reichswehrpolitik in der Weimarer Zeit, Stuttgart 1958, S. 72. Vgl. aus der älteren Literatur, gleichsam „Klassiker der Reichswehrgeschichte", wie Geyer es formuliert: Hürten, Heinz, Das Offizierkorps des Reichsheeres, in: Hofmann, Hanns Hubert (Hg.), Das deutsche Offizierkorps 1860-1960, Boppard a. Rh. 1980, S. 231-245; Gordon, Harold J., Die Reichswehr und die Weimarer Republik 1919-1926, Frankfurt a. M. 1959 [Original Princeton 1957]; Schüddekopf, Otto-Ernst, Das Heer und die Republik. Quellen zur Politik der Reichswehrführung 1918 bis 1933, Hannover 1955; Carsten, Francis L., Reichswehr und Politik 1918-1933, Köln 1964; Geyer, „Die Wehrmacht der Deutschen Republik ist die Reichswehr", 152 (Anm. 1).

Staates zu stabilisieren, aber nicht, dem Offizierkorps eine engere Bindung an die parlamentarische Regierungsform zu verschaffen."[27]

Die in Seeckts Haltung verdichtete attentistische Abstinenz vom politischen Alltagsgeschäft von Weimar war folglich mehr als die apolitische „reine Sachlichkeit des Dienstes", als die der Chef der Heeresleitung dies verstanden wissen wollte. In extremer Ausprägung handelte es sich um eine Form der kaschierten Verselbstständigung, die unter Umständen hochpolitisch sein konnte, wie anhand des Verhaltens der Reichswehr und nicht zuletzt Seeckts im Kontext des Kapp-Lüttwitz-Putsches leicht ersichtlich.[28] Prinzipiell indes, so hat es kürzlich Karen Schäfer gegen die ältere Forschung deutlich gemacht, war auch für Seeckt der Primat des Politischen eine gleichsam strategische Konstante, in der sich die von ihm selbst formulierte Erkenntnis in die Notwendigkeit spiegelte, das Heer in das „Gesamtgetriebe des Staates" einzufügen und unter „Staatsinteressen" unterzuordnen, über die letztlich – nach entsprechenden Konsultationen – die „oberste Staatsführung" zu entscheiden habe.[29] Im Hinblick auf das Verhältnis von Staat und Armee sahen seine Initiativen die Integration der Reichswehr in eine umfängliche zivil-militärische Zusammenarbeit vor, an deren Ende die Etablierung eines 200.000 Mann umfassenden, militärtechnisch hochentwickelten und über Luftwaffenunterstützung verfügenden „Operations- und Berufsheers" stehen sollte.[30] Diese Kooperation war insbesondere auf die Koordinierung von Ressourcen-, Industrie- und Infrastrukturfragen abgestellt und sollte im außen- und sicherheitspolitischen Sektor von der Einbindung Deutschlands in ein auf Krisenprävention und Rüstungskontrolle orientiertes internationales Bündnissystem begleitet sein.[31] In zeitnaher Perspektive bildete der systematisch ausgebaute Bezug zum anderen Paria der internationalen Ordnung, der UdSSR, eine

27 Müller, Beck I, S. 73.

28 Zit. „reine Sachlichkeit" nach Hürten, Heinz, Der Kapp-Putsch als Wende: über Rahmenbedingungen der Weimarer Republik seit dem Frühjahr 1920, Opladen 1989, S. 34, der seinerseits Dietrich von Choltitz' Erinnerungen zitiert. Vgl. auch ders., Die Anfänge der Ära Seeckt. Militär und Innenpolitik 1920-1922, Düsseldorf 1979, S. XVII-XXI; Erger, Johannes, Der Kapp-Lüttwitz-Putsch. Ein Beitrag zur deutschen Innenpolitik 1919/1920, Düsseldorf 1967, S. 131-146, S. 284-289.

29 Seeckt, Hans von, Heer im Staat (1928), in: ders., Gedanken eines Soldaten, Berlin 1929, S. 101-116, hier S. 115-116. Vgl. Schäfer, Militärstrategie Seeckts, S. 274; Müller, Heer und Hitler, S. 20-28; Strohn, German Army, S. 89-130.

30 Schäfer, Militärstrategie Seeckts, bes. S. 87-113, S. 130-138; vgl. auch die Verdichtung bei: Wendt, Bernd-Jürgen, Rez. v. Schäfer, Militärstrategie Seeckts, in: Militärgeschichtliche Zeitschrift 77/1 (2018), S. 252-255 (hier Zit.).

31 Schäfer, Militärstrategie Seeckts, Kap. 3, S. 75-224; Geyer, Aufrüstung oder Sicherheit, S. 119-188.

wesentliche Konstante der Weimarer Revisionspolitik im Allgemeinen und der rüstungs- und militärpolitischen Orientierung der Reichswehr im Besonderen. Kulminierend in den späten 1920er und frühen 1930er Jahren, entwickelte die sich zunehmend verselbstständigende Kooperation zwischen Reichswehr und Roter Armee gerade für das beteiligte höhere Offizierskorps und nicht zuletzt den kaschierten Generalstab eine kollektivbiographisch fassbare Prägekraft.[32]

Erst nach der Entlassung Seeckts als Chef der Heeresleitung 1926 und der Übernahme des Reichswehrministeriums durch Groener Anfang 1928 revidierte die Reichswehrführung die bestehende Tendenz zur Selbstghettoisierung und suchte das strategische Bündnis mit den zentralen Trägern der Weimarer Politik.[33] Ergebnis war nicht nur die eher pragmatische als ideologische Öffnung hin zur Republik, sondern auch eine nun im Verbund mit den Kabinetten Marx und Müller II vorgenommene Intensivierung und Dynamisierung der Rüstungspolitik, in der nicht zuletzt der Chef des Ministeramtes – und spätere Reichswehrminister und Reichskanzler – Kurt von Schleicher eine wesentliche Rolle spielte.[34] In den ab 1928 und erneut 1932 verabschiedeten Rüstungsprogrammen, die – wie die gesamte heimliche Aufrüstung und Wehrhaftmachung seit den frühen 1920er Jahren – gegen die militärpolitischen Bestimmungen des Versailler Vertrages verstießen, war zweifelsohne die dann leicht zu entgrenzende Aufrüstung der Zeit nach 1933 bereits angelegt.[35] Deist

32 Vgl. Zeidler, Manfred, Reichswehr und Rote Armee 1920-1933. Wege und Stationen einer ungewöhnlichen Zusammenarbeit, München 1993, bes. S. 217-227.

33 Hürter, Groener, S. 111-128, Zit. S. 128; vgl. Salewski, Michael, Zur deutschen Sicherheitspolitik in der Spätzeit der Weimarer Republik, in: Vierteljahrshefte für Zeitgeschichte 22/2 (1974), S. 121-147; Deist, Wilhelm, Die Aufrüstung der Wehrmacht, in: Deist/Messerschmidt/Volkmann/Wette(Hg.), Das Deutsche Reich und der Zweite Weltkrieg, Bd. 1, S. 382-387; Geyer, Aufrüstung oder Sicherheit, S. 198-236, der von den Zwillingsprozessen einer „Politisierung der Reichswehr" und einer „Militarisierung der Politik" (S. 228) ausgeht, die auf die „Fraktionierung" der Reichswehr und die Durchsetzung der revisionspolitischen Linie zurückginge. Zur hochkomplexen Rolle und Funktion des Reichswehrministers im politischen Kosmos von Weimar vgl. die ungebrochen grundlegende Diss. von Schmädeke, Jürgen, Militärische Kommandogewalt und Parlamentarische Demokratie: Zum Problem der Verantwortlichkeit des Reichswehrministers in der Weimarer Republik, Lübeck 1966.

34 Müller, Klaus-Jürgen, Deutsche Militär-Elite in der Vorgeschichte des Zweiten Weltkrieges, in: Broszat, Martin/Schwabe, Klaus (Hg.), Die deutschen Eliten und der Weg in den Zweiten Weltkrieg, München 1989, S. 226-290, betont in seinem umfänglichen Essay zu Recht die Divergenz im Hinblick auf Mittelwahl, Lageeinschätzung und Erwartungshorizont der von Schleicher vertretenen Revisions- und Aufrüstungspolitik zu jener Programmatik, mit der Seeckt die Etablierung und Konsolidierung der Reichswehr in der ersten Hälfte der 1920er Jahre betrieben hatte, hier S. 228-229 und S. 252-257.

35 Geyer, Michael, Das Zweite Rüstungsprogramm (1930-1934), in: Militärgeschichtliche Zeitschrift 17/1 (1975), S. 125-172; Geyer, Aufrüstung oder Sicherheit, S. 188-306; Deist, Aufrüstung, S. 377-399; Bennett, Edward W., German Rearmament and the West, 1932-1933, Princeton 1979, S. 186-224.

hat die schleichende Metamorphose der Reichswehr pointiert festgehalten: Die Reichswehr des Frühjahr 1932, also jene zum Ende der mehr als vierjährigen Amtszeit Groeners als Reichswehrminister, sei kaum mehr mit der Reichswehr Seeckts zu Beginn der Stabilisierungsphase der Republik zu vergleichen gewesen.[36]

Der militärpolitische Revisionismus und die Aufrüstungsprogrammatik Groeners kannten indes Grenzen und waren als Variante defensiver „Sicherheitspolitik" in erster Linie auf eine erweiterte Landesverteidigung nach Westen (Frankreich) und Osten (vor allem gegen Polen) ausgerichtet. Sie bildeten, so hat es Geyer erfasst, eine nur scheinbar paradoxe Spielart „negativer Friedenspolitik", die zeitweilige Kriegsvermeidung ebenso zuließ wie den Erhalt bestehender Konfliktherde, so u.a. im Hinblick auf Polen. Doch selbst auf dieser Grundlage war das außen-, sicherheits- und rüstungspolitische Kalkül des vergleichsweise gemäßigten Groeners und der von ihm bestimmten Reichswehrführung – bei aller inneren Spannung und „Fraktionierung" – grundsätzlich verträglich mit den Prämissen einer wachsenden Krisen ausgesetzten internationalen Ordnung.[37] Die zunehmende Herauslösung Deutschlands aus dem internationalen System vollzog sich folglich nicht unter Groeners Ägide, sondern unter dessen Intimus Schleicher, bevor Hitler schließlich im Verbund mit den militärischen und diplomatischen Eliten die Aufkündigung jeder internationalen Einbindung des Reichs betrieb.[38]

2.2 *Strukturen I: Truppenamt und Führergehilfenausbildung*

Die beschriebene revisionistische Programmatik konnte sich auf die im Übergang vom Kaiserreich zur Republik bewahrten Strukturen stützen – mehr noch, sie ging militärpolitisch und konzeptionell zu einem beträchtlichen Teil auf diese zurück. Um die angestammten institutionellen Grundlagen für den projektierten Aufwuchs und vor allem das Heer in seiner im Kern militärischen Funktion zu erhalten, hatten Groener, Reinhardt und Seeckt 1919 und 1920 Alternativen ersonnen, die die Umgehung und Aushebelung des Versailler Bedingungsrahmens ermöglichen sollten. Der verbotene (Große) Generalstab der Vorkriegszeit wurde kurzerhand durch ein sogenanntes Truppenamt ersetzt, das seinerseits im Reichswehrministerium situiert war und von de facto Generalstäben in den Reichswehr-Gruppenkommandos in Berlin und Kassel sowie in den sogenannten Führerstäben in den bestehenden

36 Deist, Aufrüstung, S. 387.

37 Geyer, Aufrüstung oder Sicherheit, S. 233 (Zit.).

38 Deist, Aufrüstung, S. 386-399, bes. S. 394; Geyer, Aufrüstung oder Sicherheit, S. 237-306; Bennett, German Rearmament, S. 186-224., Vgl. die äußerst differenzierte Würdigung des Groener'schen Wirkens bei Hürter, Groener, S. 365-366.

zehn Reichswehr-Divisionen ergänzt wurde. Das mit dem 1. Oktober 1919 eingerichtete Truppenamt zerfiel ursprünglich in sieben Abteilungen, denen zudem die Heeresfriedenskommission (H-Friko) angegliedert war, das deutsche Pendant zur Interalliierten Militär-Kontrollkommission (IMKK), der wiederum – als einer von drei Kommissionen – die Kontrolle der Versailler Militärbestimmungen zukam.[39]

Nach Zentralisierungsbemühungen in der Gründungsphase der Reichswehr wies der Geschäftsverteilungsplan des Reichswehrministeriums um die Jahresmitte noch fünf Abteilungen auf: T 1, auch als Abteilung Landesverteidigung firmierend, die die Verantwortlichkeiten der Aufmarsch- und Operationsabteilung des preußischen Generalstabs übernahm; die für Organisation zuständige T 2; T 3, die sogenannte Heeresstatistische Abteilung, in der die Feindbeobachtung angelegt war; die für die Ausbildung zuständige T 4, die dem Chef der Heeresleitung unmittelbar unterstellt wurde, und schließlich die verbliebene Transportabteilung T 7, in der die Heerestransportangelegenheiten, vor allem die Verwaltung und Organisation von Eisenbahntransporten und Schifffahrtsangelegenheiten untergebracht war.[40] Neben dem Truppenamt waren im Zeitraum 1919/20 durch die Zentralisierung älterer Strukturen des Kaiserreichs weitere Dienststellen geschaffen worden, die dem Chef der Heeresleitung, ab 1935 dem Oberkommando des Heeres (OKH) unterstanden: das Heerespersonalamt (HPA), das Heereswaffenamt (HWA), dem die Entwicklung und Fertigung von Waffen, Gerät und Munition sowie die waffentechnologische Forschung oblag, und schließlich die Kriegsgeschichtliche, ab 1924 Historische Abteilung des Großen Generalstabs, die unter Federführung der ersten Dienststellenleiter Hermann Ritter Mertz von Quirnheim und Hans von Haeften als zivile Institution in das Reichsarchiv überführt wurde und sich dort vor allem der historisch-wehrwissenschaftlichen Aufarbeitung der militärischen Weltkriegserfahrung annahm.[41]

Die Überführung von im Kern militärischen Verantwortlichkeiten in den zivilen Bereich, wie hier anhand der amtlichen Militärgeschichtsschreibung veranschaulicht, wurde von Groener und Seeckt bewusst dazu genutzt, verdienten Generalstabsoffizieren, die nicht in das Truppenamt übernommen werden konnten, den Verbleib in einer quasi-militärischen Verwendung zu

39 Immer noch maßgebend Salewski, Michael, Entwaffnung und Militärkontrolle in Deutschland 1919-1927, München 1966.

40 Millotat, Generalstabssystem, S. 116-118; Görlitz, Walter, Kleine Geschichte des deutschen Generalstabes, Berlin [2]1977, S. 244-245; Dupuy, Trevor N., Der Genius des Krieges: Das deutsche Heer und der Generalstab 1807-1945, Graz 2009, S. 240-264. Groß, Mythos und Wirklichkeit, S. 164, veranschaulicht die Struktur der Abteilung T 1.

41 Pöhlmann, Markus, Kriegsgeschichte und Geschichtspolitik: Der Erste Weltkrieg. Die amtliche deutsche Militärgeschichtsschreibung 1914-1956, Paderborn 2002, bes. S. 79-103.

ermöglichen. Die von Versailles verordneten Beschränkungen im Hinblick auf das Heeresoffizierskorps ließen sich in dieser Weise vergleichsweise elegant aushebeln, wenn auch zweifelsohne auf niedrigem Niveau.[42] Ab Mitte der 1930er Jahre wurde die Abteilung als Kriegsgeschichtliche Forschungsanstalt zurück in die Strukturen des OKH überführt und gleichsam remilitarisiert. Auf Führer-Erlass wurde die Behörde schließlich 1942 dem Oberkommando der Wehrmacht (OKW) zugeordnet und dem „Beauftragten des Führers für die militärische Geschichtsschreibung", Oberst (später Generalmajor) Walter Scherff, unterstellt.[43]

Die eigentliche Generalstabsausbildung, das Herzstück der künftigen Kommandoebene der Reichswehr, wurde unter dem Begriff der Führergehilfenausbildung subsumiert und nach außen camoufliert. In Abwesenheit der geschlossenen Kriegsakademie ging die dreijährige Ausbildung in den ersten beiden Jahren dezentral in den einzelnen Wehrkreisen vonstatten, bevor die qualifiziertesten Absolventen – pro Jahr in der Regel nur etwa ein Dutzend – für ein abschließendes Jahr in den „R-Lehrgang" nach Berlin abgeordnet wurden, der wiederum unter der Ägide der Ausbildungsabteilung des Reichswehrministeriums stand. Mit dem „R-Lehrgang", der im Übrigen nicht den seit 1927 ergänzend angebotenen „Reinhardt-Kursen" entsprach, wurde die Ausbildung sogenannter Führerstabsoffiziere abgeschlossen, deren Bezeichnung nur schwach über den Umstand hinwegtäuschte, dass es sich eigentlich um Generalstabsoffiziere handelte, wenn auch – bis zur offenen Wiederaufrüstung nach 1933 – in vergleichsweise geringer Zahl.[44] In eben dieser kaschierten und doch innergesellschaftlich vernehmbaren Gestalt bildete der de facto Generalstab, so hat es Müller treffend resümiert, „personell wie ideell das Vehikel, auf dem der politische Eliteanspruch in die Republik hinübergerettet wurde; gleichzeitig verstand er sich als das funktional-professionelle Organ, das vor allen anderen geeignet war, die notwendige gesamtgesellschaftliche Mobilmachung verantwortlich zu planen und zu leiten."[45]

Ein Kernproblem brachte die institutionelle Zentralisierung auf nationaler Ebene für die bis 1935 camouflierten Generalstabsstrukturen mit sich: War bis zum und im Ersten Weltkrieg der sogenannte Große Generalstab das eigentliche Zentralorgan der militärischen, militärpolitischen und infrastrukturellen Planung gewesen, so trat mit dem Reichswehrministerium und

42 Millotat, Generalstabssystem, S. 117.

43 Pöhlmann, Kriegsgeschichte und Geschichtspolitik, S. 151-156.

44 Millotat, Generalstabssystem, S. 118-121; Görlitz, Kleine Geschichte, S. 244-245; Model, Hansgeorg, Der deutsche Generalstabsoffizier. Seine Auswahl und Ausbildung in Reichswehr, Wehrmacht und Bundeswehr, Frankfurt a. M. 1968, S. 21-66. Zu den „Reinhardt-Kursen" vgl. Mulligan, Creation of the Modern German Army, S. 195-220.

45 Müller, Militär-Elite, S. 238.

den in ihm angesiedelte Behörden zunehmende Konkurrenz im politischen Raum auf. Dies galt in der Frühphase namentlich für Fragen der politisch-parlamentarischen Kontrolle der Reichswehr, wie sie das ambivalente Verhältnis der Weimarer Politik zur Reichswehr um den Kapp-Lüttwitz-Putsch und im Grunde bis in das Jahr 1926 prägten. Institutionell wuchs indes ab den späten 1920er Jahren mit den organisatorischen Reformen und der systematischen Aufrüstung der Reichswehr unter Reichswehrminister Groener ein veritabler Rivale im Bereich der Wehr-, Sicherheits- und Rüstungspolitik heran: das bereits erwähnte Ministeramt im Reichswehrministerium, dessen ambitionierter erster Chef (1929-1932), Generalleutnant Schleicher, seine Rolle unverhohlen politisch interpretierte.[46] In den Kompetenz- und Machtkonflikten zwischen Truppen- und Ministeramt der frühen 1930er Jahre war für den militärischen Bereich bereits jener institutionell anarchische „Ämter-Darwinismus" des NS-Herrschaftssystems angelegt, der sich in den letzten Vorkriegsjahren im Antagonismus zwischen deren Nachfolgebehörden verdichtete, dem OKH und nicht zuletzt dessen Generalstab auf der einen – und dem OKW auf der anderen Seite.[47]

3. Soziale Fragen: Generalstäbler vom Kaiserreich zum „Dritten Reich": Konturen in Biographien, Netzwerken und Konflikten

Im Hinblick auf die soziale Zusammensetzung des Offizierskorps der Reichswehr dominierte in der Historiographie über lange Zeit die beinahe zum Klischee geronnene Vorstellung einer Kontinuität des preußisch-deutschen Militäradels als Gesellschaftsstand, nur unterbrochen durch die

46 Zu Schleichers im Kontext der Wiederaufrüstung und Militärpolitik der Jahre 1932/33 vgl. zuletzt Kilian, Jürgen, „Wir wollen die geistige Führung der Armee übernehmen". Die informelle Gruppe von Generalstabsoffizieren um Joachim von Stülpnagel, Friedrich Wilhelm von Willisen und Kurt von Schleicher, in: Gahlen, Gundula/Segesser, Daniel Marc/Winkel, Carmen (Hg.), Geheime Netzwerke im Militär 1700-1945, Paderborn 2016, S. 167-183. Siehe auch Hayes, Peter, A Question Mark with Epaulettes: Kurt von Schleicher and Weimar Politics, in: Journal of Modern History 52/1 (1980), S. 35-65, hier S. 37-41. Zu den Rüstungsprogrammen ab 1928/29 vgl. Geyer, Zweite Rüstungsprogramm, S. 125-172; Hürter, Groener, S. 79-162; Deist, Aufrüstung, S. 394-399.

47 Zit. „Ämter-Darwinismus" nach Bollmus, Reinhard, Das Amt Rosenberg und seine Gegner. Zum Machtkampf im nationalsozialistischen Herrschaftssystem, Stuttgart 1970, S. 245. Für die funktionalistisch-strukturalistische Schule der NS-Historiographie zweifelsohne so pointiert wie treffend die Formulierung bei Mommsen, Hans, Nationalsozialismus, in: Sowjetsystem und demokratische Gesellschaft. Eine vergleichende Enzyklopädie, Bd. 4, Freiburg i. Br. 1970, S. 702, der das NS-Herrschaftssystem wie folgt charakterisiert: „eine institutionelle Anarchie ohnegleichen und eine zunehmende Entsachlichung der Entscheidungsprozesse auf allen Ebenen des Systems".

fundamentalen sozialen Verwerfungen des Ersten Weltkriegs. Formal lässt sich die beschriebene Kontinuität zweifelsohne feststellen, besonders deutlich gespiegelt in dem auch nach 1918/19 unverhältnismäßig hohen Adelsanteil im Offizierskorps der Reichswehr. Betrug der Adelsanteil bei Kriegsbeginn im kaiserlichen Offizierskorps ca. dreißig Prozent und im Generalstab annähernd fünfzig Prozent, so schrumpfte dieser im Offizierskorps der Reichswehr um ungefähr die Hälfte und verblieb bis in die 1930er Jahre hinein mehr oder minder konstant auf diesem Niveau.[48] In den höheren Rängen des Offizierskorps und insbesondere im Truppenamt bildete das Adelsprädikat eine gleichsam omnipräsente Erscheinung – ganz im Sinne der von Detlef Bald bereits beschriebenen „Adelspyramide", nach der in der kaiserlichen Armee wie in der Reichswehr mit höherem Dienstgrad auch die Dichte des Adels im Offizierskorps zunahm.[49]

Was die unbelebte Statistik indes nicht oder nur unzulänglich erfasst, ist jener Prozess der sozialen Desintegration des Militäradels, der bereits vor 1914 einsetzte, vom Weltkrieg aber in drastischer Weise forciert wurde. Diese Unwucht des Krieges dürfte in ihrer Reichweite und ihren Auswirkungen auf die „vorindustriell-junkerliche Tradition des preußisch-deutschen Militärstaats" kaum zu überschätzen sein.[50] Mit dem Wegbrechen der Auflösung der „relativen Homogenität des Offizierskorps" seit dem ausgehenden 19. Jahrhundert ging die zunehmende Verbürgerlichung und mit dieser der Wandel von angestammten Vorstellungen und Praktiken „feudalen Kriegertums" hin zu einer professionellen Funktionselite einher.[51] „Dieser Entwicklung", so hat Funck treffend festgehalten, „gab der Rückzug des Kaisers als Oberster Kriegsherr und der Machtzuwachs der Obersten Heeresleitung ebenso Ausdruck wie die Verschiebungen im Herrschaftsgefüge zwischen Kommandierenden Generalen und Generalstabsoffizieren bzw. Etappen- und Frontoffizieren."[52] Dem aristokratischen Ideal des „Frontoffiziers als Heros des Krieges" stand mit der zunehmenden Masse an Generalstabsoffizieren in der Etappe, die ihrerseits als „Manager der militärischen Gewaltorganisation" fungierten, ein neuer,

48 Funck, Schock und Chance, S. 154, S. 163-164, der indes auch darauf hinweist, dass zwischen 1929 und 1932 zumindest der Adelsanteil unter den Offiziersanwärtern merklich anstieg und schließlich 35,9 Prozent erreichte.

49 Bald, Detlef, Der deutsche Offizier. Sozial- und Bildungsgeschichte des deutschen Offizierkorps im 20. Jahrhundert, München 1982, S. 93-96; vgl. auch Funck, Schock und Chance, S. 138-139.

50 Müller, Armee und Drittes Reich, S. 13.

51 Zit. „Feudales Kriegertum" dem Titel entlehnt von Funck, Marcus, Feudales Kriegertum und militärische Professionalität: Der Adel im preußisch-deutschen Offizierskorps 1860-1935, München 2011.

52 Funck, Schock und Chance, S. 137-138 (beide Zitate).

im Kern moderner Typus des Offiziers gegenüber.[53] Wie in anderen Gesellschaftsbereichen ebenfalls, wenn auch selten mit dieser Intensität, erscheint der Weltkrieg auch im Hinblick auf die Gestalt, ja selbst auf den Geist des preußisch-deutschen Offizierskorps in erster Linie als Katalysator grundsätzlicher sozialer Verschiebungen, als jener „großer Gleichmacher" neben dem Tod, als den ihn Adolf von Harnack in seinen Variationen auf die „Ideen von 1914" bezeichnete.[54] Der aristokratische Rückbezug, wie ihn das Offizierskorps in der Krise nach 1918 pflegte, hatte in diesem Zusammenhang eher symbolische, sozial stabilisierende Bedeutung und entsprach dem Distinktionsbedürfnis einer von Krieg und Nachkrieg fundamental verunsicherten Elite zwischen imaginierter Tradition und radikal modernisierter Funktion.

Die soziale Krise vormalig kaiserlicher Offiziere lässt sich an der Drastik ablesen, mit der die Kriegsniederlage und die militärpolitischen Bestimmungen von Versailles in die Berufsperspektive des Offizierskorps eingriffen. Die Vorläufige Reichswehr sah sich gezwungen, das im Krieg auf annähernd 40.000 aufgewachsene Heeresoffizierskorps auf die im Friedensvertrag vorgesehenen 4000 Offiziere zurückzuführen, also auf etwas mehr ein Zehntel seines Kriegsetats.[55] Als letzter und damit für die Demobilisierung und den Übergang verantwortlicher Chef der OHL verfolgte Groener die Absicht, die von außen oktroyierte Schrumpfung zur inneren Modernisierung der Reichswehr zu nutzen. Bei der Besetzung des verbliebenen Etats an Offiziersstellen entschied man sich daher, in erster Linie auf das Kontingent kaiserlicher Generalstabsoffiziere zurückzugreifen. Diese galten Groener – und mit ihm Seeckt – als „die

53 Ebd., S. 130 (Zitate).

54 Harnack, Adolf von, Was wir schon gewonnen haben und was wir noch gewinnen müssen. Rede am 29. September 1914 in Berlin gehalten, in: Nowak, Kurt (Hg.), Adolf von Harnack als Zeitgenosse: Reden und Schriften aus den Jahren des Kaiserreichs und der Weimarer Republik, Berlin/New York 1996, S. 1445-1464, hier S. 1454; zur nivellierenden bzw. katalytischen Wirkung von Krieg vgl. Scheidel, Walter, The Great Leveler. Violence and the History of Inequality from the Stone Age to the Twenty-First Century, Princeton 2017. Zit. „Geist und Gestalt" nach Funke, Manfred u.a. (Hg.), Demokratie und Diktatur. Geist und Gestalt politischer Herrschaft in Deutschland und Europa. Festschrift für Karl Dietrich Bracher, Düsseldorf 1987, das sich ähnlich bereits angelegt findet in der frühen Arbeit zum preußisch-deutschen Generalstab von Görlitz, Walter, Der deutsche Generalstab. Geschichte und Gestalt, Frankfurt 1950.

55 Im Weltkrieg war das Heer auf insgesamt 227.081 Offiziere angewachsen, von denen wiederum 38.118 aktive Offiziere waren. Zahlen nach Richhardt, Auswahl und Ausbildung, 17-18, der zu Recht darauf hinweist, das 15.000 dieser Berufsoffiziere erst im Weltkrieg zu Offizieren befördert worden waren und sich den eigenen Beruf ausschließlich in der Perspektive aktiver Kriegserfahrung erschlossen hatten. Vgl. auch Funck, Marcus, Schock und Chance. Der preußische Militäradel in der Weimarer Republik zwischen Stand und Profession, in: Reif, Heinz (Hg.), Entwicklungslinien und Wendepunkte im 20. Jahrhundert, Berlin 2014, S. 127-172, hier S. 137-138, dessen Angaben leicht differieren.

durch immer erneute Prüfung und Siebung gewonnene Elite des gesamten Offizierskorps."[56] Was für das Heer im Großen zutraf, hatte im Kleinen, also bei der Ausgestaltung des künftigen Generalstabs, ebenfalls zu greifen. Übrig bleiben sollte also „der professionelle Kern des alten Heeres". Letzterer, so stellt Funck überzeugend fest, zeichnete „sich weniger als ‚echter Träger der alten Tradition des deutschen Offizierskorps' als vielmehr durch einen sachlich-funktionalen Zugriff auf militärfachliche Fragen" aus. „Insofern setzte sich in der Reichswehr der Aufstieg des ‚Bürosoldaten' beschleunigt fort" – jenes technokratischen Offizierstyps also, „bei dem sich nüchterner Professionalismus mit rücksichtloser Gewaltbereitschaft verband" und den Geyer bereits früh als prägend für das spätere Offizierskorps der Wehrmacht beschrieben hat.[57]

Abseits dieser habituellen Auffächerung wirkten insbesondere bei den alten Generalstabsoffizieren, auf die bei der personellen Ausstattung des Truppenamts prominent zurückgegriffen wurde, die informellen Netzwerke der Vorkriegszeit und der eigentlichen Kriegsphase unvermindert nach.[58] Als prägend erwies sich dabei zum einen die in jeder Hinsicht exklusive Generalstabsausbildung, dessen Absolventen auch nach 1918 den Korpsgeist der Vorkriegszeit weiter pflegten und in vielem „einer Geheimgesellschaft nicht unähnlich" waren.[59] Ein Großteil der höheren Militärs, denen in den 1920er und 1930er Jahren die Entwicklung der Reichwehr oblag, war über Regimentszugehörigkeiten oder den gemeinsamen dreijährigen Besuch der Kriegsakademie im Jahrzehnt vor 1914 miteinander bekannt – Bekanntschaften, die sich in anhaltende Loyalitäten, Protektionsverhältnisse und den erwähnten Korpsgeist übersetzten und durch die zeitlich überlappende Verwendung im Großen Generalstab der unmittelbaren Vorkriegszeit sowie die kollektive Erfahrung des Krieges konsolidiert wurden. Kilian spricht mit Recht von einer regelrechten „O.H.L.-Clique", die die „Wiederwehrhaftmachung des deutschen Volkes" mitbestimmte, wie Hitler es 1933 programmatisch formulierte.[60]

---

56 Zit. nach Funck, Schock und Chance, S. 153-154.

57 Funck, Schock und Chance, S. 154 (Zit. „Aufstieg des ‚Bürosoldaten'"). Vgl. Naumann, Militär – Politik – Professionalismus, S. 96 (Zit. „nüchterner Professionalismus").

58 Auf Grundlage unterschiedlich ausgerichteter kollektivbiographischer Annäherungen haben dies insbesondere Hürter, Hitlers Heerführer, und Kilian, „Wir wollen die geistige Führung der Armee übernehmen", veranschaulicht.

59 Kroener, Bernhard, Generaloberst Friedrich Fromm. Der starke Mann im Heimatkriegsgebiet. Eine Biographie, Paderborn 2008, S. 116; auch (und mit weiteren Beispielen) bei Kilian, „Wir wollen die geistige Führung der Armee übernehmen", S. 170-171.

60 Ministerbesprechung (8. Februar 1933), in: Akten der Reichskanzlei. Die Regierung Hitler, Bd. 1/1: 30. Januar bis 31. August 1933, bearb. v. Karl-Heinz Minuth, Boppard 1983, S. 50; Kilian, „Wir wollen die geistige Führung der Armee übernehmen", S.172-176, mit weiteren Hinweisen zu den Einzelbiographien. Kilian beschränkt den Begriff der OLH-Clique

Einige biographische Schlaglichter zur Konturierung dieses Netzwerks mögen genügen: Mit Werner von Blomberg, Werner von Fritsch, Kurt von Hammerstein-Equord, Kurt von Schleicher, Ludwig Beck und Joachim von Stülpnagel – neben einer Vielzahl weiterer Beispiele – umfassten diese informellen Strukturen in Reichswehr und Wehrmacht sämtliche höheren Entscheidungsträger innerhalb des deutschen Militärs der späten 1920er und frühen 1930er Jahre. Als karrieristisch ambitionierte Generalstäbler der Vorkriegszeit und des Weltkriegs durchliefen die hier erwähnten höheren Offiziere nach ihrer Aufnahme in die Vorläufige Reichswehr verschiedene Verwendungen inner- und außerhalb des Truppenamts. Mit dem Ende der 1920er Jahre bildeten sie den Kern der militärischen Elite des Deutschen Reiches.

Abseits der einen oder anderen erhalten gebliebenen oder neu formierten Seilschaft fällt freilich in erster Linie die „Fraktionierung" unter den Generalstäblern ins Auge, in der sich ihrerseits übergeordnete Prozesse in der Politik und Gesellschaft des späten Weimar niederschlugen.[61] Dies ging zweifelsohne auch auf Animositäten und tradierte Rivalitäten unter den beteiligten Militärs zurück, spiegelte aber nicht zuletzt divergierende strategische Prämissen und Vorstellungen vom Verhältnis zwischen Militär und Politik. Zusammengenommen beherrschte diese Melange aus persönlichen, psychosozialen und sachbezogenen Motiven und Bedingungsfaktoren den Berufsalltag und nicht zuletzt die Laufbahnentwicklung der ranghöchsten Offiziere der Reichswehr. Dies lässt sich nachdrücklich am Konflikt zwischen den beiden entscheidenden militärpolitischen Figuren des Übergangs von Weimar ins „Dritte Reich" veranschaulichen: Schleicher, dem Chef des Ministeramtes, der um die Jahresmitte 1932 das Reichswehrministerium und einige Monate darauf die Reichskanzlerschaft übernommen hatte, und dessen Nachfolger Blomberg. Blomberg hatte im Anfang 1927 das Truppenamt übernommen und damit einen ersten Höhepunkt seiner Karriere erreicht.[62] Als Chef des im Februar 1929 eingerichteten Ministeramtes im Reichswehrministerium war Schleicher Blombergs naturgemäßer institutioneller Rivale und federführend an dessen Entfernung von der Spitze des Truppenamtes beteiligt.[63]

primär auf das Dreigestirn Friedrich Wilhelm von Willisen, Joachim von Stülpnagel und Kurt von Schleicher, die um die Mitte der 1920er Jahre systematisch auf die Ablösung Seeckts hinarbeiteten. Vgl. auch die beeindruckend differenzierte kollektivbiographische Erschließung des beschriebenen Segments bei Hürter, Hitlers Heerführer, S. 21-86.

61 Geyer, Aufrüstung oder Sicherheit, S. 231 (Zit.).

62 Schäfer, Kirstin A., Werner von Blomberg – Hitlers erster Feldmarschall. Eine Biographie, Paderborn 2006, S. 61-66.

63 Müller, Heer und Hitler, S. 50.

Abseits persönlicher Animositäten lässt sich der Konflikt zwischen Schleicher und Groener auf der einen und Blomberg auf der anderen Seite auf einen sachlich-konzeptionellen Dissens zurückführen. Im Fahrwasser der machtpolitisch-strategischen Prämissen Seeckts vertrat Blomberg die Auffassung, dass Deutschland sich in erster Linie mit militärischen Mitteln wiederaufzurichten und dabei gegebenenfalls auch einen Zweifrontenkrieg gegen Polen und Frankreich in Kauf zu nehmen habe. Die Revisionspolitiker des Schlages Groener und Schleicher gingen hingegen davon aus, dass die Regeneration des deutschen Großmachtstatus im Verbund mit rüstungspolitisch-ökonomischen, innenpolitischen und international-kooperativen Erwägungen, vor allem aber graduell und systemverträglich zu erfolgen habe.[64] Als unmittelbare Folge dieses zäh ausgetragenen Konflikts über Kriegsbilder, Planungserwartungen und Fragen politischer Ethik wurde Blomberg abgelöst und auf ein Truppenkommando nach Ostpreußen versetzt. Sein Nachfolger als Chef des Truppenamtes, Hammerstein, entsprach bei allem Eklektizismus und einer ausgeprägten Tendenz zur kultivierten Antriebslosigkeit weit mehr dem revisionspolitischen Kurs Groeners als der potentiell „chaotischen Militär- und Verteidigungspolitik" eines Blomberg.[65] Erst Blombergs persönlicher Bezug zu Reichspräsident Paul von Hindenburg und seine Entsendung als Leiter der deutschen Militärdelegation auf der Genfer Abrüstungskonferenz 1932 brachten ihn wieder dichter an das Zentrum militärpolitischer Entscheidungsfindung. Es ist dabei symptomatisch, dass selbst Blombergs Einsetzung als Reichswehrminister am 30. Januar 1933 offenbar ausschließlich der Protektion Hindenburgs geschuldet war. „Verfassungsrechtlich durchaus anstößig", da hier das Vorschlagsrecht des Kanzlers bei der Besetzung von Ministerämtern verletzt wurde, ernannte der Reichspräsident den neuen Wehrminister wenige Stunden, bevor Hitler und sein Kabinett formal in ihre Ämter eingeführt wurden.[66]

64 Geyer, Aufrüstung oder Sicherheit, S. 207-213, S. 230-236; Schäfer, Blomberg, S. 79-83; zum Hintergrund vgl. auch Müller, Militär-Elite, S. 226-230; Deist, Wehrmacht, S. 4-35.

65 Geyer, Aufrüstung oder Sicherheit, S. 232. Zu Hammerstein vgl. u.a. Enzensberger, Hans Magnus, Hammerstein oder der Eigensinn. Eine deutsche Geschichte, Frankfurt a. M. 2008.

66 Schäfer, Blomberg, 97-103; Pyta, Hindenburg, S. 799 (Zit.); Deist, Wehrmacht, S. 21-22.

4. Von Zäsuren und ihrer Abwesenheit: Truppenamt/Generalstab und OKH zwischen personeller Kontinuität und radikalem Wandel

4.1 *Reichswehr und NS-Herrschaft*

Der Gedanke, dass sich mit Hitler der Primat der Politik in substantiellerem Maße durchzusetzen begann, als dies selbst unter machtbewussten Politikern des Schlages Groener der Fall war, mag kontraintuitiv wirken.[67] In einem weiteren Rahmen, der den Erfahrungshorizont und dessen Wirken auf die Reichswehr aus der Spätphase Weimars herleitet, wird diese Deutung freilich verständlich. Unter Schleicher als kurzlebigem Reichswehrminister und Reichskanzler hatten gesellschaftspolitische Auflösungserscheinungen um sich gegriffen, die der Reichswehr strukturell mehr abverlangten, als sie zu leisten in der Lage war. Schleichers Pläne zur Aufstandsbekämpfung, die im Ministeramt und der Wehrmachtabteilung seines Ministeriums von seinen Vertrauten Ferdinand von Bredow und Eugen Ott vorbereitet worden waren und als „Planspiel Ott" firmierten, gingen im Kern weit über Notstandsmaßnahmen hinaus. Der projektierte Ausnahmezustand sollte dabei in eine Hindenburg'sche Präsidialdiktatur münden, deren wesentliche Aufgabe in der Integration der Innen-, Außen- und Militärpolitik und damit in der Stabilisierung der allgemeinen Verhältnisse bestand. Ob diese „autoritäre Modernisierung von Oben" systemisch verstetigt werden sollte oder als Krisendiktatur für den Übergang in ein verfassungspolitisch angepasstes System gedacht war (und wenn ja, in welches?), kann hier dahingestellt bleiben.[68] In jedem Fall trugen die Konzepte Schleichers und seines Kreises deutliche Züge eines

67 Dies wird u.a. in der idealisierten Vorstellung des Politik-Begriffs deutlich, wie sie vorliegt bei: Dietz, Andreas, Das Primat der Politik in kaiserlicher Armee, Reichswehr, Wehrmacht und Bundeswehr. Rechtliche Sicherungen der Entscheidungsgewalt über Krieg und Frieden zwischen Politik und Militär, Tübingen 2011, u.a. S. 461-504.

68 Müller, Militär-Elite, S. 255-257, Zit. S. 256. Zum Kontext vgl. Bracher, Karl Dietrich, Die Auflösung der Weimarer Republik. Eine Studie zum Problem des Machtverfalls in der Demokratie, Stuttgart ^{2}1960, S. 722-723; Pyta, Wolfram, Vorbereitungen für den militärischen Ausnahmezustand unter Papen/Schleicher, in: Militärgeschichtliche Zeitschrift 51/2, 1992, S. 385-428, bes. S. 387-388; Vogelsang, Thilo, Reichswehr, Staat und NSDAP, Stuttgart 1962, S. 484-485. Zu den Verfassungsplänen Schleichers siehe Rödder, Andreas, Reflexionen über das Ende der Weimarer Republik. Die Präsidialkabinette 1930-1932/33: Restaurationsstrategie oder Krisenmanagement?, in: Vierteljahrshefte für Zeitgeschichte 47/1 (1999), S. 87-101; Pyta, Wolfram, Konstitutionelle Demokratie statt monarchischer Restauration. Die verfassungspolitische Konzeption Schleichers in der Weimarer Staatskrise, in: Vierteljahrshefte für Zeitgeschichte 47/3 (1999), S. 417-441; ders./Orth, Rainer, Nicht alternativlos. Wie ein Reichskanzler Hitler hätte verhindert werden können, in: Historische Zeitschrift 312/2 (2021), S. 400-444.

Militärstaats, der eine Politisierung und „Rollenexpansion des Militärs" in bisher ungekanntem Maße vorsah.[69]

Das Schleicher'sche „Experiment", wenn man es mit Deist als solches bezeichnen mag, scheiterte am Wegbrechen der beiden für den Reichskanzler unabdingbaren Säulen: einerseits an Hindenburg, der sich vom „ehrgeizigen", „politisch unberechenbaren", ja „eitlen, skrupellosen und treulosen" Schleicher entfremdet hatte und diesem gar einen Staatsstreich selbst gegen den Reichspräsidenten zutraute – andererseits an der Reichswehrführung, die „die Berufung Hitlers zum Reichskanzler und die Übernahme des Reichswehrministeriums durch Blomberg gewissermaßen als die Rückkehr zu einem erwünschten ‚Normalzustand'" empfand.[70] Dieses Bedürfnis nach einer Rückbesinnung auf das im Kern Militärische, ja nach vermeintlicher Entpolitisierung verstand Hitler manipulativ geschickt aufzugreifen. Seine ohnehin schon affirmative Rhetorik aus der Zeit vor 1933 ergänzte er unmittelbar nach seiner Ernennung zum Reichskanzler durch die Betonung der zentralen Rolle der Wehrmacht im neuen Staatswesen. In einer Grundsatzrede vor den höchsten Militärs am 3. Februar 1933 in der Dienstwohnung Hammersteins, inzwischen Chef der Heeresleitung, bekannte er sich ausdrücklich zu der herausgehobenen, eigenständigen Stellung der militärischen Macht. Im Kern erschöpften sich seine Ausführungen in drei großen gedanklichen Schneisen: erstens, der Wiederherstellung der nationalen Integration und Wehrhaftigkeit durch „straffste autoritäre Staatsführung", die ihrerseits als „Grundvoraussetzung für die totale Mobilmachung im Zeitalter des gesamtgesellschaftlichen Krieges" diente; zweitens, der Beseitigung äußerer Hemmnisse, insbesondere des Versailler Systems, und drittens, der Aufbau einer vermeintlich unpolitischen, „überparteilichen" Wehrmacht mit dem Ziel der Wiedererringung des deutschen Großmachtstatus.[71]

Hitlers Festlegung zugunsten der bestehenden Strukturen war dazu angetan, die in dieser Hinsicht nervös gewordenen Militärs rückzuversichern, dass eine etwaige nationalsozialistische Assimilierung der traditionellen Streitkräfte,

69 Deist, Aufrüstung, S. 395; Geyer, Aufrüstung oder Sicherheit, S. 306.

70 Pyta, Hindenburg, S. 799-800 (Zit. „ehrgeizig", „politisch unberechenbar"); Wheeler-Bennett, John, Die Nemesis der Macht. Die deutsche Armee in der Politik 1918-1945, Königstein/Taunus 1981, S. 202 (Zit. „eitel, skrupellos und treulos"); Schäfer, Blomberg, S. 54. Siehe auch Deist, Aufrüstung, S. 396 (Zit. „‚Normalzustand'", „Experiment" ebd.).

71 Aufzeichnung des Generalleutnants Liebmann über die Ausführungen des Reichskanzlers vor den Befehlshabern des Heeres und der Marine [...], 3. Februar 1933, abgedruckt in: Müller, Armee und Drittes Reich, Dok. 118, S. 263 (Zit.); Müller, Militär-Elite, S. 259-260 (Zit. „Grundvoraussetzung"). Zur Reaktion vgl. Wirsching, Andreas, „Man kann nur Boden germanisieren". Eine neue Quelle zu Hitlers Rede vor den Spitzen der Reichswehr am 3. Februar 1933, in: Vierteljahrshefte für Zeitgeschichte 40/3, S. 517-550.

wie sie insbesondere in SA-Kreisen propagiert wurde, außer Frage stand. Das, was hier noch tastend als entpolitisierte und gesellschaftlich zentrale Rolle einer expansionsbedürftigen Wehrmacht skizziert wird, übersetzte Hitler im Folgejahr in ein für die Militärs gefälliges Bild des neuen Staates, „von zwei Säulen getragen, politisch von der in der nationalsozialistischen Bewegung organisierten Volksgemeinschaft, militärisch von der Wehrmacht. Es wird für alle Zukunft mein Streben sein," ergänzte Hitler, „dem Grundsatz Geltung zu verschaffen, daß der alleinige politische Willensträger der Nation die nationalsozialistische Partei, der einzige Waffenträger des Reiches die Wehrmacht ist."[72] An diese von der Militär-Elite aufmerksam registrierten Kernpunkte schlossen sich explizit ideologisch eingefärbte Ausführungen an, die wahlweise auf Versatzstücke der Blut- und Boden-Ideologie des Nationalsozialismus sowie auf den radikalen Antisemitismus und Anti-Marxismus abhoben. Nach Quellenlage wurden diese Bemerkungen von den Militärs eher gleichgültig zur Kenntnis genommen, umso mehr, als sie im Angesicht von Hitlers wehr- und außenpolitischem „Idealprogramm" gleichsam verblassen mussten.[73] Was in der Hammerstein'schen Dienstwohnung seinen Anfang genommen hatte, jenes Bündnis zwischen Hitler und den Führungsebenen von Reichswehr und Reichsmarine, konsolidierte sich im Verlauf der folgenden Monate zusehends, auch weil es „auf einer Koordination der Primärinteressen beider Seiten [beruhte] und daraus seine Festigkeit und Dauerhaftigkeit [schöpfte]."[74]

Einige skizzenhafte Anmerkungen zur allgemeineren Entwicklung um die Mitte des Jahrzehnts mögen ausreichen: Im Oktober 1933 ermöglichte der von Blomberg forcierte Austritt Deutschlands aus dem Völkerbund und das damit verbundene Verlassen der Genfer Abrüstungskonferenz die Abkoppelung der deutschen militär- und rüstungspolitischen Planung vom internationalen System und von jeglicher Rüstungskontrolle.[75] Zum Jahresende – Mitte Dezember – lag ein Grundsatzbeschluss zur Dimension der künftigen Aufrüstung vor, der dieser Verschiebung Rechnung trug. Avisiert wurde der Aufbau

72 In der Forschung hat sich dies als „Zwei-Säulen-Theorie" verselbstständigt. Zit. nach Müller, Heer und Hitler, S. 67; zur Resonanz auch und gerade in Militärkreisen vgl. Förster, Wehrmacht im NS-Staat, S. 22-24; Schäfer, Blomberg, S. 143-144.

73 Müller, Militär-Elite, S. 260, der im Kontext festhält: „Gemessen an ihren traditionellen Zielen geradezu ein Idealprogramm für die Militär-Elite!" Vgl. ähnlich Neitzel, Sönke, Deutsche Krieger: Vom Kaiserreich zur Berliner Republik – eine Militärgeschichte, Berlin 2020, S. 116; Bennett, German Rearmament, S. 324-372.

74 Deist, Aufrüstung, S. 397; Deist, Wehrmacht, S. 21-35.

75 Nadolny, Sten, Abrüstungsdiplomatie 1932/33. Deutschland auf der Genfer Konferenz im Übergang von Weimar zu Hitler, München 1978; Bennett, German Rearmament, S. 466-522; zum Kontext vgl. Webster, Andrew, From Versailles to Geneva: The many forms of interwar disarmament, in: Journal of Strategic Studies 29/2 (2006), S. 225-246.

eines Heeres von 300.000 Mann Friedensstärke (21 Divisionen) bis zum Ende des Jahrzehnts, das im Bedarfsfall zu einem für den Verteidigungskrieg vorgesehenen Kriegsheer von 63 – später 67 – Divisionen entwickelt werden sollte. Mit dieser „raschen Beseitigung des Zustands völliger Wehrlosigkeit" verband die Heeresleitung die strategische Erwartung, einen etwaigen Angriff für den Aggressor zu einem unkalkulierbaren Risiko zu machen.[76] Die Planung für die als „Risiko-Heer" firmierende Armee wurde dabei in der ersten Jahreshälfte 1934 in ähnlich ambitionierte Rüstungsprogramme der Reichsmarine und einer erneut einzurichtenden Luftwaffe eingebettet.[77] Angesichts dessen liegt nahe, in den Aufrüstungsprogrammen der Jahreswende 1933/34 mehr zu erkennen als den seit der Ära Groener-Schleicher beherrschenden strategischen Topos der Kriegsvermeidung. Die offensiven Implikationen und die Aushebelung bestehender internationaler Verpflichtungen rief dabei das Auswärtige Amt (AA) auf den Plan, das in Gestalt des Staatssekretärs Bernhard Wilhelm von Bülow das Truppenamt wiederholt auf die damit verbundenen Risiken hinwies. Die von Hitler und der Reichswehrführung betriebene militärpolitische Verselbstständigung war nicht nur dazu angetan, Deutschland international zu isolieren, sondern konnte, wenn ins Extrem getrieben, auch einen Präventivkrieg von französischer Seite nach sich ziehen.[78] Die mit dem eingeschlagenen Kurs einhergehende, umfassend entgrenzte Militarisierung deutscher Außenpolitik entpuppte sich zunehmend als Sicherheitsdilemma, auf das man auch innerhalb der höheren Militärkreise ein ums andere Mal nervös reagierte.[79] Der im Herbst 1933 zum Chef des Truppenamtes ernannte Beck erkannte dabei die „trostlose" außenpolitische Lage, in die man sich manövriert hatte, war aber nicht bereit, mit dem AA über die einmal fixierten Prioritäten autonomer Aufrüstung zu verhandeln.[80] Stattdessen wurde Beck

76 Denkschrift des Truppenamtes in der Heeresleitung über den Aufbau des künftigen Friedensheeres v. 14. Dezember 1933, abgedruckt in: Müller, Armee und Drittes Reich, Dok. 122, S. 273 (Zit.); Müller, Beck II, S. 187-188.

77 Denkschrift […] v. 14. Dezember 1933 bzw. Niederschrift über die Besprechung im Reichswehrministerium am 20. und 21. Dezember 1933 zum Aufbau des 300.000-Mann-Heeres, abgedruckt in: Müller, Armee und Drittes Reich, Dok. 122, S. 272-274 bzw. Dok. 123, S. 275-278, und ebd., S. 96-103. Zur Einordnung vgl. Müller, Militär-Elite, S. 260-262; Deist, Aufrüstung, S. 408-410; Strohn, Matthias, From Defeat to Rebirth: The Enlargement of the German Army in the Interwar Period, in: Ders. (Hg.), How Armies Grow: The Expansion of Military Forces in the Age of Total War 1789-1945, Oxford 2019, S. 53-68.

78 Müller, Beck I, S. 176-188.

79 Geyer, Aufrüstung oder Sicherheit, S. 355-362.

80 Aufzeichnung Becks über ein Gespräch mit Staatssekretär v. Bülow über die außenpolitische Lage, 30. Juli 1934, in: Müller, Beck I, Dok. 12, S. 354-359, Zit. S. 358.

zum wesentlichen Planer, ja zum eigentlichen „Architekten der Wiederaufrüstung", wie sein Biograph Müller es erfasst hat.[81]

Becks an Seeckt geschulter, konfrontativ-machtpolitischer Begriff von Wiederaufrüstung und Großmachtambition, der auch einen vermeintlich begrenzbaren Krieg gegen die Garantiemächte des bestehenden internationalen Systems in Kauf nahm, erlaubte ihm zumindest bis in das Jahr 1938 die vergleichsweise unkritische Teilhabe und Mitwirkung an der einseitigen, autonomen Aufrüstungspolitik.[82] „Es war nicht von ungefähr," so hält Müller fest, „dass Beck [...] Chef des Truppenamtes geworden war."[83] Insbesondere in der Zeit des effektiven Interims in der Heeresleitung, also im Jahresübergang 1933/34, als Hammerstein sich bereits innerlich verabschiedet, sein Nachfolger Fritsch seinen Posten freilich noch nicht angetreten hatte, kam dem neuen (de facto) Generalstabschef enormes Gewicht bei der konkreten Ausgestaltung der künftigen militär- und rüstungspolitischen Ausrichtung zu. Nicht zuletzt der Entwurf für die Grundsatzplanung vom Dezember 1933 geht auf die Vorarbeiten und eine Denkschrift Becks zurück.[84] Von der international verträglichen, am Prinzip der Kriegsvermeidung orientierten Revisionspolitik eines Groener war das Vabanquespiel Hitlers, Blombergs und der militärischen Führung um Beck Meilen entfernt.[85]

Es fanden sich auch und gerade unter den Generalstäblern des Truppenamtes Skeptiker, die dem vom neuen Chef des Ministeramtes, Walter von Reichenau, propagierten „Hinein in den neuen Staat, nur so können wir die uns gebührende Position behaupten!" nicht oder nur bedingt folgen wollten.[86] Mit Hammerstein, der 1929 Nachfolger Blombergs in der Leitung des Truppenamts geworden und ein Jahr darauf zum Chef der Heeresleitung aufgestiegen war, entzog sich Anfang 1934 einer der prominentesten Militärs, dessen Distanz

---

81 Müller, Beck II, S. 186-228; Groß, Mythos und Wirklichkeit, S. 174-176.

82 Vergleichsweise insofern, als Beck die Kriegsgefahr bereits 1933/34 durchaus erkannte und in seinen Stellungnahmen und Denkschriften früh explizit benannte. Vgl. Stellungnahme des Chefs des Truppenamtes, Generalleutnant Beck, zu einem Vorschlag des Allgemeinen Heeresamtes (AHA) über den Heeresaufbau (20. Mai 1934), in: Müller, Armee und Drittes Reich, Dok. 124, S. 278-279.

83 Müller, Beck II, S. 187.

84 Denkschrift [...] v. 14. Dezember 1933 bzw. Niederschrift über die Besprechung im Reichswehrministerium am 20. und 21. Dezember 1933 zum Aufbau des 300.000-Mann-Heeres, abgedruckt in: Müller, Armee und Drittes Reich, Dok. 122, S. 272-274 bzw. Dok. 123, S. 275-278; Müller, Beck II, S. 187-189.

85 Schäfer, Blomberg, S. 156-160, meint dieses Vabanque-Spiel größtenteils bei Hitler festzustellen, dem die höchste Generalität um Blomberg indes bis in die ersten Krisen der zweiten Hälfte des Jahrzehnts gleichsam distanzlos folgte.

86 Zit. nach Müller, Heer und Hitler, S. 53.

zum neuen Regime indes von Beginn an vernehmbar gewesen war. Ein Jahr zuvor hatte er sich im Verbund mit Schleicher und dessen Umfeld bemüht, Hindenburg von der Ernennung Hitlers zum Reichskanzler abzubringen und stattdessen von der Notwendigkeit eines präsidial autorisierten Staatsstreichs der Reichswehr zu überzeugen. Als dies an Hindenburgs Ablehnung scheiterte, zog Hammerstein offenbar den Rückzug ins Private in Erwägung und scheint nur auf Drängen Schleichers im Amt geblieben zu sein.[87] In den sich anschließenden Monaten sah er sich gezwungen, die Konsolidierung des NS-Regimes als sardonischer, häufig fahrlässig offener Kritiker zu beobachten, während Blomberg energisch an der Neutralisierung des einstmals gewichtigen Chefs der Heeresleitung arbeitete. Neben seiner augenfälligen politischen Reserve dem Regime gegenüber und seinem ausgeprägten „Eigen-Sinn" dürfte ihn bei seinem Rückzug im Oktober 1933 auch die Erkenntnis der eigenen Macht- und Wirkungslosigkeit angetrieben haben, war er doch „viel zu klug, um nicht zu übersehen, welch schwache Stellung er selbst hatte, nicht zuletzt infolge seiner eigenen Untätigkeit", die Blomberg systematisch auszubeuten verstand.[88] Während sich Blombergs Verhältnis zu Hitler und dem alternden Hindenburg stetig intensivierte, sah sich Hammerstein in wachsendem Maße vom Zentrum der militärpolitischen Entscheidungsfindung abgekoppelt.[89]

Auch Hammersteins Nachfolger als Chef des Truppenamtes, Generalleutnant (später -oberst) Wilhelm Adam gehörte zu jenen frühen Skeptikern, die aus ihrer Distanz zum neuen Regime und nicht zuletzt zur Politisierung und Ideologisierung der Streitkräfte keinen Hehl machten. Als repräsentativ für Adams Reserve können seine Äußerungen auf der dritten großen Generalstabsreise Anfang Mai 1933 gelten, die das Offizierskorps ausdrücklich vor der in Militärkreisen grassierenden politischen Euphorisierung angesichts der Machtübernahme Hitlers warnen: „Allenthalben wird sehr laut Hosiannah geschrien und viele geben lärmend und auf eine beinahe schamlose Weise der Mitwelt Kenntnis, wie sie die deutsche Wiedergeburt an ihrem eigenen Leibe verspürt und wie sie das deutsche Pfingsten mit Brausen vom Himmel und mit vielen Flämmchen und Ekstase und Erleuchtung und Rausch erlebt haben. Wir Offiziere gehören allerdings nicht zu der lauten Masse der auf so zauberhafte Art Erweckten und haben keine Veranlassung, unsere Loyalität zu

87 Pyta, Vorbereitungen für den militärischen Ausnahmezustand, S. 387-388; Vogelsang, Reichswehr, Staat und NSDAP, S. 484-485; Bracher, Auflösung der Weimarer Republik, S. 722-735; Pyta, Konstitutionelle Demokratie, S. 417-441; Pyta/Orth, Nicht alternativlos, S. 400-444.

88 Müller, Heer und Hitler, S. 59-69.

89 Schäfer, Blomberg, S. 128.

beteuern."[90] Zugleich bemühte sich Adam im Verlauf der 1930er Jahre ein ums andere Mal, unter Hinweis auf den desaströsen Zustand der Reichswehr, später auch der Wehrmacht deren Befähigung zum Krieg in Frage zu stellen. Seine Ablösung und Ersetzung durch Beck im Herbst 1933 schien vor dem Hintergrund von Blombergs entgegengesetzter Haltung nur folgerichtig.[91]

Um die Jahresmitte 1934 wurde schließlich ein letztes fundamentales Hemmnis beseitigt, das der Stabilisierung des Bündnisses zwischen Reichswehrführung und Hitler seit der Machtübernahme hartnäckig im Weg gestanden hatte: Röhm und die SA als mögliches „Ersatzheer" und omnipräsenter Alp.[92] Auch dieser Konflikt war den Weiterungen der sogenannten Wiederwehrhaftmachung und gesamtgesellschaftlichen Mobilisierung geschuldet. Im Verlauf der anderthalb Jahre vor der Röhm-Krise war die SA dabei nicht nur zum mit Abstand größten Wehrverband aufgewachsen, sondern auch für die Reichswehr zu einem an sich „unentbehrlichen Instrument der Militärpolitik" geworden, vor allem im Hinblick auf die Grenzsicherung im Osten und allgemeinere Fragen von Mobilisierung und Landesverteidigung.[93] Verbunden mit ihrer fortschreitenden Militarisierung und dem seit 1931 anhaltenden Massenwachstum auf ca. 3,5 Millionen Mann war die Organisation zu einer im Grunde unkontrollierbaren Größe der politischen und militärpolitischen Landschaft des frühen NS-Staats geworden, die zunehmend weitergehende Ansprüche stellte und sich bemühte, die von Hitler bereits im Juli 1933 für beendet erklärte nationalsozialistische Revolution weiterzutreiben.[94] Mit der Liquidation Röhms und eines Großteils der SA-Führungskader Ende Juni und Anfang Juli 1934 erfuhr die Reichswehr schließlich das Maß an „notwendiger

90 Ausführungen des Chefs des Truppenamtes, General Adam, vor den Teilnehmern der 3. Großen Generalstabsreise (Anfang Mai 1933), in: Müller, Armee und Drittes Reich, Dok. 14, S. 152.

91 Zu Adam vgl. Müller, Heer und Hitler, u.a. S. 76; ders., Armee und Drittes Reich, S. 72; Deist, Aufrüstung, S. 400-402.

92 Hillgruber, Andreas, Deutsche Grossmacht- und Weltpolitik im 19. und 20. Jahrhundert, Düsseldorf 1977, S. 140 (Zit.).

93 Deist, Aufrüstung, S. 406 (Zit.).

94 Gemeint war, wie Wolfgang Sauer deutlich macht, das Revolutionsende im Sinne der der „gewaltsame Aktionen zur Eroberung der ‚äußeren' Macht", nicht der Abschluss jenes „totalen Umformungsprozesses von Staat, Gesellschaft und Individuum", den das NS-System konsequenter und systematischer denn je betrieb. Sauer, Wolfgang, Die Mobilmachung der Gewalt, in: Ders./Bracher, Karl-Dietrich/Schulz, Gerhard (Hg.), Die nationalsozialistische Machtergreifung. Studien zur Errichtung des totalitären Herrschaftssystems in Deutschland 1933/34, Köln 1960, S. 683-966, hier S. 897-898, Vgl. auch Deist, Aufrüstung, S. 406-407; Müller, Armee und Drittes Reich, 62-70, mitsamt Dokumentensammlung, S. 192-208.

innenpolitischer Absicherung", das Hitler ihr bereits in seiner Ansprache am 3. Februar 1933 zugesagt hatte.[95]

Auch der Umstand, dass mit Schleicher und Bredow zwei Generäle von der SS kaltblütig ermordet worden waren, schien bei rationaler Kosten-Nutzen-Analyse für die Reichswehrführung erträglich. Hatte Blomberg der gesamten Mordaktion Vorschub geleistet und auch die Ermordung Schleichers „widerspruchslos hingenommen", bemühte er sich anschließend innerhalb der Reichswehr um Schadensbegrenzung. Schleicher und die mit ihm vermeintlich assoziierte „Reaktion" hätten durch ihren vermeintlichen Bezug zu Röhm und selbst ins Ausland dicht am Rande des Landesverrats operiert, beides gänzlich fiktive Unterstellungen, die indes auch in die amtlichen Verlautbarungen des Reichswehrministers aufgenommen wurden. Dem Truppenamt und dem erweiterten Kreis der Generalität untersagte er die Teilnahme an der Beerdigung Schleichers – eine Ordre, der sich nur Hammerstein – demonstrativ in Uniform auftretend – entzog.[96] War die erfolgte „Abrechnung mit den Schlieffen-Schülern" Schleicher und Bredow gleichsam eher ein Kollateralschaden der Röhm-Krise, so genossen Blomberg und die Reichswehrführung „ihren vermeintlich so uneingeschränkten Triumph" über Röhm und die SA. „Mit erschreckender Intransigenz", so hat es Norbert Frei gedeutet, „ignorierten die Militärs ihre Schwächung, die darin lag, dass sie die Gewaltmethoden der NS-Führung nicht nur hingenommen, sondern mit herbeigeführt hatten."[97] Über die Verstrickung in die Gewaltmaßnahmen des Regimes hinaus war der Reichswehr mit der SS ein weiterer Gewaltakteur als Konkurrent aufgewachsen, dessen fortgesetzte Expansion und Militarisierung die „Zwei-Säulen-Theorie" und das militärische Gewaltmonopol der Reichswehr zunehmend in Frage stellen sollte.

Auf diesen innen-, außen- und militärpolitischen Grundlagen fügte sich die Reichswehr „geräuschlos in den nationalsozialistischen Staat ein."[98] Mit Wehrminister Blomberg als treibender Kraft und seinem Protegé Reichenau als ideologischem Stichwortgeber wurde das Militär gleichsam vom NS-Staat überwölbt, wie sich dies in der Aufnahme des Hakenkreuzes in die Uniform und im willfährigen Ausschluss jüdischer Soldaten spiegelt, insbesondere aber in der Vereidigung auf Hitler als Führer und Reichskanzler am 2. August 1934,

95 Müller, Militär-Elite, S. 262.

96 Müller, Heer und Hitler, S. 125-133. Vgl. Schäfer, Blomberg, S. 141-145, Zit. „widerspruchslos" u. „Reaktion" (nach Einlassungen Blombergs), S. 143.

97 Frei, Norbert, Der Führerstaat. Nationalsozialistische Herrschaft 1933 bis 1945, München 2013, S. 38-39; auch Schäfer, Blomberg, S. 144-145.

98 Neitzel, Deutsche Krieger, S. 116.

„ehe Hindenburgs Leiche ganz erkaltet war."[99] Wenige dürften dabei den Typus des „politischen Generals" und technokratischen „Managers der militärischen Gewaltorganisation" vollkommener repräsentiert haben als Reichenau, der seine Befähigung und Qualitäten mit Vehemenz in den Dienst der nationalsozialistischen Überformung der Reichswehr und damit der „Selbstgleichschaltung", „frühzeitigen Selbstentmachtung" und „offenkundigen Selbstverstrickung" der eigenen Organisation Vorschub leistete.[100]

Auf seinen engeren Wirkungskreis bezogen lag Reichenaus Bestreben im ressortegoistischen Ausbau des Ministeramts zu einem effektiven Generalstab der avisierten Wehrmacht, dem sich die Kommandostrukturen der hier subsumierten Teilstreitkräfte aus Heer, Marine und Luftwaffe unterzuordnen hatte. Das von ihm mit dem 1. Februar 1934 geschaffene Wehrmachtamt nahm diese Entwicklung bereits modellhaft vorweg, verfügte der Wehrminister nun über ein eigenständiges Führungsorgan mitsamt Führungsabteilung (in Form der Abteilung Landesverteidigung). In unterschiedlicher Nuancierung verdichten sich in Reichenaus und Blombergs Wirken die umrissenen Prozesse der ideologischen Durchdringung und strukturellen Zentralisierung der Wehrmacht im NS-Staat, an deren Ende die weitestgehend willfährige Selbstaufgabe des Militärs und schließlich der Krieg standen. „Weg und Schicksal des Heeres", so hat es Müller treffend erfasst, „hingen in außergewöhnlichem Maße vom Persönlichkeitswert, von Vorstellungen und Handlungen der Männer ab, die zu jener Zeit derartige Schlüsselstellungen innehatten."[101]

4.2 *Strukturen II: Generalstab und Oberkommando des Heeres*

Zentral für den Strukturwandel der deutschen Streitkräfte sowie für deren fortgesetzte Aufrüstung und Befähigung zum Krieg war die Wiederherstellung der sogenannten Wehrhoheit durch den „symbolträchtig" inszenierten Aufruf Hitlers an das deutsche Volk und das mit diesem einhergehende „Gesetz über den Aufbau der Wehrmacht" vom 16. März 1935.[102] Letzteres wies bereits auf das neue Wehrgesetz vom 21. Mai des Jahres hin, mit dem die konkrete rechtliche Ausformung

99 Müller, Armee und Drittes Reich, S. 49-61, S. 57-61; Neitzel, Deutsche Krieger, S. 116-117.

100 Zit. „politischer General" nach Simms, Brendan, Walter von Reichenau. Der Politische General, in: Smelser, Ronald/Syring, Enrico (Hg.), Die Militärelite des Dritten Reiches. 27 biographische Skizzen, Frankfurt a. M. 1997, S. 423-445, hier S. 424; Zit. „Manager" nach Funck, Schock und Chance, 130; Zit. „Selbstgleichschaltung" nach Neitzel, Deutsche Krieger, S. 116; Zit. „Selbstentmachtung" u. „Selbstverstrickung" nach Müller, Heer und Hitler, S. 61. Zu Reichenau vgl. auch Hürter, Hitlers Heerführer, S. 652-653; Boll, Bernd, Generalfeldmarschall Walter von Reichenau, in: Ueberschär, Gerd R. (Hg.), Hitlers militärische Elite, Bd. 1, Darmstadt 1998, S. 195-202.

101 Müller, Heer und Hitler, S. 49.

102 Gesetz über den Aufbau der Wehrmacht v. 16. März 1935, in: RGBL 1935 I, S. 369; Zit. „symbolträchtig" nach Förster, Wehrmacht im NS-Staat, S. 35.

dieser unilateralen militärpolitischen Selbstermächtigung vorgenommen wurde.[103] Zentraler Baustein des wehrgesetzlichen Novellierungsschubs war die Wiedereinführung der allgemeinen Wehrpflicht für die gesamte „arische", wie Paragraph 15 explizit ausführte, männliche Bevölkerung zwischen 18 und 45 Jahren (im geostrategisch exponierten Ostpreußen sogar bis zum 55. Lebensjahr). Hitler kam damit seiner Ankündigung vom 3. Februar 1933 nach, die er den Spitzenmilitärs der Reichswehr gegenüber gemacht hatte. Zugleich knüpfte das neue Wehrgesetz an die preußisch-deutsche Tradition der Wehrpflichtigen-Armee an und verband diese mit den etablierten Vorstellungen des Militärs als „Schule der Nation", die sich in der Diktion des Wehrgesetzes als „soldatische Erziehungsschule des Deutschen Volkes" wiederfanden.[104] Das Gesetz selber ließ im Kern keinen Zweifel über die eigentlichen Absichten des NS-Regimes: die umfassende Mobilisierung und Militarisierung der Gesellschaft, in denen sich der kommende Krieg bereits abzeichnete. Über dessen Ausmaß wie über die zeitlichen Parameter, die den Kriegsvorbereitungen zugrunde liegen sollten, divergierten die Ansichten indes.

Mit der einseitigen Wiederherstellung der Wehrhoheit ging eine Umformung der Spitzengliederung der Militärbehörden einher. Die Reichswehr wurde in der neuen Wehrgesetzgebung vom März und Mai formal in Wehrmacht umbenannt.[105] Reichswehrminister Blomberg wurde zum Reichskriegsminister. Die faktische Befehlsgewalt verblieb in dessen Händen, während Hitler als Führer und Reichskanzler – in verfassungsrechtlicher Nachfolge des Reichspräsidenten – ungebrochen nominell als Oberster Befehlshaber der Wehrmacht fungierte. Auch entledigte man sich in diesem Zusammenhang des letzten Bemühens, die Existenz bestehender Kommandostrukturen und eines Generalstabs zu leugnen. Der Chef der Heeresleitung, Fritsch, wurde zum Oberbefehlshaber des Heeres, dem – wie Marine und Luftwaffe ebenfalls – das Oberkommando unterstand und der zudem über eine eigene Adjutantur verfügte. Das OKH bestand aus dem Generalstab des Heeres, an dessen Spitze Beck als vormaliger Chef des Truppenamtes verblieb, und dem Heerespersonalamt unter Generalmajor (später -leutnant) Viktor von Schwedler.[106] Im Kern

103 Wehrgesetz v. 21. Mai 1935, in: RGBL 1935 I, S. 609.

104 Wehrgesetz v. 21. Mai 1935, in: RGBL 1935 I, S. 609, hier § 2. Zum Kontext vgl. Frevert, Ute, Die kasernierte Nation. Militärdienst und Zivilgesellschaft in Deutschland, München 2001, S. 15-16, S. 103-119, S. 314-327.

105 Auch das Wehrgesetz v. 23. März 1921 mit seinen entsprechenden Novellierungen, vgl. RGBL 1921, S. 329-341, nahm wiederholt deskriptiv Bezug auf die Reichswehr als „Wehrmacht". Vgl. Gesetz über den Aufbau der Wehrmacht v. 16. März 1935, in: RGBL 1935 I, S. 369; Wehrgesetz v. 21. Mai 1935, in: ebd., S. 609, hier § 2 u. 3.

106 Vgl. u.a. Schottelius, Herbert/Caspar, Gustav-Adolf, Die Organisation der Kriegsmarine bis 1939, in: Wehrmacht und Nationalsozialismus 1933-1939 (= Handbuch zur deutschen Militärgeschichte 1648-1939, Bd. 7), München 1978, S. 289-399. Groß, Mythos und

veränderte sich der Aufgabenkreis Becks und des Generalstabs dabei nicht. Dem Oberbefehlshaber des Heeres beigeordnet, lag die operative Planungsarbeit, die Beratung des Oberbefehlshabers und die Koordinierung der übrigen Bereiche der Heeresführung weiterhin in Händen des Generalstabschefs. Die „ausschlaggebende Entscheidung wie auch die politische Vertretung des Heeres" verblieben, wie bereits in der alten dualen Spitzengliederung, beim Oberbefehlshaber des Heeres.[107]

Auch die lange camouflierte, in den davorliegenden Jahren freilich bereits offen praktizierte Generalstabsausbildung konnte nun unter ihrer alten Bezeichnung vonstattengehen. In diesem Zusammenhang wurde auch die Kriegsakademie des Heeres wiedereröffnet und zum 125. Jahrestag der Gründung der Vorgängerinstitution, der preußischen Allgemeinen Kriegsschule, in einen neuen, umfänglicheren Gebäudekomplex in der Kruppstraße in Berlin-Moabit verlegt. Kommandeur der Akademie – im Grunde ein Abschiebeposten – wurde der „mehr oder weniger oppositionell eingestellte" General Curt Liebmann, der der NS-Führungsschicht im Verlauf der 1930er Jahre zunehmend als „einer der miesmachenden Generale des Heeres" galt.[108] Die Reden anlässlich der 125-Jahrfeier hielten Hitler, Liebmann und Beck, ergänzt um weitere Ansprachen von Fritsch und dem als Ehrengast geladenen Seeckt im Hotel Kaiserhof.[109] Das Curriculum und die weiteren Prämissen der Generalstabsausbildung bewegten sich bis zum Kriegsausbruch innerhalb eher traditioneller Parameter. Selbst die sogenannte nationalpolitische Erziehung oblag der Kriegsakademie und ihrem Kommandeur und schien vergleichsweise wenig von außen beeinflusst zu sein. Nichtsdestoweniger arbeiteten, Richhardt vermutet eher ungewollt, auch Liebmann und seine Ausbilder der NS-Überformung der Elite des Offizierskorps entgegen, indem sie den im späten Kaiserreich institutionalisierten Primat von Qualifikation, „Wissen und Können" in wachsendem Maße um „willkürliche" Erziehungsideale wie die Entwicklung des „Charakters und des Herzens" entgegenstellten und die

---

Wirklichkeit, S. 190, illustriert die Struktur des Generalstabs des Heeres und der ihm nachgeordneten Dienststellen (Stand 1938) im Detail.

107 Hartmann, Christian, Halder. Generalstabschef Hitlers 1938-1942, Paderborn ^{2}2009, S. 80 (Zit.), zum Kontext S. 79-97. Vgl. auch Becks eigene Vorschläge zur Reform der Spitzengliederung: Denkschrift des Chefs des Truppenamtes, Generalleutnant Beck, v. 15. Januar 1934 über die Organisation der obersten Führung, in: Müller, Heer und Hitler, Nr. 27, S. 627-633 (mit Anlagen); Müller, Beck I, S. 103-141.

108 Zit. nach Müller, Heer und Hitler, S. 370, S. 381.

109 Vgl. Reden anlässlich der 125-Jahr-Feier der Kriegsakademie am 15. Oktober 1935, in: Wissen und Wehr 1 (1935), S. 741-756; Ansprache Becks aus Anlass der 125-Jahr-Feier der Kriegsakademie in Berlin (1935), in: Müller, Beck I, Nr. 38, S. 477-485; Richhardt, Auswahl und Ausbildung, S. 47, S. 81-82.

didaktisch vermittelbare Lehre von militärischer Führung zunehmend durch das Wirken eines gleichsam naturbegabten Feldherrn-Genius ersetzten.[110] Hierin deutete sich bereits die fortschreitende Entakademisierung der Generalstabsausbildung an, die im Zweiten Weltkrieg im allgemeinen Verbot des Tragens akademischer Titel gipfelte.[111]

Das eigentliche Dilemma, in das man sich manövriert hatte, war nicht mit der formalen Behauptung wehrpolitischer Souveränität bewältigt. Seit Becks Grundsatzplanung für das sogenannte Risiko-Heer aus dem Dezember 1933 war offen geblieben, wie die militärischen Spitzenbehörden den durch die Erfordernisse der Aufrüstungsprogramme manifest gewordenen Personalmangel aufzufangen gedachten. Dabei bildete die Frage, wie und in welchen Entwicklungsstufen der Personalkörper des Offizierskorps zur avisierten Stärke aufwachsen könne, für den Generalstab die „ernsteste Frage".[112] In seinen Denkschriften vom Dezember 1933 hatte Beck dieses Kardinalproblem bereits klar benannt und zugleich deutlich gemacht, dass die vorgesehene Richtlinie von etwa 7 Prozent Offiziersanteil für das avisierte 300.000-Mann-Heer unter keinen Umständen und selbst ein nach unten korrigierter Richtwert von 4 Prozent der Gesamtstärke erst in den frühen 1940er Jahren erreicht werden könne.[113] Der vom Heerespersonalamt kalkulierte Bedarf von ca. 21.000 Offizieren in der neuen Heeresstruktur bedeutete effektiv eine Verfünffachung des bisherigen Offiziersetats.[114] Die Aushilfen und erweiterten Maßnahmen zur Deckung des Offiziersbedarfs sollten eine Abkürzung der Offiziersausbildung und niedrigschwelligere Eingangsvoraussetzungen umfassen, was im Kern der von Heeresseiten ohnehin gewollten Entakademisierung gleichkam. Darüber hinaus bemühte man sich, ehemalige Offiziere (bis zum 40. Lebensjahr) zu reaktivieren, die in andere Tätigkeitsfelder – zumal in den Polizeidienst oder die SA – abgewandert waren. Ein vergleichbar großes Kontingent von einigen hundert zusätzlichen Offizieren, insgesamt etwa 800, sollte über die Beförderung von Unteroffizieren geschaffen werden. Damit einherzugehen hatte außerdem die Zurückziehung abgeordneter oder kommandierter

110 Richhardt, Auswahl und Ausbildung, S. 82-83; Groß, Mythos und Wirklichkeit, S. 172-173.

111 Bald, Offizier, S. 109; Richhardt, Auswahl und Ausbildung, S. 83.

112 Stellungnahme des Chef des Truppenamtes, Generalleutnant Beck, zu einem Vorschlag des AHA über den Heeresaufbau v. 20. Mai 1934, in: Müller, Armee und Drittes Reich, Dok. 124, S. 278-279 (Zit.).

113 Denkschrift [...] v. 14. Dezember 1933 bzw. Niederschrift über die Besprechung im Reichswehrministerium am 20. und 21. Dezember 1933 [...], abgedruckt in: Müller, Armee und Drittes Reich, Dok. 122, S. 272-274 bzw. Dok. 123, S. 275-278.

114 Neben den Quellen vgl. Richhardt, Auswahl und Ausbildung, S. 45-47.

Offiziere, die sich in Verwendungen außerhalb des Heeres befanden, u.a. bei der SA.[115]

Insgesamt waren diese Maßnahmen allerdings nur bedingt geeignet, der drohenden Misere adäquat zu begegnen. Im Juni 1935 resümierte der Chef des Heerespersonalamts, Schwedler, die gravierenden Defizite in der Personallage und deren Auswirkungen auf die „innere Struktur des Offizierskorps". Durch die „gezwungenermaßen notwendige Hereinnahme von inaktiven Offizieren, von Unteroffizieren, von nur kurz und dadurch schlecht vorgebildeten jungen Offizieren" habe der Personalkörper eine regelrechte „Verwässerung erfahren", die ein Aussetzen der bestehenden Maßnahmen – und damit auch des weiteren Ausbaus des Heeresoffizierskorps – erforderlich machten, um die Konsolidierung des bestehenden Korps zu ermöglichen.[116] Obgleich der Generalstab dies ablehnte und den programmatisch festgelegten Aufwuchs nicht in Frage gestellt sehen wollte, spiegelte Schwedlers Zustandsbeschreibung Becks eigene Befürchtungen vom Jahresausgang 1933, als er – neben einer Reihe weiterer Monita – auch und gerade das „Sinken der äußeren Haltung" und des „äußeren Aussehens gegenüber SA" voraussah, kurzum: eine durch die entgrenzte Aufrüstung und personalpolitische Expansion verursachte Verwahrlosung des Offizierskorps.

4.3 *Agonie eines Generalstabs: Blomberg/Fritsch-Krise, Sudetenkrise und der Rückzug Becks*

Der umbenannte, im Wesentlichen aber unveränderte und ungebrochen von Beck geführte Heeresgeneralstab und das ihm übergeordnete OKH unter Fritsch sahen sich ab Mitte der 1930er Jahre in sämtlichen Erwartungen an ihre künftige Rolle in der Wehrmacht enttäuscht. Um die Jahresmitte 1935 war man selbstbewusst davon ausgegangen, dass, so die Beck'sche Prämisse, der wiederbelebte Generalstab zu einer Art Großem Generalstab in der Tradition der kaiserlichen Armee aufwachsen und damit zur zentralen Schaltstelle der Kriegsplanung werden könne. Diese Erwartung und damit auch das Selbstverständnis der Führungsspitze des OKH wurden im Laufe der kommenden Monate in ihren Grundfesten erschüttert. Allein die Etablierung der Luftwaffe unter Göring als einem der drei Wehrmachtteile – neben Heer und Marine – erodierte den von Beck und Fritsch beanspruchten Primat des

115 Niederschrift über die Besprechung im Reichswehrministerium am 20. und 21. Dezember 1933 […], abgedruckt in: Müller, Armee und Drittes Reich, Dok. 123, S. 275-278; im Detail vgl. Richhardt, Auswahl und Ausbildung, S. 47-52.

116 Schreiben des Chefs des Heerespersonalamtes, Generalmajor von Schwedler, an den Generalstab des Heeres betr. die Personallage v. 15. Juni 1935, in: Müller, Armee und Drittes Reich, S. 291-293, hier S. 291.

Heeres beträchtlich.[117] Hinzu kam mit dem erwähnten Wehrmachtamt, das seit Oktober 1935 vom ebenso ambitionierten wie opportunistischen Generalmajor Wilhelm Keitel geleitet wurde, ein veritabler Konkurrent. Das Wehrmachtamt gewann dabei vor allem wegen seiner institutionellen Nähe zu Reichskriegsminister Blomberg zunehmend an Einfluss und konnte – abseits etwaiger Ressortegoismen – sachlogisch argumentieren, dass die erfolgte Gleichstellung der drei Wehrmachtteile die Einrichtung eines übergeordneten Oberkommandos der Wehrmacht erfordern würde.[118]

Beck bemühte sich mittels einer „Denkschriftenoffensive" an gleich mehreren Fronten pausenlos, diesen Prozess der Umformung zu hintertreiben und die Wiedereinsetzung des OKH in seine Verantwortlichkeiten zu gewährleisten. In Absetzung von etwaigen Tendenzen zum Aufbau alternativer Wehrmacht-Entscheidungsstrukturen gab der Generalstabschef grundsätzlich „zu bedenken, daß das Heer auch in Zukunft den bei weitem größten und den ausschlaggebenden Teil der Wehrmacht bilden wird" und ihm allein deshalb der Führungsanspruch im Hinblick auf die operative und militärpolitische Organisation der Wehrmacht zufallen müsse.[119] Auch mithilfe solcher Interventionen gelang es ihm im Verbund mit Fritsch durchaus, hinhaltend Widerstand zu leisten und u.a. die Einrichtung eines eigenständigen, dem Generalstab des Heeres übergeordneten Wehrmachtgeneralstabs zu verhindern, wie ihn Blomberg und Keitel als eigentliches Koordinationsorgan der künftigen Kriegsplanung und -durchführung angestrebt hatten. Auch die von Blomberg 1935 eingerichtete Wehrmachtakademie wurde von der Heeresführung vergleichsweise konsequent boykottiert, so dass diese im Rahmen der veränderten Spitzengliederung nach der Blomberg/Fritsch-Krise sang- und klanglos geschlossen wurde.[120] Im Allgemeinen indes scheiterten Fritsch und Beck in ihrem Versuch, die „militärische und militärpolitische

117 Boog, Horst, Die deutsche Luftwaffenführung 1935-1945 – Führungsprobleme, Spitzengliederung, Generalstabsausbildung, Stuttgart 1982, S. 510-522; Groß, Mythos und Wirklichkeit, S. 189-191.

118 Groß, Mythos und Wirklichkeit, S. 192-193.

119 Vgl. beispielhaft wie folgt: Denkschrift des Chefs des Truppenamtes, Generalleutnant Beck, v. 15. Januar 1934 über die Organisation der obersten Führung, in: Müller, Heer und Hitler, Nr. 27, S. 627-633 (mit Anlagen), hier S. 627; Denkschrift Becks über die Stellung und Befugnisse der Heeresführung im Kriegsfall (o. Dat.), in: Müller, Beck I, Nr. 36, S. 466-469; Müller, Beck II, S. 334 (Zit. „Denkschriftenoffensive").

120 Deist, Aufrüstung, S. 500-512; Müller, Heer und Hitler, S. 222-244; Müller, Beck I, S. 103-137; Schäfer, Blomberg, S. 151; Kroener, Bernhard R.: Die personellen Ressourcen des Dritten Reiches im Spannungsfeld zwischen Wehrmacht, Bürokratie und Kriegswirtschaft 1939-1942, in: ders./Müller, Rolf-Dieter/Umbreit, Hans (Hg.), Das Deutsche Reich und der Zweite Weltkrieg, Bd. 5/1: Organisation und Mobilisierung des deutschen Machtbereichs,

Gesamtkompetenz für die Wehrmacht in der Heeresleitung, damit im Generalstab des Heeres, zu monopolisieren."[121]

Nirgendwo zeichnete sich das Scheitern der beschriebenen Initiativen schärfer ab, als in Hitlers kompromissloser Restrukturierung der gesamten Spitzengliederung der Wehrmacht an der Jahreswende 1937/38. Die als Blomberg/Fritsch-Krise apostrophierte Koinzidenz zweier vermeintlicher Skandale wurde vom Diktator skrupellos zum Anlass genommen, sich den Oberbefehl über die Wehrmacht zu sichern und die im Hinblick auf die Kriegsvorbereitungen renitente Generalität im OKH zu disziplinieren. Während die Affäre um Blomberg als Reichskriegsminister auch Hitler zu überraschen schien, war die Ablösung Fritschs als sichtbarster „Symbolfigur einer alternativen politischen Kultur" in- und außerhalb des Militärs nur eine Frage der Zeit gewesen.[122] Mit dem 4. Februar 1938 vollzog Hitler schließlich die vollständige Umformung der Spitzengliederung der Wehrmacht und entmachtete mit seiner Übernahme der Befehlsgewalt und der Etablierung des OKW als eigenem Führungsorgan und militärischem Stab die traditionellen Institutionen, und dabei nicht zuletzt das Reichskriegsministerium, das – in Umkehrung der ursprünglichen Verhältnisse – im OKW aufging. Die neue Schlüsselgestalt an Hitlers Seite wurde Keitel als Chef des OKW, der – im Range den Reichsministern gleichgestellt – die Funktionen des Kriegsministers übernahm.[123]

Müller erkennt in den zwillingshaft aufeinander bezogenen und doch grundsätzlich verschiedenen Krisen um Blomberg und Fritsch und insbesondere in der Art, wie Hitler sie opportunistisch geschickt zu seinen Gunsten löste, „einen entscheidenden [sic!] Meilenstein auf dem Weg zur Durchsetzung der absoluten Führergewalt im Augenblick des Übergangs zu einer expansiven Außenpolitik."[124] Um die effektive Entmachtung der Wehrmachtführung zu camouflieren, ließ der Diktator ein Revirement in bis dahin ungekanntem Ausmaß vollziehen. Bis April 1938 besetzte er – neben der

Stuttgart 1988, S. 693-1002; Bald, Detlef, Der deutsche Generalstab 1859-1939. Reform und Restauration in Ausbildung und Bildung, München 1977, S. 47.

121 Müller, Beck II, S. 334-335.

122 Es erscheint in diesem Zusammenhang nicht erforderlich, detaillierter auf die Blomberg/Fritsch-Krise einzugehen. Vgl. u.a. Müller, Armee und Drittes Reich, S. 90 (Zit.), zum Kontext vgl. ebd., S. 89-95; Müller, Beck II, S. 275-306; Schäfer, Blomberg, S. 180-195.

123 Erlass über die Führung der Wehrmacht v. 4. Februar 1938, in: Müller, Armee und Hitler, Nr. 107, S. 252 (hier größtenteils paraphrasiert); Müller, Armee und Drittes Reich, 89-95; Megargee, Geoffrey, Hitler und die Generäle. Das Ringen um die Führung der Wehrmacht 1933-1945, Paderborn 2006, S. 41-45. Stumpf, Reinhard, Die Wehrmacht-Elite: Rang- und Herkunftsstruktur der deutschen Generale und Admirale 1933-1945, Berlin 1996, S. 313-315, der treffend von Hitlers „militärischer Machtergreifung" spricht.

124 Müller, Armee und Drittes Reich, S. 91-92.

Reorganisation des Auswärtigen Amtes – allein im Gefüge der Wehrmacht 40 Kommandostellen neu und ließ dabei 14 Generäle in den Ruhestand versetzen. Nachfolger Fritschs an der Spitze des OKH wurde der als „Nur-Soldat" geltende Walther von Brauchitsch, insofern ein Kompromisskandidat, als Hitler mit seinem Wunschkandidaten Reichenau nicht hatte durchdringen können. Der an sich vergleichsweise apolitische Brauchitsch hatte sich vorab Hitler gegenüber verpflichten müssen, „das Heer enger an Staat und Gedankengut heranzuführen."[125] Der Prozess der inneren Gleichschaltung des Heeres hatte damit seinen effektiven Abschluss gefunden. Als gravierend erwiesen sich in diesem Zusammenhang nichtsdestoweniger zwei Aspekte: zum einen die substantiellen Nachwirkungen des „Falles v. Fritsch", der „zwischen Führer und Offizierskorps der Wehrmacht eine Kluft gerissen [hat], auch in Bezug auf Vertrauen, die nie wieder zu überbrücken ist."[126] Zum anderen jene auch damit zusammenhängenden Regungen im Umfeld der sogenannten September-Verschwörung, die freilich weit mehr als „innenpolitischer Machtkampf" zu gelten hat, aber unter bestimmten Umständen durchaus dazu hätte angetan sein können, etwaige Systemerwägungen ein letztes Mal an die Frage von Krieg oder Frieden zu knüpfen.[127]

Neben der Ablösung Fritschs, dem eine Rehabilitierung vorenthalten blieb, bildete sich das Scheitern Becks in eben dieser Frage am deutlichsten ab. Verdichtet fand sich die Problematik in der als „Fall Grün" firmierenden Planstudie zur Zerschlagung der Tschechoslowakei. Die ursprüngliche Konzeption ging zwar auf Beck und den Generalstab zurück, wurde nun aber in Vorwegnahme des von Hitler erwogenen Angriffs auf die CSR aktualisiert und auf konkrete Anwendbarkeit geprüft. Von Hitlers augenscheinlich unverrückbaren Kriegsabsichten gegen Österreich und die CSR, die dieser Außenminister Konstantin von Neurath und der Wehrmachtführung am 5. November 1937 mitgeteilt hatte, erfuhr der Generalstabschef über Hitlers Adjutanten, Friedrich Hoßbach.[128] Dessen Niederschrift über die Besprechung kommentierte Beck umgehend

125 Müller, Heer und Hitler, S. 263-264 (auch Zit. „Nur-Soldat").

126 Aufzeichnung Becks über die Vertrauenskrise in Wehrmacht und Volk gegenüber der politischen Führung v. 29. Juli 1938, in: Müller, Armee und Drittes Reich, Nr. 116, S. 261. Vgl. Müller, Beck I, S. 560-562, zum Kontext vgl. ebd., S. 103-141.

127 Müller, Struktur und Eigenart, S. 329-344.

128 Niederschrift des Oberst d. G. Hoßbach über eine Besprechung in der Reichskanzlei am 5. November 1937, 10. November 1937 (sog. Hoßbach-Niederschrift), in: Müller, Armee und Drittes Reich, Nr. 145, S. 316-323. Zur Überlieferungsgeschichte und Kontextualisierung vgl. Bußmann, Walter, Zur Entstehung und Überlieferung der „Hoßbach-Niederschrift", in: Vierteljahreshefte für Zeitgeschichte 16/4 (1968), S. 373-384; Smith, Bradley F., Die Überlieferung der Hoßbach-Niederschrift im Lichte neuer Quellen, in: Vierteljahrshefte für Zeitgeschichte 38/2 (1990), S. 329-336.

umfänglich und machte in seinen Bemerkungen unmissverständlich deutlich, dass er weder den Zeitplan noch die Erwartungshaltung Hitlers teilte, wohl aber das prinzipielle Ziel für „zweckmäßig" hielt, „den Fall Tschechei (evtl. auch Österreich) bei sich bietender Gelegenheit zu bereinigen." Von einer solchen Gelegenheit sei man indes weit entfernt, so dass auch die gänzlich kontextlos argumentierte „Lösung der deutschen Raumfrage" bis spätestens 1943/45 nur als „niederschmetternd" beziehungsweise in ihrer „mangelnden Fundierung [als] nicht überzeugend" gelten musste. Die von Beck monierten Kardinalfehler insbesondere im Hinblick auf die militärische Dimension der Gedankenführung gingen in seiner Lesart auf den Umstand zurück, dass hier ein „Staatsmann" in Bereichen dilettierte, die im Kern das Prärogativ der „Fachleute" – also der Militärs – seien.[129]

In den sich anschließenden Monaten nahm Beck insbesondere die Frage einer Invasion der Tschechoslowakei zum Anlass, wiederholt vor der Entfesselung eines Großmachtkrieges zu warnen. Da sich ein solcher Krieg als nicht gewinnbar erweisen würde, müsste die CSR, wenn überhaupt, innerhalb kürzester Zeit militärisch unterworfen werden. Angesichts der hochentwickelten tschechoslowakischen Defensivkapazitäten hielt Beck dies indes für unrealistisch, wie seine Denkschriften im Zeitraum von Mai bis Juli 1938 in beeindruckender Dichte illustrieren.[130] Für den Generalstabschef kam eine Invasion der Tschechoslowakei einem hasardeurhaften Vabanquespiel gleich, das willentlich die Intervention der Großmächte und in der Konsequenz auch die Vernichtung des Deutschen Reichs in Kauf nahm – „finis Germaniae", wie es der Staatssekretär des Auswärtigen Amtes, Ernst von Weizsäcker, im Vorlauf zur Sudetenkrise erfasste.[131] Vor diesem Hintergrund bemühte Beck sich unermüdlich, die restliche Generalität zu Interventionen bei Hitler und auf dem Höhepunkt der Krise im August 1938 als Ultima Ratio zum gemeinschaftlichen Rücktritt zu veranlassen.[132] Dabei ließ Beck es in zunehmend konfrontativer Weise auf eine „sichtbare Vertrauenskrise zwischen Hitler und dem

129 Bemerkungen Becks zur Hoßbach-Niederschrift, 12. November 1937, in: Müller, Armee und Drittes Reich, Nr. 146, S. 323-324.

130 Vgl. Denkschriften, Betrachtungen und Vortragsnotizen Becks, u.a. v. 5. Mai (Nr. 149), v. 28. Mai (Nr. 152), v. 29. Mai (Nr. 153), 3. Juni (Nr. 155) und 16.-19. Juli (Nr. 158-160), in: Müller, Armee und Drittes Reich, S. 326-351.

131 Hill, Leonidas E. (Hg.), Weizsäcker-Papiere 1933-1950, Berlin 1974, Eintrag v. 5. März 1938, S. 121-122; Hildebrand, Klaus, Das vergangene Reich. Deutsche Außenpolitik von Bismarck zu Hitler 1871-1945, Stuttgart 1995, S. 604, zum Kontext S. 651-699.

132 Am schärfsten Becks Vortragsnotiz über innen- und außenpolitische Informationen von Hitlers Adjutanten, Hauptmann a. D. Wiedemann, und eigene Vorschläge für innenpolitische Maßnahmen zur Kriegsverhinderung, 20. Juli 1938, in: Müller, Armee und Drittes Reich, Nr. 161, S. 351-353; vgl. Müller, Beck II, S. 334-364.

Generalstab" mit all den damit verbundenen Konsequenzen ankommen.[133] Nachdem dieser letzte Versuch zur Unterbindung der Hitler'schen „Kriegspolitik" gescheitert war, war auch Beck bewusst geworden, dass er nicht mehr zu halten war, und nahm um die Augustmitte 1938 – inmitten der Sudetenkrise – seinen Abschied, an den sich mit dem 1. November sein Ausscheiden aus dem Dienst anschloss.[134]

Mit dem feingeistigen, zutiefst verantwortungsbewussten Generalstabschef ging einer der letzten politischen Denker innerhalb des OKH, den eben diese Befähigung zur politischen Betrachtung in die zunehmend fundamentale Opposition zu Hitler getrieben hatte. Sein Nachfolger Franz Halder, als Oberquartiermeister I langjähriger Stellvertreter Becks, bemühte sich im Rahmen der Sudetenkrise zwar ungebrochen um Einflussnahme und zog im Falle eines von Hitler losgetretenen Krieges selbst den Staatsstreich in Betracht.[135] Im Grunde aber schien er – ebenso wie der Oberbefehlshaber des Heeres, Brauchitsch – in seiner Berufsauffassung funktionaler und allgemein apolitisch. Die direkte Konfrontation mit dem Diktator, wie sie Beck seit 1937 mit einiger Konsequenz gesucht hatte, lag dem neuen OKH und seinem Generalstabschef nicht. Damit passte man sich zwar stellenweise widerwillig, letztlich aber loyal in die Kriegsvorbereitungen und die Eskalationspolitik der ersten Hälfte des Weltkriegs ein.[136] Zu diesem Zeitpunkt hatte sich der Einfluss des Generalstabs wie des Oberbefehlshabers des Heeres auf ein in der modernen Militärgeschichte nie dagewesenes Minimum reduziert. Von den ambitionierten Versuchen Becks, den Generalstab zum Zentralorgan der Militärpolitik des NS-Staats zu machen, war bei Kriegsausbruch ebenso wenig geblieben wie von jener elitären Generalstabstradition, in der das ältere Offizierskorps der Wehrmacht – „in früheren Reminiszenzen gefangen" – noch sozialisiert worden war.[137]

---

133 Below, Nicolaus v., Als Hitlers Adjutant 1937-1945, Mainz 1980, S. 113 (Zit.); Müller, Beck II, S. 355; Müller, Heer und Hitler, S. 300-344.

134 Vgl. die detaillierte Rekonstruktion bei Müller, Beck II, S. 334-364; Jäckel, Eberhard, Hitlers Kriegspolitik und ihre nationalen Voraussetzungen, in: Hildebrand, Klaus/Schmädeke, Jürgen/Zernack, Klaus (Hg.), 1939 – An der Schwelle zum Weltkrieg: Die Entfesselung des Zweiten Weltkrieges und das internationale System, Berlin u.a. ²2017, 21-30 (Zit.).

135 Hartmann, Halder; ders./Slutsch, Sergej, Franz Halder und die Kriegsvorbereitungen im Frühjahr 1939: Eine Ansprache des Generalstabschefs des Heeres, in: Vierteljahrshefte für Zeitgeschichte 45/3 (1997), S. 467-495.

136 Mallmann, Klaus-Michael/Paul, Gerhard, Resistenz oder loyale Widerwilligkeit? Anmerkungen zu einem umstrittenen Begriff, in: Zeitschrift für Geschichtswissenschaft 41/2 (1993), S. 99-116.

137 Zit. nach Müller, Beck II, S. 358, der auf die Tagebuchaufzeichnungen des Chef des Wehrmachtführungsamtes (WFA), Alfred Jodl, Bezug nimmt. Vgl. auch Auszug aus

Obgleich das OKH auch nach der Reorganisation der Spitzengliederung der Wehrmacht institutionell autonom blieb, erschöpfte sich die militärische Führung nach dem Erlass von Anfang Februar 1938 in Hitler als Oberbefehlshaber und dem ihn beratenden OKW um Becks „Erzfeind“ Keitel.[138] Besonders deutlich wurde dies in der Eskalationsphase des Zweiten Weltkriegs. War der Polenfeldzug noch vom OKH vorbereitet und federführend umgesetzt worden, setzten sich in der Folgezeit zunehmend sogenannte OKW-Kriegsschauplätze durch, wie das Ausgreifen nach Westskandinavien im April 1940 oder der Kriegsschauplatz Nordafrika, deren operative Planung und Durchführung das OKW – und hier insbesondere Alfred Jodl – übernahm.[139] Von der Ostfront abgesehen, an der sich das OKH noch als operativer Stichwort- und Taktgeber behaupten konnte, war das militärpolitische Monopol des Heeresgeneralstabs nicht nur aufgebrochen, sondern in der Substanz auf Keitels OKW übergegangen.

5. Zur politischen Dimension des Militärischen: Versuch eines Fazits in Kriegsbildern und -begriffen

Aus naheliegenden Gründen hat das Studium einer wie auch immer gearteten preußisch-deutschen Tradition des operativen Denkens stark unter der Erweiterung und Modernisierung der Militärgeschichte als historischer Disziplin gelitten.[140] Erst seit gut fünfzehn Jahren, angefangen mit Robert M. Citinos

den Tagebüchern des Chefs der Abt. Landesverteidigung im WFA, Oberst i. G. Jodl, Nov. 1937-Feb. 1938, in: Müller, Armee und Drittes Reich, Nr. 106, S. 247-252.

138 Müller, Beck II, S. 356 (Zit.).

139 Megargee, Hitler und die Generäle, S. 80-122; Hubatsch, Walther, Weserübung. Die deutsche Besetzung von Dänemark und Norwegen 1940, Göttingen ²1960; Ottmer, Hans-Martin, „Weserübung“ – Der deutsche Angriff auf Dänemark und Norwegen im April 1940, München 1994; Stegemann, Bernd, Die italienisch-deutsche Kriegführung im Mittelmeer und in Afrika, in: Ders./Schreiber, Gerhard/Vogel, Detlef (Hg.), Das Deutsche Reich und der Zweite Weltkrieg, Bd. 3: Der Mittelmeerraum und Südosteuropa. Von der „non belligeranza“ Italiens bis zum Kriegseintritt der Vereinigten Staaten, Stuttgart 1984, S. 591-682.

140 Weiterhin maßgebend die von Thomas Kühne und Benjamin Ziemann versammelten Impulse, in denen sich die Debatte seit den 1980er Jahren verdichtet und die zugleich die Parameter der sich anschließenden Diskussion bestimmten: Kühne, Thomas/Ziemann, Benjamin (Hg.), Was ist Militärgeschichte? Paderborn 2000, bes. die Einleitung der Hg., Militärgeschichte in der Erweiterung. Konjunkturen, Interpretationen, Konzepte, S. 9-46. In diesem Kontext vgl. bes. Förster, Stig, Einführung, Themenheft: Operationsgeschichte heute, in: Militärgeschichtliche Zeitschrift 61/2 (2002), S. 309-313, hier S. 310; vgl. auch ders., „Vom Kriege“. Überlegungen zu einer modernen Militärgeschichte, in: Kühne/Ziemann, Was ist Militärgeschichte?, S. 265-281; Wegner, Bernd, Wozu Operationsgeschichte?, in:

„The German Way of War", hat die Operationsgeschichte erneut deutlichere Konturen angenommen.[141] Die 2012 von Gerhard P. Groß vorgelegte Synthese, *tour d'horizon* und pointierte Gesamtinterpretation des deutschen operativen Denkens zugleich, kann in diesem Zusammenhang auf lange Sicht als das Maß der Dinge gelten.[142] Ergänzt um die frühen Ausführungen Geyers zu operativen Konzepten in Truppenamt und Generalstab sowie um die jüngere Studie Matthias Strohns, orientieren sich die nachfolgenden Anmerkungen stark an Groß' gewichtiger Arbeit.

Im Zentrum steht auch hier die Frage nach Kontinuität und Wandel, deren unterschiedliche Legierung sich in den beiden großen operativ-taktischen Konzepten der Heeresleitung in den 1920er und 1930er Jahren spiegelt: Seeckts 1921 und 1923 erlassene Heeresdienstvorschrift (H.Dv.) 487 Führung und Gefecht der verbundenen Waffen (F.u.G) auf der einen – und die von Beck verantwortete Planung vom Oktober 1933, Heeresdienstvorschrift 300 Truppenführung (T.F.), auf der anderen Seite.[143] Wie an anderer Stelle bereits angedeutet, bemühte sich Seeckt, das den Massenarmeen des Weltkriegs verpflichtete Denken zu überwinden und mit den von Versailles verordneten Beschränkungen des deutschen Militärpotentials vergleichsweise kreativ umzugehen. Die den Erfordernissen des Stellungskriegs entlehnte Wehrpflichtigenarmee sollte durch ein modernisiertes, perspektivisch vor allem motorisiertes, umfassend mobiles Operationsheer von Berufssoldaten ersetzt werden, das im Bewegungskrieg der Zukunft, wie er Seeckts Überlegungen zugrunde lag, zu bestehen in der Lage war. Auf taktischer Ebene bildete das Bemühen, „Unterlegenheit durch Beweglichkeit auszugleichen", den Schlüssel zur Seeckt'schen Gesamtkonzeption.[144] Im Kern lief die von ihm in F.u.G. entwickelte Planung auf ein unverzüglich mobilisierbares und einsatzfähiges 200.000-Mann-Berufsheer zu, das etwaigen Gegenmaßnahmen und

---

ebd., S. 105-114; Showalter, Dennis E., Militärgeschichte als Operationsgeschichte: Deutsche und amerikanische Paradigmen, in: ebd., S. 115-126.

141 Citino, Robert M., The German Way of War: From the Thirty Years' War to the Third Reich, Lawrence 2005; Groß, Mythos und Wirklichkeit, S. 1, mit weiteren Hinweisen zur Literatur und zur Entwicklung der Teildisziplin.

142 Vgl., neben Groß, Mythos und Wirklichkeit, auch die Vorarbeit Groß, Gerhard P., Das Dogma der Beweglichkeit. Überlegungen zur Genese der deutschen Heerestaktik im Zeitalter der Weltkriege, in: Thoß/Volkmann, Erster Weltkrieg – Zweiter Weltkrieg, S. 143-166.

143 H.Dv. 487 Führung und Gefecht der verbundenen Waffen (F.u.G.), Berlin 1921/1924, Neudruck, hg. v. Karl Neugebauer, Osnabrück 1994; H.Dv. 300/1 Truppenführung (T.F.), Berlin 1936 [17. Okt. 1933], beides größtenteils zit. nach Groß, Mythos und Wirklichkeit.

144 Groß, Mythos und Wirklichkeit, S. 153; Geyer, Aufrüstung oder Sicherheit, S. 76-80; Deist, Wilhelm, Die Reichswehr und der Krieg der Zukunft, in: Militärgeschichtliche Mitteilungen 45/1 (1989), S. 81-92.

der Ressourcenmobilisierung der Feindmächte mittels des namensgebenden Gefechts flexibel verbundener Waffen zuvorkommen sollte. Angesichts der in jeder Hinsicht miserablen Ausgangslage suchte Seeckt dabei bewusst den Anschluss an preußisch-deutsche Traditionen der Entscheidungsschlacht, wenn auch differenzierter, als diese sich in Schlieffens Cannae-Paradigma und insbesondere dessen Rezeption innerhalb der deutschen Militäreliten der Zwischenkriegszeit verdichteten.[145]

Ob und inwieweit dies substantiell zulasten der defensiven Dimension von Kriegführung ging, ist in der jüngeren Forschung umstritten und gegebenenfalls eine Gewichtungsfrage. Groß – und mit ihm auch Strohn – nimmt zwar durchaus auf Seeckts Diskussion von Stellungskrieg und Verteidigung sowie des „Hinhaltenden Gefechts" Bezug, betont im Kern aber das übergreifend Offensive des F.u.G.-Konzepts und verortet dieses in der operativen Tradition der von Schlieffen überformten Vorkriegsplanung.[146] Dagegen misst Schäfer der komplex aufgefächerten Verteidigungskomponente der operativ-taktischen Ausrichtung Seeckts wesentlich mehr Gewicht bei und sieht in dessen Konzeption den Versuch eines ambitionierten und nicht zuletzt zeitgemäßen Gesamtentwurfs.[147] Unabhängig von eher feinen Interpretationsdifferenzen dieser Art macht die systematischere Beschäftigung mit der von Seeckt entwickelten Konzeption vor allem deren mangelnden Realitätsbezug deutlich, den Groß in den Begriff des „militärischen Utopismus" gekleidet hat.[148] Selten dürften Ziele und Erwartungen auf der einen, militärische Mittel, Ressourcen und Kapazitäten auf der anderen Seite stärker auseinander gefallen sein, als dies in der Ära Seeckt in der Heeresleitung der Fall war. Selten wurde dies den Generalstäblern (und nicht zuletzt Seeckt selbst) nachdrücklicher vor Augen geführt als durch die französisch-belgische Ruhrbesetzung mit Jahresbeginn 1923, in der sich für jeden, der es sehen wollte, die Aussichtslosigkeit einer wie auch immer gearteten Landesverteidigung nachdrücklich abbildete.[149]

145 Kolb, Benjamin, Das Paradigma Cannae. Zu Methode und Intention der Darstellung bei Polybios und Schlieffen, in: in: Portal Militärgeschichte, 02.06.2014, URL: http://www.portal-militaergeschichte.de/kolb_paradigma [zuletzt abgerufen am 07.03.2022], weist darauf hin, dass Schlieffens Arbeit zu Cannae [1913/1925] in erster Linie als didaktischer Versuch in der Taktiklehre zu verstehen ist, nicht als Blaupause für einen Krieg gegen Frankreich. Vgl. Reichenberger, Florian, Der gedachte Krieg. Vom Wandel der Kriegsbilder in der Bundeswehr, München 2018, S. 90-113. Aus der älteren Literatur vgl. Wallach, Jehuda L., Das Dogma der Vernichtungsschlacht, Frankfurt a. M. 1967; Nolte, Heinrich, Vom Cannae-Mythos. Tendenzen und Katastrophen, Göttingen u.a. 1991, S. 16-40.

146 Groß, Mythos und Wirklichkeit, S. 152-159; Strohn, German Army, S. 89-130.

147 Schäfer, Militärstrategie Seeckts, S. 138-162.

148 Groß, Mythos und Wirklichkeit, S. 159.

149 Strohn, German Army, S. 133-171, der die Ruhrkrise als notwendigen „Eye-Opener" (S. 129) für die Reichswehrführung bezeichnet; Schäfer, Militärstrategie Seeckts, S. 198-270; Geyer,

Als Scharnier zwischen Seeckts Konzept und der Gesamtplanung Becks vom Oktober 1933 fungierten eben jene Generalstäbler, die sich vor dem Hintergrund der Ruhrkrise der augenfälligen Wehrlosigkeit des Reichs schmerzhaft bewusst geworden waren, und sich nun bemühten, diesen Zustand durch alternative operativ-taktische und militärorganisatorische Konzepte zu überwinden. Der bereits erwähnte Stülpnagel kann in diesem Zusammenhang als eigentlicher Impulsgeber um die Mitte der 1920er Jahre gelten. Als Chef der Heeresabteilung im Truppenamt, die nichts anderes als die camouflierte Operationsabteilung des alten Generalstabs war, gehörte er zu Schleichers OHL-Clique, die im Nachgang zur Ruhrkrise nicht nur auf Seeckts Ablösung hinwirkte, sondern – über die „hausinterne Revolte des Truppenamtes" hinaus – eine fundamentale Neuorientierung der gesamten deutschen Militärpolitik betrieb.[150] Auch hier gab es zweifelsohne Variationen. Im Zentrum standen allerdings bei sämtlichen Entwürfen, ob Stülpnagels von 1925, Groeners programmatische Tendenz zum Massenheer oder Schleichers Miliz-Erwägungen aus den frühen 1930er Jahren, die Abkehr vom Seeckt'schen Berufsheer und die Etablierung einer wehrfähigen Massenarmee, die den vergesellschafteten Volkskrieg der Zukunft, so die nicht unrichtige Annahme, zu bestreiten hatte.[151]

Dabei stand bereits bei Stülpnagel das defensive Hinhalten, die Verteidigung und Zermürbung des Gegners in Raum und Fläche im Zentrum einer ersten Kriegsphase, in der gesamtgesellschaftlich und unter Einbeziehung der Zivilbevölkerung erschöpfend zu mobilisieren wäre. Mittels einer in jeder Hinsicht – also auch kriegsrechtlich – entgrenzten Guerilla-Taktik sollte die „Erhebung des ganzen Volkes zur Befreiung im primitivsten Abwehrkampf" in den Grenzregionen vor allem eines ermöglichen: die Verlangsamung der Offensive einer einmarschierenden Feindesmacht.[152] In dieser frühen Form der Raumverteidigung, die zugleich Elemente des Kleinkriegs übernahm, wurden die Grenzräume insbesondere im Westen faktisch geopfert. Im Kriegsfall rechnete das Truppenamt mit einer Verlustrate von 75 Prozent der Grenzschutztruppen und einer effektiven Vernichtung der Grenzbevölkerung. „Stülpnagel und die Offiziere des TA propagierten einen Krieg der verbrannten Erde."[153] Von dem damit einhergehenden Zeitgewinn versprach man sich zum einen den Kriegseintritt von potentiellen Militärkoalitionären, gegebenenfalls der UdSSR; zum anderen die erforderliche Mobilisierung des Feldheeres und militärische Sammlung im Inneren.

Aufrüstung oder Sicherheit, S. 80-82 (Zit. S. 82).

150 Kilian, „Wir wollen die geistige Führung der Armee übernehmen", S. 172-176.

151 Deist, Reichswehr, S. 81-92; Groß, Mythos und Wirklichkeit, S. 159-163.

152 Zit. nach Groß, Mythos und Wirklichkeit, S. 160.

153 Geyer, Aufrüstung oder Sicherheit, S. 87; Groß, Mythos und Wirklichkeit, S. 160-161.

War die Zermürbung des Gegners in der Fläche einmal erreicht, fiel auch Stülpnagel, darauf hat Groß zu Recht hingewiesen, auf die alten operativen Prämissen der offensiven Kriegführung und Vernichtungsschlacht zurück, wie sie aus der Tradition des preußisch-deutschen Generalstabs entlehnt und adaptiert wurden.[154] In einer zweiten Phase des „schließlich bewusst aufgenommenen Befreiungskrieges" sollte auf Grundlage eines möglichst beweglich und im Sinne der F.u.G. operierenden Feldheeres auch in diesen alternativen Konzepten der gleichsam klassische „Entscheidungskampf nach schlieffenscher Lehre" gesucht werden.[155] Die Opponenten des Seeckt'schen Traditionalismus, wie sie sich – bei allen Unterschieden im Detail – um Stülpnagel (und Schleicher) sammelten, stand grundsätzlich klar vor Augen, dass sich die Vorbereitung und Umsetzung des skizzierten Volkskriegs nicht mit den Mitteln eines demokratischen Staates vornehmen ließen. Stülpnagel forderte daher die „Umwandlung der Weimarer Republik in einen autoritären Staat, der sich vorbehaltlos dem Befreiungskrieg verpflichtet weiß, alles Undeutsche und Pazifistische ausrottet, die Jugend zum Hass gegen den äußeren Feind erzieht und die Zivilbevölkerung systematisch auf den Krieg einschwört."[156] Zugleich setzte sein Konzept des Volkskriegs das verfassungsrechtliche Aufbrechen des Gewaltmonopols der Armee voraus. Im Kern kam dies einem Dammbruch gleich, der sich in angepasster Form in den von Schleicher lancierten Miliz-Planungen der frühen 1930er Jahre spiegelt.

Becks Heeresdienstvorschrift 300 (T.F.) von 1933 machte sich diese operativen Prämissen auf grundsätzlich gewandelter Grundlage zu eigen. Mit den von Hitler angekündigten radikalen Aufrüstungsmaßnahmen verfügte man nun zumindest perspektivisch über weitreichendere operative Möglichkeiten, obgleich ein eskalierter Krieg an zwei Fronten auch der Heeresleitung – und damit Fritsch und Beck gleichermaßen – als im Kern nicht gewinnbar erschien. Vor diesem Hintergrund baute Beck in seiner T.F. und den von ihm verantworteten Folgekonzepten bis in die Zeit nach Mitte der 1930er Jahre bewusst die defensive Dimension der Kriegführung aus, ohne dabei von den prinzipiell offensiven Implikation der Generalstabstradition abzuweichen. Das, was bei Stülpnagel als hinhaltender Widerstand und in anderen Zusammenhängen als Landesverteidigung firmierte, fasste der Chef des Truppenamtes unter dem Begriff der Abwehr zusammen, während der

154 Groß, Mythos und Wirklichkeit, S. 161; Deist, Reichswehr, S. 86.

155 Zit. nach Groß, Mythos und Wirklichkeit, S. 159 („Befreiungskrieg") bzw. S. 161 („Entscheidungskampf").

156 Ebd., S. 161.

Stellungskrieg keine explizite Erwähnung findet.[157] Letztere freilich enthielt ein grundsätzlich offensives Moment, auch wenn man davon ausging, dass die solcherart ausgeteilten „Hiebe" nur letzte vermeintlich heroische Regungen sein könnten, „bevor man den Todesstoß bekommt", wie es eine Denkschrift Fritschs lakonisch erfasste.[158]

Adressat und zugleich Opponent dieser nüchternen Kriegserwartungen und der damit einhergehenden Operationsplanung war das Wehrmachtamt, das – ganz wie im Hinblick auf die Politisierung und ideologische Durchdringung des Militärs – für eine Entgrenzung auch des operativen Denkens hin zur bedingungslosen Offensive argumentierte.[159] Die Entwürfe und das Wirken der Heeresleitung waren dagegen „der militärischen Realität angepasst und stärker auf Verteidigung ausgerichtet", obgleich auch hier „von einer einseitigen Betonung der Abwehr oder gar einem Prioritätenwechsel im Verhältnis zwischen Angriff und Verteidigung [...] keine Rede sein [kann]."[160] Als bemerkenswert erweist sich bei Beck auch der erstmals vergleichsweise autonome Stellenwert des Panzers als neuer taktischer Waffe, der im Seeckt'schen Konzept nur im Verbund mit der Infanterie gedacht worden war. Auch bei Beck freilich erscheint der Panzer erst nach Mitte der 1930er Jahre als eigenständige Kategorie der operativen Planung. Unter höheren Offizieren jenes „neuen Typs", für den in der Regel Heinz Guderian als beispielhaft angeführt wird, hatte sich die Erkenntnis in die Erfordernisse künftiger Kriegsführung bereits früher durchgesetzt. Der Aufbau autonom operierender, flexibler „Kampfwagenabteilungen" schien somit nur eine Frage der Zeit.[161]

Die von Beck verantwortete Heeresdienstvorschrift sollte die letzte ihrer Art sein. Etwaige Überarbeitungsinitiativen stagnierten, auch weil man sich innerhalb des Truppenamts bzw. des Generalstabs uneinig war, in welche Richtung sich künftige Kriegsbegriffe und Vorstellungen militärischer Führung entwickeln sollten. Zugleich, darauf weist Groß zu Recht hin, begann sich die Erkenntnis durchzusetzen, dass Truppenführung nicht oder nur bedingt über Vorschriften erlernt werden könne, sondern gleichsam eine Frage des

157 Strohn, German Army, S. 209-211; Groß, Mythos und Wirklichkeit, S. 171-172.

158 Zit. nach Strohn, German Army, S. 210.

159 Ebd., S. 208.

160 Groß, Mythos und Wirklichkeit, S. 171, in leichter Absetzung von Strohn.

161 Geyer, Aufrüstung oder Sicherheit, S. 79 (Zit. „neuer Typ"); Groß, Mythos und Wirklichkeit, S. 171-172, S. 179-185. Die neuere Forschung weist dabei zu Recht darauf hin, dass die Affinität zum Panzer sich nicht in der Person Guderians erschöpfte, sondern weitaus breiter im OKH angelegt war. Zum Kontext vgl. die vorzügliche Studie von Pöhlmann, Markus, Der Panzer und die Mechanisierung des Krieges. Eine deutsche Geschichte 1890 bis 1945. Paderborn 2016, v.a. S. 181-229.

Feldherrn-Genius sei, „eine Kunst, eine auf wissenschaftlicher Grundlage beruhende freie, schöpferische Tätigkeit".[162] Das auf Schlieffen zurückgehende und im militärischen Diskurs der Zeit sprichwörtlich gewordene „Salböl [Samuels] lässt sich nicht in Flaschen gießen, das Feldherrentum nicht in ‚Vorschriften' fassen."[163] Mit zunehmender Verfestigung dieser Erkenntnis gewannen vor allem zwei didaktische Instrumente erneut an Gewicht: die dem preußischen Generalstab entlehnten Kriegsspiele und – ergänzend hierzu – die von Seeckt eingeführten Führerreisen, in deren Zentrum die Weiterbildung von künftigen Truppenführern mit den Mitteln der veranschaulichenden Exkursion stand.[164] Groß erfasst die Auswirkungen dieser Entwicklung so zutreffend wie pointiert, wenn er den Wandel in der kollektiven Mentalität deutscher Generalstabsoffiziere in der zweiten Hälfte der 1930er Jahre wie folgt umreißt: „Wenige Jahre vor Beginn des Zweiten Weltkriegs wusste daher jeder deutsche Generalstabsoffizier, dass moderne Waffentechnik zwar wichtig, am Ende jedoch der ‚Führer' über Sieg oder Niederlage entscheiden würde."[165] Auf dieser Grundlage war der Weg hin zur Erkenntnis in das vermeintliche „Genie des Führers" vorgezeichnet und dank der allenthalben sakralisierten „Kraft des Gemüts" ein leichter.[166]

Die mit dem Aufrüstungsprogramm und der wiedergewonnenen Wehrhoheit einhergehende wachsende militärische Potenz veränderte auch das Kriegsbild und den Erwartungshorizont des Generalstabs. Einem potentiellen Zweifrontenkrieg gegen Frankreich und die ostmitteleuropäischen Anrainer sah man nicht nur selbstbewusster entgegen, sondern nahm an, die Westgrenze des Reichs und die dort gelegenen kriegswirtschaftlich zentralen Industriereviere effektiver verteidigen zu können, als von Beck und Fritsch noch um 1935 angenommen. Hatten die Aufgabe des Grenzraums auf der

162 H.Dv. 300 T.F./1, S. 133, Nr. 340, zit. nach Groß, Mythos und Wirklichkeit, S. 172.

163 Groß, Mythos und Wirklichkeit, S. 173, auf Grundlage der Korrespondenz (Anfang 1931) der Abteilungschefs im Truppenamt.

164 Wintjes, Jorit, A School for War – A Brief History of the Prussian Kriegsspiel, in: Turnitsa, Charles/Blais, Curtis/Tolk, Andreas (Hg.), Simulation and Wargaming, Hoboken 2022, S. 25-64; ders./Pielström, Steffen, „Preußisches Kriegsspiel" – Ein Projekt an der Julius-Maximilians-Universität Würzburg, in: Militärgeschichtliche Zeitschrift 78/1 (2019), S. 86-98; Hilgers, Philipp von, Kriegsspiele. Eine Geschichte der Ausnahmezustände und Unberechenbarkeiten, Paderborn 2008, S. 43-71. Im Detail bei Groß, Mythos und Wirklichkeit, hier S. 172-173; Strohn, German Army, S. 7-8, S. 107-129.

165 Groß, Mythos und Wirklichkeit, S. 189.

166 Zit. nach Müller, Beck II, S. 358, auf Basis der Tagebuchaufzeichnungen Jodls. Vgl. auch Auszug aus den Tagebüchern des Chefs der Abt. Landesverteidigung im WFA, Oberst i. G. Jodl, Nov. 1937-Feb. 1938, in: Müller, Armee und Drittes Reich, Nr. 106, S. 247-252; Müller, Beck I, S. 125-126.

einen, die gleichsam suizidalen „Hiebe" auf der anderen Seite einen künftigen Krieg bis dato als bestenfalls heroische Selbstaufopferung erscheinen lassen, so erwogen die Wehrmachtskriegsspiele von der Mitte des Jahrzehnts bereits die „Verschiebung des Verteidigungsraums im Westen an die sogenannte Roer-Rhein-Schwarzwald-Linie".[167] Zugleich öffnete das OKH die eigene Kriegsplanung erneut für den Aufmarsch und die systematische Offensive in einem Kriegsszenario, das sich nun nicht mehr in Frankreich und Polen (oder der Tschechoslowakei) erschöpfte, sondern den europäischen Mehrfrontenkrieg konzeptionell einbezog. Ein solcher sollte zwar nicht bewusst gesucht werden, wurde aber grundsätzlich in Kauf genommen, auch und gerade in einer zunehmend volatilen internationalen Lage. Letztere erwies sich für das Reich insofern als günstig, als durch die aggressiven Expansionskriege Japans und Italiens sowie durch den Spanischen Bürgerkrieg der notwendige Spielraum entstand, um die eigene Befähigung zum Krieg konsequent auszubauen und dabei politisch opportune Konstellationen auch militärisch zu nutzen.[168] Blombergs „Weisung für die einheitliche Kriegsvorbereitung der Wehrmacht" vom Juni 1937 hielt dies ausdrücklich fest und rückte verschiedene Kriegsszenarien ins Zentrum, die um Zweifrontenkriege gegen Frankreich im Verbund mit der Tschechoslowakei und potentiell auch der Sowjetunion („Fall Rot" und „Fall Grün") kreisten und – alternativ – die Invasion Österreichs („Fall Otto") antizipierten.[169]

Die Notwehrsituation, in der man sich noch wenige Jahre davor wähnte, war endgültig abgelöst und durch den systematischen Aufbau deutscher Offensivkapazitäten und die konkrete Kriegsvorbereitung ersetzt worden. Dies spiegelte sich vornehmlich in der letzten Rüstungsplanung vor Ausbruch des Krieges, wie sie im August 1936 von OKH und Reichskriegsministerium beschlossen worden war.[170] Hier wurden noch ein weiteres Mal die Parameter der Aufrüstungsprogramme von 1933/34 erweitert – in so substantiellem Maße indes, dass dies im Heer die Frage nach dem Sinn von Rüstungsmaßnahmen

167 Strohn, German Army, S. 210 (Zit. „Hiebe"); Groß, Mythos und Wirklichkeit, S. 186 (Zit. „Verschiebung […]").

168 Groß, Mythos und Wirklichkeit, S. 186-187.

169 Weisung Blombergs für die einheitliche Kriegsvorbereitung der Wehrmacht v. 24. Juni 1937, in: Internationaler Militärgerichtshof (IMG): Der Prozess gegen die Hauptkriegsverbrecher vor dem Internationalen Militärgerichtshof: 14.11.1945-1.10.1946, 42 Bde., Nürnberg 1947-1949, hier Bd. 34, Dok. 175-C, S. 732-745. Vgl. Groß, Mythos und Wirklichkeit, S. 186-187; Deist, Wilhelm, Heeresrüstung und Aggression, in: Ders., Militär, Staat und Gesellschaft: Studien zur preußisch-deutschen Militärgeschichte, München 1991, S. 317-338, hier S. 336.

170 Ausarbeitung des Allgemeinen Heeresamtes über den Aufbau des Friedens- und Kriegsheeres v. 1. August 1936, in: Müller, Armee und Drittes Reich, Nr. 140, S. 303-305.

auf diesem Niveau aufkommen ließ, sollte Hitler nicht die Absicht haben, nach Abschluss der Maßnahmen „über irgend jemand herzufallen“, wie Blomberg dies noch zwei Jahre vorher ausgeschlossen hatte.[171] Die umfassende Wiederherstellung der Kriegsfähigkeit des Heeres wurde in der Grundsatzplanung für die Zeit nach 1940/41 in Aussicht gestellt und Ende 1937 noch ein weiteres Mal auf den Oktober 1942, im Kriegsfall sogar auf das Frühjahr 1943 revidiert.[172] Ein eskalierender Mehrfrontenkrieg vor diesem Zeitpunkt galt dem Generalstab und auch Blomberg indes als nicht gewinnbar und potentiell desaströs. Auch Blombergs Weisung von der Jahresmitte 1937 machte dies deutlich: Während sich die Heeresführung perspektivisch auf einen Krieg gegen Frankreich und die Tschechoslowakei einzulassen bereit war, erkannte er – gemeinsam mit Fritsch und Beck – in der Neutralität Großbritanniens und Polens eine *conditio sine qua non*, um der bei einem Mehrfrontenkrieg drohenden Katastrophe vorzubeugen.[173]

Mit aufwachsendem militärischen Kräftepotential und der damit verbundenen Wiederbelebung offensiver Kapazitäten stellte sich auch die tradierte Pathologie des preußisch-deutschen operativen Denkens verstärkt wieder ein: die Unfähigkeit, die Beschränktheit der eigenen Mittel und Ressourcen in einem umfassenderen Krieg zu erkennen und die eigenen Ambitionen entsprechend anzupassen. Groß hat überzeugend nachgezeichnet, wie dies – noch aus dem Kaiserreich entlehnt – in der Entpolitisierung der Generalstabsoffiziere wurzelte, deren Politik-Begriff nicht wesentlich mehr als ein Derivat des Militärischen war. Zugleich führte das Bedürfnis, weit oberhalb des eigenen militärischen, gesellschaftlichen und kriegswirtschaftlichen Potentials zu operieren, zu einer gleichsam allumfassenden, übergenerationell vermittelten Vernachlässigung der operativ-strategischen Ebene. Von wenigen Ausnahmen in den 1920er Jahren abgesehen, bezog der Generalstab im Zeitalter der Weltkriege sein operatives Denken aus der taktischen Dimension der Kriegführung, „quasi als Taktik auf höherer Führungsebene, die sich in den grundlegenden Parametern wie Bewegung, Angriff, Schnelligkeit, Initiative, Freiheit des Handelns, Schwerpunkt, Umfassung, Überraschung und Vernichtung widerspiegelt“.[174] Auf dieser Grundlage bemühten sich die Generalstäbler, das gegebene strategische Desinteresse und die defizitären

171 Vgl. ebd.; Deist, Heeresrüstung und Aggression, S. 330.

172 Entwurf eines Schreibens des Oberbefehlshabers des Heeres an den Reichskriegsminister betr. die Umstellung des Rüstungsprogramms v. 14. Dezember 1937, in: Müller, Armee und Drittes Reich, S. 305-308, hier S. 307; Deist, Heeresrüstung und Aggression, S. 327-330.

173 Groß, Mythos und Wirklichkeit, S. 185-189; Deist, Aufrüstung, S. 520-522; Deist, Heeresrüstung und Aggression, S. 317-338.

174 Groß, Mythos und Wirklichkeit, S. 317.

Parameter der eigenen geopolitischen und kriegswirtschaftlichen Existenz über die „taktisch-operative Fixierung auf eine schnelle Schlachtentscheidung" auszugleichen, wie apodiktisch in Schlieffens Cannae-Topos und dessen Rezeption angelegt.[175]

Auch und gerade beim Zweiten Weltkrieg handelte es sich dabei um den Krieg jenes „armen Mannes", der sich einer übergeordneten, im Kern ebenso politischen wie strategischen Betrachtung zu entziehen suchte und diese durch entgrenzte Risikoaffinität, heroische Opferbereitschaft und die Verweigerung des Politischen als Handlungsmaximen zu ersetzen bemüht war.[176] Diese Melange fand sich bereits in der emotional rohen Bekenntnisschrift Carl von Clausewitz' von 1812, in deren Zentrum die Vorstellung vom „glorreichen Untergang" steht, der seinerseits „nach blutigem und ehrenvollem Kampfe die Wiedergeburt des Volkes" sichere.[177] Nicht umsonst trieb die Lektüre eben dieses patriotisch entgrenzten, gleichsam heroischen Clausewitz insbesondere Hitler um. In der zweiten Kriegsphase war dies stärker, ja pathologischer denn je der Fall, als der Diktator zunehmend als „Choreograph des Untergangs" in Erscheinung trat.[178] Der rationale Kriegstheoretiker Clausewitz der späteren Phase, in dessen intellektueller Tradition sich der militärische Widerstand gegen das NS-Regime ganz bewusst verortete, wurde in Hitlers selektiver Wahrnehmung bestenfalls zur Fußnote.[179]

Jedem sein Clausewitz, könnte man polemisch meinen, und dies erscheint angesichts der schillernden Vielschichtigkeit des Werks als durchaus realistisch. Nichtsdestoweniger machen die hier bewusst vergröberten Kontinuitätslinien auch deutlich, welch fundamentale Zäsur der Weg in den Widerstand darstellt, wie ihn die Generalstäbler um Ludwig Beck, Henning von Tresckow und Claus von Stauffenberg – neben einer Reihe jüngerer Generalstabsoffiziere – zurücklegten. Über die militärische Befehls- und Gehorsamslogik und auch über die

175 Ebd., S. 319; Kolb, Cannae-Paradigma; Wallach, Vernichtungsschlacht; Nolte, Cannae-Mythos, S. 16-40.

176 Kutz, Schlieffen contra Clausewitz, S. 38; Groß, Mythos und Wirklichkeit, S. 311-321.

177 Clausewitz, Carl von, Politische Schriften und Briefe, hg. v. Hans Rothfels, München 1922, S. 80-199, hier S. 85-86; auch bei Wegner, Bernd, Hitler, der Zweite Weltkrieg und die Choreographie des Untergangs, in: Geschichte und Gesellschaft 26/3 (2000), S. 493-518, hier S. 513.

178 Hierzu vor allem die exzellente Studie von Wegner, Choreographie des Untergangs, S. 513-514.

179 Exemplarisch der Vortrag Becks vor der Mittwochsgesellschaft v. Juni 1942: Die Lehre vom Totalen Krieg. Eine kritische Auseinandersetzung, in: Dill, Günter (Hg.), Clausewitz in Perspektive. Materialien zu Carl von Clausewitz: Vom Kriege, Frankfurt a. M. 1980, S. 520-541; vgl. auch Müller, Beck II, S. 371-374, S. 387; Münkler, Herfried: Clausewitz' Theorie des Krieges, Baden-Baden 2003, S. 13-14.

Frage der Eidespflicht hinaus lässt sich der Entschluss zum Attentat auf Hitler auch als eine Form der Rehabilitierung der politischen Dimension des Militärischen lesen, der sich das Offizierskorps traditionsgemäß und unter Hinweis auf den Primat des eigenen Handwerks verweigert hatte.[180] Der schonungslose „Absprung" in den Widerstand, dem indes auch viel Prozessuales innewohnt, ist damit zugleich auch der gescheiterte Versuch, sich den Zwängen und Automatismen einer Tradition und eines „Denkstils" zu entziehen, denen der Bezug zur Politik ebenso fremd war wie jener zur Strategie.[181]

180 Beck beispielsweise hatte dies bereits in den letzten Vorkriegsjahren in seiner Auseinandersetzung mit Hitler erkannt. Vgl. Müller, Beck II, S. 371-374; Schramm, Wilhelm von, Von der militärischen zur politischen Verantwortung. Was Generaloberst Beck von Clausewitz gelernt hat, in: Zeitschrift für Politik 5, NF/4 (1959), S. 317-328. Zur Kritik siehe Hepp, Robert, Der harmlose Clausewitz (I): Kritische Bemerkungen zu einem deutschen, englischen und französischen Beitrag zur Clausewitz-Renaissance, in: Zeitschrift für Politik 25/3 (1978), S. 303-318.

181 Zit. im Original: „Absprung zu wirklicher Opposition" nach Mommsen, Hans, Geleitwort, in: Hassell, Ulrich von, Die Hassell-Tagebücher 1938-1944. Aufzeichnungen vom anderen Deutschland, nach der Handschrift rev. und erw. Ausg. unter Mitarbeit von Klaus Peter Reiß hg. v. Friedrich Freiherr Hiller v. Gärtringen, Berlin 1988, S. 17. Zum von Ludwik Fleck eingeführten „Denkstil" vgl. dessen: Entstehung und Entwicklung einer wissenschaftlichen Tatsache. Einführung in die Lehre vom Denkstil und Denkkollektiv, Frankfurt a. M. 1980 [1935]; Etzemüller, Thomas, „Ich sehe das, was Du nicht siehst". Zu den theoretischen Grundlagen geschichtswissenschaftlicher Arbeit, in: Eckel, Jan/Etzemüller, Thomas (Hg.), Neue Zugänge zur Geschichte der Geschichtswissenschaft, Göttingen 2007, S. 27-68, bes. S. 37-47.

The British General Staff and the Threat of War: 1933-1939

John Paul Harris

1. Introduction

An author promoting the Germanic concept of a General Staff to a British readership famously described such an institution as the *Brain of an Army*.[1] As it developed in the first half of the 20th Century, the British General Staff's responsibilities included the collection, collation and analysis of military intelligence and thus the identification of threats to the security of Britain and her Empire, the formation of military policy to meet those threats, the collective training of the army and indeed, most aspects of its preparation for war.[2] The historical importance of the thought and action of this organization in the period between the two world wars, especially during the protracted phase of heightened tension between Adolf Hitler's becoming German chancellor in January 1933 and the outbreak of war in September 1939, is obvious.

For decades after the end of the Second World War the higher direction of the British Army in the inter-war period had a very bad press.[3] A degree of disdain for the military has been common in some sections of British society for a long time. In the 1930's, moreover, a strong anti-military reaction set in when the horrors of the First World War were followed by economic depression, the international situation worsened markedly, and it became evident to everyone that the war ending in 1918 had not ended all wars.[4] Early defeats in the Second World War seemed to indicate that those directing the army had not prepared it adequately for modern warfare. Public intellectuals also played a part in shaping opinion. For many years the military critic and prolific author,

1 Wilkinson, Spenser, The Brain of an Army: A Popular Account of the German General Staff, London 1913, passim.

2 War Office List, London 1935, p. 79.

3 See for example Minney, Rubeigh James, The Private Papers of Hore-Belisha, London 1960, passim; Watt, Donald C., Personalities and Policies: studies of British Foreign Policy in the 20th Century, London 1965, p. 113; Taylor, Alan J.P., The Origins of the Second World War, Harmondsworth 1964, p. 59. Minney was concerned to portray Hore-Belisha as a dynamic, far-sighted Secretary of State struggling against the obscurantism of senior Army officers. Watt echoes the Minney version. Taylor writes of "the most respected military authorities" holding that "tanks were of less use than horses".

4 Mowat, Charles L., Britain Between the Wars, London 1956, pp. 537-538.

© BRILL SCHÖNINGH, 2023 | DOI:10.30965/9783657791958_011

Basil Liddell Hart, had a particularly major influence on historians who wrote about the British Army between the two world wars. Liddell Hart was keen to emphasise his own qualities of insight and foresight, even prophecy, and was a merciless critic of the General Staff. Since the publication of Brian Bond's critique of Liddell Hart's military thought in 1977 and still more after the publication of John Mearsheimer's in 1988,[5] historians have been more cautious about echoing the judgements of this famous pundit. But even now there seems not to have been an equivalent rehabilitation of the British General Staff's performance between the world wars and especially not regarding the critical period 1933-1939.[6]

Amongst the criticisms that have been made of the General Staff some of the most serious and specific are the following: that it remained to a great extent insular and imperial in outlook; that its only thought was to postpone a European war and that it refused to "look ahead";[7] that it did not keep up with Continental and particularly German military doctrine; that it failed adequately to appreciate the importance of armoured and mechanized forces and their potentially revolutionary impact on war; that though it wanted to send a Field Force to the Continent in the event of war with Germany, it had not adequately weighed the risks of such a policy.[8] While the performance of the British General Staff of the inter-war period was by no means beyond criticism, it will here be argued that all these specific attacks upon it are all largely invalid.

5 Bond, Brian, Liddell Hart: A Study of his Military Thought, London 1977, pp. 88-118; Mearsheimer, John J., Liddell Hart and the Weight of History, London 1988, pp. 99-126 and 208-217.

6 In his 1988 monograph, Mearsheimer makes frank and justified criticisms of Liddell Hart. But after quoting a highly intelligent comment by John Gort on the possible German combined use of armoured and air forces in the next European war, he states, "One must be careful not to place too much emphasis on selected comments like Gort's because of the danger of painting too favourable a picture of Britain's military leaders." Mearsheimer, Liddell Hart, p. 81. But it is gratifying to see that Sir Archibald Montgomery-Massingberd, whom Liddell Hart was especially keen to denigrate, has now received a somewhat more balanced treatment by historians. See Larson, Robert, The British Army and the Theory of Armored Warfare, 1918-1940, Newark 1984, pp. 162-184, and French, David, Raising Churchill's Army: The British Army and the War Against Germany 1919-1945, Oxford 2000, pp. 112-113.

7 This quotation (from Liddell's Hart's papers) in Bond, Brian, British Military Policy between the Two World Wars, Oxford 1980, p. 217.

8 These arguments are found throughout Liddell Hart, Basil, Memoirs, Vol. II, London 1965, passim and especially p. 256.

2. The General Staff in the British System of Defence

Before going any further, it seems appropriate here to outline the place of the General Staff in the British system of defence as it was in the 1930's. The General Staff was one of four military branches of the War Office, the government department in charge of the British Army.[9] Quite separate government departments, the Admiralty and the Air Ministry, controlled the Royal Navy and the Royal Air Force respectively. A Committee of Imperial Defence (CID) existed to enable discussion between these three service departments, discussions which might also involve the Prime Minister and other members of his Cabinet. But ultimately the CID and its myriad sub-committees were little more than talking shops. They neither exercised executive power nor co-ordinated defence policy effectively when serious disagreement arose between the service departments. After Hitler became chancellor in Germany and the British began to rearm, the Treasury (the British government's finance department) took over direction of the rearmament process, becoming, in effect, a kind of ministry of defence.[10]

The three other military branches of the British War Office were the Adjutant-General's department which dealt with personnel matters; the Quartermaster-General's department which handled housing, the peacetime movement of troops and stores, transport, food, fodder and the care of animals; and the Master-General of the Ordnance's department which controlled the development, procurement and manufacture of military hardware. The Chief of the Imperial General Staff (CIGS) was not regarded as commander-in-chief of the British Army but only as one of the four military members of the Army Council, the body which had overall responsibility to the government for the Army's direction and control. The Adjutant-General (AG), the Quartermaster-General (QMG) and the Master-General of the Ordnance (MGO) were the other three. In relation to them, the CIGS was *primus inter pares* but, at least in theory, no more. Civilian control over the military was a critical principle in British government and the chairman of the Army Council was the Secretary of State for War, normally a civilian politician and member of the Cabinet.[11]

The General Staff in turn was divided into three directorates. The Directorate of Military Operations and Intelligence was charged with the making of strategy

9 Gordon, Hampden, The War Office, London 1935, pp. 7-10.

10 Peden, George C., British Rearmament and the Treasury 1932-1939, Edinburgh 1979, pp. 14-59.

11 Gordon, War Office, pp. 7-10.

and with planning and controlling intelligence and operational activities. The Director of Staff Duties was concerned with the structure of the army, officer education, staff training and the maintenance of standards of staff work, while the Director of Military Training dealt with collective military training, the technical training of officers and all aspects of the training of other ranks.[12]

In some Continental armies the General Staff constituted an elite body within the officer corps, rigorously selected for intellectual capacity and administrative skill. In the German system, when he became a member of the General Staff an officer normally remained so throughout his career. Not only did this elite practically monopolize the most influential staff posts, but it also came to dominate senior command appointments.[13] The British system was rather different. From the late Victorian period, attendance at the Army Staff College at Camberley could certainly aid an officer's career development. Having the initials psc (passed Staff College) after one's name in the published Army List became a coveted distinction. Yet the idea of the General Staff as a distinct elite within the officer corps did not fully take root in the British context. Indeed, General the Earl of Cavan became CIGS (1922-26) without ever having attended Staff College, rising to the top mainly as a result of his record as a commander in the 1914-18 war. Rather than being a distinct, highly educated elite, its members all schooled in the same doctrines and methods at the same institution, the British General Staff was a much looser collection of individuals. It consisted simply of those who held General Staff appointments (either in the War Office or in the headquarters of formations) at any given time, and whether formally trained at the Staff College or not.[14]

In the period 1933 to 1939, with which we are primarily concerned here, there was rather a high turnover of personnel in the senior General Staff positions in the War Office. Between November 1933 and September 1939 there were three CIGS's, four DMO and I's, four DSD's and four DMT's.[15] It might be thought that its lack of status as a distinct elite and the rather high turnover in senior

12 War Office List, pp. 79-80.

13 Wilkinson, Brain of an Army, p. 132; Bucholz, Arden, Moltke, Schlieffen and Prussian War Planning, Oxford 1991, pp. 18-108; Görlitz, Walter, History of the German General Staff, New York 1995, pp. 96-97 and 455. Erwin Rommel was one of the relatively few senior German commanders of the Second World War who was not a member of the General Staff and he was regarded as an untrusted outsider by some of those who were.

14 Bond, British Military Policy, pp. 43, 74. Some of the peculiar characteristics of the British General Staff are discussed in, Trythall, A.J., J.F.C. Fuller Staff Officer Extraordinary, and in Gooch, John, 'A Particularly Anglo-Saxon Institution': The British General Staff in the Era of Two World Wars, in: French, David/Reid, Brian Holden (Eds.), The British General Staff: Reform and Innovation, 1890-1939, London 2002), pp. 143-147 and 192-201.

15 War Office Lists (1933-1939).

positions might have adversely affected continuity of purpose in the development of military policy and in the preparation of the army for war. In general, this seems not to have been the case. Though there were inevitably some differences of opinion amongst its members, the General Staff in the War Office collectively demonstrated a high degree of consistency in its strategic outlook, in its sense of purpose and its order of priorities throughout this period.

3. The General Staff until 1933

Until 1933, though the British Army was minute in relation to the size of the empire it was charged with defending and was frequently stretched very tight by overseas emergencies,[16] there was no clear long-term enemy against which it had to prepare. Such arrangements as the General Staff made for the mobilization of an expeditionary force in time of war were framed to respond to a possible Soviet threat to India through Afghanistan and were termed, "The Defence of India Plan".[17] But the speed with which this contingency disappeared into the background once a more serious threat emerged nearer home suggests that it was never taken particularly seriously. There is no doubt that, up to 1933, imperial defence was the army's primary role. Yet the British General Staff kept a careful eye on developments on the European Continent, particularly Germany.[18] That the British remained, until the mid-1930's, world leaders in thought about and experimentation with armoured forces[19] suggests that Great Britain's military leadership never lost sight of the possibility of having to engage in technically sophisticated European-style warfare.

In hindsight European history throughout the inter-war period, 1919-1939, tends to look dark and foreboding. Some historians have seen the war of 1939 as the almost inevitable product of a bad peace in 1919. Yet, well into the 1930's, the idea that another great war was inevitable seems to have been anathema to most people in Europe. Indeed, there was, in the mid-1920's, a period of

16 See General Staff memorandum, "The present distribution and strength of the British Army in relation to its duties", 1 November 1927, National Archives (NA) WO 32/2823.

17 Bond, British Military Policy, pp. 82-84.

18 Wark, Wesley K., The Ultimate Enemy: British Intelligence and Nazi Germany, 1933-1939, Oxford 1986, pp. 29 and 81. Though a harsh, and perhaps somewhat unfair, critic of the British military intelligence in the mid-1930's, Wark indicates that the British General Staff had earlier "done its homework" and "entered the Nazi era with a good grounding in German developments".

19 On the development of British armour and thought on armoured warfare at this period see Harris, John Paul, Men, Ideas and Tanks: British Military Thought and Armoured Forces 1903-1939, Manchester 1995, pp. 195-265.

widespread optimism associated with the seemingly moderate German statesman, Gustav Stresemann, and with the Locarno treaties of October 1925. At that time many people, both in Continental Europe and in Great Britain, appeared to believe that outstanding international differences could be resolved peaceably, and that a better world might emerge.[20]

It does not, of course, come naturally to General Staffs (which exist to anticipate threats and make plans to meet them) to take a rosy view of the world. Yet it might still appear somewhat shocking that, in January 1925, years before the Wall Street Crash, the Great Depression and Hitler's rise to power, that the War Office informed the British government's Committee of Imperial Defence that the General Staff (then led by Lord Cavan) was "undiminished" in its mistrust and apprehension of Germany. The General Staff viewed the Germans as a "primitive people, scientifically equipped [...] vigorous, prolific and unscrupulous, combining the height of modern efficiency with the mentality and brutality of the Middle Ages".[21]

As these somewhat bitter remarks indicate, the searing experiences of the First World War were impossible for many British Army officers to forget. While, in relatively normal times, the security of the Empire was seen as the main business of the Army, there was never a time between the two world wars when the General Staff did not anticipate some degree of danger from a resurgent Germany. Far more than other elements in Great Britain, the General Staff understood and sympathized with French anxiety about defence: "The true strategic frontier of Great Britain is the Rhine; her security depends entirely in upon the present frontiers of France, Belgium and Holland being maintained and remaining in friendly hands [...] 'French Security' spells 'British Security' [...] French morale is at present very low, even in the highest military circles and [...] this depression [...] is easy to understand [...] It is curious that Englishmen seem to be least able to realize the greatness of their own country, or to understand how much to a Frenchman [...] the support of the British Empire means."[22]

Other elements in the British defence apparatus were prepared to consider (at least vaguely) the long-term possibility of war with France.[23] The British General Staff's position, by contrast, was that Great Britain had nothing to fear

20 Albrecht-Carrie, Rene, A Diplomatic History of Europe Since the Congress of Vienna, London 1958, pp. 418-419.

21 "The Present and Future Military Situation in Germany", CID-562-B, Part C: "Recommendations for Averting German Aggression", 29 January 1925, NA CAB 4/12.

22 General Staff note for the CID on "French Security", 26 February 1925, CID 597, NA CAB 4/12 quoted in Bond, British Military Policy, p. 77.

23 Ibid., p. 74.

from France. Instead, the British needed to fear for France. They must devote great effort to soothing French nerves: assuring their friends on the other side of the Channel of their support in the face of any attempt by the Germans to redevelop and reassert military power. Yet, while the British General Staff's Germanophobia was real and intense, it did not amount to an irrational and inflexible prejudice. The General Staff considered that Germany might eventually emerge as a useful member of the community of civilized nations. "There are other dangers to civilization beyond Germany [the Soviet Union being more than hinted at here] and the sooner Germany can be brought to range itself on the side of western civilization the better the chance that civilization will have of maintaining itself against those dangers".

In that sense the British General Staff was open to the spirit of the Locarno treaties of October 1925. But "Germany's conversion" into a responsible defender of European civilization must, the General Staff asserted in early 1925, begin "under discipline" and in the knowledge that Britain and France (ideally supported by the USA) could and would prevent German military aggression.[24] The "discipline" mentioned was an obvious reference to the military clauses of the Treaty of Versailles, which kept Germany largely disarmed, and to the exclusion of German troops from the Rhineland. These were measures that the British General Staff evidently wished to see strictly enforced for many years to come.

Cavan's successor General Sir George Milne (CIGS 1926-1933) was also concerned about Germany and demanded detailed reports on military developments there.[25] Intelligence from MI3, the branch of the General Staff responsible for monitoring western and central Europe, indicated that, even before Hitler became chancellor in January 1933, some degree of German rearmament was covertly taking place.[26] As with everything the British General Staff did in the early 1930's, it drew its intelligence picture of Germany on a tight budget. MI3's principal sources seem to have been military attachés' reports, German publications of various sorts and liaison with the intelligence services of friendly powers.[27] But even a stringent critic of British intelligence at this period is obliged to concede that the General Staff in the early 1930's had "done its homework" and "entered the Nazi era with a good grounding in German developments".

24 Ibid., p. 77; CID 562-B, Part C: "Recommendations", NA CAB 4/12.

25 Wark, Ultimate Enemy, p. 81.

26 See MI3 reports of 19 Feb. 1932, NA WO 190/140, 24 Feb 1932, NA WO 190/143 and 30 May 1932, NA WO 190/147.

27 For some discussion of the sources of British military intelligence on the German Army at this period, see Harris, John Paul, British Military Intelligence and the Rise of the German Mechanised Forces, in: Intelligence and National Security 6 (1991), pp. 395-417, here p. 396.

When, in November 1933 a general enquiry began into British defence deficiencies, the CIGS, General Sir Archibald Montgomery-Massingberd came to that enquiry equipped with a better intelligence appreciation of the threat of war in Europe than that available to either of the other chiefs of staff.[28]

4. A Lone Voice in the Wilderness – the General Staff 1933-1939

Montgomery-Massingberd, who became CIGS in February 1933, established the basic strategic approach of the British General Staff between Hitler's rise to power and the outbreak of the Second World War. He was to retire slightly early, in March 1936, probably frustrated by the obstacles to the army's rearmament that were placed in his path and stating his wish to hand over to a younger man.[29] In most respects, however, the War Office's rearmament effort ran on the lines of strategic thought which he had laid until December 1937-January 1938 when it was temporarily forced onto a different track by the Treasury and the Prime Minister. Even after that, the General Staff really wanted to return to the original track but was allowed to do so only in February 1939.[30]

Montgomery-Massingberd was, at first sight, a dubious choice for CIGS in 1933. Though highly experienced as a staff officer and chief of staff of the Fourth Army on the Western Front (the British Expeditionary Force's most successful in the victorious "Hundred Days" campaign of 8 August-11 November 1918), he had never commanded a large formation in war. Up to the point at which he took over as CIGS, moreover, he had not been associated with the principal advocates of mechanization and armoured warfare in the British Army and, at least in some quarters, he had something of a reputation as an archconservative. Indeed, in his unpublished memoirs, he extolled values such as tradition and loyalty, of which the modern liberal mind tends to be suspicious. This may partly account for the harsh treatment he has had at the hands of some historians.[31] Yet a careful analysis of his performance as CIGS suggests a reasonably able military mind at work.

The process of adjusting the British armed forces to meet the challenge of a resurgent Germany began with the Defence Requirements enquiry of November 1933 to February 1934, before which the armed forces had been

---

28 Wark, Ultimate Enemy, pp. 29, 30 and 81.

29 "The Autobiography of a Gunner", Liddell Hart Centre of Military Archives, King's College London (LHCMA) Montgomery-Massingberd mss. 10/11.

30 Bond, Liddell Hart, pp. 99, 100, 107.

31 See, for example, his treatment by popular historian, Dixon, Norman, On the Psychology of Military Incompetence, London 1976, pp. 113-118.

obliged to operate under the Ten-Year Rule: the assumption that there would be no major war for ten years. This enquiry (which was conducted by the Chiefs of Staff of the armed forces and the Permanent Under Secretaries of the Foreign Office and the Treasury) and the Cabinet's reaction to it were vital for the future of the army and of British defence policy in general.[32]

Early in the proceedings a decision had to be made on the relative priority to be given to the German and Japanese menaces. Montgomery-Massingberd advised strongly that Germany should be considered the main threat and that British rearmament should be based on that conclusion. On that issue he was strongly supported by Sir Warren Fisher of the Treasury and Sir Robert Vansittart of the Foreign Office, both distinctly Germanophobic. These civilian members, acting together with the CIGS, steered the Defence Requirements Committee (DRC) to its conclusion that Germany was the "ultimate enemy" against whom long-term defence planning should be primarily directed.[33]

The DRC concluded that the Japanese were unlikely to attack British possessions in the Far East unless there were the "sudden temptation of a favourable opportunity arising from complications elsewhere and elsewhere means Europe and danger to us in Europe can only come from Germany". The committee recommended a show of (primarily naval) strength in the Far East coupled with an attempt to reach an accommodation with the Japanese. All this was in accord with General Staff thinking. Montgomery-Massingberd regarded the abandonment of the Anglo-Japanese alliance of 1902, unaccompanied as it was by any guarantee of British possessions in the East by the Americans, as "insensate folly", and Milne, his predecessor, had looked back with nostalgia to the friendly relations with Japan that had prevailed in the pre-1914 period.[34]

It was important that the DRC give a timescale for the development of the German threat. Here again the General Staff's influence on the committee's findings appears to have been crucial. Montgomery-Massingberd came to the committee armed with an MI3 paper entitled, "The War Menace in Western and Central Europe". This pointed to German designs on Czechoslovakian and Polish territory and endorsed an assessment by the French Deuxième Bureau that the Germans might consider themselves in a position to push their claims to the point of war within five or six years. When asked by Vansittart and Fisher for his own opinion, Montgomery-Massingberd (the only one of the three

32 Bond, British Military Policy, pp. 191-213.

33 "Statement by the CIGS", 9 January 1934, DRC 7, NA CAB 16/109. Wark, Ultimate Enemy, pp. 28-32.

34 DRC 14, paras. 9-12 NA CAB 16/109; Montgomery-Massingberd to Sir Maurice Hankey, 11 September 1933, NA CAB 21/369; "Present Distribution", para. 2, NA WO 32/2823.

Chiefs prepared to offer such an assessment) opted for five years,[35] a pretty good guess as it turned out. The DRC endorsed this and recommended that the deficiencies they outlined in the three defence services be made good by 1939.

The DRC agreed a 40-million-pound expenditure programme for the Army, the bulk of which was to be spent on preparation of a Field Force of four infantry divisions, a tank brigade and a cavalry division for service on the Continent.[36] Liddell Hart was to attack the General Staff's policy of despatching an army to the Continent in time of war as ill-considered and dangerous. But the General Staff offered cogent arguments. One important task for a British Field Force would be to try to help keep as much as possible of Belgium and the Netherlands out of German hands. Keeping the Low Countries from occupation by a potentially hostile foreign power was a long-standing British preoccupation. In terms of sea power, the Low Countries were as important ever as proved by the 1914-18 experience, when German destroyers and submarines based on the Belgian coast had been a continual threat to British sea communications. Their importance had been enhanced rather than diminished by the growth of airpower: "Today the Low Countries are even more important to us in relation to the air defence of this country. Their integrity is vital to us in order to obtain that depth in our defence of London which is so badly needed and of which our position will ultimately deprive us. If the Low Countries were in the hands of a hostile power, not only would the frequency and intensity of attack on London be increased but the whole of the industrial areas of the Midlands and the North of England would be brought within the range of hostile air attacks."[37]

It is worth pointing out here that the task of defending Belgium seemed more feasible to the British General Staff at this juncture than it would do even a couple of years later. German rearmament was, of course still in its infancy, and Belgium, in 1934, had a defence agreement with France, abandoned when the country gain retreated into neutrality in 1936. Belgium's defence agreement with France might have allowed both French and British troops access to Belgian soil in wartime before a German invasion took place. Helping the Netherlands, a strictly neutral state, to maintain its integrity would, however, have been altogether more difficult.

The need to make it hard for the Germans to establish air and naval bases in the Low Countries was not the General Staff's only argument for preparing

35 Wark, Ultimate Enemy, p. 30.
36 Bond, British Military Policy, p. 199.
37 DRC 14 para. 25, NA CAB 16/110.

a Field Force for the Continent. Montgomery-Massingberd also argued that: "Assistance on sea and in the air will always appear to Continental peoples threatened by land attack to be but indirect assistance. Refusal on our part to provide direct assistance would be interpreted as abandoning them to their fate. The arrival in good time of even the small forces proposed would have an incalculable moral effect out of all proportion to their size."[38] This was an argument for supporting France, even if the Netherlands and Belgium could not be saved. Helping defend France made sense even from a purely selfish, British point of view. The Germans were likely to concentrate on the defeat of France first. While France was still in the war the British General Staff considered it unlikely that more than 25 per cent of German airpower would be used against Britain.[39]

The General Staff thus made an intelligent and compelling case for its programme for repairing the British Army's worst deficiencies. But the Cabinet, on the advice of Neville Chamberlain, Chancellor of the Exchequer and a leading figure in Ramsay MacDonald's National Government, overruled it. The very modest rearmament proposals of the armed forces were, Chamberlain declared, financially impossible to carry out. At his insistence, the Cabinet halved the War Office programme from 40 million to 20 million pounds while slightly increasing the Air Ministry's budget.[40]

Chamberlain's reaction to the first DRC report was sufficient to delay the start of a serious rearmament effort for the British Army until 1936. Though the General Staff was not, at this stage, ordered to discount the long-term possibility of having to send a Field Force to the Continent, the allocation of a mere 20 million pounds over five years was sufficient only to correct the army's most extreme deficiencies.

From 1934 to 1936, however, the British General Staff was not inactive: it did not allow shortage of funds to produce mental paralysis. Having taken the decision to establish 1st Brigade Royal Tank Corps as a permanent formation in November 1933,[41] Montgomery-Massingberd gave great encouragement to the training of the brigade the following year, gaining glowing praise from its commander, Brigadier P.C.S. Hobart. A fanatical tank enthusiast, Hobart was, to say

38 Appendix 3 to Ministerial "Report ... on Defence Requirements", NA CAB 16/110. The same argument is reproduced in Montgomery-Massingberd's "Notes for my Successor", section 1, para. 6 (b), 1936, LHCMA, Montgomery-Massingberd mss 10/6.

39 DRC 7, para. 8, NA CAB 16/109.

40 Peden, British Rearmament, pp. 8-9; Bond, British Military Policy, pp. 207-211; Ministerial Committee on Disarmament, minutes, DCM (32), 54, "Conclusions", 17 July 1934, NA CAB 16/110; Cabinet minutes, 31 July 1934, NA CAB 23/79.

41 Harris, Men, Ideas and Tanks, p. 244.

the least, not known for sycophancy to superior officers. But writing to Basil Liddell Hart, military correspondent of *The Times* and (though Hobart may not have fully realised this) a bitter personal enemy of Montgomery-Massingberd, he remarked: "Most of the great ones scoff of course, but we are lucky indeed in having so far-seeing, resolute and open-minded a CIGS who is giving us a chance to try and is so remarkably understanding".[42]

In October 1934, inspired by the example of the French General Staff in establishing the first of its *Division Légère Mécanique*, and following various exercises with experimental mechanised forces carried out on Salisbury Plan, Montgomery-Massingberd took the decision to replace the British Cavalry Division with a mechanized Mobile Division. At the same time, he ordered the cavalry to conduct various experiments in mechanization and pressed ahead with the reorganization and re-equipment of the artillery, as rapidly as the available funding would allow.[43]

In the sequence of events which brought about a somewhat more serious rearmament programme for the British Army, the Abyssinian War of 1935-36 was prominent. Italy had not hitherto been regarded as a likely enemy. But it came to be included in that category when the British government, without intervening militarily on behalf of the Abyssinians, severely condemned Italian conduct towards them. Coupled with the growing threat of German rearmament, the Abyssinian War forced a reappraisal of defence problems. In July 1935 the DRC produced an interim report which drew the Cabinet's attention to the increased dangers of the international situation. After considering this, the Cabinet authorized the DRC to draw up proposals for a somewhat intensified programme of rearmament.[44]

It was against this background that the General Staff composed its most comprehensive policy paper of the 1930's. Entitled "The Future Reorganization of the British Army" and completed on 9 September 1935, it was a document of some 38 typescript pages, sweeping in its scope, penetrating in many of its insights and remarkably prescient in some of its predictions. Part 1 analysed the lessons of the 1914-18 war, gave an account of developments in weapons, tactics and military organization since the war, offered a lengthy scenario of the possible future course of a war with Germany and then drew conclusions as to how a British Field Force should be trained and equipped for a Continental

42 Hobart to Liddell Hart, 24 July 1934, LHCMA, Liddell Hart mss 1/376/7.

43 "The formation of a Mobile Division", Minute 1, 15 October 1934, NA WO 32/2847. Harris, Men, Ideas and Tanks, pp. 257-264.

44 "Interim Report", DRC 25, NA CAB 16/112; "Third Report" (DRC 37), 21 November 1935, "Introductory", para. 5, NA CAB 16/112.

role. Part 2 discussed peace commitments of the army, possible secondary (i.e. non-Continental) war commitments, and the organization of the Territorial Army (the army's part-time, volunteer reserve forces). In Part 3 general conclusions were drawn.[45]

This paper was drawn up on Montgomery-Massingberd's orders and signed by him and we may be sure that it reflected his thinking as CIGS, though he was not necessarily its sole or even its principal author. It is possible that several individuals had a hand in drafting it. The purpose of the document seems to have been to aid clarity of thought within the War Office and to ensure that everyone was working on the same lines. Though circulated to the entire Army Council, its ideas were not presented in quite the same form to inter-departmental bodies such as the DRC, or to the Cabinet.[46]

The introduction spelt out that, though it was impossible to ignore "tasks performed in peace, particularly in our garrisons abroad" which had to be continued, "often in an intensified form", in war, the main emphasis of the paper was war against a first-class power in Europe.[47] In an analysis of the lessons of the First World War, which appears to have drawn upon the report of the Kirke Committee,[48] the General Staff emphasised the "relative superiority of defensive weapons and tactical methods over those of the attack" and especially the power of the machine gun. Yet the General Staff also recognized that, in the final phase of the war, the balance between attack and defence had begun to change and recognized the part that tanks and aircraft had played in this. "The tank provided the most efficient means yet discovered of dealing with wire obstacles and with rifle and machine gun fire. The employment of tanks when available in large numbers, greatly assisted the impetus of the attack.

The use of aircraft enabled the offensive to be carried beyond the battle zone and in the enemy's country. The effect of this development on the armies was, at first, chiefly felt in the increased facilities afforded for observation and reconnaissance, in the restrictions consequently imposed on movement by daylight and in the more efficient direction of artillery fire. There was, towards the end of the war, however, an increasing tendency to use aircraft for offensive operations against the enemy's rearward organization. It can hardly be claimed that the potentialities of an air striking force acting in conjunction

45 "The Future Reorganization of the British Army, 9 September 1935, NA WO 32/4612.
46 Minutes 1-10, NA WO 32/4612.
47 "Future Reorganization", Introduction, NA WO 32/4612.
48 "Report of the Committee on the Lessons of the Great War", 13 October 1932, NA WO 33/1297.

with land operations were ever fully developed, although there were significant instances of effective action against lines of communication and retreating troops."

The main difficulty for the attacking side in the fighting of 1918 had been that of "exploiting a breakthrough." Cavalry, which had performed this role in other theatres, was rarely able to perform it on the Western Front. But means to overcome this problem were now available: "It seems reasonable to assume that suitable mechanized and armoured formations acting in cooperation with [...] aircraft could have achieved it."[49] The General Staff regarded "the introduction of a self-contained armoured formation into our field army" (a reference to the Tank Brigade) as one of the most important developments since 1918, recognized that by the mid-1930's armoured vehicles were "capable of operations widely differing from the close support of infantry for which tanks were originally produced" and went on to indicate that the combined use of armour and airpower would give the Germans their best chance of success in the next war.[50]

The General Staff's "Forecast of the opening stages of a war with Germany" pointed out that, "The Great War has left a firm conviction amongst European nations that a long drawn-out struggle is disastrous even for the victor". There were indications that Germany would make "strenuous efforts" to obtain "an early decision" and that the German Army was training for mobile operations to that end. The attitude of the French Army at the outbreak of war was expected to be defensive and in these circumstances the Germans would have three possible strategies for achieving a swift victory. They could launch a sudden attack with a small, highly trained, highly mobile force on a selected portion of the French defences on the Franco-German border (to initiate a breakthrough there) or by-pass these defences with a sweep through Switzerland or through the Netherlands and Belgium.

It seemed most likely that the Germans would seek victory through the Low Countries. In 1935 the British General Staff believed that the Germans would violate Dutch neutrality as well as pushing forces through Belgium. It was considered important to British security that at least some western parts of both countries be kept out of German hands. The initial role of the British Field Force would be to provide sufficient moral and material support to allies to prevent these areas (and ultimately northern France) being overrun by the Germans. To this end it was considered essential to ensure the swift despatch

49 "Future Reorganization", Part 1, "Main characteristics of the war 1914-18", NA WO 32/4612.

50 "Future Reorganization", Part 1, "Tendencies Between 1918 and 1935", para. 3, NA WO 32/4612.

of at least the first contingent of the Field Force, including four infantry divisions and one mechanized mobile division. The General Staff envisaged the role of this force as being strategically defensive though it might be possible to adopt the tactical offensive at times. If Franco-British forces prevented the Germans from achieving the early victory they would seek, then, after a period of rough equilibrium, the allies might be able to take the offensive.[51]

The British General Staff's concept of the use of airpower in the next war is particularly interesting. As early as the first DRC report, it was evident that the General Staff had devoted considerable thought to this matter and had come up with ideas radically different from those of the RAF. The Air Staff's emphasis was on the strategic use of airpower: on the bombing of enemy cities and industry and on the defence of the British homeland against German air attack. The General Staff thought that the scale of air attack on Britain would be very limited until the Germans had disposed of France. The British General Staff agreed with its French and German counterparts that the targets the Germans would select for air attack in the early stages of a war would conform to the objectives of the field armies, "air action being directed against enemy air bases [...] railway nodal points and concentration areas". In all probability the object would be to "paralyze the enemy's movements [...] and administrative systems and to make possible a breakthrough by highly mobile land forces".[52] This was, of course, a very accurate prediction of how the Germans would use their airpower in the early stages of the Second World War.

The British General Staff, therefore, believed it essential to establish "at the outbreak of war and in conjunction with allied armies" an effective system of air defence on the Continent.[53] The General Staff considered the existing state of relations between the British Army and the RAF to be extremely unsatisfactory and remarked in a sentence that would doubtless have horrified the Air Staff, that: "It may be necessary to examine the question of whether system analogous to that of the Fleet Air Arm [the air branch of the Royal Navy, operating aircraft flown from carriers] would not give better results."[54] In the conclusion to this broad-ranging paper, the General Staff reaffirmed its commitment to a Continental strategy. The aim was "to reorganize the Regular

51 "Future Reorganization", Part 1, "Probable conditions of our entry into a European war and forecast of the type of force required", paras. 1-4, NA WO 32/4612.

52 "Future Reorganization", Part I, "Forecast of the opening stages of a war with Germany", para. 5, NA WO 32/4612.

53 "Future Reorganization", Part 1, "Probable conditions of our entry ...", para. 8, NA WO 32/4612.

54 "Future Reorganization", Part 1, "Considerations governing the organization and equipment of the Field Force", NA WO 32/4612.

and Territorial Armies on such a scale as will enable them to take part in Continental war".[55]

The Territorial Army consisted mostly of volunteer, part-time troops and constituted reserves for the Regular Army. The subject of its rearmament became one of intense controversy between the War Office and the Treasury. Neville Chamberlain, the Chancellor of the Exchequer and a powerful figure in the government, remained opposed to large-scale spending on the army's rearmament to prepare it for a Continental campaign. In February 1936, after another DRC report, the War Office was allowed to proceed with the rearmament of the Regular Army for a Continental role. But the Cabinet decided to postpone a decision on the rearmament of the Territorial Army for three years.[56] It was in this situation that the Montgomery-Massingberd decided to step down as CIGS. He prepared detailed handing-over notes for his successor,[57] General Sir Cyril Deverell, and Deverell, indeed, generally continued the policies that Montgomery-Massingberd had laid down.

Though the actual rearmament of the Territorial Army for participation in a Continental campaign had been postponed for three years, the War Office made repeated attempts at least to lay down industrial capacity to equip these troops when war broke out. But, after heated controversy, the Treasury blocked that too.[58] Indeed, the Treasury seems to have become increasingly worried about the economic cost of preparing even the Regular Army for a Continental role. Alfred Duff Cooper, Secretary of State for War (1935-1937), who had won the Distinguished Service Order for his gallantry on the Western Front in 1918, supported the idea of a Continental role for the Army in the next war and vigorously fought the War Office's battles with Treasury at ministerial level. But when he became Prime Minister, in May 1937, Chamberlain removed Duff Cooper, sending him to the Admiralty, and replacing him at the War Office with Leslie Hore-Belisha.[59]

Hore-Belisha belonged to the National Liberals, a very small party, in coalition with the Conservatives but very unlikely ever to form a government of its own. Hore-Belisha's whole political future was thus very much in Chamberlain's hands. In October 1937 Chamberlain recommended that Hore-Belisha read part of Liddell Hart's book *Europe in Arms* which cast doubt on the need for a

55 "Future Reorganization", Part 3, "General Conclusions", para. 1, NA WO 32/4612.
56 Peden, British Rearmament, pp. 124-127.
57 "Notes for my successor", LHCMA, Montgomery-Massingberd mss 10/6.
58 Treasury Inter-Services Committee, 37th meeting, 7 October 1936 and 40th meeting, 27 October 1936, NA T161/1316.
59 Bond, British Military Policy, pp. 237-243. Duff Cooper, Alfred, Old Men Forget, London 1953, p. 206.

British Field Force for the Continent.[60] Hore-Belisha was thus left in very little doubt as to the change in policy he was expected to implement. He had little choice but to fall in line if he valued his political career. In December 1937, Hore-Belisha, leaning heavily on the advice of Liddell Hart, with whom he had entered what he termed a "partnership", sacked Deverell, the CIGS, and most of the rest of the Army Council. In an open letter to Deverell, announcing his dismissal, Hore-Belisha gave as his reason the slow progress being made with the Army's rearmament and the need to find a younger man to hurry it along. Deverell was outraged and with good reason.[61] Hore-Belisha was guilty of the grossest hypocrisy.

Deverell was not sacked for failing to push ahead with the Army's rearmament. The real reason for his dismissal was practically the opposite. Chamberlain and the Treasury wanted to save money and industrial capacity by constraining, indeed virtually banning, the rearmament of the Army for a Continental campaign. Complying with this imperative, and advised by Liddell Hart, Hore-Belisha now wanted the Army, while making some preparations for the defence of the British Empire, to focus on the defence of the homeland, especially its defence against air attack. Preparation for action on the Continent would be relegated to the lowest priority. Hore-Belisha explained to the Prime Minister that, under pressure, the CIGS had indicated his willingness to implement such a policy, but, as he obviously did not believe in it, his removal seemed expedient.[62]

The New Army Policy, as the set of priorities decided upon by Chamberlain, Liddell Hart and Hore-Belisha was termed, was formally introduced in January 1938. Unfortunately for Hore-Belisha, General the Viscount John Standish Gort, the new CIGS he appointed to replace Deverell, had no real belief in the policy either. The same applied to Major-General Henry Pownall, the new DMO and I, though Pownall's first major task in his new job was to help Hore-Belisha write the paper in which the details of the new policy were laid out. Gort and Pownall were quickly on very poor terms with Hore-Belisha whom they came to regard as a self-seeking politician, careless of the Army's needs in a likely future war. All those holding key General Staff positions in the War Office in the period 1933-39 seem to have believed that, if the British government wanted to check German expansion on the Continent, it would

60 Peden, British Rearmament, pp. 123-124. On Hore-Belisha's political vulnerability see Ramsden, John, The Age of Balfour and Baldwin, London 1978, p. 329.

61 Minney, Hore-Belisha, pp. 71-76; Bond, British Military Policy, p. 255.

62 Harris, John Paul, Two War Ministers: A Reassessment of Duff Cooper and Hore-Belisha, in: War and Society 6 (1988), pp. 65-78. Minney, Hore-Belisha, p. 69.

have to be prepared to send a Field Force to fight alongside the French Army. In the course of 1938, the General Staff campaigned, with growing vigour, for a reversal of the New Army Policy. But that policy was abandoned, and the General Staff allowed seriously to prepare a Field Force for the Continent, only in February 1939, within seven months of the outbreak of the Second World War.[63]

Liddell Hart is generally regarded as one of the leading advocates of armoured warfare and Hore-Belisha has often been portrayed as a great reforming Secretary of State for War. But one of the effects of their New Army Policy was to make it much more difficult for the British Army to develop its armoured forces. The War Office's tank programme was an area in which Chamberlain and the Treasury particularly sought cuts, and Hore-Belisha was happy to offer them.[64] Indeed, in October 1937, while formulating the policy, he had suggested to Liddell Hart that the Royal Tank Corps be abolished. Liddell Hart was not in favour of going so far, but neither does he appear to have opposed cutting back the tank programme.[65]

The General Staff, however, retained from 1934 to the outbreak of war, through the vicissitudes of Cabinet policy, a commitment to develop a Field Force capable of taking on a first-class opponent and including a substantial proportion of armour. Montgomery-Massingberd, had, as we have noted, established the 1st Tank Brigade as a permanent formation in November 1933 and had taken the decision to establish a mechanized Mobile Division (which would probably include the Tank Brigade), to replace the Cavalry Division, in October 1934. In the broad ranging "Future Reorganization" paper of September 1935, the General Staff had indicated that, in addition to the Mobile Division (which later evolved into the 1st Armoured Division) it wanted four Army Tank Battalions in the first contingent of the Field Force – one per infantry division. These battalions, equipped with heavily armoured but relatively slow-moving Infantry or "I" tanks (in contrast with the faster-moving Medium or Cruiser tanks of the Tank Brigade) were intended for close co-operation with the infantry in the assault. Mechanization, indeed, was the keynote of the General Staff's policy on the Field Force, from Montgomery-Massingberd's time onwards. The transport of all the infantry divisions was to be mechanized

63 Bond, British Military Policy, pp. 262-302. Bond, Brian (Ed.), Chief of Staff: Diaries of Sir Henry Pownall, Vol. 2, London 1972, pp. 130-133, 141-142.

64 Hore-Belisha to Chamberlain, 31 January 1938 and rely from Chamberlain's office to Hore-Belisha's private secretary, 2 February 1938, NA PREM 1/241.

65 "Talk with Hore-Belisha", 19 October 1937, LHCMA, Liddell Hart mss 11/HB 193757b.

and the General Staff intended to have enough motor transport with the first contingent of the Field Force to lift an entire division if required. At the same time the General Staff moved relentlessly toward the complete mechanization of the cavalry of the line, most of these regiments being put into light tanks.[66]

After the introduction of the New Army Policy the General Staff fought to hang on to as much as possible of its tank programme by playing up the Italian threat to Egypt from Libya. This was a ploy with which it had a certain degree of success, though the Treasury knew full well that the General Staff really wanted the armour for the Continent, and though Sir Warren Fisher of the Treasury privately dismissed the whole idea of a desert war as "merely silly".[67]

It is true that, at the outbreak of the Second World War, British armoured forces were desperately weak. This was not, however, primarily owing to any lack of vision on the part of the General Staff. The very low priority which the Cabinet gave to the British Army's rearmament, the virtual ban between December 1937 and February 1939 on preparations specifically made for a Continental campaign, the financial stringency imposed by the Treasury and the consequent difficulty in expanding the very restricted specialist armament industry, were the main problems.[68]

That the General Staff remained fully aware of the importance of armour is easy to prove. The General Staff took great interest in the development of armoured forces in Germany. MI3's appreciations tended to lack detail on the technical side because of German security measures, but they contained fairly good analyses of German thinking about armour. It seems evident that these were studied at the highest levels within the British General Staff.[69] Lord Gort, the CIGS, sent a minute to Hore-Belisha in November 1938 that: "there is no doubt that the German General Staff have great expectations from armoured forces. There are a number of interesting publications by responsible military authors on the strategy and tactics of armoured formations which give a reasonably clear picture of the present German doctrine on this subject. The Germans believe that the power of penetration and mobility of the older arms is not sufficient to enable them to carry an attack so rapidly and to such depth into the enemy organization that he will not have time to take countermeasures. This, the Germans claim, can only be achieved by armoured formations.

66 Harris, Men, Ideas and Tanks, pp. 257-263.

67 "Proceedings of a meeting held in CIGS's room", 23 December 1937, NA WO 32 4441 and Peden, British Rearmament, p. 143.

68 Harris, Men, Ideas and Tanks, pp. 305-330 and 318-319.

69 Harris, British Military Intelligence, pp. 395-417.

German principles of employment of such formations are based on three requirements:
a) suitable ground
b) surprise
c) large masses
A tank attack is envisaged in successive waves, biting deep into the enemy defences. Speed is the essence of such an attack. The Germans insist, however, that the role of the armoured formations is to clear the way for the other arms and that only by co-operation with them can decisive results be achieved. The armoured units punch holes through which the other arms can penetrate."[70]

This analysis might be criticised in some details. Yet, generally, it was a fair account of the most advanced German military thought on armoured warfare. In other pre-war analyses Gort showed himself clearly aware of the importance some German thinkers attached to airpower as a means of facilitating the operations of armoured forces.[71] He thus understood well enough the operational methods the Germans were likely to employ in an offensive on their western front. For most of his period as CIGS, however, the General Staff was virtually banned from making specific preparations for a Continental campaign and he did not access to the funds or the industrial capacity necessary to build the sort of British armoured forces which might have been able to counter German offensive methods successfully.

5. Conclusion

We may conclude that the British General Staff's firm conviction, in the period 1933-39, was that it was vital to prepare a British Field Force for the Continent and that this policy was perfectly logical in the circumstances. If the British government wished to check German expansion on the Continent, it would need an ally with a substantial army. France was the only such country with which the British found it at all possible to co-operate. But the French were unlikely to go to war to check Germany's eastward expansion without the assurance of British military support on land and if, in whatever fashion, a Franco-German war came about, there was every reason to expect that the French would request and probably require British military assistance. The British General Staff consistently rejected the argument put forward by Liddell

70 Gort to Hore-Belisha, 21 November 1938, WO 190/723.
71 Gort to Liddell Hart, 31 October 1937, LHCMA, Liddell Hart mss 1/322/52(a); Harris, Men, Ideas and Tanks, p. 295.

Hart that the defence was so strong on land that it would be virtually impossible for the Germans to achieve decisive results in an attack on France.[72] As early as 1935 the British General Staff was aware that the Germans were training for mechanized, mobile operations and described, quite prophetically how air forces might be used to aid a breakthrough by mechanized ground forces.

The British General Staff realized that the capture by Germany of the Low Countries and France would have grave consequences for Great Britain in terms of its sea communications and air defence. Such a disaster would mean the German domination of most of Continental Europe and Great Britain's ability to survive over the long term as a truly independent state would be severely jeopardized. Up to 1939 no-one could predict with any certainty Hitler's decision to attack Russia or his declaration of war on the United States, events which, taken together, would help rescue the British from an otherwise virtually unwinnable war. Up to September 1939, assuming the British government did wish to limit German expansion on the Continent, the British General Staff was, therefore, entirely correct to insist on the preparation of a British Field Force to fight alongside the French Army.

Even considering the enormous difficulties under which it laboured, the British General Staff, and the other military branches of the War Office with which it worked, might (to adopt the somewhat schoolmasterly tone to which historians are prone) have done better. Staff procedures in formation headquarters might have been streamlined on the German model. An easily portable, belt-fed machine gun (like the German MG 34) might have been adopted instead of the magazine-fed Bren gun and more powerful mortars might have been procured: measures which would have significantly enhanced infantry firepower.[73] The tank situation might have been somewhat improved if more attention had been paid to what manufacturers could produce competently and less to what users thought they required.[74] The procurement of more and better radios should have been a greater priority.[75] But the British General Staff was by no means as stupid as it has often been portrayed. It can hardly be blamed for having failed adequately to prepare the British Army to meet with the Germans on the Continent. It was never allocated the necessary resources and, during a really critical pre-war period, its own government virtually banned it from doing so.

---

72 Mearsheimer, Liddell Hart, pp. 112-123. Bond, British Military Policy, pp. 111-326.

73 French, Raising Churchill's Army, pp. 81-121, 164-165.

74 Ogorkiewicz, Richard, Armour, London 1960, p. 154; Harris, Men, Ideas and Tanks, pp. 237-240.

75 French, Raising Churchill's Army, pp. 165-166.

Vom Feldstab zum Generalstab – der Stab der Roten Armee zwischen dem Ende des russischen Bürgerkrieges und der Mitte der 1930er-Jahre

Matthias Uhl

Der vorliegende Beitrag wirft ein Streiflicht auf die Entwicklung des „Generalstabes“ der Roten Armee zwischen 1920 und 1935, auch wenn diese Institution aus ideologischen Gründen nicht so bezeichnet werden durfte. Beschrieben wird die Suche nach einer optimalen Struktur des Stabes, um den Aufgaben der Roten Armee nach dem Ende des blutigen Bürgerkrieges gerecht zu werden. Zugleich wird diskutiert, wie die Reformbestrebungen in den sowjetischen Streitkräften Mitte der 1920er-Jahre zu entsprechenden Änderungen bei Struktur und Aufgaben des Stabes der Roten Armee führten. Am Ende dieser Entwicklung stand schließlich Mitte der 1930er-Jahre die Errichtung des Generalstabes der Roten Armee. Abschließend werden noch die Pläne des Stabes der Roten Armee für den Verteidigungsfall skizziert.

Die Geschichte der Roten Armee und ihres Stabes ist auf das engste mit der Geschichte des Aufbaus der Sowjetunion verbunden. Von allen Seiten bedroht, entschloss sich die junge Sowjetführung Ende Januar 1918 zur Gründung einer Sozialistischen Roten Arbeiter- und Bauernarmee, allgemein als Rote Armee bekannt. In Abgrenzung von der Armee des Zaren gab es bis 1935 keine militärischen Titel sowie weder Dienst- noch Rangabzeichen. Zunächst als freiwillige Milizarmee gedacht, erforderte die Härte des Bürgerkriegs die Abkehr von dieser Idee und damit den Aufbau regulärer Streitkräfte. Umfasste die Rote Armee 1918 knapp 200.000 Mann, so stieg die Zahl ihrer Soldaten bis 1920 auf über fünf Millionen. Für deren Führung mussten Offiziere aus der Zarenzeit als „Militärspezialisten“ eingesetzt werden, die jedoch streng von politischen Militärkommissaren überwacht wurden. Für die Militärverwaltung existierte der Revolutionäre Militärrat der Republik, an dessen Spitze der Volkskommissar für Militärangelegenheiten stand. Dem Revolutionären Militärrat der Republik war der Feldstab der Roten Armee angegliedert, der den Kampf an den verschiedenen Fronten des Bürgerkrieges koordinierte.[1]

1 Vgl. Löw, Heinz Dietrich/Schramm, Gottfried, Die Streitkräfte, in: Schramm, Gottfried (Hrsg.), Handbuch der Geschichte Russlands, Band 3: 1856-1945, von den autokratischen Reformen zum Sowjetstaat, Stuttgart 1992, S. 1664-1709, hier S. 1681-1685. Zum Feldstab siehe: Dajnes, V.: Organizacija i metody raboty Polevogo štaba Revvoensoveta Respubliki [Organisation und Arbeitsmetoden des Feldstabs des Revolutionären Militärrats der Republik], in:

 | DOI:10.30965/9783657791958_012

1. Die Jahre 1920 bis 1923

Die während des russischen Bürgerkriegs eingerichteten zentralen militärischen Führungsstrukturen waren nach dessen Ende nicht mehr in der Lage, den Anforderungen der Roten Armee unter Friedensbedingungen gerecht zu werden. Viele Institutionen aus der Kriegszeit hatten ihre Bedeutung verloren, während andere nun sowohl in ihrer Struktur als auch in ihrer Funktion grundlegend verändert werden mussten. Zum Ende des Bürgerkriegs, Mitte 1921, gehörten zum Feldstab des Revolutionären Militärrates der Republiken, so die damalige Bezeichnung des Generalstabes der Roten Armee, rund 11.000 Generale, Offiziere und Soldaten, hinzu kamen weitere 9000 Rotarmisten und Arbeiter, die dem Feldstab als Unterstützungs- und Versorgungskräfte zugeteilt waren.[2] Mehr als 1000 seiner Offiziere hatten ihre Generalstabsausbildung noch an der Zar-Nikolai-Militärakademie des Russischen Imperiums erhalten.[3] Für den Unterhalt dieses überdimensionierten Apparates waren umfangreiche Summen aufzuwenden, die einen beträchtlichen Teil des begrenzten und angespannten Haushalts des Volkskommissariats für Verteidigung ausmachten. Zudem mussten unter den Bedingungen der Reduzierung der zahlenmäßigen Stärke der Roten Armee – deren Truppenzahl bis 1923 auf rund 610.000 Mann sank – die Führungsorgane an die nun herrschenden Friedensbedingungen angepasst werden. All dies erforderte eine radikale Reform der bisherigen Führungsstrukturen. Diese Notwendigkeit ergab sich auch aus dem bevorstehenden Umbau der sowjetrussischen Streitkräfte zu einer Territorial- und Milizarmee.[4]

Die politisch-militärische Führung Sowjetrusslands sah eines der Hauptfelder der bevorstehenden Reorganisation der Roten Armee in der Schaffung und Entwicklung eines militärischen Führungsorganes, das in der Lage sein würde, gleich zwei Probleme erfolgreich zu lösen: Erstens, die Gewährleistung der zuverlässigen Verteidigung des Staates nach außen und zweitens, die Sicherstellung des militärischen Aufbaus der Streitkräfte in Friedenszeiten.

Voenno-istroričeskij žurnal 5 (1984), S. 83-87; Erickson, John, The Soviet High Command. A Military-Political History, 1918-1941, London 1962, S. 53-83.

2 Vgl. Auskunftsschreiben der administrativen Verwaltung des Volkskommissariats der Seekriegsflotte zur Geschichte des Zentralapparates der Militärführung von 1917-1928, 28.6.1928, RGVA [Russisches Staatliches Militärarchiv], 4/1/720, Bl. 6.

3 Vgl. Kaminskij, V.V., Oficery Russkoj Imperatorskoj Armii v korpus „kransogo“ General'nogo Štaba. Personal'nyj sostav, služebnaja zanjatost', specifika ličnych sudeb (1918-1945 gg.) [Die Offiziere der Kaiserlich-russischen Armee im Roten Generalstabskorps. Personelle Struktur, dienstliche Stellung, Besonderheiten der persönlichen Schicksale]: biografičeskij spravočnik, T. 1: A-Ž, St. Peterburg 2018, S. 53.

4 Vgl. Die sowjetische Militärmacht. Geschichte, Technik, Strategie, Bayreuth 1979, S. 22.

Nach Ansicht der damaligen sowjetrussischen Militärexperten sollten diese Anforderungen am wirksamsten durch einen Generalstab erfüllt werden, der eng an das Vorbild der Führungsorgane der früheren russischen Armee unter dem Zaren angelehnt war.[5] Im Januar 1920 schlug der Bericht „Über die Organisation der Streitkräfte des Landes", der dem Revolutionären Militärrat vorgelegt wurde und vom Oberbefehlshaber der Roten Armee, Sergej S. Kamenev, dem Chef des Feldstabes der Republiken, Pavel P. Lebedev und dem Kommissar des Stabes und Mitglied des Revolutionären Militärrates, Dmitrij I. Kurskij, unterzeichnet worden war, vor, an Stelle des Feldstabes einen Generalstab bzw. Großen Generalstab als höchstes operatives Organ der Armee und der Marine zu bilden.[6]

Da der immer noch tobende Bürgerkrieg eine Entscheidung in dieser Richtung verhinderte, stand Ende 1920 die Frage der Reorganisation des zentralen Führungsapparats der Roten Armee weiterhin auf der Tagesordnung. Sie wurde auf einem Treffen von Partei-, Sowjet- und Militärführern Mitte Dezember erneut erörtert. Der Verlauf der hitzigen Diskussion zeigte deutlich, dass aufgrund des Misstrauens gegenüber dem alten Generalstab der Zarenarmee, der als Rückgrat der Autokratie im Militär galt und der Tatsache, dass die Institution des Generalstabs als Sammelbecken reaktionärer und konservativer Generäle angesehen wurde, die Idee der Schaffung eines entsprechenden militärischen Führungsorgans für die Rote Armee bei den Teilnehmern des Treffens keine Unterstützung fand. Mit der Mehrheit der Stimmen beschloss deshalb das Gremium, ein einziges Zentralorgan im System der militärischen Führung der sowjetrussischen Streitkräfte zu schaffen – den Stab der Roten Armee. Auf die Bezeichnung General- oder Hauptstab wurde dabei bewusst verzichtet, da die politische und militärische Führung Sowjetrusslands eine derartige Benennung als von der Geschichte „überholt" ablehnte.[7]

Im Januar 1921 verabschiedete schließlich das Zentralkomitee der kommunistischen Partei Russlands/Bolschewiki (RKP(b)) ein Dekret „Über die Stärkung der Roten Armee". Am 29. Januar 1921 beschloss daraufhin der Revolutionäre Militärrat die Reorganisation des zentralen militärischen Apparates und die Schaffung eines einheitlichen Stabes der Roten Armee. Ihm wurden alle zentralen militärischen Exekutivorgane unterstellt. Am 10. Februar erging schließlich ein entsprechender Befehl zur Zusammenlegung des bisherigen

5 Vgl. General'nyj štab Rossijskoj armii: istorija i sovremennost' [Der Generalstab der russischen Armee: Geschichte und Gegenwart], Moskva 2006, S. 146.

6 Vgl. Zacharov, Matvej V., General'nyj štab v predvoennye gody [Der Generalstab in den Vorkriegsjahren], Moskva 1989, S. 6-7.

7 Ebd., S. 8.

Feldstabes der Roten Armee und des Allrussischen Hauptstabes zu einem Stab unter der Bezeichnung „Stab der Roten Arbeiter- und Bauernarmee“. Es war vorgesehen, dass dieses Hauptquartier neben der Einsatzplanung auch die Gefechtsausbildung und den Dienst der Truppen leiten und sich mit der Organisation, Mobilisierung und Aufstellung von militärischen Einheiten befassen sollte. Das heißt, er konzentrierte in seinen Händen sowohl die operativen als auch die administrativen Funktionen der militärischen Führung der Streitkräfte Sowjetrusslands. Ferner fungierte der Stab der Roten Armee als Vollzugsorgan des Revolutionären Militärrates und zeichnete für die Organisation der Streitkräfte verantwortlich.[8] Generalmajor Lebedev, ein ehemaliger Adliger und russischer Generalstabsoffizier der Zarenarmee, der über beträchtliche Erfahrung in der Stabsarbeit verfügte – er hatte während des Ersten Weltkrieges als Generalquartiermeister des Stabes der russischen Westfront fungiert und war maßgeblich an der Planung der meisten strategischen Operationen während des Bürgerkriegs beteiligt gewesen – wurde zum Stabschef der Roten Armee ernannt. Der General erwies sich als entschiedener Befürworter der Zentralisierung der militärischen Führung, da dies seiner Meinung nach durch die Notwendigkeit bedingt war, „Ausführung und Idee in einer Hand zu vereinen“.[9]

Der neu geschaffene Stab der Roten Armee setzte sich 1921 aus den folgenden Verwaltungen und Abteilungen zusammen: operativer Einsatz, Organisation, Mobilisierung, Ausbildung und Truppenschulung, innerer Dienst sowie höheres Führerkorps. Außerdem gehörten zum Generalstab, der so jedoch nicht heißen durfte: die Zentralverwaltung für militärisches Transportwesen, die Hauptverwaltung für militärische Bildungseinrichtungen, die Verwaltung für das Nachrichtenwesen der Roten Armee, die Verwaltung des militärtopographischen Korps sowie die Verwaltungs- und Wirtschaftsverwaltung und zahlreiche andere Abteilungen. Der Stab der Roten Armee unterstand über den Oberbefehlshaber aller Streitkräfte der Republik dem Volkskommissar für Verteidigung.

Die operative Verwaltung des Stabes der Roten Armee hatte laut den entsprechenden Vorschriften die Aufgabe, sich allgemeinen Problemen der Landesverteidigung zu widmen, den Ausbau und die Versorgung von Festungen und befestigten Räumen zu organisieren, die operativen und strategischen Aktivitäten der Armee- und territorialen Bezirksstäbe zu bündeln und zu leiten, militärstatistisches und militärgeographisches Material sowie Informationen über die Verteidigungsfähigkeit ausländischer Staaten zu sammeln

8 Vgl. Die Streitkräfte der UdSSR. Abriss ihrer Entwicklung von 1918 bis 1968, Berlin 1974, S. 216.

9 Zit. nach General'nyj štab Rossijskoj armii: istorija i sovremennost', S. 148.

und auszuwerten. Ferner sollte sie aber auch Gefechtspläne für die Truppen erstellen, Personalakten führen und den Generalstabsdienst betreuen. Mitte 1922 verblieben im Bestand der operativen Verwaltung allerdings nur noch die Operationsabteilung, die Abteilung für Pioniersperren sowie die Abteilung für Kartografie und Druck. Im Herbst 1922 wurde die operative Verwaltung sogar auf den Status einer Abteilung herabgestuft. Im Frühjahr 1921 erfolgte schließlich durch die Zusammenlegung der Verwaltung für Registratur sowie der operativen Aufklärungsverwaltung die Schaffung der Verwaltung Aufklärung der Roten Armee, die direkt dem Chef des Stabes der Roten Armee unterstellt wurde. Sie hatte sowohl den strategischen militärischen Nachrichtendienst, wie auch die Truppenaufklärung zu organisieren, zu beaufsichtigen und durchzuführen.[10]

Im Mai 1921 verabschiedete das Politbüro der kommunistischen Partei schließlich einen Beschluss hinsichtlich der Reorganisation der Volkskommissariate für Militär- und Seekriegsangelegenheiten der Russischen Föderativen Sowjetrepublik. Dieser legte gleichzeitig eine neue Struktur des Stabes der Roten Armee fest und erweiterte dessen Aufgaben nochmals beträchtlich. Wie bisher blieb der Chef des Stabes direkt dem Oberbefehlshaber der Roten Armee unterstellt. Der Stab der sowjetrussischen Streitkräfte bestand jetzt aus 18 Verwaltungen und Abteilungen und hatte ein äußerst breites Aufgabenspektrum zu bewältigen, das mit der Bearbeitung von Schlüsselfragen zur Organisation der Landesverteidigung, der allgemeinen Grundlagen der Streitkräfte, der Führung der Truppenverbände, deren Bewaffnung und Ausstattung, Gefechtsausbildung sowie weiteren militärischen Grundsatzproblemen verbunden war. Die erhöhte Arbeitsbelastung, die der Stab der Roten Armee im Allgemeinen und seine Verwaltungschefs im Besonderen nun zu bewältigen hatten, während das Personal um mehr als 60 Prozent reduziert worden war, führte zu einer Verringerung der Effizienz der Truppenführung.[11] Der Stab der Roten Armee sah sich deshalb nicht in der Lage, die große Zahl der ihm übertragenen Aufgaben zu bewältigen und zeigte sich, wie es der sowjetische Militärtheoretiker Michail V. Frunze formulierte, in seiner Arbeit „überlastet".[12] Das höchste Führungsorgan der Streitkräfte sei nicht nur mit der Lösung von Kleinigkeiten des militärischen Alltags, sondern auch mit zahlreichen weiteren Problemen überbeansprucht und „diese Überforderung erlaubte es ihm

10 Vgl. Bezymenskij, Lev A., Sovetskaja razvedka pered vojny [Die sowjetische Aufklärung vor dem Krieg], in: Voprosy istrorii 9 (1996), S. 78-90, hier S. 79-80.

11 Vgl. Zacharov, General'nyj štab, S. 22.

12 Frunze, Michail V., Sobranie sočinenij v 3 tomach [Sammlung von Schriften in drei Bänden], tom 2, Moskva 1926, S. 31.

fast nicht, den Fragen der allgemeinen Ordnung der Landesverteidigung die entsprechende Aufmerksamkeit zu schenken".[13]

Gleichzeitig wurden jedoch eine ganze Reihe wichtiger Funktionen, die zuvor in die Zuständigkeit des Generalstabs der russischen Armee gefallen waren, nicht mehr vom Stab der Roten Armee, sondern von anderen militärischen Stellen wahrgenommen. Die direkte Führung von Truppengattungen, Fronten, einzelnen Armeen und Militärbezirken durch den Oberkommandierenden der Roten Armee führte zudem zu Doppelarbeit bei der Planung und Verwaltung der Gefechtsausbildung der Truppen, ihrer Versorgung und bei anderen Fragen.[14] Trotz der oben beschriebenen Maßnahmen zur Reorganisation des Stabes der Roten Armee blieben die erheblichen Mängel in seiner Tätigkeit bestehen. Diese Schwierigkeiten waren größtenteils darauf zurückzuführen, dass der zentrale Führungsapparat des sowjetischen Militärs ohne einen vorher ausgearbeiteten und abgestimmten Plan eingerichtet wurde. So äußerte der politische Inspektor der Kavallerie, Efim A. Ščadenko, die Meinung, dass „der Führungsapparat nicht nach einem entsprechend ausgearbeiteten Plan geschaffen wurde, sondern weil die Fronten diese oder jene Forderungen vorbrachten. Deshalb war er [in seiner Struktur, M.U.] auch willkürlich".[15]

Als besonderes Kennzeichen des Militärapparats der Roten Armee erwies sich seine übermäßige Zentralisierung, die dessen jeweiligen Organe, vor allem aber den Stab der Roten Armee und seinen Chef, überlasteten und gleichzeitig das Verantwortungsbewusstsein der ihm untergeordneten Organisationen und Personen einschränkte. Als weitere Nachteile erwiesen sich die zunehmende Distanz zwischen dem zentralen militärischen Apparat und der Truppe sowie das wachsende Misstrauen der unteren Ebenen der Streitkräfte gegenüber den höheren Führungsstrukturen. Dieses wurde nicht zuletzt durch den starren Führungsstil und die bürokratischen Attitüden der alten Offiziere aus der Zarenarmee begünstigt, die einen beträchtlichen Teil des Personals innerhalb des Führungsapparats wie auch im Stab der Roten Armee ausmachten. Zwischen 1922 und 1930 dienten im Stab der Roten Armee immerhin noch 929 ehemalige Generalstabsoffiziere der Kaiserlichen Armee. Ein weiterer Grund für die Schwierigkeiten der Arbeit des höchsten Führungsorgans war das Fehlen einer stimmigen Konzeption zu den wichtigsten Fragen des militärischen Aufbaus der Streitkräfte der UdSSR in den ersten Nachkriegsjahren. Zudem

13 Frunze, Sobranie sočinenij, tom 2, S. 10.

14 Vgl. General'nyj štab Rossijskoj armii, S. 150.

15 Vgl. Protokoll der erweiterten Sitzung der Kommission des Plenums des Revolutionären Militärrates zur Reorganisation des Militärapparates der Roten Armee, 8.2.1924, RGVA, 4/1/74, Bl. 54-55.

mangelte es an entsprechenden militärischen Dienstvorschriften und Richtlinien, die die Tätigkeit der Führungsstrukturen, Verbände und Einheiten regelten; auch die systematische Gefechts- und Einsatzausbildung der Truppe erfolgte deshalb nur unzureichend.[16]

Die politische Führung der Ende 1922 gegründeten Sowjetunion erkannte deshalb, dass zur Verbesserung der Verteidigungsfähigkeit des Landes eine umfassende Militärreform notwendig war, die die Kampfkraft der Roten Armee beträchtlich steigern sollte. Hierfür erwies es sich als unerlässlich, die Führungsorgane der Streitkräfte organisatorisch zu stärken und die Qualität ihrer Tätigkeit zu verbessern. In diesem Zusammenhang beschloss das Plenum des Zentralkomitees der RKP(b) am 14. Januar 1924 die Einsetzung einer hochrangigen militärischen Sonderkommission, an deren Spitze der Berufsrevolutionär und Sekretär der Zentralen Kontrollkommission der Partei, Sergej I. Gusev, stand, um die Ursachen für die zahlreichen Probleme in den Streitkräften zu ermitteln.[17] Das Ergebnis der Revision stellte sich mehr als alarmierend dar: „Gegenwärtig haben wir keine organisierte, ausgebildete, politisch geschulte und mit Mobilmachungsmaterial ausgerüstete Rote Armee. In ihrem jetzigen Zustand sind die Kräfte der Roten Armee nicht einsatzfähig."[18] Das Gremium führte diesen unhaltbaren Zustand in erster Linie auf die unbefriedigende allgemeine Verwaltung und Führung der Streitkräfte zurück, sowohl durch den Revolutionären Militärrat, dessen Tätigkeit durch keinerlei Vorschriften geregelt war, als auch durch den Stab der Roten Armee.

2. Der Stab der Roten Armee und die Streitkräftereform von 1924/25

Am 3. Februar 1924 diskutierte schließlich ein Plenum der RKP(b) die Schlussfolgerungen der Arbeit der Militärkommission. In den Reden der Teilnehmer wurde die Tätigkeit der Streitkräfte der UdSSR und des Stabes der Roten Armee scharf kritisiert. Insbesondere Frunze führte hierzu aus: „Der Stab hatte im besten Fall keine Zeit, die notwendigen Arbeiten durchzuführen, verschwendete seine Ressourcen für Kleinigkeiten und übte keine richtige Führung aus, was sich schmerzlich auf die Armee auswirkte und bei den unteren Kommandoebenen den Eindruck erweckte, dass es kein System, keine Festigkeit und

16 Vgl. General'nyj štab Rossijskoj armii, S. 152.; Kaminskij, Oficery Russkoj Imperatorskoj Armii, S. 53.

17 Vgl. Geschichte der Kriegskunst, von einem Autorenkollektiv unter der Leitung von B.W. Panow, Berlin 1987, S. 99.

18 Zit. nach: KPSS i stroitel'stvo Sovetskich Vooružennych Sil [Die KPdSU und der Aufbau der sowjetischen Streitkräfte], Moskva 1967, S. 137.

keine Ordnung in der Führung gab. Die Arbeitsweise des Stabes und des Revolutionären Militärrats ist zu bürokratisch und beamtenhaft, was entschlossen bekämpft werden muss. Mir ist klar, dass eine gründliche Auffrischung der Führung unserer zentralen Organe notwendig ist, ohne die man kaum auf eine Verbesserung der Situation hoffen kann."[19]

Die daraufhin von der sowjetischen Staatsführung verabschiedeten Maßnahmen zur Reorganisation des Zentralapparats der militärischen Führung der Roten Armee wurden schließlich im Befehl Nr. 446/96 des Revolutionären Militärrats vom 28. März 1924 festgelegt. Als eine der wichtigsten Maßnahmen erwies sich die Zerschlagung des schwerfälligen und überdimensionierten Stabs der Roten Armee in drei selbständige Organe, die dem Revolutionären Militärrat der UdSSR unterstellt wurden. Der Stab der Roten Armee zeichnete nun ausschließlich für operative Fragen verantwortlich, seine bisherigen administrativen Aufgaben übernahm ab sofort die neu geschaffene Verwaltung der Roten Armee, während die Zuständigkeit für die Gefechtsausbildung der Truppen fortan bei der Inspektion der Streitkräfte lag.[20] Die Verwaltung – ab Dezember 1924 Hauptverwaltung – der Roten Armee stand unter der Leitung von Nikolaj N. Petin, einem ehemaligen Oberst und Generalstabsoffizier der Zarenarmee. Die Leitung der Gefechtsausbildung sowie der Inspektionen der Roten Armee übernahm der bisherige Oberkommandierende der Streitkräfte der UdSSR Kamenev. Frunze bezeichnete in seinen militärtheoretischen Abhandlungen diese beiden Organe als „Verwaltungsstab" bzw. „Stab für die Gefechtsausbildung der Truppe".[21]

Durch den Befehl Nr. 446/96 stieg der Stab der Roten Armee zum wichtigsten operativen Organ der zentralen Militärführung der sowjetischen Streitkräfte auf. Er hatte eine führende Rolle bei der Vorbereitung des Landes und seiner Streitkräfte auf die militärische Verteidigung zu übernehmen. Deshalb stand vor seinen Offizieren die Aufgabe, entsprechend dem politischen, wirtschaftlichen und militärischen Potenzial der Sowjetunion Einsatz- und Mobilmachungspläne zu entwickeln, Maßnahmen zum weiteren Aufbau der Landstreitkräfte, der Luftstreitkräfte und der Seekriegsflotte, ihrer zukünftigen Entwicklung und für ihren Gefechtseinsatz zu ergreifen. Zugleich waren die Erfahrungen des Ersten Weltkriegs und des Bürgerkriegs auszuwerten und zu

19 Protokoll der Sitzung des Politbüros des ZK der RKP(b) Nr.12, Plenum, 3.2.1924, RGASPI, 17/2/113, Bl. 17.

20 Vgl. Befehl Nr. 446/96 des Revolutionären Militärrates der UdSSR, 28.3.1924, RGVA, 4/3/2154, Bl. 233-234.

21 Frunze, Sobranie sočinenij, tom 2, S. 31-32.

verallgemeinern sowie entsprechende Vorschriften und andere Regelwerke für die Rote Armee zu erarbeiten.

Durch die Abgabe seiner Funktionen in den Bereichen Verwaltung und Ausbildung der Truppen wurde der Stab der Roten Armee nunmehr von Aufgaben entlastet, die zumeist Alltagsfragen der Einheiten und Verbände gewidmet gewesen waren. Entsprechend dem Befehl von 28. März 1924 gliederte sich der Stab der sowjetischen Streitkräfte in sechs Verwaltungen: Operationen, militärischer Nachrichtendienst, Organisation, Mobilmachung, Militärtopographie und Militärtransportwesen. Ferner gehörten zum Stab nun zwei Kommissionen, von denen eine für Mobilmachungsfragen und die andere für Fragen der pioniermäßigen Landesverteidigung zuständig war. Darüber hinaus existierten zwei weitere Abteilungen, die zu Fragen der Befestigung der Kriegsschauplätze sowie zu militärgeschichtlichen Problemen arbeiteten. Die Operationsverwaltung selbst – die wichtigste im Stab der Roten Armee – gliederte sich in die Abteilungen: Strategie, Luftstreitkräfte, Seestreitkräfte sowie pioniertechnische Verteidigung. Von seiner Struktur her entsprach damit der Stab der Roten Armee im Wesentlichen dem Generalstab der russischen Armee zu Beginn des Ersten Weltkrieges.[22] Frunze sah in der Institution deshalb nicht nur einen operativen Stab der Militärführung, der „als Gehirn der Roten Armee arbeiten soll, sondern er soll das militärische Gehirn für unseren Sowjetischen Staat werden".[23] Hierfür waren natürlich auch entsprechende Kader erforderlich. Aus diesem Grund ernannte der Revolutionäre Militärrat am 1. April 1924 Frunze zum neuen Stabschef der Roten Armee. Zu seinen Stellvertretern wurden Michail N. Tuchačevskij – bislang Kommandierender General des westlichen Militärbezirks – und Boris M. Šapošnikov ausgewählt. Letzterer fungierte bereits seit Februar 1921 als stellvertretender Stabschef der Roten Armee.

Tuchačevskij entstammte einer verarmten Adelsfamilie und trat 1912 in das Moskauer Kadettenkorps ein. 1914 schloss er die Smolensker Militärfachschule ab und wurde im Rang eines Unterleutnants an der Westfront eingesetzt. Hier erhielt er, bis er im Februar 1915 in deutsche Kriegsgefangenschaft geriet, insgesamt acht Tapferkeitsauszeichnungen. Nach mehreren Ausbruchsversuchen aus der Gefangenschaft wurde der junge Offizier in die Festung Ingolstadt verlegt. Im Sommer 1917 gelang ihm die Flucht in die Schweiz, von dort aus erfolgte dann seine Weiterreise nach Russland. Hier wurde er schließlich im Oktober 1917 im Rang eines Hauptmanns demobilisiert. 1918 trat er in die Rote Armee ein und kam dort rasch in Kontakt mit dem damaligen Volkskommissar

22 Vgl. General'nyj štab Rossijskoj armii, S. 154.
23 Frunze, Sobranie sočinenij, tom 2, S. 32.

für Militärangelegenheiten, Leo Trotzki, der dem 25-jährigen das Kommando über die 5. Armee übertrug. Im Sowjetisch-Polnischen Krieg von 1920 bis 1921 übernahm Tuchačevskij das Kommando über die Truppen der Westfront, die Niederlage der Roten Armee vor Warschau führte langfristig zum Bruch mit Stalin. Der hatte als politischer Kommissar zusammen mit dem späteren Marschall Semen S. Budennyj die an der Flanke eingesetzte Südwestfront kommandiert und sich geweigert, für die Offensive Tuchačevskijs auf die polnische Hauptstadt seine Kavallerie dem ehemaligen Zarenoffizier zu unterstellen. Im Frühjahr 1921 schlug er dann als Oberbefehlshaber der 7. Armee den Aufstand der Kronstädter Matrosen blutig nieder, im Sommer des gleichen Jahres bekämpfte er mit chemischen Kampfstoffen, Artillerie und Flugzeugen aufständische Bauern im Gouvernement Tambow. Wenig später zum Chef der Militärakademie der Roten Armee ernannt, übernahm er 1922 erneut die Führung der Westfront, aus ihr ging später der Westliche Militärbezirk hervor. 1924 erfolgte schließlich seine Ernennung zum stellvertretenden Stabschef der Roten Armee.[24]

Im Oktober 1924 wurden auf Vorschlag von Tuchačevskij die beiden Verwaltungen für Organisation und Mobilisierung zur Verwaltung für Organisation und Mobilisierung zusammengelegt. Gleichfalls erfolgte noch im gleichen Monat die Eingliederung der Inspektion der sowjetischen Streitkräfte in den Stab der Roten Armee. Die Abteilung für Gefechtsausbildung wurde hingegen aufgelöst.[25] Ende November/Anfang Dezember 1924 überprüfte das erweiterte Plenum des Revolutionären Militärrates die bisher durchgeführten Strukturveränderungen und legte die Aufgaben für den weiteren Aufbau der Roten Armee auf der Grundlage eines gemischten Territorial- und Kaderprinzips fest. In der Entschließung des Plenums hieß es zudem, dass sich die Umstrukturierung der Führungsorgane der Roten Armee auf der Grundlage der Erfahrungen der ersten Arbeitsmonate vollkommen bewährt habe und deshalb nun als abgeschlossen betrachtet werden sollte.[26]

Gleichwohl erfolgten auch im folgenden Jahr vor allem einschneidende Änderungen beim Personal des Stabes der Roten Armee. Am 26. Januar 1925

24 Vgl. Zalesskij, Konstantin A., Imperija Stalina: Biografičeskij ėnciklopedičeskij slovar' [Das Imperium Stalins: Biographisches Lexikon], Moskva 2000, S. 449; Montefiore, Simon S., Stalin. Am Hof des Roten Zaren, Frankfurt am Main 2006, S. 45. Tuchačevskij fiel im Sommer 1937 den Säuberungen Stalins in der Roten Armee zum Opfer.

25 Vgl. Bericht des Chefs der Verwaltung der Roten Armee, Vasilij N. Levičev, an den Revolutionären Militärrat der UdSSR über die durchgeführten Änderungen in der Struktur des Zentralapparates des Volkskommissariats für Militär- und Seekriegsangelegenheiten der UdSSR, 21/24.11.1924, RGVA, 33988/1/582, Bl. 79-80.

26 Vgl. Die Streitkräfte der UdSSR, S. 219.

enthob das Präsidium des Zentralen Exekutivkomitees der UdSSR Trotzki von seinen Ämtern als Volkskommissar für Militär- und Seekriegsangelegenheiten der UdSSR und Vorsitzender des Revolutionären Militärrates der UdSSR. An seine Stelle trat der bisherige Chef des Stabes der Roten Armee Frunze. Wenige Tage später übernahm nun Kamenev, bisher Inspekteur der Roten Armee, den Posten des Stabschefs der Roten Armee. Als Frunze am 6. November 1925 während einer Magenoperation plötzlich und unerwartet verstarb, übernahm der bisherige Befehlshaber des Militärbezirks Moskau Kliment E. Vorošilov dessen Posten als Vorsitzender des Revolutionären Militärrats und des Volkskommissars für Militär- und Seekriegsangelegenheiten. Sieben Tage später wurde Tuchačevskij neuer Stabschef der Roten Armee, während Kamenev nun den Posten des Hauptinspekteurs der Roten Armee antrat.

Zudem wurden 1925 weitere Änderungen in der Struktur der zentralen Militärverwaltung der Roten Armee vorgenommen. Im Februar erweiterte man die bisherige militärhistorische Abteilung des Stabes der Roten Armee zur Verwaltung für das Studium und der Nutzung der Erfahrungen des Krieges. Damit sollten die Erkenntnisse der Auswertung der militärischen Handlungen während des Welt- und Bürgerkrieges ihren Niederschlag in entsprechenden Dienst- und Feldvorschriften finden. Ende des Jahres erfolgte dann erneut die Herauslösung der Inspektionen aus dem Stab der Roten Armee. Als selbständige Organisationseinheit unterstanden sie nun direkt dem Revolutionären Militärrat. Dieser hatte Ende Juni 1925 zudem provisorische Grundsätze für die Arbeit des Stabes der Roten Armee vorgelegt. Zu seinen Aufgaben gehörte nun die Lösung von allgemeinen Fragen der Organisation der Streitkräfte, die Ausarbeitung der Mobilmachungspläne und die Entfaltung der Roten Armee und der Ressourcen des Landes im Verteidigungsfall, das Studium und die Vorbereitung der Kriegsschauplätze sowie der entsprechenden Transportwege, die Führung der Verlegung von Verbänden, Truppenteilen und Einheiten, die Leitung der Gefechtsausbildung sowie der vormilitärischen Ausbildung der Zivilbevölkerung. Hierfür gliederte sich der Stab der Roten Armee nun in folgende Verwaltungen: Operationen, Aufklärung, Organisation/Mobilmachung, Militärtopographie, Militärtransportwesen sowie Studium und Nutzung der Erfahrungen des Krieges. Ferner waren dem Stab das Mobilmachungskomitee sowie das Komitee für die pioniermäßige Landesverteidigung angegliedert.[27]

Im Endergebnis konnte die 1924 angestoßene Reform der zentralen Führungsstrukturen der Roten Armee, einschließlich ihres Stabes, die darauf

27 Vgl. Central'nyj gosudarstvennyj archiv Sovestkoj Armii: Putevoditel' v dvuch tomach [Das Zentrale Staatsarchiv der Sowjetarmee: Archivführer in zwei Bänden], t. 1, Minneapolis 1991, S. 67.

abzielte, die Kampfkraft und die Mobilisierungsbereitschaft der sowjetischen Streitkräfte zu erhöhen, trotz der schwierigen Finanzlage der Sowjetunion erfolgreich durchgeführt werden. Der Umbau des Stabes der Roten Armee erwies sich durchaus als zweckmäßig, da der im Zuge dieser Reform aufgebaute neue Apparat auch in den folgenden Jahren weitgehend bestehen blieb. Die Arbeitserfahrungen sowie die sich verändernde innen- und außenpolitische Situation der Sowjetunion führten jedoch dazu, dass immer wieder wesentliche Korrekturen an der Struktur des Stabes der Roten Armee vorgenommen werden mussten.

Unter dem Eindruck des ständigen Zwangs zur Einsparung von finanziellen Mitteln bei den Streitkräften forderte die politische und militärische Führung des Landes eine weitere Reduzierung des Kommandeursbestands der Roten Armee. Dieses Ziel sollte durch eine entsprechende Anpassung der vorhandenen Strukturen erreicht werden. Zugleich wollte die Streitkräfteführung damit auch der Existenz von parallelen Organisationen und der damit verbundenen Doppelarbeit beim Stab sowie der Hauptverwaltung der Roten Armee ein Ende setzen.[28]

1926 gliederte sich der Stab der Roten Armee nun in die I., II., III. und IV. Verwaltung sowie die Abteilung Wissenschaft und Vorschriften. Die I. Verwaltung (Operationen) beschäftigte sich mit strategischen Fragen, mit Problemen der maritimen und pioniertechnischen Verteidigung des Landes sowie mit dem allgemeinen Stabsdienst. Die II. Verwaltung (Organisation und Mobilmachung) erstellte Mobilmachungspläne, bearbeitete Probleme der Organisation und der Entfaltung der Streitkräfte im Kriegsfall und bemühte sich zudem um die Berechnung und Bereitstellung von Waffen und Gerät für die Armee im Verteidigungsfall. Die III. Verwaltung regelte das Militärtransportwesen in den Streitkräften, während die IV. Verwaltung für den Nachrichtendienst verantwortlich zeichnete.[29] Die IV. Verwaltung wiederum gliederte sich beispielsweise in vier Abteilungen. Der 1. Abteilung unterstand dabei die Truppenaufklärung, während die 2. Abteilung die sogenannte Agenturaufklärung durchführte. Die 3. Abteilung (Information und Statistik) wertete die Spionageinformationen aus und bereitete diese für die Militärführung der Roten Armee auf. Offizielle Verbindungen in das Ausland hielt die 4. Abteilung.[30] Zwischen Oktober 1924 und September 1925 analysierten

28 Vgl. Zacharov, General'nyj štab, S. 32.

29 Vgl. Berchin, Iil'ja B., Voennaja reforma v SSSR (1924-1925) [Die Militärreform in der UdSSR], Moskva 1958, S. 157.

30 Vgl. Kolpakidi, Aleksandr/Prochorov, Dmitrij, Imperija GRU. Očerki istorii rossijskoj voennoj razvedki [Das Imperium der GRU. Abriss zur Geschichte des russischen Militärgeheimdienstes], Bd. 2, Moskva 2001, S. 228.

beispielweise die 59 Mitarbeiter der 3. Abteilung 9851 Agentenlieferungen im Umfang von mehr als 84.000 Blatt sowie 3703 Bücher und Zeitschriften. Über die ausländischen Streitkräfte gab die IV. Verwaltung im gleichen Zeitraum mehr als 27 periodische Schriften sowie 36 Studien und 63 Bücher heraus.[31] Auch in den folgenden Jahren hielt der ständige Zustrom an nachrichtendienstlichem Material, vor allem aus Westeuropa, weiter an. Zwischen 1925 und 1926 gingen bei der IV. Verwaltung insgesamt 16.071 Lieferungen von Spionagematerial im Umfang von rund 250.000 Blatt ein.[32]

Die Hauptverwaltung der Roten Armee übernahm hingegen die Leitung der Gefechtsausbildung und die Inspektion der Truppen, die direkte Mobilisierung der Armee im Verteidigungsfall, die Auffüllung der Einheiten und Verbände mit Personal und zeichnete für alle Fragen des militärischen Alltagslebens der Truppe verantwortlich.[33] Auf den ersten Blick gesehen schienen die Korrekturen bei den einzelnen Strukturen der zentralen militärischen Verwaltungs- und Führungsorgane der Roten Armee folglich zu einer klareren Abgrenzung ihrer Aufgaben und Zuständigkeiten zu führen. Zwei Institutionen der Streitkräfte, der Stab der Roten Armee und deren Hauptverwaltung, vereinigten in vergleichbarem Umfang die Funktionen der Vorbereitung des Landes und der Armee auf die Verteidigung. Gleichzeitig teilten sie sich die Zuständigkeiten für die Verwaltung der Streitkräfte und deren Kontrolle.

Bereits nach kurzer Zeit wurde jedoch deutlich, dass die Zusammenarbeit zwischen der Hauptverwaltung der Roten Armee und ihrem Stab alles andere als koordiniert vor sich ging. Die ständigen organisatorischen Veränderungen im zentralen Führungsapparat, einschließlich seines wichtigsten Bestandteils, des Stabes der Roten Armee, sowie die wiederholte Rückkehr zu früheren Strukturen beweisen das Fehlen einer klaren und in sich geschlossen Konzeption über die Aufgaben und das Wesen eines solchen Stabes. Die Analyse der laufenden Veränderungen zeigt zudem, dass diese hauptsächlich nach dem Prinzip „Versuch und Irrtum" durchgeführt wurden, was nur selten dabei half, die von der Militärführung gewünschten Ergebnisse zu erreichen. Zudem erfolgte eine beträchtliche Verkleinerung des Stabes der Roten Armee. Nicht wenige seiner Verwaltungen und Abteilungen wurden in regelmäßigen Abständen aus seinem Bestand herausgelöst und anderen zentralen Militärverwaltungsorganen, vor allem der Hauptverwaltung der Roten Armee,

---

31 Vgl. Bericht über die Arbeit der 3. Abteilung der IV. Verwaltung des Stabes der Roten Armee im Jahr 1924/25, 7.10.1925, RGVA, 4/2/83, Bl. 1-13.

32 Vgl. Lur'e, V. M./Kočik, V. Ja., GRU. Dela i ljudi [GRU. Angelegenheiten und Menschen], Moskva 2002, S. 46.

33 Vgl. Berchin, Voennaja reforma v SSSR, S. 157.

unterstellt. Diese Praxis führte dazu, dass der Stab der Roten Armee nicht im gewünschten Umfang einen qualifizierten und maßgeblichen Einfluss auf den Prozess des militärischen Aufbaus und der Stärkung der Verteidigungsfähigkeit der Sowjetunion ausüben konnte.[34] Auch die häufigen Personalwechsel an der Spitze des höchsten operativen und strategischen Organs der Roten Armee waren für die Tätigkeit des Stabes nicht eben förderlich. Zwar verfügten alle Stabschefs der Roten Armee über eine entsprechende militärische Stabsausbildung aus der Zarenzeit, reiche Kampferfahrung und hatten zumindest während des Bürgerkriegs auch große Verbände und Gruppierungen der Roten Armee geführt. Jeder von ihnen versuchte zudem, entsprechend seiner eigenen Persönlichkeit und Prägung den Aktivitäten des Stabes der Roten Armee seinen Stempel aufzudrücken. Aufgrund ihrer kurzen Amtszeit in einer solch verantwortungsvollen Position hatten sie jedoch nur selten die Möglichkeit, die von ihnen begonnenen Projekte und Arbeiten zu Ende zu führen.

3. Auf dem Weg zum Generalstab 1928-1935

Nach Abschluss der Reformen Mitte der 1920er-Jahre verfügte die Rote Armee bei einer Mannschaftsstärke von 610.000 Mann über 70 Schützendivisionen, 22 gekaderte Divisionen und sieben territoriale Reserve-Schützenregimenter. Ferner standen den Streitkräften 5640 Geschütze, 698 Kampfflugzeuge, 60 Panzer, 99 gepanzerte Fahrzeuge sowie 42 Panzerzüge zur Verfügung. Die Flotte hatte drei Linienschiffe, vier Kreuzer, zwölf Zerstörer, 15 U-Boote sowie 32 Korvetten in ihrem Bestand. Trotz dieser, zumindest auf dem Papier beeindruckenden Streitmacht, sah sich die sowjetische Führung Ende der 1920er-Jahre aufgrund der von ihr als bedrohlich eingeschätzten internationalen Situation gezwungen, die Rote Armee personell zu vergrößern und mit neuen Waffen auszurüsten. Hierfür legte der Stab der Roten Armee 1927 den Entwurf eines auf fünf Jahre angelegten Plans zum Umbau und zur Neubewaffnung der Streitkräfte der UdSSR vor. Bis 1929 erfolgten verschiedene Präzisierungen, dann wurde das Vorhaben in den seit 1928 laufenden ersten Fünfjahresplan der sowjetischen Wirtschaft integriert. Ziel des Rüstungsprojektes, so der Stab der Roten Armee, sollte allerdings nicht die Erringung der militärstrategischen Überlegenheit über die angenommenen Gegner sein. Vielmehr wurde danach gestrebt, die bisherige Zahl der Schützendivisionen weiter zu erhöhen, die Luftstreitkräfte maximal zu vergrößern, die Feldartillerie, wie auch die schwere Artillerie zu verstärken, eine Luftverteidigung zu organisieren, die

34 Vgl. General'nyj štab Rossijskoj armii, S. 159.

Küstenverteidigung zu verbessern und eine Reihe von Waffen, hier besonders in den Bereichen Panzer, Nachrichtenmittel und chemische Kampfstoffe, zu modernisieren. Für dieses Ziel sollten innerhalb von fünf Jahren mehr als 4,2 Milliarden Rubel aufgewendet werden.[35]

Die bevorstehende Ausstattung mit neuen Kampfmitteln zwang den Stab der Roten Armee zu einer Neubewertung der bisherigen Gefechtsausbildung, die an die Bedingungen des modernen Krieges angepasst werden musste. Hierfür waren allerdings erneut entsprechende Strukturänderungen erforderlich. Am 26. April 1928 schlug Tuchačevskij deshalb unter anderem vor, die Ausarbeitung aller Unterlagen, die mit Budgetfragen, der Waffenentwicklung, dem Anlegen entsprechender Reserven an Bewaffnung usw. verbunden waren, beim Stab der Roten Armee zu konzentrieren. Zudem sollte die Hauptverwaltung der Roten Armee die Organisationseinheiten an den Stab abgeben, die sich mit Fragen der Mobilmachung der Streitkräfte, der Mobilmachungsplanung, der Gliederung der Verbände und Truppenteile sowie der Gefechtsausbildung beschäftigten.[36] Diese und andere Vorschläge Tuchačevskijs wies der Revolutionäre Militärrat jedoch zurück. Vor allem weil der Chef der Hauptverwaltung der Roten Armee, Vasilij N. Levičev, fürchtete, dass sich so der Stab der Roten Armee in ein Organ wandle, „das plant, durchführt sowie kontrolliert und damit alle Kompetenzen in einer Hand hält".[37] Aufgrund der Ablehnung seines Vorschlages bat der Stabschef der Roten Armee um seine Entlassung und kurz darauf wurde er zum Oberkommandierenden des Militärbezirks Leningrad ernannt. Seinen Posten übernahm im Mai 1928 der bisherige Stellvertreter Šapošnikov.

Šapošnikov war 1901 in die Offiziersschule der Zarenarmee in Moskau eingetreten und 1907 zum Leutnant befördert worden. Von 1907 bis 1910 absolvierte der junge Offizier die Generalstabsakademie in St. Petersburg. 1912 erfolgte seine Versetzung in den Generalstab, nachfolgend wurde er als Hauptmann beim Stab der 14. Kavalleriedivision eingesetzt. Im Ersten Weltkrieg folgten

35 Vgl. Simonov, Nikolaj S., Voenno-promyšlennyj kompleks SSSR v 1920-1950-e gody: tempy ėkonomičeskogo rosta, struktura, organisacija proizvistva i upravlenie [Der militärisch-industrielle Komplex der UdSSR in den 1920er- bis 1950er-Jahren: Wirtschaftswachstumsraten, Struktur, Produktionsorganisation und Management-Lenkung], Moskva 1996, S. 64-66; Zolotarev, V.A. (ed.), Istorii voennoj strategii Rossii [Die Geschichte der Militärstrategie Russlands], Moskva 2000, S. 210.

36 Vgl. Zacharov, General'nyj štab, S. 32.

37 Bericht des Chefs der Hauptverwaltung der Roten Armee, Vasilij N. Levičev, an den Vorsitzenden des Revolutionären Militärrates der UdSSR, Kliment E. Vorošilov, über die Ablehnung des Entwurfes des Stabes der Roten Armee zur Verbesserung des Zentralapparates des Volkskommissariats für Militär- und Seekriegsangelegenheiten der UdSSR, RGVA, 4/1/720, Bl. 164.

weitere Verwendungen in Stabspositionen und die Beförderung bis zum Rang eines Obersten. Nach dem Ausscheiden Russlands aus dem Bürgerkrieg wurde er zunächst demobilisiert, im Mai 1918 erfolgte dann jedoch sein Eintritt in die Rote Armee, wo er zunächst als stellvertretender Chef der Operationsverwaltung agierte. 1921 wurde der Offizier zum Ersten Stellvertreter des Oberkommandierenden der Roten Armee ernannt, in dieser Funktion wirkte er zugleich als 1. Gehilfe des Chefs des Stabes der sowjetischen Streitkräfte.[38]

Auch Šapošnikov strebte danach, die Funktionen der Hauptverwaltung der Roten Armee einzuschränken und zumindest teilweise dem Stab der Streitkräfte zu übertragen. Es ging ihm darum, den Stab der Roten Armee zu einem Organ auszubauen, das allein für die Vorbereitung des Landes auf den Krieg verantwortlich sein sollte. Ferner sah der neue Stabschef die Aufgaben seiner Institution in der Gefechtsausbildung der Armee zu Friedenszeiten, da der Stab im Kriegsfall ja auch die Verteidigung des Landes organisieren würde.[39]

Am 13. Januar 1930 verabschiedete der Revolutionäre Militärrat schließlich einen Sonderbeschluss, mit dem die für Mobilisierungsfragen zuständigen Abteilungen der Hauptverwaltung der Roten Armee deren Stab unterstellt wurden. Sie waren nun in der (II.) Organisations- und Mobilmachungsverwaltung des Stabes der Roten Armee zusammengefasst, deren Leiter gleichzeitig als stellvertretender Stabschef fungierte. Damit konzentrierte sich nun die gesamte Mobilmachungsarbeit beim Stab der Roten Armee. Bereits zuvor hatte die Führung der Streitkräfte auch die Kompetenzen für die militärische Ausbildung an den Stab übergeben. Auf diese Weise schritt der Revolutionäre Militärrat zur Zentralisierung der militärischen Führung beim Stab der Roten Armee und dessen schrittweise Umwandlung in einen echten Generalstab.[40] Folglich wurde das System der höheren Führung der Roten Armee weiter umstrukturiert. Die Umsetzung dieser Pläne änderten das seit 1928 bestehende System der strategischen Führungsorgane der sowjetischen Streitkräfte und deren Zuständigkeiten grundlegend.

Im Frühjahr 1930 kam es beim Stab zur Einrichtung der VI. Verwaltung, die für Fragen der Luftverteidigung zuständig zeichnete. Anfang 1931 erfolgte dann die Unterstellung der bisher bei der Hauptverwaltung der Roten Armee angesiedelten militärtopografischen Abteilung unter den Stab der Roten Armee, wo sie fortan als VII. Verwaltung firmierte. Ihr Personal arbeitete in den Abteilungen für Luftbildfotografie, Kartografie, Geodäsie, militärtopografische

38 Vgl. Voennyj ėnciklopedičeskij slovar' [Militärisches enzyklopädisches Wörterbuch], Moskva 2002, S. 1374.

39 Vgl. Zacharov, General'nyj štab, S. 37-38.

40 Vgl. General'nyj štab Rossijskoj armii, S. 163.

Sicherstellung und Versorgung mit topografischen Karten. Im Februar 1931 wurde schließlich die für Mobilmachungsmaßnahmen verantwortliche II. Verwaltung in drei selbständige Verwaltungen beim Stab der Roten Armee aufgespalten: Die II. Verwaltung (Organisation), V. Verwaltung (Materielle Sicherstellung und Planung) und IX. Verwaltung (Truppenmobilisierung).

Bis zur Mitte der 1930er-Jahre umfasste der Apparat der höchsten Militärführung der UdSSR drei Hauptorgane: 1. die Ständige Kommission beim Rat der Volkskommissare der UdSSR, die sich mit prinzipiellen Fragen der Verteidigung und des Aufbaus der Streitkräfte beschäftigte. 2. das Volkskommissariat für Militär- und Seekriegsangelegenheiten, das für die direkte Führung der Roten Armee und der sowjetischen Marine verantwortlich war, und 3. der Revolutionäre Militärrat der UdSSR, der als Kollegium des Volkskommissariats fungierte. Die tägliche Praxis der Truppenführung zeigte allerdings, dass es in vielen Bereichen Überschneidungen gab. Das traf auch für das Volkskommissariat selbst zu, welches sich aus etwa zwanzig verschiedenen Verwaltungen und Abteilungen zusammensetzte, die nicht selten eher gegeneinander als miteinander arbeiteten. Folglich mussten die Verwaltungs- und Führungsstrukturen der Roten Armee erneut gestrafft, vereinfacht und konzentriert werden.[41]

Mitte 1931 löste schließlich Aleksandr I. Egorov Šapošnikov als Stabschef der Roten Armee ab, letzteren hatte man auf den Posten des Oberbefehlshabers des Militärbezirkes Wolga versetzt. Wie sein Amtsvorgänger absolvierte Egorov seine ersten Karriereschritte in der Armee des Zaren. Aus einer kleinbürgerlichen Familie bei Samara stammend, schloss er 1905 die Kasaner Junker-Infanterieschule mit Auszeichnung ab. Zunächst diente der junge Offizier im 13. Leib-Grenadier-Regiment, während des Ersten Weltkrieges lehrte er bis 1916 an verschiedenen Offiziersschulen Militärwissenschaften. Im Sommer 1916 erfolgte seine Versetzung in den Stab des 2. Kaukasischen Kavalleriekorps, wenig später übernahm er dann die Führung des 132. Infanterie-Regimentes und stieg bis zum Rang eines Obersten auf. Nach der Februarrevolution von 1917 trat er den Sozialrevolutionären bei. 1918 erfolgte dann sein Eintritt in die Rote Armee, wo er wenig später die 10. Armee und danach die 14. Armee kommandierte. Ab dem Herbst 1919 übernahm er dann den Oberbefehl über die Südfront, im Sowjetisch-Polnischen Krieg führte er die Südwestfront. Nach dem Bürgerkrieg kommandierte Egorov den Militärbezirk Kiew, dann ab 1924 den Militärbezirk Ukraine. Von 1925 bis 1926 fungierte der Offizier als

41 Vgl. Garder, Michael, Die Geschichte der Sowjetarmee, Frankfurt am Main 1968, S. 100-101; Plister, Hans-Christian, Rußland – Sowjetunion. Werden, Wesen und Wirken einer Militärmacht, Herford 1981, S. 116-118.

sowjetischer Militärattaché in China, von 1927 bis zu seiner Ernennung zum Stabschef der Roten Armee führte er den Militärbezirk Weißrussland.[42]

Am 20. Juni 1934 löste ein Erlass des Zentralen Exekutivkomitees der UdSSR den Revolutionären Militärrat auf und das bisherige Volkskommissariat für Militär- und Seekriegsangelegenheiten wurde in Volkskommissariat für Verteidigung der UdSSR umbenannt. Am 22. November 1934 erfolgte schließlich die Einrichtung eines 80-köpfigen Militärrates als beratendes Gremium des Volkskommissariats für Verteidigung, dessen Entscheidungen vom Volkskommissar genehmigt und durch seine Befehle und Direktiven in der Praxis umgesetzt wurden.[43]

Bereits Anfang 1933 hatte es in der Organisationsstruktur des Stabes der Roten Armee erneut Veränderungen gegeben. Auf Befehl des Revolutionären Militärrates wurde die IX. Verwaltung (militärische Mobilmachung) des Stabes aufgelöst und ihre Aufgaben der Verwaltung für Auffüllung und Truppendienst bei der Hauptverwaltung der Roten Armee übertragen. Beim Stab der Roten Armee verblieben lediglich die Aufgabenbereiche Ausarbeitung der politischen Leitlinien in Mobilisierungsfragen sowie Erstellung von grafischen Übersichten zur Mobilmachungsentfaltung. Hierfür erfolgte bei der II. (Organisations-)Verwaltung des Stabes die Einrichtung eines sogenannten Sektors, bei dem allerdings lediglich zwei Offiziere arbeiteten. Am 22. November 1934 wurden gemäß dem Befehl des Volkskommissars für Verteidigung die Verwaltungen Operationen (I.), Organisation (II.), Militärtransportwesen (III.), Material und Planung (V.) sowie Militärtopographie (VII.) des Stabes der Roten Armee zu Abteilungen herabgestuft.[44] Obwohl diese Weisung auf den ersten Blick wie eine Deklassierung des Stabes der Roten Armee aussieht, bedeutete sie doch das Gegenteil. Denn mit dem Befehl des Volkkommissars für Verteidigung war gleichzeitig die Ausgabe einer entsprechenden Richtlinie verbunden, die den Stab nun zum „zentralen Organ der Verwaltung des Volkskommissars für Verteidigung der UdSSR für die Vorbereitung und den Einsatz der Streitkräfte der UdSSR für die Verteidigung des Landes“ aufwertete. Dem Stabschef der Roten Armee fiel nun endlich die Aufgabe zu, „gemäß den Weisungen und Entschlüssen des Volkskommissars für Verteidigung die Tätigkeit aller Verwaltungen des Volkskommissariats für Verteidigung zu bündeln, und er erteilt ihnen Anordnungen und Weisungen“.[45]

42 Vgl. Zalesskij, Imperija Stalina, S. 154-155.

43 Vgl. Sokolowski, Wassili D., Militär-Strategie, Köln 1965, S. 506-507.

44 Vgl. General'nyj štab Rossijskoj armii, S. 163.

45 Befehl Nr. 067 des Volkskommissars für Verteidigung der UdSSR, 22.11.1934, RGVA, 4/15/2, Bl. 329.

Dem Stabschef der Roten Armee oblag ab sofort die Ausführung folgender Aufträge: „a) Ausarbeitung der Kriegspläne und des operativen Einsatzes aller Land-, See- und Luftstreitkräfte sowie weiterer Mittel, Bearbeitung von Fragen der Organisation der rückwärtigen Dienste und der materiellen Sicherstellung der Roten Armee im Krieg; b) Ausarbeitung von Plänen für die Organisation der Streitkräfte (Ausarbeitung eines allgemeinen Plans für die organisatorischen Maßnahmen der Roten Armee), von Schemata für die Entfaltung der Armee und von Richtlinien zur Sicherstellung der Mobilmachungsbereitschaft der Roten Armee; c) Erarbeitung von Plänen und Aufgaben zur operativen Vorbereitung der Kriegsschauplätze und vorläufigen Mobilmachungsplänen; d) Entwicklung von Aufgaben zur Einsatzvorbereitung und Nutzung der Nachschublinien im Kriegsfall, zur Planung und Sicherstellung von militärischen Transporten in Friedens- und Kriegszeiten; e) Leitung der Gefechtsausbildung der Roten Armee entsprechend den Anweisungen und Direktiven des Volkskommissars: operative Ausbildung aller Waffengattungen, Stäbe und rückwärtigen Dienste; taktische Ausbildung von Schützen-, Kavallerie-, Artillerie-, Panzer-, Flieger- und Marineeinheiten und entsprechenden Verbänden, Militärakademien, Kriegsschulen und der aktiven Führungskader sowie der Reserveoffiziere der Roten Armee; f) Leitung der Ausarbeitung von Dienstanweisungen für die Führung von Armeen sowie von Felddienstvorschriften der Roten Armee; g) Ausarbeitung von Mobilisierungsanträgen an die Volkskommissariate und zentrale Behörden der Union der SSR und die Industrie zur Versorgung der Roten Armee mit materiellen Mitteln in Kriegszeiten; h) Anweisung zur Aufstellung eines allgemeinen konsolidierten Jahresplans der Aufträge des Volkskommissariats für Verteidigung der Union der SSR an die Industrie für alle Arten von Waffen, technischen und materiellen Lieferungen; i) Ausarbeitung von operativen und taktischen Aufgaben zur Verbesserung der Bewaffnung und der technischen Kampfmittel; j) Leitung des militärisch-topografischen Dienstes der Roten Armee."[46]

Damit hatte der Stab der Roten Armee endlich ein Aufgabenspektrum erreicht, dass dem eines Generalstabes der Streitkräfte entsprach. Aus diesem Grund erfolgte dann schließlich am 22. September 1935 die Umbenennung des Stabes der Roten Armee in Generalstab der Roten Armee. Als neuer und alter Generalstabschef fungierte weitere Egorov, der noch am gleichen Tag in den Rang eines Marschalls der Sowjetunion erhoben wurde. Er leitete den Generalstab noch bis zum Mai 1937, dann wurde er 1. Stellvertretender Volkskommissar für Verteidigung der UdSSR. Ein gutes halbes Jahr später fiel er den stalinistischen Säuberungen in der Roten Armee zum Opfer. Als angeblicher

46 Ebd., Bl. 329-330.

polnischer Spion durch den NKVD verhaftet, erfolgte im Februar 1939 seine Hinrichtung.[47] Die politischen Säuberungen führten schließlich auch zur fast völligen „Auslöschung" der zaristischen Generalstabsoffiziere im Generalstab der Roten Armee. Hatte 1935 deren Zahl noch bei 397 gelegen, so dienten nach 1939 dort nur noch 111 von ihnen. Allein 1937 und 1938 verhaftete der sowjetische Geheimdienst 313 ehemalige zaristische Generalstabsoffiziere, die nun im Generalstab der Roten Armee dienten. Die Mehrzahl von ihnen endete vor einem Erschießungskommando.[48]

4. Die operativen Planungen des Stabs der Roten Armee von den 1920er- bis Anfang der 1940er-Jahre

Eine der wichtigsten Aufgaben des Chefs des Stabes der Roten Armee bestand darin, strategische und operative Pläne für den Einsatz der Streitkräfte im Rahmen der Landesverteidigung zu entwickeln. Die operative Planung begann unmittelbar nach dem Ende des Sowjetisch-Polnischen Krieges im Oktober 1920. Anfang 1921 sah die sowjetische politische und militärische Führung die wahrscheinlichsten Feinde der sowjetrussischen Republik in Polen, Rumänien, Finnland, Lettland, Litauen, Estland und den verbliebenen Verbänden der Weißgardisten. Polen galt dabei als Hauptfeind, und als Hauptkriegsschauplatz wurde Ostmitteleuropa angenommen. Dementsprechend lag das Hauptaugenmerk bei den operativen und strategischen Planungen auf den westlichen Regionen der UdSSR. Nach Einschätzung des Stabes der Roten Armee sollte gerade hier eine zuverlässige Verteidigung vorbereitet werden. Die Hauptarbeit bei der operativen Einsatzplanung wurde dabei den Stäben der Militärbezirke übertragen. Die von ihnen erstellten Pläne wurden dann vom Stab der Roten Armee überprüft und dort entsprechend präzisiert.[49]

Ab 1924 änderte sich das bisherige Verfahren der operativen Planung. Die detaillierte Ausarbeitung des entsprechenden Operationsplans übernahm nun der Stab der Roten Armee. Er war auch für dessen Koordinierung mit den Verwaltungen des Revolutionären Militärrats und des Volkskommissariats für Militär- und Seekriegsangelegenheiten verantwortlich. Im Oktober 1924 wurde schließlich vom Stab der Roten Armee der Plan „Über die strategische

47 Vgl. Suvenirov, Oleg F., Tragedija RKKA 1937-1938 [Die Tragödie der Roten Armee 1937-1938], Moskva 1998, S. 373.

48 Vgl. Kaminskij, Oficery Russkoj Imperatorskoj Armii, S. 111-119.

49 Vgl. Ken, O./Rupasov, A./Samuel'son, L., Švedcija v politike Moskvy. 1930-1950-e gody [Schweden in der Politik Moskaus. 1930er- bis 1950er-Jahre], Moskva 2005, S. 186-188; General'nyj štab Rossijskoj armii, S. 163.

Entfaltung der Roten Armee im Fall eines Krieges mit dem Westen" vorgelegt.[50] Er sah die Organisation der Vorbereitung und des Eintritts der Streitkräfte in den Krieg in Abhängigkeit von der aktuellen politischen, militärischen und strategischen Lage sowie verschiedene Optionen für den Einsatz der Truppen vor. Den Operationsplan hatte Vladimir K. Triandafillov, der Chef der 1. Abteilung der Operativen Verwaltung des Stabes der Roten Armee, ausgearbeitet.

Im Frühjahr 1926 wurde der vorliegende Plan für den Krieg im Westen angepasst und von Vorošilov abgezeichnet. Auch dieser Plan sah die Organisation der Verteidigung und den Eintritt der Streitkräfte in den Krieg in verschiedenen Regionen des Landes vor, je nach der entsprechenden militärischen und politischen Situation. Insgesamt ging der Stab der Roten Armee nun von sechs europäischen Kriegsschauplätzen aus, von denen jeweils zwei in Polen und Finnland, sowie je einer im Baltikum und in Rumänien lagen. Die verschiedenen Optionen für den Einsatz der Truppen differenzierte er deutlicher als bisher, wodurch der Plan insgesamt flexibler wurde.

Bei der Ausarbeitung seiner Operationspläne in den 1920er-Jahren ging der Stab der Roten Armee davon aus, dass die sowjetischen Streitkräfte auf Armeen treffen würden, die ihnen zahlenmäßig überlegen sind. Daher plante er für die erste Phase des Krieges defensive Handlungen und selbst einen teilweisen Verlust eigenen Territoriums schloss die sowjetische Militärführung nicht aus. Erst gegen Ende der 1920er-Jahre reiften im Stab der Roten Armee schließlich offensivere Überlegungen für den Kriegsfall heran. Wollte der angenommene Gegner einen Krieg gegen die Sowjetunion entfesseln, so sollte die UdSSR darauf mit einer verdeckten Mobilmachung reagieren. Mit einem anschließenden Überraschungsangriff auf das Territorium des Gegners trachtete die sowjetische Militärführung danach, den feindlichen Aufmarsch und dessen Kräftekonzentration in den wichtigsten operativen Richtungen zu zerschlagen. Für die Realisierung eines solchen Szenarios schlug Tuchačevskij – damals Stabschef der Roten Armee – vor, an der Grenze Verbände aufzustellen, die hinsichtlich Personal, Waffen und Gerät im Wesentlichen bereits auf Kriegsstärke gebracht waren. In der unmittelbaren Vorkriegsperiode sollten diese Verbände dann zu Deckungsarmeen zusammengefasst werden.[51] 1930 legte

50 Vgl. Ščerbakov, Jurij V., Opyt istoričeskogo analiza v rešenii političeskim i voennym rukovodstvom SSSR problemy mobilizacionnogo planirovanija i dal'nejšego povyšenija boevoj gotovnosti Krasnoj armii (1921-1941) [Die Erfahrung der historischen Analyse bei Entscheidungen der politischen und militärischen Führung der UdSSR zu Problemen der Mobilisierungsplanung und der weiteren Erhöhung der Gefechtsbereitschaft der Roten Armee (1921-1941)], in: Upravlenskoe konsul'tirovanie 11 (2014), S. 158-166, hier S. 161.

51 Vgl. Tuchačevskij, Michail N., Izbrannye proizvedenija [Ausgewählte Werke], T. 2: 1928-1937, Moskva 1964, S. 212-213.

schließlich ein Erlass „Über die Festlegung der Gebiete der Kriegsschauplätze", in Abhängigkeit der Entfaltungsmöglichkeiten der angenommenen Gegner, sechs mögliche Kriegsschauplätze fest. Der Stab der Roten Armee schlug vor, auf jedem dieser Kriegsschauplätze bei Kriegsbeginn mindestens eine Front einzusetzen.[52]

Unter Berücksichtigung der Einschätzung der eigenen Kräfte und der wahrscheinlichen Absichten der feindlichen Operationen basierten die Planungen des Stabes der Roten Armee auf der Idee von aktiven Verteidigungshandlungen an der Westgrenze der Sowjetunion. Der entsprechende Mobilisierungsplan von 1931 sah deshalb vor, von den 122 zur Verfügung stehenden Schützendivisionen 110 Verbände im Westen einzusetzen. Hier waren auch die Hauptkräfte der strategischen Kavallerie, fast alle Panzer und der größte Teil der Luftstreitkräfte zum Einsatz zu bringen. Die Aufstellung der Einheiten der ersten strategischen Staffel sollte am 12. Tag der Mobilisierung abgeschlossen sein, die der zweiten am 28. Tag. Nachdem die an der Grenze stehenden Deckungsarmeen den feindlichen Angriff zurückgeschlagen hatten, sollten die dann mobilisierten Hauptstreitkräfte herangeführt werden, um in die Offensive zu gehen. Die offensiven Aufgaben der Fronten sahen dabei Handlungen in einer Tiefe von 250 bis 300 Kilometer vor.[53]

Im Frühjahr 1934 billigte der Volkskommissar für Verteidigung schließlich weitere Vorschläge des Stabes der Roten Armee zur Änderung der vorhandenen operativen Pläne. Die Notwendigkeit ihrer Überarbeitung hatte ihren Grund nicht nur in der Verschärfung der politischen Lage in Europa nach der Machtübernahme der Nationalsozialisten in Deutschland. Zunehmendes Gewicht erhielt nun auch der Kriegsschauplatz in Fernost, wo die Spannungen aufgrund des Konfliktes zwischen China und Japan ständig zunahmen. Neben dem westlichen Kriegsschauplatz galten nun der Nahe Osten, Mittelasien, der Ferne Osten sowie das Baltikum und Skandinavien als Territorien, auf den künftig Kampfhandlungen wahrscheinlich schienen. Gleichwohl nahm der Stab der Roten Armee an, dass der künftige Hauptkriegsschauplatz der westliche sein werde.

Mitte der 1930er-Jahre galt das Deutsche Reich bereits als Hauptgegner der Sowjetunion, als mögliche deutsche Verbündete wurden Polen, Ungarn, Finnland, die Türkei, Rumänien, Bulgarien sowie die baltischen Staaten angesehen. Der nun vom Stab der Roten Armee ausgearbeitete Operationsplan ging davon

52 Vgl. Žilin, V.A., Sistema organov voennogo upravlenija operativno-strategičeskogo zvena: prošloe, nastojaščee, buduščee [Das System der Organe der militärischen Führung auf operativ-strategischer Ebene: Vergangenheit, Gegenwart, Zukunft], Moskva 2001, S. 56.

53 Vgl. Geschichte der Kriegskunst, S. 108-111.

aus, dass im Kriegsfall Deutschland zusammen mit Polen, Estland und Finnland die Sowjetunion angreifen werde. Nach einer Mobilisierungsphase von 20 bis 30 Tagen könnte gegen die UdSSR eine Gruppierung eingesetzt werden, die aus 137 Divisionen und 13 Brigaden bestehen würde, die mit 7500 Geschützen, 6300 Panzern und gepanzerten Fahrzeugen sowie 3700 Flugzeugen ausgerüstet waren. Gegen diese Streitmacht sollten in der Anfangsphase des Krieges 82 sowjetische Divisionen eingesetzt werden, die nun auch einen Präventivschlag gegen die sich entfaltenden gegnerischen Truppen zu führen hatten, um den angenommenen Feind zu zerschlagen. In Fernost galt Japan immer mehr als wahrscheinlicher Kriegsgegner.[54]

Seit der Mitte der 1930er-Jahre legte der Generalstab der Roten Armee noch offensivere Operationspläne vor. Am 24. März 1938 skizzierte Generalstabschef Šapošnikov in einer Denkschrift, dass die Sowjetunion in einem künftigen Krieg wohl gleichzeitig an zwei Fronten – im Westen wie auch in Fernost – kämpfen müsse. Im Westen könnten Deutschland, Italien, Polen, Rumänien, Finnland und die baltischen Staaten nach Einschätzung des Generalstabes 146 bis 156 Divisionen, 8500 Geschütze, 6380 Panzer sowie 3136 Flugzeuge gegen die Sowjetunion in Stellung bringen. Bei einem angenommenen Angriff würden die Hauptkräfte dieser Gruppierung – mehr als 80 Divisionen – davon 60 der Wehrmacht – und 8 Kavalleriebrigaden, unterstützt von 5500 Geschützen, 3800 Panzern und 2700 Flugzeugen – nördlich von Bug und Pripjat antreten. Südlich dieser Linie wäre mit dem Einsatz von 40 Divisionen, 13 Kavalleriebrigaden, 2000 Geschützen, 2500 Panzern und 1000 Flugzeugen zu rechnen. Im Fernen Osten ging der Generalstabschef hingegen von einem Angriff von 27 bis 33 japanischen Divisionen, unterstützt von 2800 Geschützen, 1400 Panzern und 1000 Flugzeugen aus. Um den entsprechenden Vorstoß der Japaner abwehren zu können, schlug Šapošnikov den Aufmarsch von 46 Divisionen, 7 Panzerbrigaden, 3525 Panzern sowie 2898 Flugzeugen vor. 30 Tage nach dem Beginn der Mobilisierung sollten diese Kräfte dann auf dem fernöstlichen Kriegsschauplatz zur Verfügung stehen. Im Westen sollten zu diesem Zeitpunkt 140 Divisionen, 26 Panzerbrigaden, 10.255 Panzer und 5867 Flugzeuge einsatzbereit sein.

Aufgabe dieser Kräfte war: 1.) die Zerschlagung der gegnerischen Kräftegruppierung nördlich von Bug und Pripjat; 2.) die aktive Verteidigung des Raumes südlich der genannten Flüsse; 3.) die zuverlässige Deckung von Moskau und Leningrad sowie 4.) die Bildung einer starken Reservegruppe des Oberkommandos für den Schlag gegen den angenommenen Gegner. Da die Rote

54 Vgl. General'nyj štab Rossijskoj armii, S. 170; Zolotarev (ed.), Istorii voennoj strategii Rossii, S. 247-249.

Armee über zahlreiche Panzer und Artillerie verfügte, rechnete Šapošnikov mit der technischen Überlegenheit seiner Truppen. Der deutsche Vorstoß war dabei auf der Linie Svecjany-Molodečno-Grodno aufzufangen. Danach sollte die Front in Richtung Wilna durchstoßen werden, um dort die auf litauischem Territorium angenommenen deutschen Hauptkräfte zu vernichten. Gleichzeitig war ein Stoß gegen die polnischen Kräfte im Raum Baranowitschi zu führen. Im Süden hatten die Kräfte der Roten Armee zunächst den Auftrag, den Raum Rowno-Dubno-Brody aktiv zu verteidigen, später sollte dann der Vormarsch in Richtung Lublin erflogen. Im Norden war Leningrad zu decken und schließlich durch entsprechendes Vorrücken die Linie Kexholm (heute Priozersk)-Wyborg zu erreichen. In Fernost erhielt die Rote Armee den Auftrag, die Japaner an einem Eindringen in die dortigen Gebiete der Sowjetunion zu hindern und schließlich deren Kräfte in der Nordmandschurei zu zerschlagen.[55]

Die Niederlage Frankreichs im Sommer 1940 zwang die sowjetische Militärführung zu einer erneuten Korrektur ihrer Operationspläne. Am 18. September 1940 legten der Volkskommissar für Verteidigung, Semen K. Timošenko, und der neue Generalstabschef, Kirill A. Mereckov, Stalin „Überlegungen zu den Grundlagen der Entfaltung der Streitkräfte der UdSSR im Westen und im Osten in den Jahren 1940 und 1941" vor. Dabei gingen die beiden Militärs davon aus, dass die Wehrmacht und ihre Verbündeten im Westen bis zu 233 Divisionen, 10.550 Panzer sowie 15.100 Flugzeuge gegen die Sowjetunion einsetzen könnten. In Fernost rechnete der Generalstab mit dem Aufmarsch von 49 japanischen Divisionen. Am 5. Oktober wurde dieser Entwurf dann während eines dreieinhalbstündigen Gespräches beim sowjetischen Diktator erörtert und danach entsprechend dessen Wünschen korrigiert.[56] In ihrem nun überarbeiteten Operationsplan ging die sowjetische Militärführung weiter von einem Zweifrontenkrieg aus und richtete das Hauptgewicht ihrer Kräfte nach Westen aus. Hier sollten zwischen dem Eismeer und dem Schwarzen Meer 143 Schützendivisionen, sieben motorisierte Divisionen, 16 Panzerdivisionen, 10 Kavalleriedivisionen sowie 159 Fliegerregimenter konzentriert werden. Um die japanischen Truppen in Fernost noch in der ersten Kriegsphase zu zerschlagen,

55 Vgl. Schreiben des Generalstabschefs der Roten Armee an den Volkskommissar für Verteidigung über die wahrscheinlichen Gegner der UdSSR, 24.3.1938, abgedruckt in: 1941 god, Kniga 2 [Das Jahr 1941, Buch 2], Moskva 1998, S. 557-571.

56 Vgl. Nakanune Velikoj Otečestvennoj. 1 sentjabrja 1939-22 ijunja 1941. Katalog istoriko-dokumental'noj vystavki [Am Vorabend des Großen Vaterländischen Krieges. 1. September 1939-22. Juni 1941. Katalog der historisch-dokumentarischen Ausstellung], Moskva 2021, S. 323; Na prieme u Stalina. Tetrady (žurnaly) zapisej lic, prinjatych I.V. Stalinym (1924-1953 gg.) [Zum Empfang bei Stalin. Verzeichnisse (Besucherjournale) der Personen, die von I. V. Stalin empfangen wurden (1924-1953)], Moskva 2008, S. 313.

forderte der Generalstab dort den Einsatz von 24 Schützendivisionen, vier motorisierten Divisionen, zwei Panzerdivisionen und vier Kavalleriedivisionen sowie von 43 Fliegerregimentern.

Im Westen sollte das Kräfteschwergewicht nach persönlicher Entscheidung Stalins bei der Südwestfront liegen, die den Auftrag hatte, das Deutsche Reich durch einen Vorstoß auf Lublin, Krakau und Breslau vom Balkan abzuschneiden und so die Einfuhr von wichtigen Rohstoffen für die deutsche Rüstung zu unterbrechen. Für diese Operation sah der Generalstab den Einsatz von 113 Divisionen und 140 Fliegerregimentern vor, was in etwa 75 Prozent der im Westen eingesetzten Kräfte der Roten Armee entsprach. Gleichzeitig erhielten die Nordwestfront und die Westfront den Auftrag, durch aktive Handlungen die Kräfte der Wehrmacht in Ostpreußen zu binden und hierfür Stöße in Richtung Allenstein vorzutragen. Das Ziel des Operationsplanes lag schließlich in der Vernichtung der Masse der deutschen Kräfte im Raum östlich von Warschau.[57]

Im Frühjahr 1941 legte schließlich Georgij K. Žukov, der Mereckov im Januar 1941 als Generalstabschef abgelöst hatte, einen neuen Operationsplan der Roten Armee vor. Die Einschätzung der gegen die Sowjetunion eingesetzten Kräfte hatte sich nicht wesentlich verändert. Erneut wurden die für einen Angriff bereitgestellten Kräfte der Deutschen und ihrer Verbündeten stark überbewertet und mit der Offensive von mindestens 165 Infanteriedivisionen, 20 Panzerdivisionen und 15 motorisierten Divisionen gerechnet, die nach sowjetischer Einschätzung durch 20.050 Geschütze, 10.810 Panzer sowie 9000 Flugzeuge unterstützt werden sollten. Diese Kräfte seien in die Heeresgruppen Süd und Nord gegliedert. Den Hauptstoß sollte die Heeresgruppe Süd mit rund 110 Divisionen führen; ihr Auftrag, Kiew und die Ukraine zu besetzen. Die Heeresgruppe Nord wiederum habe aus Ostpreußen gegen Riga vorzugehen, durch konzentrische Stöße aus den Räumen Brest und Suwalki sollten zudem die Kräfte der Roten Armee im Gebiet zwischen der deutsch-sowjetischen Grenze und Baranowitschi eingeschlossen werden.

57 Vgl. Aktennotiz den Volkskommissars für Verteidigung, Timošenko, und des Generalstabschefs der Roten Armee, Mereckov, an Stalin und Molotov über die Schlussfolgerungen hinsichtlich des strategischen Aufmarsches der Streitkräfte der UdSSR im Jahr 1941, 14.10.1940, CAMO [Zentralarchiv des Verteidigungsministeriums der Russischen Föderation], 16a/2951/242, Bl. 84-90, veröffentlicht auf: https://nakanune.rusarchives.ru/ru/dokladnaya-zapiska-narkoma-oborony-sssr-sk-timoshenko-i-nachalnika-genshtaba-krasnoy-armii-ka; Fuhrer, Hans-Rudolf, Hat Stalin einen Präventivkrieg geplant, in: Fuhrer, Hans-Rudolf (Hrsg.), 1941 Feindbild Moskau: „Strafgericht" und „Barbarossa". Zwei Präventivkriege, Meilen 2021, S. 101-162, hier S. 113-114.

Gegen diese Kräftegruppierung wollte die Rote Armee 158 Schützendivisionen, 27 motorisierte Divisionen, 53 Panzerdivisionen, sieben Kavalleriedivisionen und 234 Fliegerregimenter einsetzen. Da Žukov die Gefahr sah, dass eine Konzentration der sowjetischen Kräfte gegen Ostpreußen und Warschau das Kriegsziel gefährden würde, die Balkanländer aus dem Krieg „zu drängen", forderte der neue Generalstabschef, die Hauptkräfte der Roten Armee südlich des Pripjat bei der Südwestfront zu konzentrieren, um noch in der ersten Etappe des Krieges das Deutsche Reich mit Schlägen in Richtung Lublin-Radom vom Balkan abzuschneiden. Danach sollten ihre Truppen im Zusammenwirken mit dem linken Flügel der Westfront die Weichsel forcieren und Warschau sowie Krakau besetzen. Insgesamt stand die Aufgabe, in der ersten Operationsphase bis zur Linie Warschau-Lodz-Kreuzburg vorzudringen. Als nächstes mögliches strategisches Ziel war die Weiterführung des Angriffes über Posen auf Berlin vorgesehen. Als weitere eventuelle Angriffsziele galten Thorn und Danzig sowie Wien und Prag. Die Nordwestfront hingegen hatte den Auftrag, ein Vordingen der deutschen Kräfte aus Ostpreußen in das Baltikum zu verhindern. Nach dem Zurückweisen des Angriffes wurde ein Vormarsch auf Ostpreußen bei günstiger Lageentwicklung nicht ausgeschlossen. Während des Aufmarsches der für die Offensiven der Roten Armee vorgesehenen Verbände hatten die Deckungskräfte, „gestützt auf die befestigten Räume", eine hartnäckige Verteidigung zu gewährleisten, die Grenze zuverlässig zu schützen und ein Vordringen des Gegners auf das eigene Territorium zu verhindern. Entsprechend den gestellten Aufträgen verfügte die Südwestfront mit acht Armeen über das Gros der Kräfte der Roten Armee im Westen. Die Nordwestfront konnte hingegen auf zwei Armeen, die Westfront auf vier Armeen zurückgreifen.[58]

Zur Bereitstellung der nötigen Kräfte sah der im Februar 1941 von der Staatsführung verabschiedete und von Žukov ausgearbeitete Mobilmachungsplan MP-23 vor, im Kriegsfall 314 Divisionen der Landstreitkräfte, darunter 198 Schützendivisionen, 60 Panzerdivisionen, 30 motorisierte Divisionen und andere Verbände aufzustellen. Die Luftstreitkräfte sollten über fünf Fliegerkorps, 79 Fliegerdivisionen und fünf Fliegerbrigaden verfügen. Zusammen mit der Luftwaffe, der Luftverteidigung und der Marine würde die Rote Armee eine Kriegsstärke von 8,7 Millionen Mann erreichen. Für deren Ausrüstung waren

58 Vgl. Aktennotiz den Volkskommissars für Verteidigung, Timošenko, und des Generalstabschefs der Roten Armee, Žukov, an Stalin und Molotov zur Präzisierung des Planes des strategischen Aufmarsches der Streitkräfte der UdSSR im Westen und Osten, 11.3.1941, CAMO, 28/17/18, Bl. 1-55, veröffentlicht auf: https://nakanune.rusarchives.ru/ru/node/479.

ferner mehr als 100.000 Geschütze und Granatwerfer, knapp 37.000 Panzer, mehr als 10.000 gepanzerte Aufklärungsfahrzeuge sowie 32.600 Flugzeuge bereitzustellen.[59]

Bei der Betrachtung dieser Pläne bleibt allerdings zu berücksichtigten, dass der Generalstab bei seinen Vorhaben zu einem gewissen Teil von Verbänden ausging, die nur auf dem Papier existierten. Denn die in den operativen Plänen sowie in den Mobilmachungsunterlagen aufgeführten Divisionen können nicht mit den damals tatsächlich einsatzbereiten Verbänden gleichgesetzt werden. Trotz der beträchtlichen sowjetischen Rüstungsanstrengungen seit 1939 zeigte sich, dass insbesondere bei der Bewaffnung der aufzustellenden Verbände erhebliche Lücken vorhanden waren: So fehlten zu deren Ausrüstung im Frühjahr 1941 mindestens 8500 Flakgeschütze, 10.700 Panzer, 5000 Schützenpanzerwagen, 43.000 Artilleriezugmittel, knapp 300.000 Kfz, 10.000 Flugzeuge sowie zahlreiches Nachrichten- und Pioniergerät.[60] Hinzu kam, dass auch die für eine Offensive benötigten Nachschubgüter wie Munition, Treibstoff und Verpflegung nicht in den vorgesehenen Umfängen vorhanden waren. Tatsächlich verfügten am 22. Juni 1941 von den 198 Schützendivisionen der Roten Armee nur etwas mehr als die Hälfte mit einer Mannschaftsstärke von jeweils 10.300 Mann annähernd Kriegsstärke (12.000 Mann), 78 von ihnen hatten nur 5900 Mann pro Verband, weitere 23 hatten gerade erst mit ihrer Aufstellung begonnen. Bei den 92 Panzer- und mechanisierten Divisionen der Roten Armee fehlte mehr als die Hälfte der vorgesehenen Panzer, von 348 Fliegerregimentern befanden sich 106 gleichfalls im Prozess der Aufstellung.[61]

Zudem hatten Žukov und Timošenko bereits Mitte April 1941 an Stalin und Außenminister Vjačeslav Molotov melden müssen, dass für die Masse der Artilleriegeschütze die notwendige Munitionsbevorratung unzureichend war. Beispielsweise standen bei den 122-mm-Haubitzen einem dreimonatigen Kriegsbedarf von 1440 Schuss pro Geschütz nur 349 Schuss gegenüber. Ähnlich stellte sich die Lage bei den 152-mm-Haubitzen dar. Hier lag der Bedarf bei 1170 Schuss, tatsächlich waren pro Geschütz lediglich 285 Schuss vorhanden. Als völlig unzureichend erwies sich die Munitionsversorgung der

59 Vgl. Entwurf des Mobilmachungsplans für 1941, 12.2.1941, in: 1941 god, kniga 1, S. 640-650.

60 Vgl. Schreiben des Volkskommissars für Verteidigung, S.K. Timošenko, und des Chefs des Generalstabes der Roten Armee, G.K. Žukov, an das Politbüro der VKP(b) und den Rat der Volkskommissare zum neuen Schema der Mobilmachungsentfaltung der Roten Armee, nicht später als der 12.2.1941, CAMO, 7/29/4, Bl. 199-267, veröffentlicht auf: https://nakanune.rusarchives.ru/ru/node/392.

61 Vgl. Velikaja otečestvennaja vojna 1941-1945 godov. Tom 2: Proischoždenie i načalo vojny [Der Große Vaterländische Krieg von 1941-1945. Band 2: Entstehung und Beginn des Krieges], Moskva 2021, S. 610-612.

120-mm-Granatwerfer. Diese war nicht einmal zu zehn Prozent gedeckt. Um die Mängel bei der Munitionsversorgung entsprechend dem Mobilmachungsplan von 1941 bis zum Ende des Jahres zu beseitigen, hätte die sowjetische Rüstungsindustrie zusätzlich 36,4 Millionen Artilleriegranaten sowie 64 Millionen Werfergeschosse produzieren müssen.[62] Zum Vergleich: Im Jahr 1940 waren an die Rote Armee insgesamt 15 Millionen Artilleriegranaten sowie 18,2 Millionen Werfergeschosse geliefert worden.[63]

Genau diese Mängel dürften unter anderem ein Grund dafür gewesen sein, dass Stalin die vom 1. Stellvertreter des Chefs der Operativen Verwaltung des Generalstabes, Generalmajor Aleksandr M. Vasilevskij, ausgearbeiteten „Überlegungen zum Plan der strategischen Entfaltung der Streitkräfte der Sowjetunion für den Fall eines Krieges mit Deutschland und seinen Verbündeten",[64] die einen Präventivschlag gegen den deutschen Aufmarsch im Rahmen des Unternehmens „Barbarossa" vorsahen und den ihm der Generalstab am 19. Mai 1941 vorgelegt hatte, kategorisch zurückwies.[65]

5. Schluss

Die Tätigkeit des Stabes der Roten Armee war zwischen 1920 und 1935 darauf ausgerichtet, die Verteidigungsfähigkeit der Sowjetunion und ihrer Streitkräfte ständig zu steigern. Als weiteres Kennzeichen seiner Entwicklung muss eine kontinuierliche Verbesserung der Planung des Einsatzes von Land- und Luftstreitkräften sowie der Marine in einem kommenden Krieg gelten. In der Zeit nach dem Ende des Bürgerkrieges plante der Stab der Roten Armee zunächst die Durchführung von Verteidigungshandlungen, um in den rückwärtigen

62 Vgl. Schreiben des Volkskommissars für Verteidigung, S.K. Timošenko, und des Chefs des Generalstabes der Roten Armee, G.K. Žukov, an Stalin und Molotov, 18.4.1941, RGANI, 3/46/345, Bl. 195-200.

63 Simonov, Voenno-promyšlennyj kompleks SSSR, S. 129.

64 Vgl. Zacharov, General'nyj štab, S. 111-117; Kudrjašov, S./Ėkštut, S., Kak budem voevat': vstrečnoe sraženie ili preventivnyj udar? Pravda i mify o podgotovke Genštaba Krasnoj armii k vojne s nacistami [Wie werden wir kämpfen: eine Begegnungsschlacht oder ein Präventivschlag? Wahrheit und Mythen über die Vorbereitung des Generalstabs der Roten Armee auf den Krieg gegen die Nazis], in: Rodina 6 (2021), S. 98-102, hier S. 100. Auf eine Diskussion dieses Präventivkriegsplanes und der daraus resultierenden Präventivkriegsthese sei hier aus Platzgründen verzichtet. Siehe dazu unter anderem: Pietrow-Ennker, Bianka (Hrsg.), Präventivkrieg? Der deutsche Angriff auf die Sowjetunion, Frankfurt/Main 2011; Ueberschär, Gerd R./Besymenskij, Lev A. (Hrsg.), Der deutsche Angriff auf die Sowjetunion 1941. Die Kontroverse um die Präventivkriegsthese, Darmstadt 1998.

65 Vgl. Kudrjašov/ Ėkštut, Kak budem voevat', S. 101-102.

Gebieten die Mobilmachung der operativen Reserven erfolgreich abzuschließen. Mit den darauffolgenden Angriffshandlungen sollten dann die militärischen Operationen auf das gegnerische Gebiet vorgetragen werden. Ab der Mitte der 1930er-Jahre ist schließlich eine immer offensivere operative Planung des Generalstabes der Roten Armee zu beobachten, die schließlich selbst Präventivschläge nicht mehr ausschloss.

Bei der Suche nach arbeitsfähigen Strukturen für die Organisation des Führungsapparates der Roten Armee in den Jahren 1921-1935 gingen die kommunistische Partei und die sowjetische Staatsführung nicht nur von den Erfahrungen der russischen Armee unter dem Zaren aus. Zugleich galt die These, dass die Militärführung ein integraler Bestandteil des allgemeinen staatlichen Verwaltungssystems sei und dass sich daher die Grundprinzipien der Organisation dieses Systems bis zu einem gewissen Grad in der Struktur der Militärführung widerzuspiegeln hatten. Hinsichtlich des Militärapparates schrieb deshalb Frunze: „Auf der Grundlage des landesweiten Programms sollte er die Organisationsform annehmen, die den allgemeinen Aufgaben des Staates am besten entspricht, und weiter an der Schaffung einer starken Einheit aller Streitkräfte arbeiten, die von oben bis unten durch gemeinsame Ansichten sowohl über die Art der militärischen Aufgaben selbst als auch über die Wege zu ihrer Lösung verbunden sind.“[66]

Gleichwohl entwickelte sich der zentrale Militärapparat der Roten Armee zunächst hauptsächlich schematisch, ohne dass hierfür ein vorher ausgearbeiteter Plan existierte. Erst im Zuge der Militärreform konnten die Aufgaben des Stabes der Roten Armee klarer definiert werden. Gleichzeitig erfolgte die Entlastung von zahlreichen Funktionen, die nicht mit der Lösung operativer und strategischer Aufgaben zusammenhingen, und die grundlegende Änderung seiner Struktur. In den darauffolgenden Jahren setzte die politische und militärische Führung der Sowjetunion die Bemühungen zur organisatorischen Verbesserung des Stabes der Roten Armee weiter fort und strebte die Konsolidierung seiner operativen und administrativen Funktionen an. Bis 1935 hatte sich der Stab dann allmählich zu einem vollwertigen Organ der operativen und strategischen Führung der sowjetischen Streitkräfte gewandelt, womit er analog dem Generalstab der alten russischen Armee entsprach.

66 Frunze, Michail V., Edinaja voennaja doktrina Krasnoj Armija, in: Izbrannye proizvedenija [Die einheitliche Militärdoktrin der Roten Armee, in: Ausgewählte Werke], Moskva 1977, S. 31-32.

The Italian High Command from Liberal to Fascist Italy

Amedeo Osti Guerrazzi

To understand the role of the Italian military elite in the period between 1919 and 1940, several aspects must be taken into account. On the one hand it is essential to analyse the structures (*Stato Maggiore dell'Esercito*, the General Staff – SMG) and its men; on the other hand it is necessary to take into account the relationship between the military and Fascism and the role of the armed forces within Italian society. Without considering these last two factors, it is impossible to understand Italian military policy and its strengths and weaknesses in such a delicate and critical period of European and world history. Although this chapter starts from 1919, we cannot fail to mention very briefly the long-term characteristics of Italian military history.

1. Armed Forces and Society in Italy

What "weight" had the *Regio esercito* had on Italian society? What political, economic, social and cultural influence did the armed forces have? Did the military succeed in transforming, or at least influencing, the formation of the Italian state or influence Italian society? First of all, as Macgregor Knox pointed out, Italy lacked a "military culture".[1] According to the American historian: "Recruiting capable people was difficult, given the relatively low pay and prestige of the military profession, and given the absence of a true national military tradition, of a 'military culture.'"[2] But we can go further. Since the Italian unification, armed forces and the military lacked a real social prestige for a number of reasons: the long series of defeats (some of which were real setbacks) that have characterised Italian military history. Starting with the Risorgimento, the war of 1866 was marked by the defeat of Custoza and the disaster of the naval battle of Lissa. Things were not much better in the colonies. In Dogali, Eritrea, in 1887, an Italian column was massacred by Ethiopians. At Adua, in 1896, the

1 Knox, Macgregor, Alleati di Hitler. Le Regie forze armate, il regime fascista e la guerra del 1940-1943 [Hitler's Allies. The Royal Armed Forces, the Fascist Regime and the War 1940-1943], Milano 2002, p. 40.
2 Knox, Macgregor, La guerra di Mussolini [Mussolini's War], Roma 1984, p. 25.

 | DOI:10.30965/9783657791958_013

Italian Army lost some 6,000 men, of whom 4,000 were nationals, in what was perhaps the worst defeat of a European army in Africa.[3]

The army was also largely unpopular for other reasons. In 1862 it was the Italian *Bersaglieri* who had stopped the one true national hero, Giuseppe Garibaldi, at the Battle of Aspromonte. Moreover, the army's main task, in the absence of a uniformed police force, was to repress popular uprisings.[4] In the south of the peninsula, the Italian Army had been engaged for years in the repression of Bourbon revolts. In 1892, it had bloodily suppressed the popular uprisings in Sicily. During the *Crisi di fine secolo* ("Crisis of the End of the Century", 1896-1898), it was always the army that fired on civilians (also with artillery) to repress the first trade union and socialist movements. In 1907, in Parma, a trade union conflict was again bloodily repressed, just as in June 1914, during the riots that went down in history as "Red Week". In short, the Italian armed forces were distinguished by their brutality when it came to firing on Italian workers and peasants. When it faced a foreign army, the results were generally rather mediocre. The Italian Army lacked the halo of glory that distinguished other European armies, especially the British and Prussian Armies,[5] but was rightly feared, and sometimes hated, as an internal repressive force.

It must also be considered that, precisely for the purposes of internal repression, the Italian units were recruited on a national (and not local) basis. The conscripts were sent away from home for a period of three years, in units made up of citizens from all over the country, so that they could not sympathise with the insurgents in case of repressive intervention. The result of this choice, which did not meet the criteria of efficiency and combativeness of the units in the event of war, was that military service was experienced as a tragedy by the conscripts and their families, mostly peasants, who were deprived of the workforce needed to support their families. The other side of the coin was the sense of isolation, if not contempt, that the officers felt from a society that did

3 On this topic Gooch, John, Esercito, stato e società in Italia. 1870-1915 [Army, State and Society in Italy], Milano 1994. In his conclusion, Gooch writes: "In particular, civilian politicians never gave the army what Huntigton called an 'advisory function': the possibility of reporting on the military implications of various political choices. The army in turn kept the political leaders at a distance." See p. 238.

4 Rochat, Giorgio, L'esercito e il fascismo [The Army and Fascism], in: Quazza, Guido/Castronovo, Valerio/Rochat, Giorgio/Neppi Modona, Guido/Miccoli, Giovanni/Bobbio, Norberto (eds.), Fascismo e società italiana [Fascism and the Italian Society], Torino 1973, pp. 91-123, here p. 93.

5 On the Prussian High Command and its role in the construction of the German national identity see Hull, Elisabeth V., Absolute Destruction. Military Culture and Practices of War in Imperial Germany, Ithaca/London 2005, p. 106. A comparative study of Italy and Germany and their military policies in Knox, Macgregor, To the Threshold of Power, Cambridge 2007.

not love them and from a political élite that did not value them. At the time it was referred to as "military discomfort", "the expression of a military society oppressed by its own technical inferiority compared to the other great European armies, by its own social marginalisation [...] by its reduction to an heavy 'gendarmerie' corps, poorly paid, mistreated, discontent that extinguished every heroic ideality and every aspiration for prestige and glory."[6] For their part, the officers came to "develop a detachment from liberal politics and values [...]. Without, however, thinking of playing an autonomous role in national politics."[7]

When all these elements are combined, it is not surprising that, in general, the armed forces were not particularly popular in Italian society, and had so little influence on politics and society in liberal Italy with the results the military elite was totally excluded from the decisions that led to entry into the First World War.[8] After the defeat at Caporetto (October – November 1917, when the Italian lost hundreds of thousands of prisoners and the front line moved back to the Piave river) the officer corps reached rock bottom, so much so that Giovanni Giolitti said that "for two generations in Italian families, only boys who didn't know what to do, brats and morons were initiated into the military career".[9]

Even immediately after the First World War, despite their victory, the military failed to become the unifying force and gain the popularity it might have expected. Italy had entered the war deeply divided (there was not that *Union sacrée*, for example, that had characterised France in 1914 and its *Bleu horizon* parliament in 1919), the dissent between "interventionists" and "neutralists" continued well after the end of the war and could be said to have ended, of necessity, with the advent of Fascism to power. The liberal political class renounced using the myth of the Great War as a unifying factor for the nation because the rift between the "neutralists" (to whom the "Bolsheviks" had been added) and the "interventionists" had deepened. It therefore did not seem appropriate to revive or exalt the role of the army. "In this 'ungrateful nation' the army was not glorified and rewarded but kicked 'on all sides, with renewal of

6 Mondini, Marco, La politica delle armi. Il ruolo dell'esercito nell'avvento del fascismo [The Politics of Arms. The Role of the Army in the Rise of Fascism], Roma/Bari 2006, p. 7.

7 Rochat, Giorgio, Le guerre italiane. Dall'impero d'Etiopia alla disfatta [The Italian Wars. From the Ethiopian Empire to Defeat], Torino 2005, p. 165.

8 Ceva, Lucio, Storia delle forze armate in Italia [History of the Armed Forces in Italy], Torino 1999, p. 160.

9 Rochat, Giorgio Ufficiali e soldati. L'esercito italiano dalla prima alla seconda guerra mondiale [Officers and Soldiers. The Italian Army from the First to the Second World War], Udine 2000, p. 166.

the pre-war facts', as [General Emilio De Bono] wrote in a letter of June 1919."[10] The final victory did not succeed in wiping out the shame of Caporetto, on the contrary: all the public debate in 1919 was dominated by the enquiry into that defeat. In short, in the post-war period, the talk was not so much about the battle of Vittorio Veneto (the final, and victorious battle in November 1918) as it was about Caporetto and the errors committed by the army's leaders.

It was fascism that attempted to make militarism the dominant culture of Italian society. As is widely known, the Italian armed forces supported the fascist movement and then accepted the dictatorship. As Giorgio Rochat wrote: "Within the framework of a basic choice of the entire ruling class, the army, navy and [...] the air force [...] accepted and supported without reservation the government and then the dictatorship of Mussolini, whose policy of internal order, quest for international prestige and appreciation of the Great War they particularly appreciated."[11] In return, Fascism guaranteed a certain autonomy in the internal choices of the armed forces and made militarism the backbone of the regime's official ideology. But above all, it guaranteed careers and salaries to a mass of officers and ensured the loyalty of the armed forces. The Fascist regime's policy towards the military was part of a wider project to anthropologically transform Italians, to create a "new man" that would erase the Italian coward and servile to foreigners and turn him into a political warrior capable of conquering a great empire.[12]

Theoretically, the military should have played a leading role in this policy. For the transformation of Italians into warriors, what better institution could be used than the "Army of Vittorio Veneto"? It seems, however, that in spite of the regime's incessant propaganda, the image of the military in Italian society did not change so profoundly and Italians did not become the bloodthirsty warriors that the regime wanted. From the memoirs of the generals, the answer is no. According to Mario Roatta, public opinion considered the professional military to be inept and idle.[13] For Emilio Canevari, officers had become "bureaucrats".[14] According to Quirino Armellini, "the Germans have

10 Mondini, La politica delle armi, p. 16. On the "unease" of officers in the early post-war period, among many others, see Caracciolo di Feroleto, Mario, "E poi?" La tragedia dell'esercito italiano ["And then?" The Tragedy of the Italian Army], Roma 1946, p. 19.

11 Rochat, Ufficiali e soldati, p. 65.

12 On the idea of "New Man": Bernhard Patrick/Klinkhammer, Lutz, L'uomo nuovo del fascismo. La costruzione di un progetto totalitario [The New Man of Fascism. The construction of a Totalitarian Project], Roma 2017.

13 Roatta, Mario, Otto milioni di baionette [Eight Million Bayonets], Milano 1946, p. 16.

14 Canevari, Emilio, La guerra italiana. Retroscena della disfatta [The Italian War. Background of the Defeat], Roma 1948, p. 201.

military organisation and conscience in their blood, we are simpletons who in 1940 want to wage war according to the squadristic doctrine".[15] The journalist Giovanni Ansaldo, from the camp where he had been interned by the Germans after 8 September 1943, wrote that professional soldiers were just "failed middle-class people".[16] General Umberto Spigo, on the other hand, considered Italy to be a society "militarised as a joke", where all Italians were dressed in *grigioverde* (the colour of the uniforms) except the soldiers, who even lacked uniforms.[17] Some of these memoirs even go so far as to involve the entire Italian people, who, according to Pietro Badoglio, "are not lovers of war",[18] A concept already expressed by General Giovanni Messe, according to whom, in a dialogue with other officers like him imprisoned in England, the Italian people "do not know how to hate", and therefore cannot be a "warrior" people.[19]

To conclude: the Italian armed forces failed to play a truly significant role in society, even during Fascism. In spite of the propaganda and rhetoric of the Mussolini regime, the military was always a politically and culturally weak segment of society. This overall weakness also had repercussions on the role of the SMG and, in general, on all military institutions which, as we shall see, never managed to influence either politics or society during the Fascist period.

2. The High Command Structure and Mussolini's Practices of Power

During the First World War, the army's general staff, led by Luigi Cadorna until Caporetto and then by Armando Diaz, became the supreme command of the armed forces, effectively disempowering the Ministry of War, which in theory was responsible for conducting operations during the conflict.[20] The Chief of the General Staff had in practice also deprived the Minister of War of authority. In 1919, Armando Diaz was moved to the post of Inspector General of the Army, while Chief of the General Staff became Pietro Badoglio.

15 Armellini, Quirino, Diario di guerra. Nove mesi al comando supremo [War Diary. Nine Months in Supreme Command], Milano 1946, p. 123.

16 Ansaldo, Giovanni, Diario di prigionia [Prison Diary], Bologna 1992, p. 56.

17 Spigo, Umberto, Premesse tecniche della disfatta (dall'euforia al disastro) [Technical Background to the Debacle (From Euphoria to Disaster)], Roma 1946, p. 119.

18 Badoglio, Pietro, L'Italia nella seconda guerra mondiale [Italy in World War Two], Milano 1946, p. 18.

19 Osti Guerrazzi, Amedeo, Noi non sappiamo odiare. L'esercito italiano dal fascismo alla democrazia [We do not know how to hate. The Italian Army from Fascism to Democracy], Torino 2010, p. 129.

20 Rochat, Giorgio, L'esercito italiano da Vittorio Veneto a Mussolini [The Italian Army from Vittorio Veneto to Mussolini], Bari 1967, p. 251.

This situation was changed by the bourgeois Minister of War, Ivanoe Bonomi. Bonomi reabsorbed the General Staff into the War Ministry, which thus lost the total autonomy it had enjoyed during the conflict, and in February 1921 created the Army Council, which played a leading role in reorganising the armed forces. The Council was chaired by the Minister of War (without voting rights) and nine generals. The Chief of Staff thus became a secondary role, an advisor to the minister, while the Army Council became the most important collegial body.[21] Bonomi had presented the project of the Army Council in a confidential form to all the most important generals, obtaining their prior approval. According to Giorgio Rochat, the transfer of powers from the commander of the general staff to a collegial body was due to the desire of the military elite to weaken the role of Pietro Badoglio, a general who was much disliked by some of his colleagues.[22] The reason, therefore, for the transformation of the supreme command of the armed forces was to be found not in the desire to make the command, and thus the army itself, more efficient, but in the infighting within the military corporation, a typical feature of military policy during the inter-war period. Badoglio, as a result, abandoned his post as Chief of Staff and went to Brazil as ambassador. General Giuseppe Vaccari became Chief of Staff, while the most prestigious generals such as Diaz, Aosta, Pecori Giraldi, Giardino, Caviglia, Morrone, Tassoni and Badoglio himself joined the Army Council.

This command structure was changed again in 1923, when Diaz joined the new government headed by Mussolini as Minister of War. Diaz was given the task of reforming not only the army, but also the command structure of the armed forces. The post of Inspector General was created, which had enormous powers. The founding decree stated that, although subordinate to the Minister of War, the Inspector General had the task of presiding in peacetime over "the defensive organisation of the state and the preparation of cadres and troops for war."[23] The inspector also had command of the army staff, gave orders to the commanders of large units and assigned commands. Finally, he was the link with the civil and military authorities, i.e. the government and the war minister. However, Diaz, as minister, did not take up the post, which remained vacant. Command of the army thus remained in the hands of the Army Council, which was renewed with the replacement of several generals. Under Diaz the Supreme Defence Commission was also set up, bringing together the

21 Ibid., pp. 252-253.

22 Ibid., p. 257.

23 Regio Decreto Legge [Royal Decree], 11.1.1923.

ministers directly concerned (War, Navy, Finance, Industry), with the advice of the Army Council.

The command structure designed and implemented by Diaz responded to an initial phase of relations between Mussolini in government and the military. Diaz was a man of enormous prestige and could afford to impose on the Prime minister a structure in which the Inspector of the Army had great power. Even the fact that he was subordinate to the Minister of War did not take away his autonomy in the organisation of the armed forces, which were answerable to the politicians for their policies, but remained independent as regards internal dynamics. In short, the alliance between the military and Fascism that had allowed the latter to impose itself in October 1922 was respected, without the army objecting.[24]

Things changed in 1925 when, having overcome the crisis caused by the scandal surrounding the murder of the socialist deputy Giacomo Matteotti, Mussolini turned his government into a dictatorship. In the spring-summer of 1925 Mussolini became Minister of War, Aeronautics (created in 1923), and the Navy.[25] The ministries were run, as a matter of daily practice, by three under-secretaries who answered directly to the minister, i.e. to Mussolini. By decree of 8 June 1925, the General Staff was created, commanded by a Chief of the General Staff (at this time Badoglio). It was the first attempt to create an inter-force central command with powers over the three arms. In fact, the Chief of the General Staff, assisted by a Sub-Chief with direct powers over the army, had the function of giving "general directives" to the air force and navy. "Important novelty, the 'direct subordination' of the Chief of SMG to the political power: not only to the Minister of War (Mussolini) but also to the Prime Minister or Head of Government (also Mussolini)."[26]

In 1927, Mussolini, who had become increasingly firmly entrenched in government, again changed the command structure of the armed forces. With a decree of 6 February 1927, the Chief of the General Staff (always Badoglio) became a mere adviser to the Head of Government, with an office consisting of six subordinates. Moreover, the Chief of the General Staff, in order to speak

24 The concept of an alliance between the military and Fascism is emphasized by leading Italian scholars on the subject, including Giorgio Rochat and Lucio Ceva. See also Ilari, Virgilio/Sema, Antonio, Marte in orbace. Guerra, esercito e milizia nella concezione fascista della nazione [Mars in Orbace. War, Army and Militia in the Fascist Conception of the Nation], Ancona 1988, p. 64.

25 Military and political posts in Stato Maggiore dell'Esercito, Ufficio Storico, L'esercito italiano tra la prima e la seconda guerra mondiale [The Italian Army between World War One and World War Two], Roma 1954, p. 62.

26 Ceva, Storia delle forze armate in Italia, p. 207.

with the Head of Government, had to go through the ministries, i.e. through the undersecretaries who reported directly to Mussolini. In short, the office of Chief of the General Staff was emptied of any real power, "ceasing all functions of impulse and command."[27] Badoglio could speak only when asked and only on the subjects that Mussolini submitted to him. "In Badoglio's small office at the Viminale Palace, very little was done, in memory of Gen. Marras who, with the rank of colonel, directed it from 1929 to 1933: a few opinions on individual problems, examination of SIM [the army's intelligence service] bulletins, no war plans and not even an annual report on the SMG's activities."[28] Finally, historian Marco Minniti noted, thanks to the 1927 reform, that Mussolini also had the legal capacity to draw up the war plan: "In this way, the highest government authority was given not only political responsibility, as it had always been, but also military responsibility for preparing for war."[29] It was therefore the various armed forces that, separately, prepared the war plans, through their General Staffs. This structure remained practically the same until 1940, again with Badoglio as Chief of the SMG, and was the result of political choices, partly due to Mussolini, and partly due to internal struggles within the military elite.

The 1927 reform, in fact, was due to the rivalry between General Ugo Cavallero, Undersecretary of War, and Badoglio. On the one hand, Mussolini feared Badoglio and did not want him to become too powerful, and on the other Cavallero hated Badoglio for personal reasons. The result was that Badoglio was placed "so high up that he no longer counted for anything", as one senior officer commented at the time. In this way, however, the military renounced any real influence on political power even at decisive moments in the country's history, contenting itself with a relative autonomy that the regime tried to nibble away at. When, in 1936, there was apparently an attempt to create an inter-force high command, it was sabotaged by politicians (Galeazzo Ciano and Roberto Farinacci) who did not trust Badoglio, the only possible candidate, and by the navy's "fierce opposition to the idea of being subordinated to a general".[30] In short, throughout the Fascist period there was no command to coordinate the three armed forces, thanks to Mussolini's will,[31] who was more committed to holding on to power than to making the armed forces efficient.

27 Ibid., p. 208.

28 Ibid., p. 211.

29 Minniti, Marco, Fino alla guerra. Strategie e conflitto nella politica di potenza di Mussolini. 1923-1940 [Up to War. Strategies and Conflict in Mussolini's Power Politics], Napoli 2000, p. 17.

30 Knox, La guerra di Mussolini, p. 27.

31 Rochat, Le guerre italiane, p. 149.

The structure of these commands was inefficient. The Chief of the General Staff held fewer than fifty meetings from 1925 to 1937.[32] There are no records of meetings of the staffs of the three armed forces but, evidently, Badoglio's office had no operational function. It was Mussolini's system of power that had wiped out all autonomy and decision-making capacity from any collegial form of command of the armed forces. Mussolini had amalgamated all the highest military posts (head of government, head of the armed forces operating from 1 June 1940, minister of the three arms, marshal of the empire), and as such organised a kind of daily council of ministers in his office in Palazzo Venezia. It was in this palace in the centre of Rome that decisions were taken, not in Palazzo del Viminale, Badoglio's headquarters, nor in Palazzo Vidoni, the seat of supreme command during Cavallero's administration. It was in the "Sala del Mappamondo", Mussolini's private office, that ministers and generals were summoned on a daily basis to take orders. In a 1938 speech to the Senate, Mussolini proclaimed that in the event of a conflict he himself would assume all powers, albeit, with homage to the constitutional charter, "at the orders of the king".[33]

In the spring of 1940, Badoglio realised that with war approaching, the problem of a single command had become urgent. He wrote three letters to Mussolini urging a solution to the problem. In the one of 3 May, he wrote that he could not accept a solution on the German model, i.e. accepting a subordinate role like Keitel's to Hitler.[34] On 29 May 1940, the solution arrived: Mussolini summoned the chiefs of staff of the three arms (but not Badoglio) to announce the creation of the Single High Command, with himself as commander of the "active armed forces".[35] He could not attribute to himself the office of general commander of all the armed forces because this, according to the fundamental law of the Kingdom of Italy (the so-called *Statuto albertino*, of 1848), fell to the king. Badoglio was left with the position of Chief of General Staff, to whom

32 The list and minutes in the Army General Staff are published in the volume Ufficio storico, Lo Stato maggiore generale tra le due guerre (verbali delle riunioni presiedute da Badoglio dal 1925 al 1937) [The General Staff between the Wars (Minutes of Meetings Chaired by Badoglio from 1925 to 1937)], Roma 1997.

33 "In Fascist Italy the problem of the single command [...] was resolved. The political-strategic directives for the war were established by the Head of Government. Their application is entrusted to the General Staff and its subordinate bodies [...]. The war, as it was in Africa, will be led, under the orders of the King, by one person only, by the one who speaks to you." Faldella, Emilio, L'Italia e la Seconda guerra mondiale [Italy and the Second World War], s.l. 1960, pp. 120-121.

34 Ibid., p. 122.

35 Ibid., p. 123.

Mussolini would give the directives. Badoglio was to implement Mussolini's orders through the three Chiefs of Staff.[36] The chain of command, therefore, as of June 1940, was as follows: Mussolini was the commander of the operating armed forces. Badoglio was the Chief of General Staff but had only the role of intermediary between the Head of Government (i.e. Mussolini) and the three armed forces. The army was therefore directed by the Army Chief of Staff (General Rodolfo Graziani), who spoke with Mussolini through the Undersecretary of the Ministry of War (General Ubaldo Soddu). The air force and navy, on the other hand, were commanded by the undersecretary and the Chief of Staff of each armed force, a position that was united in the same person. Admiral Cavagnari for the navy and General Pricolo for the air force. In Greece and Africa, governors were in charge of operations.

In reality, Badoglio was practically deprived of power, despite his letter of 3 May. Mussolini spoke directly with the chiefs of the three armed forces, with the undersecretaries and with anyone he considered useful for the purposes of command. As Mario Roatta, former Chief of Staff of the army, wrote: "[Mussolini] continually received the undersecretaries, and dealt with them not only with the essential matters of their ministries, but also with the incidental and often more modest ones. [This] led to the consequence that the Chief Undersecretaries often dealt directly with Mussolini even on those matters which would have been the responsibility of the General Staff."[37] After the many defeats of the autumn-winter of 1940-1941, Badoglio was replaced by Ugo Cavallero, Soddu by Mario Roatta, Cavagnari by Admiral Riccardi, Pricolo (from November 1941) by General Rino Fougier.

If one analyses Mussolini's work schedule on certain days in June 1940, one can understand the total chaos in the chain of command. Take, for example, 6 June 1940, four days before the declaration of war.[38]

36 Galeazzo Ciano wrote in his diary on 29 May: "This morning at 11 o'clock, at Palazzo Venezia, the High Command was born. Few times have I seen Mussolini so happy. He has realised his true dream: that of becoming military leader of the country at war." Ciano, Galeazzo, Diario 1937-1943 [Diary], Milano 1990, p. 435.

37 Roatta, Otto milioni di baionette, p. 17.

38 The data are taken from the database of Mussolini's audiences of the German Historical Institute in Rome "Der Dienstkalender Benito Mussolinis, 1923-1945. Digitale Edition", which can be consulted at the Institute's library in Rome.

Table 12.1

Visitors		
Perticular secretariat of the Duce	Time 11.12	11.30
Carabinieri		
Special Service		
Police		
Presidency		
Ministry for Italian Africa		
Ministry for Popular Culture	12.20	12.45
Ministry for Foreign Affairs	12.45	13.35
Fascist Party	13.35	13.55
Ministry of Interiors	13.35	13.55
Royal signature	10.30	
Marshal Badoglio	11.15	11.30
His Excellency Cavagnari	11.54	11.57
His Excellency Soddu	11.58	12.15
His Excellency Pricolo	12.15	12.30
Conte Bonmartini	17.10	17.20
Ezio Garibaldi	17.33	18.00
Navy	18.30	19.10
Ministry for Agricolture	18.00	18.30
Of the Reich	18.00	18.30
His Excellency Farinacci	19.10	19.22
Governor of Rome	19.22	19.31
His Excellency Guarneri	19.31	19.43
His Excellency Veroi	19.31	19.43
Ministry for Communications	19.44	19.55
General Fricchione	19.55	20.10
committee for war industries	20.10	20.35
His Excellency Teruzzi	20.35	20.45

These were crucial days for the country's destiny during which, theoretically, Mussolini's attention should have been completely absorbed by military problems. Instead, the Head of Government found time to talk to Party officials, the Governor of Rome, and a descendant of Garibaldi, giving Badoglio 15 minutes in all. To the undersecretaries, received individually, 17 minutes to Soddu, 15 minutes to Pricolo and three minutes to Cavagnari! At the time of the aggression against Greece, on 28 October 1940, Mussolini's diary recorded the following visits:

Table 12.2

Visitor	**Time**
Maresciallo Badoglio	
Segret. Part.	
CC.RR.	
Servizio speciale	
P.S.	
Presidenza	
Africa italiana	
Cultura popolare	
Esteri	
Partito	
Interno	
Consegna tessera anno XIX	10.45
Premiazione campioni nazionali della G.I.L.	11.00
CC.RR.	12.30
Valute	12.45
Partito	16.00
Lavori pubblici	16.30

We do not know how much time was devoted to Badoglio, but the Marshal nevertheless had to share Mussolini's attention with the "national champions of the GIL" (*Gioventù italiana del littorio* – Italian Youth of the Lictor), and with the usual officials of the "civilian" ministries. There are dozens or even hundreds more examples of these Mussolini days, and the result is always the same. The "Duce" had not only centralised the military offices, but had become the source of all decisions in all aspects of the political life and administration of the Italian state.[39] The post-war judgements of Italian generals on this system of command were merciless: According to General Francesco Rossi, the chain of command, theoretically very clear and precise, "gradually became

39 Schieder, Wolfgang, Mythos Mussolini. Deutsche in Audienz beim Duce, München 2013.

tangled in the first months of the war, until it became extremely confused at the end of 1940."[40]

Quirino Armellini, another general attached to Badoglio's command, wrote in his "diary" published in 1946: "This command must remain as it is, because Badoglio has no intention of enlarging it at all, but it does not respond at all to the hateful demands of war, demands that are becoming more complex every day."[41] This judgement was confirmed by General Faldella, who complained about the lack of coordination between the various armed forces.[42] Historiography has largely confirmed the judgements of contemporaries. Macgregor Knox wrote that "the office of the Chief of the General Staff was an office of very modest size; the Supreme Command was unable to plan operations or even to control the actions and the degree of efficiency of the armed forces [...] This system was designed to exalt dictatorial power rather than coherent decision-making."[43] By the end of the 1930s the subjugation of generals, but also of ministers and Party leaders, had become blatant and humiliating. An example of the power relations was the famous "crossing" of the *Sala del Mappamondo*, Mussolini's immense office in Palazzo Venezia. From the front door to the "Duce's" desk was about thirty metres. According to Marshal Giovanni Messe, during the war the soldiers would cross this space running to put themselves in a "good light" in front of the dictator.[44] Once in front of Mussolini, very few, perhaps none, had the courage to say what they really thought.[45]

After fifteen years of dictatorship, ministers and officials no longer had the courage to make their own decisions, and turned to Mussolini for any

40 Rossi, Francesco, Mussolini e lo Stato Maggiore. Avvenimenti del 1940 [Mussolini and the General Staff. Events of 1940], Roma 1951, p. 57.

41 Armellini, Diario di guerra, p. 96.

42 Faldella, L'Italia e la Seconda guerra mondiale, p. 125.

43 Knox, Alleati di Hitler, p. 80 and Rochat, Le guerre italiane, p. 244.

44 Osti Guerrazzi, Noi non sappiamo odiare, p. 157 and Carboni, Giacomo, Più che il dovere. Storia di una battaglia italiana [More than Duty. History of an Italian Battle], Roma 1952, p. 49.

45 According to General Giacomo Zanussi: "Unfortunately, of all the bacilli that fascism has inoculated into the bodies of our military leaders – and God knows they have been few and not very harmful! – the most harmful, [...] was the supine resignation that induced them to suffer its most monstrous errors, the passivity behind which they prudently entrenched themselves like scholastics in the shadow of the 'ipse dixit'. The total abdication to which they subjected themselves in the face of a man who could then be considered a genius but who nevertheless always remained, and always should have been considered [...] as a man [...]". Zanussi, Giacomo, Guerra e catastrofe d'Italia. Giugno 1940 – giugno 1943 [War and Catastrophe of Italy. June 1940-June 1943], Roma 1946, p. 35.

minutiae.[46] Even military commanders therefore had no autonomy and merely passed on the orders that came from the Semi god who sat in Palazzo Venezia. On Keitel's submission to Hitler the contemporaries (who called him "*Lakeitel*"), and historians have made much irony, but not much better, were the Italian generals.

3. The Politics of the High Command

The question underlying this section is: what was the role of the Italian military elite in shaping first post-war and then post-Fascist foreign policy? What influence did the military have on the policies of rearmament, expansion and aggression between 1919 and 1940? Finally, who were the men at the top of the military commands?

Fascist foreign policy closely resembled that of liberal Italy in its fundamental foreign policy directives. The tendency was to expand towards "free" territories in Africa, or towards the Balkans. Obviously from 1919 onwards there were other limits to Italian expansionism. The "Concert of Great Powers" that had governed Europe and the world until 1914 was now replaced by the Versailles "system". For Mussolini, writes the historian John Gooch: "Mussolini's foreign policy was neither as random nor as unfocused as it has sometimes been made out to be. The broad motive forces driving it were well established in his political credo by 1922. Aggressive nationalism deriving in part from the concurrence of an 'unfinished' *Risorgimento* and a 'mutilated peace' was joined to a reinvigorated imperialism which would surpass the very limited achievements of pre-war Liberal Italy. [...] Historical strategic, economic and commercial considerations on the one hand and the view that Versailles settlement was a transitory state of affairs on the other pointed in two directions: to the Mediterranean and its eastern shores, and to central and south-eastern Europe."[47]

In Africa Mussolini continued his traditional strategy of expanding his possessions in Eritrea and Somalia towards Ethiopia. In the Balkans the road

46 Mario Roatta wrote in his memoirs: "Mussolini was, in the end, inclined to adopt the point of view of the last to receive (hence the phrase used by all his direct collaborators: 'the last to speak is always right'), especially if that point of view was optimistic." Roatta, Otto milioni di baionette, p.27. Emilio Faldella is of the same opinion: "With his centralising system [Mussolini] had imposed on Ministers and Under-Secretaries to refrain from any initiative and from assuming responsibility, acting as executors and not as advisors." Faldella, L'Italia nella Seconda Guerra Mondiale, p. 114.

47 Gooch, John, Mussolini and his Generals. The Armed Forces and Fascist Foreign Policy, 1922-1940, Cambridge 2007, p. 7.

was towards the eastern shore of the Adriatic where there was no longer the Austro-Hungarian Empire, but the kingdoms of Albania and Yugoslavia to thwart Mussolini's imperial dreams. Until 1937, i.e. until the rapprochement with Germany and the proclamation of the "Rome-Berlin Axis" policy, Mussolini, albeit with a note of aggression unknown to liberal governments, followed the keyword "always independent, never isolated", which had been the polar star of his predecessors in government. From the proclamation of the Empire (May 1936) and then with the war in Spain, Italy tied itself to Nazi Germany, in a struggle against the "wimpy democracies" for domination of Europe and the Mediterranean basin.

The first military problem immediately after the end of the Great War was, of course, the demobilisation and organisation of the army, which came out of the conflict with about 3,000,000 men in service, of whom about 186,000 were officers. The demobilisation was carried out mainly by the government of Francesco Saverio Nitti (1919), which succeeded without causing too much trauma. The problem was what kind of army was wanted for a country that, despite the end of the war, still had ambitions of expansion and intended to play the role of a great power. The military had an extremely important role to play in organising the new armed forces, but in the immediate post-war period they were divided into factions: on the one hand the "pragmatists", led by Marshal Diaz, supported by Badoglio, used to collaborating with the civilian power and aware of the country's political and economic limitations, and on the other hand the "extremists", such as Marshal Giardino or the Duke of Aosta, "advocates of the widest territorial annexations and an international policy of force".[48] However, these factions had to contend with the harsh realities of the post-war economic crisis and new world balances, which led the post-war governments to accept the peace treaty and limit their territorial appetites.

The debate in the first six years after the end of the war focused mainly on the organisation of the armed forces, i.e. how many men to keep in the army and for how long. The first provisional *ordinamento* (order) was passed in the summer of 1919, and it envisaged the usual large army barracks with a disproportionate number of commands and therefore officers. On the one hand, therefore, internal repression and, on the other, the maintenance of posts and salaries for the officers.[49] In practice, the military was mainly concerned with keeping their jobs. A second *ordinamento*, approved under the government of Ivanoe Bonomi, resumed the same basic lines of the previous one, but strongly limiting the expenses, thus arousing the anger of the military and of

48 Rochat, L'esercito italiano da Vittorio Veneto a Mussolini, p. 53.

49 Ibid., p. 137.

Diaz himself, who had collaborated effectively with the previous Prime Minister Nitti. The "minimalist" projects of the last liberal governments led to the conversion to Fascism of many officers, until a sort of "alliance" was reached between the armed forces and the black shirts. This alliance was consecrated, on a practical and symbolic level, by the presence in the first fascist government of Armando Diaz as Minister of War and Admiral Thaon di Revel as Minister of the Navy. During the eighteen months that he held the post of minister, Diaz had another *ordinamento* approved that reflected the wishes of the military elite: unlimited powers in the organisation of the armed forces for the generals, high salaries, guaranteed careers and a three-year term of service for conscripts. "However, the measure fitted fully into the logic of a barracks army, just as a barracks army fitted into the logic of an authoritarian state, helping to raise the prestige of the supreme commanders. It can also be noted that the army had a higher percentage of senior ranks than other administrations and that its officers received, in addition to their salaries, a military allowance, which was justified for the lower and middle ranks [...] much less so for the higher ranks."[50]

Finally, the *ordinamento* of May 1925, signed by Badoglio, sanctioned the triumph of the demands of the military, which obtained substantial increases in expenditure for armaments and salaries, and "ended up consolidating the old sectarianism of the armed forces, lacking political leadership and coordination, a hunting ground reserved for generals and their personal conflicts."[51] Personal contrasts that were carefully cultivated by Mussolini even during the military campaigns to pit his collaborators against each other and to prevent any of them from emerging and reaching a position that would endanger his power.

The senior officers who played a truly important role under Fascism were rather few in number, and we have a series of biographies of them in Giovanni Cecini's book *I generali di Mussolini* ("Mussolini's Generals"), to which we shall refer.[52] The fifteen biographies from this book analysed for the purposes of this essay reveal a rather similar *cursus honorum*.[53] The oldest were Badoglio and

50 Ibid., pp. 475-476.

51 Ibid., p. 573.

52 Cecini, Giovanni, I generali di Mussolini [Mussolini's Generals], Roma 2019.

53 These officers are Pietro Badoglio, Sebastiano Visconti Prasca (commander of the Army in Greece), Pietro Soddu (Undersecretary of War), Italo Gariboldi (commander of the army in Libya), Ugo Cavallero (Chief of General Staff), Pietro Gazzera (Undersecretary of War), Vittorio Ambrosio (Chief of General Staff), Alessandro Pirzio Biroli (Commander of the Army in Montenegro), Francesco Saverio Grazioli (sub-chief of the General Staff), Vittorio Baistrocchi (Undersecretary of War), Albero Pariani (Undersecretary of War), Mario

Baistrocchi (born 1871), the youngest was Gastone Gambara (born 1890). From a social point of view, two were sons of soldiers (Baistrocchi and Roatta), while all the others were of middle-class origin. Two are of aristocratic extraction (Visconti Prasca and Gambara), while Pariani was said to be the illegitimate son of a member of the royal family. From the point of view of social origin, the Italian Army was rather democratic, and ranks were obtained for skills, training and war experience, at least until 1936. Then, according to all testimonies of the generals, the influence of political recommendations became fundamental for the career.

All of them, except Messe (who had started out as a non-commissioned officer), had had the same experiences. Military college, then war schools (usually the Military Academy in Modena), which had brought them up to the rank of officer. All had fought in Africa. The eldest in Eritrea and the youngest in Libya. Another common experience was the First World War. Almost all had subsequent experience in the colonies (Libya and Ethiopia), while a few (Roatta and Gambara), fought in Spain. They were therefore officers who had considerable experience in trench warfare and then in colonial and counter-insurgency campaigns, while they had no experience of modern warfare. Few of them tried their hand at theory: Pariani and Visconti Prasca and Baistrocchi with the publication of theoretical texts. On the other hand, the Academy of Modena does not seem to have been exactly in the vanguard. According to Giorgio Rochat, "the two years [at the academy] in Modena aimed to create loyal and disciplined officers rather than those prepared for modern warfare."[54] General Giacomo Carboni, who directed the Academy in 1940, found the teaching equipment in a pitiful condition, judging it to be a "mummified monstrosity".[55]

Italian military doctrine can therefore be divided into two schools: the one of Badoglio, which was based on the trio "*l'om, 'l canun, l'fusil*" (in Piedmontese dialect "the man, the cannon, the rifle"), and which practically reproduced the teachings of the First World War. For this school, which envisaged war over the Alps, mechanisation and the joint use of tanks and planes with infantry was meaningless. Ready to fight a new war against France or Yugoslavia, they envisaged a war on the Alps, where tanks were considered useless, and aviation support of little value. They had no idea that the war to come would be fought in the Mediterranean and Africa. Although in the colonies they proved capable of exploiting all the most modern means, demonstrating mental flexibility and

---

Roatta (chief of the general staff of the Army), Gastone Gambara (commander of troops in Slovenia and Libya), Giovanni Messe (commander of the Army in Russia and Tunisia).

54 Rochat, Le guerre italiane, p. 175.

55 Carboni, Più che il dovere, Roma 1952, p. 123.

operational imagination, inexplicably they were unable to put these experiences into practice when it came to fighting modern armies. Many of these men were then linked to Badoglio for career reasons, and espoused his theories and vision of a war to be fought exclusively on the Alps, to face the threat of the French and Yugoslavian armies, to fight in a traditional trench war.

There were few innovators. Although this essay has focused on the generals of the ground forces, one cannot fail to mention Colonel Giulio Dohuet, the only Italian theorist known abroad, who prophesied that the wars of the future would be decided by the domination of airspace. As far as senior army officers were concerned, the only one who attempted, and put into practice, a real reform was Alberto Pariani, undersecretary from 1936 to 1939. His theory of *Guerra di rapido corso* (War of Rapid Course, or fast war) was based on the necessity of movement and the rapidity of the initial attack, since Italy, lacking raw materials, could not afford a war of attrition. To this end, he implemented an army reform that involved transforming the divisions from *ternaria* (based on three infantry regiments) to *binaria* (based on two infantry regiments). The aim was to make the division more agile and faster in order to adapt it to the new *Guerra di rapido corso*.[56] Pariani, however, completely overlooked the importance of mechanisation and especially the contribution of medium and heavy armoured vehicles, and collaboration with the air force, i.e. those tactics that would make the Wehrmacht's fortune in the early years of the war and that would be followed by all the armies of the world. For Pariani, battles were won by *colpi di cannone* (cannon shots), to weak the enemy and *colpi di battaglione* (battalion shots) to conquering positions.

With Pariani, a new group of generals emerged, including Graziani, Gambara, Baistrocchi, Roatta and Cavallero. These were generals who were much closer to Fascism and who gave the military doctrine a distinctly Fascist imprint, which meant trusting in the movement, speed and above all the moral factors that would lead the "Italian and Fascist" army to overwhelm its enemies on every battlefield. Many of these then made careers by linking up with power groups within Fascism, such as Roatta, who was linked to the so-called "Ciano clan", and who despite the beating he received in Spain continued a brilliant career that took him to the top of the Armed Forces.

Both the "conservatives" linked to Badoglio and the "innovators" (or the "monarchists" and "fascists"), however, were united by an almost total lack of understanding of the technological developments that would transform the war. Those who had some intuition, such as Pariani, were unable to free themselves from the political necessities of the time, which dictated that the human

56 On the Pariani's reform see Gooch, Mussolini and his Generals, pp. 362-363.

factor should be relied upon (since Italy had a good supply of soldiers), rather than the quality of weapons and equipment (which Fascism was unable to provide). In order not to put the minister of the three armed forces, Mussolini, in an embarrassing position, and thus not to jeopardise their own careers, they continued to extol the spirit of the infantry "forged by the regime", which would continue to be the "queen of battles".

4. The Fascist Armed Forces on Trial: Some Examples

As Mussolini had written in a secret memo to the highest offices of the regime on 30 December 1934, "Ethiopia is the last strip of Africa that has no European masters."[57] Mussolini's reasons for attacking Ethiopia have been indicated by historiography as a desire to have a prestigious victory that would show that Fascist Italy had become a great power, an "imperial" power. Italian aims in the Horn of Africa had been the tradition of Italian expansionist policy since the 1880s, and had been curbed by the defeats of Dogali and Adua. "The idea of fighting a war to conquest Abyssinia began to come into focus during 1932. It was the product of diplomatic and political calculations to which were added computations of present and future military capability and a dash of 'forward' pressure by local commanders on the spot."[58] The most determined in pushing an aggressive policy were the "colonials", namely Cesare Maria De Vecchi, governor of Somalia, and Emilio De Bono, minister of colonies. The "turning point", as Rochat calls it, came in 1932, when Mussolini encouraged De Bono to study plans for aggression.[59]

The debate between the political and military leadership focused on who should be in charge of operations. De Bono insisted to have the command. According to him, the military should simply supply him with troops and materials. On the other hand, there were many doubts on the part of the military leadership. Badoglio considered De Bono's plans not good and feared international repercussions, as did Undersecretary for the Navy Cavagnari, who would have to deal with the British navy. Bonzani, then Chief of Army Staff, considered it dangerous to weaken the armed forces, which had to concentrate on the European theatre. Valle, Undersecretary for Aviation, instead proposed a crazy plan of terrorist bombing of major Ethiopian cities, which would lead to the unanimous condemnation of Italy by the world's major powers. Apart

57 Rochat, Le guerre italiane, p. 23.
58 Gooch, Mussolini and his Generals, pp. 239-240.
59 Rochat, Le guerre italiane, p. 15.

from Bonzani, who was sacked by Mussolini and replaced by Baistrocchi, no military personnel objected. Even when a war with the British Empire seemed possible in the summer of 1935, Badoglio merely denounced the unpreparedness of the armed forces and implored Mussolini to find a diplomatic solution that would spare Italy a disaster that would bring it to a "Balkan level", but reiterated that, in the event of open conflict, "We soldiers will perform all our duty to the last."[60]

We can say that the military played the role of technical advisors to the head of government and tried to highlight the problems that a hasty diplomatic and military preparation would have entailed. Only Valle was decidedly in favour of unscrupulous intervention. It was the "colonials", the fascists placed by Mussolini at the head of African policy, who pushed for the conflict to break out, and it was Mussolini who decided the time and manner of the war. The military followed, obeying without question and, indeed, bargaining and scheming among themselves for commands in a supposedly "easy" war. "Mussolini kept a low profile until the end of 1934. It was he who had authorised De Bono to open the matter with the letters of November 1932. Then for two years he let the men and ministries concerned fight bitterly against each other without intervening to clarify their respective responsibilities."[61]

If the war in Ethiopia was due to the push by Mussolini and the "colonials", i.e. the Ministry of Colonies and officials in Africa, the war in Spain was the "War of Ciano", i.e. facilitated by the push of the Foreign Ministry, led at the time by the dictator's ambitious foreign minister and son-in-law.[62] Again, those who opposed this, and this was the case with Baistrocchi, were sacked and replaced with a general more docile to Mussolini's wishes, Alberto Pariani. As usual, the military leadership had raised technical problems, such as the shortage of materials after the African war, but they were overruled by the will of the

60 Rochat, Giorgio, Militari e politici nella preparazione della guerra d'Etiopia [Military and Politicians in the run-up to the Ethiopian War], Milano 1971, p. 72. See also Pieri, Piero/ Rochat, Giorgio, Badoglio, Torino 1974, p. 642. Gooch writes: "The reason for Badoglio's surprisingly passive reaction which went to confirm his earlier doubts, and his quiescence in the face of De Bono's demonstrably deficient military plans, is probably that he realised that Mussolini was determined to conquer Abyssinia and intended to try to secure a bigger hand in the coming war for the military professional – and for himself." Gooch, Mussolini and his generals, pp. 249-250.

61 Rochat, Le guerre italiane, p. 21.

62 Francesco Pricolo, in 1940 undersecretary of the Air Force, wrote that the Party secretary, Ettore Muti, had warned him that Ciano, in August 1940, wanted "his own war." Pricolo, Francesco, Ignavia contro eroismo. L'avventura italo-greca. Ottobre 1940-aprile 1941 [Ignorance versus Heroism. The Italo-Greek Adventure. October 1940-April 1941], Roma 1946, p. 7.

government. "In December 1936 the Italian contribution [to the Spanish Civil War] changed radically in nature by the unilateral decision of Mussolini and Ciano, influenced perhaps by journalistic impressions that a division of black shirts would be enough to resolve the war."[63] Ciano, according to a former collaborator, showed a "childlike glee" at the idea of being a protagonist in a war.[64] Badoglio and the SMG were completely cut off from all decision-making.[65] The war on Franco's side was managed by the SIM, the military intelligence service, which was, however, subject to the Foreign Ministry. General Mario Roatta, commander of the SIM and Ciano's trusted man, was in charge of the troops.[66] In the recently published minutes of the General Staff, there is no mention of the war in Spain.

The decision-making process that led to Italy's entry into the Second World War had the same characteristics as previous wars. The decision was taken by Mussolini, who also decided on the timing and general strategic directives. What can be called the Italian "war plan" was put down on paper by the dictator in a pro memoria dated 31 March 1940. In this letter to the highest military and political authorities, Mussolini wrote: "If the war continues, it is absurd and impossible to believe that Italy can stay out of it until the end. [...] Italy cannot remain neutral for the entire duration of the war without resigning from its role, without disqualifying itself, without reducing itself to the level of a Switzerland multiplied by ten. The problem is not therefore to know whether Italy will or will not enter the war; it is only a question of knowing when and how, it is a question of delaying our entry into the war for as long as possible, compatibly with honour and dignity: a) in order to prepare ourselves in such a way that our intervention determines the decision; b) because Italy cannot wage a long war, that is, it cannot spend hundreds of billions as the countries currently at war are forced to do [...]".[67]

Mussolini accepted, and followed the indications given at the time by General Pariani. However, contrary to Pariani's "offensivist" theories, Mussolini gave totally contrary indications. Mussolini's "Plan" called for the army to remain

63 Ceva, Storia delle forze armate in Italia, p. 238.

64 Mack Smith, Denis, Le guerre del Duce [The Duce's War], Bari 1976, p. 134.

65 "If Badoglio, whose position had become greatly enhanced as a result of his success in East Africa, was able, as the technical head of the fascist military apparatus, to voice some concern over growing Axis influence on national policy, he was not able to do so where it concerned Italian and German intervention in Spain. This matter Mussolini handled himself, clearly not wishing to risk the Marshal's notorious anti-German bias impeding the progress of Franco's war." Mallet, Robert, Mussolini and the Origins of the Second World War, 1933-1940, New York 2003, p. 101.

66 Rochat, Le guerre italiane, p. 102.

67 Pieri/Rochat, Badoglio, p. 739.

on the defensive on all fronts, except for "small offensives" from East Africa to Kenya; for the air force to "cope" to the needs of the army and navy and, for the latter, "offensive all along the line, in the Mediterranean and outside." In other words, Mussolini was asking his commanders, apart from the navy, to remain on the defensive while waiting, evidently, for England and France to be defeated by Germany. Mussolini's decision was in stark contrast to what his military collaborators were telling him. It was obvious to all concerned that the armed forces were clearly unprepared for a war against France and England, unless they had already been virtually defeated by Germany. "No one who had attended previous sessions of the Supreme Defence Commission can have been in any doubt as the final peacetime assembly gathered about the yawning gap between the services' demands for raw materials to feed their armaments programmes and the volume of supplies available to satisfy them."[68]

Less than a week later, on 4 April, Badoglio replied to Mussolini with a letter, stressing the fact that the readiness of the armed forces was 40 per cent, practically an invitation to prudence, but in case of intervention, he suggested keeping as much independence from Germany as possible. At the same time, it was a way of putting one's hands in front of the dictator and warning him that the decision to enter the war exposed the country to very serious dangers for which Mussolini himself had to take responsibility. Badoglio wrote other letters in which he mainly raised the problem of the High Command and its role, without obtaining any practical result. The military, with Badoglio in the lead, merely pointed out the dangers of a war for a medium-sized power like Italy, but accepted the Duce's decisions without protest, hoping that the war would be short and that, in the end, Germany would win. The passivity of the Army General Staff, with respect to Mussolini's military-political decisions, emerged clearly in the Greek campaign. The first attempt to demonstrate the power of the "new Fascist Italy" had been made in Greece, in 1923, with the failed occupation of Corfu. Then Greece had disappeared from the radar of Italian aims. In September 1940, discussions began on a possible campaign of aggression in the Balkans.[69] The decision to attack Greece was completely meaningless from a strategic point of view. Giorgio Rochat writes: "Mussolini's decision to invade Greece immediately turned out to be so senseless and disastrous in not only military terms that it is difficult to reason with it; many scholars have tried to recognise some element of rationality, with meagre results."[70] Again, it was the

68 Gooch, Mussolini and his Generals, p. 502.

69 Gooch, John, Mussolini's War. Fascist Italy. From Triumph to Collapse. 1935-1945, London 2020, p. 112.

70 Rochat, Le guerre italiane, p. 258.

Foreign Ministry, led by Ciano, and the men in the field, namely the governor of the Dodecanese, Cesare Maria De Vecchi, and the governor of Albania, Jacomoni, who pushed for war against Greece. Badoglio, on the other hand, was of the opinion that Italian efforts should be concentrated in Egypt, where Rodolfo Graziani was conducting his own personal "phoney war" against the British.

The decisive impetus to attack Greece was, as is well known, the news on 12 October that the Germans had seized the Romanian oil wells. Mussolini, beside himself with rage, gave orders to Badoglio to prepare the campaign against Greece ("This time I'm paying Hitler back in his own coin. He will know from the newspapers that I have occupied Greece", he told Ciano). On 14 October, the plan prepared by General Visconti Prasca, commander of the Italian troops in Albania, which envisaged the occupation of Corfu and border areas, was transformed into the occupation of the entire country. "Next morning Roatta got a last-minute summons to another meeting at Palazzo Venezia. When he got there he found Mussolini, Badoglio, Ciano, Jacomoni and Visconti Prasca discussing a war to occupy the whole of Greece."[71] All this was to be done within a couple of weeks. Mussolini had also been convinced by the information given to him by Ciano and Jacomoni, who considered the Greeks to be "depressed" and lacking the will to oppose Italian aggression,[72] and by Visconti Prasca, who considered the operation easy. Incredibly, the chiefs of staff of the navy and air force were absent. It was obviously a crazy plan, as the navy would have warned. Badoglio himself timidly tried to make the Duce understand that the forces envisaged by Visconti Prasca were not sufficient. But once the decision was made, none of the generals or admirals involved seriously objected. Badoglio remained at his post.

After the disasters in Greece and Libya at the beginning of 1941, Mussolini's "parallel war" ended and the war subordinate to the Germans began. From the second year of the war, the Italians lost all decision-making autonomy and were dependent on German aid, even in the Mediterranean theatre. The General Staff, led by Cavallero and finally Ambrosio, limited itself to managing a situation where the Germans made the fundamental decisions. Only in the Balkans were the counter-insurgency campaigns managed independently. In practice, the General Staff ceased to play a major role.

---

71 Gooch, Mussolini's War, p. 127. The meeting lasted 90 minutes.

72 Among the many follies sent by Jacomoni to Ciano is a letter dated 27 August 1940, which reads: "The Greek population thinks of the coming events with resignation, but also with the hope of a better future. The Greeks of the countryside, like the Albanians in general, do not disdain to be part of a community of a higher order, which will ensure their well-being and justice." Stato Maggiore dell'Esercito, Ufficio storico, La Campagna di Grecia, vol. II, Documenti [The Greek Campaign, vol. II, Documents], Roma 1980, p. 81.

5. Conclusions

The leadership of the armed forces played a subordinate role in planning both internal military policies and expansion policy. Despite the victory in the First World War, and Fascist militarist propaganda, the Italian military never played a driving role during the post-war and later regime years. The "generals of victory", those he had led to Vittorio Veneto, limited themselves to defending a minimum of autonomy for the armed forces and their personal careers, succeeding thanks to the prestige they enjoyed within the country and because of Mussolini's policy of basing all his post-war propaganda on the "defence of victory". Once consolidated in power, Mussolini used a shrewd policy based on granting honours and bonuses to the elites, and at the same time "divide and rule", setting generals against each other. In the course of the 1930s, the armed forces became more and more subservient to Fascism and, above all, the elite became more and more dependent on the dictator for their careers. The generals and admirals accepted a series of humiliations ("surrenders" as Giorgio Rochat calls them), which were quite profound and put them in a condition of psychological subjection, with the result that they were no longer able to oppose Mussolini's will, even when it was clear that the dictator's strategic choices would lead the country to disaster. What was supposed to be the "Brain of the Army", the General Staff, was in reality a small office that limited itself to recording Mussolini's will and giving vague indications for the implementation of that same will. The centres of power were elsewhere. Only in July 1943, when the end had come, did the military decide to take action (on the instructions of the king), depriving Mussolini of power and liquidating Fascism within 24 hours. Too little, too late.

The General Staff of the Polish Armed Forces

Anita J. Prażmowska

1. The Foundation of the Polish General Staff

The official date of the creation of independent Poland is 11 November 1918. Earlier, namely on 17 October, the Regency Council which governed Polish territories under German control had approved the creation of the Military Commission. The formation of the General Staff, soon to be renamed the General Staff of the Polish Army, took place on 25 October. On 26 October the Military Commission was renamed the Ministry of Military Affairs. And thus, the basic military framework of the future Polish state appeared to be in place at the point when Poland emerged as an independent state.

The creation of a post war Polish state was made possible by the earlier German military victories against Imperial Russia, which brought all territories of the previous Polish and Lithuanian Commonwealth under the administration of the Central Powers. In October 1917 the German authorities had established a Regency Council in Warsaw, the role of which was to prepare the Polish Kingdom for independence. These plans collapsed with the German military defeats in 1918 which allowed the Poles to take the initiative. The need to assume control over Polish military units which had been raised under Austrian and German command was an important element of the Regency Council's plans for the creation of the framework of an independent Poland.[1]

When the Regency Council declared Poland to be an independent state, Józef Piłsudski was the obvious man to assume responsibility for the armed forces of the newly emerging state. While this was the case in 1918, nothing in his early career had suggested that one day he would lead Poland to independence. Born to a family of pauperised Polish gentry in Lithuania, his first political activities were his participation in student protests. This resulted in his being exiled by the Tsarist authorities to Siberia. On his return in 1892, he associated with the Polish Socialist Party. The party was riven by deep ideological conflicts. Piłsudski became the leader of the party in 1895. In the doctrinaire conflict within the Polish Socialist movement he took a strongly nationalist view, positioning the fight for an independent Poland as an absolute priority.[2] Anticipating a future war between the three powers which had partitioned

1 Latawski, Paul, The Reconstruction of Poland, 1914-23, London 1992, pp. 195-196.
2 Galicki, Andrzej, Józef Piłsudski, 1867-1935, Aldershot 1995, pp. 53-55.

 | DOI:10.30965/9783657791958_014

Poland, Austria, Russia and Germany, and hopping to support the fight for independent Poland, he moved to Kraków which was under Austrian control. In 1910 he successfully lobbied the Austrians for permission to create Polish paramilitary organisations which would collaborate with the Austrian Army.[3]

At the beginning of the war Piłsudski reached an agreement with the Austrian High Command for the integration of the Polish paramilitary organisations into the Austrian Army. These were the Polish Legions which fought with the Austrians during the period of 1914-16. In December 1916 Piłsudski opened negotiations with the Germans for the creation of fighting units with the German Army. This was in reality a bid for the creation of a Polish Army and connected to the hope that Germany would make a commitment to the creation of an independent Poland after the war. In April 1917 the Legions were renamed the Polish Military Forces. Piłsudski, who had been appointed Brigadier of the Legions, had an uneasy relationship with the German High Command which finally dismissed him. In the summer of 1917, when the Polish soldiers refused to swear an oath of loyalty to the German Kaiser, the formations were broken up and Piłsudski was imprisoned in the Magdeburg fortress.[4] As the war came to an end and the Germans looked for a solution to the Polish problem, Piłsudski's reputation and earlier collaboration made him an obvious choice as the leader of any planned Polish authority. On release from prison, he arrived in Warsaw where he was appointed Head of State and Commander in Chief of the Army. In the latter role he led the newly formed Polish Army in battles in the East, seeking to define the borders of the new state. His reputation as a military leader was further enhanced and indeed consolidated during the war against the Bolsheviks in 1919-1920.

While the victorious powers negotiated the end of the war and the territorial changes at a conference in Paris, in Poland the eastern and south eastern borders of the new states were being defined throughout military conflicts in the course of which the new Polish Army led by Piłsudski played a critical role.[5] Military conflicts on the Ukrainian border, followed by a confrontation with the Czechs who occupied the coal mining region of Teschen, and finally the war with the Bolsheviks dominated the first two years of the political life of the newly emerged state. The Polish Army and the command structure were developed and defined in the process of these military confrontations. Piłsudski's preference was to appoint trusted men to top military posts. These

3 Ibid., pp. 60-63.

4 Ibid., pp. 86-87.

5 Prażmowska, Anita, Poland, a Modern History, London 2010, pp. 94-101.

were invariably men from the Legions.[6] In the process he came to distrust politicians who, he felt, were trying to reduce the authority of the army. The military victories in the East consolidated his particular attitude towards modern war doctrines. At his insistence, all future debates on the use of artillery and air force were neglected in favour of plans which were based on the concept of mobile military activities as the Polish had experienced in 1919-21. Piłsudski was influential in preventing the Polish Army from working on new doctrines, in particular those advocated by the French, whose influence he resented. In view of his role in the military conflicts during the immediate post war period, his views prevailed and had an impact on all future military planning.

The dates of the creation of the Ministry of Military Affairs and the renamed General Staff of the Polish Army should be treated as being symbolic. In reality, it would take a few years before the Polish Army would be forged into anything vaguely representing a national army, little more one with a clear Polish identity.[7] In November 1918 the General Staff created the basic framework for the future development of the army. At this stage it consisted of seven departments: 1. Organisation, which dealt with issues relating to command and future development of the army, 2. Information, 3. Science, 4. Geography, 5. Aide de camp, 6. Legal issues and 7. Military Police. Since the largest numbers of officers in the new Polish Army had been trained in either the Austrian or the German military academies, the Austrian model was the one which was initially adopted. Until 1921 the General Staff was still working on its own structure and role, which was due to the fact that while military activities continued on the Eastern borders the main focus of the General Staff's activities was on fighting rather than long term planning. Over the following years the composition and the functioning of the General Staff were refined, with major changes being approved by the government in January 1921. Józef Piłsudski took a direct interest in those reforms, rarely, if ever, allowing other military men to suggest alternative reforms. His authority remained unchallenged.

The Polish victory against the Bolsheviks had an immediate impact on the development of the army and on its willingness to consider new military doctrines. In January 1921 a decree from the Commander in Chief tried to address conflicts which played themselves out within the military leadership and which related the role and competence of the Ministry of Military Affairs as opposed to that of the General Staff. The decree introduced changes into the

6 Stachiewicz, Bogdan (Ed.), Wacław Stachiewicz, Generał Szef Sztabu Głównego [Wacław Stachiewicz, Chief of the General Staff] 1935-1939, Warszawa 1998, pp. 33-34.

7 Suchcitz, Andrzej, The Forging of the Polish Army, 1918-1919, in: Central Europe 17/2 (2019), pp. 72-78, here pp. 72-74.

process of decision making during peacetime and during war. The underlying principle was that a War Council over which the President presided was to be replaced by a Supreme War Council in the event of war. The Commander in Chief would become the chairman of the Supreme War Council, with the Chief of Staff and the Deputy Chief of Staff acting as his deputies.[8] The key point about the decree was that it ensured that all matters relating to war time activities were in the hands of a leadership of the Supreme War Council, thus eliminating parliamentary scrutiny. In those plans the Ministry of Military Affairs became responsible for preparing plans and the development of Poland's military capacity during peace time. The General Staff was reduced in its role dealing with local matters such as mobilisation, training and arming of local units. At that time it was not clear whether the General Staff was to come under the jurisdiction of the Ministry of Military Affairs or of the Commander in Chief. The reforms initiated by the January 1921 decree gave the Head of State and the designated Commander in Chief, which in both cases was Piłsudski, unlimited power during peace and in the event of war.

In the course of the following years Piłsudski became critical of the earlier reforms and initiated further changes. One of those was the creation of an Army Inspectorate with the post of Inspector General who was to act as a guarantor of continuity in decision making concerning military matters at a time of political instability. In 1922 a conflict erupted between Piłsudski and the government which was dominated by the Peasant Party. The conflict was over the Minister of Military Affairs' responsibility for decisions relating to long term planning and military training. Piłsudski contended that reforms which the government wanted to introduce would reduce the authority of the Chief of Staff. On 2 July 1923, after a confrontation with the Minister of Military Affairs in the government of Wincenty Witos, Piłsudski resigned as Chairman of the War Council, a post which he agreed to hold after the assassination of President Narutowicz in December 1922.[9] Subsequently he gave up all other government posts and retired to his county estate. The illusion, which he continued to carefully foster during the coming years, was that of a politically neutral military man.

8 Kmiecik, Tadeusz, Problemy organizacji najwyższych władz wojskowych w okresie międzywojennym [Problems with the Organization of the Highest Military Authorities in the Interwar Period], Słupskie Studia Historyczne 10 (2003), pp. 283-292, here pp. 284-285.

9 Cutter, Zdzisław, Kontrowersje (spór) w zakresie organizacji naczelnych władz wojskowych w latach 1923-1926 [Controversies (Dispute) Regarding the Organization of the Supreme Military Authorities in 1923-1926], in: Zeszyt Naukowy Muzeum Wojska 20 (2007), pp. 95-101, here pp. 97-98.

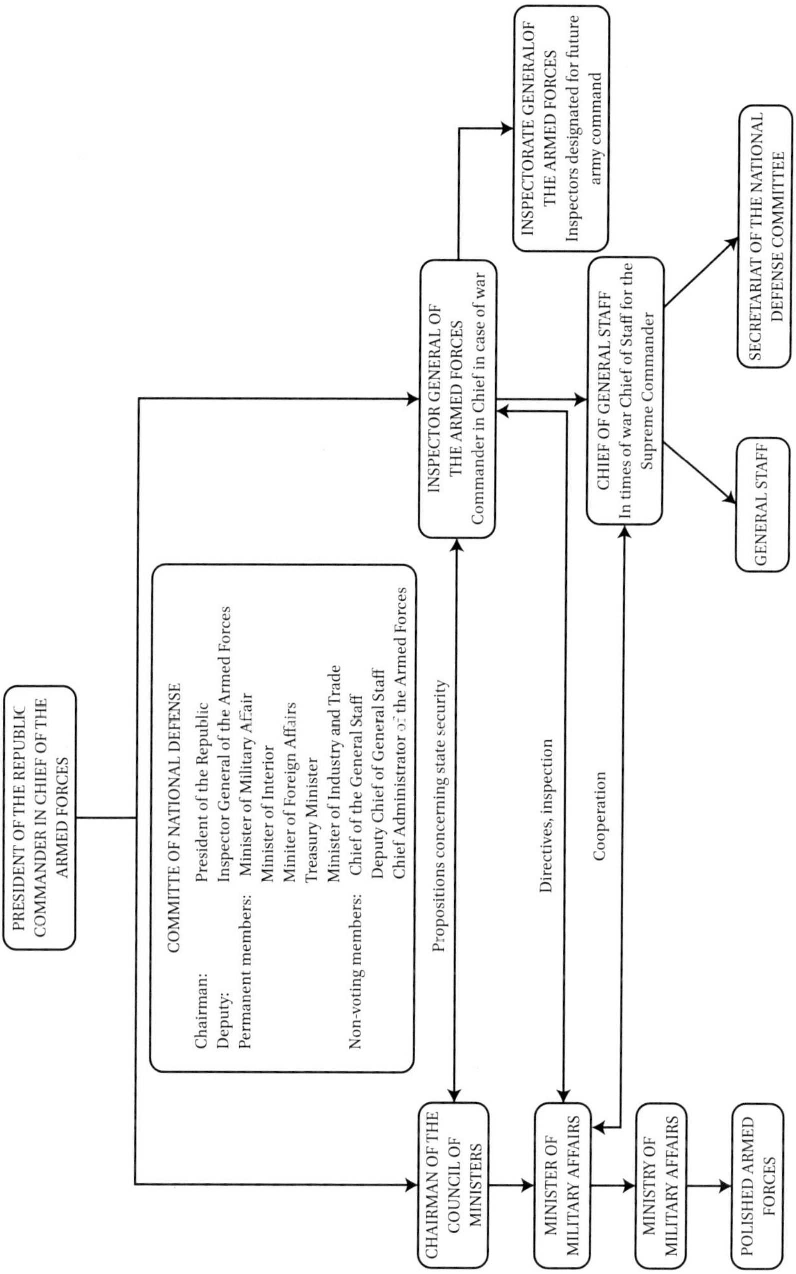

Figure 13.1 Plan of reforms introduced in 1926. Based on Wacław Stachiewicz, Wierenośc dochować żołnierskiej, Warszawa 1998. Copyright Jan Kozdra.

2. The Period Between 1926 and 1935

On 12 May 1926 Piłsudski led loyal troops into Warsaw to challenge the government in a military coup d'état. The long term background to the crisis was economic problems which successive governments were unable to resolve. The immediate excuse was the President's unwillingness to dismiss the recently formed coalition government made up of the Peasant and National Democratic parties. Piłsudski knew he could rely on the support of many of the parties, including the Socialist Party. He had earlier cultivated a myth of the army being above politics, which chimed with the general perception that successive governments were more preoccupied with fighting for influence while ignoring the plight of the nation. At a time when many people and party leaders came to believe that the time was ripe for the nation to be united under the leadership of a man who was above politics, Piłsudski played to the audience. When the army entered Warsaw, the government and the President resigned. In the presidential contest that followed, Piłsudski won but refused to take up the post, nominating Ignacy Mościcki instead. In spite of this, he was still dominating politics and paralysed the functioning of the elected assembly, the *Sejm*. During the following years, until his death on 12 May 1935, Piłsudski imposed on Poland his vision of a government dedicated to the defence of national interests, which came to be known as the *Sanacja* (which meant "cure" or "healing"). Foremost in his plans were military reforms.[10] In the first place he set about changing the organisational structure of the Military High Command. Ostensibly he wanted to go back to the situation following the January 1921 decree. In reality, the changes which were implemented during this period went far beyond what had been set out in 1921.

Piłsudski's justification for the wide ranging reforms of the supreme military authority was that the task of preparing for war should not be decided or determined by political changes during peace time. He therefore introduced the idea of a dual structure of decision making; one during peace time and a second, parallel one which was to function in anticipation of war. The former was to concentrate only on administrative and training issues, whereas the latter was to work on long term preparation for military activities during war. This latter structure was headed by the General Inspectorate of the Armed Forces. The Inspector General would, at the time of war, become Commander in Chief. With this division into two parallel military structures, which was unique for

10 Prażmowska, Poland, pp. 120-121.

Poland, the Chiefs of Staff, who would normally be accountable to the Minister of War Affairs, became subordinated to the General Inspectorate.[11]

Piłsudski's objective was to set up a one man military command to rule out any political input into military decision making. This was made possible by the compliant President who appointed him as Minister of Military Affairs and chairman of the Supreme Military Council. In reality, this meant that the Ministry of Military Affairs and the Chiefs of Staff were robbed of their role as bodies which made decisions relating to military matters. Instead, the General Inspectorate took over and the General Staff became a backup office to the Commander in Chief. Since the Ministry of Military Affairs was accountable to the *Sejm*, the purpose of these reforms was to eliminate the interference of the legislative bodies in military affairs.[12] Having introduced these reforms, Piłsudski took on the function of Inspector General in addition to holding the portfolio of Minister of Military Affairs. He thus had absolute control over the two key decision making military functions and held both posts until his death.

The May 1926 coup was followed by the extensive militarization of government functions with open calls for the establishment of a military dictatorship in Poland. The *Sejm* was allowed to function, although under the constant threat of the officers taking action against politicians who had the courage to criticise the military. In 1927 a Non Party Block of Collaboration with the Government (BBWR) was formed. This was no more than a party of the ruling coterie. In April 1935 a new constitution was introduced. It further reduced the prerogatives of the legislature, while the powers vested in the Presidency were increased. This was particularly the case in relation to military matters, where the President's prerogatives to make decisions were increased, whereas the *Sejm's* authority was reduced to a minimum. One of the President's key prerogatives was the right to appoint the Inspector General and the Supreme Commander. They, in turn, were only accountable to the President and freed from any accountability to the Minister of Military Affairs.

The Inspector General's authority was also enhanced by the fact that in effect he had no obligation to work with the Minister of Military Affairs. The role of the Inspector General had, likewise, been separated from the government, which meant that the government had no oversight over his activities. Henceforth, the Inspector General was personally responsible for all decisions relating to defence and war preparations. Additionally, the Inspector General

11 Stachiewicz, Wacław, Wierność dochować żołnierskiej [Remain Faithful to the Soldiers], Warszawa 1998, pp. 142-143.

12 Wyszczeleski, Lech, Wojsko Piłsudskiego. Wojsko Polskie w latach [Piłsudski's Army. The Polish Army] 1926-1935, Warszawa 2005, pp. 33-38.

had the right to put to the government demands relating to defence policies. The authority of the Minister was thus reduced to peace time only, and even then he was to take instructions from the Inspector General without right to political initiative.[13] The Inspector General's role in relation to civilian matters was enhanced by his being given a right to influence the decision making process concerning who was to be the next President.

Before his death, Piłsudski achieved what he had worked towards since 1926, namely the removal of all parliamentary oversight over military matters. This was accompanied by the strengthening of the role of the army and the officer cast in civilian life. The relationship between the President and the Inspector General was so strongly intertwined that it made it impossible to challenge either. During the period of 1926-1935, the militarization of civilian life had its consequences on discussions concerning military doctrines and on plans for a possible future war. In these matters, Piłsudski's preferences played a major role and had a long term impact on Poland's war plans.

Piłsudski's impact on Poland's foreign and military policy during the period after 1926 was overwhelming. The main difference from the earlier period was the abandonment of the idea of a two front war and the absolute focus on planning for war against the Soviet Union only. War against Germany was considered a possibility, but this was not underpinned by military plans for such an eventuality. Piłsudski's foreign policy aimed at distancing Poland from France's policies in Eastern Europe. By implication, he wanted to reduce French influence on the development of Poland's military doctrines, which had been part of the objectives pursued by the French since 1919. In 1919, the French Military Mission in Warsaw in collaboration with the Paris based *École supérieure de guerre* established a War School of the General Staff. In 1922 it was renamed the Higher War School. Initially the General Staff was responsible for the running of the military school. In 1932, in line with the restructuring of the military organisations in Poland, the school was put under the direct control of the Inspector General.

Piłsudski did not believe that Poland should plan for any offensive military engagements, instead preferring to focus on defensive plans. In view of his dominant role in politics and in military planning, his ideas of the role Poland should play in Europe prevailed to the extent that all preparations for war, offensive and defensive, were stalled in the period of 1926-35.[14] His influence had a regressive impact on all plans and preparations the General Inspectorate should have been working on. This found expression by a focus on plans for future wars which, in the General Inspectorate's belief, would most likely be

13 Ibid., pp. 37-38.
14 Ibid., pp. 80-81.

short and dominated by rapid manoeuvring. Piłsudski's preference for the use of the infantry and cavalry meant that plans for the deployment of artillery and air force were subordinated to the former two rather than being used in line with more modern military doctrines. The General Staff had a limited input into these plans, as it had been reduced to being no more than the organisation which implemented the wishes and ideas of the Inspector General, in this case Piłsudski. The result was that the General Staff did not develop any military plans, acting instead as a backup, without initiatives and ideas of its own.

When Piłsudski died in May 1935, he left an immense vacuum. He had been the dominant personality of the post war period. No other contemporary politician could aspire the role which he had played. The image of the father of the nation, a patriot and military man, all combined to create a personality cult which could not be dented during his lifetime or after his death. The *Sanacja* regime, over which he had presided, had become notorious for undermining democratic institutions and for introducing the concept of extra judicial places of internment, as was the case during the notorious Brześć trials in 1930. In spite of this, or perhaps due to his disregard for democratic principles, he had retained a firm grip on power. But his death created a problem for his successors because he had not succeeded with creating a ruling party. The military cabala of officers around him was heavily dependent on Piłsudski and the myth which surrounded him. After his death they maintained their grip on power but soon descended into squabbles and conflicts. Within the *Sejm* and the government, various members of Piłsudski's circle, ostensibly members of the BBWR party, took over various ministries which in effect became their personal fiefdoms.

Having dominated all decision making and due to the fact that he had refused to share authority with his fellow military men, there was no obvious person to continue Piłsudski's legacy after his death. Nowhere was this more obvious than in military matters over which he had presided without breaching any opposition. The day after Piłsudski's death, General Edward Rydz-Śmigły was appointed Inspector General, which made him the most important person after President and Prime Minister. In statue and authority he was not a man of Piłsudski's quality, but in him were vested key decisions concerning Poland's preparedness for defence and any future war.

3. The Period Between 1935 and 1939

In 1935 Poland was confronted with a new situation created by Germany's repudiation of the Versailles Treaty clauses. The military leadership was faced with the real possibility that Germany might in the nearest future take militarily action to change the European status quo, in the case of which Poland could become the object of German territorial demands. In spite of this, Rydz-Śmigły did not change the principles all matters relating to the future war had been based on, namely that the real threat to Poland was posed by the Soviet Union and not by Germany. The reasoning behind this was that in the event of a Soviet attack Poland would be alone in confronting the full military might of the Eastern neighbour. In relation to Germany, it was assumed that France would take action, thus weakening the enemy's thrust into Poland. Breaking with Piłsudski's policy of holding meetings with his military coterie, the new Inspector General confined himself only to discussions with Colonel Józef Beck, the Minister of Foreign Affairs. The General Staff was further excluded from these consultations, thus being reduced to finding out about the direction of Poland's foreign policy through personal contacts rather than through any institutional framework for the sharing of information by various government agencies. The military coterie continued to fraction, each man maintaining a monopoly of power over his department. This was particularly the case with the Minister of Foreign Affairs and the Inspector General.[15] Key decisions concerning foreign relations and in particular relating to the question of Germany's intentions towards Poland continued to be discussed in a very small circle, notwithstanding the growing threat of German aggression in Europe. Beck, Rydz-Śmigły and President Ignacy Mościcki consulted with each other while excluding any wider military input.[16] This state of affairs prevailed up to the point when Germany and the Soviet Union jointly entered Polish territories in September 1939.

During the years 1936-7 the General Staff took the initiative and started working on a new war plan. One of the problems confronting the military strategists was the need to expand and modernise armaments production. With these plans, the focus continued to be on the Eastern Front, the Western Front against Germany being considered a secondary front. The international situation nevertheless put the Poles at a disadvantage because with each crisis Poland's strategic situation in relation to Germany changed for the worse. This was the case with Germany's occupation of Austria, which exposed Poland's Southern and South-Western borders. The General Staff was not informed of the course of diplomatic exchanges which took place between Poland and Germany at that time, nor was it privy to the debates the Ministry of Foreign Affairs conducted during that time. Not surprisingly, absence of information had an impact on working out plans for military engagement on Poland's

15 Stachiewicz, Wierność dochować żołnierskiej, pp. 150-151.

16 Prażmowska, Anita, Britain, Poland and the eastern front, 1939, Cambridge 1987, p. 35.

Western and South Western borders.[17] The final plans for war against Germany were still being developed as the war became imminent after the German occupation of Czechoslovakia in March 1939. The German occupation of Bohemia and Moravia meant that Polish territories could be entered from three directions, with the Soviet border forming the fourth point of possible entry.

The plans the Chiefs of Staff were working on continued to evolve incrementally as the international situation changed during the period of March to September 1939. The General Staff knew that it was being overtaken by the momentum of changes initiated by Germany. Attempts to modernize and update the various branches of the army amounted to no more than a programme of catching up on what had been neglected during the earlier years. The production of war material lagged behind demand mainly because Poland's industrial production had been underinvested. In the short period between the Czechoslovak crisis and the German attack on Poland these problems could not be remedied. Nor was it possible to buy equipment abroad. In fact, since the Spanish Civil War, which had created an enormous demand for military equipment, this was a losing battle, as the international market for weapons closed as each European country held on to what it could produce in order to increase its own war preparedness.

On 31 October 1938 Józef Lipski, the Polish Ambassador to Germany, met Joachim von Ribbentrop. The German Minister of Foreign Affairs informed him that Germany wanted to incorporate the Free City of Danzig in its borders with an extra-territorial link between the city and Germany. For Beck this spelt the end of German-Polish cooperation and with that the starting point when the Minister assumed that a conflict was inevitable.[18] This, in turn, led Beck to try and renew relations with the French. In that he failed because during the period after the Munich Conference the French government increasingly focused on plans for the defence of its own territories and colonies, to the exclusion of diplomatic and military work on the Eastern Front. At the beginning of 1939 the British response to Polish tentative probes had also been negative because the British were critical of the degree of Polish collaboration with Germany in the destruction of Czechoslovakia. This changed in March, when the Chamberlain government became concerned about Germany's future plans. The tipping point came on 21 March when a plan was conveyed by British ambassadors to the Soviet Union and East European governments. Initially this was for the creation of a broad front of East European states opposed to German demands. Within the next two weeks, as new information

17 Stachiewicz, Wireność dochować żołnierskiej, p. 382.
18 Prażmowska, Britain, Poland and the eastern front, pp. 16-17.

came in about German intentions, the plan was narrowed down to a proposal for a bilateral British guarantee to Poland. A declaration to that effect was made by Prime Minister Chamberlain in the House of Commons on 31 March 1939.[19]

Considering the radical change in British policy and the significance of this announcement, not least of all in relation to Polish-German and Polish-Soviet relations, it would be reasonable to assume that the Polish General Staff would have been drawn into consultation as to what were the implications of the new diplomatic developments on Poland's plans for war. This turned out to not be the case. Writing in 1947, General Wacław Stachiewicz, the Commander in Chief of the General Staff during the years 1935-1939, recalled the full extent of the mistaken assumptions made by Rydz-Śmigły in February 1939. Stachiewicz was at that time informed that the political leaders and the Inspector General had decided to oppose Germany's demands in relation to Danzig and to prepare for possible war, irrespective of France's likely response to a German conflict with Poland. In any case, it was assumed that a German attack would ultimately trigger France's involvement in the war. The Soviet Union and Hungary would, according to Polish assessment, remain neutral. With Romania Poland had political and military agreements against the possibility of an attack by the Soviet Union on either of the signatories.

The Polish leadership calculated that communication routes with Western Europe, presumably supply routes, through Romania would remain open in the event of a Polish-German war. Those very same men referred to the fact that the existing trade agreement with the Soviet Union could be invoked to allow for transit of further supplies to Poland. If Germany attacked Poland, the main focus of military activities would be on Poland's Western front to the neglect of the Eastern front.[20] The Inspector General stated that he had assumed that the Polish defence line might be pushed to the other side of the Wisła, but at that time he had preferred not to dwell on the implications of such a development. In reality, this meant that no plans were made for fall back operations if Germany attacked Poland with its full might.[21]

In view of the shortages of military supplies and ammunition, Polish military leaders knew that it was vital to obtain supplies from their Western allies. During the period from March until the outbreak of the war on 1 September the Poles pressed the British and French authorities to open staff talks. What they did not know in detail was that the Chiefs of Staff in both countries had independently and jointly admitted that neither had plans for the opening of

19 Ibid., pp. 48-56.
20 Stachiewicz, Wiereności dochować żołnierskiej, pp. 382-385.
21 Ibid., p. 391.

an Eastern Front in the event of a German attack on Poland. Furthermore, the French and British recognised that irrespectively of whether the Poles would manage to hold out against a German attack their plans would not change.[22] As tensions mounted during the following months, military and financial contacts between the two Western allies and Poland added little to the picture. And still the Poles were clinging to the belief that neither France nor Britain could afford to see Poland defeated by Germany. This belief was maintained in spite of the inconclusive Polish-British Staff talks and visits by military missions during which nothing new was added to the admission made during the staff talks that neither country had plans for the opening of an Eastern front.[23]

One of the surprising elements of the woeful story of Polish unpreparedness for war with Germany was the way in which the government overlooked the possibility of a German-Soviet rapprochement. A visit by British General Edmund Ironside in July, followed by a mission led by British General Adrian Carton de Wiart in August, both meaning to reassure the Poles, had the effect of reinforcing the opinion, by then firmly entrenched in Beck and Rydz-Śmigły's minds, that the Western allies needed Poland in their plans for a future war against Germany. In reality, nothing was farther from the truth. Both had by then recognised that Poland's defeat was a foregone conclusion.[24] Whether the lack of a clear statement that Britain would take military action against Germany did have an impact on the way the Polish leaders analysed the likelihood of a German-Soviet collaboration cannot be proven. What is nevertheless clear was the fact that the Inspector General and Poland's Minister of Foreign Affairs refused to take into account the possibility that joint action against Poland was being contemplated by the two powerful neighbours. This is surprising, since they were aware that German delegations were travelling to Moscow by train, thus crossing Polish territories. This determination to overlook the likelihood of the Soviet Union becoming Germany's partner was reflected by the detached attitude the Polish government displayed during the prolonged and agonising British-French-Soviet talks during the period April to August.[25]

From March 1939 onwards, the state of tension and German aggressive declarations created a situation which made the Polish government anticipate the inescapable possibility of war breaking out within the foreseeable future. It was nevertheless impossible to anticipate in which way this attack would take place, in particular because of the fear that a German attack on the Free City

22 Prażmowska, Britain, Poland and the eastern front, pp. 83-87.

23 Ibid., p. 170.

24 Ibid., pp. 171-173.

25 Ibid., pp. 147-149.

of Danzig might be the flashpoint of a Polish-German war. This meant that from March onwards the General Staff was already on high alert and, although mobilization had not taken place, the Staff focused on remedying as many of the existing shortcoming as well as instigating preparations for this attack.[26] During August, with the tension rising on the Polish-German border, the General Staff was in quandary as to when to declare full mobilisation. While the Poles came to believe that the Germans were escalating the state of tension, they felt that they had to make a strategic decision as to when to put their military on a war footing. Was this to be done too early, it would reveal their plans to the enemy and also, if war did not break out, it would become a drain on the government finances. During the night of 27-28 August the General Staff prevailed on the Inspector General to start general mobilisation on 30 August, only to be informed that the French and British had wanted the Polish government to postpone it.[27] The orders were finally dispatched on 30 August, declaring that the state of general mobilisation was to start on 31 August. Even though Poland was not at war, all these decisions were made by Rydz-Śmigły without consultation the government. This critical decision had not been agreed with the President who should have been in charge up to the point when war started.[28]

4. The Outbreak of the War

The German attack on Poland was initiated when at 4.45 the German ship of the line "Schleswig-Holstein", which had earlier docked at the Danzig harbour, started shelling the Polish ammunition dump on the Westerplatte peninsula. This was followed in the following hours by German military units entering the Polish territory of Pomerania. From the Carpathian Mountains and Silesia another German army group entered Polish territory, with the aim of executing a pincer manoeuvre with units from the North. As Stachiewicz noted, during day one of the German attack on Poland four distinct operational areas emerged: from Eastern Prussia towards Warsaw, in Pomerania, in the West and in the South. The German Air Force bombed military, communication and strategic targets. Their domination of the skies was absolute.[29]

26 Stachiewicz, Wierności dochować żołnierskiej, pp. 443-444.

27 Ibid., pp. 449-453.

28 Marszałek, Piotr Krzysztof, Najwyższe władze wojskowe w systemie ustrojowym II Rzeczpospolitej [The Highest Military Authorities in the Political System of the Second Polish Republic], Wrocław 2011, p. 270.

29 Stachiewicz, Wierności dochować żołnierskiej, pp. 464-465.

On hearing of the German attack on Poland, Prime Minister Felicjan Sławoj Składowski confirmed that the Inspector General was now the Commander in Chief. Additionally, the President decreed that Rydz-Śmigły became Deputy President. The military leaders quickly took over decision making, and the authority of the government was entirely subordinated to the Commander in Chief.[30] The Commander in Chief's General Staff absorbed the General Staff. The General Staff did not assume any functions beyond that of acting on the Inspector General's orders. Further changes were the result of the swift German advance towards Warsaw. On 6 September the General Staff was evacuated to Brześć and from there towards the Romanian border. The reason for this was the belief that Romania was a reliable transit route for ammunition supplies. Rydz-Śmigły came to believe that, were the Poles to maintain their position in that area, they would be able to launch a counter attack once France and Britain took action against Germany's western border. His departure from Warsaw with his General Staff and his peregrinations towards the Romanian border meant that he could not use the communication systems which had been centred on the army headquarters in Warsaw.

On 7 September the government was ordered to evacuate Warsaw, which it did, also heading towards the Romanian border. The abandonment of Warsaw and the ensuing evacuation of the civilian and military authorities contributed to the military failures. Loss of contact between the Commander in Chief, his Staff and the operational commanders meant that fighting was not coordinated. By focusing on the Romanian border the military leadership was, by implications, conceding defeat. Plans for the defence of Poland changed to discussions of retreat and eventual return to reclaim the initiative in Poland after Britain and France would have taken action in the West.[31] On 17 September the Red Army invaded and occupied territories in line with the earlier signed Ribbentrop-Molotov Agreement. This precipitated a stampede towards the river crossing into Romanian territory. The government, accompanied by the diplomatic corps, departed Poland. The Commander in Chief, to his ignominy, left even before the last military activities against the German invaders had ended. Warsaw surrendered on 26 September. On crossing into Romanian territories, the Polish political and military leaders were interned. The Commander in Chief and his staff had no more say in matters relating to the fate of Poland either during or after the war.

30 Marszałek, Najwyższe władze wojskowe, pp. 268-269.

31 Prażmowska, Anita, Britain and Poland, 1939-1943. The Betrayed Ally, Cambridge 1995, pp. 5-8.

Following the internment of the Polish government in Romania, the next task was to appoint a government in exile. The French government took a direct interest in the formation and the composition of the Polish government. As a result of complex manoeuvres on the part of the various émigré factions and the French government, General Władysław Sikorski, an opponent of Piłsudski, formed a government which consisted of representatives of parties which had been in the opposition during the period between 1926-39. Sikorski felt that it was incumbent upon him to investigate the reasons for the September 1939 military failure. On 15 November 1939 he established a committee whose function was to put together a dossier which would act as evidence against those accused of being responsible for the military disaster during the September 1939 campaign.[32] The committee continued to function throughout the war. In the process, it became mired in complex controversies between the various émigré factions. Sikorski was accused of using the committee to justify the side-lining of some of the inter war politicians who had managed to leave occupied Poland.

When Sikorski died in an air crash on 4 July 1943 it quickly became apparent that his successors had no desire to continue the investigations. The result was that even though the committee amassed materials and records of interviews with those who had held key roles during the September campaign the idea of a tribunal was quietly abandoned. The fate of the commission of enquiry which worked throughout the war lies beyond the scope of this chapter. It nevertheless testified to the deep trauma which was not resolved after the war and which related as much to the way the Poles conceptualised the issue of the role of the military in the newly independent state as it did to the reasons for the military failure in September of 1939. By implications, even though the course of the September campaign has been the subject of extensive monographs, the political structure and the decision making process, which had a direct impact on the way the General Staff worked and performed during that time, have never been evaluated.

32 Adamczyk, Mieczysław/Gmitruk, Janusz, Sprawcy klęski wrześniowej przed sądem historii [The Perpetrators of the September Defeat in Front of the Court of History], Warsaw 2005, pp. 6-10.

Planungsbehörde zwischen „Scharfmachern" und Realpolitikern: Der ungarische Generalstab 1918-1945

Krisztián Ungváry

1. Einführung

Der am 4. Juni 1920 unterzeichnete Friedensvertrag von Trianon verbot der ungarischen Armee die Aufstellung eines Generalstabes. Der königlich ungarische Generalstab konnte deshalb nur als „verdeckte" Organisation, getarnt in der VI. Hauptverwaltung des Honvédministeriums,[1] ins Leben gerufen werden. Er war seiner inneren Struktur nach dem bisherigen k. u. k. Generalstab nachempfunden und rekrutierte sich vollständig aus Offizieren der k. u. k.-Zeit. Der neue Generalstab reihte sich ein in die „Nationale Armee" unter der Führung von „Reichsverweser" Miklós Horthy, die 1919 zuerst unter der Obhut der französischen Besatzungstruppe in Szeged gegen die Streitkräfte der kommunistischen ungarischen Räterepublik organisiert wurde. Unter den wichtigsten zwölf Organisatoren („zwölf Hauptleute") der Armee befanden sich Personen, die die darauffolgenden zwei Jahrzehnte politisch und militärisch maßgeblich prägten und vielfach dem k. u. k. Generalstab entstammten.[2] Der Einfluss von früheren Generalstabsoffizieren war also im neuen System maximal gegeben.

Ab dem 31. März 1927 wurden die Kontrollmaßnahmen des Friedensvertrags gelockert, sodass sich die ungarische Regierung fortan ernsthaft mit Planungen für dessen Revision befassen konnte. Am 29. August 1938 hatte die kleine Entente, bestehend aus der Tschechoslowakei, Jugoslawien und Rumänien, in Bled ein Abkommen mit Ungarn geschlossen, in dem sich Ungarn verpflichtete, zur Durchsetzung seiner Gebietsforderungen keine Gewalt anzuwenden. Im

1 Die mit der deutschen Wehrmacht vergleichbare Institution hieß magyar királyi honvédség (königlich ungarische Honvéd), das Kriegsministerium nannte sich Honvédelmi Minisztérium, abgekürzt Honvédministerium.

2 Die wichtigsten Personen (József Görgey und Géza Igmándy-Hegyessy) stiegen zu Chefs der Leibgarde auf, Kálmán Hardy wurde im Jahr 1944 Chef der kgl. ung. Stromwache, Gyula Gömbös war zweifacher Ministerpräsident, Lajos Keresztes-Fischer wurde Chef des Militärbüros des Reichsverwesers, Antal Vetter (später Vattay) war der letzte Chef des Militärbüros des Reichsverwesers, Miklós Kozma wurde später Minister bzw. Chef des ungarischen Nachrichtenbüros, Béla Marton war später ein leitender Politiker der Regierungspartei. Aus dieser Gruppe waren Hardy, Gömbös, Keresztes-Fischer bereits vor 1918 Offiziere im Generalstab, Hardy und Vetter absolvierten die Kriegsakademie nach 1920.

 | DOI:10.30965/9783657791958_015

Gegenzug hatte die kleine Entente die Gleichberechtigung Ungarns auf dem Gebiet der militärischen Rüstung anerkannt. Dieses Abkommen bedeutete in der Praxis das Ende aller Bestimmungen, die im Friedensvertrag von 1920 festgesetzt worden waren und führte zur offiziellen Etablierung des ungarischen Generalstabes.

Die ungarische militärische Elite der Zwischenkriegszeit, die zu großen Teilen aus Generalstabsoffizieren bestand, war bereits in den 1980er-Jahren Gegenstand historischer Forschungen. Die wohl wichtigste Arbeit dazu lieferte Sándor Szakály im Jahr 1987.[3] Seine damals veröffentlichte Dissertation war bahnbrechend, weil er akribisch nachwies, dass sich die militärische Elite nicht aus den „herrschenden Klassen", sondern vielmehr aus den unteren Gesellschaftsschichten zusammensetzte und die Militäraufbahn als Möglichkeit für einen gesellschaftlichen Aufstieg angesehen werden muss. Szakály ergänzte seine Forschungsergebnisse 2001 mit einem detaillierten Lexikon und einer Datenbank, in denen auch die wichtigsten Lebensläufe von 456 Personen festgehalten sind.[4] In Bezug auf die militärische Elite werde ich im Folgenden die Definition[5] von Szakály übernehmen, der seine Forschungen auf die Ergebnisse von Tibor Hajdu stützte. Dieser hatte über die ungarisch-stämmigen Offiziere der k. u. k. Monarchie mehrere Arbeiten vorgelegt.[6]

2. Organisation/Struktur und Aufgaben des Generalstabes und seines Chefs

Der ungarische Generalstab setzte sich im Sommer 1944 aus sechs Generalobersten, 18 Generalleutnanten, 89 Generalmajoren, ferner 42 Obersten, 41 Oberstleutnanten, 63 Majoren und 74 Hauptleuten zusammen. Hinzu kamen drei Majore und 73 Hauptleute, die den ersten oder zweiten Jahrgang des Generalstabslehrkurses absolvierten – also insgesamt 409 Personen.[7] Trotz der beachtlichen Größe der ungarischen Armee (1944 zählte sie etwa 950.000

3 Szakály, Sándor, A magyar katonai elit [Die ungarische militärische Elite] 1938-1945, Budapest 1987.

4 Szakály, Sándor, A magyar katonai felső vezetés [Die ungarische militärische höchste Führung] 1938-1945. Lexikon és adattár [Lexikon und Datenbank], Budapest 2003.

5 Unter militärische Elite verstand Szakály alle Personen, die im Generalsrang waren, ferner alle Militärattachés, Chefs des Generalstabes aller Armeen und Armeekorps.

6 Hajdu, Tibor (Hg.), A magyar katonatiszt [Der ungarische Offizier], 1848-1945, Budapest 1989.

7 Darüber hinaus versahen noch einige Dutzend reaktivierte Generalmajore ihren Dienst. Im folgenden führe ich auch diejenigen Offiziere als „i.G.", die formell nur dem Generalstab zugeteilt, aber durch ihre Waffengattungen noch nicht übernommen worden waren. Dieser Kreis ist mit der von Szakály definierten „militärische Elite" nicht vollkommen identisch.

Soldaten) war der Generalstab folglich mit einem recht überschaubaren Personalbestand ausgestattet, auch wenn er seit 1938 enorm angewachsen war.[8] Das ungarische Heer umfasste laut Organisationsplan drei Armeen, zehn Korps, 30 Divisionsverbände und weitere heeresunmittelbare Einheiten. Schon diese Zahlen zeigen, dass nur die wichtigsten Posten mit ausgebildeten Generalstäblern besetzt werden konnten. Die Gliederung der ungarischen Truppenstäbe wich nur in zwei Punkten von der deutschen Gliederung ab: in den ungarischen Divisionsstäben fungierte ein „Chef des Stabes" zusätzlich über dem Ia (Operationen), die Ib-Offiziere hießen im ungarischen System Ic und die Ic-Offiziere hießen Ib (Feindaufklärung). Normalerweise waren ab einer Division aufwärts alle Ia- und Stabschef-Stellen mit Generalstabsoffizieren besetzt, bei Korps und Armeen war auch die Quartiermeisterabteilung in den Händen eines Stabsoffiziers. Demgegenüber wurden die Stellen für Feindlage und Abwehrdienst fast nie mit ausgebildeten Stabsoffizieren besetzt, da es an geeigneten Offizieren mangelte. Zumeist füllten Offiziere in der Stellung von Heeresbeamten die Lücken.

Der Generalstab des Honvéd, der dem deutschen Generalstab des Heeres ähnelte und seinen Dienstsitz in Budapest in der Színház Strasse 7 hatte, war auf zwei Hauptverwaltungen aufgeteilt: Die Operations-Hauptverwaltung führte die Abteilungen, die für die Durchführung von Operationen zuständig waren, die Ausbildungs-Hauptverwaltung die Abteilungen des Personal- und Ausbildungswesens, was dem Aufgabenbereich des früheren Oberbefehlshabers der Honvéd entsprach. Zentrale Bedeutung besaßen dabei die 1. und die 4. Abteilung (siehe die folgende Organisationsstruktur). Offiziere, die diesen Abteilungen im Laufe ihrer Dienstzeit vorstanden, konnten sich ihres militärischen Fortkommens sicher sein und erreichten in der Regel mindestens den Rang eines Generalleutnants. Sie wurden auch als Lehrer in der Ludovika-Akademie[9] bzw. in der Ausbildung der Generalstabsoffiziere herangezogen.

Die 1. Abteilung nahm eine herausgehobene Position ein, weil ihre „theoretische" Unterabteilung das zuständige Organ für die Abfassung der Memoranden des Chefs des Generalstabes war. Diese Denkschriften konnten sowohl rein militärische als auch politische Themen behandeln, sodass sie des Öfteren für Spannungen zwischen Generalstab und Regierung sorgten. Die „theoretische" Unterabteilung hatte auch die Aufgabe, die materiellen und politischen Forderungen des Generalstabes mit dem Honvédministerium abzustimmen. An

---

8 Ungarisches Kriegsarchiv, HM 76399/eln 6/k 1944.

9 Die im Jahr 1836 erbaute Ludovika-Akademie war ab 1872 zuerst Kadettenschule, zwischen 1897-1945 Militärakademie und entsprach dem Wiener Theresianum. Die Ausbildung der Berufsoffiziere (mit der Ausnahme der Fliegertruppe) fand ausschließlich hier statt.

der Spitze des ungarischen Generalstabes stand der Chef des Generalstabes. Bei ihm liefen alle Fäden und Informationsflüsse zusammen. Zudem besaß er die Befugnis, politische Fragen zu erörtern und diese entweder dem Reichsverweser oder dem Ministerpräsidenten direkt mitzuteilen. Meist nutzte er dafür das Mittel der Denkschriften.

Tabelle 14.1 Die Organisationsstruktur des Generalstabes

Chef des Generalstabes der kgl. ungarischen Honvéd		
Verwaltungschef für Operationsangelegenheiten[10]= 1. Stellvertreter des Chefs (führt die Abteilungen 1., 2., 3., 7/k, 7/m, 7/ö.		
Verwaltungschef für Organisations- und Ausbildungsangelegenheiten= 2. Stellvertreter des Chefs (führt die Abteilungen 4., 5., 6.)		
1.	Operationsabteilung	– theoretische Unterabteilung – Organisations-Unterabteilung[11] – konkrete Unterabteilung (rumänischer, tschechoslowakischer, jugoslawischer Kriegsschauplatz, ab 1941 sowjetischer Kriegsschauplatz)
2.	Spionage- und Spionageabwehr	– Offensive Unterabteilung – Defensive Unterabteilung – Registratur-Unterabteilung – Presseabteilung – Unterabteilung für Dechiffrierung – Funkaufklärungbataillon – Chemisches Labor
3.	Oberquartiermeisterabteilung (nur für die mobilisierte Truppe)[12]	zwischen dem 1.12.1940-1.1.1942 aufgelöst, Aufgabenbereich in die 1. Abteilung integriert
4.	Ausbildung des Generalstabes (Hadiakadémia), Militärgeschichtsschreibung	

10 Die Stelle war im Jahr 1944 unbesetzt.

11 Auf Zusammenarbeit mit der zuständigen Abteilung im Honvédministerium angewiesen.

12 Auf Zusammenarbeit mit der zuständigen Verwaltung im Honvédministerium angewiesen.

Tabelle 14.1 Die Organisationsstruktur des Generalstabes (*fortges.*)

5.	Theoretische und militärpolitische Angelegenheiten (bis 1938), nach 1940 Ausbildung und Sportangelegenheiten	im Jahr 1938/39 auch für die Aufstellung von Sondertruppen[13] zuständig
6.	Dienstvorschriften (bis 1938), ab 1942 Nationalverteidigung (innere Abwehr) und Propaganda	zwischen dem 11.8.1941-1.5.1942 aufgelöst, Aufgabenbereich der 2. Abteilung anvertraut, danach wiedererrichtet
7/k	Verkehrswesen	
7/m	Technische Dienste	
7/ö	Kommunikationswesen	
Sondergericht des Generalstabes (ab 1941)		zuständig für alle Fälle des Hoch- und Landesverrates
Abteilung für Disziplinarfragen		

3. Verhältnis zu den anderen Militärbehörden des Landes

Der Generalstab war auf die Zusammenarbeit mit mehreren Behörden angewiesen. Zentral war dabei die Kooperation mit dem Honvédministerium. Dieses war in mehrere Hauptverwaltungen, deren Zahl sich zwischen 1920 und 1944 ständig veränderte, und in zwölf Verwaltungen gegliedert. Von größter Bedeutung waren dabei die Heeres-, Luftwaffen-, Material- und die Arbeits-Hauptverwaltung. Folglich war die Zusammenarbeit zwischen Ministerium und Generalstab insbesondere bei der Materialbeschaffung, bei Ausrüstungsfragen für das Heer und bei waffentechnischen Entwicklungen notwendig.

Im Jahr 1920 wurde in der ungarischen Armee der Posten eines Armee-Oberbefehlshabers geschaffen, um so den Honvédminister von parlamentarischer Verantwortung zu entlasten. Dem Armee-Oberbefehlshaber unterstanden die Generäle der verschiedenen Waffengattungen bzw. Ressorts (insgesamt 13). Der Posten des Armee-Oberbefehlshabers wurde am 3. März 1940 ersatzlos aufgelöst. Diese Abschaffung hatte mehrere Gründe: einerseits erwies sich die Doppelbesetzung der Armeespitze als überflüssig, andererseits

13 Die Sondertruppen hatten Freikorpscharakter und waren für die irreguläre Kriegfürung in den Nachbarstaaten vorgesehen. Ein kleines Kontingent kam auch im Winterkrieg 1939 auf Seiten der finnischen Armee zum Einsatz.

wollte sich der ehrgeizige Generalstabschef Henrik Werth der als unbequem angesehenen Konkurrenz entledigen. Nach der Abschaffung des Armee-Oberbefehlshabers wurden die Generäle der Waffengattungen dem Chef des Generalstabes direkt unterstellt, der auf diese Weise an Bedeutung gewann.

Am 28. Juni 1928 wurde der Oberste Verteidigungsrat (*Legfelső Honvédelmi Tanács*, LHT) gegründet, dem der Chef des Generalstabes als Mitglied angehörte. Präsident des LHT war der Reichsverweser, weitere ständige Mitglieder waren der Oberbefehlshaber der Honvéd, der Honvédminister, der Außenminister, der Finanzminister sowie Minister der Ressorts, die zur aktuellen Tagesordnung gehört werden mussten (nach 1939 waren kraft Gesetz II/1939 alle Minister beteiligt). Alle wichtigen Themen der ungarischen Außen- und Militärpolitik wurden in diesem Rat besprochen. Er diente gewissermaßen als Beratungsorgan des Reichsverwesers, der ab 1941 nach eigenem Ermessen (bzw. ab dem Jahr 1944 auf Druck der deutschen Reichsregierung) Ministerpräsidenten und Minister entließ und ernannte. Der Oberste Verteidigungsrat verfügte auch über einen eigenen Stab, der von einem Generalsekretär (meistens ein Oberst i.G.) geleitet wurde.

In seiner Eigenschaft als Reichsverweser legte Miklós Horthy einen besonderen Wert darauf, als „oberster Kriegsherr" fungieren zu können.[14] Sein Wille wurde im Gesetz 1920/I. und 1920/XVII. festgehalten. Der Reichsverweser hatte dabei theoretisch ähnliche Kompetenzen wie ein Staatspräsident. Im Gegensatz zu den Rechten des Königs war der Reichsverweser zur Vorprüfung von Gesetzentwürfen nicht berechtigt und konnte diese dem Parlament nur ein einziges Mal zurücküberweisen. Auch auf anderen Gebieten waren seine Befugnisse eingeschränkt. Allerdings durfte er „bei drohender und unmittelbarer Gefahr" Entscheidungen über den Einsatz der Armee außerhalb der Staatsgrenzen treffen. Der Chef des Generalstabes war berechtigt, beim Reichsverweser durch persönliche Audienz Bericht zu erstatten, allerdings war er verpflichtet, über den Inhalt seines Referates den Honvédminister zu informieren, damit letzterer eine eigene Stellungnahme abgeben konnte. Nur in äußerst dringenden Angelegenheiten war es erlaubt, den Minister erst nachträglich zu informieren. In einem Punkt dehnte Horthy seine Befugnisse wesentlich über den Rahmen eines Staatspräsidenten aus, indem er darauf bestand, innerhalb der Armee eine eigene Personalpolitik zu verfolgen, die er als sein „Kriegsherrenrecht" (*hadúri jog*) betrachtete. Der Reichsverweser mischte sich folglich in alle wichtigen Stellenbesetzungen ein. Dies zeigt am besten die Wahl der Generalstabschefs, bei der Horthy seine Favoriten

14 Zu Horthy und sein Verhältnis zur Armee siehe Lóránd, Dombrády, A legfelsőbb hadúr és hadserege [Der oberste Kriegsherr und seine Armee], Budapest 1990.

zu ernennen pflegte, ohne vorher den Honvédminister oder den Ministerpräsidenten zu konsultieren. Selbst nach der deutschen Besetzung des Landes 1944 konnte er einige seiner Kandidaten weiter behaupten. So wurde beispielsweise weder Honvédminister Lajos Csatay noch sein Stellvertreter, Imre Ruszkiczay-Rüdiger, abgelöst, obwohl der deutsche Reichsbevollmächtigte für Ungarn, Edmund Veesenmayer, dies mehrmals verlangt hatte.[15]

4. Rekrutierung, Ausbildung und sozialer Hintergrund der Generalstabsoffiziere

Im Hinblick auf den sozialen Hintergrund erwies sich der ungarische Generalstab als einzigartig. Seine Offiziere waren wahrscheinlich die einzige militärische Eliteformation der Welt, die sich zu 40 Prozent aus einer ethnischen Minderheit rekrutierte, nämlich den Ungarn deutscher Abstammung. Bestimmte Minderheiten waren zwar bis zu einem gewissen Grad auch in Eliten anderer Staaten überrepräsentiert (beispielsweise Deutsche und Schweden in Russland), doch war eine solche Zusammenballung einer einzigen ethnischen Gruppe innerhalb einer der für die Landesverteidigung wichtigsten Militärinstitution wie in Ungarn dennoch einmalig. Einige Zahlen mögen dies veranschaulichen: Zwischen 1920 und 1945 dienten insgesamt elf Personen als Chefs des Generalstabes. Sieben davon waren ungarndeutscher Abstammung. Der Historiker Sándor Szakály beziffert die ungarische militärische Elite in den Jahren 1938 bis 1945 auf insgesamt 456 Personen. 28 Prozent dieser Personengruppe wiesen sowohl auf väterlicher als auch auf mütterlicher Seite deutsche Vorfahren auf. In 7,6 Prozent aller Fälle hatte nur der Vater, in 16,8 Prozent nur die Mutter einen deutschen Namen (der andere Ehepartner hatte meistens slawisch klingende Namen).[16] Da die Namensmadjarisierung vor 1880 eine Ausnahme war und die Assimilation der Ungarndeutschen erst nach dieser Zeit einsetzte, können diese Prozentzahlen mit der Prozentzahl der Ungarndeutschen gleichgesetzt werden.

Die Überrepräsentanz der Ungarndeutschen läßt sich auf zwei Faktoren zurückführen: Der eine war die spezielle Struktur der ungarischen Bürgerschicht, die in der zweiten Hälfte des 19. Jahrhunderts maßgeblich von

15 Siehe dazu die Telegramme von Veesenmayer vom 21.06.1944, 06.07.1944, 24.07.1944 in Ránki, György/Pamlényi, Ervin/Tilkovszky, Loránt/Juhász, Gyula (Hg.), A Wilhelmstrasse és Magyarország. Német diplomáciai iratok Magyarországról [Die Wilhelmstrasse und Ungarn. Deutsche diplomatische Schriften aus Ungarn] 1933-1944, Budapest 1968, S. 871, 875 und 892.

16 Siehe dazu Szakály, A magyar katonai felső vezetés.

jüdischen und deutschen Elementen gebildet worden war.[17] Insgesamt trugen im Reich der Stephanskrone im Jahr 1910 etwa zwei Millionen Staatsbürger einen deutschklingenden Namen, davon verblieben nach 1920 etwa 50 Prozent im sogenannten „Rumpf-Ungarn". Offiziell lag der Anteil derjenigen, die bei der Volkszählung ihre Muttersprache mit „Deutsch" angaben, im Jahr 1910 bei 7,1 Prozent. Die allermeisten dieser Menschen hätten ihre Nationalität mit „Ungarndeutsch" angegeben, wären sie danach gefragt worden (sich als „Deutsche in Ungarn" zu bezeichnen wäre allerdings vor 1938 unvorstellbar gewesen).[18] Erst im Jahr 1941 wurde bei der Volkszählung auch nach der nationalen Zugehörigkeit gefragt: 5,1 Prozent der Befragten gaben dabei Deutsch als Muttersprache und 3,2 Prozent Deutsch als Nationalität an. Es muss dabei hervorgehoben werden, dass das nationale Selbstbewusstsein der Ungarndeutschen sehr schwach ausgeprägt war, existierte das ungarische Deutschtum in kultureller Hinsicht doch praktisch nur auf dem Lande, während es in den Städten von der beispiellos schnellen Assimilation aufgesogen wurde.

Ein weiterer Faktor, der wesentlich zur Popularität der Militärlaufbahn unter Ungarndeutschen beitrug, bestand in den speziellen Erbschaftsregelungen der Ungarndeutschen. In einer ungarischen Familie erhielt jeder Sohn einen gleichgroßen Erbanteil, während in den ungarndeutschen Familien nur der erste Sohn erbberechtigt war. Dementsprechend verkleinerte sich der ungarische Landbesitz und vermehrte sich die verarmte ungarische Bauernschicht, wogegen die ungarndeutschen Familien ständig darum bemüht waren, ihre zweit- und drittgeborenen Söhne von der eigenen Scholle fortzubringen. Dieser Umstand begünstige eine erhöhte gesellschaftliche Mobilität der Ungarndeutschen. Folglich führte der typische gesellschaftliche Aufstieg eines ungarndeutschen Bauernsohnes entweder über die katholische Kirche, über die ungarische Verwaltung oder eben über die Armee. Natürlich wäre es weit gefehlt, deutsche Abstammung mit deutschem Bewusstsein gleichzusetzen. Eher das Gegenteil war der Fall. Ein großer Teil der Ungarndeutschen

---

17 Siehe dazu Karády, Viktor, Ethnic and denominational inequalities and conflicts in elites and elite training in modern Central-Europe, Budapest 2012; Karády, Viktor/Kozma, István, Név és nemzet: Családnév-változtatás, névpolitika és nemzetiségi erőviszonyok Magyarországon a feudalizmustól a kommunizmusig [Name und Nation. Familiennamenänderung, Namenspolitik, nationale Kräfteverhältnisse in Ungarn von der feudalen Zeit bis zum Kommunismus], Budapest 2002.

18 Ein geringer Teil der deutschen Muttersprachler war jüdischen Glaubens. Zum Thema Ungarndeutsche siehe Spannenberger, Norbert, Der Volksbund der Deutschen in Ungarn 1938-1944 unter Horthy und Hitler, München 2002 (= Schriften des Bundesinstituts für Kultur und Geschichte der Deutschen im östlichen Europa 22); ferner Swanson, John C., Tangible Belonging. Negotiating Germanness in Twentieth-Century Hungary, Pittsburgh 2017.

ließ seinen Namen madjarisieren, was auch von der staatlichen Politik forciert wurde (eine Mitgliedschaft im sogenannten Vitéz-Orden[19] war beispielsweise nur mit ungarisch klingendem Namen möglich).

Wie erwähnt, bedeutete die militärische Laufbahn für sehr viele ungarndeutsche Familien eine soziale Aufstiegsmöglichkeit. Sándor Szakály untersuchte auch die familiären Hintergründe der ungarischen militärischen Elite und stellte fest, dass 77 Prozent der Personengruppe aus „mittellosen" Familien stammten. Nur die Eltern von 13 Prozent besaßen ein eigenes Haus, 8 Prozent verfügten auch über Landbesitz zwischen 10 und 200 Katastraljoch (zwischen 5 und 115 Hektar). Nur 1,8 Prozent der Eltern konnte mehr als 200 Katastraljoch aufweisen.[20] Szakály untersuchte auch die Finanzierung des Studiums in den Kadettenschulen bzw. an der Ludovika-Akademie. Leider liegen in dieser Hinsicht nur zu einem kleineren Teil der Personen Daten vor, nach denen etwa 82 Prozent der Offiziere kostenlos unterrichtet wurden, weitere 14 Prozent eine um die Hälfte ermäßigte und nur 4 Prozent die volle Studiengebühr entrichten mussten.

Die deutsche Sprache besaß in der ungarischen Armee einen besonderen Stellenwert. Einerseits deshalb, weil alle Offiziere diese Sprache vor 1918 in der Schule gelernt hatten, andererseits aber auch, weil sie an der Ludovika-Militärakademie bis Kriegsende als Pflichtfach galt. Während des Ersten Weltkrieges waren selbst die höheren Offiziere der kgl. ung. Honvéd gezwungen, Deutsch zu sprechen, schließlich wurden sie oft im Rahmen von deutschsprechenden Einheiten eingesetzt. In der Gruppe der ungarischen militärischen Elite[21] wiesen 73 Prozent „perfekte", 14 Prozent „gute" und 6 Prozent „befriedigende" deutsche Sprachkenntnisse auf (bei dem Rest fehlt die Qualitätsangabe, aber auch sie mussten die deutsche Sprache mindestens ausreichend beherrscht haben, nur 2,5 Prozent verstand gar kein Deutsch). An der zweiten Stelle rangierte die französische (66 Prozent), an der dritten die italienische (22 Prozent), an der vierten die englische Sprache (13 Prozent). Kroatisch, Rumänisch, Slowakisch oder Russisch verstanden jeweils 11 bis 12

---

19 Der Vitéz-Orden war ein Adelstitel-Ersatz und konnte auch mit Landdotation bzw. anderer Vergünstigungen einhergehen. Horthy schlug mit einem besonderen Säbel die dazu auserwählten Menschen zum „vitéz". Eine Mitgliedschaft war an bestimmte Auszeischnungen bzw. an nachgewiesene „patriotische Aktivitäten" in den Nachbarstaaten gebunden. Der Titel „vitéz" (tapfer) war vererbbar.

20 Ebd., S. 81-83.

21 Aus der Gesamtgruppe von 414 Personen liegen Angaben zu 295 Personen vor, die Zahlen beziehen sich deshalb nur auf diese kleinere Gruppe. Siehe dazu Szakály, A magyar katonai elit, S.131-139.

Prozent. 22 Prozent sprachen zwei, 31 Prozent drei, 23 Prozent vier und 7 Prozent sogar fünf verschiedene Fremdsprachen.

Der Hochadel war unter der militärischen Elite absolut unterrepräsentiert. Unter den Generälen waren zwar zwei Grafen[22] und zwei Barone[23] vertreten. Die beiden letzten wurden aber wegen militärischer Tapferkeit erst am Ende des Ersten Weltkrieges in den Freiherrenstand erhoben (sie waren Träger des Militär-Maria-Theresia-Ordens, dessen Verleihung mit der Aufnahme in den Freiherrnstand verknüpft war). Die beiden Grafenfamilien waren praktisch besitzlos und zählten nicht zum „echten" Hochadel. Dagegen besaßen 32 Prozent aller Personen in der ungarischen militärischen Elite einen geographischen Vornamen oder einen niederen Adelstitel.[24] Dieser Umstand sagt aber über die soziale Herkunft der Betroffenen wenig aus, weil in Ungarn etwa 4 Prozent der Bevölkerung ein Adelsprädikat besaß und in der neobarocken Gesellschaft der Horthy-Zeit das soziale Prestige sehr an diese Titel gebunden war.

Die Verdienstmöglichkeiten in der Armee waren nicht besonders attraktiv. Im Jahr 1940 verdiente ein Generaloberst 1500 Pengő, ein Oberst 800 Pengő, ein Hauptmann 440 Pengő. Nominell waren das keine geringen aber eben auch keine allzu hohen Summen – ein gut qualifizierter Facharbeiter verdiente zur gleichen Zeit etwa 300 Pengő. Zudem wurden die militärischen Gehälter dadurch wesentlich abgewertet, dass die Offiziere wegen der herrschenden Standesauffassung laufend zu hohen Ausgaben gezwungen waren. Ein Offizier durfte beispielsweise kein Gepäck tragen, konnte nur erstklassige Lokale besuchen und musste seine Kleider selbst bezahlen. Besonders die Anschaffung der Paradeuniform war ein teures Unterfangen: Eine Generalsuniform kostete 2000 Pengő, weshalb sehr viele Offiziere beim Schneider verschuldet waren. Eine weitere Last bedeutete die hohe Kaution im Falle eines Heiratsantrages. Sie sollte eine standesgemäße Lebensführung garantieren, sodass ihre Summe bei Generalstabsoffizieren – der Elite der Elite – am höchsten angesetzt war: sie betrug 40.000 Pengő. Diese Summe bedeutete in der Zeit vor 1939 ein regelrechtes Vermögen und schloss alle Eheparter unterhalb der gehobenen Mittelklasse aus. Durch Sondergenehmigungen des Reichsverwesers konnten Offiziere allerdings von der Kaution freigestellt werden.

22 Árpád Markovics und Marcell Stomm, die beide aus praktisch mittellosen Familien stammten.

23 Géza Heim und Károly Ungár.

24 Kleinadel mit geogaphischen Vornamen, „Primor", und „Lófő" in der Székler-Region, ansonsten „nemes" (entspricht dem Prädikat „von", allerdings ohne Dotation) aufgrund des sogenannten „hajduken-Adels" oder sonstiger, ohne Gutsverleihung ausgesprochener Adelung.

Die Motivation der Generalstabsoffiziere lässt sich auch anhand ihrer Geburtsorte erklären. So waren 52 Prozent in Gebieten geboren, die nach 1920 außerhalb „Rumpf-Ungarns" lagen (22 Prozent in Rumänien, 17 Prozent in der Tschechoslowakei, 13 Prozent in Jugoslawien).[25] In dieser Hinsicht war die militärische Elite selbst innerhalb der ungarischen Bevölkerung überrepräsentiert, da insgesamt nur ein Drittel der sich als Ungarn fühlenden Bevölkerung in den Nachbarstaaten lebte. Rekrutierung und Ausbildung der ungarischen Generalstabsoffiziere unterschieden sich nicht wesentlich von den Verfahren in der k. u. k. Armee. Die Aufnahme in den Generalstab begann mit der zweijährigen Kriegsschule. Bewerben konnten sich nur aktive Offiziere im Dienstgrad eines Hauptmanns, die Aufnahmekriterien waren äußerst streng. Die zweite Hürde bestand in der Stabsoffiziersprüfung für Generalstabsoffiziere. Hier konnten sich auch Truppenoffiziere ohne abgeschlossene Kriegsschulausbildung bewerben, wenn sie besondere Qualifikationen aufwiesen.

5. Die Tätigkeit des Generalstabes 1938-1945

5.1 *Generalstab und Judengesetze*

Die Vetreter des ungarischen Generalstabes in der Institution selbst und im Honvédministerium nahmen im Hinblick auf die ungarischen Judengesetze eine radikale Position ein. In diesem Punkt unterschied sich die Position des ungarischen und des deutschen Generalstabes wesentlich, weil Mischlinge 2. Grades bzw. mit Mischlingen 1. oder 2. Grades verheiratete Personen im deutschen Generalstab tätig bleiben konnten,[26] wogegen dies im ungarischen Generalstab unmöglich war. In Ungarn gab es für diese Fälle auch keine Sondergenehmigungsmöglichkeiten, wogegen Hitler nach seinem Gutdünken Personen mit den sogenannten „Ariern" gleichstellen konnte.[27]

Die antijüdischen Maßnahmen begannen mit der „Säuberung" der Armee von Personen, die als „Juden" oder „jüdisch versippt" galten. Unter den Berufsoffizieren waren ohnehin keine Juden vertreten, weil sie durch eine stillschweigende Kontraselektion von vornherein ausgeschlossen wurden. Auch aus diesem Grund war bis 1939 der Anteil der Juden unter den Reserveoffizieren mit 24,4 Prozent besonders hoch.[28] Diese Überrepräsentation war eine Folge

25 Szakály, A magyar katonai elit, S. 65.

26 Zum Beispiel Generalfeldmarschall Erhard Milch oder Generaloberst Gotthard Heinrici.

27 Zum Thema siehe Rigg, Bryan Mark, Hitlers jüdische Soldaten, Paderborn 2003.

28 Siehe dazu Elek, Karsai (Hg.), „Fegyvertelenül álltak az aknamezőkön." Dokumentumok a munkaszolgálat történetéhez Magyarországon [„Sie standen waffenlos auf Minenfeldern."

des besonders hohen Anteils der Juden unter den ungarischen Abiturienten, weil ein Abitur zur Reserveoffizierslaufbahn berechtigte (Juden machten nur 5 Prozent der Gesamtbevölkerung, jedoch 25 Prozent der Abiturienten aus).[29] Die Idee, die „Judenfrage unabhängig von der politischen Linie innerhalb der Armee mit administrativen Mitteln radikal und schnell zu lösen", hatte Dezső László, Chef der 1. Abteilung des Generalstabes, schon im Jahr 1938 geäußert. „Diese Frage kann nur aufgrund der Rassentheorie gelöst werden", hieß es in einer Denkschrift der Abteilung. Henrik Werth ergänzte diese Gedanken mit dem Satz: „Juden sollen zu besonderen technischen Aufgaben herangezogen werden, und zwar dort, wo die blutigen Verluste am höchsten sind".[30]

Das Gesetz XIV/1941 schloss offiziell alle Personen jüdischer Abstammung aus der Offiziers- und Unteroffizierslaufbahn aus. Die Durchführungsbestimmungen des Gesetzes waren in einigen Punkten sogar strenger als die entsprechenden deutsche Rassengesetze. So führte die ungarische Armee neben dem Begriff „jüdische Abstammung" den Begriff „jüdischer Bezug" ein. Sobald nur ein Großelternteil des Ehepartners eines Offiziers unter „jüdischer Abstammung" geführt wurde (die ganze Familie ansonsten aber nichtjüdisch war), konnte der betroffene Offizier nur bis zum Oberstleutnant in der Truppe aufsteigen. Dienst im Generalstab war mit so einem „Bezug" hingegen unmöglich. Die 1. Abteilung des Generalstabes wollte sogar alle Personen, die „1/8-jüdisches Blut" aufwiesen, aus der Armee entlassen. Da der Reichsverweser bis 1944 niemanden von der Wirkung der Judengesetze befreien konnte,[31] gab es auch keine Ausnahmeregelungen. Bis 1942 wurden alle Offiziere, die mindestens einen jüdischen Großelternteil hatten, aus der Armee entlassen. Auch Offiziere, die mit einer Ehefrau verheiratet waren, die als „Jude" oder als „Mischling 1. Grades" deklariert worden war, wurden aus der Armee entfernt. Das Gesetz XIV/1942 entzog allen Personen den Offiziersrang, sofern sie von den Bestimmungen der Judengesetze betroffen waren. Bei der Ausarbeitung des Gesetzes war der Generalstab ganz wesentlich beteiligt: So

Dokumente zur Geschichte des Arbeitsdienstes in Ungarn], Budapest 1962, S. XLVIII und Braham, Randolph L., The Hungarian Labor Service System 1939-1945, New York 1977.

29 Siehe dazu Karády, Viktor/Nagy, Péter Tibor (Hg.), The numerus clausus in Hungary. Studies on the first anti-Jewish law and academic anti-semitism in modern Central Europe, Budapest 2012.

30 Elek (Hg.), „Fegyvertelenül álltak az aknamezőkön", S. XXV und CII.

31 Die Gesetze enthielten zwar bestimmte Ausnahmeregelungen, sie erlaubten jedoch keinen Verbleib in der Armee. Ein wesenticher Unterschied zwischen den deutschen und ungarischen Ausnahmeregelungen bestand zudem darin, dass Hitler jede beliebige Person zum „Arier" erklären durfte, wogegen der Reichsverweser erst ab 1944 die Möglichkeit erhielt, bestimmte Personen aus dem Gültigkeitsbereich der Judengesetze auszunehmen, ohne sie „arisiert" zu haben.

versuchte er während der Gesetzesgenese den Reichsverweser gänzlich aus den Vorbereitungen auszuschalten und die Aberkennung der Dienstgrade „auf unauffällige Weise" durchzuführen.[32] Die Intervention Horthys führte aber dazu, dass die im Weltkrieg ausgezeichneten und/oder verwundeten Offiziere letztendlich von den Maßnahmen verschont wurden. Die Betroffenen durften jedoch weder Uniform tragen, noch als Offiziere verwendet werden.

5.2 *Kriegsplanung*

Das wichtigste Ziel der ungarischen Politik bestand in der Revision des Friedensvertrages von Trianon. Über die erwünschte Revision hatte sie dem In- und Ausland verschiedene Vorschläge vorgelegt. Die heimische Propaganda forderte die vollständige Rückgängigmachung, also die Wiederherstellung der Grenzen aus der Zeit vor 1920, was auch die Reintegration von nicht weniger als vier Millionen Rumänen, drei Millionen Slowaken sowie einer Millionen Serben und Kroaten bedeutet hätte. Nach außen propagierte sie hingegen lediglich eine ethnische Revision. Diese Doppelgleisigkeit hatte auf das Militär eine verheerende Wirkung. Da dem Offizierskorps jegliche politische Betätigung verboten war, konnte über dieses Thema keine Diskussion stattfinden. Einem realistischen Menschen hätte es aber absolut klar sein müssen, dass Ungarn schon deshalb nie in der Lage sein würde, die Zustände aus der Zeit vor 1920 wiederherzustellen, weil die abgetretenen Gebiete eine klare nichtungarische Mehrheit aufwiesen. Die Nachfolgestaaten waren von Anfang an militärisch wesentlich besser gerüstet als Ungarn, das den Rüstungsvorsprung der Nachbarländer bis 1940 nicht aufholen konnte. Dass eine vollständige Revision des Vertrags von Trianon nicht möglich war, hatten die meisten ungarischen Politiker zwar insgeheim eingesehen, öffentlich zugeben mochten sie es jedoch nicht.[33] Nur die rechtsradikalen Pfeilkreuzler und die Sozialdemokraten verfügten über ein politisches Programm, das sich vom Gedanken der totalen Revision löste. Letztere waren aber aus ideologischen Gründen nicht im Offizierskorps vertreten.

Die ungarische Armee war bis 1938 nicht in der Lage, einen Krieg mit nur einem einzelnen Nachbarstaat zu riskieren, weil dazu die elementarsten Voraussetzungen fehlten. Die Bewaffnung und Kopfstärke der Armee waren

---

32 Ein Beweis dafür liefert der Vorschlag von Werth über die Aberkennung der Dienstgrade der jüdischen Offiziere bzw. die Antwort der Präsidialabteilung des Honvédministeriums, wonach die Angelegenheit „in verdeckter Form", „ohne jegliche Bürokratie" und „ohne die Einwilligung des Obersten Kriegsherren eingeholt zu haben" zu erledigen sei. Elek (Hg.), „Fegyvertelenül álltak az aknamezőkön", S. 247-249.

33 Zum Thema Revision siehe Zeidler, Miklós, A revíziós gondolat [Der Revisionsgedanke], Budapest 2001.

trotz aller Bemühungen jedem Gegner hoffnungslos unterlegen. Darüber hinaus traf Ungarn als Agrarexporteur die Weltwirtschaftskrise besonders hart, sodass unter anderem die Offiziersgehälter gekürzt werden mussten. Auch für die Armee war es offenkundig, dass nur die vorhergehende Destabilisierung der kleinen Entente bzw. ein wiedererstarktes Deutschland die politischen Möglichkeiten schaffen konnte, nach denen die ungarische Armee offensiv handeln konnte. Folglich hingen das Schicksal der Armee und aller Kriegsplanungen engstens mit den Plänen des Deutschen Reichs zusammen. Zwar wäre auch die Option geblieben, die Sowjetunion zur Schwächung des Versailler Systems hinzuziehen – und die Generalität zeigte sich einer solchen Lösung gegenüber nicht abgeneigt – doch wurde diese Möglichkeit wegen des Widerstands des Reichsverwesers nie ernsthaft erörtert. Angesichts der Abhängigkeit Ungarns vom Deutschen Reich ist es eigentlich verwunderlich, dass die ungarische Politik bis 1944 überhaupt in der Lage war, manche politischen und militärischen Wünsche Deutschlands nicht zu erfüllen bzw. bis 1940 auf ein ungarisch-italienisches Bündnis zu setzen.[34]

Der ungarische Generalstab nahm bis zum Herbst 1938 wegen der Schwäche der Armee kaum Einfluss auf die ungarische Außenpolitik. Dieser Umstand änderte sich jedoch mit der Ernennung von Henrik Werth zum neuen Chef des Generalstabes am 29. September 1938. Der deutschfreundliche Werth war vom Primat des deutschen Bündnisses von Anfang an felsenfest überzeugt, überschätzte aber die ungarischen militärischen Möglichkeiten. Im Herbst 1938 fanden zuerst bilaterale Verhandlungen zwischen der Tschechoslowakei und Ungarn über territoriale Fragen statt. In der letzten Runde bot die tschechoslowakische Regierung die Rückgabe von etwa 80 Prozent des Gebietes an, das wenige Wochen später mit dem ersten Wiener Schiedsspruch an Ungarn zurückgegliedert wurde. Bis dahin hatte der ungarische Generalstab auf die ungarische Politik keinerlei Druck ausgeübt.[35] Diese zurückhaltende Haltung änderte sich jedoch in den folgenden Monaten radikal. Das offensivere Auftreten des Generalstabes wurde durch zwei Faktoren begünstigt: Zum einen gewann die ungarische Armee im März 1939 einen überraschenden „Kleinkrieg" gegen die Tschechoslowakei, was zur Angliederung der Karpatho-Ukraine (damals Kárpátalja) führte. Zum anderen zeitigte das im Jahr 1938 gestartete „Győrer Programm" durchschlagende Erfolge und modernisierte die Armee in relativ kurzer Zeit umfassend.[36]

34 Zur ungarischen Außenpolitik siehe Romsics, Ignác, Hungary in the Twentieth Century, Budapest 2010. Dort auch weiterführende Literaturhinweise.

35 Sallai, Gergely, Az első bécsi döntés [Der erste Wiener Schiedspruch], Budapest 2002.

36 Ungarn produzierte in relativ hoher Stückzahl Panzerfahrzeuge und Flugzeuge, wogegen keiner der Nachbarstaaten mit Ausnahme der Tschechoslowakei eine eigene Panzerproduktion aufweisen konnte.

Um das Ziel der Revision des Trianoner Vertrags zu erreichen, setzte der Generalstab zu keiner Zeit auf die Möglichkeit, die Westmächte in umfassende Verhandlungen über eine territoriale Änderung der Nachkriegsordnung miteinzubeziehen, während die ungarische Politik noch bis zur deutschen Besetzung des Landes am 19. März 1944 bemüht war, die diplomatischen Kanäle nach Westeuropa offen zu halten. Die entgegengesetzten Strategien resultierten in zunehmenden Spannungen zwischen dem Generalstab und der politischen Führung.

Das sowjetische Ultimatum an Rumänien im Sommer 1940 schuf auch in diese Richtung neue Möglichkeiten. Die ungarische Politik bemühte sich zunächst um eine bilaterale Lösung wie bei den Verhandlungen mit der Tschechoslowakei. Als diese Versuche jedoch scheiterten, blieb die Option eines wiederholten deutsch-italienischen Schiedsspruchs, was aber aus Sicht des Ministerpräsidenten Pál Teleki, der die Unabhängigkeit Ungarns bewahren wollte, unerwünscht war. Um Druckmittel gegenüber Rumänien in der Hand zu haben, ließ die ungarische Regierung den Generalstab eine militärische Aktion vorbereiten. Eine Eroberung Siebenbürgens war mit den vorhandenen Kräften aber nicht zu bewerkstelligen. Folglich plante der Generalstab einen begrenzten Feldzug, der lediglich die Eroberung der grenznahen Städte zum Ziel hatte, und setzte anschließend die Hoffnungen auf ein deutsches Eingreifen, weil man annahm, Deutschland werde einem Konflikt auf dem Balkan nicht tatenlos zusehen. Ehe die Offensive mit den fraglichen Erfolgsaussichten beginnen konnte, zitierten das Deutsche Reich und Italien die streitenden Parteien erneut an den Verhandlungstisch. Der zweite Wiener Schiedsspruch löste das Problem Siebenbürgens allerdings nicht und endete für alle Beteiligten in einer Enttäuschung. Obwohl das Deutsche Reich und Italien die neuen Grenzen uneingeschränkt und unbefristet garantierten, hofften sowohl Rumänien als auch Ungarn, die Grenzziehung in Zukunft zu eigenen Gunsten ändern zu können.

Die Spannungen zwischen Ministerpräsident Teleki und Generalstabschef Werth erreichten in der Frage des Jugoslawienfeldzuges ihren Höhepunkt. Teleki, dem die immer größere Abhängigkeit von Deutschland zuwider war, verwandte alle seine Bemühungen darauf, einen ungarischen Sonderweg zu finden und die ungarische Neutralität zu erhalten. In diesem Sinne schloss Ungarn im Januar 1941 mit Jugoslawien einen „ewigen Freundschaftspakt". Der mit britischer Hilfe durchgeführte Putsch in Jugoslawien und die darauf folgende deutsche militärische Agression auf dem Balkan stürzten Teleki und seine Politik jedoch in eine tiefe Krise. Die hitzigen Verhandlungen im Obersten Verteidigungsrat mündeten Dank der Bestrebungen Telekis in einem Kompromiss: Ungarn durfte nur nach einer möglichen kroatischen Unabhängigkeitserklärung in den Konflikt eingreifen, ungarische Truppen sollten dann nur innerhalb der „1000-jährigen Grenzen" operieren und durften auf keinen Fall einem deutschen Oberbefehl unterstellt werden. Die klare Stellungnahme des ungarischen Botschaftlers in London, wonach ein eventueller ungarischer Angriff auf Jugoslawien die Kriegserklärung Großbritanniens zur Folge haben würde, traf Teleki bis ins Mark, sodass er am 3. April 1941 Selbstmord beging. Das ungarische Militär konnte – getrieben vom Generalstab – entsprechend der früheren Abmachungen im Verteidigungsrat aber erst am 12. April losschlagen, als in Zagreb die Unabhängigkeit Kroatiens proklamiert worden war.[37]

Die Ansichten des Generalstabes sind am besten aus den Memoranden des Chefs des Generalstabes abzulesen. Werth war auf diesem Gebiet besonders aktiv. Stellvertretend soll hier eine Passage aus seinem letzten, an den Ministerpräsidenten gerichteten Memorandum zitiert werden. Ungarn, so Werth, müsse seine Aktivitäten auf deutscher Seite wesentlich intensivieren, weil sich die Deutschen nach seinen Informationen „mit dem Gedanken beschäftigen, nach dem Krieg homogene Nationalstaaten zu errichten [...] Im Laufe dieser Tätigkeit können wir damit rechnen, dass aus dem Gebiet des historischen Ungarn die Slawen ausgesiedelt werden, und Rumänien mit Gebieten über den Dnjester entschädigt wird, wo wir [sic!] die Rumänen aus Siebenbürgen alle ansiedeln könnten. Damit wäre das Karpatenbecken alleiniger Lebensraum der Ungarn und könnte nur durch die ungarischen Rasse ausgefüllt werden".[38]

Diese Gedanken verdienen aus mehreren Gründen eine eingehende Analyse. Sie stammen nicht nur von einem der gebildetsten militärischen Denker Ungarns, sondern waren allem Anschein nach auch Allgemeingut innerhalb des Generalstabes und darüber hinaus.[39] Bestimmte Teile des Vertreibungsprogramms und eine ungarische „Heim ins Reich"-Aktion sind in der Wojvodina zwischen 1941-1942 auch durchgeführt worden.[40] Werth formulierte mit seinen Sätzen gewissermassen die ungarische Version des „Generalplans Ost". Nach seinem Dafürhalten hätten in diesem Fall innerhalb von kurzer Zeit (!) weniger als 15 Millionen Ungarn einen Raum von 282.870 Quadratkilometern

---

37 Für die Einzelheiten siehe Ablonczy, Balázs, Pál Teleki – The Life of a Controversial Hungarian Politician, Wayne 2007 und Dombrády, Lóránd, Werth Henrik, akiről nem beszéltünk [Henrik Werth, worüber wir nicht reden], Budapest 2005.

38 Szinai, Miklós/Szűcs, László (Hg.), Horthy Miklós titkos iratai [Geheime Papiere von Miklós Horthy], 4. Aufl., Budapest 1972, Dokument Nr. 59, S. 306.

39 Siehe dazu mit weiteren Beispielen Ungváry, Krisztián, A Horthy-rendszer és antiszemitizmusának mérlege. Diszkrimináció és társadalompolitika Magyarországon 1919-1944 [Die Bilanz des Horthy-Systems und seines Antisemitismus. Diskriminierung und Sozialpolitik in Ungarn], 3. Aufl., Budapest 2016, S. 516-556.

40 Siehe dazu Ungváry, Krisztián, Vojvodina under Hungarian Role, in: Ramet, Sabrina P./ Listhaug, Ola (Hg.), Serbia and the Serbs in Word War Two, London 2011, S. 70-92.

auszufüllen und über acht Millionen Nichtungarn zu vertreiben. Besonders delikat erscheint die Forderung nach „Lebensraum" für die „ungarische Rasse" aus der Feder eines Donauschwaben, der sich zwar als Ungar definieren konnte, aber zugleich die Definition der „ungarischen Rasse" schuldig blieb.

5.3 *Militärische Geheimdienstarbeit und Gegnereinschätzung*

Die potentiellen Gegner der ungarische Armee waren lediglich die Nachbarstaaten, ausgenommen Österreich. Ein Krieg mit der Sowjetunion wurde militärisch nie geplant, obwohl Horthy sein Interesse an einem „europäischen Kreuzzug gegen den Boschewismus" bereits in der 1920er-Jahren kundgetan hatte.[41] Als Hauptgegner wurden Rumänien und die Tschechoslowakei angesehen. Die ungarische Aufklärung besaß in diesen Staaten sehr gute Quellen. Im Fall Rumäniens lieferte sie relevante und wichtige Informationen, denen in der deutschen Militärführung allerdings kein Glauben geschenkt wurde. Darüber hinaus war die ungarische Funkaufklärung dank der Fähigkeiten des Kryptoanalytikers Hermann Pokorny[42] in der Lage, praktisch alle verschlüsselten Depeschen der gegnerischen Diplomatie mitzulesen. Dieses vom k. u. k. Evidenzbüro geerbte Können konservierte sich sogar bis in die 1950er-Jahre hinein.

Zur Einschätzung der Sowjetunion fehlte es der ungarischen Aufklärung an direkten, in der Tiefe des Landes arbeitenden Quellen, sodass der ungarische Nachrichtendienst hier weitgehend im Dunklen tappte. Anfang Juni 1941 hatte der Generalstab aber immerhin den offensiven Aufmarsch der „Roten Armee" und die Angriffsvorbereitungen der Wehrmacht erkannt. Große Bedeutung – schon allein aus historischen Gründen – kam dabei dem intensiven Informationsaustausch zwischen dem deutschen und dem ungarischen Nachrichtendienst zu. Als ebenso zutreffend erwies sich die Lageeinschätzung der ungarischen Führung zwischen Dezember 1942 und Februar 1943: sie sah die sich anbahnende Tragödie der 2. ungarischen Armee am Don auch

---

41 Szinai/Szűcs (Hg.), Horthy Miklós titkos iratai, Dokument Nr. 22. und 32.

42 Hermann Pokorny (1882-1960) stammte aus einer sudetendeutschen Familie. Er war einer der leitenden Figuren der Funkaufklärung der k. u. k. Monarchie und entschlüsselte als Kryptoanalytiker alle russische Geheimchiffren. Erst nach 1918 lernte er die ungarische Sprache, da er Ungarn als neue Heimat gewählt hatte. Pokorny wurde im Jahr 1935 als Generalleutnant verabschiedet und trat im Januar 1945 in den Dienst der neuen ungarischen Regierung. Als Generaloberst verhandelte er über Fragen des Kriegsgefangenenwesens und über Reparationszahlungen. 1949 pensioniert, litt auch er unter verschiedenen Schikanen des stalinistischen Systems. Zu seiner Person siehe Bakonyi, Peter (Hg.), Hermann Pokorny: Emlékeim. A láthatatlan hírszerző [Erinnerungen. Der unsichtbare Geheimagent], Budapest 1999, online unter https://mek.oszk.hu/02000/02095/html/index.htm [abgerufen am 15.02.2022].

ohne besonders umfangreiche geheimdienstliche Quellen voraus. Aus den zutreffenden Einsichten wurden durch die militärische oder politische Führung allerdings keine Konsequenzen gezogen. Schließlich erkannte die ungarische Aufklärung im Frühling 1944 auch die Bereitstellungen der Wehrmacht an der österreichisch-ungarischen Grenze und lieferte über die deutschen Pläne zur Besetzung des Landes zuverlässige Informationen, doch wurden auch diese Materialien in Budapest als unglaubwürdig abgetan.

5.4 *Verhältnis zum Krieg gegen die Sowjetunion*

Die ungarische Beteiligung am deutschen Feldzug gegen die Sowjetunion wurde zwar durch den Chef des Generalstabes und viele seiner Untergebenen sehr energisch befürwortet, die politische Führung bestand jedoch darauf, Ungarn aus dem Konflikt herauszuhalten und nur auf ausgesprochene deutsche Bitten zu reagieren. Dieser Kurs war praktisch die Fortsetzung der Neutralitätspolitik von Ministerpräsident Teleki. Einerseits war der Generalstab mehrheitlich von einem neuen deutschen „Blitzsieg“ überzeugt, andererseits knüpften Werth und seine Kollegen die ungarische Beteiligung an hohe politische Gegenleistungen Deutschlands in Form weiterer Gebietsgewinne. Im Falle einer ungarischen Neutralität fürchtete Werth hingegen die Rückgängigmachung der bisher erreichten territorialen Zugeständnisse. Die Hoffnungen des Generalstabs, großzügig an den deutschen Eroberungen beteiligt zu werden, erwiesen sich jedoch von Anfang an als völlig realitätsfremd.

Obwohl der Generalstab aktiv daran mitwirkte, Ungarn an die Seite Deutschlands zu stellen, lag die Entscheidung letztlich bei Horthy. Die ungarische Regierung wollte den Neutralitätskurs von Teleki fortsetzen und hoffte, die ungarische Solidarität gegenüber dem Deutschen Reich mit Hilfe einiger diplomatischer Floskeln beweisen zu können. Der neue Ministerpräsident Pál Bárdossy konnte dementsprechend Horthy dazu überreden, nach dem 22. Juni 1941 für einige Tage auf Kontaktaufnahmen der deutschen Diplomatie nicht zu antworten. Bárdossy selbst trug das Thema auf der Sitzung des Ministerrates am 24. Juni vor, las einige Passagen aus dem Brief des Chefs des Generalstabes vor, in dem dieser den ungarischen Kriegseintritt verlangte, schlug auf den Tisch und sagte entschlossen: „Das ist nicht unser Krieg“. Danach ließ er den Ministerrat abstimmen: außer dem Stellvertreter des Verteidigungsministers stimmten alle Minister für die Neutralität. Horthy entschied die Frage am 26. Juni 1941 innerhalb von wenigen Minuten, als der Chef des Generalstabes und der Verteidigungsminister ihn gemeinsam über die vermeintlich von der Sowjetunion ausgehende Bombardierung von Kaschau unterrichteten und den Kriegseintritt forderten. Der Reichsverweser versuchte nicht einmal, die vorliegenden Informationen zu überprüfen, sondern entschied, dass der Kriegszustand mit sofortiger Wirkung proklamiert werden solle. Das war eine grobe Rechtsverletzung, da dem Reichsverweser diese Befugnis nur dann zustand, wenn das Land von einem „unmittelbar bevorstehenden Angriff" bedroht gewesen wäre. Horthy, der sich schon immer damit gebrüstet hatte, der erste Antikommunist Europas gewesen zu sein, ließ sich durch seine ideologischen Vorbehalte leiten und handelte impulsiv – ein Umstand, den er bald bereuen musste.[43]

Der Sowjetfeldzug erwies sich bereits nach den ersten Wochen trotz aller Siege als ein wesentlich schwierigeres Unternehmen als geplant, was aber von der militärischen Führung kaum wahrgenommen wurde. Stattdessen entwarf Werth Anfang August die bereits zitierte Denkschrift, in der er den totalen Einsatz der ungarischen Armee auf der Seite der Wehrmacht forderte.[44] Diese Forderungen und darüber hinaus gehende politische Vorschläge des Generalstabschefs waren für Ministerpräsident Bárdossy indes unerträglich, weshalb er den Reichsverweser vor die Wahl stellte, entweder ihn oder Werth zu entlassen. Auch Horthy, der aufgrund seiner Karriere als k. u. k. Admiral immer vom Primat der Hochseeflotten überzeugt war und keine Erfahrungen im Führen eines Landkrieges aufweisen konnte, empfand die einseitigen Lageeinschätzungen von Werth als wenig überzeugend. Trotz seiner guten Beziehungen zu Hitler fürchtete er sich vor einem zu mächtigen Deutschland. Sein älterer Sohn István Horthy[45] machte ihn dauraufhin auf einen General aufmerksam, den er in Kaschau kennengelernt hatte: Ferenc Szombathelyi,[46] Befehlshaber des VIII. Korps. Der General schrieb auf Horthys Aufforderung ein Memorandum über die Kriegsaussichten Deutschlands, bezifferte darin den Ausgang des Krieges als völlig ungewiss und betonte, der Krieg werde sich noch Jahre hinziehen. Darüber hinaus sei Ungarn keine Großmacht und müsse sich vorsichtig verhalten.

Vom Ton der Denkschrift überzeugt, ernannte Horthy Szombathelyi am 6. September 1941 zum neuen Chef des Generalstabes. Zeit seiner Amtsführung war der neue Mann bestrebt, die militärische Beteiligung Ungarns am

43 Zum Thema Kriegseintritt siehe Sakmyster, Thomas, Hungary's Admiral on Horseback. Miklós Horthy 1918-1944, Boulder 1994.

44 Szinai/Szűcs (Hg.), Horthy Miklós titkos iratai, Dokumente Nr. 22. und 32.

45 István Horthy jun. (1904-1942), Diplomingenieur, Leiter mehrerer staatlicher Unternehmen, ab 1941 Staatssekretär. Aufgrund des Gesetzes II/1942 Stellvertreter des Reichsverwesers, ab Juni 1942 Militärdienst als Oberleutnant der Reserve in einer Jagdfliegerstaffel, am 20.08.1942 tödlich verunglückt.

46 Ferenc Szombathelyi (bis 1934 Knausz) (1887-1946), zwischen 1942-1944 Chef des Generalstabes, nach der deutschen Besetzung Ungarns zeitweise verhaftet, im Jahr 1946 an Jugoslawien ausgeliefert und dort in einem Schauprozess hingerichtet.

deutschen Ostfeldzug zu minimieren, was ihm mal mehr, mal weniger gelang. Szombathelyi war bis zu einem gewissen Grad auch in die ab Frühling 1943 beginnenden geheimen Verhandlungen der seit März 1942 amtierenden Regierung unter Miklós Kállay mit den Westmächten einbezogen worden. Kállays Vorgänger hatte auf Druck von Horthy abdanken müssen, da der Reichsverweser ihm die Kriegserklärung Ungarns an die USA anlastete. In diesem Punkt hatte der Generalstab keinen Einfluss ausgeübt, da der Krieg mit Briten und Amerikanern aus militärischer Sicht selbst von NS-freundlichen Generalstabsoffizieren als eine unerwünschte Angelegenheit angesehen wurde. Ähnlich wie Werth agierte indes auch Szombathelyi selbstständig, was für weitere politische Spannungen sorgte.[47]

Bis November 1941 beteiligten sich fünf ungarische Brigaden am deutschen Russlandfeldzug. Danach wurden weitere fünf Brigaden als Besatzungstruppen in die Ukraine entsandt. Ab Mai 1942 kam die 2. ungarische Armee mit zehn Divisionen zum Einsatz, die jedoch zwischen Januar und Februar 1943 zerschlagen wurden, wodurch von der ungarischen Beteiligung an der Ostfront lediglich die Entsendung weiterer Besatzungstruppen verblieb. Nachdem sich die sowjetische Armee im März 1944 den Karpaten genähert hatte, wurde die 1. ungarische Armee der deutschen Heeresgruppe „Nordukraine" unterstellt und verblieb dort bis Ende des Jahres. Ab August 1944 wurden schließlich alle Einheiten des ungarischen Heeres mobilisiert, die teilweise bis Kriegsende an der Seite der Wehrmacht kämpften.

Das militärische Bild ist allerdings in einem Punkt irreführend, berücksichtigt es doch den Beitrag der ungarischen Industrie und Wirtschaft nicht. Dabei war dieser Faktor mindestens ebenso wichtig wie der Einsatz von Heeresverbänden an deutscher Seite. Die ungarische Kriegsindustrie war zunächst erfreut über die zahlreichen deutschen Aufträge. Da die ungarischen Lieferungen jedoch nur selten bezahlt wurden, nahm nicht nur die Verschuldung Deutschlands gegenüber Ungarn, sondern auch der Unmut der Industriellen stetig zu. Letztlich standen bedeutende ungarische industrielle Ressourcen kostenlos im Dienste der Wehrmacht, da die ungarische Industrie in nicht unbedeutender Stückzahl Flugzeugmotoren, Munition, Flakgeschütze und sonstiges Kriegsgerät für Deutschland produzierte.[48]

---

47 Zum Thema Ungarn im Zweiten Weltkrieg siehe Ungváry, Krisztián, Kriegsschauplatz Ungarn, in: Frieser, Karl-Heinz (Hg.), Das Deutsche Reich und der Zweite Weltkrieg, Bd. 8: Die Ostfront 1943/44, München 2011, S. 849-960.

48 Für Einzelheiten siehe Dombrády, Loránd, A magyar hadigazdaság a második világháború idején [Die ungarische Kriegsindustrie während des Zweiten Weltkrieges], Budapest 2003 sowie Ungváry, Kriegsschauplatz Ungarn, S. 857-864.

Als problematisch erwies es sich von Anfang an, dass die an der Ostfront eingesetzten ungarischen Einheiten nicht vom ungarischen Generalstab, sondern von vorgesetzten deutschen Kommandobehörden geführt wurden. Mehrmals kam es zwischen Budapest und Berlin zu abweichenden operativen Auffassungen. Im Hinblick auf die Vernichtung der 2. ungarischen Armee am Don bekam ihr Oberbefehlshaber, Generaloberst Gusztáv Jány,[49] jedoch keine politische Rückendeckung aus der Heimat, um den rechtzeitigen Rückzug anzutreten. Im Gegensatz dazu gelang es im Sommer 1944 dem Generaloberst und Anhänger der rechtsradikalen Pfeilkreuzler-Bewegung Károly Beregfy,[50] sich den Befehlen der deutschen Heeresgruppe Nord zu widersetzen und seine Truppen nicht wie von deutscher Seite gewünscht nach Westen, sondern nach Südwesten zurückzuziehen, um den Anschluss zur ungarischen Grenze nicht zu verlieren. Beregfy war es auch, der nach der Machtübernahme der Pfeilkreuzler am 16. Oktober 1944 zum neuen Chef des Generalstabes avancierte.

Horthy und seine Berater wollten unter allen Umständen eine Kapitulation vor der Roten Armee vermeiden. Deshalb hofften sie auf eine alliierte Landung in Saloniki oder an der Adria, um in Slowenien oder Serbien Verbindung mit den Alliierten aufnehmen zu können. Zu diesem geheimgehaltenen Zweck bot Szombathelyi anlässlich seines Besuchs im deutschen Führerhauptquartier ungarische Besatzungstruppen für den Balkan an, ohne diese Idee zuvor mit dem Ministerpräsidenten abgestimmt zu haben. Da der Chef des Oberkommandos der Wehrmacht (OKW), Wilhelm Keitel, auf das Angebot einging und drei ungarische Divisionen erbat, kam es im ungarischen Ministerrat zu einer schweren Krise. Ministerpräsident Kállay war bewusst, dass weder die britische Regierung noch die jugoslawische Exilregierung mit einem solchen ungarischen Vorgehen einverstanden waren. Trotz der unterschiedlichen Auffassungen gelang es Kállay jedoch nicht, die Stellung des Generalstabschefs ins Wanken zu bringen, was einmal mehr die Unabhängigkeit des Generalstabes von der ungarischen Regierung illustriert. Die letzte offizielle Lageeinschätzung von Szombathelyi datierte von Anfang Januar 1944, als er mit Kállay zusammen im Offizierskasino in Budapest eine Rede hielt. Für Ungarn sei die

---

49 Gusztáv Jány (bis 1924 Hautzinger) (1883-1946), Sohn eines Kleinhändlers, Kommandeur der Ludovika-Akademie, danach Oberbefehlshaber der 2. ungarischen Armee, ab 1943 im Ruhestand. Nach dem Krieg wurde er in einem Schauprozess zum Tode verurteilt und hingerichtet.

50 Károly Beregfy (bis 1932 Berger) (1888-1946), Sohn eines Schumachers, im Sommer 1944 Oberbefehlshaber der 1. Armee, nach der Machtübernahme der Pfeilkreuzler Chef des Generalstabes. Er wurde mit anderen Hauptkriegsverbrechern im Jahr 1946 hingerichtet.

wesentliche Frage nicht, „wer den Krieg gewinne, sondern dass am Ende wir Ungarn stark bleiben", lautete der Tenor.[51]

Nach der deutschen Besetzung Ungarns am 19. März 1944 wurde auch der ungarische Generalstab vollständig in den Dienst des „deutschen" Krieges gestellt. Ungarn musste eine neue Armee aufstellen und entsandte sie an die Front, während der Generalstab auf Wunsch der deutschen Besatzer umorganisiert wurde: mehrere Armee- und Korpskommandos mussten (allerdings nur vorübergehend) aufgelöst werden. Der Bevollmächtigte des Reichs, Edmund Veesenmayer, war fest entschlossen, aus Ungarn alles herauszuholen, was das Deutsche Reich für seine Kriegsanstrengungen benötigte.[52] Der neue Chef des Generalstabes, János Vörös,[53] erschien zuerst als willige Kreatur der deutschen Besatzer. Veesenmayer hatte Vörös schon im Jahr 1943 als einen absolut deutschfreundlichen Offizier eingestuft. Wegen rechtsradikaler Verbindungen war er mit 16 anderen Offizieren im Frühling 1943 vom Reichsverweser persönlich verwarnt worden. Über die Ansichten von Vörös liegen sehr widersprüchliche Quellen vor.[54] Der deutsche Militärattaché Hans Greiffenberg bezeichnete ihn als deutschlandfreundlich, aber hinsichtlich seiner geistigen Fähigkeiten als „kein Lumen" [sic!].[55] Nach außen kommunizierte Vörös bis zum 15. Oktober 1944 einen festen Glauben an den deutschen Sieg. Erste Zweifel daran musste er aber spätestens am 17. Juni 1944 bekommen haben, als der Reichsverweser ihn nach den militärischen Chancen eines ungarischen Widerstands gegenüber der Wehrmacht fragte. Vörös stufte die Erfolgschancen als äußerst gering ein und betonte, dass „wir den Westmächten einen großen Dienst erweisen, wenn wir, wenn auch mit Blut, den Bolschewismus aufhalten. Das erkennen auch unsere europäischen Gegner wie die Briten an. Wir sollten nicht hoffen, dass unsere nächsten Gegner, wie Benes und seine Genossen, eine eventuelle militärische Maßnahme unsererseits [gegen

51 Hadtörténeti Levéltár [Ungarisches Kriegsarchiv, fortan HL], Tanulmánygyűjtemény 3297, Aufzeichnung von Hauptmann i.G. Árpád Lajtos 16.10.1984, ohne Seitenzahl.

52 Zu Einzelheiten siehe Ránki, György, Unternehmen Margarethe. Die deutshe Besetzung Ungarns, Budapest 1984.

53 János Vörös (1891-1968), Artillerieoffizier, Ende Oktober 1944 zur sowjetischen Armee übergelaufen, danach bis Februar 1946 Honvédminister, anschließend bis September 1946 wieder Chef des Generalstabes. Im Jahr 1949 verhaftet, zu lebenslanger Zuchthausstrafe verurteilt, 1956 entlassen.

54 Zu Vörös siehe Dombrády, Lóránd, Vörös János a magyar királyi honvéd vezérkar élén Magyarország néme megszállásának időszakában [János Vörös an der Spitze des königlich ungarischen Generalstabes während der deutschen Besetzung Ungarns] (19.04.-16.10.1944.), in: Hadtörténeti Közlemények 120/1 (2007), S. 3-71.

55 Bundesarchiv-Militärarchiv, RH 2/723, S. 62.

Deutschland] als Pluspunkt verbuchen würden."[56] Auch andere Quellen belegen, dass Vörös von einer deutschen Niederlage überzeugt war und große Hoffnungen auf den darauffolgenden Konflikt zwischen den Westmächten und der Sowjetunion setzte. Wie naiv seine politischen Betrachtungen indes waren, zeigt sein Vorschlag, größere militärische Kontingente ins Deutsche Reich hinüberzuretten, dort vor den Briten und Amerikanern zu kapitulieren, um anschließend als Befreiungstruppe gegen die Sowjetunion wieder nach Ungarn zurückzukehren.[57]

Neben der Erfüllung von bestimmten deutschen Wünschen war Vörös ab Juli 1944 darum bemüht, die Integrität der Armee zu bewahren. So wies er den Vorschlag des deutschen Generalstabschefs Heinz Guderian, dem ungarischen Armeekommandeuren einen deutschen Generalstabschef zur Seite zu stellen, als mit der ungarischen Souveränität unvereinbar zurück. Auch bestand er wiederholt darauf, alle ungarischen Truppen geschlossen unter einem ungarischen Oberkommando im Karpatenvorraum einzusetzen und die Besatzungstruppen aus Polen zurückzubefördern. Andererseits war er bereit, trotz gegenteiliger Instruktionen des Reichsverwesers, die Eliteeeinheit der ungarischen Armee, die 1. Kavalleriedivision, in den Pripjet-Sümpfen einzusetzen. Da die Einheit besonders horthytreu war, wollte der Reichsverweser sie um jeden Preis in Ungarn behalten. Vörös vereitelte auch Pläne Horthys, wieder einen Armee-Oberbefehlshaber einzusetzen, mit dem Argument, diese Stellung sei überflüssig. Vörös wusste genau, dass Horthy damit die Personalpolitik wieder fester in die eigenen Hände bekommen und allzu deutschfreundliche Offiziere absetzen wollte. Obwohl ein solches Vorgehen eigentlich auch im Sinne Vörös' war, unternahm er nichts, um den Generalstab von NS-freundlichen Offizieren zu säubern.

5.5 *Der Generalstab, der Sonderfrieden und das Kriegsende*

Vörös fertigte am 4. September 1944 ein umfangreiches Memorandum an, das auch detailliert auf die militärische Lage Deutschlands einging. Dieses

56 Tagebucheintrag von Vörös, 17.06.1944, ohne Seitenzahl, in: Vitéz Vörös János vezérezredes vezérkari főnök naplója 1944. április 7-től 1944. október 16-ig [Tagebuch von vitéz János Vörös, Generalstabschef zwischen den 7. April 1944-16. Oktober 1944], [Englewood] 1979.

57 HL TGY 3297, Anmerkungen von Oberst i.G. Gyula Kádár zum Tagebuch von Vörös zwischen 1965-1967 ohne genaue Datumsangabe und Seitenzahl. Kádár, der in die geheimen Waffenstillstandsverhandlungen mit den Briten und Amerikanern ab 1943 eingeweiht war und deshalb zeitweise von der deutschen Geheimen Staatspolizei verhaftet wurde, bezog sich dabei auf ein Gespräch zwischen ihm und Vörös Mitte September 1944, als er in „Schutzhaft" der ungarischen Behörden war und Vörös ihn besuchte.

Dokument ist besonders interessant, weil darin sowohl die Befugnisse als auch die Machtgrenzen des Chefs des Generalstabes klar zum Ausdruck kamen. Bedeutsam ist zudem der Zeitpunkt der Abfassung der Denschrift, befand sich der ungarische Generalstab doch gerade in einer intensiven Auseinandersetzung mit der politischen Führung über die Notwendigkeit eines Angriffs gegen Rumänien, das kurz zuvor an die Seite der Sowjetunion getreten war. Der Generalstab befürwortete einen militärischen Schlag gegen den Nachbarn und stimmte damit der Lageeinschätzung des deutschen OKW zu. Allerdings war es Vörös und allen anderen ungarischen Beteiligten klar, dass eine Inbesitznahme der Karpatenpässe allein mit ungarischen Truppen unmöglich war. Über die strategischen Reserven Deutschlands und über die vermeintlichen „Wunderwaffen" besaßen sie zwar keine Informationen, aber sie schätzten die verbliebenen deutschen Kräfte als gering ein.

Vörös betonte in seinen Ausführungen, der Krieg habe einen vorläufigen Höhepunkt erreicht, ein deutscher Zusammenbruch oder ein Waffenstillstandsangebot sei nicht mehr auszuschließen. Trotzdem sei es für Ungarn oberstes Gebot, die Zustände von 1918, also eine bedingungslose Kapitulation, zu vermeiden, weil in diesem Fall den Aktivitäten der Nachbarstaaten (Slowakei, Rumänien und Serbien) keine Schranken mehr gesetzt wären, was „die Vernichtung unserer Rasse" [sic!] zur Folge haben würde. Doch auch jetzt noch lehnte Vörös eine Kapitulation vor der Sowjetunion ab: „Wenn wir zu einem Friedensangebot gezwungen wären, dann können wir die politische Entfaltung nur in Richtung der angelsächsischen Seite suchen."[58] Seine Lageeinschätzung ist symptomatisch für die ungarische Militärführung, die gar keine Illusionen mehr darüber haben konnte, dass die Rote Armee als erste Ungarn erreichte, da sie mit ihren schnellen Truppen bereits die Karpatenpässe überquert hatte. Trotzdem hoffte man noch immer auf eine alliierte Landung in Dalmatien, weshalb Vörös im August 1944 sogar einige ungarische Truppen in Transdanubien konzentrieren ließ, um bei Gelegenheit mit alliierten Einheiten Verbindung aufnehmen und vor ihnen kapitulieren zu können.

Anfang September waren praktisch alle ungarischen Verbände mobilisiert. Die 1. Armee stand in den östlichen Karpaten, die 2. Armee verteidigte die ungarisch-rumänische Grenze zwischen den Székler-Zipfel und Großwardein, die 3. Armee bezog ihre Stellungen zwischen Großwardein und Szeged. Die deutsche Heeresgruppe „Nordukraine" konnte sich nach dem Ausscheiden Rumäniens nur mit kümmerlichen Resten nach Ungarn retten und war

58 Vilmos, Nagy, Végzetes esztendők [Jahre des Untergangs], 2. Aufl., Budapest 1986, S. 264. Siehe auch Állambiztonsági Szolgálatok Történelmi Levéltára [Historisches Archiv der Staatssicherheitsdienste], V-32000/22, S. 61.

weitgehend auf die Zusammenarbeit mit der ungarischen Armee angewiesen. Auch die wenigen deutschen Truppenverstärkungen, die allmählich nach Ungarn beordert wurden, änderten nichts an der ausweglosen militärischen Lage.

Die Erkenntnisse über den Vormarsch rumänischer und sowjetischer Truppen motivierten schließlich den ungarischen Generalstab zu einer verzweifelten präventiven Offensive südlich von Klausenburg. Das Unternehmen begann am 5. September, überraschte die Rote Armee und verlagerte die Front etwa 40 Kilometer nach Osten. Während Vörös für weitere Angriffe warb, setzte sich die ungarische Regierung für ein Ende der Offensive ein, da sie in ihr keinen Nutzen für kommende Waffenstillstandsverhandlungen mit der Sowjetunion erkannte. Zwischen Vörös und dem seit dem 30. August 1944 amtierenden neuen Ministerpräsident Géza Lakatos kam es in der Folge zu heftigen Auseinandersetzungen. Der Chef des Generalstabes argumentierte, eine Verteidigung gegen die Roten Armee sei in der ungarischen Tiefebene unmöglich, weshalb die Front unbedingt auf das hügelige Gelände östlich von Temeschburg vorverlegt werden müsse. Horthy ließ sich nach langen Diskussionen von Vörös überzeugen, obwohl seine Berater am 10. September einen sofortigen Waffenstillstand vorgeschlagen hatten. Am 12. September begann die ungarische Armee daher mit einer zweiten Offensive, die zwar ebenfalls Geländegewinne erzielte, sich jedoch noch vor dem als Ziel ausgebenen Berggelände festlief.[59]

Zu welchem Zeitpunkt Vörös schließlich die Überzeugung gewann, eine Kapitulation vor der Roten Armee sei nicht mehr zu vermeiden, bleibt unklar. Sicher ist, dass er in die Waffenstillstandverhandlungen des Reichsverwesers eingeweiht war, zumal er seit längerem geheime Kontakte zum antifaschistischen Widerstand pflegte. Vörös schlug Horthy wiederholt vor, den Waffenstillstand nicht in Budapest, sondern im Hauptquartier der 1. Armee in Huszt zu proklamieren, um Gegenaktionen durch deutsche Truppen oder die ungarischen Pfeilkreuzler zu verhindern. Doch Horthy wies die Vorschläge seines Stabschefs aus unerklärlichen Gründen zurück.[60] Allem Anschein nach war Vörös über das Scheitern der Waffenstillstandsverhandlungen des Reichsverwesers vom vornherein im Bilde. Nur so ist es erklärbar, dass er – anstatt sich mit Vorbereitungen zu beschäftigen – am 14. Oktober die nach Balatonfüred ausgelagerte Generalstabsschule aufsuchte, wo er im Anschluss an eine schonungslose Lageeinschätzung ein theoretisches Szenario vorstellte und seine Stabsoffiziere um ihr Votum ersuchte. Wie solle sich Ungarns

59 Siehe dazu Ungváry, Kriegsschauplatz Ungarn.
60 Dombrády, Vörös János.

bewaffnete Macht verhalten, wenn zeitgleich eine sowjetfreundliche und eine deutschfreundliche ungarische Regierung existierten? Nach heftigen Diskussionen stimmte die Mehrheit der Generalstabsoffiziere für die Unterstützung der deutschfreundlichen Regierung, nur wenige waren dagegen zum Dienst auf sowjetischer Seite bereit, einige Abweichler votierten hingegen dafür, den Kampf gegen beide Parteien im Bakonyer Wald fortzusetzen.

Um die darauffolgenden Ereignisse verstehen zu können, ist es notwendig, die Umstände der Waffenstillstandsverhandlungen zu skizzieren. Die geheime ungarische Delegation in Moskau bekam von Horthy am 11. Oktober die Vollmacht und unterschrieb einen Waffenstillstandsvertrag, wonach Ungarn sich verpflichtete, innerhalb von zehn Tagen seine Truppen auf die Grenzen von 1937 zurückzuziehen und dem Deutschen Reich sofort den Krieg zu erklären. Damit lehnten sich die sowjetischen Forderungen an jene Bedingungen an, die zuvor bereits Finnland und Rumänien übermittelt worden waren. Horthy war indes nicht bereit, Deutschland den Krieg zu erklären und hoffte, diese Frage irgendwie umgehen zu können. Ihm schwebte ein Szenario vor, in dem die vorgewarnte deutsche Armee freiwillig den Rückzug antrat, sodass es zu keinerlei weiteren Kämpfen auf ungarischem Boden kommen musste. Dass ein solches Szenario angesichts der Bedeutung des ungarischen Kriegsschauplatzes völlig irreal war, wollte der Reichsverweser nicht wahrhaben.

Nach der Waffenstillstands-Proklamation des Reichsverwesers gab Lajos Nádas, der Chef der 1. Abteilung des Generalstabes – darin von Generalstabschef Vörös gedeckt – einen Zusatzbefehl aus, wonach die Waffenstillstandsverhandlungen noch nicht abgeschlossen seien und der Kampf bis zur Erteilung weiterer Befehle vorerst fortgeführt werden müsse. Dies war formal zwar richtig, entwertete aber Horthys Proklamation entscheidend, zumal der Reichsverweser den Generalstabsbefehl abschließend ebenfalls absegnete.[61] Die Bemühungen um einen Waffenstillstand waren damit faktisch gescheitert.

Die Reaktionen des Generalstabes auf die Waffenstillstandsverhandlungen waren folglich heterogen. In der Zentrale überwog die Zahl derjenigen, die sich für eine Fortführung des Krieges auf deutscher Seite aussprachen und die bereit waren, die Weisungen des Reichsverwesers zu missachten. Mehrere Stabsoffiziere waren auch in die Umsturzpläne der Pfeilkreuzler eingeweiht. Dagegen verhielten sich die meisten Stabsoffiziere bei den Armeen passiv. Nach dem Pfeilkreuzler-Putsch am 15. Oktober 1944 ergaben sich viele ungarische Soldaten bzw. liefen auf die sowjetische Seite über. Unter ihnen befanden

61 Über die Ereignisse am 15. Oktober 1944 existiert eine Fülle an Literatur. Eine solide, wenn auch in manchen Punkten revisionsbedürftige Grundlage bietet Macartney, Carlile A., October 15th: A History of Modern Hungary, 1929-1945, 2. Aufl., Edinburgh 1961.

sich auch elf Generalstäbler. Weitere 33 Stabsoffiziere wurden durch die neuen Machthaber verhaftet oder pensioniert, was zeigt, dass der Generalstab mit etwas besserer Vorbereitung in der Lage gewesen wäre, die ungarische Armee aus dem deutschen Bündnis herauszuführen. Dies hätte den Zweiten Weltkrieg wohl um einige Monate verkürzt, da angesichts des Verlusts zahlreicher Verbündeter der ungarische Beitrag aus deutscher Sicht eine sehr große Bedeutung besaß.[62]

6. Zusammenfassung

Der ungarische Generalstab war wohl jene Militärinstitution, die dem deutschen Generalstab organisatorisch und ideologisch am nächsten stand. Diese Nähe hatte kulturelle, historische und politische Hintergründe. Ungarn befand sich während seiner tausendjährigen Geschichte nach der Konsolidierung des Landes unter Stephan I. nie mit deutschen Staaten im Kriegszustand. Zudem gab es aufgrund der habsburgischen Herrschaft über Ungarn zahlreiche Verflechtungen mit deutschen Staaten. Die gemeinsame k. u. k. Armee war ein sehr wichtiges Bindeglied, aber selbst die im Jahr 1867 wieder entstandene königlich ungarische Honvéd war eng mit der österreichischen Armee verschmolzen. Die Erfahrungen des Ersten Weltkrieges und die Folgen der Friedensverträge determinierten die Haltung des ungarischen Offizierskorps ebenso wie die der ungarischen Politik.

Bis 1938 übte der ungarische Generalstab kaum Einfluss auf die Politik des Landes aus. Dieser Zustand änderte sich jedoch radikal, nachdem die ungarische Armee erfolgreich aufgerüstet worden war und kriegerische Auseinandersetzungen nicht mehr scheuen musste. Zwischen 1938 und 1941 griff der ungarische Generalstab derart massiv in die politischen Entscheidungen der Regierung ein, dass die ungarische Handlungsfreiheit auf katastrophale Art eingeengt wurde: Eine Anlehnung an das Deutsche Reich war nach diesen Weichenstellungen alternativlos. Die Verwicklungen Ungarns in die Kriege mit den direkten Nachbarländern waren dabei nicht die Ursachen, sondern die Folgen der falschen Politik, die sich aus einer permanenten Überschätzung der eigenen Möglichkeiten und aus dem Schock der Friedensbestimmungen von Trianon nährte.

Nach 1945 war der Generalstab in Ungarn aus politischen Gründen als eine deutschhörige und rechtsradikale Organisation verpönt. Die Entschlossenheit, den Kampf an der Seite des Deutschen Reichs bis zum bitteren Ende

62 Für Einzeheiten siehe Ungváry, Kriegsschauplatz Ungarn, S. 878-883.

fortzuführen, war in der Tat am meisten bei den Generalstäblern anzutreffen gewesen. Trotz aller politischer Fehler, die der Generalstab zwischen 1938 und 1945 beging, greift dieses Urteil allerdings zu kurz. Gerade in den entscheidenden Stunden im Oktober 1944 wäre ein bessonneneres Handeln möglich gewesen: Hätte sich der Generalstab auf Befehle des Reichsverwesers stützen können, wäre der Krieg möglicherweise um einige Monate verkürzt worden. Der Generalstab hat sich in vielen Punkten schuldig gemacht, es ist jedoch nicht ihm anzulasten, dass es an diesen eindeutigen Befehlen gemangelt hat.

Nicht nur ideologisch, sondern auch personell hatten der Krieg und die darauf folgende Zeit im ungarischen Generalstab tiefe Spuren hinterlassen, wobei die Kriegsverluste noch die geringsten waren. Sieben Stabsoffiziere waren an der Front gefallen, sechs hatten Selbstmord begangen.[63] Elf Offiziere dienten bereits vor Kriegsende in der neuen ungarischen Armee auf Seiten der Sowjetunion. 29 Offiziere konnten dort nach dem Krieg ihren Dienst zumindest für kurze Zeit fortsetzen, doch wurden sie bis 1949 entlassen. Bis 1950 hatten alle Stabsoffiziere, die in Ungarn verblieben, ihre Pensionsberechtigung verloren. Zehn Personen wurden hingerichtet, mindestens 43 zu Gefängnisstrafen verurteilt.[64] Von weiteren Maßnahmen wie Zwangsaussiedlung, Vermögensentzug oder Internierung waren 70 Prozent der früheren Elite betroffen, während die restlichen 30 Prozent ihren Weg in die Emigration antraten.[65]

63 Davon zwei Personen wegen ihrer Verhaftung durch deutsche Behörden.

64 Diese Prozesse hatten bereits ab 1945 den Charakter von Schauprozessen, weshalb die meisten Urteile nach 1990 aufgehoben worden sind. Zum Thema siehe Okváth, Imre (Hg.), Katonai perek a kommunista diktatúra időszakában 1945-1958. Tanulmányok a fegyveres testületek tagjai elleni megtorlásokról a hidegháború kezdeti időszakában. [Militärprozesse in der Zeit der kommunistischen Diktatur 1945-1958. Aufsätze über die Repressalien an die Mitglieder von bewaffneten Organen in der ersten Periode des Kalten Krieges], Budapest 2001.

65 Zu den einzelnen Zahlen siehe Szakály, A magyar katonai elit und Szakály, A magyar katonai felső vezetés.

The Romanian General Staff 1923-1941: the Geostrategic Challenges of Interwar Romania

Manuel Stănescu

At the end of the First World War, after the achievement of the Great Union and its international recognition, the realities of the new political and geographical framework required the Romanian authorities to adopt measures to organize the national military system according to the complex needs for defence. The concern for the adoption of a legislative framework that would regulate all aspects of the activity in the field of military power of the country was materialized in the Constitution of 1923, through the chapter *On Armed Forces*, which founded the guidelines of military policy and the military obligations of the citizens of Romania.

Based on the provisions of this Constitution, for the analysed period, numerous decrees, ministerial orders, instructions and three laws on the organization of the army were adopted: on 23 June 1924, on 30 April 1930, and on 28 April 1932, which established, based on the new realities of the Romanian society, the regulation of the methods of its composition, training, endowment, management and use of the armed forces. These actions targeted all components of the national military system: forces and means designed to ensure territorial integrity in peacetime and to directly support the war effort, ways of preparing the population, economy and territory for defence, and defence leadership structures.

1. The Romanian Army, the General Staff and the Geopolitical Challenges

The Romanian Governments in Bucharest continuously acted during the period to which we refer to in the direction of concluding political and military treaties with a defensive character, of friendship and collaboration, meant to increase regional and European-level security. On 3 March 1921, the Convention on Defensive Alliance with Poland was signed (and then renewed in 1926 and 1931), by which the parties undertook to support each other in the event of unprovoked aggression at their eastern borders. During the years of 1920-1921, a number of bilateral political and military conventions were concluded between Romania, Czechoslovakia and the Serbo-Croatian-Slovenian

© BRILL SCHÖNINGH, 2023 | DOI:10.30965/9783657791958_016

Kingdom (Yugoslavia), which enshrined the entry onto international stage of a political organization aimed at defending the political and territorial status quo according to the Versailles Treaties – the Little Entente. In order to improve the coordination of actions, the *Military Convention of the Little Entente* was signed on September 1923. On 9 February 1934, the Foreign Ministers of Romania, Greece, Yugoslavia, and Turkey signed the treaty establishing the Balkan Entente, in order to guarantee security at the Balkan borders against any aggression by another Balkan state.[1]

In June 1919, the Supreme Council of the Army was created, an auxiliary body of the Ministry of War, "for the organization, preparation of war and operational command of the army", having as main attributions the coordination/organization of the army and, as main mission, defending the unitary national state of Romania. On 13 March 1924, the Supreme Council of National Defence was created, a body tasked with establishing the general political and military line for national defence. As for the Romanian General Staff, it was taking an increasingly more important role in the system of governing bodies of the country. By the laws of army organization, the General Staff remained under the Ministry of War, but a series of powers granted to the Chief of the General Staff, as well as his direct liaison with the King, in some matters, sometimes influenced this subordination. Based on constitutional provisions, the General Staff elaborated draft laws and regulations, other normative acts and instructions, meant to correlate Romania's armed power with the country's resources and possibilities. Since 1935, and especially after the 1938 *Anschluss*, when the danger of a surprise aggression was considered highly likely for Romania, the General Staff focused its efforts on preparing a partial (preventive) mobilization. The preparation and mobilization of the land forces belonged to the General Staff, these being regulated by special documents. The mobilization of the air and naval troops was coordinated by specific governing bodies, with the order and approval of the General Staff. However, the decree of mobilization was the exclusive attribute of the King, who was also the supreme commander of the army, and the decree of mobilization had to be ratified by the Parliament.

The very large number of personnel in the active army (750,000 soldiers) did not mean that the country kept all these troops under arms, as the active army included the permanent corps and, sometimes, the additional ones. Even then we shall see that in reality, a much smaller lot of fighters were being counted on and, because of the scarcity of resources, the soldiers that actually

1 Details in Retegan, Mihai, În balanța forțelor. Alianțe militare românești interbelice [Romanian Military Alliances in the Interwar Period], București 1997.

went through training were even fewer. Before the economic crisis (1929-1933) and after, a great deal of NCOs and officers were on leave for one year or two, while conscripted soldiers were "on vacation" for several months during the year. General Radu Rosetti for instance analysed the situation: "legally, the military service lasted two years (730 days), but, because of budgetary constraints, the soldier remained in the barracks for 535 days, while the rest of the time he spent on leave. Even then, of the time a soldier spent in the barracks, only 246 days were being used for actual training." The findings of these analyses led to the idea of reducing the training time to one year, which required a further cut in the number of units and great units.[2] The quality of human potential was low, when compared to other states (almost 33 per cent of soldiers were illiterate), many young men being unable to serve because of their precarious health. The economic potential, while rising, was incapable of meeting the standards needed for the arming of the great army units and more so of the special ones.

After a ten-year plan for military production was adopted in 1935 (interrupted at the start of the war) there were already in 1939 35 specialized enterprises (*U.D. Reșița, Concordia, Voina, Pirotehnia, Arsenalul Armatei, Cugir etc.*). Studies conducted after the war[3] show the mutation this phenomenon imposed on the balance between "combatants" and "auxiliaries", the role of the auxiliaries rising unexpectedly. In France, for example, in 1915, 86.1 per cent of troops were combatants, 4.1 per cent non-combatants and 9.8 percent were used in different services. In 1918, combatants represented 74 per cent of the total number of troops, with the non-combatants being at 12.2 percent and those working in services at 13.8 percent. The analysis goes further, perhaps exaggerating, claiming that for every piece of heavy artillery, 80 men were needed, of which only 6-7 actually operated the weapon. The study highlighted the tendency to reduce the "masses of combatants" and to increase the importance of the others.

The analyses conducted in the first interwar decade by the General Staff capture another interesting development: the introduction of high-end technology in the army required an ever-increasing number of permanent crew capable of using it, while at the same time reducing to a minimum (one year was deemed sufficient) the period for training temporary elements. The solution applied in Romania consisted in a stage of pre-training of young men, a formula which existed in other states as well. In Germany, for instance, the

2 Orzeață, Mihail (ed.), Statul Major General 1854-2004. Istorie și transformare [The General Staff 1854-2004. History and Evolution], București 2004, pp. 124-125.

3 Dinulescu, Radu, Armata modernă [Modern Army], Craiova 1930, pp. 60-66.

recipe for organizing and training the youth to defend their country outside the army proper was a necessity imposed by the Treaty of Versailles (Germany had to reduce its military to 100,000 soldiers). Against all odds, Germany did not feel the security deficit the former enemies hoped it would. Instead, it created in addition to the permanent structure (which consisted of paid, highly specialized volunteers) several organizations and associations (of former servicemen, sportsmen, motorists, cyclists), of around 8,700,000 men, all of them having well-defined programs, close to the needs of defence, such as that all the people involved could on short notice receive an appropriate training. Given these realities, it was estimated that "because of the restrictions imposed by the peace treaty, Germany encouraged, immediately after the war, the creation of private associations of military nature that hide parts of the old imperial army […] As of now it goes through a crisis that would become evident in case of an immediate war, but in 5-10 years Germany will become once again a great military power thanks to […] the system of management used in peacetime that, through long-time hiring, offers it the possibility of obtaining tactical specialists".[4]

At the Organization and Mobilization Section (in fact the part of the General Staff involved with the process of organizing the army), in 1928 the need to move away from the French model was observed, given that the security necessities of Romania were different from those of France. "Thus, France has one threatened frontier, towards Germany, this border having an average length of 500 kilometres. The enemy is probably disarmed. The resources of France consist of a population of 39 million (adding the colonies to that) and a powerful industry. Romania has at least three threatened boarders in three different directions, their length being 1500 kilometres, without the maritime frontier. The most important adversaries are not disarmed. The resources available can be defined by a population of 18 million and an insufficient industry."[5] With these considerations in mind, the General Staff concluded that "The particular situation of each of these countries is so different that there can be no question of adopting the exact same measures in the field of army organization".[6]

Of particular importance for the preparation and participation of the entire nation in the defence effort would be *the Law on the Organization of the Nation and National Territory for War,* issued in April 1933. The need for professionalization in command, instruction, administration, and control led to the establishment in June 1932 of the Undersecretary of State for Air Forces, and then

4 Ibid., p. 130.
5 Ibid., p. 128.
6 Ibid.

in November 1936 of the Ministry of Air and Navy, operationally subordinated to the General Staff. That same month, the National Defence Coordination Committee was created, consisting of the President of the Council of Ministers (Prime Minister), Ministers of National Defence, Air and Navy (since 1938 also the Ministry of Army Endowment), as well as the Chief of the General Staff.[7]

After 1918, the Romanian state changed its geopolitical and geostrategic status, becoming an important player in Central Europe. The structure of its neighbourhoods fully reflected this; the Romanian state no longer being caught, as it had been the case until 1914, between the two rival empires – the Austro-Hungarian one and the Russian one. The demise of empires gave way to smaller political and territorial entities: Czechoslovakia, Hungary, the Kingdom of Serbs, Croats and Slovenes, Poland. Only Soviet Russia (since 1922 the Soviet Union) remained a major power, and relations with Moscow were complicated. This reality ensured, from a theoretical point of view, a seemingly convenient balance of power. The length of the borders was of 3400 kilometres, of which about two thirds natural. Even if the latter were not as important anymore, they still remained important obstacles for any aggressor, with the Danube River being of strategic value. The ratio between the length of the borders and the area that they enclosed was, according to military experts, favourable to a long-term defence. For example, for one kilometre of border an area of 86.77 square kilometres was allocated, which allowed for the mobilization of sufficient sources for defence.[8]

The national territory, relatively oval in shape, with the largest axis of 650 kilometres on the east-west direction, and the smallest one of 550 kilometres, north-south, came close to looking like a circle, a shape that facilitated manoeuvres in inland directions and ensured favourable conditions for building a strong defensive system. The military specialists highlighted in their analyses the fact that no portion of the border was safe, but, most likely, Romania could have been attacked from three directions: East (Soviet Union), West (Hungary) and South (Bulgaria). Moreover, the territorial geographical configuration required the division of the national territory, by the military authorities and military theorists, into hypothetical theatres of operations or "fronts", as we find in the terminology of the time. Thus, between the Eastern Romanian Carpathians and the Dniester River operated the Eastern Front, between the Southern Carpathians and the Danube River, the Southern Front, and between

7 Stănescu, Manuel, Statul Major General [The Romanian General Staff], in: Marin, Gheorghe (ed.), Enciclopedia Armatei României [Encyclopedia of the Romanian Army], Bucureşti 2009, p. 53.

8 Enciclopedia României [Encyclopedia of Romania], vol. I, Bucureşti 1938, p. 699.

the Western Romanian Carpathians and the western border of the country, the Western Front. The Transylvanian plateau was the central, strategic area of the country, where the reserves of the General Staff were usually concentrated.[9] The theatres of operations thus organized also restricted the three strategic directions on which the Romanian state could most likely be attacked – East, West and South. The possibility of an attack from three divergent directions created a difficult situation for the Romanian military specialists, known in the specialized literature of the time as "the Romanian strategic issue". This fact increased the difficulties in planning the defence effort, because the evolution of the events could impose on Romania defence in one direction, in two or three directions, either simultaneously or successively.[10]

Solving this very complicated strategic situation became the responsibility of the General Staff and materialized in the campaign plans of the Romanian Army. Their development involved a great effort, as they had to take into account a multitude of factors: the evolution of the international situation, the directions and objectives of Bucharest's foreign policy, Romania's external commitments and, especially, commitments within the above-mentioned bilateral and multilateral alliances (the Romanian-Polish Convention on Defensive Alliance, the Little Entente, and the Balkan Entente), threats to Romania, national military potential, etc. These documents were drafted or improved on an annual basis and had code names – names of rivers, Voivodes (a title denoting military-leaders in the Romanian medieval principalities), or just letters. Developed for the three mentioned fronts, they usually had the following structure: analysis of the international geopolitical and geostrategic context, ranking of dangers to Romania, versions of action, degree of achieving coverage (forces for the three theatres of operations, their course of action), the value and course of action of the main forces and that of reserves, the organization of transport, the course of intervention of the allied forces, etc.[11]

As Romania was potentially threatened from three directions, the General Staff was forced to prioritize their degree of danger and, depending on its conclusions, it had to proceed to a distribution of the available forces and means. An analysis of the strategic planning documents shows that by the middle of the fourth decade, the Eastern Front was considered the main one, with

9 Georgian, Pamfil, Considerațiuni generale asupra geografiei militare [Aspects Regarding Military Geography], București 1939, pp. 3-4.

10 Otu, Petre, Evoluția reformai de la un război la altul [The Evolution of Reform from one War to Another] (1919-1939), in: Otu, Petre (ed.), Reforma militară și societatea în România (1878-2008) [Military Reforms and Society in Romania, 1878-2008], București 2009, pp. 141-190, here p. 153.

11 Ibid., p. 153.

the Soviet Union being seen as the most important adversary. The eastern border was in theory secured by the Romanian-Polish alliance, concluded on 3 March 1921, and renewed in 1926 and 1931.

Since the middle of the fourth decade, based on the new political guidelines at European level, the Western Front became the number one priority, as a Hungarian attack, possibly supported by Germany, was being considered very likely. Consequently, it was given greater attention, with all resources being directed to this area. This choice of the military authorities was, as the events showed, an error, but one which could be explained by the political guidance of Bucharest at that time. France concluded a treaty of mutual assistance with the Soviet Union in early May 1935, with the aim of forcing Germany to fight on two fronts. The same step was taken two weeks later by Czechoslovakia, Romania's main ally and member of the Little Entente. Bucharest was now forced to follow the Franco-Czechoslovak line, with Foreign Minister Nicolae Titulescu[12] working hard to improve relations with its eastern neighbour. After the resumption of diplomatic relations (on 9 June 1934), a protocol setting out the principles of the Romanian-Soviet mutual assistance treaty was signed (on 21 July 1936, in Montreux). The treaty was not ratified, the Soviet side taking advantage of the removal from office of Minister of Foreign Affairs Titulescu on 29 August 1936, a decision interpreted by Moscow as a change in Romania's foreign policy. Through these steps, the Romanian policy aligned with the Paris-Prague-Moscow axis, but this orientation deeply disturbed Poland, which had remained isolated in front of the Soviet Union. Under these conditions, the Romanian-Polish alliance entered a sharp decline, the military factor having to follow the directives given by the political authorities.[13]

The Southern Front was considered secondary in all variants and hypotheses studied by the General Staff, with the least means and forces being concentrated here. A singular attack by Bulgaria was considered highly unlikely, given the balance of power between the two countries. The value as an obstacle of the Danube River and the provisions of the Balkan Entente Military Conventions were also taken into account. In case of mobilization or armed conflict, the 2nd Army was to be formed in the south of the country, which had deployed most of its forces in Dobrogea to defend the conventional border with Bulgaria.[14]

12 Nicolae Titulescu, 4 March 1882-17 March 1941 was a Romanian diplomat, foreign minister and for two terms President of the General Assembly of the League of Nations (1930-1932).

13 Details in: Moisuc, Viorica, Premisele izolării politice a României, 1919-1940 [The Political Isolation of Romania 1919-1940], București 1991.

14 Otu, Evoluția reformai de la un război la altul, p. 154.

Following Hitler and his party's rise to power in Germany, the General Staff shifted its strategic options, as was mentioned, now considering the Western Front to be the most exposed one. Consequently, for the year 1933-1934, a special plan called "Bogdan" was developed. It called for a "partial" mobilization in case of tension, disguised by calling people "for instruction" through individual orders. In this way, the Western Army (the 4th Army) was formed, consisting of four army corps and other large units not subordinated to a superior structure.[15] In 1935, the "A" campaign plan was adopted, which had several versions: "Traian" – to cover all fronts, "Mircea" – with the bulk of the forces to the East, "Mihai" – with the bulk of the forces to the West (with the "Basarab" version, if the possibility of conflict on the other fronts was lower), and "Rareș" – with the main forces in the south.

Based on the analysis performed, the General Staff concluded that out of the three potential enemies, in terms of importance of the issues they could pose, the order was as follows: the Soviet Union, Hungary, and Bulgaria. As a matter of urgency in solving the issues, the ranking was the following: Hungary, the Soviet Union, and Bulgaria. The General Staff also took into account the hypothesis of a generalized conflict, in which Romania could be attacked either simultaneously or successively, but at short intervals, by the three countries mentioned above. The priority was removing the threat posed by Hungary as soon as possible, either by concentrating the main forces, or by taking preventive action, so that efforts could then be directed to the East. As for the Bulgarian army, it was to be stopped either at the Danube River or in Dobrogea. If it managed to cross the river, the provisions of the agreement with Yugoslavia applied, the bulk of forces being concentrated on the Southern Front.[16]

It was estimated that, in the event of a widespread conflict, Bulgaria could attack Romania either in alliance with Hungary or immediately after an aggression by Budapest. On the other hand, a Soviet-Bulgarian collaboration seemed highly unlikely at the time. The internal manoeuvre used by the Romanian Army in case of simultaneous or successive aggression imperatively involved the elimination of Bulgaria as a priority, with it being the least dangerous and least important opponent. However, this goal was not easy to achieve, due to the Danube River and the Balkan Mountains, but also due to the fact that it was quite risky for the Romanian Army to engage its main forces in an action south of the Danube River, as long as the dangers from the west and east had not yet been eliminated. For these reasons, the General Staff planned a defensive

15 Arhivele Militare Naționale Române [Romanian National Military Archives], fond 948 – Marele Stat Major, dosar nr. 406, f. 175-189.

16 Otu, Evoluția reformai de la un război la altul, p. 155.

strategy on the southern front, with a focus on Dobrogea. Its defence involved the rapid concentration of large units, which was difficult to achieve due to the reduced capacity of the railways and the lack of a permanent bridges over the Danube River.[17]

Another stage in the strategic planning process took place around the outbreak of the Second World War, after the Munich Agreement (concluded on 29 September 1938). In view of the *de facto* abolition of the Little Entente, which meant Romania was being encircled from an operational-strategic perspective, the General Staff sought to adapt to the situation. This materialized in the establishment of a first echelon composed of 25 infantry divisions, three mountain brigades, a brigade of border guards and three cavalry divisions, which could intervene on the most threatened front. A second echelon was set up, one that was in fact a strategic reserve, composed of six large units which were to be equipped for mobilization and then used according to needs.

These projections proved that Romania's situation was extremely difficult in the years 1938-1939, with the country being strategically surrounded. The Romanian defensive model seemed flawless in theory, but it was not viable in the context of the years 1938-1940. To the east, against the Soviet threat, Romania benefited from the alliance with Poland, Hungary's entry into action met with the Little Entente, and a possible Bulgarian aggression determined the enforcement of the provisions of the Balkan Entente. To these regional security arrangements was added the assistance of Western countries, primarily that of France. One by one, these alliances were disbanded, and Romania was left alone. Its forces were insufficient to withstand all aggression, and the military solution was ruled out. In the summer of 1940, Bessarabia, northern Bukovina, north-eastern Transylvania, and Southern Dobrogea were annexed by the Soviet Union, Hungary, and Bulgaria without Romania opposing it.

2. The Legislative Framework for the Organization and Functioning of the General Staff, 1920-1941

The analysis of the activity of the two collective security systems of Romania, the Little Entente and the Balkan Entente, highlights that, in military terms, the Romanian General Staff had an important role in drafting the content of the concluded official documents, the structure of the forces participating in the foreseen likely actions, the joint training at higher command level, the establishment of the necessary framework for the cooperation and leadership

17 Ibid.

of the forces participating in the action. In 1923, as previously mentioned, a new Constitution was drafted and adopted, which also included the chapter *On Armed Forces*, that provided for aspects of the country's military policy, the overall structure of the armed forces, the military obligations of citizens and the exercise of people's sovereign rights to defend the national territory. The Constitution imposed on the structures with responsibilities in the field of defence to draft, pass and approve laws, decrees, ministerial decisions, instructions, regulations, orders, aimed at regulating the organization of the army, the leadership and execution structures, its endowment, training and leadership, both in peacetime and in war.

Based on the new Constitution, on 24 June 1924, the *Law concerning the organization of the army* was adopted, according to which the Romanian military system consisted of an active army with permanent staff, reserves and the militia. Considered at the time similar to a Constitution of the army, the Law of 1924 provided, among other things, that "the King is the head of the armed power. In time of war, the King may delegate the commander-in-chief to a general."[18] One of the important normative acts adopted by the Romanian Parliament was also *the Law on the organization of Ministries*, promulgated on 29 July 1929, by which the Ministry of the Army was established, having in its attributions "preparation of works and endowment of the army with all means necessary for national defence; it has the leadership, administration and control of the entire army".[19]

The General Staff of the Romanian Army was considered a body of supreme leadership, of command and training, which was responsible for organizing, training and mobilizing the army, gathering information on the military forces of various armies, drafting war plans, informing army inspectors of operations likely to happen, studying the transport of military forces, guiding education at the Superior School of War (the Military Academy), training and controlling General Staff officers, coordinating education in all military educational units, preparing campaign backgrounds, managing its own funds.[20]

Less than a year later, on 30 April 1930, the *Law concerning armed organization* was adopted. It provided that the King was the head of the armed forces, and the Minister of War was responsible for the administration, leadership, justice, discipline and endowment of the army, with the leadership being exercised by the General Staff. The economic crisis led to great legislative turmoil;

18 Details in: Academia Româna, Istoria Romanilor [History of Romania], Vol. VIII, București 2003.

19 "Monitorul oficial" [Official Monitor] nr. 160, 2 August 1929, p. 6114.

20 Ibid., p. 6121.

thus, on 28 April 1932, a law was passed to amend the *Law concerning the organization of the army*. To what concerns the General Staff, the law provided that "it is the body through which the Ministry of National Defence directs, leads and controls the war preparation of the army. The detailed attributions of the General Staff are provided for in the Law on the organization of the Ministry of National Defence".[21]

On 31 May 1932, King Carol II of Romania promulgated the *Law on modifying the functioning and organization of the Ministry of National Defence*, a document that underpinned the activity of military structures for several years to come, at a time when Europe's peace was beginning to be disturbed by the exacerbation of far-right political forces, as well as by the forceful promotion of revisionist ideas and actions, which denied the peace system established at Versailles, amid the concessions made by some states to the defeated ones. *The Law on the organization and functioning of the Ministry of National Defence* of 31 May 1932, had a short existence, being amended only a year later, on 21 April 1933. The new legal document provided for three new responsibilities for the General Staff: It "establishes the endowment needs, as well as the main characteristics of the war materials, makes proposals to the Ministry for completing the endowment of the army with war materials, and establishes the distribution of the newly received war materials".[22] In February 1938, when King Carol II of Romania enforced a regime of monarchic authority, the *Decree-Law on the organization and functioning of the Ministry of National Defence* was issued. The law, rigorous and clear, included some provisions of the other normative acts and confirmed the General Staff as a supreme management body within the Ministry of National Defence.

This briefly mentioned legislative framework represented the basis for the organization of the army in the interwar period in general, of the leadership structures, but also for the entire normative framework that ensured the functioning, in all aspects, of the Romanian military system. From a legal point of view, the entire legislative activity was based on the 1923 Constitution until February 1938, when a new fundamental law was drafted by King Carol II of Romania. The latter had effect until 6 September 1940, when General Ion Antonescu took power. The legislative framework in the field of defence developed until February 1938 benefited from a wide debate of ideas, in which the political struggle was fully manifested, with the resulting advantages and disadvantages. Starting with February 1938, the entire conception and management

21 Ibid., nr. 106, 9 May 1932, pp. 3083-3086.

22 Ibid., nr. 94, 25 April 1933, p. 2901.

of the legislative framework in the field of defence were concentrated in the hands of the King, with detrimental effects for the Romanian state.[23]

The Romanian General Staff underwent, during the interwar years, numerous transformations, organizations and restructurings. One of the most important organizations took place on 1 October 1927, and it was one that was maintained, without major changes, until 1936.[24] One of the important documents prepared by the General Staff during this period was a *Memorandum on the separation of the leadership and the administration*, within the army during peacetime,[25] establishing a very clear delimitation of the two elements – the militarily and the administrative one. On 12 December 1933, Brigadier General Ion Antonescu, the future Head of State, was appointed as Deputy Chief of General Staff to lead the General Staff of Romania, while also keeping the command of the 3rd Infantry Division. Antonescu tried (unsuccessfully, as he had no political support) to achieve a broad restructuring of the army, in an international context dominated by the rise of revisionism.[26]

Born in 1882, Antonescu was a career officer who progressed through all military ranks during his life, from sub-lieutenant in 1904, to army general and marshal in 1941. Known mostly for his horrendous deeds as dictator during the Second World War, especially in relation to Jews in occupied territories, Antonescu was also a consequential figure for the Romanian Army. He joined the General Staff in 1913, leading the Operational Office of the Army Group North, from 1916, under General Constantin Prezan. He was heavily involved in the planning of all the major operations Romania was engaged in, such as the battles of Mărăști, Mărășești and Oituz, or the crossing of the Prut River at the request of the authorities of the Moldovan state.[27] After the Great War, Antonescu began his diplomatic activity, first as a delegate to the Paris Peace Conference and then as a military attaché to Paris, London and Brussels. After 1926, he was reassigned to the General Staff in Bucharest, serving as a commander of several Regiments and Brigades and the Higher War School, where

23 Giurcă, Ion/Georgescu, Maria, Statul Major General Român (1859-1950). Organizare și atribuții funcționale [The Romanian General Staff (1859-1950). Organisation and Functional Tasks], București 2021, p. 190.

24 Ibid., p. 209.

25 Arhivele Militare Naționale Române [Romanian Military National Archives], fond 948 – Marele Stat Major, dosar nr. 1971, f. 288-298.

26 Oroian, Teofil/Nicolescu, Gheorghe, Șefii Statului Major General român (1859-2000) [The Leadership of the Romanian General Staff], București 2001, p. 170.

27 Ibid., pp. 163-164.

he emphasized the need for applied lessons on modern warfare, in a time when most courses were based on the realities of the First World War.[28]

Holding the rank of brigadier general, Antonescu was named Chief of the General Staff *ad interim*, in December 1933. He was trusted by Romania's allies and thus recommended for the position by the leadership of the National Liberal Party. Considering the army's precarious state at the time, his organizational skills were seen as essential for the necessary process of rearming. Apart from supplying the army with new weapons, for which he lobbied the government through multiple memos, the general worked for a better theoretical preparedness among the higher echelons of officers in the General Staff. Moreover, the plans for a potential mobilization and the subsequent campaign were considered inadequate and he set to change them. The striking feature of his planning is the order of priorities. He considered the western frontier with Hungary to be the most vulnerable, with the eastern and southern ones coming second and third. Each of them was to be fortified by forces deployed there in three stages.[29]

One year into his term, Antonescu decided to resign as Chief of the General Staff, after a conflict with the cabinet of ministers, convinced that none of his envisaged reforms would become a reality. Considering the inadequacy of the Romanian Army in the 1930s (a report by the League of Nations showed for example that no European country was spending less on defence than Romania), Antonescu's ideas of reform were sensible enough. Instead, the state suffered a severe territorial loss in 1940 without having a proper reaction.[30] Antonescu went on to command the 3rd Infantry Division until 1937, when his fateful political career began, first as Minister of Defence and then as "Conducător", the title he used as head of state.[31]

The only structural changes in the Romanian General Staff occurred in 1935 and 1936. In 1935, a structure was set out for an easier decision-making process, and the Chief of the General Staff could impose his ideas and projects more quickly, in the absence of an opposition from the subordinates. In 1936, a third position of Deputy Chief was created, the organization of the departments being identical to that of 1935. On 10 September 1939, in the context of the outbreak of the war, a new grouping of the departments under the coordination

28 Ibid., pp. 166-170.

29 Ibid., pp. 170-177.

30 Ibid.

31 Ibid. Antonescu remained "Conducător" of Romania until 23 August 1944, when Michael, King of Romania, led a coup d'état against Antonescu, who was arrested and then later transferred to Moscow. After the war he was convicted of war crimes and executed by a firing squad in June 1946.

of the Deputy Chiefs of the General Staff took place, with the first one of them responsible for the operational aspect that involved preparing the country for war, in the context where a partial mobilization of the eastern front was foreseeable.[32]

On 19 March 1940, by High Decree no. In 972, King Carol II of Romania approved the restructuring of the General Staff with 7 April of the same year as the start date. The new normative document envisaged the assurance in good conditions of a transition of this structure to war organization.[33] The tragic events of June 1940, determined by the final notes issued by the USSR Government for the evacuation of Bessarabia and the northern part of Bukovina, found the General Staff with a structure and staff as established on 1 April 1940. The leadership was provided by General Florea Țenescu, who had a defeatist attitude and supported the decision of giving up territories, citing the lack of allies and of readiness of the army for war.[34]

As Head of the Romanian state, Antonescu also assumed the position of Minister of National Defence. The organizational structure of the General Staff remained unchanged until 12 November 1940, when, given the need to match from a legal point of view the presence of the German Military Mission in Romania (which had arrived in the country in October 1940), a 7th Department titled "Liaisons with the Allied Armies" was established. Also, the existence in the military system of the Air Forces and the Navy Forces, which had to be able to participate in operations together with the land troops, led to the establishment of the Air General Staff and Navy General Staff within the General Staff on 28 December 1940.[35]

At the beginning of June 1941, there were clear indications that the war would soon begin on the Eastern Front, given the massive deployment of German forces in Poland and Romania. Under those conditions, at the disposal of Antonescu, the General Staff prepared and transmitted Order no. 28,830 of 14 June 1941, titled *General Instructions for the Preparation, Conduct, and Execution of Operations*,[36] which included general advice and suggestions on armed battle, references to existing combat regulations, and views

32 Giurcă/Georgescu, Statul Major General Român, p. 216.

33 Arhivele Militare Naționale Române [Romanian Military National Archives], fond Microfilme, rola P II 2.58, c. 90.

34 Details in Dobrinescu, Valeriu Florin, Bătălia diplomatic ăpentru Basarabia (1918-1940) [The Diplomatic Battle for Bessarabia 1918-1940], Iași 1991.

35 Giurcă/Georgescu, Statul Major General Român, pp. 218-219.

36 Typography of the General Staff, in: Biblioteca Statului Major General, cota S II 392, pp. 1-3.

on how Soviet troops acted. The document hinted at a future confrontation of the Romanian Army with the Soviet one, and in its action, the Romanian Army would be supported by the German one. The instructions bear the touch of Antonescu's thinking, a tribute to his experience gained during the Great War.[37] The orders prove, as the language suggests, their uplifting character for the Romanian Army, an excessive confidence in the German Army, natural in relation to its actions up to that point, as well as an underestimation of the opponent, one of the main causes of defeat in any human confrontation, in all domains.

Some aspects regarding the activity of the General Staff, as well as that of the headquarters and command structures of great army units, deserve attention. As to leading the operations, that is shown to "depend on the character and personality of the commanders, the calm and energy with which command structures of different levels conduct their duties. Anger, disorder, the inability to foresee events, changing or revoking measures already taken have a disastrous moral influence on the troops, completely compromising an operation's execution".[38] The dispositions imposed by the orders were as such: headquarters of all levels were to organize the work, taking all necessary steps to ensure that the command structure functioned in the best conditions. The document we are referring to bears the mark of the head of state in regard to the place and the role of the command structure and the General Staff in preparing and conducting the military operation, assessment based on the type of language used and on the formulated idea that originated in the experience gained during the Unification War.

Among others, the orders emphasized the need for all structures and headquarters to have the required data to inform the commander on the situation. This should happen in the simplest of manners (sketches, graphs and tables), without counterproductive correspondence (memos, reports), which took too much time without bringing benefits. This probably alluded to what happened in 1916 and 1917 when such long documents were sent from the army commands, the army corps and, sometimes, the army divisions to the General Staff in order to justify certain actions rather than come up with viable solutions.[39] These instructions stated that the decision-making process rested solely with the commander. Military practice shows that this provision was unassailable and undoubtedly correct. It seems however that, as per these orders, the

37 Ibid., p. 1.
38 Ibid., p. 1.
39 Giurcă/Georgescu, Statul Major General Român, p. 222.

General Staff's responsibility of informing the commander on the current situation precisely and on time was underrated and somewhat diminished. Its duties of executing the commander's orders and controlling how these were carried out were also limited.

To reduce the General Staff's tasks to three elements, as broad as these indeed were, reflects the authoritarian style of leadership in which decisions were not necessarily taken after a deep analysis of facts and possibilities. The orders, transmitted to the headquarters and units one week before Romania's entry into the Second World War, had a guiding role for the headquarters and commanders for future actions. However, they could not immediately influence their style of work, labour and leadership, developed during the years, under a different supreme command, which promoted other material, ethical and moral values.[40]

During the interwar period, the Romanian General Staff underwent numerous changes in its organizational structure. On the other hand, the period between 1924 and 1939 did not produce essential changes regarding the attributions of the General Staff. The large staff turnover in the General Staff did not prove to be beneficial. In 20 years, ten different generals were in charge of the General Staff, with an average of two years each, but there were also some extreme situations (from a few days to a few months). The involvement of the political factor and King Carol II of Romania in the appointment of the Chief of the General Staff was glaring, this being another element that negatively affected the activity of the institution. The high turnover of staff, especially officers, made little room for the establishment of effective working teams. Unfortunately, just when the army was to be committed to defend its country, this being the best opportunity to assess the General Staff, those in the country's political and military leadership decided to give up territories, a decision that would dramatically change Romania's destiny.

3. Conclusions

In the period between the two world wars, military reforms evolved unevenly. At the beginning of the time frame, priority was given to the military unification of the entire Romanian state, with the basis of the measures adopted being the 1923 Constitution, which ensured a democratic regime for the evolution of the Romanian society until 1938. Subsequently, against the background

40 Ibid., p. 222.

of a relative international stability, for almost a decade until the mid-1930's things stagnated, and the army regressed in some respects. It must be said that some parts of Romanian military thinking, some commands and some military leaders (such as General Ion Antonescu) drew attention to the precarious state of the army.

Starting with 1934, the increase of tensions in international relations, of revisionist tendencies, determined that the Romanian authorities should move to more decisive measures to strengthen the army. Basically, Romania started a race against the clock on military level in order to manage facing the growing dangers pointed at its independence and territorial integrity. However, the pace of reforms in the military was uneven, and some of them proved to be counterproductive. At the end of the Great War, the Romanian Army was faced with the existence of a large officers corps, as a result of numerous promotions, especially at the higher rank level (major, lieutenant-colonel, colonel, general). As a result, the organization lists were increased, especially for the higher commands, so as to make room for all the officers. In addition to this, the Romanian Army also received a number of military men from the former Russian, Austrian and Hungarian armies.

The very complex problem generated great disputes, from the highest level to the level of public opinion. Two solutions emerged: on one hand, reducing the organizational framework of the Romanian Army to the level of possibilities and, on the other hand, retiring a number of officers and/or pausing promotions for a period of time. The first opinion prevailed, so that throughout the interwar period the Romanian Army had a surplus of senior officers according to the needs during peacetime. In the fall of 1937, when King Carol II of Romania decided to remove more than 2000 officers and generals from active duty, the choice was politically motivated. Some high-ranking officers sympathized with the far right, while others were close to the political parties of the time. The decision was never enforced for fear of the consequences.

Throughout the entire interwar period, the army was under strict political control. The pace and depth of reforms was being decided at political level, and all parties stressed that the military was a concern of government policy. Many of them also came up with ideas for reforming the military body. The big issue was the materialization of these projects, which were far from the requirements of a genuine reform. For various reasons, there was a lack of political will. But, most of the time, the lack of reforms was explained by objective reasons, related to the development stage of the country and the problems it was facing. Their multitude and complexity required setting priorities. The industry, agriculture, media, schools, health, the military, all needed reforms and they especially needed resources. As these were few and international life seemed stable, the army received, in the majority of years, insufficient funds for a thorough reform.

Despite unquestionable progress, the Romanian Army retained its characteristics – large staff numbers, poor endowment and equipment, insufficiently trained corps, modest instruction. On top of this state of unpreparedness the decisions from June-August 1940 were superimposed, these being decisions of abandoning territories without fight. Thus, the Romanian Army entered the war in June 1941 with great deficiencies both in instruction and endowment, as well as in morale.

When Romania entered the war in June 1941, the General Staff was directly subordinated to Antonescu in his capacity as "Leader" of the state, but collaborated closely with the Ministry of War, which took over most of the administrative tasks. The General Staff remained responsible for the strategic training of the army, the operational equipment of the territory, the elaboration of the plans of operations, mobilization and training. In the context of the evolution of the international situation and of the Romanian-German relations, the General Staff elaborated, in the spring of 1941, plans for the defence of the eastern border. The offensive, as a form of combat, was considered only as a form of defence, which would negatively influence the military actions carried out in the first phase of the campaign in the East.[41]

Led by an officer close to the Head of State, General Alexandru Ioanițiu,[42] the General Staff, at least in the first phase of the war, strongly supported Antonescu's vision regarding the conduct of the war.

41 Orzeață (ed.), Statul Major General 1854-2004, p. 162.

42 Alexandru Ioanițiu, Romanian general. From 6 September 1940 he served as Chief of the Romanian General Staff. He was killed on 17 September 1941, when he hit a plane propeller, during a visit on the Odessa front along with marshal Antonescu.

Generalstäbe im Zeitalter der Weltkriege – „Gehirne der Armeen"?

Lukas Grawe

1. Die Bedeutung der Stäbe innerhalb der Militärhierarchien

Waren Generalstäbe im Zeitalter der Weltkriege nun wirklich die Schaltzentralen der europäischen Streitkräfte? Waren sie, um den Terminus des britischen Journalisten Henry Spenser Wilkinson wieder aufzugreifen, die „Gehirne der Armeen"? Die Ergebnisse des Sammelbands zeigen, dass ein derart pauschales Urteil nicht zutreffend wäre. Während der Generalstab in einigen europäischen Armeen eindeutig den Ton angab, sowohl im Hinblick auf die Heeresentwicklung als auch auf die Doktrin die entscheidenden Anstöße lieferte und zuweilen sogar die Außenpolitik des jeweiligen Landes beeinflusste, waren einige europäische Generalstäbe weitgehend machtlos und wurden von außenpolitischen Entscheidungsprozessen ferngehalten. Dies hing oftmals auch mit der Stellung der Institutionen in den jeweiligen Militärhierarchien zusammen: Einige Generalstäbe unterstanden direkt dem Monarchen, konnten ihm Bericht erstatten und mussten keine Eingriffe der zivilen Sphäre in ihren Kompetenzbereich fürchten, andere hingegen unterstanden dem jeweiligen Kriegsministerium, mussten Berichte über ihre vorgesetzte Behörde leiten und wurden selten in militärpolitischen Fragen konsultiert.

Auf den preußischen Generalstab in der Zeit vor dem Ersten Weltkrieg traf der Begriff „Gehirn" weitgehend zu. Die Institution war nicht nur für die Kriegsplanung und die Beobachtung möglicher Kontrahenten verantwortlich, sondern auch für die Doktrinbildung der preußisch-deutschen Armee. Generalstabschef Alfred von Schlieffen legte mit seinen Ansichten über Umfassungsangriffe und eine Offensive um jeden Preis, um die Initiative zu behalten, den Grundstein für die im deutschen Heer herrschenden Lehren vor dem Ersten Weltkrieg. Im Falle eines Krieges führte der Chef des preußischen Generalstabs die Operationen im Namen des Kaisers. Zugleich beeinflusste der Generalstab in der Vorkriegszeit die deutsche Außenpolitik, nicht nur mit seinen Denkschriften zur militärpolitischen Lage. Auch mit seinen einseitigen Kriegsplanungen beschnitt der Generalstab die Handlungsoptionen der deutschen Reichsleitung, die auf dessen Lageeinschätzungen aber auch ihre offensive Politik aufbaute. Allmächtig war der Generalstab indes nicht.

 | DOI:10.30965/9783657791958_017

Vielmehr lieferte er sich wiederholt Auseinandersetzungen mit dem preußischen Kriegsministerium und dem preußischen Militärkabinett.

Ähnlich wie im preußisch-deutschen Fall verhielt es sich auch in Österreich-Ungarn. Obwohl nominell nach wie vor „Hilfsorgan" des Kriegsministeriums, verfügte der Generalstab über weitreichenden Einfluss – nicht nur im Hinblick auf Kriegsplanung und Gegnerbeobachtung, sondern auch bei der Ausarbeitung neuer taktischer Reglements oder der Gestaltung von Rüstungsmaßnahmen. Die Generalstabschefs besaßen zudem das Recht zum Vortrag beim Kaiser. Gleichwohl musste der seit 1906 amtierende Generalstabchef Franz Conrad von Hötzendorf hinnehmen, dass seine Einflussnahmen auf die österreich-ungarische Außenpolitik nur von geringem Erfolg gekrönt waren. Gerade Außenminister Alois Lexa von Aehrental gelang es wiederholt, die Übergriffe des Generalstabschefs in sein Ressort abzuwehren und setzte Ende 1911 sogar die Entlassung des widerspenstigen Conrads durch. Der Generalstab war damit weniger Gestalter, als vielmehr Werkzeug der österreichischen Sicherheitspolitik vor 1914.

Dass Frankreich 1870/71 den Krieg gegen die deutschen Staaten verloren hatte, machten Offiziere wie Charles de Freycinet auch an der überlegenen preußisch-deutschen Organisation fest, bei der das Stabswesen einen entscheidenden Platz einnahm. Folglich wurde auch in der Dritten Republik ein Generalstab ins Leben gerufen, der fortan für die Kriegsplanung, die Feindaufklärung und die Schulung der Generalstabsoffiziere verantwortlich war. Im Geflecht der französischen Militärinstitutionen musste er sich jedoch nicht nur mit dem französischen Kriegsministerium, sondern auch mit dem *Conseil supérieure de la guerre*, dem Obersten Kriegsrat, auseinandersetzen, dessen Vizepräsident im Kriegsfall zum „Generalissimus" avancierte. Wie die französischen Truppengeneralstabsoffiziere, so versah auch die Institution in Paris lediglich beratende und planende Funktionen. Erst durch eine Umgestaltung des Oberkommandos im Jahr 1911 und die Unterstellung des Generalstabs unter den Generalissimus nahm der direkte Einfluss der Institution zu.

Auch im Italien der ersten Vorkriegszeit galt der Posten des Generalstabschefs als das höchste Amt innerhalb der italienischen Armee. Seit 1906 hatte der Generalstab mehr und mehr Kompetenzen vom italienischen Kriegsministerium übertragen bekommen, sodass der Generalstabschef letztlich nur noch dem italienischen König unterstand und diesem auch direkt Bericht erstatten durfte. Ähnlich wie in Österreich-Ungarn und im Deutschen Reich durfte der italienische Generalstabschef im Falle eines Krieges im Namen des Monarchen die Operationen leiten. Dem hohen Einfluss auf militärischem Gebiet stand indes die politische Machtlosigkeit des Generalstabs gegenüber: So war Generalstabschef Luigi Cadorna im Juli 1914 nicht in die politischen

Entscheidungsprozesse eingebunden, die schließlich in der anfänglichen italienischen Neutralität mündeten. Vielmehr ging Cadorna noch davon aus, den Krieg auf Seiten des Dreibunds zu beginnen. Dass die Regierung ihn nicht in ihre Pläne eingeweiht hatte, führte letztlich zum Bruch zwischen ziviler und militärischer Sphäre, der sich während des gesamten Ersten Weltkriegs nicht mehr kitten ließ. Eine Koordination zwischen den Handlungen der Regierung und der Armeeführung fand auf diese Weise kaum mehr statt.

Die Furcht vor einem Generalstab mit zu großem Einfluss auf die Leitlinien der staatlichen Außenpolitik verleitete die britische Regierung dazu, mit der Einrichtung eines Stabes länger als alle anderen europäischen Großmächte zu warten. Ian F.W. Beckett zeichnet die Geschichte des britischen Generalstabs vor 1914 als eine Geschichte des Widerstands gegen eine kontinentale militärische Praxis nach, die in britischen strategischen Vorstellungen und konstitutionellen Präferenzen wurzelte. Im Britischen Empire standen lange Zeit Konzepte zur Kolonialkriegsführung im Vordergrund, während einem möglichen Kontinentalkrieg erst mit Beginn des 20. Jahrhunderts mehr Aufmerksamkeit gewidmet wurde. Auch besaß die britische Armee weit weniger Prestige und finanzielle Mittel als die Navy. Die Errichtung eines Generalstabs schien unter diesem Aspekt zweitrangig. Wiederholt äußerten britische Politiker zudem Bedenken, ein machtvoller Generalstab könne die zivile Autorität an sich reißen, indem er die Leitlinien der britischen (Militär-)Politik durch seine militärischen Einschätzungen festlegte. Nach dem Desaster des Burenkriegs (1899-1902) war die Einrichtung eines Generalstabs jedoch unumgänglich, versprach die Institution doch eine weitaus geordnetere und durchdachtere militärische Planung und Führung. Bislang hatte die britische Regierung auf wechselnde militärische Berater zurückgreifen müssen. 1904 wurde schließlich die Stelle eines *Chief of the General Staff* geschaffen, zwei Jahre später folgte die dazugehörige Institution. Anders als in vielen europäischen Heeren wurden die britischen Generalstabsoffiziere durch die höhere Generalität eher als Adjutanten denn als Berater angesehen. Auf diese Weise wies der britische Generalstab einige systemische Schwächen auf, die seinen Einfluss begrenzten, auch wenn es der britischen Armee bis 1914 gelang, die Navy in die Rolle des Juniorpartners zurückzudrängen.

Mit der Furcht vor einem zu machtvollen Generalstab standen die britischen Politiker indes nicht allein. Auch die französische Regierung war Anfang der 1870er-Jahre im Rahmen der Errichtung eines französischen Generalstabs darauf bedacht, den Einfluss der neuen Behörde zu beschränken. Der Generalstabschef, der fortan dem Kriegsminister unterstand, wurde daher anfangs immer dann ausgetauscht, wenn auch im Ministerium ein personelles Revirement stattfand. Ausgewiesene Republikaner sprachen sich vehement gegen die Zuweisung von weiteren Befugnissen an den Generalstabschef aus, um nicht die Autorität des Kriegsministers – in Frankreich in der Regel ein Zivilist, kein Berufssoldat – zu untergraben. Erst nach der Boulangerkrise Mitte der 1880er-Jahre wurde der Generalstabschef unabhängiger, was jedoch bis 1911 schwelende Konflikte innerhalb der Armeeführung zur Folge hatte.

Nicht nur bei vielen Großmächten gaben die Generalstäbe den Ton an, sondern auch bei zahlreichen Staaten auf dem Balkan. Obwohl der serbische Generalstab vor dem Ersten Weltkrieg dem Kriegsministerium unterstand, hob ihn seine Tätigkeit aus den anderen Militärinstitutionen heraus. Neben der Verantwortung für die Aufmarsch- und Kriegsplanung oblag es dem Chef des Generalstabs auch, im Kriegsfall die Leitung der Operationen zu übernehmen. Bis zur Jahrhundertwende wurde die Bedeutung des Generalstabschefs allerdings künstlich kleingehalten, da die herrschende Obrenović-Dynastie darum bemüht war, dessen Macht zu beschränken. Nachdem einige Generalstabsoffiziere 1903 an der Ermordung des Königs Aleksandar Obrenović beteiligt gewesen waren, gewann auch der Generalstabschef an Einfluss. Der Stelleninhaber Radomir Putnik vereinte zeitweise sogar die Ämter des Generalstabschefs und des Kriegsministers, sodass sämtliche militärische Fragen Serbiens über seinen Schreibtisch liefen.

Claudiu-Lucian Topor verdeutlicht in seinem Beitrag über den rumänischen Generalstab vor dem Ersten Weltkrieg, wie schnell sich Stäbe geänderten politischen Gegebenheiten anpassen konnten. Seit dem Ende des 19. Jahrhunderts eng mit dem deutsch-österreich-ungarischen-italienischen Dreibund verbunden, richteten sich die Kriegspläne des Generalstabs überwiegend gegen Russland und Bulgarien. Dabei waren die Planungen völlig von den deutschen und österreichisch-ungarischen Vorgaben abhängig. Auch orientierten sich die rumänischen Stabsoffiziere zunächst am deutschen Vorbild. Als sich die politische Führung nach dem Tod des Hohenzollern-Königs Carol im Herbst 1914 mehr und mehr den Ententemächten zuwandte, erhob der rumänische Generalstab gegen den Seitenwechsel keinen Einspruch. Die politische Entscheidung anerkennend, waren die Generalstabsoffiziere 1916 bereit, einen schlecht vorbereiteten und geführten Feldzug gegen die Mittelmächte zu beginnen, der das Land schließlich in eine militärische Niederlage führte.

Bereits um die Jahrhundertwende besaß der rumänische Generalstab ein gewisses Maß an Einfluss auf die Armeeentwicklung und die Gestaltung des rumänischen strategischen Eisenbahnnetzes, weniger jedoch auf die politischen Entscheidungen des Landes. Dies blieb auch bis in die Zeit vor dem Zweiten Weltkrieg so. Direkt dem Kriegsministerium unterstellt, durften sich die Generalstabschefs mit ihren grundlegenden Memoranden über die militärpolitische Situation des Landes direkt an den rumänischen König wenden. Im

Mittelpunkt der Stabsarbeit stand dabei die geografische Lage des Landes, war Rumänien doch an seinen Grenzen von drei potenziellen Feinden umgeben. Militärisch derart im Nachteil, machte sich die rumänische Generalstabsführung 1940 für eine kampflose Abgabe Bessarabiens stark, da man keine Aussichten auf einen Sieg in einem Krieg gegen die Sowjetunion, Ungarn und Bulgarien zu haben glaubte. Erst durch das Bündnis mit dem Deutschen Reich hielt der Generalstab die rumänische Armee für stark genug, um verlorenes Territorium zurückzuerobern und teilte diesen Optimismus auch Staatsführer Ion Antonescu mit. Dabei überschätzte der Generalstab nicht nur die deutschen militärischen Möglichkeiten, sondern unterschätzte auch den sowjetischen Widerstandswillen. Auf politische Entscheidungen besaß die Institution indes keinen Einfluss, vielmehr musste sie sich mit ihren Planungen an den Vorgaben der außenpolitischen Linie des Landes orientieren.

Die machtvollste Position innerhalb der französischen Armee vor dem Zweiten Weltkrieg bekleidete Maurice Gamelin, der nicht nur als Chef des Generalstabs fungierte, sondern zugleich noch als Vizepräsident des *Conseil supérieure de la guerre*, als Generalinspekteur der Armee sowie als Chef des Nationalen Verteidigungsstabes fungierte. Lediglich mit dem französischen Kriegsministerium musste er sich abstimmen. Die Macht Gamelins übertrug sich indes nicht vollständig auf die Institution des Generalstabs, zeigte sich im Vorfeld des Krieges mit dem Deutschen Reich doch mehrfach, dass der General nicht immer auf die Ratschläge der ihm unterstehenden Generalstabsoffiziere hörte. Vor allem die Operationsabteilung (das „Troisième Bureau“) und die Abteilung für die Feindaufklärung (das „Deuxième Bureau“) machten zuweilen Vorschläge oder verfassten Memoranden, die Gamelin komplett ignorierte oder verwarf.[1] Gerade die defensive Kriegsplanung Frankreichs war in erster Linie das alleinige Werk des Generalstabschefs.[2]

Als äußerst einflussreich erwies sich vor dem Zweiten Weltkrieg auch der ungarische Generalstab. Mit Hilfe ihrer Kriegsplanung, ihrer Stellungnahmen zu politischen Fragen und ihrer Mitsprachekompetenz in Rüstungsangelegenheiten konnte die Institution die ungarische Militärpolitik maßgeblich mitgestalten. Nicht selten kam es zwischen der politischen Führung und dem

1 Alexander, Martin S., The Republic in danger. General Maurice Gamelin and the politics of French defence, 1933-1940; ders., French grand strategy and defence preparations, in: Ferris, John/Mawdsley, Evan (Hrsg.), The Cambridge History of the Second World War, Cambridge 2015, S. 78-106; Schuker, Stephen A., Seeking a Scapegoat. Intelligence and Grand Strategy in France, 1919-1940, in: Haslam, Jonathan/Urbach, Katharina, Secret Intelligence in the European States System, 1918-1989, Stanford 2014, S. 81-127.

2 Doughty, Robert A., The Seeds of Disaster: The Development of French Army Doctrine, 1919-39, Hamden 1985.

Generalstabschef zu Auseinandersetzungen über den richtigen Kurs der ungarischen Außenpolitik, wobei sich „Reichsverweser" Miklos Horthy häufig auf die Seite der Militärs schlug und damit seine Ministerpräsidenten brüskierte.

Ausdrücklich als „Gehirn der Armee" konzipiert war der Generalstab der Roten Armee. Ihm oblagen nicht nur die operative Planung und die Feindaufklärung, sondern anfangs auch administrative Tätigkeiten. Damit vereinte er Aufgaben, die in anderen Ländern vom Generalstab und vom Kriegsministerium wahrgenommen wurden, was unter anderem an einem fehlenden Gesamtplan zum Aufbau der Führungsstrukturen lag. Durch die verschiedenartigen Kompetenzen überlastet, dauerte es bis 1933, ehe der Generalstab den ihm zugedachten Funktionen der zentralen Schaltstelle der Armee auch wirklich nachkommen konnte. Nolens volens glich der Generalstab der Roten Armee schließlich in Struktur und Aufgabenzuweisung dem Stab aus der Zarenzeit. Als „Gehirn" war es dem Generalstab schließlich sogar möglich, die eigenen Kriegs- und Aufmarschpläne mit dem sowjetischen Diktator Josef Stalin zu besprechen, ohne die Einmischung anderer Militärinstitutionen fürchten zu müssen.

Die Beispiele zeigen: Die Art und Weise, wie Stäbe organisiert waren und wie sie sich in die militärischen Entscheidungsstrukturen einpassten, entschied nicht selten, über wie viel Einfluss die jeweilige Institution verfügte. Zahlreiche Generalstäbe unterstanden den nationalen Kriegsministerien, andere hatten direkten Zugang zum Monarchen bzw. zum autokratischen Herrscher. Wieder andere unterstanden zwar einem Ministerium, besaßen aber dennoch die Befugnis, Berichte und Denkschriften auf direktem Wege an den Herrscher bzw. die politische Führung zu richten. Als Beispiel lässt sich hier der rumänische Generalstab anführen. Auffällig ist, dass die Organisation der meisten Generalstäbe nach ähnlichem Schema gestaltet war: Einer Abteilung für den Entwurf der nationalen Kriegspläne oder für Mobilmachungsarbeiten gesellten sich Abteilungen für Feindaufklärung, für die Landesaufnahme oder für die Ausbildung der Generalstabsoffiziere hinzu.

Wie bereits in der Einleitung angedeutet, war die Organisation der einzelnen Generalstäbe im Laufe der Zeit zahlreichen Änderungen unterworfen. Im Hinblick auf das Stabswesen der Roten Armee verdeutlicht Matthias Uhl in seinem Beitrag, wie planlos der Aufbau der Armeeführungszentren in der Sowjetunion ablief und illustriert den organisatorischen Wildwuchs innerhalb der Entscheidungsgremien. Erst Mitte der 1930er-Jahre wurde der Stab der Roten Armee zu einem „echten" Generalstab und übernahm als „Gehirn der Armee", wie ihn auch der sowjetische Militärtheoretiker Michail V. Frunze bezeichnete, die operative Planung. Bis dahin hatte der Generalstab aber nicht nur mit ständigen Ressortverschiebungen, -beschneidungen und -erweiterungen zu kämpfen, sondern auch mit einer ausgedehnten personellen Fluktuation, was eine kontinuierliche Entwicklung des sowjetischen Stabswesens nachteilig beeinträchtigte. Hinzu kamen die ständigen Kompetenzgerangel zwischen dem Stab und der Hauptverwaltung der Roten Armee, die vor allem für die administrativen Belange des sowjetischen Heeres verantwortlich zeichnete.

Der Fall ist dabei nur einer von vielen. Auch in anderen Militärführungszirkeln mussten sich Generalstäbe gegen die übrigen Militärbehörden des Landes durchsetzen. Schon der preußisch-deutsche Generalstab vor 1914 lieferte sich wiederholt Auseinandersetzungen mit dem preußischen Kriegsministerium und dem Militärkabinett, was die Formulierung einer einheitlichen deutschen Militärpolitik erheblich erschwerte. In der Zwischenkriegszeit musste der Generalstab des Heeres schließlich einen erheblichen Bedeutungsverlust hinnehmen, da Hitler die Einrichtung eines Oberkommandos der Wehrmacht durchsetzte, das letztlich die drei Teilstreitkräfte der Wehrmacht koordinieren sollte, zunehmend aber auch selbst operative Tätigkeiten entfaltete.

Streitigkeiten zwischen Kriegsministerium und Generalstab gab es auch im russischen Zarenreich. Kriegsminister Dmitri Alexejewitsch Miljutin hatte den Generalstab bewusst so konzipiert, dass ihm kein mächtiger Rivale im Hinblick auf die Führung der russischen Armee erwuchs.[3] Bis zum Ausbruch des Ersten Weltkriegs gab es daher kontinuierliche Streitigkeiten, die zwischen 1905 und 1908 sogar in einer zeitweisen Unabhängigkeit des Generalstabs gipfelten.[4] Großbritannien versuchte hingegen diese ständigen Kompetenzgerangel und -konflikte zu vermeiden, indem es die militärische Führungsstruktur anpasste. So unterstand der britische Generalstab nicht im herkömmlichen Sinne dem britischen War Office, sondern bildete vielmehr einen Teil desselben. Neben dem *Adjutant-General*, dem *Quartermaster-General* und dem *Master-General of the Ordnance* war der *Chief of the Imperial General Staff* lediglich *primus inter pares*, nicht jedoch der tonangebende Entscheider.

Die angeführten Beispiele zeigen, wie viele Kompetenzen einige Generalstäbe auf sich vereinigen konnten. Keineswegs soll der Sammelband aber den Eindruck erwecken, Generalstäbe hätten in allen europäischen Armeen den Ton angegeben. Vielmehr gab es auch Generalstäbe, deren Einfluss kaum dazu

3 Airapetov, Oleg, Miliutin contra Moltke. Russia's Refusal to Adopt a Prussian-Style General Staff, in: Schimmelpenick van der Oye, David/Menning, Bruce W. (Hg.), Reforming the Tsar's Army. Military Innovation in Imperial Russia from Peter the Great to the Revolution, Cambridge 2004, S. 292-303.

4 Hittle, James D., The Military Staff. Its History and Development, Westport 1961, S. 263 f.; Menning, Bruce W., Bayonets Before Bullets. The Imperial Russian Army, 1861-1914, Bloominton 1992, S. 2017-221.

ausreichte, um Reformen anzustoßen oder Kriegspläne umzusetzen. Als Beispiel für einen besonders machtlosen Generalstab lässt sich die osmanische Institution heranziehen. Obwohl bereits 1845 ins Leben gerufen, litt der osmanische Generalstab von Anfang an unter dem gleichzeitigen Streben nach Zentralisierung und der Ausweitung staatlicher Kontrolle sowie der Fragmentierung zentraler Strukturen. Anstatt die Zentralbehörde zu stärken, legte die Militärführung mehr Wert auf die Festigung der Stäbe der einzelnen Armeekorps, was sich als durchaus funktional erwies: Da das osmanische Heer seinen Fokus auf die Aufstandsbekämpfung im Inneren legte und bei zwischenstaatlichen Konflikten auf die Vermittlung der europäischen Großmächte statt auf ausgeklügelte militärische Planungen setzte, blieb der Generalstab bis 1908 eine Sinekure. Hinzu kam, dass auch dem Sultan an einer schwachen, fragmentierten Militärführung gelegen war, galt ein starkes Militär doch als potenzielle Gefahr für den Erhalt seiner Herrschaft. Der Generalstab wurde daher absichtlich klein gehalten, die Idee eines operativen Planungsbüros damit konterkariert, zumal weitere Militärinstitutionen mit überschneidenden Kompetenzen als Gegengewichte fungierten. Erst im Zuge der durch deutsche Militärmissionen eingeleiteten Reformen und der Revolution der „Jungtürken" 1908 konnte der osmanische Generalstab mehr Profil gewinnen.

Auch der Beitrag von Amedeo Osti Guerrazzi über die italienische Militärhierarchie im Vorfeld des Zweiten Weltkriegs zeigt, dass Generalstäbe eben nicht immer über ein großes Maß an Einfluss verfügten und daher nicht in jedem Land als „Gehirn der Armee" galten. Aus Sorge um den eigenen Machterhalt nahm Diktator Benito Mussolini lieber selbst die Fäden in die Hand und schloss den *Stato Maggiore dell'Esercito* von den wichtigsten Entscheidungsprozessen aus. Dabei hatte die Vorgängerinstitution während des Ersten Weltkriegs unter Luigi Cadorna noch die maßgebliche militärische Rolle gespielt. Es war letztlich in erster Linie dem weitverbreiteten Misstrauen gegen Pietro Badoglio geschuldet, der Anfang der 1920er-Jahre den Posten des Generalstabschefs ausfüllte, dass die Institution an Bedeutung verlor. Nachdem Mussolini Mitte der 1920er-Jahre fest im Sattel saß, übernahm er die wichtigsten Ämter innerhalb der italienischen Armee einfach selbst. Der 1925 neu gegründete *Stato Maggiore dell'Esercito* sollte fortan lediglich als Vermittlungsinstanz zwischen den Generalstäben der einzelnen Teilstreitkräfte fungieren, während die Entscheidungen dem „Duce" oblagen. Trotz des Bedeutungsverlusts ließ sich Badoglio bewegen, das neue Amt zu übernehmen, musste jedoch rasch erkennen, dass er kaum über Handlungsspielraum verfügte.

Weder im Rahmen des italienischen Feldzugs gegen Äthiopien, noch im Vorfeld der italienischen Beteiligung am Spanischen Bürgerkrieg wurden der Generalstab und Badoglio in die Entscheidungsprozesse miteingebunden.

Als Vermittler oder technische Berater fristeten beide bis zum Kriegsende ein Schattendasein und nahmen keinerlei Einfluss auf militärpolitische Weichenstellungen, was sich vor allem in den italienischen Kampagnen des Zweiten Weltkriegs als verhängnisvoll erwies. Zwar hatte Badoglio vor dem Einmarsch Italiens in Frankreich und einige Monate später in Griechenland gewarnt, das italienische Heer sei für einen großen Krieg nicht vorbereitet, doch leistete der Generalstabschef keinerlei Widerstand gegen Mussolinis Entscheidungen. Auch Badoglios Nachfolger wiesen lediglich zaghaft auf andere militärische Handlungsoptionen hin, beugten sich aber stets dem Willen des Diktators. Schließlich unterstützte das italienische Militär bis 1943 den faschistischen Staat, der die Generalität mit Posten und hohen Gehältern versorgte. Dem geringen Einfluss entsprechend, blieb auch der Arbeitsumfang des italienischen Generalstabs bescheiden. Nur wenige Denkschriften der Institutionen fanden überhaupt Verbreitung innerhalb der obersten Militärführung. Auf diese Weise war der italienische Generalstab zu keiner Zeit das „Gehirn der Armee", sondern lediglich das Sprachrohr von Mussolinis Wünschen.

Als Rufer in der Wüste portraitiert John Paul Harris den britischen Generalstab in der Zeit von 1933 bis 1939 und tritt damit zugleich jenen historiografischen Forschungen entgegen, welche die Institution für die britischen Rückschläge zu Anfang des Zweiten Weltkriegs verantwortlich machen. Unter seinen Chefs Archibald Montgomery-Massingberd, Cyril Deverell und John Vereker, Viscount Gort befürwortete der Generalstab seit 1933/34 eine Aufrüstung der britischen Armee, vor allem im Hinblick auf die wachsende Gefahr, die vom Deutschen Reich ausging. Als Vertreter einer kontinentalen Strategie sprach sich der Generalstab darüber hinaus frühzeitig für eine Entsendung einer *Expeditionary Force* nach Frankreich und für die Mechanisierung der britischen Truppen aus, scheiterte damit jedoch am Veto des *Chancellor of the Exchequer* und späteren Premierministers Neville Chamberlain. Dieser setzte zwischenzeitlich sogar eine insulare Strategie durch, die sich allein auf die Verteidigung Großbritanniens fokussierte, und schloss den Generalstab damit gewissermaßen von den Kriegsvorbereitungen aus. Erst viel zu spät, im Februar 1939, konnte sich die Generalstabsführung mit ihren Ansichten durchsetzen. Insofern besaß der britische Generalstab vor dem Zweiten Weltkrieg zwar genügend Kompetenzen, um als „brain of the army" bezeichnet zu werden, doch wurde seinem Urteil nicht genügend Gewicht durch die Regierung beigemessen. Dieser Umstand begrenzte den Einfluss des Generalstabs somit erheblich.

Wie machtlos der Generalstab auch in Polen war, illustriert der Beitrag von Anita J. Prażmowska. Der fehlende Einfluss hing in erster Linie mit der organisatorischen Entwicklung der Institution zusammen, die anders als in den meisten europäischen Ländern nicht dem polnischen Kriegsministerium, sondern dem Generalinspekteur der Armee unterstand. Darüber hinaus war die gesamte polnische Militärpolitik vor allem auf die Person Józef Piłsudskis zugeschnitten, der wenig auf den Rat des Generalstabs gab und die Bedeutung moderner Waffensysteme wie Artillerie und Luftwaffe geringschätzte. Doch auch nach seinem Tod 1935 wurde der polnische Generalstab kaum in die Militärpolitik des Landes einbezogen. Von außenpolitischen Informationen fast gänzlich abgeschnitten, fokussierten sich die Generalstabsoffiziere vor allem auf die Planung eines Defensivkrieges gegen die Sowjetunion. Erst im März 1939 rückte das immer aggressiver vorgehende Deutsche Reich in den Mittelpunkt der polnischen Überlegungen. Wie die folgende Niederlage im September 1939 zeigen sollte, erwies sich diese Schwerpunktänderung als viel zu spät. Während des wenige Wochen dauernden Feldzugs gegen das Deutsche Reich diente der Generalstab als Unterstützungsbehörde für den Oberbefehlshaber der polnischen Armee, Edward Rydz-Śmigły, konnte aber die Versäumnisse der vorangegangenen Jahre nicht wieder aufholen.

Wenig von dem Einfluss aus den Jahren vor 1918 hinüberretten konnte der deutsche Generalstab. Zunächst durch den Versailler Vertrag verboten und aufgelöst, musste sich die deutsche Generalstabsarbeit bis 1934 im Geheimen vollziehen: Das sogenannte „Truppenamt" übernahm dabei die Tätigkeiten eines Generalstabs, verfügte aber nicht mehr über jene Machtfülle, die die Institution des Kaiserreichs vor 1914 hatte, da es dem Reichswehrministerium unterstand. Mit der Wiedereinführung der Wehrpflicht und der Rückbenennung in „Generalstab" hoffte die Generalstabsführung, fortan zum einzigen Planungsorgan der Wehrmacht aufzusteigen. Diese Hoffnungen zerschlugen sich indes rasch: Zum einen war dem Heer mit Görings Luftwaffe ein mächtiger Konkurrent erwachsen, zum anderen drängte das Wehrmachtführungsamt auf mehr Mitspracherechte. Als Hitler die „Blomberg-Fritsch-Krise" des Jahres 1938 für ein personelles Revirement und die Umgestaltung der Führungsorganisation nutzte, sah sich der Generalstab des Heeres endgültig an den Seitenrand gedrängt. Das neu entstandene Oberkommando der Wehrmacht (OKW) übernahm nun die Führung. Während des Zweiten Weltkriegs setzte sich dieses zunehmend auch mit strategischen Entscheidungen gegen die Vorstellungen des Oberkommandos des Heeres und seines Generalstabs durch. Dessen Einfluss war fortan erheblich reduziert.

2. Generalstäbe und das Drängen zum Krieg

Die Profession, ja sogar die Daseinsberechtigung eines Generalstabs ist die Vorbereitung des Heeres auf einen Krieg und häufig die Leitung der militärischen

Operationen während eines Konflikts. So wundert es nicht, wenn zahlreiche Institutionen und ihre ranghohen Offiziere sowohl vor dem Ersten als auch vor dem Zweiten Weltkrieg zum „Losschlagen" drängten, um auf diese Weise ihr Können unter Beweis zu stellen und ihre Existenz sowie ihre vielfach herausgehobene Stellung innerhalb der Militärhierarchie zu rechtfertigen. Für die Stäbe des Deutschen Reichs und Österreich-Ungarns in der Zeit vor 1914 ist dies bereits gut belegt. Im Deutschen Reich war es letztlich zwar nicht der Chef des Generalstabs persönlich, der die Entscheidung über Krieg oder Frieden traf. Doch die Bedrohungsperzeptionen seiner Behörde ließen der Reichsleitung scheinbar keine andere Wahl mehr, als im Juli 1914 einem Waffengang zuzustimmen. Schon in den Krisen zuvor hatte Generalstabschef Helmuth von Moltke mehrfach für ein „Losschlagen" votiert, war damit bei der Reichsleitung aber nicht durchgedrungen. Unter dem Eindruck der sich mehr und mehr verschlechternden militärpolitischen Lage, die den Politikern durch den Generalstab in grellen Farben geschildert wurde, sah Reichskanzler Theobald von Bethmann Hollweg im Juli 1914 wohl keinen anderen Ausweg mehr als den Griff zu den Waffen. Schließlich versprach der Generalstab noch immer einen Sieg und damit die Zerschlagung der deutschen „Einkreisung".

Wie energisch der Generalstab auch in Österreich-Ungarn für einen Präventivkrieg warb, verdeutlicht der Beitrag von Günther Kronenbitter. Vor allem der letzte Generalstabschef vor Kriegsbeginn, Franz Conrad von Hötzendorf, „bombardierte" die politischen Entscheidungsträger der Donaumonarchie kontinuierlich mit Angriffsforderungen. Ob sich seine Pläne gegen potenzielle Gegner oder sogar gegen formell verbündete Staaten richteten, war dem Generalstabschef dabei gleichgültig. Conrad hoffte, mit Hilfe eines siegreichen Krieges die verfahrene außen- und innenpolitische Lage des Vielvölkerreiches erheblich zu verbessern. Dabei votierte er für einen Waffengang, der für Österreich-Ungarn selbst bei akribischer Planung kaum noch zu gewinnen war. Ähnlich wie in anderen europäischen Militärführungen setzte die Generalstabsführung in der Folge auf eine kompromisslose Offensivdoktrin, da man sich sicher war, dass die überlegene Moral auch über moderne Feuerwaffen siegen würde. Conrads aggressives Werben für den Krieg beeinflusste zwar auch die politische Führung, doch bedurfte es des Drängens des Generalstabschefs nicht, um den Konflikt herbeizuführen. Längst hatte sich das österreichische Außenministerium zu einer Militarisierung der Sicherheitspolitik durchgerungen.

Als ähnlich verhängnisvoll erwies sich die Rolle des serbischen Generalstabs. Einige hochrangige Generalstabsoffiziere unterhielten engen Kontakt zur Geheimorganisation „Schwarze Hand", die letztlich für das Attentat auf den österreichischen Thronfolger Franz Ferdinand und seine Frau Sophie verantwortlich war. Über deren terroristische Aktivitäten war der Generalstab demnach im Bilde. Zugleich beteiligte er sich auch selbst an offensiven Forderungen nach einem „Großserbien" und nach der Eingliederung der serbischstämmig Menschen außerhalb der Staatsgrenzen. Generalstabschef Putnik war in seiner gesamten Amtszeit darum bemüht, die Armee nicht nur militärisch, sondern vor allem auch psychologisch auf einen Waffengang vorzubereiten. Spätestens ab 1908 plante der serbische Generalstab für einen Krieg gegen Österreich-Ungarn, wollte die Initiative dabei aber der Habsburgerarmee überlassen. Letztlich, so konstatiert Danilo Šarenac, leistete der durchaus umsichtig planende serbische Generalstab den Hasardeuren in seinen Reihen und innerhalb der serbischen Armeeführung zu wenig Widerstand.

Zwar drängte der Generalstab in Großbritannien vor 1914 nicht direkt zum Krieg, doch gelang es ihm, die britische Politik von der Notwendigkeit einer kontinentalen Strategie zu überzeugen und sich gegen die maritimen Pläne der Navy zu behaupten. Es war schließlich vor allem das Verdienst des einflussreichen Stabsoffiziers und *Director of Military Operations* Henry Wilson, dass Großbritannien auf der Seite Frankreichs in den Krieg eintrat. Als DMO hatte er alle Pläne für ein Zusammenwirken mit den Franzosen ausgearbeitet und zahlreiche Gespräche mit französischen Kollegen geführt. Auch setzte er sich mit seiner Ansicht durch, die zahlreichen Bedrohungsszenarien, denen sich das Britische Empire ausgesetzt sah, zurückzustellen und den Plänen für einen Krieg in Europa gegen das Deutsche Reich Priorität einzuräumen. Wehren musste er sich dabei gegen seinen Generalstabschef John French, der lange Zeit an einer Landung in Belgien festhielt, um möglichst unabhängig von den Franzosen agieren zu können. Gleichwohl reichte der Einfluss des britischen Generalstabs nicht so weit, um die britische Regierung zu Handlungen zu drängen. Diese entschied erst am 5. August 1914 endgültig über die britische Strategie im beginnenden Konflikt.

Weit weniger Beachtung schenkte die britische Regierung den Ansichten des Generalstabs hingegen in der Zeit vor dem Zweiten Weltkrieg. Stabschef Montgomery-Massingberd warb frühzeitig für eine Entsendung einer *Expeditionary Force* auf den Kontinent, um auf diese Weise Frankreich und die Benelux-Länder zu unterstützen. Dahinter standen britische Militärinteressen: Dem Generalstabschef war es wichtig, dass Belgien und die Niederlande nicht als deutsche Flotten- bzw. Luftwaffenbasis gegen Großbritannien fungierten. Auch hielt er eine direkte militärische Unterstützung für zielführender als einen begrenzten Beistand zur See. Montgomery-Massingberd drängte in der Folge nicht zum Losschlagen, sprach sich aber für eine umfassende Aufrüstung der britischen Armee aus. Als Schatzkanzler Chamberlain jedoch nicht genügend Gelder in Aussicht stellte, trat der mahnende Generalstabschef 1936 von seinem Posten zurück.

Die Präventivkriegsforderungen des ungarischen Generalstabs nahmen vor allem in den Jahren 1938 bis 1941 massiv Einfluss auf die ungarische Außenpolitik: Während die ungarische Regierung immer wieder dazu bereit war, Möglichkeiten für eine Revision der Versailler/Trianoner Friedensordnung in Verhandlungen mit den Westmächten auszuloten, führte der ungarische Generalstab das Land schließlich in ein Bündnis mit dem Deutschen Reich. Das äußerst deutschfreundliche Stabsoffizierskorps – vielfach von deutscher Abstammung – setzte bei einer territorialen Neuordnung Europas auf Krieg und war gewillt, diesen an der Seite der deutschen Wehrmacht auszufechten. Tief in antijüdische Maßnahmen der Regierung verstrickt, hielt die ungarische Generalstabselite den deutschen Waffenbrüdern bis zum Kriegsende die Treue.

Zum Präventivkrieg drängte auch der Generalstab der Roten Armee. War die sowjetische Kriegsplanung bis in die Mitte der 1930er-Jahre noch weitgehend defensiv ausgerichtet, setzte durch das offensive Agieren des Deutschen Reichs und Japans ein tiefgreifender Wandel ein, an dessen Ende die Pläne des sowjetischen Generalstabs immer offensiver wurden und schließlich auch nicht mehr vor präventiven Schlägen zurückschreckten. Obwohl der Generalstab zeitweise mit einem Zweifrontenkrieg gegen das Deutsche Reich und seine europäischen Verbündeten sowie gegen Japan rechnete, sollte sich die Rote Armee nicht auf die Defensive beschränken. Im Mai 1941 legte der Generalstab Stalin schließlich einen Plan vor, der die deutschen Kräfte noch in der Phase der deutschen Mobilmachung und Versammlung zerschlagen sollte. Allerdings erteilte der sowjetische Diktator den Angriffsphantasien der Stabsoffiziere aufgrund von Mängeln in der Ausrüstung der Roten Armee eine Absage, zumal er bis zuletzt davon überzeugt war, das Deutsche Reich werde die Sowjetunion nicht angreifen, ehe Großbritannien besiegt sei.

Der rumänische Generalstab drängte weder 1916 noch 1941 auf ein Eingreifen des Landes in die Weltkriege, leistete der politischen Führung aber auch keinen Widerstand. War ein solcher auch nicht unbedingt von einer Militärinstitution zu erwarten, so hätte die Generalstabsführung doch um den schlechten Rüstungsstand der rumänischen Armee wissen müssen. Dass das Land weder vor dem Eintritt in den Ersten noch in den Zweiten Weltkrieg für einen lang dauernden Krieg gerüstet war, war nicht zuletzt auch das Verschulden des Generalstabs. Dies wog besonders schwer im Jahr 1941: Hier versagte das Generalstabsoffizierkorps seinem ehemaligen Chef, dem mittlerweile zum autoritären Staatschef aufgestiegenen Ion Antonescu, nicht die Gefolgschaft. Allerdings befand sich der rumänische Generalstab damit in guter Gesellschaft: In der Regel folgten die Generalstäbe der Zwischenkriegszeit ohne großen Widerstand den Vorgaben ihrer autoritären oder faschistischen

Regierungen, waren doch auch sie an einer Revision der Versailler Nachkriegsordnung interessiert (siehe Ungarn, das Deutsche Reich, Italien).

Drängte der deutsche Generalstab vor 1939 auf einen Krieg? Sicher ist, dass Generalstabschef Ludwig Beck vor Waffengängen warnte, die nicht zu gewinnen seien. Einen Krieg gegen Frankreich und die Tschechoslowakei hielt er 1938 für selbstmörderisch und trat aus Protest gegen Hitlers Kriegspolitik zurück. Vergessen werden darf aber nicht, dass Beck in hohem Maße dazu beitrug, die Wehrmacht nach 1933 aufzurüsten und kriegsbereit zu machen. Auch entwarf der Generalstab des Heeres ab 1935 zunehmend offensivere Kriegspläne und bezog einen Zweifrontenkrieg wieder mit ins Kalkül ein. Nach dem Rücktritt Becks zeigte dessen Nachfolger Franz Halder weniger Skrupel, die von Hitler geforderten Kriegspläne umzusetzen, auch wenn der bayerische General den Nationalsozialismus innerlich ablehnte. Fortan setzten sich wieder die traditionellen Denkmuster der preußisch-deutschen Generalstabsschule durch, die nach offensiven Stößen verlangten, strategische Fragen indes vernachlässigten.

Ist das kontinuierliche Drängen vieler Generalstabsoffiziere zum Krieg moralisch zu verurteilen? Letztlich ist darauf zu verweisen, dass vor allem die Generalstabschefs kaum in der Lage waren, vor einem Waffengang zu warnen. Solche Kassandrarufe wären mit dem Selbstverständnis der Militärelite nicht vereinbar gewesen, zumal viele Generalstäbe Lösungen versprachen, um verfahrene außenpolitische Lagen durch siegreiche Kriege zu beseitigen. Akribische Vorbereitung und mutige Operationsführung sollten diese Siege auch gegen zahlenmäßig und wirtschaftlich überlegene feindliche Koalitionen ermöglichen. Als Beispiele lassen sich hier vor allem die Stabschefs aus der Zeit vor dem Ersten Weltkrieg anführen, so unter anderem Helmuth von Moltke, Franz Conrad von Hötzendorf oder Joseph Joffre.

3. Geheimdienstarbeit und Doktrinbildung als weitere Tätigkeitsfelder

Ein bislang vernachlässigtes Thema im Hinblick auf die historische Forschung zu Generalstäben ist die Feindaufklärung. Die Probebohrungen des Sammelbands zeigen auf, dass hier noch einige Forschungsarbeit geleistet werden muss, dass sich diese aber auch durchaus lohnt. Schließlich besaß die Feindaufklärung bei vielen Generalstäben sowohl vor 1914 als auch vor 1939 einen hohen Stellenwert. Mit Hilfe der aus der Gegnerbeobachtung gewonnenen Informationen konnten Generalstäbe militärische Rüstungen anregen, die Militärpolitik des eigenen Landes korrigieren und zuweilen sogar Einfluss auf außenpolitische Weichenstellungen nehmen. Wie das Beispiel des britischen

Generalstabs zeigt, hatten einige Institutionen sogar ihre Ursprünge in der *military intelligence branch* des jeweiligen Landes.

Obwohl sie nicht mit dem Prestige der Operationsabteilung mithalten konnte, spielte die Feindaufklärung auch im preußisch-deutschen Generalstab eine wichtige Rolle. Die Generalstabschefs Schlieffen und Moltke passten ihre Kriegsplanungen durchaus den neuesten Nachrichten über fremde Heere an, ohne jedoch die Gesamtstrategie von den Ergebnissen der militärischen Geheimdienstarbeit abhängig zu machen. Mit Hilfe der Feindaufklärung besaß der Generalstab darüber hinaus ein Instrument, um den Kurs der Reichsregierung zu beeinflussen, die sich in der Regel auf die Einschätzungen der prestigereichen Institution verließ und auf ihnen ihre Außenpolitik aufbaute. Der Bedrohungsperzeption des Generalstabs schloss sich schließlich auch Reichskanzler Theobald von Bethmann Hollweg an, was dessen riskante Politik während der Julikrise zur Folge hatte.

Die französische Feindaufklärung vor 1914 litt unter der mangelhaften Anwendung der von ihr gelieferten Informationen. Der französische Generalstab war über die deutschen Absichten im Großen und Ganzen im Bilde, doch interpretierte die Generalstabsführung die Ergebnisse der Feindaufklärung gemäß ihrer Offensivdoktrin, sodass die Nachrichten letztlich ohne Wert waren. Warnungen seines Geheimdienstes, der offensive Kriegsplan XVII sei angesichts der deutschen Maßnahmen, die Reservisten direkt zu Kriegsbeginn in aktive Einheiten zu integrieren, undurchführbar, schlug Generalstabschef Joseph Joffre in den Wind. Zu mächtig waren innerhalb seiner Behörde die Befürworter einer grenzenlosen Offensive. Hinzu kam, dass Geheimdienstarbeit hier wie auch in anderen Generalstäben ein geringeres Prestige genoss als die Arbeit im Operationsbüro. Statt ihn zu formen, musste sich die französische Feindaufklärung vor 1914 dem vorhandenen Kriegsplan anpassen.

Die Ergebnisse der Feindaufklärung verleiteten Generalstäbe nicht nur zu Forderungen nach einem Präventivkrieg – nein, sie konnten sie auch dazu bewegen, die Regierung von der Notwendigkeit zu überzeugen, einen Krieg zu vermeiden. Verwiesen sei hier auf den rumänischen Generalstab im Jahr 1940, welcher der rumänischen Regierung nach dem sowjetischen Ultimatum abriet, zu den Waffen zu greifen, um eine Annexion Bessarabiens zu verhindern. Zu gut wusste der rumänische Generalstab um die Überlegenheit der sowjetischen und ungarischen Armee.

John Paul Harris nimmt den britischen Generalstab vor 1939 vor der Kritik in Schutz, er habe die deutschen Ansichten über die Verwendung von Panzern und Luftstreitkräften nicht angemessen und zutreffend beurteilt. Stattdessen zeigt er auf, wie nahe die Voraussagen der britischen Stabschefs zwischen 1933 und dem Beginn des Zweiten Weltkriegs den tatsächlichen deutschen

Absichten kamen. Schon frühzeitig machte der Generalstab das aufrüstende Deutsche Reich als Hauptgegner aus und erkannte auch dessen taktische Vorhaben zum Einsatz der Panzerwaffe. Zudem schätzte man die deutschen Pläne richtig ein, die eigene Luftwaffe zur Unterstützung des Heeres einzusetzen und nicht für strategische Bombardements – ein Vorgehen, das nach Ansicht des britischen Generalstabs auch von der britischen Armee beherzigt werden musste. Damit stieß man jedoch auf den Widerspruch der *Air Force*-Führung. Andere Warnungen verhallten ebenfalls ungehört, wurden doch die Forderungen von Stabschef Montgomery-Massingberd nach einer Vermehrung der Panzerkräfte aus finanziellen Gründen abgelehnt.

Auch die ungarische Regierung hörte wenig auf die Feindaufklärung des ungarischen Generalstabs. Obwohl dieser schon frühzeitig auf die deutschen Vorbereitungen für einen Krieg gegen die Sowjetunion hingewiesen hatte, blieben „Reichsverweser" Miklos Horthy und die politische Führung des Landes inaktiv. Während des Krieges sah der Generalstab das Debakel der ungarischen Truppen an der Ostfront kommen, drang mit seinen Lageeinschätzungen aber nicht durch. Die Vernichtung der 2. ungarischen Armee am Don im Februar 1943 hätte bei einer rechtzeitigen Rücknahme der Verbände verhindert werden können. Dies zeigt einmal mehr, dass es bei der Geheimdienstarbeit nicht nur auf die Sammlung von Informationen und die Erstellung eines Lagebildes ankommt, sondern auch auf die Anwendung der Erkenntnisse.

Völlig vernachlässigt wurde die Feindaufklärung im polnischen Generalstab. Trotz der massiven Aufrüstung der Wehrmacht ab 1933/35 unternahm die Institution wenig, um auf diese neue Bedrohung im Westen zu reagieren. Die Planungen versteiften sich nach wie vor auf die Abwehr eines Angriffs der Roten Armee, während der polnische Generalstab hoffte, im Falle einer deutschen Aggression von Frankreich und Großbritannien offensiv unterstützt zu werden. Offensichtlich war der generalstabsinterne Nachrichtendienst auch nicht hinreichend über die eigenen Verbündeten informiert, hatten die Westmächte doch schon lange beschlossen, im Falle eines Krieges gegen Deutschland in der Defensive zu bleiben. Ebenso wenig glaubte er an eine deutsch-sowjetische Annäherung, wie sie sich im Sommer 1939 abzeichnete und im August schließlich Realität wurde. Der machtlose polnische Generalstab besaß somit nicht nur kaum Einfluss, sondern scheiterte auch bei seinen ureigenen Aufgaben.

Neben der umfassenden Operations- und Aufmarschplanung sowie der Beobachtung möglicher Kontrahenten legten viele Generalstabsführungen Wert auf Formung der nationalen Militärdoktrin. Gerade in Frankreich übten Generalstabsoffiziere wie Louis Loyzeau de Grandmaison vor dem Ersten Weltkrieg in diesem Bereich einen verhängnisvollen Einfluss aus, indem sie der Wirkung moderner Feuerwaffen eine überlegene Moral und einen durch nichts zu stoppenden Angriffsgeist entgegensetzten. Dieser Offensive *à outrance* hatte sich auch die generalstabseigene Feindaufklärung anzupassen. Zeitgenössische Kriege wurden zwar akribisch ausgewertet, die daraus resultierenden Folgerungen jedoch allein auf die herrschenden Ansichten zugeschnitten. Der Burenkrieg oder der Russisch-Japanische Krieg schienen demnach die Richtigkeit der Offensivideologie zu bestätigen, auch wenn die Rolle schwerer Artillerie und die Bedeutung von Maschinengewehren dafür ausgeblendet werden musste. Douglas Porch zeigt auf, dass der hehre Anspruch der militärischen Führungselite, verkörpert durch das französische Generalstabsoffizierkorps und der *École supérieure de guerre*, nicht mit der Realität in Einklang gebracht werden konnte. Auch sollten die Offensive und die damit errungenen militärischen Erfolge zur Lösung der innenpolitischen Probleme beitragen. Diese klaffende Lücke zwischen Wunsch und Wirklichkeit zeitigte 1914 grausame Folgen, als Frankreichs Soldaten elanvoll und mit Offensivgeist in die Blutbäder des Ersten Weltkriegs zogen. Wie die historische Forschung bereits mehrfach herausgearbeitet hat, stand die französische Armeeführung mit diesen Fehlkalkulationen allerdings nicht allein da.[5]

In Österreich-Ungarn wurden der Burenkrieg und der Russisch-Japanische Krieg zwar ebenfalls intensiv beobachtet und ausgewertet, doch wurden auch hier aus dem Gesehenen die falschen Schlüsse gezogen. An der Präferenz zum Angriff, welche die k. u. k. Armee vor allem durch den Generalstab vermittelt bekam, durfte nicht gerüttelt werden. Schließlich sprach sich Generalstabschef Conrad auch deshalb für ein offensives Vorgehen aus, um aus einem kommenden Krieg überhaupt noch als Sieger hervorgehen zu können. Der gesteigerten Waffenwirkung setzten österreichisch-ungarische Generalstabsoffiziere wie ihre Kollegen in Frankreich die Motivation und den Mut der Soldaten entgegen. Die fehlerhafte Auswertung zurückliegender Konflikte blieb dabei aber nicht nur auf Frankreich und Österreich-Ungarn beschränkt. Wie die Beispiele des deutschen und italienischen Generalstabs zeigen, passten mehr oder weniger alle Großmächte das Gesehene an ihre feststehenden Kriegsbilder an, und nicht umgekehrt. In Deutschland hatte die durch den Generalstab vorgegebene Offensivdoktrin derart große Auswirkungen, dass nicht nur das defensive Agieren oder der Durchbruch durch feindliche Linien vernachlässigt wurden, sondern dass der Generalstab ab 1935 erneut auf diese Dogmen zurückgriff.

In Großbritannien blieb der Einfluss des Generalstabs auf die britische Doktrinbildung hingegen begrenzt. Weder bestand ein festes

5 Siehe Snyder, Jack, The Ideology of the Offensive. Military Decision Making and the Disasters of 1914, Ithaca/London 1984.

Generalstabsoffizierkorps, das eine einheitliche Idee in die Truppe hätte transportieren können, noch formulierte der Generalstab eine *unité de doctrine*. Hinzu kam, dass die Truppengeneralstabsoffiziere eher als Adjutanten fungierten und sie daher weniger Einfluss auf die Operationsführung nahmen als beispielsweise ihre deutschen, österreichisch-ungarischen oder auch russischen Kollegen.

Ähnlich einflusslos war auch der italienische Generalstab vor 1939. Während eine alte taktische Strömung nach wie vor das Kriegsbild des Ersten Weltkriegs bemühte und betonte, zum Führen eines Krieges jenseits der Alpen, beispielweise gegen Frankreich oder Jugoslawien, benötige die italienische Armee keine Panzer und Flugzeuge, gab es innerhalb der Generalstabsführung nur wenige Offiziere, die sich neueren Ideen zuwandten. Letztlich finden sich aber auch hier Parallelen zum französischen Fall, proklamierte der italienische Faschismus doch einen „neuen Menschen", einen italienischen Krieger, der mit Hilfe von überlegener Moral auch gegen moderne Feuerwaffen bestehen könne. Damit konnte er an Ansichten anknüpfen, die schon Stabschef Cadorna während des Ersten Weltkriegs vertreten hatte. Doch weder die alte, noch die neue italienische Schule, weder der Generalstab um Badoglio, noch junge faschistische Offiziere erkannten die Bedeutung der Mechanisierung und die Schlagkraft von Luftstreitkräften.

4. Vorbild Preußen?

Der Vorbildcharakter des preußischen Generalstabs liegt auf der Hand. Reformen, die bereits von Scharnhorst und Massenbach angestoßen wurden, hallten dabei noch lange nach. Zahlreiche europäische Generalstäbe orientierten sich fortan an den Maßnahmen Berlins. Als wichtiges Beispiel ist dabei der Wechsel angehender Generalstabsoffiziere zwischen „Front" und Stabsverwendungen zu nennen, ebenso wie deren bevorzugte Beförderung. Im Frankreich des ausgehenden 19. Jahrhunderts stieß diese Übernahme des „deutschen Modells" auf viel Kritik, doch lehnte man sich letztlich trotzdem an den deutschen Verfahren an. Mit Hilfe eines stetigen Wechsels der Stabsoffiziere wurden diese nicht „truppenfremd" und sorgten gleichzeitig dafür, dass die Ansichten des „Gehirns der Armee" in der gesamten Truppe bekannt und übernommen wurden. So ließ sich eine *unité de doctrine* herstellen, auf die bereits Moltke der Ältere so großen Wert gelegt hatte. Gleichwohl wurden in Frankreich aber neben der operativen Begabung noch andere Anforderungen an Generalstabsoffiziere gestellt, die als typisch „französische" Tugenden galten: Findigkeit,

Führungs- und Charakterstärke. Auch legte die französische Armeeführung mehr Wert auf physische Fitness.

Im Jahr 1906 lehnte sich auch der neugeschaffene britische Generalstab an die Methoden des preußisch-deutschen Generalstabs an, auch wenn Wilkinson in seinem vielbeachteten Buch zuvor noch gemahnt hatte, man könne nicht alle preußischen Errungenschaften auf den britischen Fall übertragen. Fortan wurde für angehende britische Stabsoffiziere das *psc* (passed Staff College), also der erfolgreiche Besuch des britischen *Staff College* in Camberley, zum üblichen Einstiegsticket für den Dienst im Generalstab. Die Anfänge verliefen dabei alles andere als einfach: Die Ausbildung musste vollständig umgestellt werden, da an der Stabsschule bis dahin nur Truppengeneralstabsoffiziere ausgebildet worden waren. Wie ihre deutschen und französischen Kollegen konnten auch britische Stabsoffiziere mit einer bevorzugten Beförderung rechnen, sodass sie einfacher und rascher in höhere Rangsphären aufstiegen als Offiziere in der Linie.

Zahlreiche europäische Generalstäbe schufen zudem in Anlehnung an die Berliner Kriegsakademie eigene Offiziersschulen, deren Besuch fortan zur wesentlichen Voraussetzung für die Aufnahme in die Institution wurde. Wenn auch nicht die erste Offiziersschule der Geschichte, so verfügte die preußische Kriegsakademie aufgrund der Erfolge der preußischen Truppen in den Einigungskriegen wohl über das größte Prestige und wurde so zum Vorbild zahlreicher Nachahmungen. Als Beispiele lassen sich hier die französische *École supérieure de guerre* oder die Theresianische Militärakademie sowie die Kriegsschule in Wien nennen, die zum Teil zwar wesentlich älter waren als ihr Berliner Gegenstück, sich in Lehrplangestaltung und Aufnahmekriterien dann aber an diesem orientierten. Vorbildcharakter besaßen zudem die erstmals vom preußischen Generalstab systematisch durchgeführten Generalstabsreisen und Kriegsspiele. Sie waren Teil jener Methoden, die auch vom französischen und österreichisch-ungarischen Generalstab übernommen wurden und die eine wissenschaftliche und operative Ausbildung der Generalstabsoffiziere bezweckten.

Als vollständige Kopie des preußischen Modells bezeichnet Danilo Šarenac den serbischen Generalstab vor dem Ersten Weltkrieg. Das Land schuf 1875/76 einen eigenen Generalstab, nachdem der Deutsch-Französische Krieg die Überlegenheit des preußischen Stabssystems bewiesen hatte. Folglich orientierte sich der serbische Generalstab im Hinblick auf Aufbau und Aufgaben an seinem direkten Vorbild, unterstand aber – anders als dieses – dem Kriegsministerium. Für die Ausbildung und Schulung der Generalstabsoffiziere griff man zudem auf das Mittel der Generalstabsreisen zurück. Generalstabschef Putnik lehnte sich eng an Moltkes Ideale an und bemühte sich, eine einheitliche Doktrin zu schaffen, die das ganze serbische Heer beseelen sollte. Generalstabsoffiziere wechselten zwischen Truppe und Stabsverwendungen, blieben aber letztlich bis zum Ende ihrer Dienstlaufbahn ein Teil des Generalstabsoffizierskorps. Damit glich diese „Kaste" dem abgeschlossenen deutschen Korps. Letztlich ähnelten serbische Generalstabsoffiziere auch im Habitus ihren deutschen Kollegen: Sie galten als Elite des Heeres, wurden gesondert geschult und unterschieden sich durch eigene Uniformen auch optisch von Linienoffizieren.

Ähnlich stark wie in Serbien war der preußisch-deutsche Einfluss im osmanischen Heer, was vor allem mit den zahlreichen deutschen Militärmissionen im Osmanischen Reich zusammenhing. Besonders Colmar von der Goltz, selbst langjähriger preußischer Generalstabsoffizier, reformierte die Generalstabslaufbahn der osmanischen Armee. Er legte Wert auf eine umfassende wissenschaftliche Ausbildung und lehnte sich dabei bewusst an das deutsche Modell an. Neue Fächer wie Taktik und Kriegsgeschichte wurden in den Lehrplan aufgenommen, Kriegsspiele und Generalstabsreisen fanden nun ihren Weg in den osmanischen Generalstab. Auch wurden zahlreiche osmanische Offiziere zur Berliner Kriegsakademie kommandiert, um dort erlerntes Wissen in ihrer Heimat weiterzugeben. Die Zentrale in Konstantinopel lehnte sich ebenfalls eng an ihr deutsches Vorbild an, auch wenn auf osmanische Besonderheiten Rücksicht genommen wurde. Die auf diese Weise ausgebildeten jungen osmanischen Offiziere bildeten schließlich den Nukleus der „jungtürkischen Revolution" des Jahres 1908.

Es ist ersichtlich, dass der preußische Generalstab auf die Entwicklung der meisten Generalstäbe enormen Einfluss ausgeübt hat. Einige Armeeführungen suchten jedoch in anderen Ländern nach Anregungen. Polen und Ungarn orientierten sich bei der Aufstellung ihrer Generalstäbe nicht am deutschen Vorbild, sondern am österreichisch-ungarischen. Dies ist auch nicht verwunderlich, dienten in den Armeen beider Länder nach dem Ersten Weltkrieg doch etliche Offiziere, die während des Konflikts noch in k. u. k. Diensten gestanden hatten. Sowohl Ungarn als auch Polen gliederten ihre Stäbe folglich wie den Stab der bewaffneten Macht der Doppelmonarchie. Auch richteten sie ihre jeweiligen Militärakademien am Vorbild der Theresianischen Militärakademie und der Kriegsschule in Wien aus.

5. Die Generalstabsoffiziere – Elite der Armeen?

Handelte es sich bei den Generalstabsoffizieren schließlich um die militärische Elite des jeweiligen Landes? Die Befunde des Sammelbandes bestätigen diese häufig vorgebrachte These. In der Regel wurden Generalstabsoffiziere in allen hier behandelten Ländern lange ausgebildet und kontinuierlich weitergeschult, der Selektionsprozess war härter als bei anderen Militärinstitutionen. Zumeist wurden angehende Generalstabsoffiziere auf Militärakademien ausgebildet, die nicht selten dem jeweiligen Generalstab unterstanden. Hatte der Generalstab keinen direkten Zugriff auf die Akademie, so konnte er doch zumindest Lehrinhalte und Lehrpläne maßgeblich mitbestimmen. Sicherlich spielte Patronage – wie in den restlichen Armeen auch – ebenfalls eine wichtige Rolle, doch waren Generalstäbe mehr als andere Institutionen meritokratisch organisiert. Bei ihrer zentralen Bedeutung, die Generalstäbe innerhalb der Militärhierarchien häufig einnahmen, war es schließlich von großer Wichtigkeit, auch auf die am besten ausgebildeten Offiziere zurückgreifen zu können. Allein in Deutschland vor 1939 musste die Generalstabsführung in Sachen Qualität Abstriche hinnehmen, da die extrem schnelle und umfangreiche Aufrüstung der Wehrmacht ein wesentlich größeres Offizierkorps verlangte. Dieses konnte indes nur auf Kosten der akribischen Ausbildung geschaffen werden, sodass der Generalstab letztlich auch einer zunehmenden Entakademisierung zustimmte.

Wie die Beispiele Frankreichs vor dem Ersten Weltkrieg oder Ungarns vor dem Zweiten Weltkrieg zeigen, stiegen Offiziere, die auf der Militärakademie ausgebildet und im Generalstab sozialisiert worden waren, mit weitaus größerer Wahrscheinlichkeit in höhere Rangsphären auf als ihre Kollegen, die eine derartige Schulung nicht genossen hatten. Ähnlich verhielt es sich in Rumänien in der Zeit vor 1914, wo Generalstabsoffiziere in der Regel nicht nur aristokratischen Familien entstammten, sondern auch eine lange Ausbildung auf der Kriegsschule absolviert haben mussten. Das Beispiel des französischen Generalstabs zeigt aber auch, wie wichtig weiterhin die Patronage blieb – gerade im System der Dritten Republik, wo politische Ansichten oder die Konfession entscheidende Maßstäbe für eine Offizierskarriere blieben.

Nicht in allen europäischen Heeren bildeten die Generalstabsoffiziere indes ein geschlossenes Korps, wie das Beispiel Großbritanniens zeigt. Zwar war der Besuch des *Staff College* der übliche Weg, um im Generalstab dienen zu können, doch gab es noch genügend Quereinsteiger, die auf andere Art Eingang in die Institution fanden. Die Offiziere des britischen Generalstabs waren folglich kein einheitlich geschultes, elitäres Korps, sondern vielmehr eine recht lose Vereinigung von Individuen. Dies hing auch mit einer hohen personellen Fluktuation zusammen, die das Aufkommen eines Zusammenhörigkeitsgefühls oder eines besonderen Kastendenkens erschwerte.

Von großen Unterschieden geprägt waren zudem die Befugnisse der Truppengeneralstabsoffiziere. Während diese im Deutschen Reich traditionell ein sehr großes Maß an Einfluss genossen und als beinahe ebenbürtige Berater der Kommandeure fungierten, füllten sie in anderen Armeen lediglich den Posten eines besseren Adjutanten aus. Hier sei nicht nur an die französischen und britischen Stabsoffiziere erinnert, sondern auch an die rumänischen. Während die Institution in Bukarest durchaus über Macht verfügte, blieben die Mitspracherechte der rumänischen „Nervenenden" begrenzt. Die Kommandostruktur in rumänischen Heereseinheiten passte sich dabei der Zentralisierung an, die unter der Führung des autoritären Antonescus Konjunktur hatte.

Das Streben, zur Elite dazuzugehören, führte indes zu absurden Geschichten. In Österreich-Ungarn erregte beispielsweise der Fall Adolf Hofrichters für Aufsehen, der mit Hilfe von Giftmorden versuchte, die vor ihm in der Rangliste geführten Generalstabsanwärter zu überflügeln. Gleichwohl diente der Generalstab in der Donaumonarchie – aber auch in weiten Teilen des deutschen Heeres – gewissermaßen als Sozialisationsinstanz für die militärische Führungselite. Bevorzugte Beförderung und die Aussichten auf Karrieren in den höchsten Führungsstellen sorgten in vielen europäischen Generalstäben dafür, dass sich stets mehr Bewerber für die Aufnahme bewarben, als Stellen zur Verfügung standen.

Ideologisch waren Generalstabsoffiziere häufig im nationalkonservativen Spektrum zu verorten. Dies traf beispielsweise auf die preußisch-deutschen und österreichischen Offiziere zu, deren Behörden direkt dem Kaiser unterstanden und die sich als Stütze der Monarchie gegen äußere und innere Feinde verstanden. Auch im Ungarn der Zwischenkriegszeit bildeten Generalstabsoffiziere die Machtbasis des autoritär regierenden Staatschefs Horthy. Während ein Großteil der ungarischen Stabsoffiziere mit Hitlers Deutschem Reich sympathisierte, schlossen sich manche im Verlauf des Zweiten Weltkriegs sogar der rechtsradikalen „Pfeilkreuzler"-Bewegung an. Als innere Feindbilder mussten vor dem Ersten Weltkrieg in erster Linie Sozialdemokraten herhalten, während in der Zwischenkriegszeit vor allem die bolschewistische Sowjetunion und die kommunistischen Bewegungen in Europa als Gegner betrachtet wurden.

Dieser Befund trifft indes nicht nur auf autokratische oder monarchische Staaten zu, sondern war zuweilen auch in Demokratien zu beobachten. Douglas Porchs Beitrag über den französischen Generalstab vor dem Ersten Weltkrieg illustriert die Spannungen zwischen ziviler und militärischer Sphäre in der Dritten Republik. Rund um die weitreichenden Folgen der Dreyfus-Affäre war der französische Generalstab zumeist auf Seiten der rechten, konservativen, klerikalen und royalistischen Vertreter zu finden, die die Republik innerlich ablehnten. Ohnehin sah ein Großteil der Armeeführung die blutige Niederschlagung der sozialistischen *Commune* 1871 gewissermaßen als

Gründungsakt des französischen Heeres an. Die Einführung der zweijährigen Dienstzeit im Jahr 1905 bewerteten viele Stabsoffiziere als Rache der Republik für den Fall Dreyfus. Sie begrüßten daher die Bemühungen des französischen Generalissimus Joseph Joffre, in den ersten zwei Jahren des Ersten Weltkriegs ein militärisches System zu etablieren, in dem die französische Regierung nur wenige Einflussmöglichkeiten hatte.

Sich bewusst von den konservativ-autokratischen Werten abgrenzen, darum war allein der Generalstab der Roten Armee bemüht. Da der russische Generalstab aus der Zeit vor 1917 lange als Rückgrat des Zarenregimes galt, hieß die neugeschaffene Institution der Roten Armee lediglich „Stab", um sich von ihrem Vorgänger auch sprachlich abzuheben. Natürlich mussten die Generalstabsoffiziere auch politisch auf der Linie der Partei- und Staatsführung sein, um Karriere machen zu können. Dennoch dienten bis 1937/38 noch fast 1000 Offiziere im sowjetischen Generalstab, die ihre Stabsausbildung in der Armee des Zaren erhalten hatten. Erst im Zuge der stalinistischen Säuberungen 1937/38 verringerte sich diese Zahl auf 111.

Auch wenn ideologisch nicht vollkommen deckungsgleich, passte sich die deutsche Generalstabsführung vor dem Zweiten Weltkrieg doch weitgehend dem NS-Regime an, zumal zwischen den Militärs und Hitler weitgehende Einigkeit bei den Zielen herrschte: Das System von Versailles musste zertrümmert, die deutsche Machtstellung wiedererschaffen werden. Als dafür notwendiges Mittel setzte die Wehrmachtführung – und mit ihr der Generalstab – auf eine umfangreiche Aufrüstung, und konnte sich dabei der Unterstützung Hitlers sicher sein, der seinen europäischen Krieg je eher, desto besser vom Zaun brechen wollte. Berufen konnte sich die Generalstabsführung dabei stets auf die vermeintlich unpolitische Haltung des gesamten deutschen Offizierskorps, die bereits in der Weimarer Zeit etabliert worden war und Hitler später die Übernahme des Oberbefehls über die Wehrmacht erleichterte. Nur wenige Generalstabsoffiziere wie Kurt von Hammerstein-Equord, Wilhelm Adam oder Ludwig Beck, lehnten den Nationalsozialismus offen ab. Bis zum Kriegsausbruch blieben aber auch sie weitgehend passiv, zumal sie bei ihren Offizierskollegen keine Rückendeckung erfuhren.

6. Generalstäbe im Zeitalter der Weltkriege – perfekte Institutionen?

Ungeachtet der großen Bedeutung einiger Generalstäbe innerhalb der staatlichen Militärhierarchien machen die Beiträge des Sammelbands indes auch deutlich, dass die Realität vom Mythos der „perfekten Institution" doch teilweise erheblich abwich. Generalstäbe griffen unbefugt in die politische Sphäre über, legten waghalsige, zuweilen einem Hasardspiel gleichende Kriegspläne vor und unterschätzten vielfach die Stärke gegnerischer Armeen, während sie die eigenen Truppen überbewerteten. Nur in den seltensten Fällen erwiesen sich die Kriegspläne als vollständig umsetzbar und die Einschätzungen der Gegnerabsichten als zutreffend. Als Beispiel des Scheiterns lässt sich hier der rumänische Generalstab vor dem Ersten Weltkrieg anführen, der nach dem Seitenwechsel zur Entente nicht nur den Einmarsch in den ungarischen Teil Transsylvaniens, sondern zeitgleich auch noch eine Offensive gegen Bulgarien plante. Damit überschätzte die Behörde die rumänischen Möglichkeiten, zumal sie auch einen möglichen deutschen Beistand für dessen Verbündete nicht in ihre Planungen miteinbezog. Von der Regierung zur Offensive gedrängt, besaß der rumänische Generalstab aber überhaupt keine Strategie für die Teilnahme an einem mehrjährigen Weltkrieg. Aus der politisch erwünschten Eroberung Transsylvaniens wurde auf diese Weise ein Kampf um die nationale Existenz, der schließlich allein aufgrund der deutschen Niederlage 1918 glimpflich ausging.

Über das deutsche Beispiel müssen nicht mehr viele Worte verloren werden. Unter Generalstabschef Alfred von Schlieffen entwarf der Generalstab einen riskanten und politisch höchst schädlichen Kriegsplan, der die französische Armee innerhalb weniger Wochen niederwerfen sollte, um sich im Anschluss gegen Russland wenden zu können. Doch weder Schlieffen noch Moltke berucksichtigten bei ihren Planungen unvorhergesehene Friktionen, stattdessen berechneten sie die Bewegungen der einzelnen Heeresteile minutiös voraus. Der Plan baute nicht nur auf Fehler des Gegners, sondern war auch darauf angewiesen, dass die deutschen Heerführer keine Fehler begingen. Die zur Umsetzung des Plans erforderliche Verletzung der belgischen Neutralität trug schließlich erheblich zum Kriegseintritt Großbritanniens bei und schadete dem Deutschen Reich auch im neutralen Ausland.

In einigen Fällen begünstigte der organisatorische Aufbau der Stäbe verhängnisvolle Fehler. Zumeist hierarchisch strukturiert, liefen alle eingehenden Informationen häufig allein beim jeweiligen Chef des Generalstabs zusammen. Dieser hatte anschließend Mühe, den Überblick über die unterschiedlichen Materialien zu bewahren, musste er doch entscheiden, was an die politisch Verantwortlichen weitergereicht werden sollte und was nicht. Die geschilderte Schwachstelle traf ohne Zweifel auf den preußisch-deutschen Generalstab zu, schließlich lag die Macht über sämtliche gesammelten Informationen seiner Behörde in den Händen des zuweilen überforderten Generalstabschefs Helmuth von Moltke. Auch arbeiteten die einzelnen Abteilungen nur in den seltensten Fällen zusammen: Moltke schloss sich zumeist der Meinung desjenigen Abteilungschefs an, der zuletzt bei ihm Vortrag gehalten hatte.

Ähnliche Missstände finden sich auch im Generalstab der Donaumonarchie. Laut Kronenbitter lässt sich Generalstabschef Conrad von Hötzendorf gewissermaßen als Personifizierung für die fachlichen Mängel und moralischen Defizite der österreichisch-ungarischen Militärelite charakterisieren.

Weit entfernt von einer perfekten Institution war schließlich auch der osmanische Generalstab. Es mangelte ihm nicht nur an Kompetenzen, sondern auch an einem einheitlich und wissenschaftlich ausgebildeten Generalstabsoffizierkorps. In den zahlreichen Kriegen des Osmanischen Reichs im 19. Jahrhundert konnte die Institution zu keiner Zeit maßgeblichen Einfluss auf die Operationsführung und die militärische Planung erlangen. Schon bei den rudimentären Wissensbeständen klafften große Lücken: Vorangegangene Kriege wurden kaum aufgearbeitet, Landkarten des eigenen Territoriums nicht erstellt, Daten über das osmanische Heer nicht gesammelt. Wollte der Sultan Angaben über sein Heer erhalten, wandte er sich nicht an seinen Generalstab, sondern an die britische Botschaft in Konstantinopel, war sie doch weitaus besser informiert. Auch wenn sich bis zum Ersten Weltkrieg Besserungen einstellten, besonders in der Ausbildung der osmanischen Generalstabsoffiziere, so verzweifelte die deutsche Militärmission noch bis 1918 wiederholt an der Unfähigkeit der höheren osmanischen Truppenführer. Die Generalstabstätigkeiten selbst wurden folglich überwiegend durch deutsche Offiziere wahrgenommen, weshalb das osmanische Heer mehr und mehr zu einem deutschen Vasallen herabsank.

Überfordert zeigte sich auch der russische Generalstab vor dem Ersten Weltkrieg. Während die Militärelite darauf brannte, mit Österreich-Ungarn, dem russischen Gegenspieler auf dem Balkan, abzurechnen, verlangten die Rücksichten auf das Bündnis mit Frankreich ein Vorgehen gegen das Deutsche Reich. Statt sich aber auf eine einzige Offensive festzulegen, plante der russische Generalstab nun zwei simultane Angriffe auf die Mittelmächte ein. Zu einer schwachen Offensive gegen Ostpreußen gesellte sich daher eine starke Offensive gegen Galizien. Das gleichzeitige Vorgehen überforderte indes die Kräfte der russischen Armee. Zwar hatten die Soldaten des Zaren gegen Österreich-Ungarn Erfolg, mussten jedoch auf deutschem Gebiet eine herbe Niederlage einstecken.[6]

6 Menning, Bruce W., From Mukden to Tannenberg: Defeat to Defeat, 1905-1914, in: Kagan, Frederick W./Higham, Robin (Hg.), The Military History of Tsarist Russia, London 2002, S. 203-225, ders., The Role of Iu. N. Danilov and M. V. Alekseev in Russian War Planning before 1914, in: The International History Review 25 (2003), S. 775-798; ders., War Planning and Initial Operations in the Russian Context, in: Hamilton, Richard F./Herwig, Holger H., War Planning 1914, Cambridge 2009, S. 80-142.

Als noch fehlerhafter erwies sich die italienische Planung vor dem Eintritt Italiens in den Ersten Weltkrieg. Dabei hätten Generalstabschef Cadorna und seine Stabsoffiziere in besonderer Weise von der anfänglichen italienischen Neutralität profitieren müssen, konnte die italienische Feindaufklärung doch Informationen auf beiden Seiten der Fronten einholen. Dass der Krieg nicht mehr im Stile napoleonischer Reiterattacken geführt werden konnte, sondern längst in einen blutigen Stellungskrieg ausgeartet war, wurde von zahlreichen italienischen Militärbeobachtern zwar kontinuierlich berichtet, doch glaubte Cadorna, mit Hilfe einer rücksichtslosen Offensive und gestützt auf ausreichend Truppenreserven einen Durchbruch durch die österreichisch-ungarischen Linien erzielen zu können. An diesem fatalen Irrtum hielt der General auch während des Krieges selbst fest und verheizte italienische Soldaten in mehreren ergebnislosen Schlachten in den Alpen. Warnungen, die seinem Kriegsbild zuwider liefen, schlug der General hingegen in den Wind.

Als besonders inkompetentes Beispiel zieht die historische Forschung zuletzt häufig den französischen Generalstab der Zwischenkriegszeit heran. Unter Maurice Gamelin blieb dieser dem defensiven Denken des Ersten Weltkriegs verhaftet und verließ sich voll und ganz auf die Stärke der Maginotlinie. Erst spät begann der Generalstab mit einer engeren Abstimmung mit dem engsten französischen Verbündeten Großbritannien. Die Kriegspläne sahen dabei zunächst einen Angriff auf Italien vor, hielt man die Armee des faschistischen Landes doch für weitaus schwächer als die deutsche Wehrmacht. Frankreichs Strategie setzte dabei auf einen langen Krieg, den das Deutsche Reich wirtschaftlich nicht durchhalten konnte: An der deutsch-französischen Grenze sollte die französische Armee daher nicht aktiv werden, sondern warten, bis die alliierte Wirtschaftsblockade die Waage zugunsten der eigenen Seite geneigt hatte. Schließlich verlagerten Gamelin und der Generalstab die Verteidigung Frankreichs nach Belgien hinein, um Nordfrankreich vor einem deutschen Zugriff zu bewahren. Den deutschen Hauptangriff erwartete man genau hier. Doch das 1940 umgesetzte „Dyle-Breda-Manöver“ erwies sich letztlich als katastrophal, liefen die alliierten Truppen den Deutschen damit in die gestellte Falle. Zu spät hatte das generalstabseigene „Deuxième Bureau“ den deutschen Panzerschwerpunkt in den Ardennen erkannt, der den Auftakt zur deutschen „Sichelschnittbewegung“ bildete. Die Vorentscheidung des Westfeldzuges war somit bereits in den Planungsstuben der Stäbe gefallen, zumal der französische Generalstab wenig Wert auf die Etablierung einer Doktrin für die gepanzerten Streitkräfte gelegt hatte.[7]

7 Siehe dazu Alexander, The Republic in danger; ders., French grand strategy; Schuker, Seeking a Scapegoat; Brausch, Gerd, Sedan 1940. Deuxième Bureau und strategische Überraschung,

Frei von menschlichen Schwächen waren demnach auch die Generalstäbe keineswegs. Sicherlich herrschte in den Diensträumen der europäischen Generalstäbe akribisches Arbeiten vor, doch zeigen die Befunde des Sammelbands insgesamt auf, dass vom Mythos der vermeintlich perfekten Institutionen letztlich wenig übrig blieb. Die einzelnen Beiträge machen darüber hinaus aber auch deutlich, wie ertragreich die Erforschung der Generalstäbe und ihrer Offiziere sein kann. Nach Jahren, in denen die Historiographie das Kriegserlebnis der einfachen Soldaten an der Front bzw. der einfachen Bevölkerung an der „Heimatfront" in den Mittelpunkt gestellt hat,[8] kündigen neuere Veröffentlichungen langsam ein neues Forschungsinteresse an.[9] Das „Erleben" des Krieges durch die Armeeführungen gerät nun häufiger in den Blick, womit sich auch neue Chancen für die Erforschung von Generalstäben und ihren Tätigkeiten auftun. Dass auf diesem Feld auch nach Drucklegung dieses Sammelbands längst nicht alle Fragen beantwortet wurden und namentlich die ost- und südosteuropäischen Stäbe weiterer Untersuchungen bedürfen, dürfte deutlich geworden sein. Der vorliegende Sammelband versteht sich daher als Ansporn, auch im vermeintlich ausgeforschten Bereich der Obersten Heerführungen neue Erkenntnisse zu Tage zu fördern.

---

in: Militärgeschichtliche Mitteilungen 2 (1967), S. 13-92; Jackson, Peter, France and the Nazi Menace: Intelligence and Policy Making, 1934-1949, Oxford 2000; May, Ernest R., Strange Victory: Hitler's Conquest of France, New York 2000; Porch, Douglas, The French Secret Services. From the Dreyfus Affair to the Gulf War, New York 1995, vor allem S. 136-173.

8 Wette, Wolfram (Hg.), Der Krieg des kleinen Mannes. Eine Militärgeschichte von unten, München 1992; Hirschfeld, Gerhard/Krumeich, Gerd/Renz, Irina (Hg.), „Keiner fühlt sich hier mehr als Mensch". Erlebnis und Wirkung des Ersten Weltkriegs, Essen 1993 und Ulrich, Bernd, „Militärgeschichte von unten". Anmerkungen zu ihren Ursprüngen, Quellen und Perspektiven im 20. Jahrhundert, in: Geschichte und Gesellschaft 22 (1996), S. 473-503.

9 Zum Ersten Weltkrieg (mit Blick auf Deutschland): Afflerbach, Holger (Hg.), Kaiser Wilhelm II. als Oberster Kriegsherr im Ersten Weltkrieg. Quellen aus der militärischen Umgebung des Kaisers 1914-1918, München 2005; Grawe, Lukas (Hg.), Die militärische Elite des Kaiserreichs. 24 Lebensläufe, Darmstadt 2020; Groß, Gerhard P., Das Große Hauptquartier im Ersten Weltkrieg, Berlin/Boston 2022. Zum Zweiten Weltkrieg (mit Blick auf Deutschland): Hürter, Johannes (Hg.), Notizen aus dem Vernichtungskrieg. Die Ostfront 1941/42 in den Aufzeichnungen des Generals Heinrici, Darmstadt 2016; ders., Hitlers Heerführer. Die deutschen Oberbefehlshaber im Krieg gegen die Sowjetunion 1941/42, 2. Aufl., München 2007. Hinzu kommen die zahlreichen Biographien zu ranghohen Offizieren und Generalen im Zeitalter der Weltkriege.

Verzeichnis der Beiträgerinnen und Beiträger

Prof. Dr. Günther Kronenbitter
lehrt Geschichte und Kulturwissenschaften an der Universität Augsburg. Er veröffentlichte zahlreiche Studien zur Geschichte Österreich-Ungarns sowie zu Vorgeschichte und Verlauf des Ersten Weltkriegs. Veröffentlichungen u.a.: „Krieg im Frieden“. Die Führung der k.u.k. Armee und die Großmachtpolitik Österreich-Ungarns 1906-1914, München 2003; zusammen mit Markus Pöhlmann (Koord.), Bayern und der Erste Weltkrieg, München 2017; Austria's Decision for War in 1914, in: Andreas Gestrich u. Hartmut Pogge von Strandmann (Hg.), Bid for World Power? New Research on the Outbreak of the First World War, Oxford 2017, 149-159; Konflikt und Konsens. Der Balkan und die Friedensordnung des Berliner Kongresses 1878, in: Historisches Jahrbuch 139 (2019), 119-130.

Dr. Lukas Grawe
ist Historiker und Wissenschaftlicher Mitarbeiter (Post-Doc) am Socium Forschungszentrum der Universität Bremen. Veröffentlichungen u.a.: Deutsche Feindaufklärung vor dem Ersten Weltkrieg. Informationen und Einschätzungen des deutschen Generalstabs zu den Armeen Frankreichs und Russlands 1904 bis 1914, Paderborn 2017; als Hg.: Die militärische Elite des Kaiserreichs. 24 Lebensläufe, Darmstadt 2020; Albion an Holsteins Küsten? Der preußische Generalstab und die Furcht vor einer britischen Landung in Norddeutschland und Dänemark, 1905-1914, in: Militärgeschichtliche Zeitschrift 79/1 (2020), S. 26-64; Sozialpolitik als nationalsozialistisches Propagandamittel während des Zweiten Weltkrieges, in: Geschichte und Gesellschaft 47/3 (2021), S. 380-411.

Douglas Porch
is Distinguished Professor Emeritus and former Chair of the Department of National Security Affairs at the Naval Postgraduate School in Monterey, California. His books include: The French Secret Services. From the Dreyfus Affair to Desert Storm, New York 1995; The French Foreign Legion. A Complete History of the Legendary Fighting Force, New York/London 1991; The March to the Marne. The French Army 1871-1914, Cambridge 1981. His latest book, Counterinsurgency. The origins, Development and Myths of the New Way of War, was published by Cambridge University Press in 2013 and has been placed on the Army Chief of Staff's reading list for all officers. He spent 2014-2015 as Academic Visitor at St Antony's College, Oxford and Visiting Fellow at Oxford University's Changing Character of War Programme. Defeat and Division, the

first volume of a two-volume history of France at War 1939-1945, is to be published by Cambridge University press in the summer of 2022, with a second volume Occupation and Liberation, to appear in 2023.

Professor Ian F. W. Beckett

retired as Professor of Military History from the University of Kent in 2015. He has held chairs in the both the UK and US and is known internationally for his work on the history of the British army and on the First World War. Recent publications: A Guide to British Military History: The Subject and the Sources, Barnsley 2016; along with Timothy Bowman and Mark Connelly, The British Army in the First World War, Cambridge 2017; A British Profession of Arms: The Politics of Command in the Late Victorian Army, 1872-1902, Oklahoma 2018; How Wars End: Victorian Colonial Conflicts, in: Journal of Military History 82 (2018), pp. 29-44; The Campaign of the Lost Footsteps: The Pacification of Burma, 1885-95, in: Small Wars and Insurgencies 30 (2019), pp. 994-1019.

Prof. Dr. Marco Mondini

is Associate Professor in History of Conflicts and Modern History at the University of Padua – Department of Political Sciences (SPGI), where he is PI of the projects "An Environmental History of War" (2019-2022) and "Getting out of the War (1944-1950)" (2020-2023). He is also a Research Associate at the Italian-German Historical Institute in Trento and a chercheur associé at the UMR Sirice (CNRS – Paris Sorbonne). He is a member of the directorial board of the Historial de la Grande Guerre in Péronne and a section editor for "14-18 online. International Encyclopedia of the First World War". Recent publications: Roma 1922. Il fascismo e la guerra mai finite [Rome 1922. Fascism and the never-ending War (2022); along with Cornelissen, Christoph (eds.), The Mediatization of War and Peace, Berlin/Boston 2021; Fiume 1919. Una guerra civile italiana [Fiume 1919. An Italian Civil War], Rome 2019; Il Capo. La Grande Guerra del generale Luigi Cadorna [The Chief. The Great War of General Luigi Cadorna], Bologna 2017 (German translation: Berlin/Boston 2022, English translation: Cambridge 2022); La Guerra italiana. Partire, raccontare, tornare 1914-18, Bologna 2014; along with Rospocher, Massimo (eds.), Narrating War, Berlin/Bologna 2013.

Dr. Danilo Šarenac

is a senior researcher at the Institute for Contemporary History in Belgrade. He works on topics related to the cultural studies of warfare in the Balkans during the first half of the 20th century. He also researched the history of banditry and has also published extensively about memory politics in the region. Recent publications: Why did nobody control Apis? Serbian Military Intelligence and the Sarajevo Assassinations, in: Cornwall, Mark (ed.), Sarajevo 1914, London 2020, pp. 125-149; A View of the Disaster and Victory from below: Serbian Roma Soldiers, 1912-1918, in: Social Inclusion 8/2 (2020), pp. 277-285; The Rediscovery of the Serbian Great War Veterans in Socialist Yugoslavia (1970-1989). The Case of Momčilo Gavrić, the Boy Soldier, in: Journal of Balkan and Black Sea Studies 6 (2021), pp. 131-154.

Dr. Claudiu-Lucian Topor
has been an associate professor at the Faculty of History at the "Alexandru Ioan Cuza" University in Iași. Recent publications: A Forgotten Lesson: The Romanian Army between the Campaign in Bulgaria (1913) and the Tutrakan Debacle (1916), in: Boeckh, Karin/Rutar, Sabine (eds.), The Wars of Yesterday. The Balkan Wars and the Emergence of Modern Military Conflict, 1912-1913, Oxford/New York 2018, pp. 240-258; Romanians at War – Soldiers' Experience during the Military Campaign (1916-1918), in: Gahlen, Gundula/Petrova, Deniza/Stein, Oliver (eds.), Die unbekannte Front. Der Erste Weltkrieg in Rumänien, Frankfurt am Main 2018, pp. 223-249); along with Alexander Rubel (eds.), "The Unknown War" from Eastern Europe. Romania between Allies and Enemies (1916-1918), Konstanz 2016; "Auf nach Rumänien!" Beligeranța germano-română 1916-1918 ["Auf nach Rumänien!" The German-Romanian Belligerence 1916-1918], Iași 2020.

Prof. Dr. Elke Hartmann
leitet das Institut für Osmanistik und Turkologie an der Freien Universität Berlin. Ihre Forschungsschwerpunkte liegen auf der modernen osmanischen Geschichte, insbesondere der Militär- und Gewaltgeschichte, Alltagsgeschichte und Selbstzeugnisforschung. Von ihr ist unter anderem erschienen: Die Reichweite des Staates. Wehrpflicht und moderne Staatlichkeit im Osmanischen Reich 1869-1910, Paderborn 2016; Örmény élet az oszmán birodalomban [Armenisches Leben im Osmanischen Reich] (Übersetzung: Ágnes Reviczky-Balogh), Budapest 2021; Dashed Hopes: Perspectives of Ottoman-Armenian Elites on Russia, in: Deak, John/Perry, Heather R./Sencer, Emre (Hg.), The Central Powers in Russia's Great War and Revolution, 1914-22: Enemy Visions and Encounters, Bloomington 2020, S. 111-132.

PD Dr. Michael Jonas
lehrt und forscht an der Helmut-Schmidt-Universität, Hamburg, und am German Institute for Defence and Strategic Studies (GIDS). Jüngere Veröffentlichungen: Scandinavia and the Great Powers in the First World War, London

2019; Drawing Borders and Protecting Minorities in a Post-Imperial World: Legal Conflicts and the League of Nations' Minority Protection Regime, in: German Yearbook of International Law 64 (2020), S. 189-222; Hammarskjöld at The Hague: Sweden and the Peace Conferences of 1907, in: Payk, Marcus/Priemel, Kim Christian (Hg.), Crafting the International Order: Practitioners and Practices of International Law since c. 1800, Oxford 2021, S. 113-141; An Uneasy Relationship: German Diplomats and Bureaucrats in the League of Nations, in: Gram-Skjoldager, Karen/Ikonomou, Haakon A./Kahlert, Torsten (Hg.), Organizing the 20th-Century World: International Organization and the Emergence of International Public Administration, 1920s-1960s, London 2020, S. 163-179; The German Confederation as an International Organisation: A Historiographical Essay on Current Debates, Diplomatica: A Journal of Diplomacy and Society 2/2 (2020), 305-322; Generalfeldmarschall Paul von Hindenburg, in: Grawe, Lukas (Hg.), Des Kaisers militärische Elite, Darmstadt 2020, S. 111-126.

Dr. John Paul Harris
holds a bachelor's degree in History and a doctorate in War Studies from King's College London and has taught in the War Studies Department at the Royal Military Academy Sandhurst since November 1986. His books include: Men, Ideas and Tanks: British Military Thought and Armoured Warfare, Manchester 1995; Amiens to the Armistice: The BEF in the Hundred Days Campaign, 8 August-11 November 1918, London 1998; Douglas Haig and the First World War, Cambridge 2008; Vietnam's High Ground: Armed Struggle for the Central Highlands 1954-1965, Lawrence 2016. His book on Douglas Haig won the Templer Prize for Military History and a Distinguished Book Award for Biography from the Society of Military History in the US.

Dr. Matthias Uhl
ist Historiker und Wissenschaftlicher Mitarbeiter am Deutschen Historischen Institut in Moskau. Veröffentlichungen u.a.: Ivkin, Vladimir I.; Suchina Georgij A., Uhl, Matthias (Hrsg.): Stanovlenie raketnoj mošči strany. Iz istorii sozdanija raketno-jadernogo oružija i Raketnych vojsk strategičeskogo naznačenija (1960-1964) [Die Errichtung der Raketenmacht des Landes. Aus der Geschichte der Entwicklung der Raketenkernwaffen und der Strategischen Raketentruppen (1960-1964)], Bd. 1-3, Moskva 2019; Die Organisation des Terrors. Der Dienstkalender Heinrich Himmlers 1943-1945, hrsg. von Matthias Uhl, Thomas Pruschwitz, Martin Holler, Jean-Luc Leleu und Dieter Pohl, München 2020; Die Mobilmachungs- und Kriegsvorbereitungen der Sowjetunion in den 1950er und 1960er Jahren, in: Militärgeschichtliche Zeitschrift, Band 79, 2020, Heft 2,

S. 343-370; The Armed Forces in Germany in the Changed Soviet Defence Strategy Under Gorbachev, in: Meißner, Christoph/Morré, Jörg (Hrsg.), The Withdrawal of Soviet Troops form East Central Europe. National Perspectives in Comparison, Göttingen 2021, S. 95-111.

Dr. Amedeo Osti Guerrazzi
works as researcher at the University of Padua. His publications include: Caino a Roma. I complici romani della Shoah [Cain in Rome. The Roman Accomplices of the Shoah], 2. Ed., Rom 2006; Noi non sappiamo odiare. L'esercito italiano tra fascismo e democra-zia [We don't know how to hate. The Italian Army Between Fascism and Democracy], Turin 2010; along with Lutz Klinkhammer/ Thomas Schlemmer (eds.), Die „Achse" im Krieg. Politik, Ideologie und Kriegführung 1939-1945, Paderborn 2010; The Italian Army in Slovenia. Strategies of antipartisan repression, 1941-1943, New York 2013, Das System Mussolini. Die Regierungspraxis des Diktators 1922 bis 1943 im Spiegel seiner Audienzen, in: Vierteljahrshefte für Zeitgeschichte 66/2 (2018), pp. 201-232.

Professor Anita J. Prażmowka
Professor of International History at the London School of Economics. Special areas of interest: Polish history in the 20th century, history of Eastern and South Eastern Europe, Communism in Eastern Europe. Author of monographs on Polish history and Polish foreign relations; Britain, Poland and the Eastern Front, 1939, Cambridge 1987, Britain and Poland, 1939-1943, Cambridge 1995, Civil War in Poland, 1942-1948, Basingstoke 2004. Author of Władysław Gomułka. A biography, London 2016. Recently completed a project "Military supplies to fraternal capitalist countries during the Cold War. A case study of Poland's support for Angola 1976-89".

Dr. Krisztián Ungváry
ist freischaffender Historiker und Weinproduzent sowie Doktor der Akademie der Wissenschaften. Veröffentlichungen u.a.: Die Schlacht um Budapest (4. Aufl.), München 2005 (übersetzt in mehrere Sprachen, insgesamt 14 Aufl.); A magyar honvédség a második világháborúban [Die ungarische Honvéd-Armee im zweiten Weltkrieg] (2. Aufl.), Budapest 2005; A második világháború Szöveggyujtemeny [Der Zweite Weltkrieg. Quellenedition], Budapest 2005, A Horthy-rendszer és antiszemitizmusának mérlege. Diszkrimináció és társadalompolitika Magyarországon 1919-1944 [Die Bilanz des Horthy-Systems und seines Antisemitismus. Diskriminierung und Sozialpolitik in Ungarn], 3. Aufl., Budapest 2016.

Dr. Manuel Stănescu
is Deputy Director at the Institute for Political Studies of Defense and Military History, Romanian Ministry of National Defense. He is a graduate of Bucharest University (1998) and received his PhD degree in history at the same university in 2011, with a thesis about the siege of Odessa (August – November 1941). For almost 9 years he served as an expert in the Romanian Military Archives. His publications include: Epopeea cuirasatului Bismark. Triumf si tragedie [The Epos of the Bismarck-Class Battleship. Triumph and Tragedy], Târgovişte 2015; Odessa. Gustul amar al victoriei. August-Octombrie 1941 [Odessa. The Bitter Taste of Victory. August-October 1941], Târgovişte 2016; Armata romana pe frontul de est [Romanian Army on the Eastern Front], Bragadiru 2018 and Discipolii lui Marte. Portrete si destine in vreme de razboi [Mars Followers. Portraits and Destinies in Wartime], Bucureşti 2019.